2011NIAN
SICHUAN GAODENG JIAOYU RENCAI PEIYANG ZHILIANG BAOGAO

主编　涂文涛



# 2011年
# 四川高等教育人才培养质量报告（高职高专）

电子科技大学出版社

图书在版编目（CIP）数据

2011年四川高等教育人才培养质量报告. 高职 / 涂文涛主编. —成都：电子科技大学出版社，2013. 5

ISBN 978-7-5647-1506-9

I. ①2… II. ①涂… III. ①高等教育－教育质量－研究报告－四川省－2011②高等职业教育－教学质量－研究报告－四川省－2011 IV. ①G649.21②G718.5

中国版本图书馆CIP数据核字（2013）第050856号

2011年四川高等教育人才培养质量报告（高职高专）

主　编　涂文涛

出　　版：电子科技大学出版社（成都市一环路东一段159号电子信息产业大厦　邮编：610051）
策划编辑：谢应成
责任编辑：谢应成
主　　页：www.uestcp.com.cn
电子邮箱：uestcp@uestcp.com.cn
发　　行：新华书店经销
印　　刷：成都火炬印务有限公司
成品尺寸：185mm×260mm　印张 30.5　字数 720 千字
版　　次：2013年5月第一版
印　　次：2013年5月第一次印刷
书　　号：ISBN 978-7-5647-1506-9
定　　价：80.00 元



◆ 本社发行部电话：028-83202463；本社邮购电话：028-83201495。
◆ 本书如有缺页、破损、装订错误，请寄回印刷厂调换。

# 编 委 会

# 目　　录

# 第一部分　2011年四川省高等职业教育人才培养质量综合报告

## 一、基本情况

### （一）规模

截至2011年年底，全省有高职高专院校49所，占普通高等学校所数（94所）的52%。有全日制高职（专科）在校生45.58万人，占普通高等教育在校生总数（113.93万人）的40%，占职业院校在校生总数（186.38万人）的24.5%。

### （二）类型

四川全省49所独立设置的高职高专院校中，有国家示范性高职院校6所、国家骨干高职院校5所、省级示范高职院校4所。15所国家示范（骨干）、省级示范院校占全省高职院校的31%。从举办方类型来看，公办院校37所，占76%；民办院校12所，占24%。按主管部门划分，省教育厅属6所，省级其他部门属15所，市州属14所，企业属2所，民办12所。

### （三）经费

在省委、省政府的高度重视和大力推动下，四川省建立了以生均拨款制度为核心的高等教育财政投入保障机制，高职高专院校生均投入明显改善。2011年，全省高职院校生均财政性拨款达到7924元，其中：省教育厅属高职院校生均拨款14 048元，其他厅属生均拨款6635元，市州属生均拨款6266元。

## 二、政策举措

### （一）转变思想观念

2010年12月，四川省召开了全省教育工作会议，颁布了《四川省中长期教育改革和发展规划纲要（2010～2020年）》。2011年1月，召开了全省高等教育工作会议，明确了以提高质量为核心，以内涵发展为主线，对今后一个时期四川省高职教育的发展目标、基本取向、核心任务和建设重点作出了全面部署。在省教育厅的组织、指导和推动下，高职院校广泛开展了以“建立持续提高人才培养质量的长效机制”为主题的教育思想大讨论，通过管理干部大会、教师大会、学生大会、校园网、校刊专题等多种形式，深入研讨内涵建设、提高质量的重大意义。省教育厅组织召开了全省高职高专教学工作会议和有关专题会议，邀请教育部主管领导、行业企业专家、高职院校领导，研究政策、分析形势、分享经验，促进学校理清思路、明确定位，在政策导向、资源配置、评价考核、投入保障等方面，向人才培养工作倾斜，努力形成领导重视教学、教师热爱教学、投入保障教学、管理服务教学的有效机制和良好氛围，使提高人才培养质量真正成为学校办学的核心任务，成为广大教师的自觉意志和积极行动。

（二）创新机制体制

2011年年初，四川省体制改革领导小组下发了《关于教育体制改革试点项目备案意见的通知》（川教改[2011]1号），审议通过了首批25个教育体制改革试点项目。在高教方面，重点推进现代大学制度建设、终身教育体系建设、办学体制改革、职业教育改革、招生考试改革等方面的体制改革项目。省级项目“构建终身教育体系与人才培养立交桥 全面提升职业院校社会服务能力”和“示范高职单独招生”试点工作进展顺利。同时，由德阳市承担的国家教育体制改革试点项目“探索高等职业教育综合改革试验区建设试点”顺利推进，工作初见成效。德阳市政府建立了高等职业教育综合改革试验区建设工作领导小组，由市长任组长，分管副市长任副组长，市教育局、发改委、经信委、财政、建设、国土等市级部门和高职学院、区域部分大中型企业负责人组成成员，负责试验区建设组织领导、重大问题研究与决策；全域支持高职发展，地县两级政府结合产业和经济社会发展需要，在继续引进优质高职教育资源的同时，积极支持辖区高职院校建设产学研园区和职业教育集团，并以此为平台，构建政府主导、行业指导、企业参与的职教办学新机制。同时，把试点项目“高职试验区建设”写入德阳市“十二五”期间经济社会发展重点规划“1358”战略规划和第七次党代会报告，市人大和市政协也加强了试验区建设工作的督察。初步形成了具有地域性特征的，地方政府和高职院校相互依存、合作共赢的新局面，有效促进了地方经济社会和高等职业教育共同发展。

（三）推进示范建设

继续实施“四川省示范性高职院校建设计划”，通过省级示范院校建设工作，培育一批在整合资源、深化改革、创新机制、提高质量等方面领先的高职院校。2011年，四川省教育厅、四川省财政厅下发了《关于做好2011年度省级示范性高等职业院校建设单位申报工作的通知》（川教函[2011]151号），继续开展省级示范院校建设工作。经各举办方推荐，专家现场考察、会议评审，确定四川职业技术学院、泸州职业技术学院、四川航天职业技术学院、成都农业科技职业学院等4所高职院校为2011年度“省级示范性高等职业院校建设计划”立项建设单位。省级财政投入2600万元专项资金，拉动院校举办方投入8200万元，不仅在政策上，而且在资金上为项目实施提供了强有力的保障。

2011年8月，四川省教育厅、四川省财政厅下发了《关于印发《四川省示范性高等职业院校建设计划管理暂行办法》的通知》（川教〔2011〕119号），进一步加强“四川省示范性高等职业院校建设计划”项目管理，对项目的申报与评审、管理职责、资金管理、检查与验收等方面进行了规定，明确建设计划专项资金由省、院校举办方和项目院校共同承担，按照统一规划、专账核算、专款专用的原则，实行项目管理，进一步完善了相关管理制度，确保建设计划的顺利实施。

（四）改革招生制度

根据教育部《关于2011年部分高等职业院校开展单独招生改革试点工作的通知》（教

学司[2011]6号）精神，我省积极在示范（骨干）高职院校中推进单独招生改革试点工作，突出高等职业教育特色，推进高等职业教育分类入学考试，探索综合评价、分类考试、多元录取的招生制度，推动建立现代职业教育体系。通过试点工作，进一步提高高职院校的生源质量和办学水平，营造大力发展职业教育的氛围，加快高素质、高端技能型人才培养，更好地为四川省经济社会发展服务。

为了确保招生考试工作公正公平和试点工作的顺利进行，四川省教育厅健全了各级招生机构，组织相关学校精心制订方案，加大宣传力度，提出严格管理要求。2011年，进一步扩大了单招试点院校，从2010年的5所扩大到11所。单招计划数也大幅度增加，共安排单招计划4270名，较2010年增长168.55%。11所单招院校接收网上报名14 741人，经审核，符合报考条件的13 264人。最终实际参考10 293人，录取3700人，报到3581人，占录取人数的96.8%。

11所国家示范（骨干）高职院校在单独招生试点工作中，分别采取了“高考诊断考试成绩+综合素质测试”、“文化考试+面试选拔”、“知识+技能”等考核方式，结合专业特色和人才培养要求，突出面试、技能测试环节，研究制定更为科学合理、更具特色的考试内容及选拔标准。同时聘请相关企业、行业、人事部门的专家组成综合能力测试专家委员会，负责学生的面试和选拔工作。多种形式的考核办法既确保了考试的客观性、公正性、严肃性和权威性，又注重了创新，凸显了高职特色。

### （五）加强专业建设

不断调整优化专业结构，大力提升专业服务产业发展能力。在教育部公布的《普通高等学校高职高专教育指导性专业目录》的19个专业大类、78个二级类、532个目录内专业、452个目录外专业中，2011年，我省高校共开设有76个二级类，446种专业，其中目录内专业380种，目录外专业66种，专业布点总数2700个。49所独立设置的高职院校共开设有70个二级类、383种专业，其中目录内专业340种，目录外专业43种，专业布点1687个，平均校设专业32个。高职院校的专业布局较好地满足了经济社会发展对高端技能型人才的需要。

按照教育部、财政部的部署，启动了中央财政支持的“提升专业服务产业发展能力”建设项目。按照四川省“十二五”规划及区域经济发展需要，围绕四川省提升工业化、城镇化水平，调整优化产业结构的总体部署，重点支持与需求契合度高的产业支撑型、人才紧缺型、特色引领型及国际合作型专业。37所公办高职院校的72个专业获得中央财政支持，首批资金7900万元按时到位。72个专业共涉及16个专业大类，作为四川产业发展重要支撑的产业支撑型专业51个，紧缺型专业13个，特色引领型专业7个，国际合作型专业1个。重点支持的专业分布在成都、德阳、攀枝花、宜宾、内江、广安、泸州、乐山、广元、雅安、达州、遂宁、阿坝、眉山、绵阳、南充等16个市州。通过重点专业建设，发挥其对专业群及学校整体发展的引领辐射作用，力求在体制机制创新、人才培养模式改革等方面率先突破，带动学校专业发展水平、人才培养质量、办学水平的持续提升和服务产业发展能力的不断增强。

### （六）提升教师素质

结合四川省“7（电子信息、装备制造、能源电力、油气化工、钒钛钢铁、饮料食品、现代中药）+3（航空航天、汽车制造、生物工程和新材料）”产业发展规划对高端技能型人才的需求与要求，以提升专业服务产业发展能力为出发点，以促进高等职业院校加强内涵建设、提高办学质量为目标，以省内 15 所国家、省示范院校、行业领军企业及四川省大型企业为依托，启动了“四川省高等职业学校教师素质与教学能力提高计划”，编制了五年规划，探索建立省级高职院校教师素质与教学能力提高培训网络，优先支持省内非示范高等职业学校产业支撑型和人才紧缺型重点专业的教师团队建设，普及培训各高职院校专业骨干教师。

## 三、人才培养工作质量分析

### （一）示范院校的人才培养质量分析

四川省 15 所国家、省级示范院校占高职院校总数的 31%，在校生规模占近 50%。15 所学校中，省教育厅属 3 所，其他部门属 7 所，市州属 5 所。2011 年，四川省教育厅委托麦可思数据有限公司对 15 所示范（骨干）院校的专业设置、毕业生培养质量及培养过程、社会贡献度等进行了全面评估，旨在对示范（骨干）院校的成功经验、成功做法和存在的不足进行总结分析，为指导全川高职院校加强内涵建设，提高人才培养质量提供理论与实践依据。

1．总体就业率

2011 届四川省示范和骨干校毕业生半年后就业率与全国示范和骨干校基本持平。2011 届四川省示范和骨干校毕业生半年后就业率为 94.1%，与全国示范和骨干校（94.3%）基本持平，如图 1 所示。

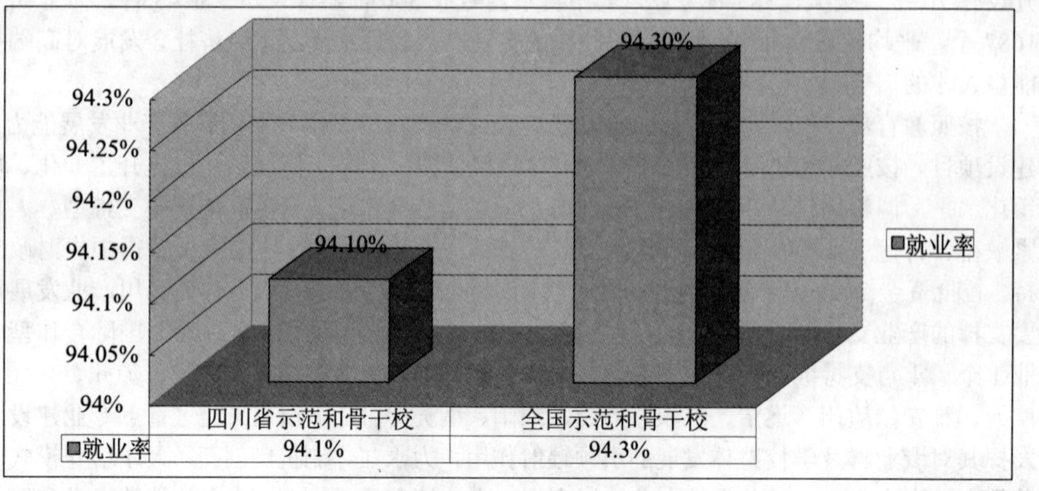


图 1　总体就业率（半年后月就业率）

2．总体薪资水平

2011 届四川省示范和骨干校毕业生半年后月收入高于全国示范和骨干校。2011 届四川省示范和骨干校毕业生半年后月收入为 2815 元，高于全国示范和骨干校（2728 元），如图 2 所示。

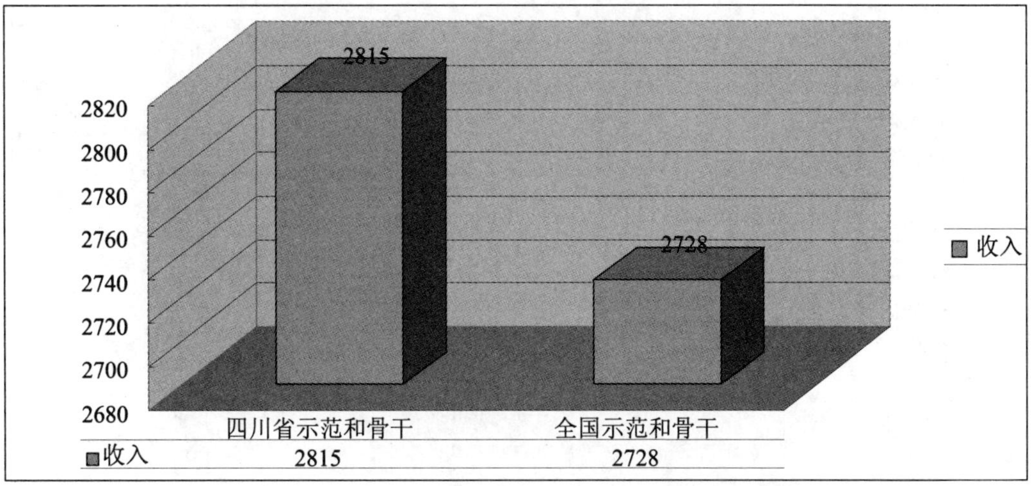


图 2　主要专业类月收入（半年后月收入）

3．主要专业类月收入

2011 届四川省示范和骨干校毕业半年后月收入最高的专业类为民航运输类（3793 元），毕业半年后月收入最低的专业类为教育类（2222 元），如图 3 所示。

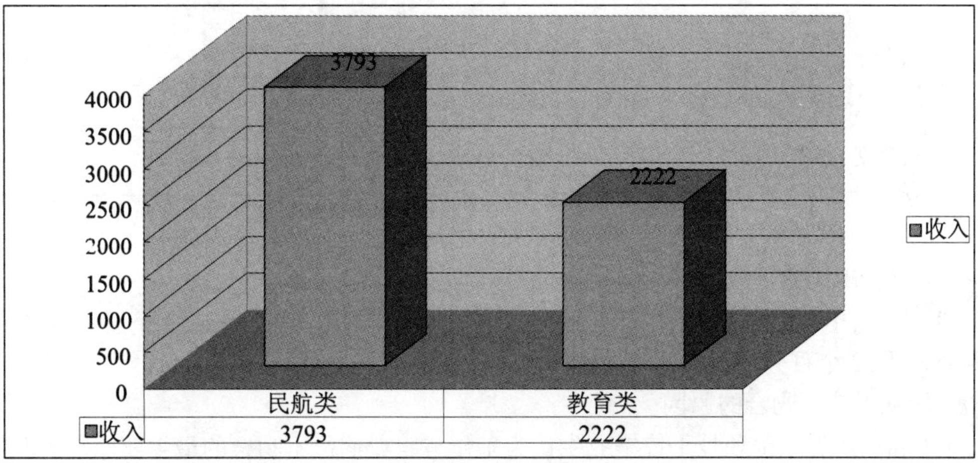


图 3　主要专业类月收入（半年后月收入）

4．工作与专业相关度

2011 届四川省示范和骨干校毕业生工作与专业相关度为 63%，与全国示范和骨干校（62%）基本持平，如图 4 所示。

5．主要专业类工作与专业相关度

2011 届四川省示范和骨干校毕业生工作与专业相关度最高的专业类为护理类（93%），

其次为土建施工类（91%）；工作与专业相关度最低的专业类为工商管理类（44%），其次为轻化工类（45%）和计算机类（45%），如图5所示。

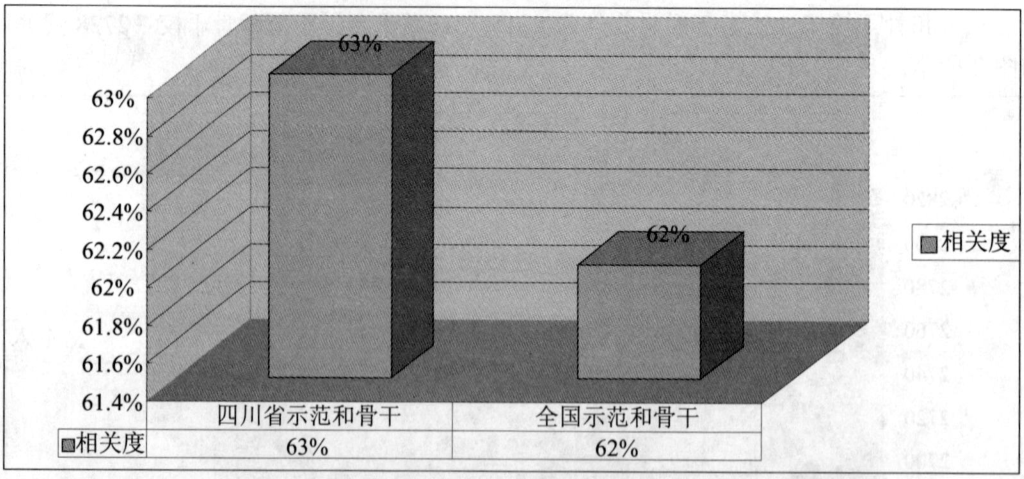


图4　工作与专业相关度

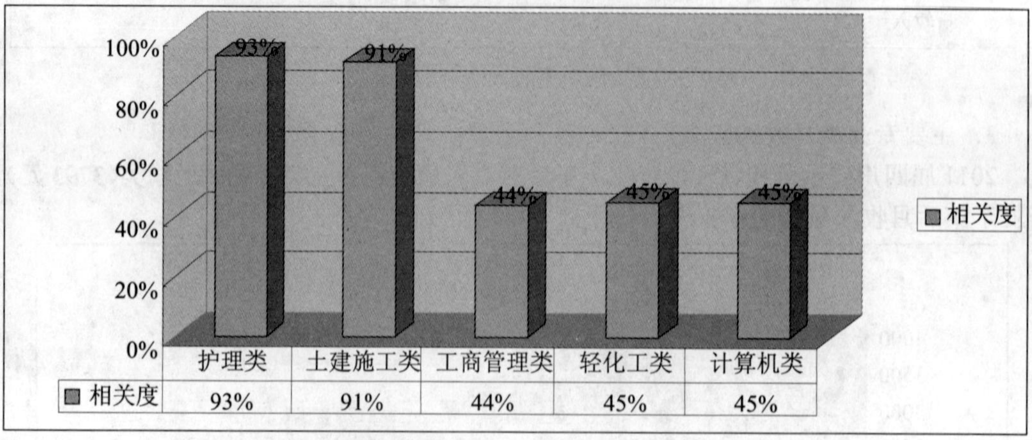


图5　主要专业类工作与专业相关度

6．工作与职业期待吻合度

2011届四川省示范和骨干校毕业生工作与职业期待吻合度为41%，比全国示范和骨干校（43%）低2个百分点，如图6所示。

7．职业期待不吻合的原因

2011届四川省示范和骨干校毕业生认为工作与职业期待不吻合的最主要原因为“不符合我的职业发展规划”（41%），其次为“不符合我的兴趣爱好”（27%），如图7所示。

8．主要专业类职业期待吻合度

2011届四川省示范和骨干校毕业生工作与职业期待吻合度最高的专业类为教育类（56%）和护理类（56%），工作与职业期待吻合度最低的专业类为测绘类（25%），如图8所示。

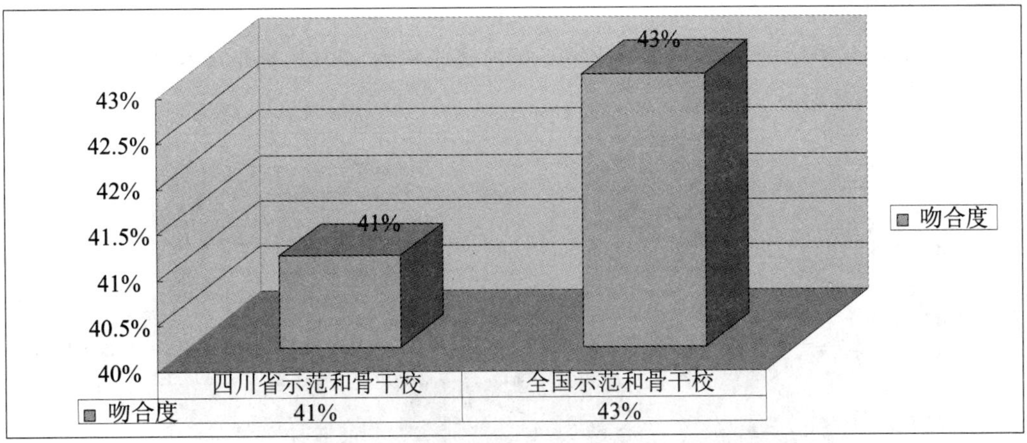


图 6　工作与职业期自我教育吻合度

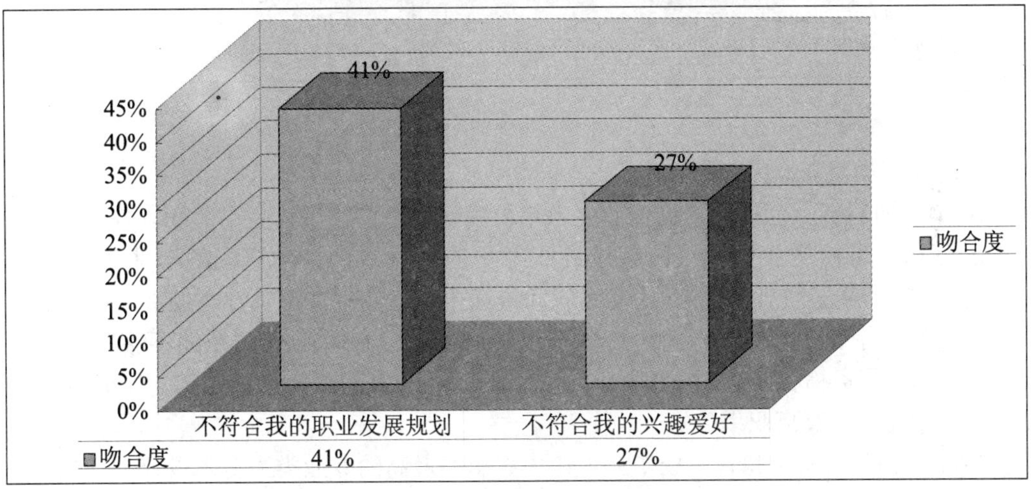


图 7　职业期待不吻合的主要原因

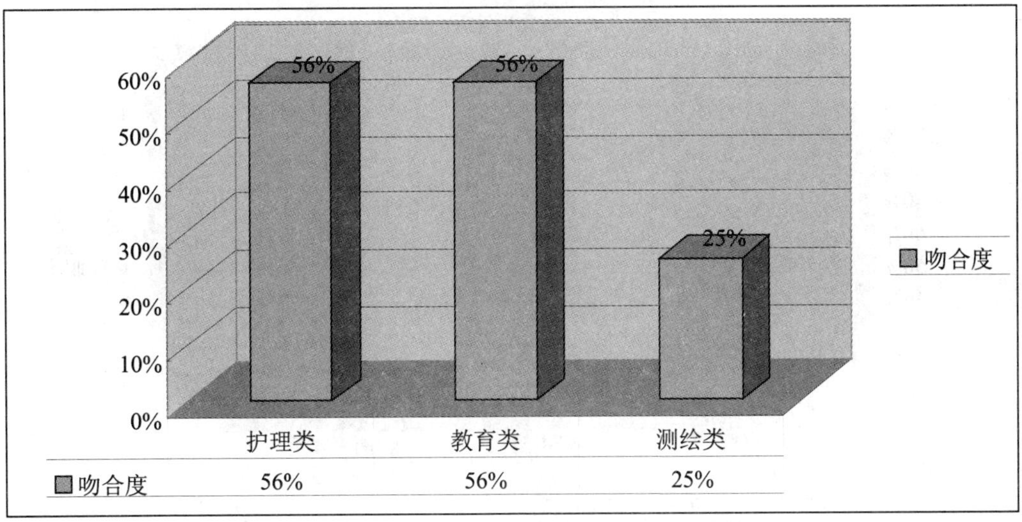


图 8　主要专业类职业期待吻合度

9．离职率

2011 届四川省示范和骨干校毕业生半年内离职率为 43%，略低于全国示范和骨干校（44%），如图 9 所示。

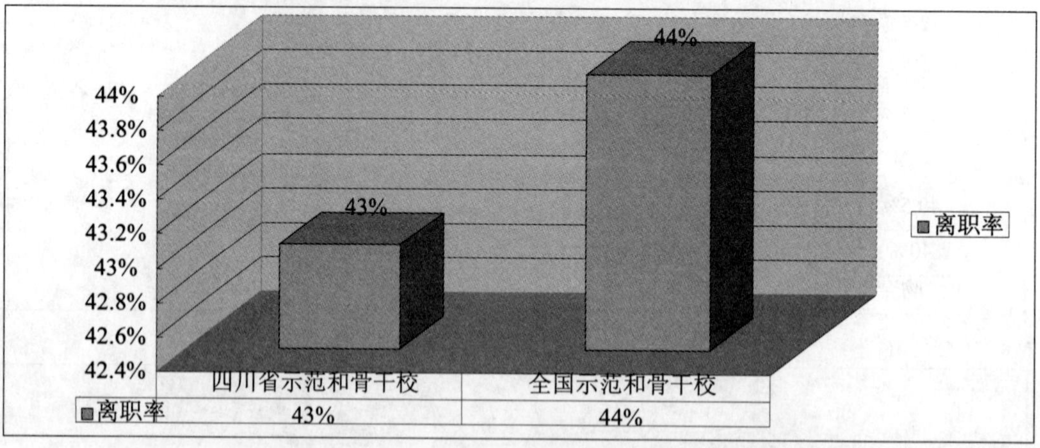


图 9　离职率

10．离职类型及原因

2011 届四川省示范和骨干校毕业生半年内离职的主要类型为主动离职。在 2011 届四川省示范和骨干校毕业生半年内有过离职经历的人群中，主动离职的毕业生比例达到 99%，而被雇主解雇的只占 7%，主动离职和被雇主解雇两种情况都存在的占 6%。2011 届四川省示范和骨干校毕业生半年内主动离职的原因主要为“个人发展空间不够”（34%），其后依次为“薪资福利偏低”（28%）、“想改变职业或行业”（20%）等，如图 10 所示。

11．主要专业类离职率

2011 届四川省示范和骨干校毕业半年内离职率最高的专业类为艺术设计类（62%），毕业半年内离职率最低的专业类为测绘类（10%），如图 11 所示。

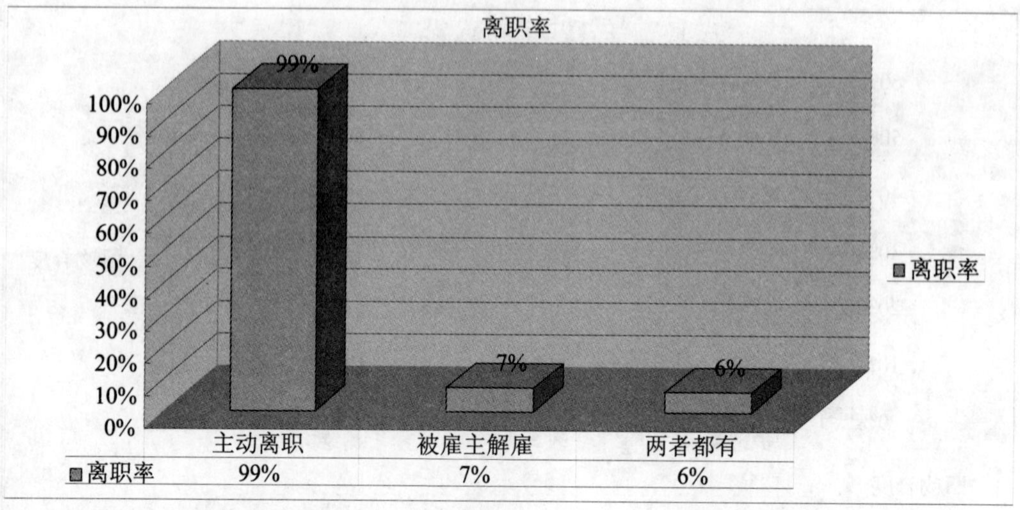

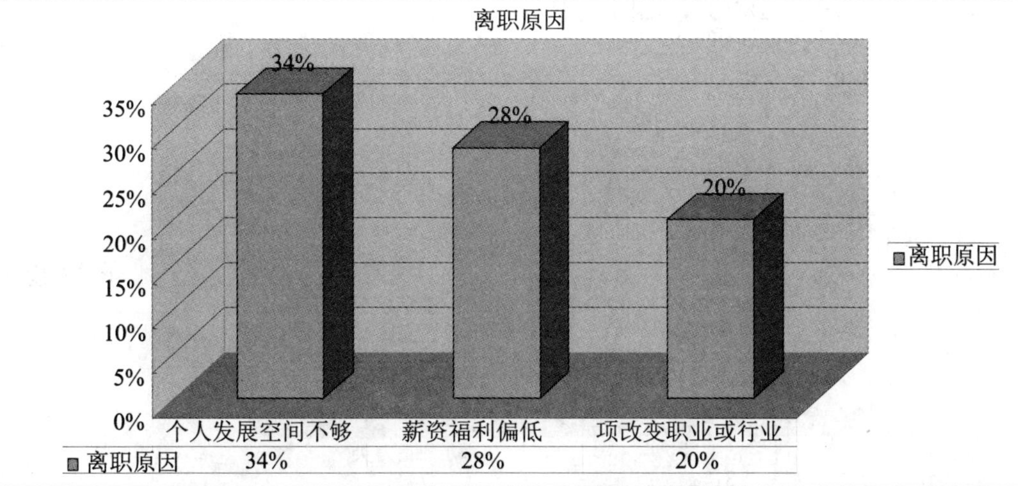


图 10 离职类型及原因

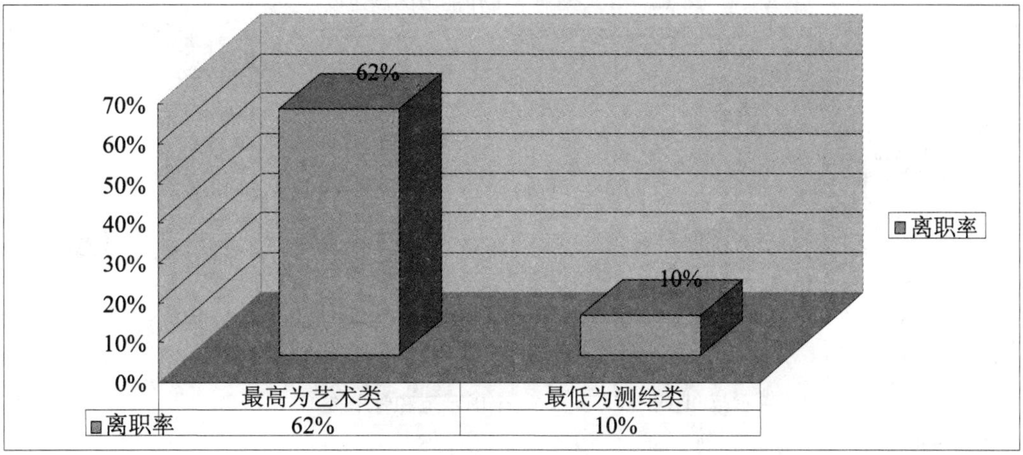


图 11 主要专题离职率

12．基本工作能力的总体满足度

2011 届四川省示范和骨干校毕业生基本工作能力的总体满足度为 78%，与全国示范和骨干校（79%）基本持平。

13．五大类基本工作能力

2011 届四川省示范和骨干校毕业生五大类基本工作能力的满足度与全国示范和骨干校基本持平。2011 届四川省示范和骨干校毕业生科学思维能力类（81%）的基本工作能力满足度相对较高，动手能力类（74%）的基本工作能力满足度相对较低，如图 12 所示。

14．核心知识的总体满足度

2011 届四川省示范和骨干校毕业生核心知识的总体满足度为 77%，与全国示范和骨干校（78%）基本持平，如图 13 所示。

15．社团活动参与度

2011 届四川省示范和骨干校毕业生在校期间，参加过社会实践及公益类社团活动的比例最高为 37%。2011 届四川省示范和骨干校有 26%的毕业生没有参加过任何社团活动低于全国示范和骨干校（28%），如图14所示。

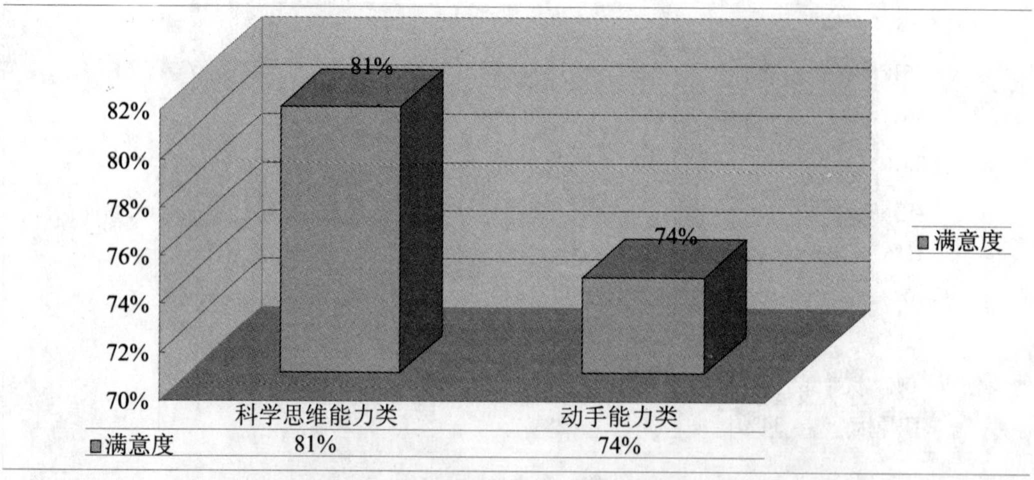


图12　五大类基本工作能力的满足度

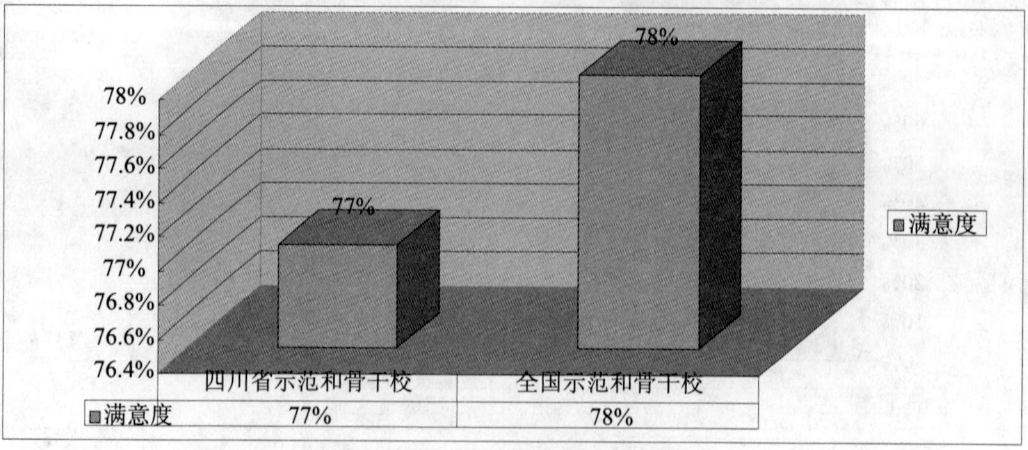


图13　核心知识总体满意度

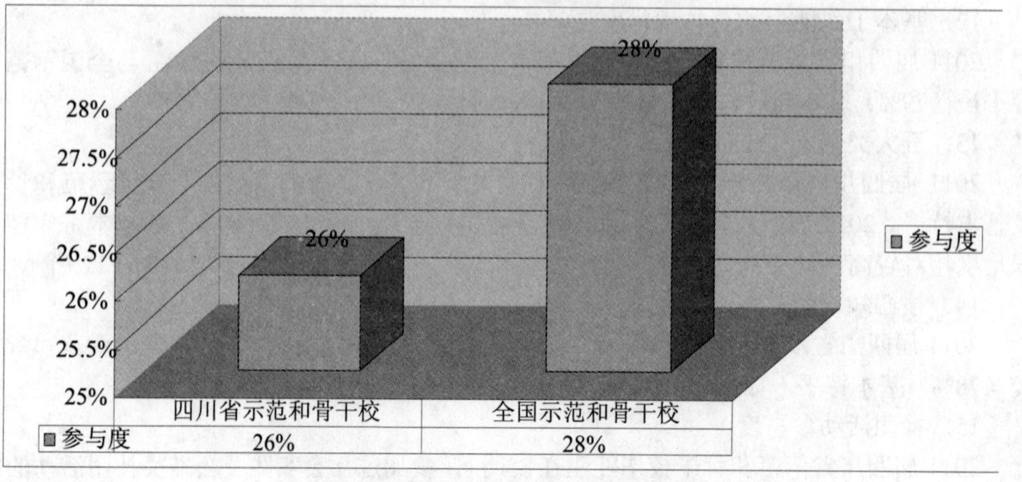


图14　毕业生在校社团活动参与度

16．社团活动满意度

2011 届四川省示范和骨干校毕业生在校期间，体育户外类社团活动的满意度最高，为 83%；学术科技类社团活动的满意度最低，为 69%，如图 15 所示。

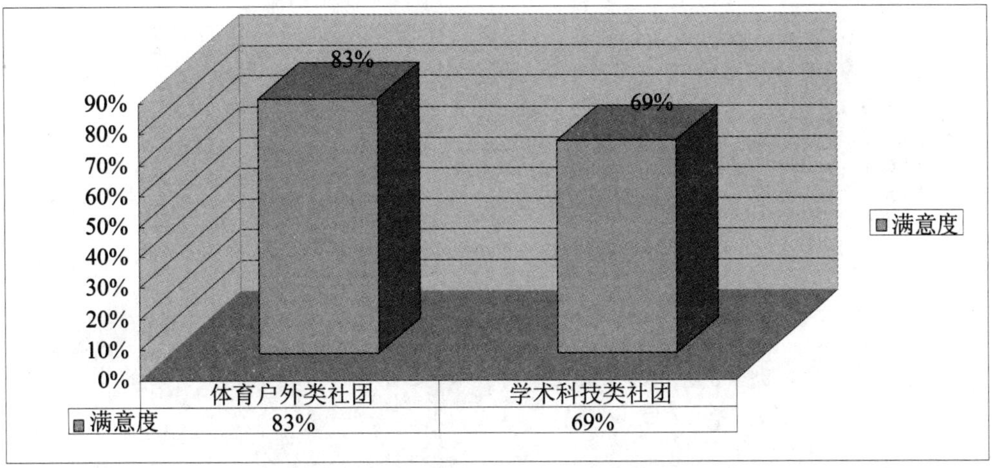


图 15　社团活动满意度

17．价值观

2011 届四川省示范和骨干校毕业生认为在校期间大学对自己价值观提升较高的方面是“人生的乐观态度”（56%）、“积极努力、追求上进”（55%），如图 16 所示。

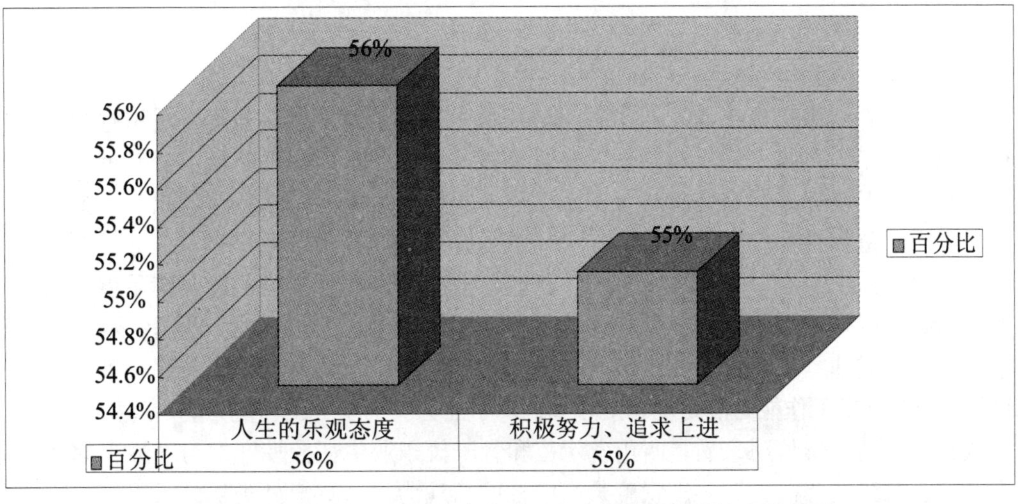


图 16　毕业生在校期间认为大学对自己价值观提升较高的方面

18．低就业

2011 届四川省示范和骨干校毕业半年后低就业人群比例为 14.3%，比全国示范和骨干校（13.7%）高 0.6 个百分点。其中，2011 届四川省示范和骨干校毕业半年后低就业人群中自愿低就业的比例为 11.4%，非自愿低就业的比例为 2.9%，如图 17 所示。

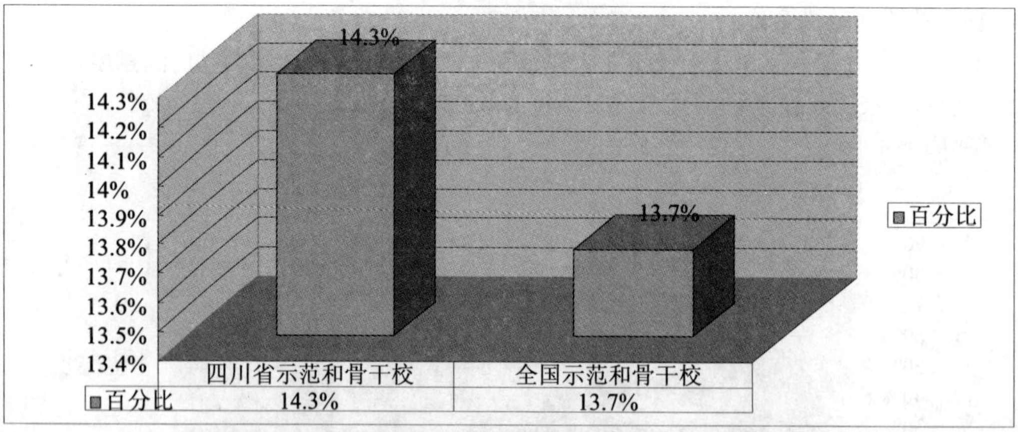


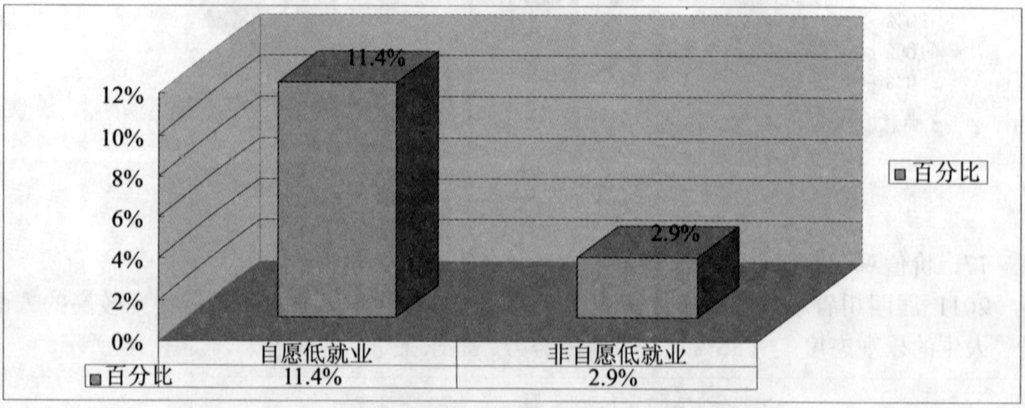


图 17　低就业

从主要培养结果指标来看，四川省示范和骨干校整体就业结果较好。四川省示范和骨干校毕业生半年后月收入高于全国示范和骨干校平均水平，离职率略低于全国示范和骨干校平均水平，工作与作业相关度与全国示范和骨干校平均水平基本持平，职业期待吻合度略低于全国示范和骨干校平均水平。

从能力和知识来看，四川省示范和骨干校毕业生基本工作能力的总体满足度、核心知识的总体满足度与全国示范和骨干校平均水平基本持平。在能力方面，四川省示范和骨干校毕业生五大类基本工作能力满足度与全国示范和骨干校平均水平基本持平。其中，科学思维能力类的基本工作能力满足度相对较高；动手能力类的基本工作能力满足度相对较低。

从社团活动和价值观来看，四川省示范和骨干校毕业生在校期间参与度最高的社团活动为“社会实践及公益类”，满意度最高的社团活动为“体育户外类”。四川省示范和骨干校毕业生在校期间没有参加过任何社团活动的比例低于全国示范和骨干校平均水平。在价值观方面，四川省示范和骨干校绝大多数的毕业生在校期间都得到了价值观的提升。其中，在“人生的乐观态度”和“积极努力、追求上进”方面得到提升较多。

从毕业生整体评价来看，四川省示范和骨干校毕业生对母校的满意度与全国示范和骨干校平均水平基本持平，说明毕业生在校期间有着较好的学习和生活体验，对母校的整体认可程度较高。四川省示范和骨干校毕业生认为母校教学中最需要改进的地方为“实习和实践环节不够”，在实习实践环节中认为“专业技能相关实训”最需要加强。

从专业层面来看，四川省示范和骨干校红牌警告专业为计算机辅助设计与制造、园艺技术、计算机应用技术、计算机网络技术、电子信息工程技术；绿牌发展专业为航空服务、给排水工程技术、供热通风与空调工程技术、电力系统继电保护与自动化、建筑工程技术、建筑设计技术、工程测量技术、光纤通信；黄牌预警专业为数控技术、旅游英语、商务英语、计算机多媒体技术、电子商务。

从重点产业来看，四川省重点产业对应的目前需求旺盛的重点专业为通信技术、软件技术、电力系统继电保护与自动化。其中，能源产业对应的目前需求旺盛的重点专业为电力系统继电保护与自动化，信息技术产业对应的目前需求旺盛的重点专业为通信技术、软件技术。汽车制造产业和装备制造业需求量最多的专业均为数控技术。

### （二）案例分析

**[案例 1]　四川国际标榜职业学院**

学院创新了“以美与健康提升人的生命质量”的办学理念，积极探索人才培养模式改革，不断完善实践教学体系，形成了“四低三高”的办学经验，有力提高了人才培养质量。

1．将“以美与健康提升人的生命质量”的办学理念融入各系、各专业的课程设置，如图 18 所示。

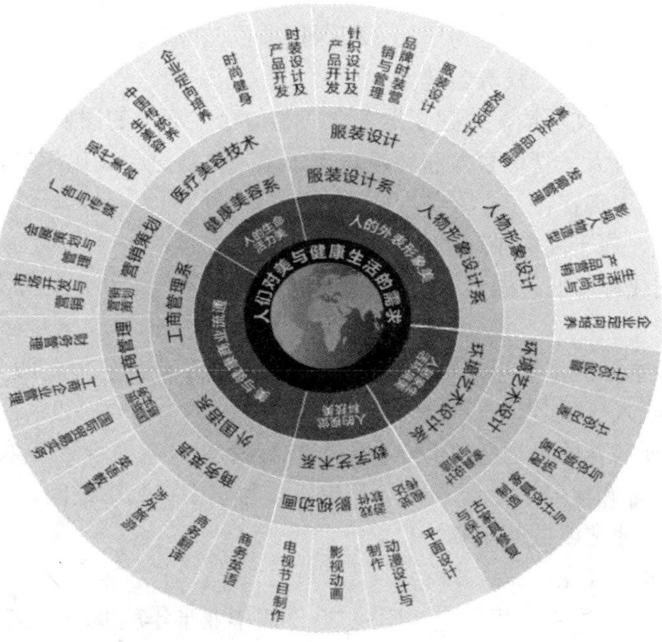


图 18　课程设置

2．引进国际优质课程体系，开发特色课程

2011 年，学院引进了相关国际优质课程体系和教学法：（1）Pivot Point 在全球最具影响力的人物形象设计核心技能课程；（2）瑞士国际美容师认证核心技能课程；（3）香港职业训练局服装设计专业、数字艺术专业课程体系；（4）英国唐卡斯特学院非英语母语国家英语教学课程体系；（5）美国马萨诸塞州立大学室内设计环境艺术设计教学法。

3．构建“坊校合一”的实践教学体系（如图19所示）

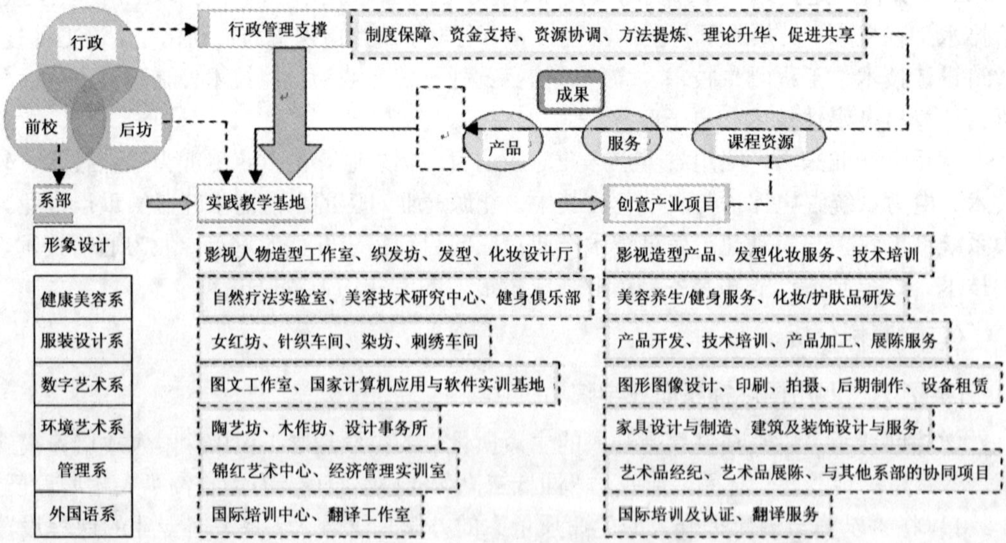


图19　实践教学体系

将实践教学由浅到深地划分为三层，即课程项目、仿真综合实践、校外顶岗实践教学基地，建立了分层递进的实践教学基地。

4．营造优美的人文环境，修建了服务“美与健康生活”的图书馆和校内景观

学院注重教书育人、管理育人和环境育人，呈现“低进、高出”的特点。

“低进”主要表现在：

（1）分数低，属于高考录取的最后批次。

（2）父母文化程度低。据麦可思调查，标榜2011年入学新生父母文化在初中及以下者占73.9%。

（3）家庭收入低。据麦可思调查，标榜2011年入学新生家庭年收入在3万元以下、不确定、无固定收入三项之和占77.5%。

（4）接受素质培养的机会低。据麦可思调查，标榜2011年入学新生农村户口占67.8%；59.5%的新生来自非市区及以上级别重点高中，多数学生在高中期间未加入社团组织，多数未参加过学科、才艺或技能竞赛。

“高出”主要表现在：

（1）就业率高。据麦可思调查，学院2011届毕业半年就业率为97%。

（2）就业质量高。据麦可思调查，学院2011届毕业生毕业薪酬平均达到2701元，专业对口率65%，受雇全职工作的比例83.7%，自主创业的比例7.2%。全部指标高于全省平均指标。

（3）对母校满意度高。学院2010届毕业生对母校的满意度为88%，2011届更是达到90%。

[案例 2]　达州职业技术学院

通过创新多元合作办学体制、建立三年一周期的专业评估机制、改革人才培养模式、建设德能并重的双师团队，学院实现招生、就业两旺，生源质量稳步提升。

1．创新“政行企校”四方联动的多元合作办学体制。积极探索理事会办学体制机制，在政府引导下，组建达州职业技术学院校企合作理事会，下设专业教学理事会，形成政府主导、学院主体、行业企业参与的长效合作办学机制，畅通了学校办学与社会经济衔接的渠道。学院深入实施“引企入校工程”，引入中国移动达州分公司 1200 万元资金，打造数字校园；合作共建机械制造与加工实习工厂、动物医院、种养殖示范基地等，实现了教学与生产一体化。

2．改革专业管理模式，对接产业、校产结合促建设。建立三年一周期的专业评估机制，制定专业评估办法与实施细则，及时调整淘汰专业定位不准、发展后劲不足、就业空间小、企业行业支撑少的专业，促进专业对接产业发展和市场需求，不断增强活力。

3．改革培养模式，顶岗实习、工学结合育人才。构建基于职业岗位的工学结合的人才培养模式。对接生产过程，推行教学做一体的按需培养、与企业生产无缝对接的人才培养模式。按照职业资格准入要求，对接职业岗位，改革课程体系和教学内容，引入行业企业技术标准和职业资格准入制度，推行“顶岗实践+预就业”和“多证制”的培养模式。建立和完善凸现职业能力培养的课程标准，构建人文素质课程体系、专业基础课程体系、实践技能课程体系相结合的“三位一体”的综合化课程体系。

4．改革师资队伍，专兼结合、德能并重建团队。实施“教授工程”和“硕博工程”，建立内培外引和联合培养制度。坚持以能力建设为核心，以质量提高为目标，按照达州市委市政府的要求，积极实施“千名硕博进达州”计划，加大对中青年教师的培养力度，大力培养学术名师、教学名师和技能大师。

实施专业带头人和骨干教师培养制度。把专业带头人的行业知名度和影响力作为重点，培养团队中坚力量。实施“校企双栖”工程，建立企业专业教师流动工作站。探索联合培养教师的新途径，在岗专业课教师定期到企业锻炼、参与企业生产、技术开发和社会服务等，着力提高教师双师素质。引聘企业行业一线专业技术人才、能工巧匠担任兼职教师，参与教学，兼职教师承担专业课时比例逐步提高。

近几年来，学院招生就业两旺，生源质量稳步提升，新生文理科录取分数线平均高出省控线 50 分左右，人才培养质量得到了社会和用人单位的普遍认可，获得了全省职教工作先进单位、四川省普通高校毕业生就业工作先进集体等荣誉。

[案例 3]　南充职业技术学院

学院探索建立多元合作体制，增强了办学活力，提高了办学效益。

1．以股份制合作为先导，建立校企校地多元合作体制机制，为各专业人才培养提供了源头活水。学院探索建立了与利奥集团的股份制合作体制、与夏尔数码科技有限公司为代表的契约制合作方式、与东大彩印为代表的“开门引企”合作方式、与东风南充汽车为代表的“推门入企”合作方式、与南充市国家现代农业示范区为代表的服务型合作方式、与大北农为代表的订单制合作方式、与种畜场为代表的产教结合方式、与行企共建“岗、证、课一体化”课程体系为代表和以“前园后院、学教结合、学岗对接”为代表的内涵型合作方式等。

通过校企合作，一是催生了一个教学系，即印刷包装系。建立了一个“校中厂”，即在校内引入了东大彩印，校企共建了生产型实习基地。二是对接了一批产业，与传统优势产业对接，重点建设汽车检测与维修专业和中央财政支持的汽车汽配实训基地；与现代服务业产业对接，重点建设旅游管理专业；与现代农业对接，重点建设畜牧兽医专业；与社会事业对接，重点建设学前教育专业；与名企联姻，开办商贸英语、印刷技术、包装技术与设计、影视动画、饲料加工等专业班。校内形成了校企融合的文化氛围，使培养的学生不仅在技能上能够对接岗位要求，还能够从思想上提高对企业价值的认同感。

2．以专业建设为抓手，强力推进内涵发展。一是适应地方产业升级和结构调整，建立了专业对接产业的机制。新增道路桥梁工程技术、汽车技术服务与营销、通信技术、物流管理等 13 个专业，形成了对接当地经济社会发展，具有自身特色的专业体系。二是制定了“十二五”专业建设规划，将现有专业凝炼为对接区域产业集群的 11 个专业群；三是加大了畜牧兽医、汽车检测与维修技术、学前教育等 8 个重点专业的建设力度，发挥对其他专业的辐射带动作用；四是开展“说专业”竞赛，进一步明确了人才培养定位，理清了专业发展思路；五是修订了学分制人才培养方案，优化重构了工学结合的课程体系；六是选择旅游管理等 6 个专业开展“2+1”试点工作，密切校企合作，提升学生就业竞争力；七是重新遴选确定了 32 名专业带头人，每个专业还确定了 2～3 名骨干教师，选派了部分教师到国内外高校访问、进修、培训；八是着力建设以仿真与真实生产相结合的实训基地，已建有 74 个校内实验实训室（中心）和 41 个校外实训（就业）基地。

学院 2011 届毕业生就业率为 95.2%，就业现状满意度（58%）明显高于全国同类院校平均水平（44%）。毕业生总体就业质量相对较高，对口就业率 60%，职业期待吻合度 46%，高于全国高职院校平均职业期待吻合度 40%；就业离职率 49%，低于全国高职院校的平均离职率 52%；自主创业人数 140 人，自主创业率 5.3%；专升本学生数 650 人，占毕业生总数的 21.7%；毕业生职业资格证书获取率达 82.6%。

## 四、存在问题与任务要求

2011 年，四川高职院校认真贯彻落实国家、省《教育规划纲要》，坚持内涵发展，着力提高质量，各项工作有序推进，取得了积极进展。但是，高职院校在改革发展的进程中还存在诸多问题和障碍，主要体现在以下几个方面：

一是虽然职业教育改革不断推进，但从总体来看，还在探索中前进，各校发展不平衡，在教育体制改革、体制机制创新和人才培养模式改革等方面尚需进一步突破。

二是高职教育基础能力建设与学生规模不相适应。办学条件需要改善，部分学校实训设备、师资队伍、图书资料等达不到规定要求，极大地制约了学校发展。高等职业教育资源分布不均，发展不平衡，地区之间以及学校之间差异较大。

三是高等职业教育的规模、质量、结构还不适应四川经济社会发展的需要。专业设置重复率较高，专业布点与区域经济发展需要的匹配度尚待提高。需要进一步结合我省经济社会的发展和现代产业体系的建立，围绕产业结构调整和经济增长方式转变，调结构，提质量，创新高端技能型人才培养的途径和模式。

四是各校在贯彻落实规划纲要的进展上不平衡。在实际工作中，有的学校对提高质量的认识不深刻、不到位，没有把提高质量视为学校的“生命线”，一些与提高质量密切相关的工作还浮在表面上，甚至存在着“貌合神离”的情况；有的学校目标定位不明确，改革思路不清晰，工作重点不突出，在提高质量方面的措施不具体，落实不到位。

人才培养、教学改革是最复杂、最艰难的系统工程，范围广，涉及每一所学校；重心低，不仅需要院校领导和管理部门，更需要广大教师乃至学生的直接参与。人才培养也是一个长期的过程，周期长，显效慢，需要持续不断的投入。目前，高等教育教学改革已经进入了深水区，进入了攻坚阶段，无论是面上全局性的推动，还是重点领域、关键环节的突破都需要付出艰巨的、不懈的努力。深入贯彻落实教育规划纲要，推进高等职业教育改革创新，在建立适应经济发展方式转变和产业结构调整要求、体现终身教育理念、中等和高等职业教育协调发展的现代职业教育体系中发挥引领作用，是今后很长一段时期，四川高等职业院校的中心工作和核心任务。各高职院校要在科学发展观指导下，在胡锦涛总书记重要讲话精神引领下，围绕省委、省政府“两个加快”的战略取向，切实转变发展方式，坚持走内涵发展之路，不断提高人才培养质量，为建设高教强省和西部人才高地，为举办让人民满意的高等教育而努力奋斗。

# 第二部分　2011年四川省普通高职高专院校人才培养质量报告

## 一、公办普通高职高专院校人才培养质量报告

### 基本教学状态数据

学生情况

| 序号 | 学校名称 | 在校学生 | | | 普通专科招生人数（人） | 普通专科毕业生人数（人） |
|---|---|---|---|---|---|---|
| | | 总数（人） | 在校普通专科学生数（人） | 在校成人专科学生（人） | | |
| 1 | 阿坝师范高等专科学校 | 7096 | 7096 | | 2328 | 2073 |
| 2 | 成都电子机械高等专科学校 | 16063 | 9913 | 6150 | 3356 | 2466 |
| 3 | 四川烹饪高等专科学校 | 7392 | 7132 | 260 | 2419 | 2433 |
| 4 | 成都纺织高等专科学校 | 9586 | 9020 | 566 | 2769 | 2580 |
| 5 | 成都航空职业技术学院 | 7991 | 7986 | 5 | 3728 | 1425 |
| 6 | 四川职业技术学院 | 11 850 | 10 602 | 1248 | 4293 | 3571 |
| 7 | 四川电力职业技术学院 | 4369 | 3141 | 1228 | 797 | 1374 |
| 8 | 四川化工职业技术学院 | 6363 | 6137 | 226 | 2286 | 2455 |
| 9 | 四川水利职业技术学院 | 7775 | 7417 | 358 | 3086 | 2373 |
| 10 | 四川航天职业技术学院 | 9676 | 9443 | 233 | 4064 | 3464 |
| 11 | 四川交通职业技术学院 | 13 866 | 11 991 | 1875 | 4407 | 3894 |
| 12 | 四川工商职业技术学院 | 6535 | 6483 | 52 | 2609 | 2277 |
| 13 | 四川工程职业技术学院 | 11 946 | 11 709 | 237 | 4090 | 3618 |
| 14 | 四川建筑职业技术学院 | 19 035 | 13 888 | 5147 | 4949 | 4546 |
| 15 | 四川商务职业学院 | 7017 | 7017 | | 2719 | 2310 |
| 16 | 四川司法警官职业学院 | 3448 | 3448 | | 1206 | 1418 |
| 17 | 四川信息职业技术学院 | 4139 | 4025 | 114 | 1695 | 1312 |
| 18 | 四川管理职业学院 | 4538 | 4361 | 177 | 225 | 2197 |
| 19 | 四川艺术职业学院 | 2833 | 2833 | | 1180 | 567 |
| 20 | 四川文化产业职业学院 | 7828 | 5838 | 1990 | 2549 | 1731 |

（续表）

| 序号 | 学校名称 | 在校学生 | | | 普通专科招生人数（人） | 普通专科毕业生人数（人） |
|---|---|---|---|---|---|---|
| | | 总数（人） | 在校普通专科学生数（人） | 在校成人专科学生（人） | | |
| 21 | 四川财经职业学院 | 5580 | 5533 | 47 | 1923 | 1467 |
| 22 | 成都职业技术学院 | 10 996 | 9426 | 1570 | 3604 | 3106 |
| 23 | 南充职业技术学院 | 8022 | 7934 | 88 | 2994 | 2884 |
| 24 | 内江职业技术学院 | 5902 | 5008 | 894 | 2151 | 2310 |
| 25 | 绵阳职业技术学院 | 8915 | 8043 | 872 | 3112 | 2881 |
| 26 | 达州职业技术学院 | 9893 | 8208 | 1685 | 3205 | 2918 |
| 27 | 成都农业科技职业学院 | 10 309 | 9320 | 989 | 3597 | 3173 |
| 28 | 宜宾职业技术学院 | 9397 | 8516 | 881 | 3142 | 3297 |
| 29 | 泸州职业技术学院 | 7697 | 6917 | 780 | 2874 | 2564 |
| 30 | 眉山职业技术学院 | 5150 | 5105 | 45 | 2154 | 1696 |
| 31 | 乐山职业技术学院 | 7535 | 7522 | 13 | 3140 | 2419 |
| 32 | 雅安职业技术学院 | 8118 | 7223 | 895 | 3121 | 2485 |
| 33 | 广安职业技术学院 | 5641 | 5630 | 11 | 2208 | 1461 |
| 34 | 四川中医药高等专科学校 | 5187 | 4983 | 204 | 1775 | 1413 |
| 35 | 四川幼儿师范高等专科学校 | 4324 | 4301 | 23 | 1710 | 106 |
| 36 | 四川邮电职业技术学院 | 4101 | 3978 | 123 | 1451 | 1394 |
| 37 | 四川机电职业技术学院 | 6718 | 6292 | 426 | 2358 | 2029 |
| 合计 | | 292 831 | 263 419 | 29 412 | 99 274 | 85 687 |

资料来源：四川省教育厅 2011 年《四川教育事业统计提要》。

**专任教师情况**

| 序号 | 学校名称 | 总数 | 专任教师 | | | | | | 兼职教师 |
|---|---|---|---|---|---|---|---|---|---|
| | | | 合计 | 正高 | 副高 | 博士 | 硕士 | 其中：双师型 | |
| 1 | 阿坝师范高等专科学校 | 422 | 409 | 25 | 98 | 2 | 144 | 0 | 13 |
| 2 | 成都电子机械高等专科学校 | 662 | 534 | 54 | 155 | 23 | 277 | 177 | 128 |
| 3 | 四川烹饪高等专科学校 | 461 | 389 | 37 | 87 | 6 | 149 | 105 | 72 |
| 4 | 成都纺织高等专科学校 | 579 | 469 | 29 | 135 | 6 | 238 | 127 | 110 |
| 5 | 成都航空职业技术学院 | 650 | 416 | 13 | 128 | 3 | 192 | 201 | 234 |
| 6 | 四川职业技术学院 | 630 | 550 | 13 | 144 | 2 | 177 | 154 | 80 |
| 7 | 四川电力职业技术学院 | 303 | 297 | 3 | 108 | 2 | 104 | 126 | 6 |
| 8 | 四川化工职业技术学院 | 363 | 323 | 3 | 66 | 1 | 51 | 142 | 40 |
| 9 | 四川水利职业技术学院 | 398 | 351 | 2 | 69 | 2 | 80 | 125 | 47 |

（续表）

| 序号 | 学校名称 | 总数 | 专任教师 | | | | | | 兼职教师 |
|---|---|---|---|---|---|---|---|---|---|
| | | | 合计 | 正高 | 副高 | 博士 | 硕士 | 其中：双师型 | |
| 10 | 四川航天职业技术学院 | 712 | 587 | 3 | 138 | 0 | 131 | 186 | 125 |
| 11 | 四川交通职业技术学院 | 869 | 686 | 10 | 130 | 8 | 145 | 185 | 183 |
| 12 | 四川工商职业技术学院 | 435 | 363 | 4 | 91 | 0 | 91 | 126 | 72 |
| 13 | 四川工程职业技术学院 | 772 | 618 | 12 | 167 | 0 | 146 | 250 | 154 |
| 14 | 四川建筑职业技术学院 | 1211 | 760 | 18 | 157 | 17 | 432 | 311 | 451 |
| 15 | 四川商务职业学院 | 369 | 273 | 4 | 70 | 0 | 102 | 122 | 96 |
| 16 | 四川司法警官职业学院 | 192 | 137 | 0 | 29 | 0 | 47 | 33 | 55 |
| 17 | 四川信息职业技术学院 | 362 | 245 | 2 | 60 | 0 | 89 | 83 | 117 |
| 18 | 四川管理职业学院 | 240 | 231 | 39 | 98 | 42 | 80 | 0 | 9 |
| 19 | 四川艺术职业学院 | 416 | 341 | 12 | 56 | 1 | 40 | 0 | 75 |
| 20 | 四川文化产业职业学院 | 373 | 298 | 13 | 56 | 4 | 97 | 43 | 75 |
| 21 | 四川财经职业学院 | 342 | 238 | 1 | 50 | 4 | 118 | 52 | 104 |
| 22 | 成都职业技术学院 | 623 | 499 | 8 | 106 | 5 | 146 | 275 | 124 |
| 23 | 南充职业技术学院 | 488 | 395 | 4 | 90 | 0 | 64 | 108 | 93 |
| 24 | 内江职业技术学院 | 407 | 407 | 4 | 84 | 2 | 70 | 133 | 0 |
| 25 | 绵阳职业技术学院 | 562 | 450 | 9 | 147 | 2 | 86 | 149 | 112 |
| 26 | 达州职业技术学院 | 883 | 509 | 5 | 99 | 0 | 101 | 70 | 374 |
| 27 | 成都农业科技职业学院 | 686 | 392 | 6 | 79 | 7 | 96 | 179 | 294 |
| 28 | 宜宾职业技术学院 | 714 | 572 | 6 | 115 | 2 | 143 | 176 | 142 |
| 29 | 泸州职业技术学院 | 468 | 382 | 6 | 80 | 1 | 169 | 57 | 86 |
| 30 | 眉山职业技术学院 | 359 | 284 | 0 | 66 | 0 | 44 | 50 | 75 |
| 31 | 乐山职业技术学院 | 610 | 446 | 2 | 86 | 4 | 97 | 195 | 164 |
| 32 | 雅安职业技术学院 | 565 | 435 | 1 | 85 | 0 | 95 | 152 | 130 |
| 33 | 广安职业技术学院 | 297 | 290 | 0 | 59 | 0 | 43 | 96 | 7 |
| 34 | 四川中医药高等专科学校 | 520 | 416 | 6 | 110 | 2 | 65 | 90 | 104 |
| 35 | 四川幼儿师范高等专科学校 | 335 | 274 | 2 | 50 | 0 | 154 | 0 | 61 |
| 36 | 四川邮电职业技术学院 | 289 | 178 | 1 | 47 | 1 | 55 | 99 | 111 |
| 37 | 四川机电职业技术学院 | 528 | 338 | 2 | 124 | 1 | 87 | 123 | 190 |

资料来源：四川省教育厅2011年《四川教育事业统计提要》。

**办学基本设施**

| 序号 | 学校名称 | 占地面积（平方米） | 校舍建筑面积（平方米） | 教学用房（平方米） | 固定资产总值（万元） | 教学仪器设备（万元） | 纸质图书（万册） |
|---|---|---|---|---|---|---|---|
| 1 | 阿坝师范高等专科学校 | 682 667 | 229 668 | 122 007 | 87 405.45 | 4800.03 | 80.61 |
| 2 | 成都电子机械高等专科学校 | 763 817 | 435 083 | 160 934 | 64 672.38 | 7864.9 | 85.5 |
| 3 | 四川烹饪高等专科学校 | 435 836 | 226 625 | 115 850 | 14 414.23 | 4305.51 | 72.31 |
| 4 | 成都纺织高等专科学校 | 416 602 | 182 570 | 90 426 | 33 524.29 | 3436.42 | 56 |
| 5 | 成都航空职业技术学院 | 672 670 | 272 531 | 89 883 | 43 457 | 8506.62 | 38.27 |
| 6 | 四川职业技术学院 | 701 650 | 286 782 | 127 540 | 53 701 | 7839 | 64.72 |
| 7 | 四川电力职业技术学院 | 319 308 | 188 471 | 72 789 | 31 452.2 | 5436.75 | 26.5 |
| 8 | 四川化工职业技术学院 | 387 527 | 155 224 | 85 983 | 13 840 | 2860 | 33.83 |
| 9 | 四川水利职业技术学院 | 568 965 | 242 339 | 146 577 | 45 693 | 5468 | 45.9 |
| 10 | 四川航天职业技术学院 | 419 616 | 233 529 | 103 570 | 26 750 | 5515 | 54 |
| 11 | 四川交通职业技术学院 | 661 061 | 376 077 | 205 856 | 64 231.96 | 15 860.79 | 82.92 |
| 12 | 四川工商职业技术学院 | 333 330 | 135 198 | 77 726 | 7407.72 | 3427.93 | 28.8 |
| 13 | 四川工程职业技术学院 | 722 257 | 253 391 | 119 042 | 46 751 | 8290.58 | 65.8 |
| 14 | 四川建筑职业技术学院 | 1 521 166 | 441 588 | 247 834 | 45 088 | 10 207 | 83.1 |
| 15 | 四川商务职业学院 | 25 229 | 146 574 | 69 171 | 7070.5 | 2524.19 | 33.5 |
| 16 | 四川司法警官职业学院 | 195 334 | 97 454 | 33 928 | 11 803.6 | 1317.56 | 25.64 |
| 17 | 四川信息职业技术学院 | 294 033 | 162 846 | 66 665 | 8995 | 3624 | 24.86 |
| 18 | 四川管理职业学院 | 182 124 | 213 874 | 48 798 | 23 238.29 | 3583 | 58 |
| 19 | 四川艺术职业学院 | 193 140 | 103 974 | 44 280 | 6751.56 | 1154 | 15.7 |
| 20 | 四川文化产业职业学院 | 381 631 | 172 564 | 76 553 | 9910.91 | 3211 | 48.3 |
| 21 | 四川财经职业学院 | 254 929 | 123 311 | 38 530 | 30 708.23 | 2772.1 | 34.4 |
| 22 | 成都职业技术学院 | 352 329 | 236 890 | 113 515 | 34 610.8 | 5391.22 | 56.48 |
| 23 | 南充职业技术学院 | 935 601 | 230 131 | 76 685 | 21 258.69 | 3937.91 | 52.31 |
| 24 | 内江职业技术学院 | 495 199 | 157 250 | 62 657 | 11 320 | 4907 | 43.2 |
| 25 | 绵阳职业技术学院 | 491 748 | 208 962 | 109 136 | 26 476 | 8504.13 | 55.1 |
| 26 | 达州职业技术学院 | 330 668 | 228 608 | 110 951 | 12 574 | 3906 | 67.03 |
| 27 | 成都农业科技职业学院 | 309 684 | 179 503 | 99 062 | 23 803.96 | 4196.5 | 47.16 |
| 28 | 宜宾职业技术学院 | 543 834 | 259 482 | 114 600 | 18 610.4 | 5024.9 | 66.13 |
| 29 | 泸州职业技术学院 | 436 776 | 153 265 | 74 299 | 13 323 | 3458 | 42 |
| 30 | 眉山职业技术学院 | 266 365 | 86 390 | 48 683 | 3706.89 | 1967.05 | 29.97 |
| 31 | 乐山职业技术学院 | 256 694 | 230 902 | 98 807 | 17 845.87 | 5961.19 | 51.8 |
| 32 | 雅安职业技术学院 | 266 800 | 175 293 | 79 321 | 16849 | 4258 | 56.43 |
| 33 | 广安职业技术学院 | 312 016 | 136 961 | 64 922 | 13 088 | 2060.97 | 28.6 |
| 34 | 四川中医药高等专科学校 | 613 117 | 160 860 | 95 484 | 16 748.06 | 2810.31 | 36.8 |
| 35 | 四川幼儿师范高等专科学校 | 689 123 | 98 700 | 40 070 | 10 552.3 | 2947.5 | 29.6 |
| 36 | 四川邮电职业技术学院 | 137 334 | 108 345 | 38 910 | 23 397.54 | 4095.71 | 21.59 |
| 37 | 四川机电职业技术学院 | 629 140 | 225 898 | 117 047 | 18 769 | 5086 | 46.79 |

资料来源：四川省教育厅 2011 年《四川教育事业统计提要》。

# 成都航空职业技术学院 2011年度人才培养质量报告

## 一、前言

学院高度重视人才培养质量工作，不断探索并建立学校、行业、企业、研究机构和其他社会组织共同参与的人才培养质量评估机制。学院分别于2009年、2010年、2012年委托第三方教育数据咨询和质量评估机构麦可思公司（MyCOS）对学院的2008届、2009届、2011届毕业生开展调查，以形成第三方人才培养质量报告。麦可思公司于2012年3月对我院2011届毕业生开展调查，全院共有57.6%的毕业生参加了调查，麦可思公司在统计与分析的基础上，将学院毕业生与全国高职院校毕业生进行了横向比较，编制了《成都航空职业技术学院社会需求与培养质量年度报告（2012）》，以下简称"《麦可思-成都航院社会需求与培养质量年度报告（2012）》"。

据《麦可思-成都航院社会需求与培养质量年度报告（2012）》，学院2011届毕业生毕业半年后的就业现状满意度为59%，比全国高职院校（44%）高15个百分点；毕业半年后的就业率为96.5%，比全国高职院校（89.6%）高6.9个百分点；毕业半年后月收入为3088元，比全国高职院校（2482元）高606元；毕业生工作与专业的相关度为64%，比全国高职院校（60%）高4个百分点；工作与职业期待的吻合度为42%，比全国高职院校（40%）高2个百分点；毕业半年内的离职率为32%，比全国高职院校（52%）低20个百分点；毕业生愿意推荐母校的比例为72%，比全国高职院校（56%）高16个百分点；母校总体满意度为91%，比全国高职院校（80%）高11个百分点。

## 二、基本情况

成都航空职业技术学院创建于1965年，1999年由中国航空工业总公司划转四川省，实行中央与地方共建，是四川省人民政府举办的一所全日制普通高等学校，是全国首批28所国家示范性高等职业院校之一，是国防科技工业局确定的国防科技工业职业教育实训基地。学院紧紧围绕国家航空产业发展和区域经济建设需要，开设有航空制造工程、航空电子工程、建筑工程、管理工程、汽车工程、计算机工程、航空维修工程、民用航空服务、艺术分院等9个教学院（系）41个专业，全日制在校学生7946人。学院现有专任教师416人，其中国家教学名师2名，国家教学团队2个；建有12门国家精品课程、32门省级精品课程；先后获得包括国家发明四等奖、国家教学成果一、二等奖在内的省部级以上奖励21项。

"十二五"期间，学院将深入贯彻《国家中长期教育改革和发展规划纲要（2010～2020年）》，以"彰显航空特色，实施精品战略"为发展主题；着力创新办学体制机制，以实施特色品牌专业建设工程和人才强校工程为重点，全面深化教育教学改革，加强内涵建设，提升服务能力；坚持质量立校、人才强校、特色兴校，努力把学院建设成为内涵建设水平领先，人才培养质量上乘，办学综合实力和社会服务能力强的国内一流、国际有影响、航空特色鲜明的高等职业技术学院，建设成为我国航空产业发展和四川区域经济建设不可或缺的高素质高技能人才培养基地。

## 三、质量保障条件

2011 年，学院加大教学经费投入，大力加强基础设施、师资队伍、实训基地、图书和信息化建设等教学基本建设，为提高人才培养质量创造基础条件。

### （一）基础设施

学院现有龙泉和武侯两个校区。2011 年，学院龙泉校区相继建成 4 栋学生宿舍、图书馆和实训楼二期 1 栋，新建面积 49 161.53 平方米。学院现有校舍建筑面积 272 531 平方米，其中教学行政用房 111 071 平方米，学生宿舍 83 458 平方米学生生活用房 39 823 平方米；另有在建工程 53 559.45 平方米，包括 5 栋学生宿舍、学生第二食堂和实训楼二期 2 栋等项目，即将于 2012 年 8 月投入使用。

### （二）师资队伍

学院启动“人才强校”工程，积极推进 2 个国家级教学团队建设和 4 个省级教学团队建设，实施了“名师培养计划”、“青年教师能力提升计划”和“骨干教师培训计划”，高水平、专兼结合的“双师型”教师队伍建设取得新成绩。2011 年，学院新增四川省学术和技术带头人 1 名，四川省有突出贡献的优秀专家 1 名，享受政府特殊津贴专家 1 名，省级教学名师 1 名，院级教学名师 5 名，院级优秀教学团队 3 个；以公开招聘方式引进新教师 27 人。

### （三）实践教学条件

学院以专业培养目标和课程教学内容需要为依据，按照“体现先进性、突出实用性、强调针对性、兼顾适应性”的原则，大力加强实践教学改革与条件建设。2011 年，针对航空、军工类特色人才培养需要，进一步完善航空机电设备维修实训基地、模具设计与制造实训基地、计算机控制技术实训基地、航空电子测量技术实训基地、航空电子设备维修实训基地等国防科技工业职业教育实训基地，新建飞机数字化加工与测量实训基地；针对信息技术类急需人才培养需要，建成通信工程实训基地。目前，校内实训基地教学科研仪器设备总值达 9178 万元。此外，学院建立了一批以航空企业为重点、以地方经济建设为依托、产学合作稳定的 142 个校外实践教学基地，进一步满足了学生实习和就业需要。

### （四）图书和信息化条件

2011 年，新建 13 600 平方米的龙泉校区图书馆，图书馆总面积增至 18 350 平方米。新购入纸本图书 45 000 余册，馆藏文献总量达 72 万余册，其中纸本图书 42 万余册，电子图书 30 万余册，文献总量生均册数达到 90 册/生。学院图书馆拥有中国知网、读秀学术搜索、超星电子图书、维普电子期刊、万方数据库、银符考试网、畅想之星非书资源管理平台、超星名师讲坛等外购数据库，建有数控技术特色数据库、文献信息检索平台2个自建数据库。读者可通过远程访问方式阅读、下载中文电子图书70余万册、中文电子期刊9000余种。

学院龙泉校区信息化建设累计投入1300万元，建设内容包括综合布线系统、数据中心机房、多媒体中控系统、网络设备等高水平信息化基础设施等。有线和无线网络无盲区覆盖校园，各类信息管理系统基本建成。

（五）教学经费投入

学院坚持优先安排教学工作经费预算，确保教学经费及时、足额投入。2011年，学院用于教学仪器设备购置、日常教学运行、教学改革及研究、师资队伍建设等教学基本建设及各项教学工作经费4089万元。

## 四、质量保障体系

学院在原有人才培养质量保障体系的基础上，加强校企合作、工学结合人才培养模式运行质量保障体系建设，对于对接产业的专业设置、对接职业岗位群职业能力的人才培养目标定位、基于工作过程系统化的课程体系改革、对接职业标准和项目或任务的课程内容选择、教学过程对接生产过程的教学做一体化的教学模式改革、对接企业用人标准和企业文化的专业与课程评价体系改革、双师结构的师资队伍建设、生产性实训基地建设、适应职业能力培养的学生管理模式的改革等，建立了人才培养质量控制体系，如图1所示。建立并逐步健全管理制度和激励机制，完善督导制度、毕业生跟踪调查制度，从质量管理目标、质量管理计划、质量管理标准、关键要素管理、质量监控措施等完善人才培养质量保障体系，如图2所示。

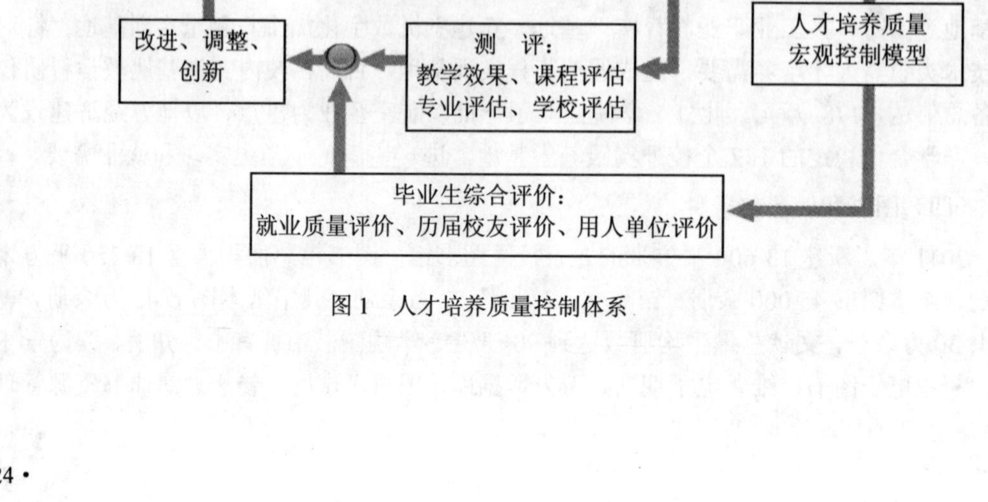


图1　人才培养质量控制体系

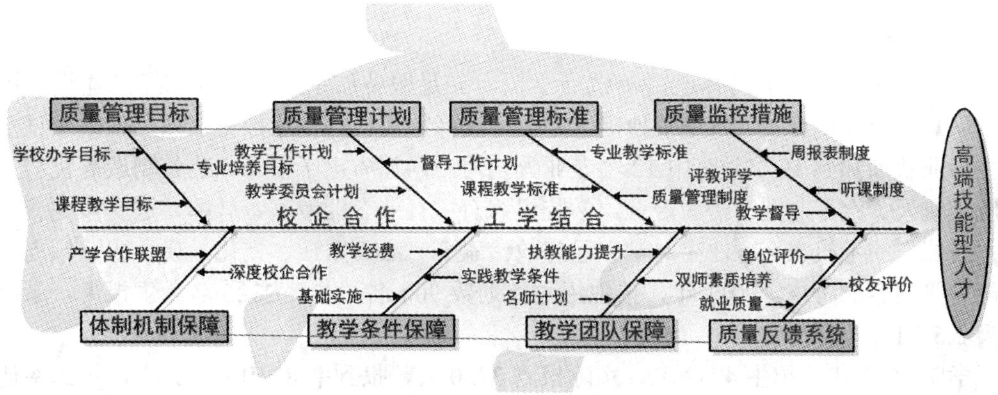


图 2　人才培养质量保障体系

## 五、培养质量形成过程

学院把工作重心放到内涵建设上，提高教育教学质量是学院永恒的主题。提高教育教学质量需要在人才培养全过程中精细化管理，在专业设置、招生改革、人才培养模式创新、课程改革、学生管理，教学管理等环节树立“全面育人、全程育人、全员育人”的教育理念，以提高学生职业能力为核心，以专业建设为抓手，以课程改革为载体，以提升教师执教能力为关键，以实训基地建设为支撑，系统化开展教育教学活动。

### （一）专业设置

学院积极融入航空产业链和区域经济发展圈，主动适应国家航空产业发展和四川区域经济建设对高端技能型人才的培养要求，紧紧抓住航空产业被国家列为战略性新兴产业的发展机会和国家实施成渝经济区区域规划的良机，主动对接航空产业和以电子信息、汽车制造等产业为代表的区域主导产业如图 3 所示，重新规划专业布局，优化专业结构。2011 年新开办材料成型与控制（复合材料成型与修理方向）、汽车制造与装配、电子工艺与管理、图形图像制作 4 个专业，招生专业由 2010 年的 30 个增至 32 个，计算机控制技术、计算机应用技术 2 个专业暂停招生。

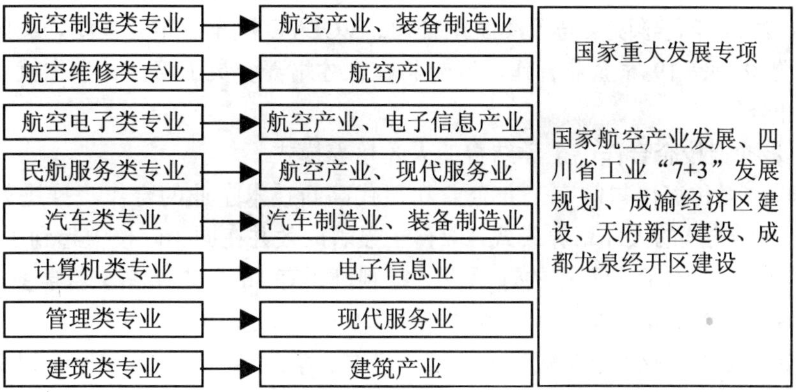


图 3　学院专业与产业（行业）的对接

（二）招生改革

学院作为四川省教育体制改革试点学校，立足服务航空产业和区域经济建设发展需要，认真研究并制订 2011 年单独招生方案，选择特色优势专业推行单独招生改革试点。招生专业数增加到 19 个，其中 12 个专业分别对应四川省电子信息、装备制造等优势产业和航空航天、汽车制造等潜力产业。学院组织有关行业企业专家、教师，进一步完善“知识＋技能”的考核方案，注重对学生思想政治素养、心理素质、文化素质、职业倾向、动手能力等内容的考核。2011 年，单独招生计划数 900 名，共有 2325 名考生报考，录取比例为 2.6∶1。

学院 2011 年共招生 4342 名，实际报到 3730 人，报到率 85.91%。其中，报到率达到 90%以上的专业有航空服务、模具设计与制造、电子信息工程技术、汽车检测与维修技术、图形图像制作、工程造价、物流管理 7 个专业。在报到的 3730 名新生中，成都市学生 783 名，占 20.99%；四川省学生 3340 名，占 89.54%；四川、云南等西部 12 省（市）学生 3544 名，占 95.01%。

学院 2011 年在四川省高考理科调档线为 382 分，文科高档线为 433 分。其中，航空机电设备维修、飞机制造技术、数控设备应用与维护、材料成型与控制、模具设计与制造、电子测量技术与仪器、工程造价、会计等专业考生平均分高于四川同类院校平均水平。

（三）创新人才培养模式

1．创新体制、深化校企合作

校企合作对于学院谋求自身发展、实现与市场接轨、大力提高育人质量、有针对性地为企业培养高端技能型人才具有非常重要的作用。学院积极主动寻求高端产业和产业高端的企业进行深度合作，按照“互惠互利，资源共享，共同发展”的原则，基于“成都航空职业技术学院产学研合作发展理事会”，全院各专业充分利用“1+152”（学院和 152 个企业）产学研合作平台，深化校企合作模式。目前，与学院合作的航空类企业包括：成都飞机工业（集团）有限责任公司、成都飞机设计研究所、成都发动机（集团）有限公司、中国国际航空公司、海南航空公司、四川航空公司等；与学院合作的区域内优势企业包括：中国电子科技集团公司第十研究所、第二十九研究所、一汽-大众、吉利汽车、中兴通讯、华西集团等。2011 年，学院又与天津航空公司、VOLVO 汽车、申蓉集团、美国参数技术公司（PTC 公司）等 19 家企业合作，双方将在人才培养、员工培训、学生就业、技术服务等方面展开合作。

2．进一步探索校企合作、工学结合的人才培养模式

学院不断加强和深化与航空工业企业和现代高新技术企业的合作，推进教育教学改革，创新“工学结合”的人才培养模式，取得了显著成效并在同类院校中起到了示范作用。2011 年，学院与各合作企业开办的订单班（定制班）有 16 个共计 525 名学生，90%以上的学生毕业后在合作企业就业。

——航空维修类专业“定制式”人才培养模式。学院与中国国际航空公司工程技术分公司、海南航空公司、天津航空公司等合作，在航空机电设备维修、航空电子设备维修等专业联合培养专门人才。校企合作共同制定培养方案、共同实施人才培养、共同配置教育

资源、共同进行学生管理，有效整合学校和企业双方的资源，发挥各自的教育和训练优势，各司其职，以日常综合素养养成教育为主线，实施扎实的技能训练，共同培养飞机维修人才。2011 年，该模式定制班级包括“国航班”、“海航班”和“天航班”等共计 120 余名学生。实施该模式以来，已经取得良好成效：本专业毕业生就业率连年达到 100%，学生报名率与录取率超过 5∶1。

——汽车类专业和制造类专业“工学交替”人才培养模式。学院汽车类专业、制造类专业与一汽-大众汽车有限公司紧密合作，共育人才，联合将“工学交替”教学活动融入专业教学计划，交错安排校内教学和企业实习。每批次学生约 150 人左右，实习活动为期 5～6 个月，随后再返校完成学业；企业专门安排师傅对学生进行入门技能培训和岗位专项操作技能指导。学校还联合企业为学生开设《职场体验》、《现代企业生产管理》等学习课程，并给予相应学分。通过工学交替，学生感悟到了现代化、规模化、规范化企业生产一线的岗位技能和班组运行状况，接触到了最新的技术和设备，提升了对企业文化、职业素养的认识。

——电子信息技术类专业“订单式”人才培养模式。学院与上海嘉捷通电路科技有限公司合作，在电子信息技术类专业联合培养专门人才，以企业实际需求为主，涵盖企业培训课程与学院专业课程，共同确定培养目标和教学内容，以企业用人标准选拔优秀学生组建订单班，校企共同实施教学。其中，公共课与专业基础课由学院培养为主，专业课由企业工程师培养为主，合格学员在企业进行顶岗实习并全部在合作企业就业。

——计算机类专业“工学交融”人才培养模式。学院与中兴通讯公司紧密合作，在计算机网络技术和通信技术专业，共同制定专业人才培养目标，开发工学交融、教学做合一的人才培养方案；共建“通信工程实训室”、“网络运营服务器集群机房”、“计算机软件工厂”等校内实训室，建成了以中兴通讯、华迪、银海为重点的十余家 IT 企业校外实训实习基地，成立了成都航院—中兴通讯 NC 学院；构建了“基于能力培养、面向岗位群集”的课程模式和“双证”融通的课程体系；改变了传统以“技术驱动”的培养模式为“行业业务驱动”的培养模式。2011 年，以该模式培养的学生共 122 人，其中应届毕业生人数 64 人，在中兴通信就业人数 37 人，其他学生全部在相关企业就业。

3．校企合作系统化设计人才培养方案

2011 年，学院根据产业结构调整与岗位变迁及生产技术发展，对 2011 级各专业人才培养方案进行梳理。在充分市场调研的基础上，以社会需求作为逻辑起点，将专业融入产业（链）中，准确定位专业服务面向。校企合作共同开展职业岗位（群）工作分析，明确职业岗位（群）的职责、任务和能力要求，并以此为依据，确定专业人才培养目标、培养规格；基于人的全面发展，突出学生的职业道德教育和职业能力培养，系统构建具有职业教育本质特色和高等教育层次特点的课程体系和教学内容，形成专业教学标准，从顶层设计上确保人才培养质量。目前已有 23 个专业修订完成专业教学标准。

### （四）深化教育教学改革

1．研究先行，以教学研究促进系列教学项目建设

学院紧紧围绕“十二五”战略发展规划，以教育研究为先导，坚持“在实践中研究、

以研究指导实践”的原则，及时物化教育研究成果，推进专业建设、课程建设、教学模式改革和教学资源建设，提升专业服务能力，促进人才培养质量的全面提高。

（1）围绕学院“十二五”规划的重要工作开展教学研究

学院“十二五”发展规划明确提出，“十二五”期间要“实施特色品牌专业建设工程”、“探索工学结合人才培养模式”、“推进人才强校工程”等重大项目。学院针对“十二五”建设发展的重点工作、难点工作开展教育科研，2011年新立项课题24项，其中重点课题8项，包含《模具专业教学资源库的建设与推广》、《构建专业评价指标体系的研究与实践》、《创新中高职衔接的人才培养模式的研究与实践》、《基于BB平台的优质课程建设与管理机制的探索与实施》等课题；另有9项院级课题结题；在研课题共66项，其中国家级课题5项，省级课题9项。

（2）积极开展质量工程项目，打造特色品牌专业，提升专业服务产业能力

学院以重点专业建设为突破，全面带动专业群建设，整体提升专业发展水平和服务能力，为航空产业发展和区域经济建设提供充足的优秀高端技能型专门人才。

——对接装备制造业和汽车制造产业，加强模具设计与制造专业和汽车制造与装配专业建设。2011年，学院模具设计与制造专业和汽车制造与装配专业综合改革项目被确定为四川省高等教育质量工程建设项目，建设资金为210万元，将重点进行课程体系开发、师资队伍培养、教学资源建设，并充分利用现代信息技术，建成一批含丰富教学资源、教学案例，且可通过网络实现“教”与“学”的开放、共享平台。

——对接航空产业和电子信息产业，加强飞机制造技术、电气自动化技术专业建设。学院飞机制造技术、电气自动化技术为2011年中央财政支持高等职业学校提升专业服务产业能力的建设项目，共投入建设资金400万元，重点进行实训基地建设、师资队伍建设、课程体系开发和教学资源建设，把专业建设成为职教理念先进、校企紧密结合、教学团队卓越、实训条件一流、教学资源丰富的特色品牌专业。

——对接汽车产业，加强汽车检测与维修技术专业建设。2011年，学院作为中德职业教育（汽车机电）合作项目学校，与德国五大品牌汽车公司联手，在汽车检测与维修专业联合培养汽车机电技术人才。学院将在中德双方联合成立的“项目指导委员会”专家组导引下，先期启动“实验班组建”工作包，后期启动“教学计划开发”、“师资团队能力提升培训”、“教学设施装备援助”等其他工作包及规定任务，培养国内一流的汽车专业高素质高技能人才。

（3）以建设“专业教学资源库”项目为牵引，带动和深化课程改革

学院主持建设国家“模具设计与制造专业教学资源库”项目，参与数控技术、应用电子技术、建筑工程技术、汽车检测与维修技术4个专业国家教学资源库建设（其中包含15门课程资源库的建设任务），基于示范建设成果，深化课程改革，推动学院各项教学改革工作的开展。

为引导教师将课程改革成果落实到教学中，落实到课堂上，使学生真正受益，学院策划并组织了首届“教学工作包”展示教学活动。“教学工作包”涵盖该课程教学单元（或情境、或模块）的所有教学文件：如课程标准简表、授课计划、教案、PPT、教学资源、教学案例、学生学习成果（作品、作业、方案）、教学日志、评价记录等。

2011 年，学院不断完善工学结合的任务型教学内容，将教学改革和教学研究的最新成果物化，建成院级精品课程 7 门，编制出版了 3 本“十二五”规划教材，在编规划教材 10 本，其中 1 本教材获得“2011 年普通高等教育精品教材”。

为推进信息化手段在教学中的应用，“学院教学信息化管理平台”和“毕博课程教学平台的应用”被列为学院重点建设项目立项建设，为教学形态的改革奠定基础。

2．基于工作过程开发工学结合课程

基于学院教育研究成果《工作过程系统化的“3343”高职课程开发模式》（国家教学成果一等奖）开发工学结合课程，如图 4 所示。截至 2011 年，学院共建成国家精品课程 12 门、省级精品课程 32 门、院级精品课程 63 门以及 150 余门网络课程，建成了包含各类媒体素材、教学案例、教学设计在内的各种教学资源 1500G，搭建了面向全国教师、学生和自由学习者的在线学习网络平台，构成了开放性的专业教育、学习和培训环境，改变了教学形态。

工学结合课程注重教学做一体化的教学模式改革，强调项目来源于生产实践，服务于实际工作需求。2011 年，共有 9 个专业 2434 人次在实践环节中进行源于企业的实践项目的训练，并由学校专业教师和企业兼职教师协同指导。1246 人次学生在“校中厂”完成职业能力提高的训练实践，237 人次学生在“厂中校”完成职业能力提高的训练实践。

3．基于职业能力培养的教学模式改革

为突出学生职业能力培养（即专业能力、方法能力、社会能力），学院大力推行以“行动导向”的教学设计并实施“理论、实践一体化”教学。该教学模式在教学过程中充分发挥学生的主体作用和教师的主导作用，注重对学生分析问题、解决问题能力的培养，从完成某一方面的“任务”着手，通过引导学生完成“任务”，从而实现教学目标。学院教师在“3343”课程开发模式下，选择典型工作任务为载体，设计学生学习训练的组织形式，体现学生的主体地位，体现师生、生生互动合作。考核评价既有过程性评价，又有终结性评价，涵盖学生能力、知识、态度的考核，突出能力考核。

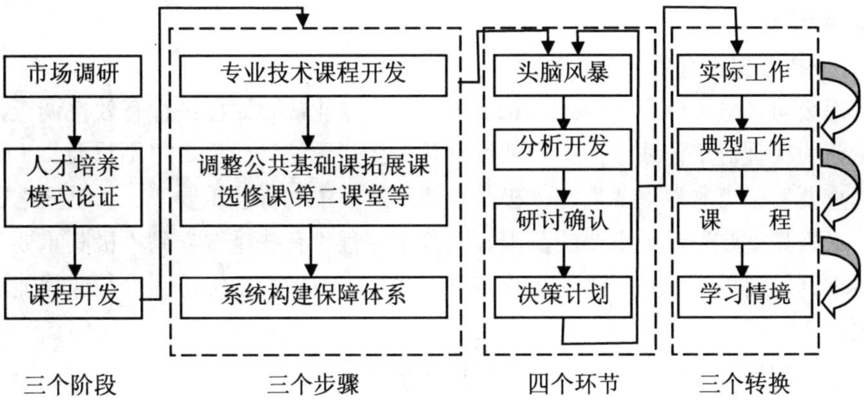


图 4　基于工作过程系统化的“3343”高职课程开发模式

学院组织专题学生座谈会，了解“行动导向”一体化教学效果，共有 1076 名学生参与了调查，如图 5 所示。98%的学生认为课程能达到或基本能达到能力目标要求；76%的学生认为课程教学“显著提升”或“较大提升”其职业能力；70%的学生认为“行动导向”教学方式好于“传统的知识传授”教学方式，因为不再“枯燥和死板”，更能激发学习的兴趣，调动学习积极性。

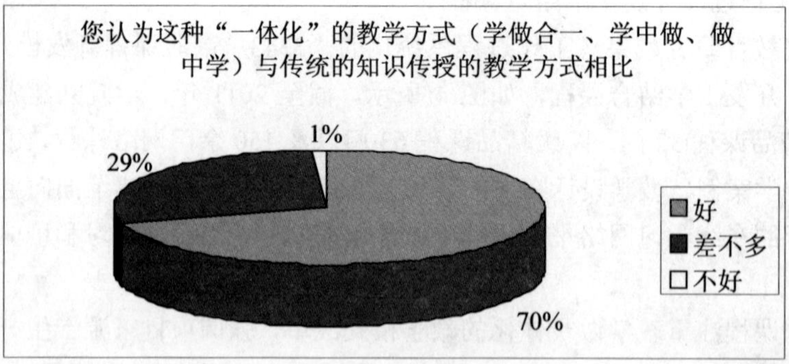


图 5 “行动导向”教学方式调查

4．校企合作管理顶岗实习

顶岗实习是专业人才培养方案中一个非常重要的环节，是在真实职业环境下培养学生职业素质和职业能力的重要载体。学院把毕业生顶岗实习作为一门课程进行管理，各专业制订有《顶岗实习》课程教学标准，明确了各专业的实习岗位、工作职责、实习要求等。学院开发有顶岗实习网络技术平台，可面向遍布在全国各地参加顶岗实习的学生，与企业共同加强实习过程管理。学院要求学生每两周通过网络平台提交在企业顶岗实习技术小结；学院管理教师在收到学生技术小结后进行回复，给予指导。顶岗实习结束时要求学生撰写一份 6000 字以上的技术总结报告，在四川省内地区学生回学校参加答辩。

2011 年共有 1369 名学生参加顶岗实习，占毕业生总数的 94.74%；网络管理平台共收到学生两周技术小结 9583 份，学生提交率 93.38%；管理教师共回复学生两周技术小结 8538 份，回复率 95.41%。

5．专业核心课程有效性评价较高

麦可思公司（MyCOS）对我校 2011 届毕业生专业核心课程进行有效性调查，被调查的毕业生认为课程对工作或学习的重要度评价分为“无法评价”、“不重要”、“有些重要”、“重要”、“非常重要”、“极其重要”，其中“有些重要”、“重要”、“非常重要”、“极其重要”属于重要的范围。回答了课程“有些重要”到“极其重要”的毕业生会被要求回答课程训练是否满足工作或学习要求，满足度指标是回答某课程能满足工作的百分比。

（1）本校的核心课程重要性评价（如图 6 所示）

分析：本校 2011 届毕业生中，有 79%的学生认为本校的专业核心课程对目前的工作或学习重要。

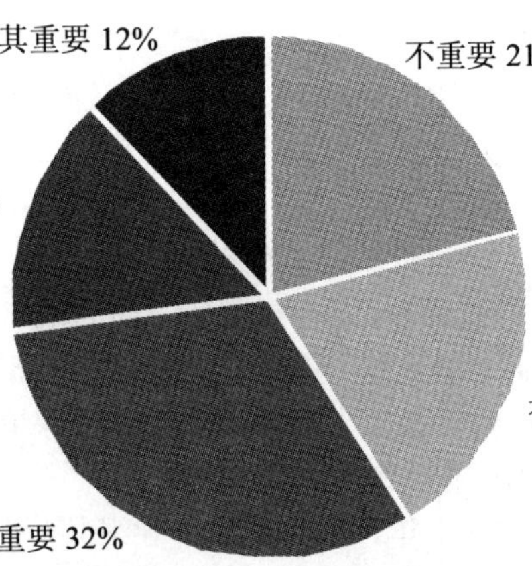

图 6　本校 2011 届毕业生评价核心课程重要性的人数分布

数据来源：麦可思-成都航院社会需求与培养质量年度报告（2012）

（2）本校的核心课程满足度评价（如图 7 所示）

图 7　本校 2011 届毕业生评价核心课程是否满足的人数%分布

数据来源：麦可思-成都航院社会需求与培养质量年度报告（2012）

分析：本校 2011 届毕业生中回答专业核心课程重要的毕业生认为这些课程的培养水平对目前初级职位或学习的满足度为 61%。

**（五）加强教学过程管理**

教学设计阶段要制定质量标准和教学规范，以保证教学质量良性循环；教学实施过程要及时收集教学信息，以分析教学过程中存在的问题并加以解决；教学效果评价要采取多种形式检验教学质量，并形成反馈。

1．完善教学质量管理制度，强化教学设计规范要求

为适应课程改革及教学需要，学院制定了一系列教学质量管理制度和教学工作规范要求，从制度层面保障教学质量。现行教学质量管理制度和教学工作规范包括《成都航空职业技术学院专业教学标准规范要求》、《成都航空职业技术学院课程标准规范要求》、《成都航空职业技术学院教学质量管理条例》、《成都航空职业技术学院关于实施主要教学环节教学质量标准的规定》、《成都航空职业技术学院教师教学工作的规范》、《成都航空职

业技术学院教学运行管理条例》等。

2．加强教学过程监控，分析影响教学质量因素并及时处理

——推行教学信息员制。为及时了解教学情况，解决“教”与“学”中存在的问题，学院将各班级学习委员作为本班教学信息员，每周一向学院提交上一周本班教学信息，内容包含教师考勤、教师辅导、作业批改、教学效果等。2011 年共收到学生填写的周报表 5000 余张，使有关教学组织、教学管理、教学效果等方面的 150 个问题得到及时解决和处理。

——推行教学行政值班制。学院每天安排 2 名教学中层干部和 2 名教务工作人员，分别在各教学楼、实训楼值班，检查教师上课情况、学生上课情况以及教学保障条件等，及时处理教学中存在的问题，确保正常教学秩序。

——加强教学督导工作。2011 年，学院教学督导组共听课 264 人次，被听课教师 112 人，占上课教师总数的 45.34%。督导组根据听课教师的教学设计、教学实施过程、教学效果进行评价，并及时将评价意见反馈给任课教师。在教学督导组的综合评价中，优秀教师 76 人，占被听课教师的 67.8%。

——定期开展教学工作专项检查。2011 年，学院教学工作专项检查的主题为“规范教学秩序，完善教学文件，提高教学质量”，重点在于加强实践教学的教学组织、教学管理及教学效果评价，分为“系部自查”和“学校检查”两个层面。

3．加强教学效果的检查与评估，促进教学质量提高

——开展学生职业能力展示教学活动。为提高学生的实践能力、就业能力，展示学生积极向上、奋发进取的精神风貌和熟练的职业技能，检验教师教学质量和学生学习效果，学院策划并组织开展了学生职业能力展示教学活动和实践教学成果展。各专业积极推荐 1～2 个项目来展示教师的教学设计、教学实施过程和代表学生学习效果的方案、作品、成果等。

——组织学生评教工作。学生评教侧重对教师的教学内容选取、理论实践一体化的教学设计、行动导向的教学方法、突出职业能力培养的教学效果进行评价。2011 年，共有 5975 名学生参与学生评教，参与评教学生占全校学生的比例为 75.2%；共收到评教记录 444 490 条评教数据；被评教师 247 名，其中学生评教成绩在 90 分（优秀）以上者 205 名，占到被评教师的 82.99%。

——严格进行学籍处理

2011 年 3 月和 9 月，学院根据学生考试成绩分别完成了春季学期学籍处理和秋季学期学籍处理，共有 90 名学生因所失学分达到学校规定要求而受到学籍处理，其中退学 2 人、学年重修 1 人、退学警告 23 人、学业提醒 64 人。另外，因严重考试作弊而开除学籍的学生 7 人。严格的学籍处理对学生的学习态度、学习习惯、学风建设、教学质量等起到积极的促进作用。

**（六）提升教师执教能力**

教师是教学质量保障的关键，提高教师的教育教学水平和执教能力是学院永不停歇的专题。2011 年，学院启动“人才强校”工程，实施“名师培养”、“青年教师能力提升”和“骨干教师培训”等若干计划，着力提高教师的教学业务能力和专业技术应用能力，努力打造专兼结合的高水平“双师”素质教学团队。

1．学历培训

学院共有 6 名青年教师在职攻读博士研究生（新增 2 名），22 名青年教师在职攻读硕士研究生（新增 6 名）。完成博士学位培训 1 人，完成硕士研究生学历（学位）培训 13 人。

2．“双师”素质培训

为加强教师“双师”素质培训，学院选送了 23 名骨干教师到中国国际航空公司、四川银海软件股份有限公司、成都三和集团等企业参加顶岗锻炼和技术研发，教师工程实践能力得到提高。

3．教师教学业务能力培训

为提高教师课程开发、教学设计和教学实施的能力，学院先后推荐、选派骨干教师参加各级各类专业技术短期培训 100 余人次，培训项目包括教育部和四川省教育厅组织的“课程开发与教学活动设计高职骨干教师培训班”、“高职院校领导海外培训项目”、“电子信息技术专业双师培训暨专业课程与国家职业标准对接研究与实践研修班”、“2011 年四川省哲学社会科学教学科研骨干研修班”、“2011～2012 学年度进修学者”等。

**（七）强化学生教育与管理**

1．基于人的全面发展，重视学生素质及养成教育

学院始终注重学生的全面素质教育，关注学生的成长、成人、成才、成功，坚持“合格+特长”的理念，将统一规格培养与学生个性发展有机结合，把课程教学作为素质教育的主渠道。同时设置科学合理、内容丰富的分层次的选修课体系、第二课堂；有效开展形式多样、主题鲜明、生动活泼的校园文化活动、学生科技竞赛活动、能力（成果）展示活动、学生社团活动；专门设置素质拓展训练专周，开设素质教育专题讲座；长期坚持在学生中开办学生业余党校，积极开展“团内推优”工作和“创三好”、“创优良学风、校风”等活动，采取多种形式对学生进行思想品德教育、人文艺术教育、心理健康教育、诚信法制教育、良好行为习惯的养成教育、团队精神和社会实践活动教育，使学生成为人格健全、具有一定创新精神和实践能力的合格社会人、职业人。

学生素质教育是个系统工程，包含学生的思想政治素质、身心素质、文化素质、业务素质和创新（创业）素质。思想政治素质教育作为中心，它是整个素质教育体系的灵魂；身心教育是素质教育的载体，文化教育是素质教育的基础，业务教育是素质教育的内核，创新（创业）教育是素质教育之本，如图 8 所示。

2．开展学生素质拓展训练，强化学生身心素质

学院各专业人才培养方案中均设置有“素质拓展训练”专周（1～2 周），由各系专门设计方案，就学生的职业生涯规划、团队协作能力、表达与沟通能力、图情信息检索、心理健康等进行专门拓展训练。

为营造学术氛围、开阔学生视野、提高学生人文素质，学院策划并组织院级以上教学名师、教授、企业专家为学生开设“素质教育专题”讲座，每周二、四晚上准时报告。讲座内容主要分为两类：一类是围绕专业领域发展的科学技术类讲座，如新技术、新工艺、新流程、新理念等；一类是人文素质教育类讲座。全年共有 842 名学生以选修课形式参与了学习，分别组成 4 个教学班；聘请了 29 人次名师、教授，5 人次来自行业企业一线的专家。

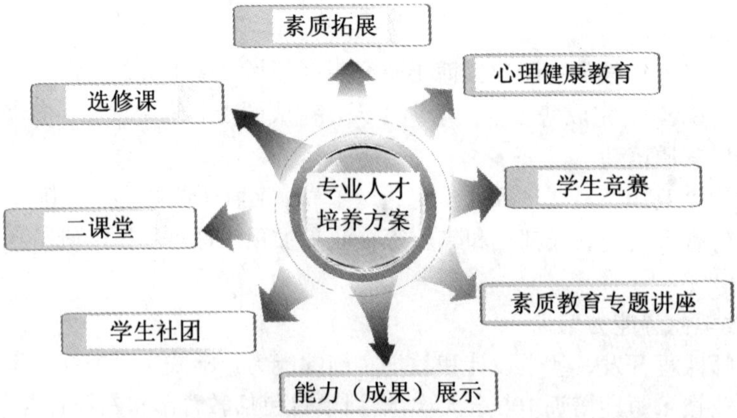


图8　基于人的全面发展，构建素质教育体系

3．开展科技创新活动，培养学生创新创业能力

学院成立有“学生创新（业）服务中心”，创办了“书报亭”、“自动售饮机”、“汽车美容（模拟）公司”等项目，以项目带动学生创新（业）实践活动。目前，“书报亭”和“自动售饮机”项目已进入成熟运作，“书报亭”项目还引进了申通快递业务，为全校师生收取和寄发快递提供便利。另外，通过开设第二课堂，开展专业纵向延伸和横向拓展的模块课程，培养学生动力和创新能力。

4．构建完备的“奖助勤贷”体系，服务学生成长成才需要

按照“教育人、引导人、关心人、帮助人”的要求，学院建立了“全方位、开放式”的奖学助金体系，充分发挥“奖助勤贷”对学生的激励、引导、帮助作用，全面服务于学生的成长成才需要。2011年共发放奖助学金647万元，受益学生2780人，占全院学生总数的34.81%；提供187人次的勤工助学岗位，发放18.5万元勤工助学金。

5．开展形式多样的社团活动，丰富学生课余生活

学院注册有学术科技类、社会实践及公益类、社交联谊类、文化艺术类、表演艺术类、体育户外类等多个社团，各社团常年开展丰富多彩的活动，对提升学生的兴趣爱好、发挥特长、综合能力提高起到了积极作用。

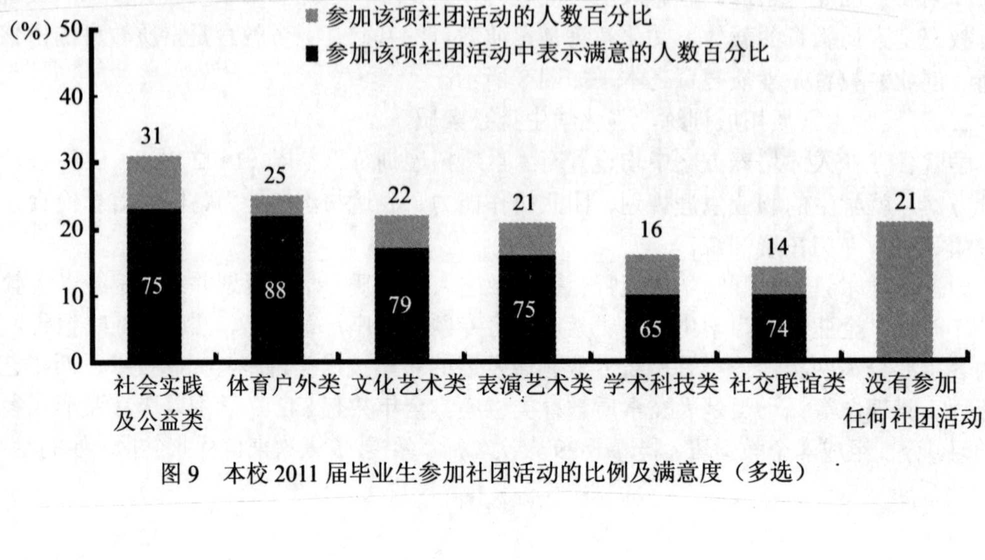


图9　本校2011届毕业生参加社团活动的比例及满意度（多选）

分析：本校2011届毕业生在校期间，有31%的人参加过社会实践及公益类社团活动，其满意度为75%；有25%的人参加过体育户外类社团活动，其满意度（88%）最高；有21%的人表示没有参加过任何社团活动，如图9所示。

### （八）学生培养结果

1．2011届毕业生毕业情况

2011届应届毕业生总数为1434人。截至2011年12月31日，共有1374人修完教学计划规定的全部课程并获取课程学分，领取毕业证，毕业率为95.82%。未领取毕业证书的60中必修课未通过55人，选修课未通过5人，未取得相应学分，暂缓发放毕业证书。

2．毕业生获取职业资格证书情况

各专业大力实施“双证制”教育。学院2011届毕业生中，获取职业资格证书、行业技能证书学生共有1361人次，占毕业生总数的94.9%。

3．2011年学生校外竞赛获奖情况

学生积极参加国家、行业、省、市各类竞赛，获得“全国职业院校技能大赛机械部件创新设计与制造项目”三等奖1项；全国大学生电子设计竞赛国家二等奖1项、省一等奖1项、省二等奖2项。另外在“高教杯”全国大学生先进成图技术与产品信息建模大赛、高职高专发明杯大学生创新创业大赛、第六届全国信息技术应用水平大赛、全国企业沙盘大赛、全国高等院校空乘专业推介展示大赛中获奖44项，获奖学生共174名。

## 六、2011届毕业生就业状况及分析

### （一）就业竞争力

1．毕业生就业率高于全国高职院校

数据来源：麦可思-成都航院社会需求与培养质量年度报告（2012）

分析：本校2011届毕业半年后的就业率为96.5%，比全国高职院校（89.6%）高6.9个百分点，如图10、图11所示。

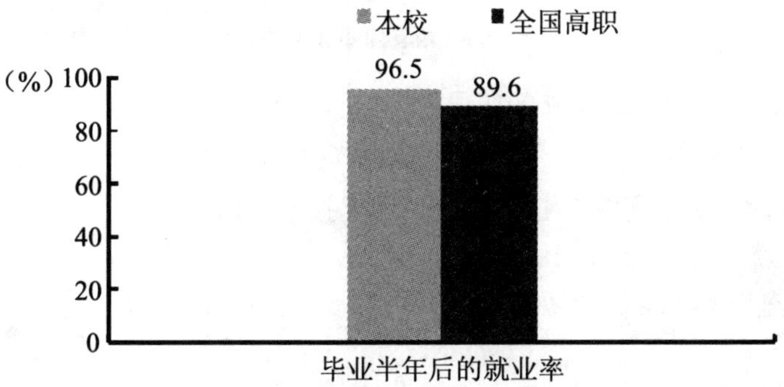


图10　本校2011届毕业半年后就业率

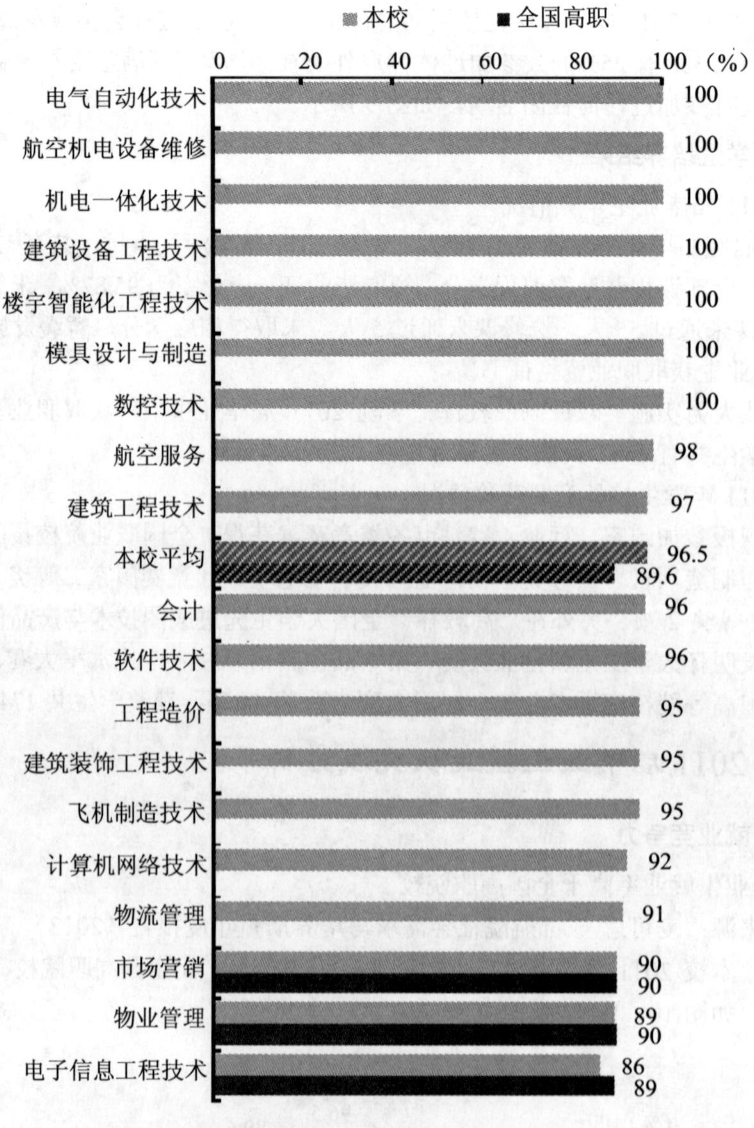


图11　本校2011届各专业毕业半年后的就业率

数据来源：麦可思-成都航院社会需求与培养质量年度报告（2012）

分析：其中就业率较高的专业是电气自动化技术、航空机电设备维修、机电一体化技术等七个专业，就业率均为100%。

2．毕业生就业现状满意度高于全国高职院校（如图12所示）

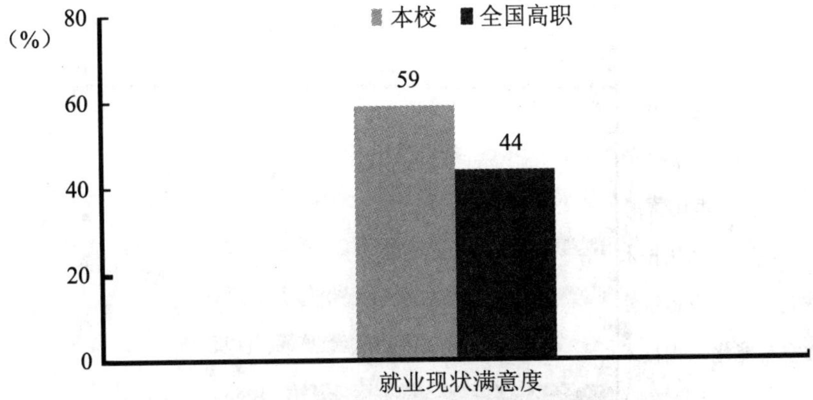


图 12　本校 2011 届毕业生的就业现状满意度

数据来源：麦可思-成都航院社会需求与培养质量年度报告（2012）

分析：本校 2011 届毕业生半年后的就业现状满意度为 59%，比全国高职院校（44%）高 15 个百分点。2011 届毕业半年后的就业现状满意度较高的专业是航空服务（84%）、楼宇智能化工程技术（78%）、航空机电设备维修（75%）。

3．毕业生就业质量较好

就业质量：主要体现在月收入、工作与专业相关度、职业吻合度、离职率方面。

（1）毕业生月收入高于全国高职院校（如图 13 所示）

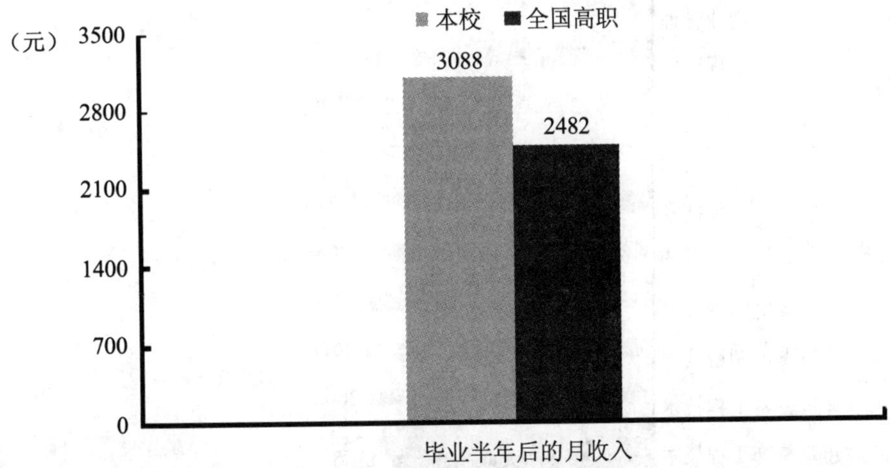


图 13　本校 2011 届毕业半年后月收入

数据来源：麦可思-成都航院社会需求与培养质量年度报告（2012）

分析：本校 2011 届毕业半年后的月收入为 3088 元，比全国高职院校（2482 元）高 606 元，如图 14 所示。

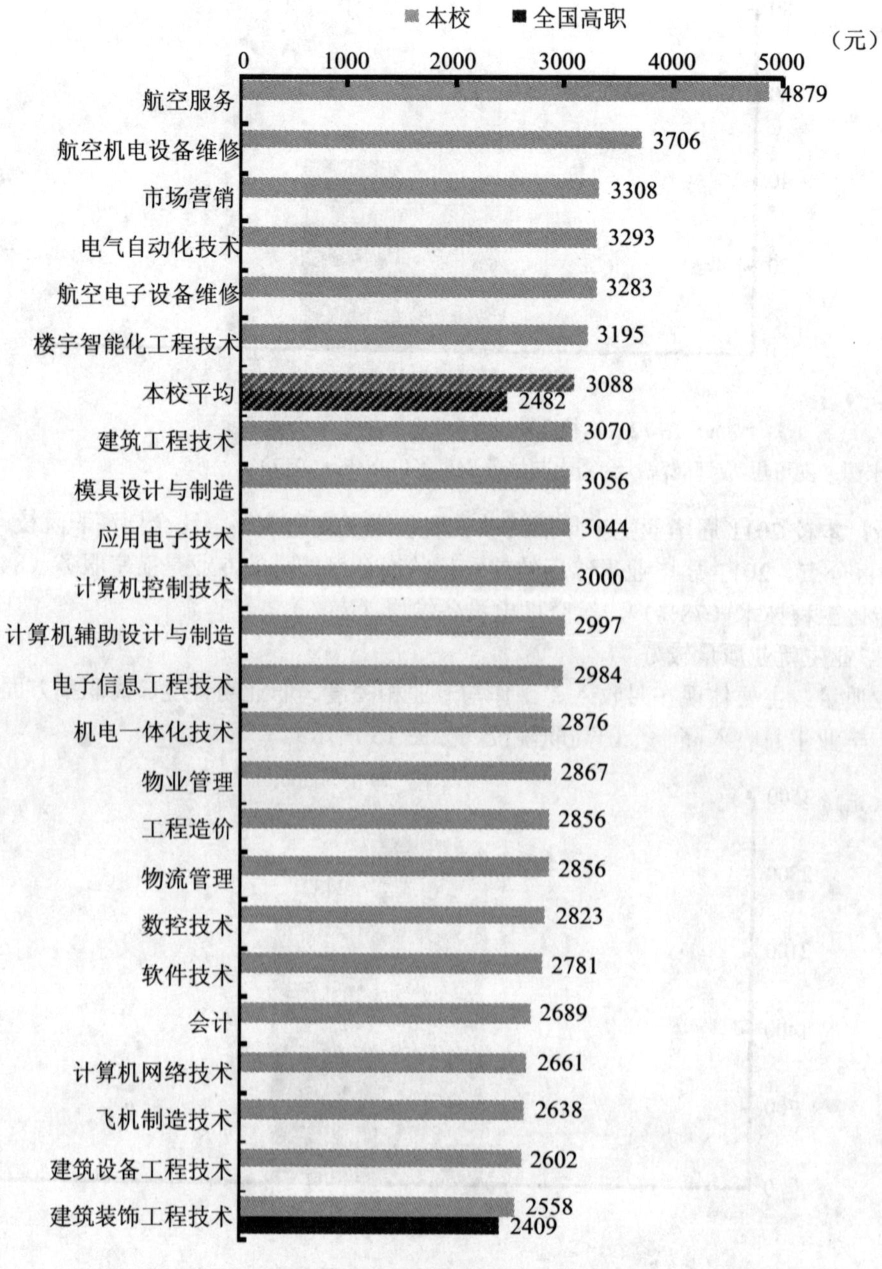


图14　本校2011届各专业毕业半年后月收入

数据来源：麦可思-成都航院社会需求与培养质量年度报告（2012）

分析：本校2011届毕业半年后月收入较高的专业是航空服务（4879元）、航空机电设备维修（3706元），毕业半年后月收入较低的专业是建筑装饰工程技术（2558元）、建筑设备工程技术（2602元）、飞机制造技术（2638元）。其中，建筑装饰工程技术专业毕业半年后月收入高于全国高职相同专业的同项指标。

（2）毕业生专业相关度高于全国高职院校（如图 15 所示）

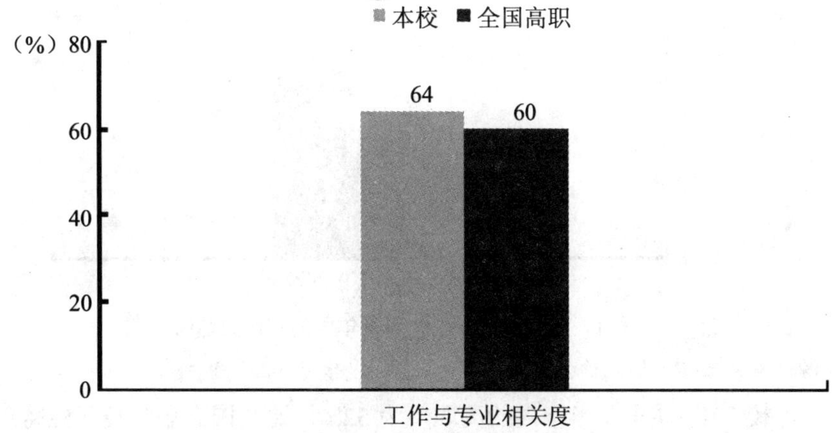


图 15　本校 2011 届毕业生工作与专业相关的人数%

数据来源：麦可思-成都航院社会需求与培养质量年度报告（2012）

分析：本校 2011 届毕业生工作与专业的相关度为 64%，比全国高职院校（60%）高 4 个百分点。本校 2011 届毕业半年后工作与专业相关度较高的专业是建筑工程技术（97%）、建筑设备工程技术（95%）、工程造价（90%）。

（3）毕业生职业吻合度高于全国高职院校（如图 16 所示）

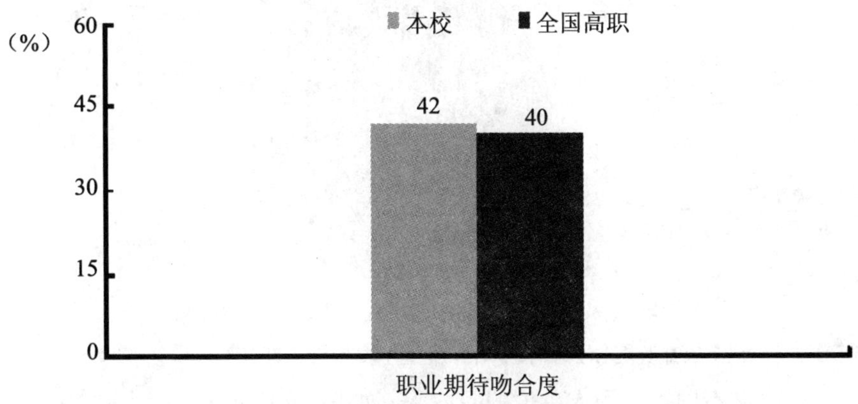


图 16　本校 2011 届毕业生目前的工作与职业期待吻合的人数%

数据来源：麦可思-成都航院社会需求与培养质量年度报告（2012）

分析：本校 2011 届毕业生工作与职业期待的吻合度为 42%，比全国高职院校（40%）高 2 个百分点。认为目前工作与职业期待不吻合的毕业生中，有 37%的人是因为不符合自己的职业发展规划，有 29%的人是因为不符合自己的兴趣爱好。

（4）毕业生离职率低于全国高职院校（如图 17 所示）

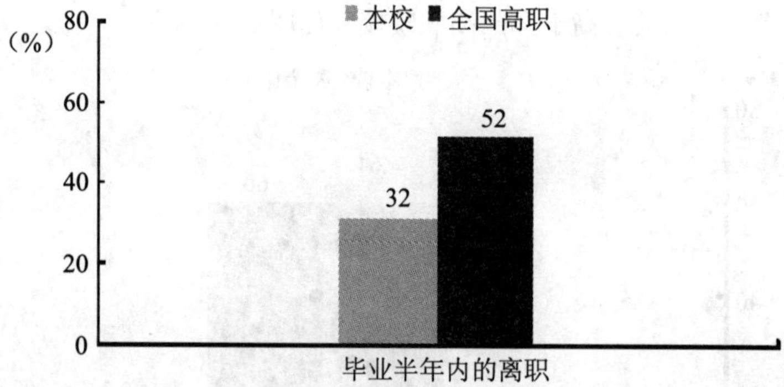


图 17　本校 2011 届毕业半年内的离职人数%

数据来源：麦可思-成都航院社会需求与培养质量年度报告（2012）

分析：本校 2011 届毕业半年内的离职率为 32%，比全国高职院校（52%）低 20 个百分点。

## （二）就业特色与优势

### 1. 用人单位集中在民营企业与大型企业

（1）用人单位类型（如图 18 所示）

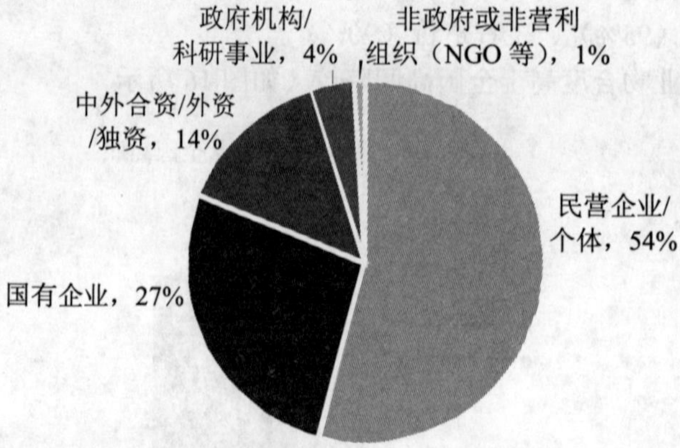


图 18　本校 2011 届毕业生的用人单位类型分布

数据来源：麦可思-成都航院社会需求与培养质量年度报告（2012）

（2）毕业生在不同类型用人单位的月收入（如图 19 所示）

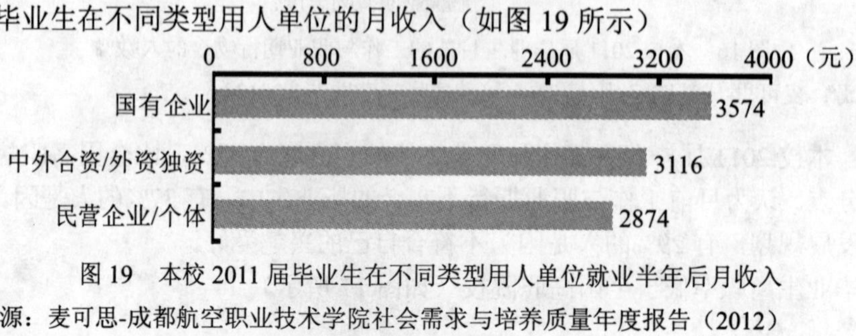


图 19　本校 2011 届毕业生在不同类型用人单位就业半年后月收入

数据来源：麦可思-成都航空职业技术学院社会需求与培养质量年度报告（2012）

分析：本校 2011 届毕业生主要就业的用人单位类型是民营企业/个体（54%），毕业半年后月收入为 2874 元；其次是国有企业（27%），毕业半年后月收入为 3574 元。

（3）用人单位规模（如图 20 所示）

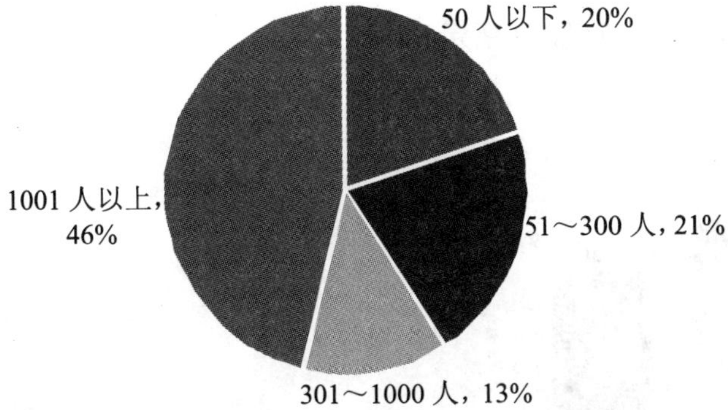


图 20　本校 2011 届毕业生的用人单位规模分布

数据来源：麦可思-成都航院社会需求与培养质量年度报告（2012）

诊断：本校 2011 届毕业生主要就业于 1001 人以上规模的大型用人单位（46%）。

2．就业地集中在成都（如图 21 所示）

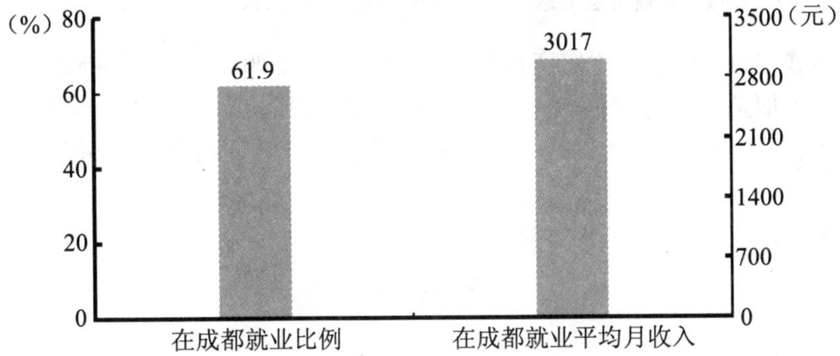


图 21　本校 2011 届毕业生在成都就业比例和月收入

数据来源：麦可思-成都航院社会需求与培养质量年度报告（2012）

分析：本校对各地区经济的贡献：本校 2011 届就业的毕业生中，有 61.9%的人选择本校所在地——成都就业。本校 2011 届毕业生在成都就业的平均月收入为 3017 元，比在该城市就业的同届全国高职院校毕业生的平均月收入（2700 元）高 317 元，如图 22 所示。

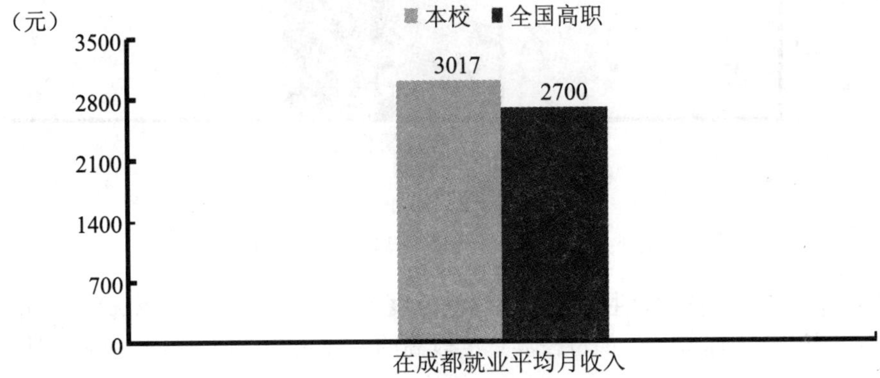


图 22　本校 2011 届毕业生在成都就业的月收入

### （三）校友评价

（1）校友推荐度较高（如图 23 所示）

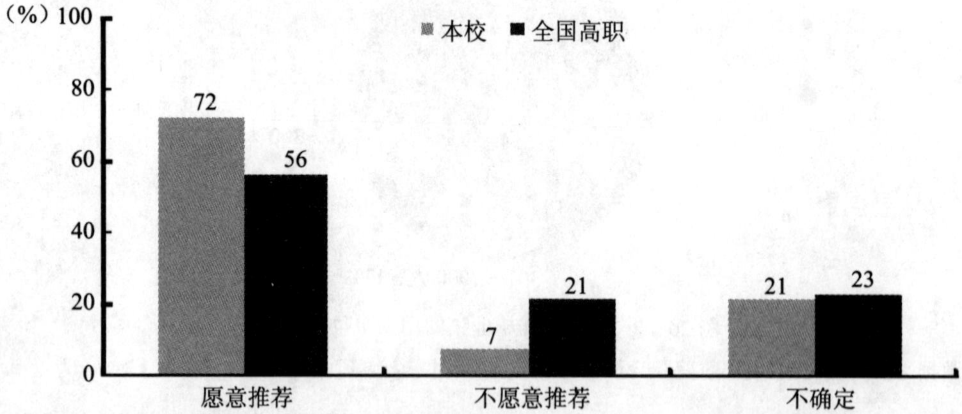


图 23　本校 2011 届毕业生是否愿意推荐母校给亲戚朋友就读的人数%

数据来源：麦可思-成都航院社会需求与培养质量年度报告（2012）

分析：本校 2011 届毕业生愿意推荐母校的比例为 72%，比全国高职院校（56%）高 16 个百分点；不愿意推荐母校的比例为 7%，比全国高职院校（21%）低 14 个百分点。2011 届毕业生中，愿意推荐母校比例较高的专业是楼宇智能化工程技术（90%）、航空服务（83%）。

（2）校友满意度较高（如图 24 所示）

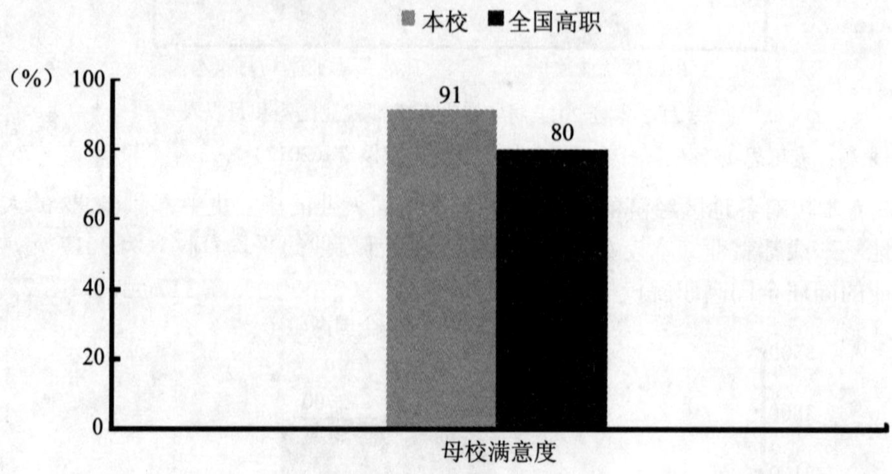


图 24　本校 2011 届毕业生对母校满意的人数%

数据来源：麦可思-成都航院社会需求与培养质量年度报告（2012）

分析：本校 2011 届毕业生的母校总体满意度为 91%，比全国高职院校（80%）高 11 个百分点；本校 2011 届毕业生的母校满意度较高的专业是会计（100%）、物流管理（100%）。

### （四）单位评价

成都飞机工业（集团）有限责任公司、中国工程物理研究院、中国人民解放军第5719工厂、中国国际航空公司、四川航空公司、海南航空公司、成都飞机设计研究所、中国空空导弹研究院、中国科学院光电技术研究所、中国电子科技集团公司第十研究所、一汽-大众、吉利汽车、中兴通讯等航空大型企业和现代高新技术企业连续多年都到学院选录毕业生，每年的9～10月已把次年毕业生“预定”。他们认为学院毕业生思想政治素养好，踏实肯干、爱岗敬业，专业技能扎实、动手能力强，能胜任职业岗位需要。

## 七、存在的问题及对策

### （一）办学体制机制需要进一步创新

2011年，学院通过努力，在与航空产业和区域优势企业合作方面取得了许多新成绩，但在探索构建富有活力的政、行、校、企长效合作机制方面需要实现新突破。2012年，学院将进一步解放思想、转变观念、开拓创新，从学院、系和专业多层面大力推进办学体制机制创新，积极探索政、行、企、校多元合作办学模式和集团化办学模式，探索建立学院董事会或理事会，建立“人才共育、过程共管、成果共享、责任共担”的互利共赢合作机制，努力将自身拥有的行业和区位优势转变成为发展优势，进一步改善办学环境，增强办学活力。其具体工作目标包括：以西南地区航空工业企业、民航企业及部队企业为主体，重组成都航空职业技术学院产学研合作发展理事会；以探索成立西南航空产教联盟为平台，整合中航工业、民航企业及部队企业的教育培训资源，有效服务大航空产业发展；以服务国家（成都）经开区汽车主导产业为突破口，探索建立以系为合作载体服务汽车产业的成都（经开区）汽车产教联盟，有效服务区域经济建设等。

### （二）专业服务产业能力需要进一步提高

在示范项目建设的基础上，学院2011年进一步加大了专业软硬件建设力度，尤其对航空、汽车类专业进行了重点投入，但真正所有专业都实现“五对接”（专业与产业对接、课程内容与职业标准对接、教学过程与生产过程对接、学历证书与职业资格证书对接、职业教育与终身学习对接）尚有差距，在打造国内一流品牌专业方面还需进一步努力。为此，学院2012年将实施特色品牌专业建设工程和人才强校工程，进一步加强内涵建设，提升专业服务产业能力，提高人才培养质量，彰显高职办学特色。

（执笔：祝登义）

# 四川工程职业技术学院
# 2011年度人才培养质量报告

为深入学习和贯彻落实胡锦涛总书记在清华大学百年校庆重要讲话精神和《国家中长期教育改革和发展规划纲要（2010～2020年）》，坚定不移走以质量提升为核心的内涵式发展道路，不断巩固国家高等职业院校示范建设成果，以开放的心胸、坦诚的态度和务实的精神，在校内广泛收集相关素材并借助社会相关机构对2011年毕业生广泛调研的基础上，实事求是的撰写了这份年度质量报告，以期总结和反思我们在人才培养方面取得的成就和经验、问题和不足，回应社会公众的关切，努力寻求进一步提高质量的新途径。我们热忱地欢迎社会各界对学院人才培养工作进行监督并提出宝贵意见，帮助和鞭策我们不断提高人才培养质量，办好人民满意的高职教育。

## 一、基本情况介绍

### （一）学校简介

四川工程职业技术学院地处国家重大技术装备制造业基地——德阳市，是国家在1959年与中国二重、东方汽轮机、东方电机等重装企业一起布点建设的学校，50年来，为国家培养了近6万余名建设人才，为社会主义经济建设特别是装备制造业的建设和发展作出了积极贡献。目前，学校占地1200余亩，在校学生12 283人，拥有数控、焊接等一批国家、省级精品专业，现招生专业数38个。2006年，学校成为国家首批示范性高职学院，还先后荣获了“第六届高等教育国家级教学成果一等奖”、“国家高技能人才培育突出贡献奖”、“全国五一劳动奖状”等荣誉。

### （二）办学定位、特色和理念

办学定位：面向装备制造业和地方经济需要，培养紧缺的专科层次高素质高技能型专门人才。

办学特色：服务重装，开放创新，省市共建，校企合作。

办学理念：体制创新，开放办学，努力为行业和地方培养紧缺人才。

### （三）教学系（部）设置、专业设置（如表1所示）

表1　教学系（部）设置和专业设置

| 系（部）和部门设置 | 专　业　设　置 |
|---|---|
| 机电工程系 | 汽车技术服务与营销、汽车检测与维修技术、模具设计与制造、机电一体化技术、机械制造与自动化、计算机辅助设计与制造、数控技术 |
| 电气信息工程系 | 电子信息工程技术、数控设备应用与维护、电气自动化技术、通信技术 |

（续表）

| 系（部）和部门设置 | 专 业 设 置 |
|---|---|
| 材料工程系 | 金属材料与热处理技术、材料成型与控制技术、焊接技术及自动化、理化测试及质检技术 |
| 计算机科学技术系 | 软件技术、计算机应用技术、机械制造与自动化 |
| 经济管理系 | 经济信息管理、电子商务、物流管理、市场营销 |
| 建筑工程系 | 园林工程技术、建筑装饰工程技术、工程造价、建筑工程技术 |
| 外语系 | 应用英语、旅游英语、商务英语 |
| 艺术系 | 艺术设计、服装设计、学前教育 |
| 旅游管理系 | 旅游管理 |

## 二、办学基本信息

### （一）经费投入

1．年度办学经费总收入及其结构

2011 年学院办学总收入 17 539.1 万元，其中，学费收入 5824.7 万元、财政经常性补贴 4449.7 万元、省市两级财政投入 7147.2 万元、其他收入 117.5 万元，如图 1 所示。

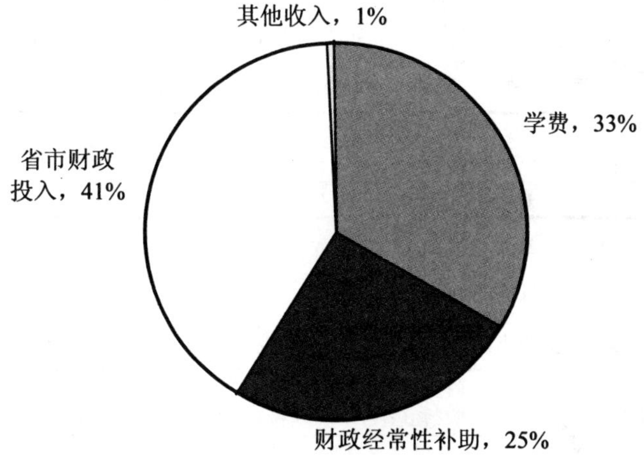


图 1　2011 年经费收入情况

注：上图数据来自于本校 2011 年状态数据库

2．年度办学经费总支出及其结构

2011 年学院办学总支出 17 191.1 万元，其中，基础设施 3610.9 万元，设备采购 730 万元，日常教学 5158.7 万元，教改研究 206.8 万元，师资建设 126 万元，图书购置 274.9 万元，其他支出 7083.8 万元，如图 2 所示。

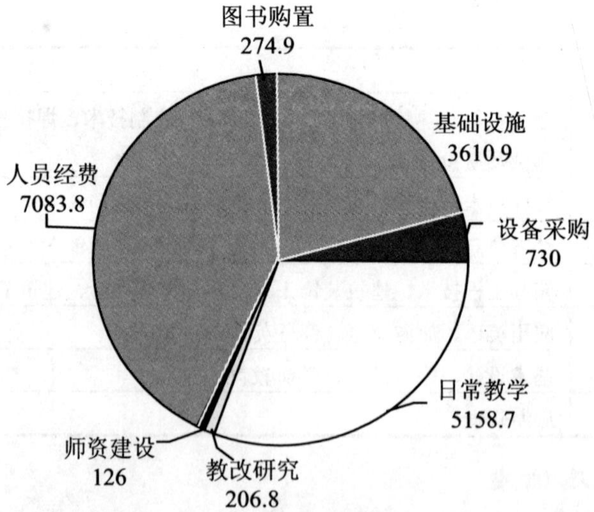


图 2　2011 年学校办学经费开支情况

注：上图数据来自于本校 2011 年状态数据库。单位：万元

## （二）办学条件

1．校园总面积

学校校园总面积 72.2 万平方米。

2．教学、科研、行政用房与宿舍面积及生均面积（如表 2 所示）

表 2　教学、科研、行政用房与宿舍面积及生均面积

| | 教学行政用房 | 学生宿舍 | 食堂 | 合计 |
|---|---|---|---|---|
| 总面积（平方米） | 113 405 | 84 655 | 10 174 | 208 234 |
| 生均面积（平方米） | 10.0 | 7.4 | 0.9 | 18.3 |

注：上表数据来自于本校 2011 年状态数据库

3．实验室、校内实训基地（如表 3 所示）

表 3　实验室数、校内实践教学基地数、教学科研设备总值

| 系别 | 实验室数（个） | 校内实践教学基地数（个） | 教学科研设备总值（万元） | 备注 |
|---|---|---|---|---|
| 机电工程系 | 8 | 2 | 1470.4 | 国家级实训基地：<br>[1]数控技术实训基地——国家紧缺人才培养基地（2004）<br>[2]德阳机电职教实训基地——国家大模式实训基地（2007） |
| 电气信息工程系 | 16 | 2 | 1340.1 | |
| 材料工程系 | 7 | 2 | 1205.3 | |
| 建筑工程系 | 12 | 2 | 330.9 | |
| 计算机科学系 | 4 | 1 | 440.3 | |
| 外语系 | 0 | 1 | 140.4 | |
| 旅游系 | 0 | 2 | 55.2 | |
| 艺术系 | 0 | 2 | 67.8 | |
| 经济管理系 | 0 | 1 | 120.1 | |
| 实习工厂 | 0 | 1 | 2388.3 | |
| 其他 | 12 | 0 | 730.6 | |
| 合计 | 59 | 16 | 8289.4 | |

注：上表数据来自于本校 2011 年状态数据库

生均教学仪器设备 7283 元。

4．校内外实践基地数及满足教学情况

（1）校内实践教学基地（如表 4 所示）

**表 4　校内实践教学基地**

| 校内实践教学基地总数 | 16 个 |
|---|---|
| 覆盖专业数 | 38 个 |
| 开设模块化实训课程（项目） | 336 个 |
| 全职教师及管理人员 | 81 人 |
| 年承担实践教学能力 | 14 万人・周 |

注：上表数据来自于本校 2011 年状态数据库

（2）校外实习基地（如表 5 所示）

**表 5　校外实习基地**

| 校外实习基地总数 | 95 个 |
|---|---|
| 覆盖专业数 | 38 个 |
| 平均每个专业校外实习基地数 | 2.5 个 |

注：上表数据来自于本校 2011 年状态数据库

5．校园网建设情况及生均计算机台数（如表 6 所示）

**表 6　校园网建设情况及生均计算机台数**

| 出口总带宽（Mbps） | 110 |
|---|---|
| 校园网主干最大带宽（Mbps） | 1000 |
| 网络信息点数（个） | 7420 |
| 管理信息系统数据总量（GB） | 473.5 |
| 电子邮件系统用户数（个） | 485 |
| 上网课程数（门） | 132 |
| 教学用计算机（台） | 3098 |
| 生均计算机（台） | 0.27 |

注：上表数据来自于本校 2011 年状态数据库

6．图书馆状况及生均图书

图书馆馆舍面积 1.82 万平方米，阅览室 25 个，可提供 2200 个阅览席位，其中电子阅览室 7 个，计算机 380 台，如表 7 所示。

表7　图书馆状况及生均图书

| | | |
|---|---|---|
| 纸质图书（万册） | 总册数 | 62.8 |
| | 本学年新增数 | 2 |
| 电子图书（GB） | 总数 | 6100 |
| | 本学年新增数 | 1000 |
| 专业期刊（种） | 中文纸质专业期刊 | 785 |
| | 外文纸质专业期刊 | 70 |
| | 电子专业期刊 | 12 000 |

注：上表数据来自于本校2011年状态数据库

7. 运动场及体育设施状况及生均体育场地面积（如表8所示）

表8　运动场及体育设施状况及生均体育场地面积

| 运动场馆名称 | 数量 | 面积（平方米） |
|---|---|---|
| 体育馆 | 1 | 5000 |
| 标准田径运动场（有看台） | 1 | 16 580 |
| 标准田径运动场（无看台） | 1 | 15 000 |
| 硅PU篮球场（室外17、室内4） | 21 | 10 800 |
| 乒乓球场（室外14、室内8） | 22 | 600 |
| 羽毛球场（室内6、室外1） | 7 | 1000 |
| 网球场 | 4 | 3700 |
| 健身房 | 1 | 300 |
| 形体训练中心 | 1 | 500 |
| 学生体质测试中心 | 1 | 200 |
| 合计 | | 53 680 |

注：上表数据来自于本校2011年状态数据库

生均运动场地面积为4.88平方米。

（三）师资队伍

1．师资队伍数量与结构

学校教师总数684人，专任教师中教授17人、副教授169人。国家级教学名师1人、省级教学名师5人，双师素质教师比例达到81%，如图3、图4、图5所示。

2．师资培训

2011年全校教师培训进修达1118人次，安排教师下企业锻炼122人次，培养“双师型”教师26名。有7名教师先后赴德国、新加坡、新西兰等国家学习培训或做访问学者。共有15人获得在职硕士学位，另有16人在职攻读博士学位，90人在职攻读硕士学位。

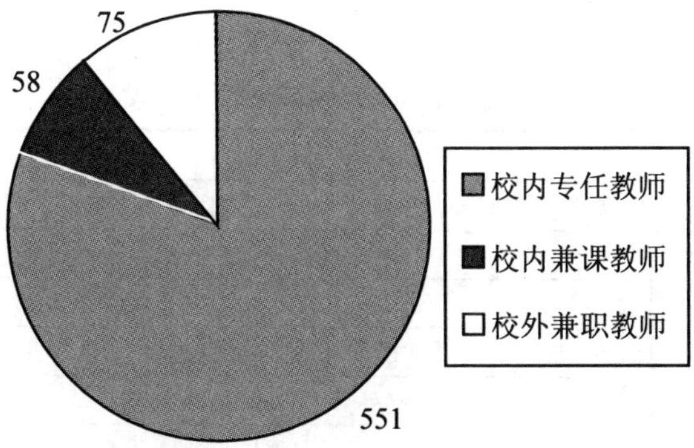

图 3　2011 学校师资队伍构成

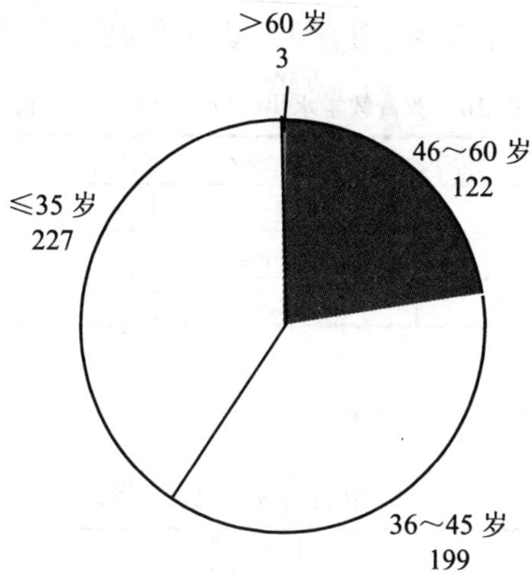

图 4　2011 年专任教师年龄结构

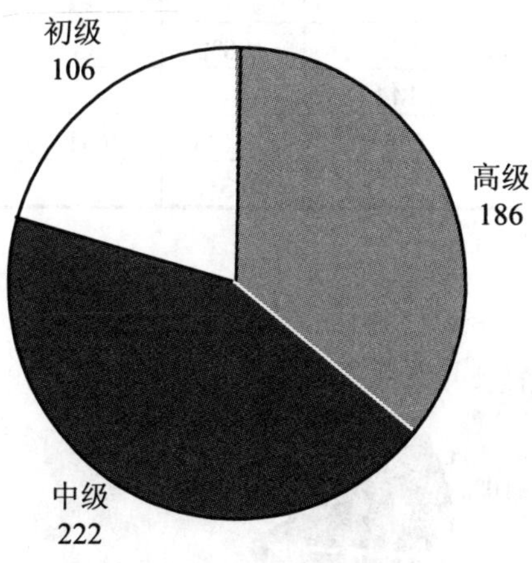

图 5　专任教师职称结构

3．教学水平（如表 9 所示）

表 9　2011 年教学科研成果与获奖

| 项目 | 数量 | 级别 | 备注 |
|---|---|---|---|
| 论文 | 225 | 核心期刊 68 篇，EI 收录 27 篇，一般期刊 130 篇 | |
| 课题立项 | 41 | 市级 35，省级 6 项 | |
| 课题结题 | 18 | 市级 17，省级 1 项 | |
| 成果获奖 | 13 | 市级 12，省级 1 项 | |
| 专利 | 3 | 国家外观与实用新型专利 | |
| 教材 | 36 | 主编 | 公开出版 |

以学生评教情况统计，作为学生对教学满意度的说明，如表 10 所示。

表 10　教育教学水平、师德师风综合评价

| 学期 | 教育教学水平、师德师风综合评价 | | | |
|---|---|---|---|---|
| | 优 | 良 | 中 | 差 |
| 10-11/1 学期 | 86.16% | 13.79% | 0.05% | 0% |
| 10-11/2 学期 | 91.20% | 8.8% | 0% | 0% |

## （四）生源情况

1．招生情况（如表 11 所示）

表 11　2011 年招生情况一览表

| 招生口径 | 计划招生数（人） | 实际录取数（人） | 一志愿比例 | 实际报到情况 | | | |
|---|---|---|---|---|---|---|---|
| | | | | 报到人数 | 报到率 | 高中生比例 | 对口高职比例 |
| 单独招生 | 600 | 602 | 100% | 588 | 97.7% | 95.2% | 4.8% |
| 3+2 转入 | 144 | 144 | | | | / | / |
| 普通高考（省内） | 2513 | 2761 | 90.6% | 2641 | 95.7% | 95.7% | 4.3% |
| 普通高考（省外） | 800 | 817 | 90.3% | 649 | 79.4% | 100% | 0% |

2．生源分布地区

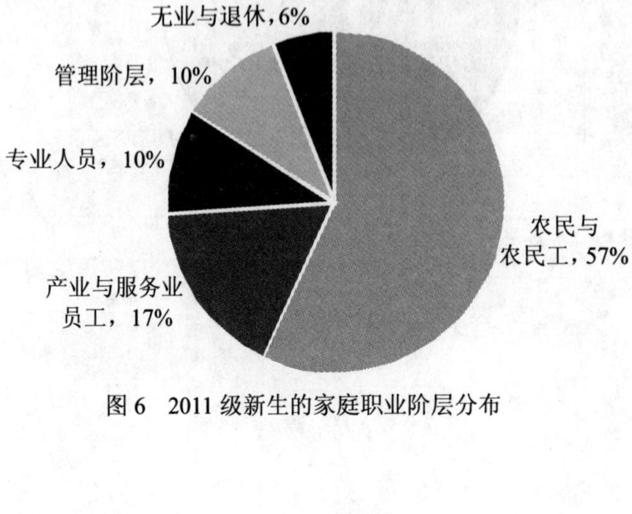


图 6　2011 级新生的家庭职业阶层分布

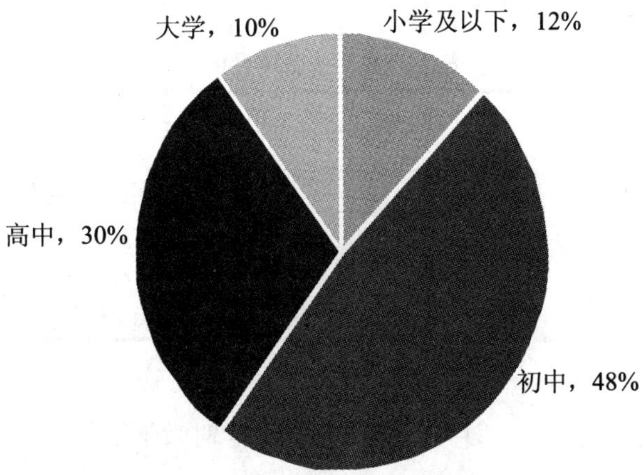


图7　2011级新生的家庭教育背景分布

## 三、高职人才培养过程

### （一）教学资源

1．课程结构（如表12所示）

表12　课程结构

| 课程类型 | 课程资源（门） | 备注 |
| --- | --- | --- |
| 必修课（理论课） | 795 | 包括纯理论课、理论+实践课程 |
| 必修课（实践技能课） | 350 | 单独安排的实践技能模块化课程 |
| 专业限选课 | 197 | |
| 体育选修课 | 11 | “三自主”选项课程 |
| 公共选修课 | 95 | |
| 合计 | 1448 | |

2．课程建设（如表13所示）

表13　课程建设情况

| 课程级别和类型 | 数量（门） | 与去年同比增长 | 备注 |
| --- | --- | --- | --- |
| 国家级精品课程 | 6 | 0 | 国家未评 |
| 省级精品课程 | 17 | 0 | 我省未评 |
| 院级精品课程 | 33 | 0 | 学院未评 |
| 院级重点建设课程（在建） | 89 | 40 | |

3．数字教学资源（如表14所示）

表14　数字资源建设情况

| 网络课程 | 132门（基于BB平台） |
|---|---|
| 网络数字图书资源 | 维普期刊数据网 |
| | 中国知网 |
| | 万方期刊数据网 |
| | 超星数字图书馆 |
| | 书生之家 |

4．行业企业参与教学情况

2011年，我校企业兼职教师总计完成35 887学时教学工作量，占全校总教学工作量的14.6%。

（二）课堂教学

1．学分与学时

本校三年制高职实行学分制管理，每位学生应修学分140学分（个别专业略有差异），具体构成如表15所示。不同专业因理论和实践课程比重有差异，所以必修课学时有所不同。

表15　学时与学分

| 课程类型 | 学分 | 学时 | 备注 |
|---|---|---|---|
| 必修课 | 110～114 | | 理论课：1学分=16学时<br>实践课：1学分=30学时 |
| 专业限选课 | 10～12 | 160～192 | |
| 体育选修课 | 4 | 64 | |
| 公共选修课 | 4～6 | 64～96 | |
| 顶岗实习 | 8 | 640 | 顶岗实习半年 |
| 合计 | 140 | | |

2．核心课程重要性评价（如图8所示）

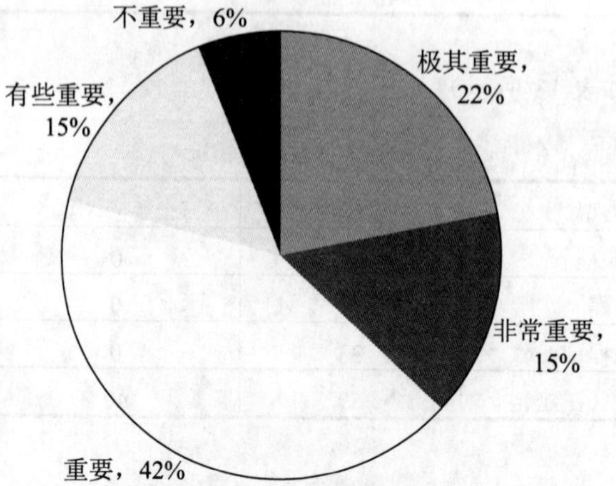


图8　2011届毕业生评价核心课程重要性的人数分布

注：数据来源于就业指导部调查报告

3．核心课程满足度评价（如图 9 所示）

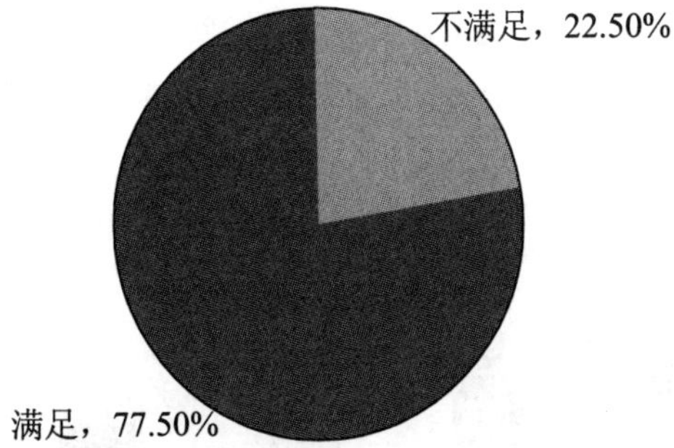


图 9　2011 届毕业生评价核心课程是否满足的人数分布

**注：**数据来源于就业指导部调查报告

## （三）实践教学

本校共有校内实践教学基地 16 个，建筑面积 65422 平方米。日常管理由设备处牵头，相应系（部）、实习工厂具体负责。教学安排和质量管理由教务处和教学督导室牵头，相应系（部）、实习工厂具体负责，如表 16、表 17 所示。

**表 16　2011 年校内实训基地建设和使用概况**

| 项目 | 数值 |
| --- | --- |
| 校内实践教学基地总数 | 16 个 |
| 当年新增设备值（万元） | 555.1 |
| 学年使用频率（人时） | 1 495 425 |
| 原材料（耗材）费用（万元） | 637.52 |
| 设备维护费用（万元） | 32.24 |
| 2011 年开设模块化实训课程（项目） | 336 门 |
| 学生对实践教学满意率 | 91.3% |

**注：**上表部分数据来自于本校 2011 年状态数据库

**表 17　2011 年校外实习基地建设和使用概况**

| 项目 | 数值 |
| --- | --- |
| 校外实习基地总数 | 95 个 |
| 覆盖专业数 | 38 个 |
| 平均每个专业校外实习基地数 | 2.5 个 |
| 2011 年总接待教学实习学生人次 | 13 688 人次 |
| 2011 年接待半年顶岗实习学生人数 | 775 人 |
| 2011 年接收学生就业人数 | 559 人 |

**注：**上表数据来自于本校 2011 年状态数据库

4．学生活动（如图10、图11所示）

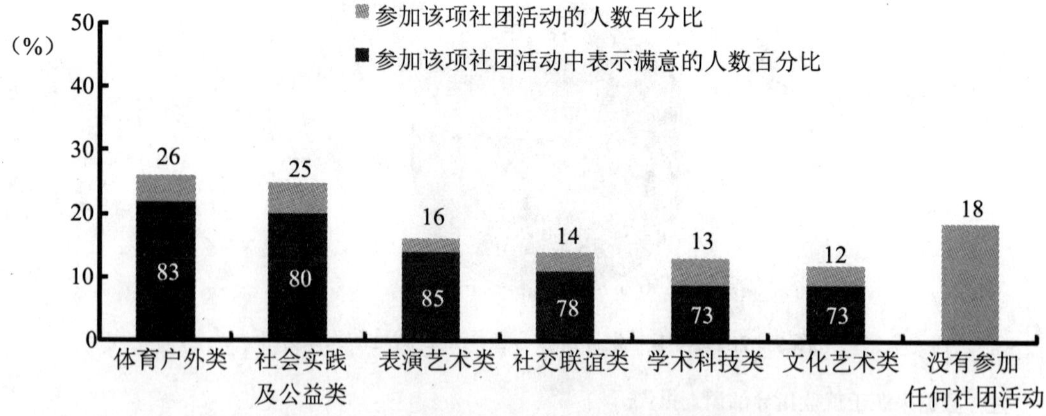


图10　2011届毕业生参加社团活动的比例及满意度（多选）

注：数据来自MYCOS公司调研报告

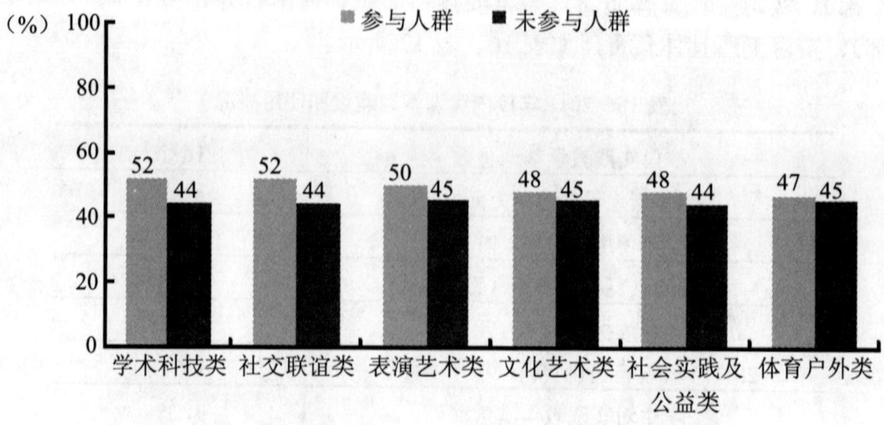


图11　2011届有/无参加社团活动人群的就业现状满意度

注：数据来自MYCOS公司调研报告

**（四）学生服务**

1．入学教育

新生进校后军训三周，并接受15课时入学教育。

2．心理健康教育

学校设有心理健康咨询中心和心理健康教研室，设有4名专职教师和8名兼职教师，开设有《心理健康教育》课程（必修）并提供心理健康测试等服务。

3．就业服务

学校通过就业办公室和各系两条线给学生提供就业服务，开设有《大学生就业与创业指导》课程（必修）。学校平均给每位2011届毕业生提供2.6个就业岗位，76%学生直接通过学校实现了就业，如图12、图13所示。

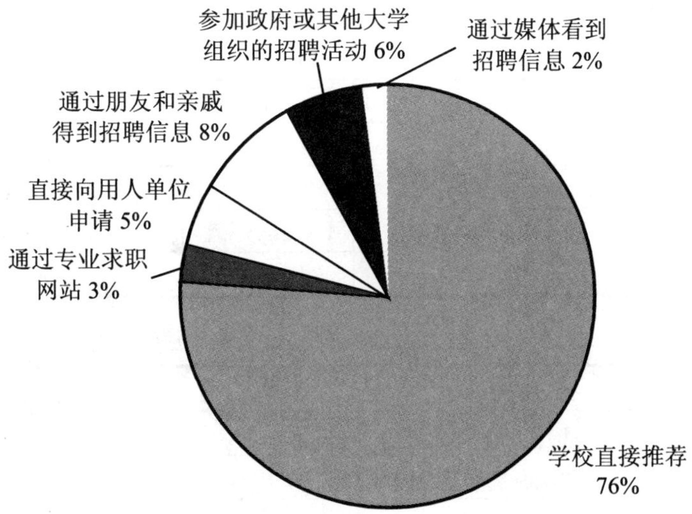


图 12　2011 届毕业生获得第一份工作的渠道分布

注：数据来源于就业指导部调查报告

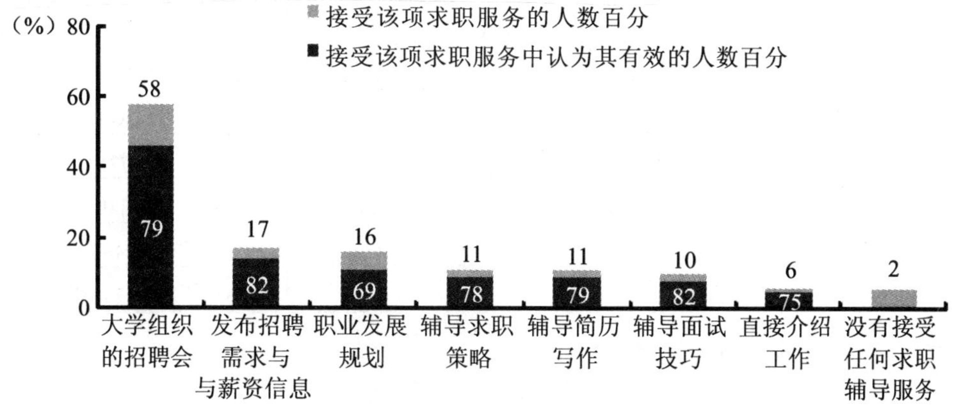


图 13　2011 届毕业生接受母校提供的求职服务并认为其有效的人数（多选）

注：数据来自 MYCOS 公司调研报告

4．奖学金、助学金和补贴（如表 18、表 19 所示）

**表 18　2011 年本校奖学金发放统计表**

| 序号 | 奖学金名称 | 获奖人次 | 奖金总额（万元） |
|---|---|---|---|
| 1 | 国家奖学金 | 8 | 6.4 |
| 2 | 国家励志奖学金 | 285 | 142.5 |
| 3 | 校友奖学金 | 15 | 3 |
| 4 | 新希望集团奖学金 | 50 | 5 |
| 5 | 中国移动奖学金 | 20 | 2 |
| 6 | 傲博创新奖学金 | 10 | 2.4 |

（续表）

| 序号 | 奖学金名称 | 获奖人次 | 奖金总额（万元） |
|---|---|---|---|
| 7 | 华远焊机奖学金 | 4 | 2 |
| 8 | 应和机械奖学金 | 15 | 1.5 |
| 9 | 达卡电气奖学金 | 50 | 5 |
| 10 | 学校奖学金 | 4952 | 67.5885 |
| 合计 | | 5409 | 237.3885 |

表19　2011年本校助学金和学生补贴发放统计表

| 序号 | 助学金和学生补助名称 | 受助人次 | 受助总金额（万元） |
|---|---|---|---|
| 1 | 国家助学金 | 3255 | 976.5 |
| 2 | 国家临时价格补贴 | 3255 | 97.65 |
| 3 | 正成助学金 | 10 | 2 |
| 4 | 傲博助学金 | 20 | 1.6 |
| 5 | 学校困难补助 | 200 | 16 |
| 6 | 刘鹰、成都三力贫困助学金 | 24 | 2 |
| 7 | 广州助学金 | 20 | 2 |
| 8 | 生源地贷款风险补偿金 | 508 | 7.2843 |
| 9 | 应征入伍学费补偿 | 25 | 28.725 |
| 10 | 西南书局资助贫困生 | 20 | 0.5849 |
| 11 | 校内勤工助学 | 279 | 49.9463 |
| 合计 | | 7616 | 1184.2905 |

## 四、高职人才培养质量

### （一）学生参加省级以上技能竞赛获奖情况（如表20所示）

表20　2011年本校学生参加省级以上技能竞赛获奖统计表

| 赛　事 | 奖　项 | 获奖学生 |
|---|---|---|
| 全国大学生数学建模竞赛 | 四川赛区三等奖 | 薛世强　李　虹　杨　洪 |
| 四川省“英特尔杯第三届职业知识技能大赛机器人比赛” | 一等奖 | 曾　龙　马钧蓉　胡药强　柳启斌 |
| 全国AutoCAD大赛 | 二等奖 | 石和平 |
| 全国大学生英语竞赛 | 四川赛区特等奖 | 何　璇　林　悦 |
| 全国大学生英语竞赛 | 一等奖 | 罗　雪　林　悦 |
| 全国高职高专英语写作大赛 | 四川赛区三等奖 | 林　悦 |
| 全国高职高专院校计算机综合应用能力大赛 | 三等奖 | 曹　亮　蒋亚辉 |

（续表）

| 赛　事 | 奖　项 | 获奖学生 |
|---|---|---|
| 2011 四川省大学生计算机作品赛 | 一等奖 | 胡长焱　陈　然 |
| 四川省第五届大学生网络设计大赛 | 三等奖 | 蒲桂林　殷　浩　熊正平<br>苟镜波　杨　浩　雷昭春 |
| 全国大学生企业管理经营沙盘大赛 | 四川赛区一等奖 | 冯　浩　袁　帅<br>程俊滔　罗朝庆 |
| 全国大学生物流沙盘大赛 | 二等奖 | 向光兵　江芊淼<br>沈　泫　邹　亮 |
| 全国大学生条码技能大赛 | 一等奖 | 陈培江 |

## （二）毕业生就业和升学情况

1．各专业毕业半年后就业率（如图 14 所示）

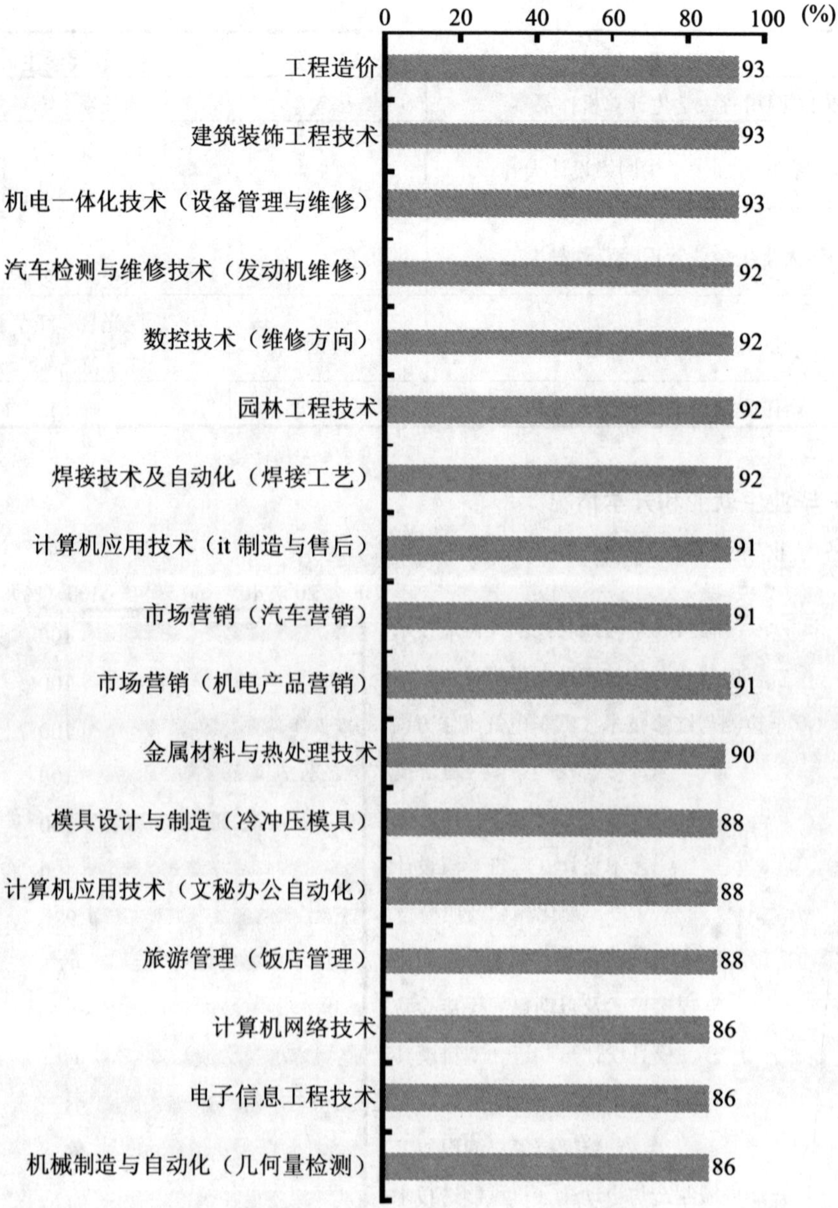


图14　本校2011届各专业毕业半年后的就业率

注：数据来自MYCOS公司调研报告

2．毕业半年后的去向（如图 15 所示）

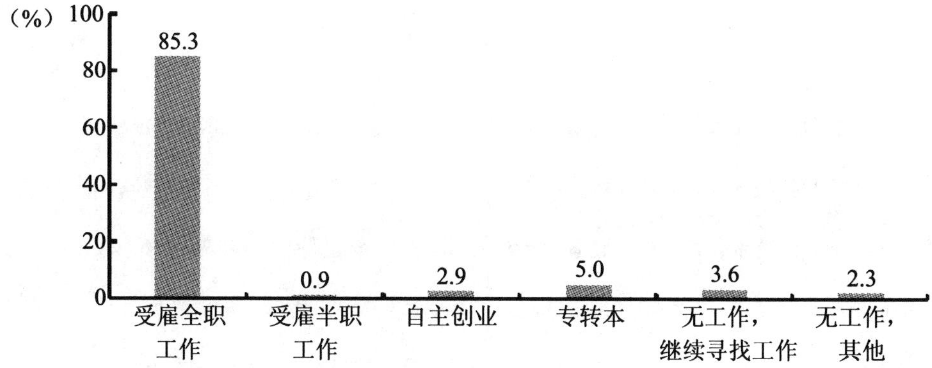


图 15　2011 届毕业半年后的去向分布

注：数据来自 MYCOS 公司调研报告

3．毕业生半年后月收入分布（如图 16 所示）

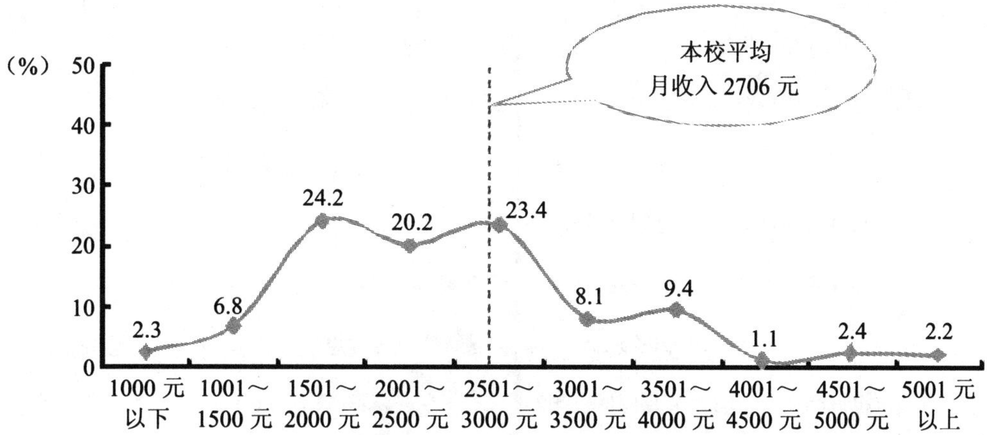


图 16　2011 届毕业生半年后月收入区间分布

注：数据来自 MYCOS 公司调研报告

4．对口就业率（如图17所示）

图17　2011届各专业毕业生工作与专业相关的人数

注：数据来自MYCOS公司调研报告

5. 毕业生就业量最大的前 11 位职业（如表 21 所示）

**表 21　2011 届毕业生就业量最大的前 11 位职业**

| 职业名称 | 占本校就业毕业生的人数百分比（%） | 本校从事该职业的毕业生半年后的月收入（元） |
|---|---|---|
| 施工技术员 | 4.3 | 3000 |
| 加工金属或塑料的数控机床操作维护员 | 2.9 | 2654 |
| 文职人员 | 2.5 | 2438 |
| 其他销售代表、服务商 | 2.2 | 2595 |
| 工业机械技术员 | 2.0 | 2663 |
| 电气工程技术员 | 1.9 | 3073 |
| 电气技术员 | 1.9 | 2881 |
| 机械绘图员 | 1.8 | 2400 |
| 机械工程技术员 | 1.7 | 3072 |
| 电子工程技术员 | 1.6 | 2885 |
| 其他工程技术员 | 1.6 | 2913 |

**注：**数据来自 MYCOS 公司调研报告

6. 各专业毕业生从事的主要职业（如表 22 所示）

**表 22　2011 届各专业毕业生从事的主要职业**

| 专业名称 | 本校各专业毕业生从事的主要职业 |
|---|---|
| 建筑工程技术（工业与民用建筑） | 施工技术员 |
| 数控技术（编程加工） | 加工金属或塑料的数控机床操作维护员 |
| 电气自动化技术（工业自动化） | 电气技术员 |
| 工程造价 | 预算员 |
| 经济信息管理 | 会计 |
| 园林工程技术 | 园林建筑技术员 |
| 焊接技术及自动化（焊接工艺） | 生产焊接技术员 |
| 金属材料与热处理技术 | 金属、热处理设备安装员、操作员和维护员 |
| 建筑装饰工程技术 | 施工技术员 |
| 市场营销（机电产品营销） | 销售代表（机械设备和零件） |
| 机电一体化技术（设备管理与维修） | 机电技术员 |
| 机械制造与自动化（机械制造技术） | 工业机械技术员 |
| 建筑工程技术（钢结构方向） | 施工技术员 |
| 艺术设计（广告装潢设计） | 平面设计 |
| 理化测试及质检技术 | 理化分析员、无伤检测员 |
| 汽车技术服务与营销 | 其他销售代表、服务商 |

（续表）

| 专业名称 | 本校各专业毕业生从事的主要职业 |
| --- | --- |
| 材料成型与控制技术（铸造技术） | 金属精炼炉操作员和维护员 |
| 计算机辅助设计与制造 | 机械绘图员 |
| 模具设计与制造（冷冲压模具） | 冷冲模或塑料模装调员 |
| 模具设计与制造（塑料模具） | 机械绘图员 |
| 汽车检测与维修技术（发动机维修） | 汽车机械技术员 |
| 汽车检测与维修技术（汽车电气维修方向） | 汽车电气技术员 |
| 数控技术（维修方向） | 数控设备修理技术员 |

注：数据来自MYCOS公司调研报告

7. 本校毕业生就业量最大的前5位行业（如表23所示）

表23　2011届毕业生就业量最大的前5位行业

| 行业名称 | 占本校就业毕业生的人数百分比（%） | 本校就业于该行业的毕业生半年后的月收入（元） |
| --- | --- | --- |
| 住宅建筑施工业 | 5.6 | 2932 |
| 发动机、涡轮机与动力传输设备制造业 | 4.6 | 2584 |
| 工业成套设备制造业 | 4.2 | 2490 |
| 金属加工成套设备制造业 | 3.7 | 2373 |
| 电气设备制造业 | 3.6 | 2573 |

注：数据来自MYCOS公司调研报告

8. 各专业毕业生就业的主要行业（如表24所示）

表24　2011届各专业毕业生就业的主要行业

| 专业名称 | 本校各专业毕业生就业的主要行业 |
| --- | --- |
| 材料成型与控制技术（锻压技术） | 锻压业 |
| 材料成型与控制技术（铸造技术） | 铸造业 |
| 电气自动化技术（工业自动化） | 电气设备制造业 |
| 工程造价 | 住宅建筑施工业 |
| 焊接技术及自动化（焊接工艺） | 装备制造业 |
| 焊接技术及自动化（焊接检验） | 装备制造业 |
| 机电一体化技术（设备管理与维修） | 金属加工成套设备制造业 |
| 机械制造与自动化（机械制造技术） | 发动机、涡轮机与动力传输设备制造业 |
| 计算机辅助设计与制造 | 其他通用机械设备制造业 |
| 建筑工程技术（钢结构方向） | 大型钢构建筑施工业 |
| 建筑工程技术（工业与民用建筑） | 住宅建筑施工业 |

（续表）

| 专业名称 | 本校各专业毕业生就业的主要行业 |
|---|---|
| 建筑装饰工程技术 | 建筑装修业 |
| 金属材料与热处理技术 | 金属制品业 |
| 理化测试及质检技术 | 工业成套设备制造业 |
| 模具设计与制造（冷冲压模具） | 发动机、涡轮机与动力传输设备制造业 |
| 模具设计与制造（塑料模具） | 金属加工成套设备制造业 |
| 汽车技术服务与营销 | 汽车经销业 |
| 数控技术（编程加工） | 发动机、涡轮机与动力传输设备制造业 |
| 数控技术（维修方向） | 装备制造业 |
| 学前教育（艺术教育） | 幼儿园与学前教育机构 |
| 艺术设计（广告装潢设计） | 广告及相关服务业 |

注：数据来自 MYCOS 公司调研报告

9．用人单位类型（如图 18 所示）

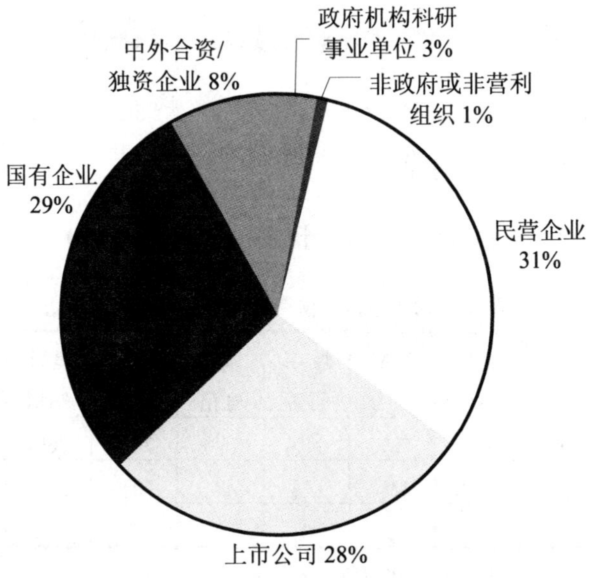


图 18　2011 届毕业生的用人单位类型分布

注：数据来自 MYCOS 公司调研报告

10．毕业生月收入情况（如表25、图19所示）

表25　2011届毕业生就业量最大的前5个城市及半年后月收入

| 就业城市 | 占本校就业毕业生的人数百分比（%） | 在该城市就业的本校毕业生半年后的月收入（元） |
|---|---|---|
| 成都 | 34.9 | 2717 |
| 德阳 | 19.4 | 2329 |
| 重庆 | 5.9 | 2638 |
| 深圳 | 3.3 | 3285 |
| 绵阳 | 2.9 | 2912 |

注：数据来自MYCOS公司调研报告

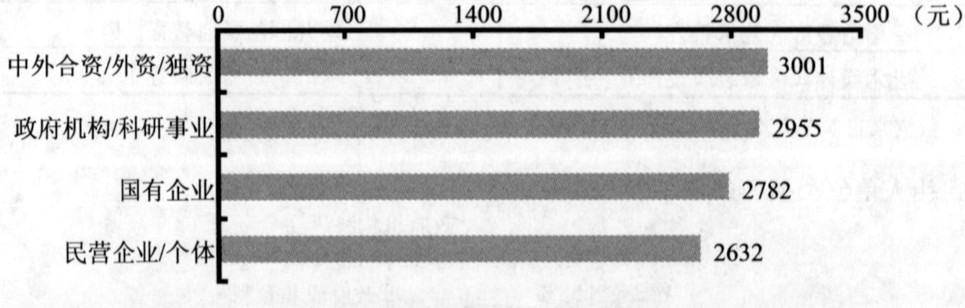


图19　2011届毕业生在不同类型用人单位就业的半年后月收入

注：数据来自MYCOS公司调研报告

### （三）用人单位对顶岗实习学生的评价情况（如表26所示）

表26　用人单位对顶岗实习学生的评价情况

| 项目<br>等次 | 遵纪守法 | 爱岗敬业 | 团结协作 | 适应能力 | 吃苦耐劳 | 诚实守信 | 人际交往 | 基础知识 | 专业知识 | 实践技能 | 总体评价 |
|---|---|---|---|---|---|---|---|---|---|---|---|
| 满意 | 100% | 90% | 90% | 78% | 94% | 96% | 70% | 76% | 70% | 76% | 96% |
| 基本满意 | 0 | 10% | 10% | 22% | 6% | 4% | 30% | 24% | 30% | 22% | 4% |
| 不满意 | 0 | 0 | 0 | 0 | 0 | 0 | 0 | 0 | 0 | 2% | 0 |

注：数据来源于2011届毕业生顶岗实习鉴定表

## 五、社会服务

随着产业结构调整，新兴产业发展，当地大量中小企业急需研发和技术支持，学校与企业一起开发了核电容器焊接工艺、五轴联动数控加工等28个培训项目，主动派出骨干教师给予帮助，解决他们“有操作工人、无技术团队”的难题，服务过的单位已达400余家，促进了装备配套企业的行业协作能力。我校还为企业员工准备了“回炉”延伸培训，组织机械、电气、软件等各类转岗技能培训近30余次，惠及3万余人次，其中，核电培训被省委纳入了“天府英才”计划。从2006年起，连续五年举办“贫困家庭子女免费培训班”，培养 800 余人，满足了企业对普工的迫切需求，拓展了社会服务空间，实现了校企共赢，如表 27～表 29 所示。

**表 27　2011 年度申报项目资金统计表**

| 项　目　名　称 | 项目资金单位 | 支持资金 |
|---|---|---|
| 四川省 2012 年中小企业发展专项资金<br>——德阳市中小企业“窗口”服务平台 | 四川省经济和信息化委员会 | 50 万元 |
| 四川省 2012 年中小企业发展专项资金<br>——德阳装备制造业产业集群“窗口”服务平台 | 四川经济和信息化委员会 | 50 万元 |
| 2011 年省中小企业发展专项资金<br>——四川工程职业技术学院 | 四川经济和信息化委员会 | 60 万元 |
| 2011 年中小企业公共服务平台网络建设资金项目<br>——德阳市装备制造业产业集群“窗口”服务平台 | 国家工业和信息化部 | 200 万元 |
| 2011 年德阳市科技型中小企业投资发展补助资金项目<br>——德阳市装备制造业产业集群“窗口”服务平台 | 德阳市科技局 | 40 万元 |
| 德阳市战略性新兴产业技术创新项目<br>——德阳市战略性新兴产业信息平台建设 | 德阳市经济和信息化委员会 | 10 万元 |

**表 28　2011 年社会化培训一览表**

| 序 | 项　目 | 培训单位 | 人数 | 收入（元） |
|---|---|---|---|---|
| 1 | 数控、铸造、机制、煅压 | 社会失业、再就业人员 | 5 | 20 898 |
| 2 | NX 三维造型和工程制图 | 四川通力凯顿科技有限公司 | 20 | 20 000 |
| 3 | 2011 中、小、幼全员岗位培训 | 德阳市各中、小、幼教师 | 16 357 | 1 308 560 |
| 4 | 铆焊、维修电工、机修钳工技师理论培训 | 南车眉山车辆有限公司培训中心 | 115 | 16 000 |
| 5 | 机械、电气基础培训 | 四川烟草工业有限责任公司 | 9 | 48 020 |
| 6 | 2010 年国培远程培训 | 德阳市各学校 | 1700 | 109 056 |
| 7 | 儿基会培训管理 | 德阳市各学校 | 1974 | 18 400 |
| 8 | 各县市区培训管理者培训 | 德阳市教师继续教育培训中心 | 9 | 54 000 |
| 9 | 生产性服务业管理培训 | 省经委生产性服务业处、教育培训处 | 169 | 100 000 |
| 10 | 新疆职教骨干教师培训 | 新疆维吾尔自治区人民政府办公厅 | 47 | 263 590 |
| 11 | 制造类专业实训 | 西安交通大学 | 65 | 10 070 |
| 12 | 铸造技术（全国高职高专骨干教师培训） | 中山火炬职业技术学院 | 2 | 8640 |
| 13 | 2011 年德阳西部计划志愿者培训 | 共青团德阳市委 | 116 | 11 900 |
| 14 | 制造类专业实训 | 西安理工大学 | 61 | 7320 |

（续表）

| 序 | 项　目 | 培训单位 | 人数 | 收入（元） |
|---|---|---|---|---|
| 15 | 技师培训 | 绵阳九院七所 | 10 | 24 660 |
| 16 | 市直属中、小学教师考评考试 | 德阳市教师继续教育培训中心 | 1776 | 63 000 |
| 17 | 安全培训 | 省经委煤炭、教育培训处 | 277 | 500 000 |
| 18 | 2011年德阳市高中教师全员岗位培训 | 德阳市各高中教师 | 3808 | 380 800 |
| 19 | 机械、电气基础培训班 | 四川烟草工业有限责任公司 | 49 | 67 767 |
| 20 | 2011年德阳市校长园长北京挂职培训 | 德阳市教育局 | 26 | 182 000 |
| 21 | 焊工、电工 | 黄龙国家级风景名胜区管理局 | 9 | 97 542 |
| 22 | 锻压技术 | 凯凌公司 | 1 | 5260 |
| 23 | 礼仪培训 | 德阳市火车站 | 100 | 2000 |
| 24 | 维修电工中级 | 2010级数维二班 | 14 | 2800 |
| 25 | 维修电工中级 | 2011级数维一班 | 26 | 5200 |
| 合计 | | | 26 745 | 3 327 483 |

注：其中社会化培训人数为：1104人；中、小、幼教师培训人数为：25 641人。

表29　学院公共服务机构及主要功能一览表

| 序 | 机构名称 | 主　要　功　能 | 批准机构 |
|---|---|---|---|
| 1 | 四川装备制造业产业集群技术创新服务中心 | 该中心通过整合中国二重集团技术研究中心、东方电器集团技术研究中心和德阳重型机械备件厂的资源，按照统一部署、分工协作的模式进行公共服务的平台。为重装企业及配套中小型企业提供机械制造、自动控制、制造信息化等技术应用领域的技术研究、新技术推广、科研成果转化、技能培训与鉴定、产品检测、应用等服务，切实提高了中小企业的配套能力和技术水平 | 四川省经济和信息化委员会 |
| 2 | 国家机电职教实训基地（区域性大模式） | 在德阳市政府的领导下，以我院为龙头，联合四川现代科技职业学校（民办）、德阳市职业技术学校、德阳市通用电子职业学校（民办）、德阳信息通信学校、黄许职业中专学校等中职学校，以及中国二重、东方电机、东方汽轮机、德阳机械同业商会等单位，组建了“德阳机电职业教育实训基地”。该基地将主要开展职业院校在校学生职业能力培养、企业在岗人员岗位技能提升和转岗培训、农村剩余劳动力转移培训、下岗职工再就业培训等。同时，搭建产学研平台，为广大中小型企业开展新技术推广应用服务 | 财政部批准 |
| 3 | 国家数控技能型紧缺人才培养培训基地 | 职业院校在校学生职业能力培养、企业在岗人员岗位技能提升和转岗培训、农村剩余劳动力转移培训、下岗职工再就业培训 | 教育部 |

（续表）

| 序 | 机构名称 | 主　要　功　能 | 批准机构 |
|---|---|---|---|
| 4 | 国家数控技术职业教育实训基地 | 高等职业教育学历、非学历职业技术技能培训；专业技术技能鉴定考核工作 | 教育部<br>财政部 |
| 5 | 四川机械工业电气、数控、焊接技术应用与培训中心 | 三个中心主要任务是培训、培养相应专业的高级技术应用人才；根据教学的需要开展科研实验和应用开发；根据企业需要开展技术服务和技术咨询；根据主管部门委托开展工作，为学校、为行业技术服务，为地方经济发展服务 | 四川省经济和信息化委员会 |
| 6 | 国家职业技能鉴定所（川-095） | 具有加工中心操作工、数控车工、数控铣工、焊工、行车工、热处理工、机加工、电子类、电气类、建筑类等 40 多个职业技能初、中、高级的独立鉴定资格和能力。具有办公软件、计算机图形图像处理、数据库应用、微机安装与调试、计算机绘图员、局域网管理等各个模块初、中级的独立鉴定开考资格。是全国、全省国家职业资格统一考试的德阳考场 | 四川省劳动和社会保障厅 |
| 7 | 德阳机械制造业技术研究中心 | 德阳市委、市政府为加快中国重大技术装备制造业基地建设，配套在学院设立了“德阳机械制造业技术研究中心”。该中心主要进行制造业新技术、新产品的开发和推广应用，积极参与中小企业信息化建设，为中小企业服务，提供技术支撑 | 德阳市政府 |
| 8 | 四川省职教师资培训基地 | 省级中等职业学校教师继续教育 | 四川省教育厅 |
| 9 | 德阳市教师继续教育培训中心 | 市级普通中小学教师继续教育 | 德阳市政府 |
| 10 | 德阳市中小学校长培训中心 | 市级中小学校、中等职业学校校长及行政管理干部继续教育培训 | 国家教育行政学院<br>中国教育干部培训网 |
| 11 | 四川中德培训中心 | 中德双方专家互访、中德职业技术教育资源共享、并能辐射到四川重大技术装备制造业职业技能培训的综合职教基地 | 学院、德国北威州多特蒙德总院 |
| 12 | 公共图书馆 | 为各类院校学科专业建设和人才培养提供优质服务和信息共享平台；为各类企业技术创新提供信息保障；为社区学生、市民提供文化信息服务，促进构建和谐社区；为边远贫穷地区提供远程培训和信息服务，促进新农村建设 | 德阳市政府学院 |

## 六、高职人才培养工作方面的创新尝试与主要举措

### （一）产业对接，主动调整专业结构

2011 年，四川省经信委为实施装备制造业高水平技能型人才保障工程，制定了大力推进人才培养与产业对接计划。学校在人才培养、技术服务、装备制造业中小企业服务、校企科研联合攻关、技术技能培训、大学生创新创业服务等方面，与我省 100 家大企业、大集团对接和 10 个重点扶持成长型特色产业园区对接，实现学校办学与社会经济发展深度融合，如图 20 所示。

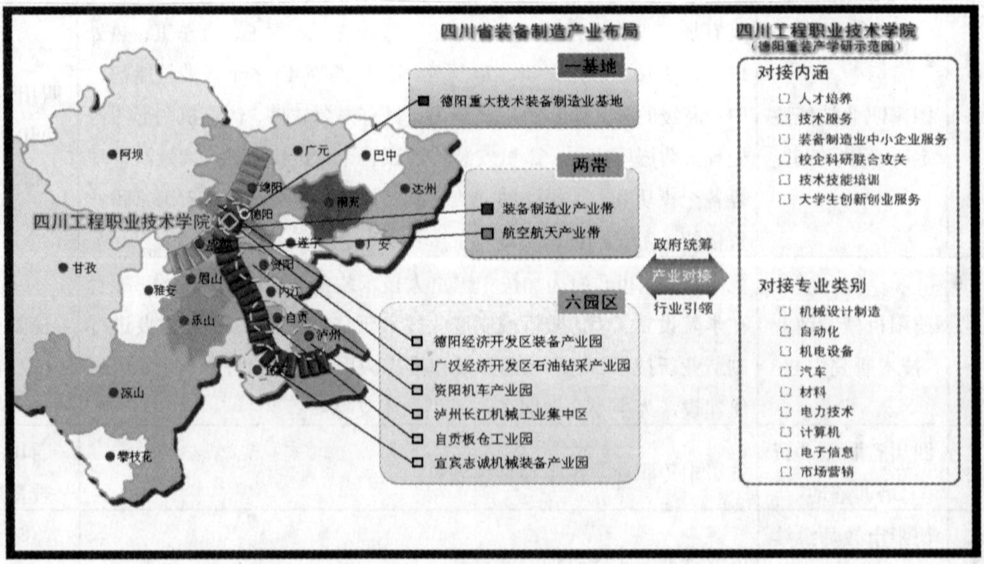


图 20 学校与装备制造业“产业对接”框架

根据四川大力发展装备制造业和新能源产业趋势，校企联合开发的“电力电子技术”、“冶金技术”和“机械质量管理与检测技术”等专业，以及新增设的“高端装备制造技术”、“工艺及工装设计”等专业方向已经开始招生，形势良好。与此同时，经充分论证，我校已经在稳步缩减部分专业的招生规模，这其中甚至包括当前招生非常火爆的工程造价、建筑工程技术等热门专业。

### （二）行业引领，优化人才培养方案

2011 年，共有 24 个专业及方向在相应行业协会、学会组织和行业专家指导下完成了专业人才培养质量标准、课程体系、教学计划、主干课程教学质量标准和教学大纲的开发或修订工作，确保了人才培养方案与行业技术进步、岗位职业要求的对接。近 3 年来，我校共计有 37 个专业及方向在行业引领下完成了人才培养方案修订工作，并建立了良好的持续优化机制，专业办学水平明显提升。

### （三）工学结合，建设“教学型工厂”

按照“教学型工厂”模式对实训基地进行新一轮建设，该项目已被列入“四川省高等教育质量工程”建设项目。目前我校机械、材料和电气等与装备制造业密切相关的工科专

业群均在校内建设了“校中厂”。

以我校“数控加工教学型工厂建设”为例，在数控加工实践教学体系构建、模块实训课程开发、课程教学质量标准制定、企业文化培养、实践育人质量管理等方面进行了很多改进，学生在真实的企业环境里，接受真实的企业文化熏陶，加工真实的产品，实践技能和职业素养得到明显提高，建立起更加成熟的“教学型工厂”运作模式。2011 年，该厂在很好完成教育教学工作的同时还完成了 4050 万产值，创利近 600 万元。

### （四）强化育人，试行班级导师制度

从 2011 级新生开始实行班级导师制，除正常配备辅导员外，每班还加配一名班级导师。首批 90 名由校领导（全体）、中层干部、骨干教师和企业专家构成的导师队伍在学生思想政治教育、学习指导、法纪安全教育和人生规划指导等方面做出了显著的成绩，学风、校风建设取得良好效果。多元化的班级导师结构在促进学生德、智、体、美全面发展的同时，也积极推进了学校教学工作、管理工作和服务工作向真正以学生为中心的深刻变革，成为我校落实全员育人、提高育人质量的重要经验。

### （五）制度创新，持续推进示范建设

经过三年国家示范院校建设，学校走出了一条“体制创新、开放办学”的路子。为持续推进示范建设，不断提高人才培养质量，2011 年学校出台了《党委关于进一步加强和改进教育教学工作的意见》和《党委关于进一步加强学生思想政治教育工作的意见》，制定了《教学管理规范》、《学生教育管理规范》、《实训基地建设管理规范》，促进学校规范管理；修订了《学籍管理条例》、《学生素质拓展和技能拓展学分认定办法》、《学生顶岗实习管理办法》等制度，鼓励学生德、智、体、美全面发展；改进了教学督导工作理念、思路、方法和人员结构，聘请校领导、优秀教师、企业专家加入督导队伍，“督、导、帮、教”相结合，修订了《教学督导员工作规范》、《教师教学工作规范》等管理制度，规范教学行为，为育人工作营造了更加良好的制度环境。

## 七、存在的主要问题及未来工作思路

### （一）人才培养工作中存在的主要问题及原因分析

《国家中长期教育改革和发展规划纲要（2010～2020 年）》是党中央、国务院着眼于全面建成小康社会和现代化建设全局作出的战略决策，规划了未来十年我国教育改革发展的蓝图，必将对教育改革发展产生深远的影响。当前，正是四川深入实施西部大开发战略、全面建设小康社会的关键时期，也是经济增长方式转变和产业结构调整的重要时期。德阳市将紧紧抓住西部大开发和灾后重建历史机遇，着力推进“两个加快”，积极打造“中国重大技术装备制造业基地”。为此，“十二五”将是我校教育事业改革发展的战略机遇期，也是进一步提高办学层次，提升教育教学质量、学科科研水平和服务社会能力的关键时期。

面对前所未有的机遇和挑战，学校人才培养质量和社会服务能力还不能很好地适应社会经济发展和产业结构调整的要求；政府、学校、行业、企业紧密联系、多方共建共享的体制机制还需进一步完善；人才队伍工作仍需加强，特别是教学和管理团队的水平需进一步提高；国际交流工作机制亟待创新，管理体制和运行机制尚未完全形成，面向未来、面

向世界的可持续发展能力不够。

（二）下一步改进计划与措施

1．积极推进“高职试验区”建设，创新共建共享办学体制

积极参与“德阳高等职业教育综合改革试验区”建设，深化省市共建体制，推进与试验区各企业、中职学校的紧密合作，努力实现“产学研用一体”，实现资源集约，立体互通。积极探索“政府主导、行业指导、企业参与、整体推进”的职业教育发展新路径，形成政府主导，行业、企业、学校和社会共同促进高职教育的合力。

2．建设“四川工程产学研园”，创新高技能人才培养模式

与行业企业共建“四川工程产学研园”，“十二五”期间投入3亿元，将企业和科研机构引入校园，形成装备制造业技术创新中心、高技能人才培养基地、大学生创新创业园区；与行业企业共建“校中厂、厂中校”，搭建共建共享、多方共赢的育人平台；按照高技能人才的培养要求，校企联合完善人才培养质量标准，共同制订人才培养方案；在课程体系上按基础理论知识和实践技能“两条主线”，系统设计，相互融通，完善质量评价体系，对学生实施全面培养；推行“双证书制度”，实现人才培养与就业要求的无缝对接。

3．创新校企合作机制，服务战略性新兴产业发展

按照“合作办学、合作育人、合作就业、合作发展”的思路，组建、完善专业建设指导委员会、教学和科研团队，形成良性互动的组织框架，建立起“快速反应、同步跟进、动态调整”服务产业和人才培养的长效机制。紧紧围绕高技能人才培养规格和岗位职业要求，全面实施工学结合、模块化教学和顶岗实习，实现与就业岗位的对接。同时，加强学生就业后的跟踪服务，与企业一起实施在岗延伸、“回炉”培训，提升毕业生的持续发展能力。

回顾2011年学校人才培养工作，我们也清醒地认识到学校在产学研结合、师资队伍建设、校园文化塑造、学生创新精神培养等很多方面还需要不断加强或改进。今后，我们将以科学发展观为统领，认真贯彻落实《国家中长期教育改革和发展规划纲要（2010～2020年）》，坚持“育人为本、提高质量、规范管理、办出特色”，坚定不移走内涵发展道路，充分发挥示范带动作用，全力推进“高职试验区”的建设，建立职业教育服务经济建设的长效机制，进一步提高人才培养质量，更好地服务地方经济建设和社会事业的发展。

（执笔：郭　杰　向　桢）

# 四川交通职业技术学院
# 2011 年度人才培养质量报告

## 一、基本情况介绍

### （一）学校简介

四川交通职业技术学院位于成都市温江区，创办于 1952 年。2004 年，通过“教育部高职高专人才培养水平评估”并获优秀等级；2007 年，被教育部和财政部确定为国家示范性高等职业院校立项建设单位；2010 年通过国家示范性高等职业院校建设验收。近年来，学院先后荣获“全国职教先进单位”、“全国精神文明建设工作先进单位”、“全国交通行业文明单位”、连续两次荣获“四川省高校四好班子”等多项荣誉；2011 年 12 月，被中央文明委授予全国文明单位称号。

### （二）学校定位、培养特色、教育理念

紧跟行业发展，紧贴企业需求，立足四川交通运输业，面向西部经济高地建设，辐射全国，为交通运输现代化建设培养德才兼备的生力军。

### （三）二级院系设置、专业设置

学院下设 8 系 2 部：道路与桥梁工程系、汽车工程系、经济管理系、计算机工程系、人文社会科学系、建筑工程系、自动化工程系、航运工程系、公共课教学部和思想政治理论课教学部。

## 二、办学基本信息

### （一）经费投入

1．年度办学经费总收入及其结构（收入中拨款、学费及其他各项的比例）

本年度，学院总收入 15 696.54 万元，其中学费收入 4836.1 万元，占总收入的 30.81%，中央、地方财政专项投入 9268.8 万元，占总收入的 59.05%，财政经常性补助收入占 7.61%，社会捐赠及其他收入占 2.53%，如图 1 所示。

2．年度办学经费总支出及其结构（支出中用于教学、科研、实验实训及其他各项的比例）

本年度学院经费总支出 15 383.66 万元，占总收入的 98%。其中用于日常教学、师资建设、图书购置、教学改革及研究等方面的经费共计 2289.1 万元，占学院收入的 14.88%；用于征地、基础设施建设经费 1809.12 万元，占总支出的 11.76%，用于采购教学科研仪器设备 2893.66 万元，占总支出的 18.81%，如图 2 所示。

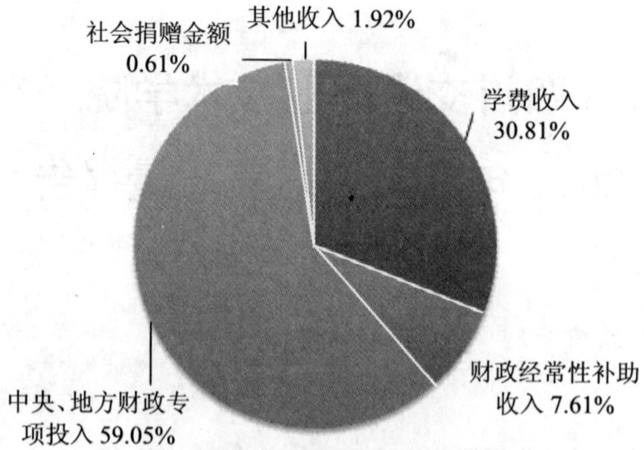


图 1　2011 年度办学经费总收入及结构

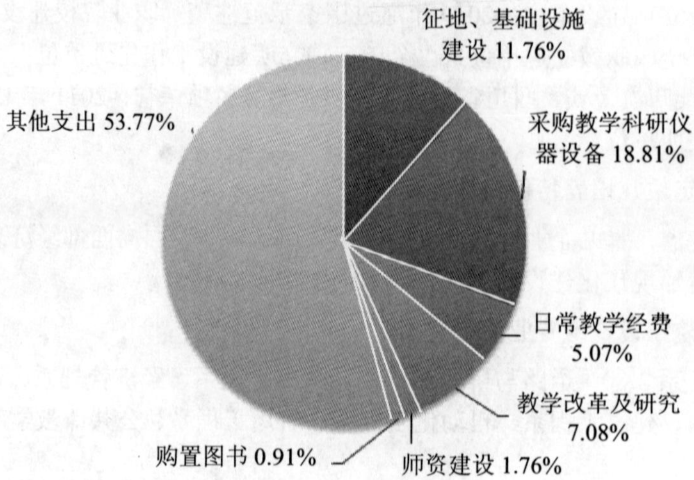


图 2　2011 年度办学经费总支出及结构

### （二）办学条件

目前，学院共占地 1033 亩，建筑面积 32 万平方米，教学、科研、行政用房所占面积 15.2 万平方米。校内实验室、实训室 181 个；校内实训基地 14 个，校外实训基地 239 个。图书馆藏书 120 万册，固定资产 5.7 亿元，其中教学、科研仪器设备总值超过 1.4 亿元。各项生均指标如表 1 所示。

表 1　本院办学基本条件一览表

| 基本检测指标 | 综合类高职达标指标 | 本院数据 |
| --- | --- | --- |
| 生均占地面积（平方米/生） | ≥54 | 61.13 |
| 生均教学行政用房面积（平方米/生） | ≥14 | 13.48 |
| 生均实践场所占有面积（平方米/生） | ≥5.3 | 5.84 |

（续表）

| 基本检测指标 | 综合类高职达标指标 | 本院数据 |
| --- | --- | --- |
| 生均学生宿舍面积（平方米/生） | ≥6.5 | 7.31 |
| 生均教学科研仪器设备值（元/生） | ≥4000 | 11 603.48 |
| 百名学生教学用计算机（台） | ≥8 | 33.82 |
| 百名学生阅览室、多媒体教室和语音室座位（个） | ≥7 | 76.18 |
| 生师比 | ≤18 | 17.14 |
| 具有高级职务教师占专任教师的比例 | ≥20 | 29.67 |
| 具有研究生学历教师占专任教师的比例 | ≥15 | 23.97 |

### （三）师资队伍

1．师资队伍数量与结构（师资队伍数量与生师比、师资队伍职称与学历学位结构、双师素质教师所占比例）

学院现有专任教师 509 人，兼职教师 400 余人，生师比为 17.14。具有教授、副教授等高级职称教师 216 人（其中，教授 17 人），占 23.5%，中级职称教师 470 人，占 51.14%；其中“双师型”教师 420 人，所占比例达 78.39%；具有博士、硕士研究生学历教师 171 名。

拥有省级教学团队 4 个，省级教学名师 4 名，全国交通职业教育专业带头人 5 名，省杰出青年学术带头人选 1 名，省学术带头后备人选 1 名。

2．师资培训（校外进修、培训、交流情况与所占比例）

全年完成教师在职学历教育、继续教育、适应性培训、顶岗锻炼等共计 400 余人次，投入经费 200 多万元，教职工培训面达到 65%以上。

3．教学水平（教师教学科研成果与获奖、学生满意度情况等）

全年争取到各级各类纵横向课题 36 项（其中省级项目 3 项，厅级项目 26 项），组织学院科教研基金项目 23 项。全院教职工发表各级各类科教研论文 287 篇，其中核心期刊 38 篇，三大检索论文 21 篇，出版专编著 17 部，主编教材 80 余本，组织申办实用新型专利 6 项；荣获四川省第十四次哲学社会科学优秀成果三等奖一项。在本年度教学测评中，学生对老师的满意度达到 90%以上。

4．教师的工作满意度与幸福感

结合学院“十二五”规划，在教师专业发展上认真组织各系部开展教师职业发展规划并按照年度逐项贯彻落实，教师工作满意度一直高涨；在工作之余通过组织开展校外踏青、趣味运动会、联谊晚会、健康体检、书画交流等活动增强教师幸福感。

### （四）生源情况

1．计划招生数、实际录取数、录取后报到率、高中生与三校生所占比例、同类高校被考生首选比例等

2011 年招收高职新生 4417 名，创历史新高，录取分数为全省同类院校前列，82%文科新生超过三本调档线，47.5%理科新生超过三本调档线，同类高校中被考生首选比例

66%，生源质量进一步提升；2011 年投入单独招生计划 740 名，招生范围包括普高生与职高生，报考人数 2073 人，实际录取 706 人，比 2010 年增加 97.21%，占 2011 年招生总数的 15.98%，其中共录取三校生 166 人，如表 2、表 3 所示。

表 2　2011 年招生情况统计表

| 招生情况 | |
|---|---|
| 计划招生数（人） | 4200 |
| 实际录取数（人） | 4972 |
| 实际报到数（人） | 4417 |
| 新生报到率（%） | 88.84 |
| 同类高校中被考生首选比例（%） | 66 |

表 3　2011 年单独招生情况统计

| 招生情况 | |
|---|---|
| 计划招生数（人） | 740 |
| 实际报考（人） | 2073 |
| 实际录取（人） | 706 |
| 报考与录取人数比例 | 3∶1 |

2．生源分布地区（本市、本省、来自西部生源所占比例等）、生源背景（家庭中的第一代大学生所占比例、父母是农民或农民工所占比例、父母是城市下岗、退休或无业人员所占比例等）

（1）本市生源所占比例（满足本地教育需求）（如图 3 所示）

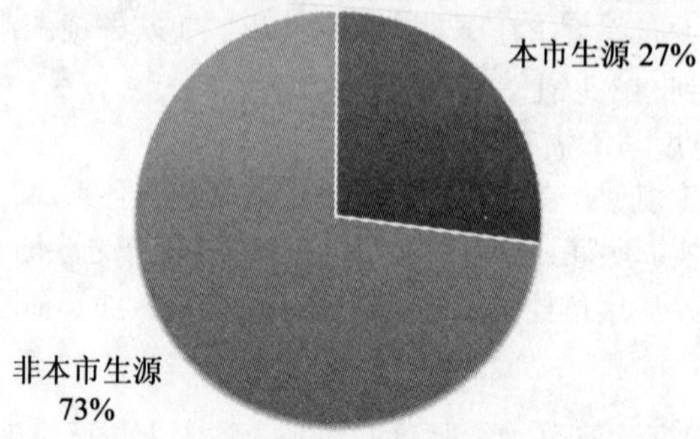


图 3　2010 届本市与非本市生源所占比例图

（2）本省生源所占比例（满足本省教育需求）（如图 4 所示）

（3）来自西部地区生源所占比例（帮助落后地区）（如图 5 所示）

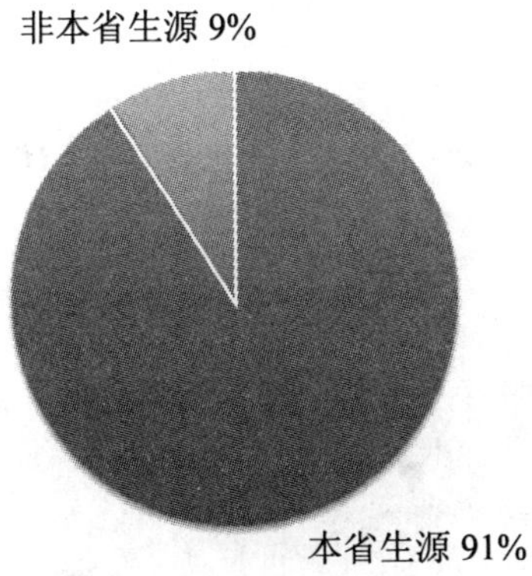


图 4　2010 届本省生源与非本省生源所占比例图

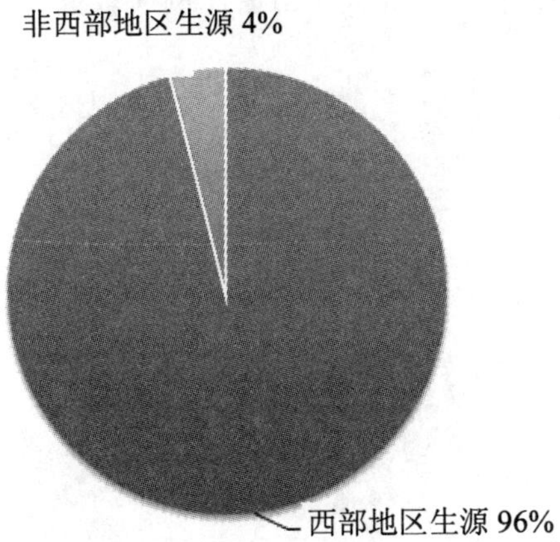


图 5　2010 届西部地区生源与非西部地区生源所占比例图

3．生源背景

（1）家庭中的第一代大学生所占比例（改变家庭命运，提升社会文明）（如图 6 所示）

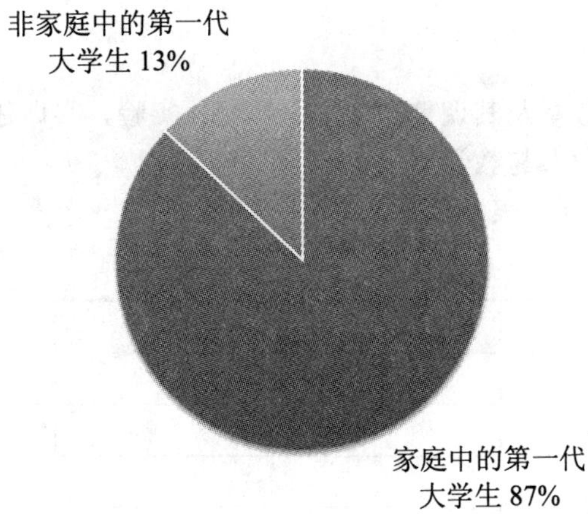


图 6　2010 届生源中家庭第一代大学生与非第一代大学生所占比例

（2）父母是农民或农民工所占比例（教育公平与人力资源升级）（如图 7 所示）

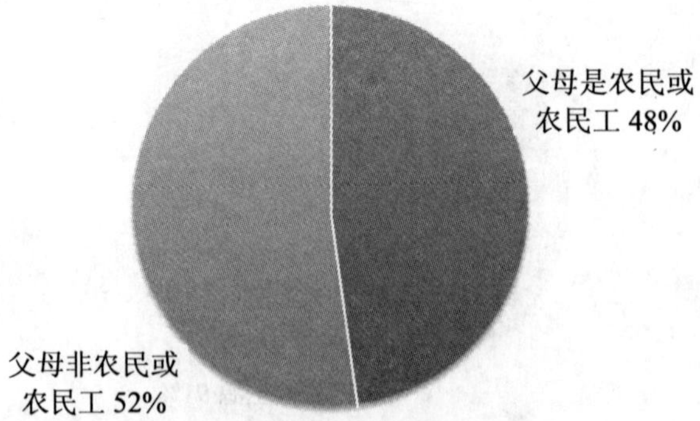


图 7　2010 届生源中父母是农民或农民工的学生所占比例

（3）父母是城市下岗、退休或无业人员所占比例（教育公平）（如图 8 所示）

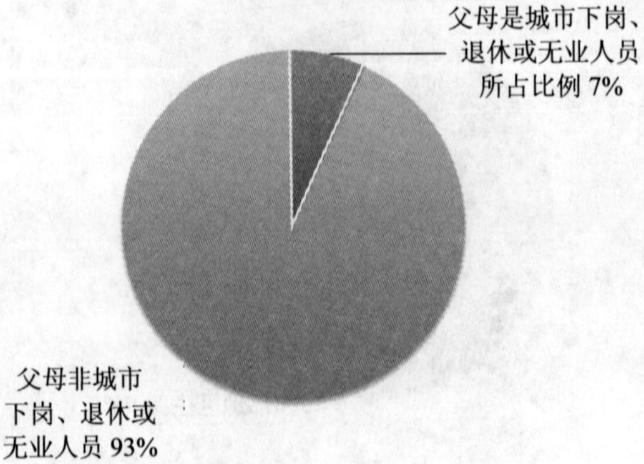


图 8　2010 届生源中父母是城市下岗、退休、或无业人员所占比例

## 三、高职人才培养过程

### （一）教学资源

课程结构、类型、数量及其调整；课程、教材、实验、实训建设与应用；图书资源、数字资源应用；行业企业参与教学情况等

1．课程类型与数量（如表 4 所示）

表 4　课程类型统计表

| 类型 | 课时数（学时） | 比例（%） |
|---|---|---|
| 理论课 | 27 739 | 21.59 |
| 理实一体课 | 84 051 | 65.42 |
| 实训课 | 16 683 | 12.99 |
| 合计 | 128 473 | 100% |

2. 教材建设与精品课程建设

截至 2011 年年底，我院分别在人民交通出版社、四川大学出版社和电子科技大学出版社正式出版 80 余种具有交通职业教育特色的高职高专教材。建成国家级精品课程 5 门，省级精品课程 21 门，院级精品课程 55 门。

**（二）课堂教学**

生均修课的学分及课时、学生对所学专业核心课程的满意度及评价

1. 生均修课的课时

生均修课课时文科类 2240 学时，工科类 2400 学时。

2. 毕业生对所学专业核心课程的重要性评价

毕业生中，认为所学专业核心课程对自己目前的工作或学习“有些重要”、“重要”、“非常重要”、“极其重要”的共占 80%，如图 9 所示。

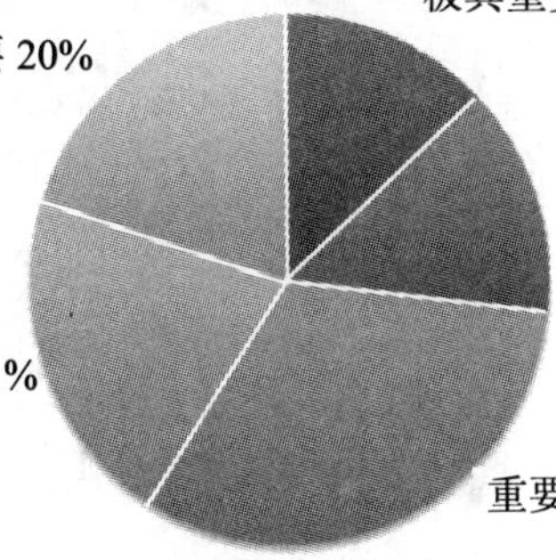


图 9　本校 2010 届核心课程的重要性人数%分布

3. 毕业生对所学专业核心课程的满足度

在认为所学专业核心课程对自己目前的工作或学习“有些重要”、“重要”、“非常重要”、“极其重要”的毕业生中，51%认为本院的课程训练满足他们的工作或学习要求。

**（三）实践教学**

学院现有校内实验室、实训室 181 个；校内实训基地 14 个，校外实训基地 239 个。本学年，校内实训基地使用 621 809 人时，在校外实训基地接受实训学生达 9640 人次。各专业更加重视实践教学，增加了实训实习学时。在校外实训基地参加顶岗实习 3094 人，实习学生参保率 100%，被实习单位录用率占 53.65%。

**（四）学生活动**

坚持育人为本，德育为先。通过“诚信、感恩、社会责任、学会做人、学会做事、立德修身”等主题教育，鼓励学生德才兼备，全面发展；积极开展校园科技创新技能节、宿舍文化艺术节、志愿者服务、学生社团活动等丰富多彩的校园文化活动；着力把传统文化、企业文化、行业文化、区域文化融入校园文化之中，形成了具有鲜明特色的学院文化和学院精神。全年共开展各类活动 48 项，参与学生达到 28 540 人次。

## （五）学生服务

生均参加入学教育的课时、新生对入学教育的满意度、心理健康服务、接受就业服务的比例、毕业生对就业服务的有效性评价、获得奖助学金、获得勤工俭学津贴的学生数及占在校生总数的比例，生均获得资助的金额等

### 1. 入学教育

本院面向新生的入学教育共计 80 学时，包括军事训练、专业教育、职业生涯规划、心理健康教育等内容。

### 2. 毕业生接受就业服务的比例及对就业服务的有效性评价

88%的毕业生曾经接受过学院提供的就业服务，其中参与度最高的三项服务依次为大学组织的招聘会（60%）、职业发展规划（28%）、辅导面试技巧（19%），如图 10、图 11 所示。

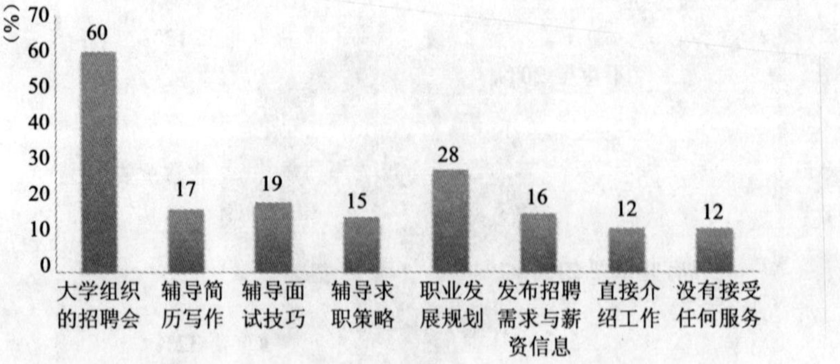


图 10　本院 2010 届毕业生接受母校提供的求职服务的比例（多选）

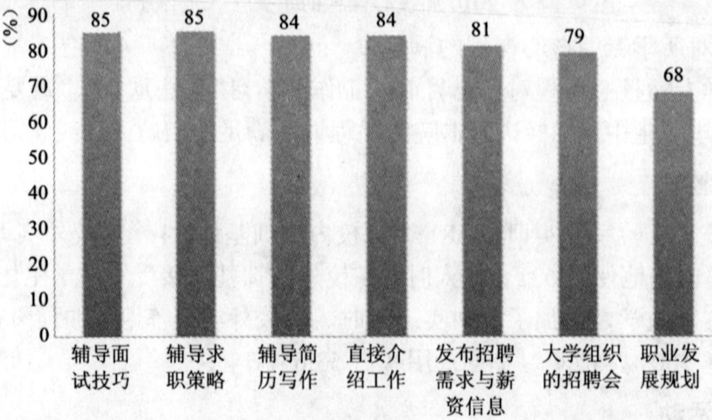


图 11　本院 2010 届毕业生认为母校提供的求职服务有效的比例

### 3. 学生资助

全年获得勤工俭学津贴的学生数 300 多人，共有 15 245 人次获得各类奖助学金和资助，资助金额达到 1877 万元，受益面约占在校生总数的 35.3%。

## 四、高职人才培养质量

### （一）学生参与项目研究与开发、发表论文与作品、获得省级以上竞赛奖励等情况

全年共组织学生参加各种省市国家级技能大赛 30 多项，获得一等奖 10 多项；同时积极开展校内学生技能大赛，是历年参与面最广、比赛规模最大，开展项目最多的一年。

### （二）毕业生就业和升学情况（就业率与对口就业率、就业质量、创业人数、专升本比例等）、毕业生获得职业资格证书的情况

1．毕业生就业率

本院统计的 2011 届毕业生初次就业率为 95.42%，比 2010 年（93.58%）提高 1.84%，比省教育厅下达指标高出 20.42%。学院连续 6 年被评为“全省高校毕业生就业先进单位”。本院统计的 2011 届毕业生职业资格证书取证率为 100%，如表 5 所示。

**表 5　2011 届毕业生就业情况统计表**

| 2011 届毕业生 | | | 2010 届毕业生 | | |
|---|---|---|---|---|---|
| 毕业生数（人） | 就业数（人） | 就业率（%） | 毕业生数（人） | 就业数（人） | 就业率（%） |
| 3909 | 3730 | 95.42 | 4.187 | 3.918 | 93.58 |

毕业生就业数据截止时间：2010 届为 2010 年 12 月 31 日，2011 届为 2011 年 9 月 1 日。

2．毕业生半年后月收入

根据麦可思调查数据，本院 2010 届毕业生半年后平均月收入为 2514 元，比 2009 届（2117 元）增长了 397 元，提高 18.8%，高出本省高职院校毕业生半年后平均月收入（2261 元）253 元，高出 11.2%，如图 12 所示。

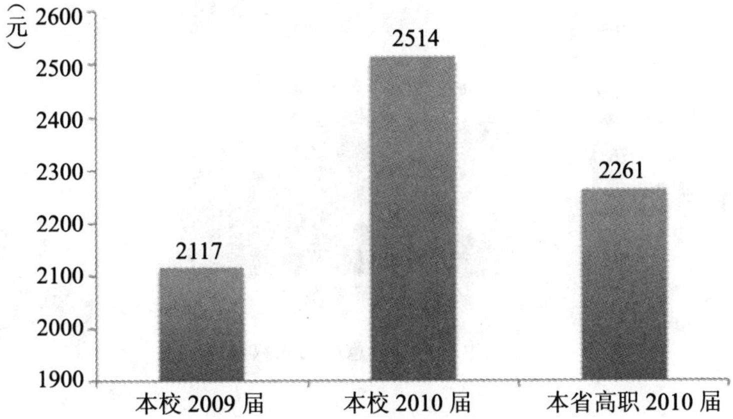


图 12　毕业半年后收入

3．创业人才比例和专升本比例

根据麦可思调查数据，本院 2010 届毕业生创业人才比例为 3.0%，专升本比例为 4.2%。

### （三）用人单位对人才培养质量的评价情况

根据麦可思调查数据，85%的2010届毕业生对母校总体感觉“满意”、“很满意”、“非常满意”，高出全国示范性高职院校平均水平（79%）6个百分点。66%的校友愿意向考生推荐母校，高出全国示范性高职院校平均水平（60%）6个百分点，比2009届毕业生（56%）高出10个百分点，如图13～图16所示。

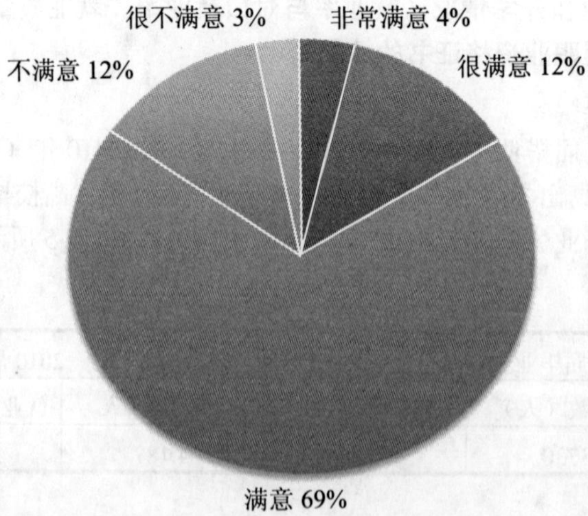


图13 本校2010届毕业生对母校是否满意的分布

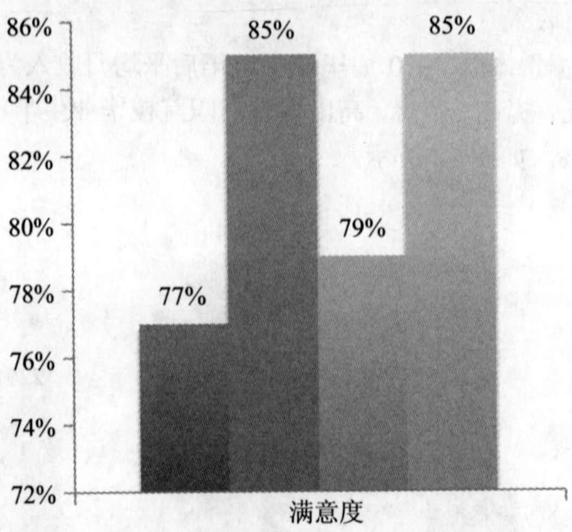


图14 毕业生对母校满意度的人数百分比

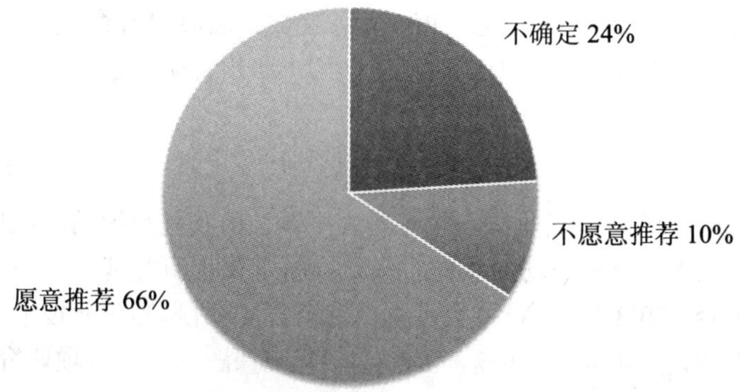


图 15　本校 2010 届毕业生愿意推荐母校给亲戚朋友就读的人数

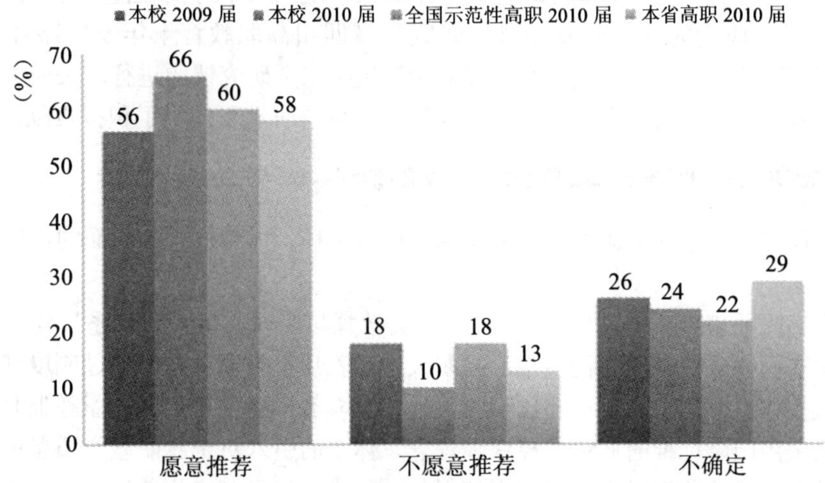


图 16　本校 2010 届毕业生愿意推荐就读母校的比例

## 五、社会服务

### （一）行业及本地人才培养服务

本年度完成各类培训和鉴定达到 38 843 人次，其中交通运输行业培训鉴定超过 30 000 人次。与行业主管单位和企业协会共建实验基地 1 个，与企业共建实训基地 3 个。

### （二）社区服务与各类志愿者活动

全年共开展各类社区服务和志愿者活动 42 项，参与学生达到 720 多人次。服务范围包括成都周围及省内部分民族地区和贫困山区，共计 13 个州县。

### （三）各类技术服务

全年完成交通科技攻关项目 11 项，为行业开展工程设计、施工监理、驾驶培训、驾驶学校教练员培训、汽车检测、汽车经销商员工培训等各类技术服务，产值达到 6300 万元。

围绕雅西高速公路安全保障等难题开展科技服务，公路交通安全重点实验室累计争取各类科研项目 6 项，涉及道路安全试验、交通人才需求规划、驾驶安全技术研究、城市交通控制等领域，累计合同经费超过 100 万元，服务交通科技创新的能力社会效益显著增强。

承担行业任务，深入全省21个地、市、州，全面开展渡口普查和行业人力资源普查，完成“四川省交通运输节能减排‘十二五’规划”、“四川省交通运输人才十二五规划”等三项，为行业发展提供决策咨询。

（四）高职教育研究

努力建设西部一流的高等职业技术教育研究平台。由我院承担的“四川高等职业教育研究中心”2011年12月申报成功四川省哲学社会科学重点研究基地，为全省高职教育研究提供了更好的平台。2011年投入30万元，支持全省49所高等职业技术学院开展省级职业技术教育研究课题，立项43个课题，其中重点研究课题9项，专项研究课题20项，一般研究课题14项。为更有效地聚全川高职院校之力，紧扣当前全国、全省高职发展的热点难点问题进行攻关研究，形成标志性高水平成果，组织三个跨校联合研究团队就《现代职教体系建设与成渝区域产业发展对接研究》、《四川高职教育十年发展路径与规律探究》、《四川高职院校国际合作现状及发展对策研究》三个研究课题进行攻关研究。通过课题研究、学术交流等活动，为提高全省职业技术教育科研水平作出了积极贡献。

## 六、高职人才培养工作方面的创新尝试与主要举措

与质量保障、教学基本建设、教学改革与质量工程、体制机制等方面的创新尝试与主要举措。

为了提高人才培养质量，学院依托 “船员教育与培训质量管理体系”建设，结合示范建设期间实施完成的企业全程参与的高职人才培养质量控制工程，通过制度建设、在管理机制、监控体系方面加大改革和建设力度，在全院教学中实施全面质量控制体系。

该体系采用国际标准的质量监控保障理念，体系的引入对于我院教学质量的监控，尤其是校内教学质量的监控提供了强有力的保障。目前学院已制定相关制度和管理办法，在全院各系部教学管理中已全面推行。

（一）构建全面质量控制体系制度

完善的质量控制体系制度是高等职业教育培养技术应用型人才的基础。为此，除国家要制定相应的法律、法规之外，高职学院还应建立起一系列与之相适应的人才培养质量控制制度。一是管理制度的构建，即建立各项规章制度，如校企合作制度、学分制管理制度、教学运行管理制度、顶岗实习制度、考核管理制度等以保障机制和组织管理系统的正常运转；二是监控制度的构建，即建立相应的监督检查制度、评价制度、调查统计制度等等，保证机制和监控系统的权威性，并使其职能能够得到充分的发挥.

（二）构建全面质量控制的管理体系

全面质量控制的高职人才培养质量控制的管理体系的构建包括纵向和横向两个层面，纵向层面是由上而下的政府主导的企业参与的管理体系，横向层面是学校和企业密切合作的管理体系。

（三）构建全面质量控制的监控体系

高职教育的监控体系包括内部监控体系和外部监控体系，内部监控体系由学院、系部、

学生三级构成，学院设置由教学工作委员会、教学督导室、各系部、教务处、学生教学信息员组成的教学监控体系，学院教学工作委员会负责对教师教学工作的评估、专业评估和课程评估；教学督导室和各系部主要负责教师教学质量监控工作、质量评价与调研、开展质量提升活动；教务处主要负责教学的组织安排及教学运行中的质量监控；学生教学信息员负责收集和反馈教学过程中的教学相关信息。外部监控体系是由政府、行业、社会公众、媒体、用人单位、第三方认证等构成。

## 七、存在的主要问题及未来工作思路

### （一）专业建设挑战及应对

按照四川省交通运输规划，“十二五”时期，四川交通运输围绕构建西部综合交通枢纽，将迎来新的发展格局。交通基础设施迈入集中建设投运攻坚期，交通运输进入提升服务质量和水平的关键期，交通运输步入发展方式的转型期。学院现有专业建设水平、人才培养质量与“高效、低耗、安全、畅通、绿色”的现代交通运输体系建设的需求还有差距。

——对接产业发展，建设校企深度合作、产业发展导向的专业群。一是加快制定专业建设中长期发展规划，按照产业布局需求，逐步在综合交通运输、港口航务管理、集装箱运输、高等级公路养护、港口航道与治河、交通安全、交通信息化、交通运输节能减排等领域新建和改建专业；二是进一步加强与行业和企业的深度合作，深化“四个合作”，推进“双主体”育人纵深发展。

### （二）实践教学与课程建设问题及应对

根据麦可思调查数据，42%的毕业生认为实习和实践环节不够。其中，72%的毕业生认为需要加强的是专业技能相关实训；核心课程满足度仅为51%。

——增强教学的时效性，加强实践教学管理。一是加强课程改革力度，优化课程体系，及时更新教学内容，提高核心课程的实用性和时效性；二是加强校内实践教学环节管理，更多引入真实生产任务，提高实践的真实性和训练质量；三是加强定岗实习的管理，加大定岗实习单位的吸引和选拔，提高专业和岗位的对口比例，加强学生在企业的日常教学管理，引导企业增加在定岗实习中的管理投入。

### （三）学生服务质量及应对

学院2011年实际录取4972人，实际报到人数4417人，报到率仅为88.84%；麦可思调查数据表明，仅有66%的毕业生愿意推荐母校。这些数据与高的就业质量和社会满意度对比表明，学院的服务质量、宣传质量和服务延伸还大有空间。

——加强学生服务，加强信息化建设，提高管理效率和管理水平，不断满足学生对教学、生活和个人发展的需求，提高在校生的服务满意度；不断提高学院对行业发展和社会进步的贡献度，加强对行业、企业和社会的宣传力度，增强交通职业技术教育的吸引力；加强毕业生跟踪调查，关注毕业生就业后的教育和服务需求，形成长效的延伸服务机制。

（执笔：袁　杰）

# 四川建筑职业技术学院
# 2011年度人才培养质量报告

2011年是学院"十二五"规划的开局之年，学院在全面总结"十一五"规划的基础上，以邓小平理论、"三个代表"重要思想和科学发展观为指导，深入贯彻落实学院"十二五"发展规划，全面完成灾后重建任务，扎实推进成都青白江校区建设，人才培养水平全面提高，学院事业得到进一步发展。学院被确定为全国高职高专教育土建类专业教学指导委员会主持学校，被教育部评为"全国毕业生就业典型经验高校"。

## 一、基本情况

### （一）专业建设

加强专业建设，完善专业结构，建立以土建大类为主，多学科发展的专业结构体系。2011年学院成功申报安装工程造价、建筑信息管理、电梯工程技术专业、大地测量与卫星定位技术4个新专业。截至目前，四川建筑职业技术学院共有56个专业。

教育部、财政部公布了《关于同意启动"高等职业学校提升专业服务产业发展能力"项目实施工作的通知》（教职成厅函〔2011〕71 号），我院应用英语专业和材料工程技术专业成功入选。中央财政支持的职业教育《物流管理专业》实训基地建设项目成功立项建设。我院将以项目为载体，整体提升学院专业发展水平和服务能力，为国家现代产业体系建设输送大批高端技能型专门人才。

### （二）课程建设与教材建设

以建设精品开放课程为抓手，完善有关精品课程建设管理办法，搞好课程后期建设正常运行与管理。定期向教育部高职高专精品课程管理和评价机构上报工作信息。学院已建成国家级精品课程6门，省级精品课程14门，院级精品课程59门。

推动示范建设成果的运用，编辑出版示范建设专业相关的教材、课程标准及绩效考核体系。

教育部发布《关于公布2011年普通高等教育精品教材书目的通知》，全国共276种教材被确定为2011年普通高等教育精品教材。四川建筑职业技术学院共有4种教材入选普通高等教育精品教材，分别是：吴泽教授主编的《建筑经济》（中国建筑工业出版社出版），袁建新教授主编的《建筑工程预算》（中国建筑工业出版社出版），胡兴福教授主编的《建筑结构》（中国建筑工业出版社出版）和胡兴福教授主编的《建筑力学与结构》（武汉理工大学出版社出版）。为进一步加强高等教育教材建设，更好地满足教学需要，促进普通高等教育"十一五"国家级规划教材质量的不断提高，教育部自2007年起，每年对已出版的普通高等教育"十一五"规划教材开展评审工作并公布精品教材书目，累计确定995种精品教材。目前国家精品教材的数量仅占普通高等教育“十一五”国家级规划教材总数的8%左右，代表了普通高等教育教材建设的最高水平。

### （三）师资建设

加强师资队伍建设，优化师资队伍结构，提升学院整体办学实力。根据四川省教育厅公布的第五届四川省高等学校教学名师奖获奖教师名单，我院建筑与艺术系主任钟建教授榜上有名。四川省高等学校教学名师奖的评选是四川省实施教育部“高等学校本科教学质量与教学改革工程”的配套措施，是加强我省高等学校师资队伍建设的重要举措。我院已建成省级教学团队 4 个，四川省教学名师 5 人。通过出国（境）、下企业锻炼、高校进修等多种途径培养骨干教师 416 人次。16 位教师入选“四川省高职高专精品教材建设工作专家库”，进一步推动了我院高职高专精品教材的建设与发展。

经四川省人事厅批准，学院作为四川省首批在高职院校设立的博士后创新实践基地正式挂牌。现已与西安建筑科技大学、四川大学、西南石油大学、重庆大学博士后科研流动站签订了博士后研究人员培养协议。

### （四）招生与就业

2011 年我院招生任务是 5314 人，其中：四川省 4714 人，省外 600 人。实际报到 4642 人，新生报到率高达 87.4%；广西、黑龙江、江苏、浙江、新疆等省市区报到率为 100%。学院生源质量良好。省内专科一批次共录取考生 2094 名，均为一志愿考生，文科最高录取分数为 511 分，理科最高录取分数为 501 分，文科最低录取分数 454 分，理科最低录取分数 429 分，均高于四川省三本线 13 分。超过二本分数线有 468 人，其中：文科 106 人，理科 362 人。

毕业生就业情况继续保持良好势头，毕业生就业率达 97%，其中 40%的毕业生签约国有大中型企业。

### （五）巩固和深化示范建设成果，推进后示范建设，综合办学能力得到显著提升

学院示范建设顺利通过教育部、财政部的“国家示范性高等职业院校”建设项目验收，获得教育部、财政部最高等级奖励。

通过示范建设和后示范建设，学院建成中央财政重点支持专业 4 个、建成非中央财政重点支持专业 1 个、带动专业建设数 20 个、形成特色专业群数 5 个，示范性重点专业建设惠及专业在读学生数 15 000 千余人；建成非中央财政重点支持社会服务平台项目 1 个。新购置实验实训设备总值增加 5077 万元；校内实训基地增加 38 个，校外实习基地增加 576 个；完成新建、改建、扩建实验实训室 49 个，其中新建成理实一体实训室 33 个。

### （六）“质量工程”硕果累累

根据川教函〔2011〕659 号，四川省教育厅关于公布 2011 年度“高等教育质量工程”建设项目的通知，我院 12 个项目被列入 2011 年度四川省“高等教育质量工程”建设项目名单（如表 1 所示）。开展“高等教育质量工程”建设是四川省贯彻落实国家和四川省《中长期教育改革和发展规划纲要（2010～2020 年）》，深入实施“八九十”教育改革发展重大项目计划的重要举措，旨在通过改革，进一步促进高校解放思想、明确思路、深化改革、

加快发展，鼓励和促进我省高校在不同层次、不同领域办出特色、争创一流，为建设高教强省和西部人才高地奠定坚实基础。



表1　我院列入四川省“高等教育质量工程”建设项目

| 项目类别 | 项目名称 | 项目负责人 | 子项目名称 | 子项目负责人 | 子项目类别 |
|---|---|---|---|---|---|
| 专业综合改革 | 建筑工程技术专业综合改革 | 胡兴福 | 建筑工程技术专业建设 | 胡兴福 | 专业建设 |
| | | | 建筑工程技术专业教学团队 | 李　辉 | 教学团队 |
| 专业综合改革 | 道路桥梁工程技术专业综合改革 | 李　辉 | 道路桥梁工程技术专业教学团队 | 李　辉 | 教学团队 |
| | | | 混凝土结构工程施工 | 吴明军 | 精品开放课程 |
| | | | 基础工程施工 | 李　辉 | 精品开放课程 |
| | | | 建筑工程测量 | 卢　正 | 精品开放课程 |
| | | | 建筑工程量计算 | 袁建新 | 精品开放课程 |
| | | | 建筑结构 | 胡兴福 | 精品开放课程 |
| | | | 建筑施工 | 张若美 | 精品开放课程 |
| | | | 砌体结构工程施工 | 胡兴福 | 精品开放课程 |
| | | | 桥跨结构施工 | 李　辉 | 精品开放课程 |
| | | | 建筑工程造价 | 袁建新 | 教材建设 |

根据川教函〔2011〕512号四川省教育厅关于公布2009～2012年高等教育人才培养质量和教学改革重点项目立项名单的通知，我院2个项目列入四川省2009～2012年高等教育人才培养质量和教学改革重点项目立项名单，如表2所示。

表2　我院列入四川省2009～2012年高等教育人才培养质量和教学改革重点项目

| 申报院校 | 项目名称 | 主持人 |
|---|---|---|
| 四川建筑职业技术学院 | 以职业技术能力培养为目标的实践性教学系统开发——高职土建类实训基地设置方案、配置标准和训练方法的研究实施 | 胡晓元 |
| 四川建筑职业技术学院 | 建筑工程技术专业共享型教学资源库的开发与应用 | 胡兴福 |

## 二、深化教育教学改革、提高教育教学质量方面的思路、举措和成效

### （一）进一步深化“123”人才培养模式

在后示范建设中，进一步完善了施工（工作）过程导向的“123”人才培养模式，成为土建类专业工学结合的范本。

该模式探索出要实现培养具备“高知识、高能力、高素质”的能满足面向生产、建设、管理、服务一线需要的建筑技术和管理人才的目标，应通过校内和校外2个场所系统设计、构建理论和实践2个教学体系，并依据认知规律和职业成长规律系统地构建理论与实践交织的公共基础课、专业基础课和专业技术课三个教学阶段，通过理论教学、理实一体化教学和实践教学3种教学形式来实现培养目标。

该人才培养模式的进一步深化，实现了示范建设推动人才培养质量提升的新突破，实现了示范建设与灾后重建双重急速并进的新突破，实现了创新行业施工技术标准的新突破，实现了专业课程开发与教学资源建设的新突破，实现了破解校企合作难题与“从引企入校到引企入教”的新突破，实现了土建类院校推行全过程施工综合训练的工学结合范式的新突破，实现了多元化打造高素质“双师”团队的新突破。

**（二）狠抓内涵建设，全面提高人才培养质量**

本年度，学院以“向课堂要质量”为抓手，实施了专业基础课和专业课单班教学，加大听课监控力度，聘请近30名校内外听课专家，全面实施随机听课，举行全校说课比赛。采取多种措施，促进教学质量提高。

进一步强化“抓教风、促学风、严作风、强校风”目标，以此营造良好的校园环境，达到“教书育人、服务育人、环境育人”的效果，做到“教书育人出质量，科学研究有水平，管理服务上台阶”。

**（三）着力推进课程教学改革力度**

进一步提高人才培养质量是学院发展的永恒主题，学院把“着力推进课程教学改革”作为后示范建设时期的重要建设内容。2011年全面推进小班教学的课堂教学，狠抓提高教学质量这一学院中心工作。教学质量改革稳步推进，单班教学、分层次教学运行良好。

针对2011级新生生源质量显著提高的情况，学院积极采取应对措施，主要措施有：

1. 进一步修订人才培养方案。“方案”充分体现“宽基础、重特色”的思路。在实践环节要保持示范的成果和特色，理论上要加宽加深。在培养学生“零距离”上岗的同时，要重点培养学生的迁移能力、可持续发展能力。

2. 加强课程改革，建立三级平台控制的课程体系，培养“金字塔”型的人才。按照培养学生可持续发展能力的要求，建立院级、系级、专业级的三级平台控制的课程体系。院级和系级控制的课程体系构成人才培养的“塔基”和“塔身”，分别由学院和各教学单位实施统一管理和控制。推进“理实一体”课的课程开发与建设工作，把“理实一体”课程列入教学计划，进行重点开发和建设。在各系部开展了课堂教学改革示范课观摩活动，为全面提高学院教育教学质量积极进行探索。

3. 加强教材选用的管理和控制，提升教材难度，选用国家精品教材级以上的教材。让学生思维有充分的拓展空间。

4. 实施分层次教学和小班教学，因材施教，体现教育本色。

5. 进一步改进课程考核的组织和管理，控制性课程实施统一的命题、统一的考核。

**（四）教学资源库建设顺利验收**

后示范建设时期，加大推广和运用推进示范建设的优秀成果，推进示范性高等职业院校课程开发与教学资源建设工作。学院主持的建筑工程技术教学资源库建设顺利通过教育部验收。动画72个、视频349个、虚拟实训系统1个、高清晰图片6616幅、职业资格认证资源130个、教学课件783个、企业案例96个等万余条资源建设任务。按照“共建共享、边建边用”的原则，积极开展应用推广活动，全国已有千余名师生注册使用资源库，累计在线时长2000小时以上。

### （五）加强国际交流与合作

加大与丹麦、英国、澳大利亚、美国、英国、新西兰等院校的合作交流力度，拓展中外合作办学思路。深入开展中澳合作办学，中澳项目外籍教师人数达到11名，在校生人数达到853名；中丹项目开始招生，2名学生将免学费赴丹麦VIA大学学习交流。与坦桑尼亚海南国际公司等企业签订了学院海外校企合作就业实习基地，进一步拓展了学生的就业范围，接待了兄弟院校来访学习国际合作办学经验。实现了“广泛交流、规范管理、创新模式、服务优质”的预定目标。

### （六）加强实践教学管理

不断完善充实与实践教学有关的各项安全规章制度，对涉及实践教学安全的各项工作都做到了有章可循。同时，加强了顶岗实习安全教育和实践教学检查，启动了顶岗实习网上管理系统。

### （七）全面提升学生综合素质

学院承办第五届全国高校“校长杯”桥牌邀请赛，学院被省体育局授予“青少年桥牌培训基地”；为国家桥牌青年队输送了4名队员，将代表中国参加2012年世界智力运动会。组织参加了四川省第二届大学生桥牌锦标赛，德阳市第二届运动会，2011年“移动杯”全国大学生桥牌锦标赛，“浩沙杯”第十届全国万人健美操大赛，第二届全国智力运动会等赛事并取得优异的成绩。有1名教师获“第三届全国高职高专英语课堂教学大赛”公共英语组一等奖（第一名），2名学生获“第二届高等院校斯维尔杯BIM软件建模大赛总决赛‘项目管理与投标工具箱’”项目一等奖，2个参赛队荣获2011年全国大学生数学建模竞赛四川片区二等奖，2名学生荣获全国大学生英语竞赛一等奖，1名学生获得全国英语写作大赛“四川赛区”专业组一等奖，1名学生获得“第七届全国语文规范化知识大赛”一等奖。荣获四川省第二届大学生桥牌锦标赛女子团体第一名；德阳市第二届市运会桥牌团体季军、男篮第三名、女篮第三名；“浩沙杯”第十届全国万人健美操大赛（四川赛区）普通院校五级一等奖。

全面开展创业教育，开设《大学生KAB创业基础》教育课程，丰富第二课堂。通过“第七届鲁班建筑文化节”等学生活动的开展，大学生艺术团等载体的建设，综合素质A级证书的引导，综合素质教育取得了较好的效果。2011年有589人获得了四川省大学生综合素质A级证书。大力打造学生核心竞争力，通过“提升建院学子核心竞争力”主题教育论坛等一系列活动，使核心竞争力的理念深入人心，将“打造和提升核心竞争力”贯穿大学生活始终，加强学生的适应力、意志力、学习力、专业实践能力和创造力的系统培养。大学生思想政治教育工作得到上级和同行的认可，荣获了“2010～2011年度四川省高等学校学生思想政治工作优秀成果”一等奖。

### （八）加强教学队伍建设，提升教学队伍整体水平

加强新进教师和教学管理队伍建设。2011 年新进各类人员 56 名，其中高级工程师 2 名，博士 3 名，硕士 51 名。完成 100 余名合同制工作人员人事代理身份确定。完成了 32 名行业企业专业技术骨干专家的外聘工作。46 名教师通过高等学校教师资格认证，6 名教师通过教授评审，11 名教师通过副教授评审，97 名教师通过讲师评审，教师队伍的职称结构得到一定程度改善。2011 年有 61 名青年教师完成在四川省教师培训中心进行的岗前培训，42 名新进教师通过“老带新”验收工作，8 名教师参加了四川省高校辅导员岗前培训，6 名青年教师顶岗实践。同时根据各系（部）推荐，教务处认真审查，教学副院长审定，学院同意聘请钟林等 20 位教师为 2012 年度王艳等 21 位新教师的指导教师。实施对新教师的培训，举行新教师说课比赛和教学管理研讨会。

### （九）科研工作成果显著，学术团队基本形成

在积极申报学院、市和厅级项目的基础上，加大了省部级项目和横向联合项目的申报力度，目前立项课题院级课题立项 20 项、市厅级 7 项、省部级以上 2 项。“四川省建筑工程施工工艺研究及系列标准编制”项目获 2011 年四川省科技进步奖二等奖。我院主持的世界银行、财政部“支持中国汶川地震灾后恢复重建可持续发展”项目顺利结题验收，来自国家发改委、财政部、四川省建筑规划设计研究院、四川省建筑科学研究院、西南财经大学、西南交通大学等单位的专家、学者参会并对该项目 5 个子课题完成情况进行评估。最终，由李辉院长主持、支部书记钟林教授承接的两个子课题：“农村建设恢复重建进展情况调研报告”、“城乡住房恢复重建进展情况调研报告”顺利通过了项目结题验收。为了支持中国的震后恢复和重建工作，世界银行、全球灾难减少和恢复机构（GFDRR）和中国政府一起发起了“支持中国汶川地震灾后恢复重建可持续发展”项目，该项目在四川、陕西、甘肃开展并实施一年。项目主要针对灾后重建工作进展、各项政策的影响以及各部门措施和管理结构进行系统、综合的调研和深度研究，以总结成功经验，为全球范围的巨灾恢复重建提供宝贵的经验和可供推广的风险管理范式。

刘长坤被评为省级学术技术带头人后备人选，胡兴福、吴明军获四川省有突出贡献优秀专家称号，全年推荐送审各类专家 10 人次。学院被四川省建筑业协会表彰为“2010 年度四川省建筑业人才开发研究优秀单位”，成为连续两次获此荣誉的单位。目前，学院有省级学术技术带头人 1 人、后备人选 3 人，教授 24 人，副教授 181 人，博士 19 人，在读博士 41 人，硕士 351 人，在读硕士 226 人。

## 三、存在的主要问题

### （一）示范建设成果的进一步总结和推广

目前在后示范建设时期，率先启动了“理实一体”课程的全面开发和建筑工程技术专业教学资源库的建设工作，但还需要进一步开拓思路，全面总结，深化示范建设优秀成果的运用，全面提高人才培养质量。

### （二）校企合作与行校合作的模式与运行机制

学校的办学如何与行业、企业实现紧密合作，实现双向互动，合作共赢的局面，还需要长期的探索和创新。

### （三）人才培养模式的进一步创新

对“123”人才培养模式进行不断完善，但对于不同专业，如何创新人才培养模式，进一步提高人培养质量，也是一个值得长期探索的课题。

（执笔：吴明军　钟　林）

# 四川电力职业技术学院
# 2011年度人才培养质量报告

## 一、综述

### （一）主要成就及经验

四川电力职业技术学院是一所近百年的行业特色十分鲜明的学校，是国家电网公司系统唯一一所国家示范性高职院校。2011年，学院以示范建设验收为契机，全面整合教育培训资源，加大教学、科研、实训基地建设投入，以专业建设、课程建设、师资队伍建设、实训基地建设为重点，形成了一大批建设成果并顺利通过了教育部、财政部组织的国家示范性高等职业院校建设的验收。

1．以国家示范建设为契机，深化教育教学改革，全面提升教育教学质量

经过三年的示范建设，“高压输配电线路施工运行与维护”、“供用电技术”、“水利水电建筑工程”三个中央财政重点支持的专业及“水电站动力设备与管理”、“建筑工程技术”、“发电厂及电力系统”三个非中央财政重点支持的专业建设成绩突出，形成了一大批建设成果。截至目前，已建成国家级精品课程3门，省级精品课程15门，校级精品课程14门，网络课程20门。在示范建设验收通过之后，学院又不断创新示范成果转化，不断实现内涵提升。在当前学历教育规模调减的背景下，充分利用学院的优质教育培训资源，巩固示范建设成果，推广示范建设经验，积极探索强化素质教育，提升教育质量的新路子。今年，学院已成功申报了四川省2011年度“高等教育质量工程”建设项目，计划用两年的时间完成“水利水电建筑工程专业课程体系改革与实施”、《水电站建筑物及其施工》精品开放课程及青峰岭教学电厂的实践教学实习、实训基地建设工作，并按项目申报书的目标、方案和建设内容积极开展工作，切实推进项目建设，努力提高人才培养水平和质量。同时，根据《教育部、财政部关于支持高等职业学校提升专业服务产业发展能力的通知（教职成[2011]11号）》精神和四川省教育厅的要求，我院申报的“水电站动力设备与管理专业”和“建筑工程技术专业”已被列为“中央财政支持的重点专业项目”，学院将以此为契机，努力抓好这两个专业建设，并通过此举带动其他专业的建设。

2．以实训基地建设为重点，加强精品培训项目开发，全面提升教育培训质量

2011年学院加大投入，以实验实训基地建设为重点，建成了国网公司应急培训基地、变电检修实训基地、110kV实训智能变电站、带电作业、电力营销、继电保护、特高压仿真、调度自动化、电力通信等专业实训基地及信息运维仿真培训基地等一批全面覆盖、功能完备、现场同步、先进实用的综合性技能实训基地。为提高培训质量，打造一批精品培训项目，学院精心研究培养计划，研究制定了《“双千人才”管理办法》、《“双千人才”

导师制管理办法》和《“双千人才”导师制实施方案》，并以实施全程动态追踪管理为创新点，开展培训后评估，推行导师制、课题制和淘汰制。学院积极探索精品培训项目和技能大师工作室建设，在省公司系统和高校中率先制定了《精品培训项目评选及奖励办法》、《大师工作室选拔管理办法》，遴选出《非电专业人员电专业知识培训》等2个精品培训项目和输配电线路与带电作业大师工作室等3个大师工作室建设项目，为下一步申报省级大师工作室和国网公司大师工作室奠定了良好的基础。近年来，学院培训质量稳步提升，培训满意率达99.88%，培训合格率达98.69%。

3．以教育科研工作为突破，创新师资培养途径，全面提升师资队伍素质

2011年，学院出版专著29本，在核心期刊上发表论文18篇，科研论著145篇，年度专利折算数9个，学院有5项成果获得四川省电力公司企业管理创新成果奖，有5项成果获得四川省电力公司优秀调研成果奖。2011年学院继续实施“优秀人才奖励办法”、“博士、教授津贴审核暂行办法”、“校级教学名师评选办法”、“专业带头人评选办法”等政策，对师资队伍建设起到了积极作用。2011年，我院6名教师被评为校级教学名师，2人晋升为教授职称。在培训教育方面，学院新出台了“双百工程”实施办法，通过建设精品培训项目和大师工作室，提高教师培训项目设计开发能力和教学科研水平，同时，学院充分借助企业办学的天然优势，继续实施“校企互动、人才互用”的师资队伍建设长效机制，通过持续深入实施“上挂下派”工程，构建学校专业教师与企业技术骨干双向挂职的通道，有力促进了学院“双师”结构教师团队的建立和教师“双师”素质的提高。2011年，学院选派16名教师到企业进行半年的实践锻炼，10名企业技术骨干到学院任教一年，新增2名省公司优秀技术人才，新增20名技师，新增“双师型”教师20名，“双师型”教师队伍不断壮大。这些举措有力地促进了“双师”结构的形成和综合能力的提升，为提高教育教学质量提供了良好的支撑。

4．以培养职业素养为抓手，创新顶岗实习运行机制，全面提升学生就业能力

学院以培养学生的职业素养为抓手，以职业化训练为核心来推动素质教育，将体现电力企业员工的现场工作要求和企业文化精神的“5S”管理模式融入人才培养模式改革中，将传统思想政治教育与“5S”职业化管理方略相融合，使企业文化、企业管理模式注入学生的学习和生活全过程，切实加强学生规则意识、规程意识和标准化工作观念及团队精神，提高了学生综合素质，增强了就业能力，人才培养质量得到了全面提升。在教学中，学院抓住顶岗实习这一关键环节，充分利用和发挥企业办学“专业相对集中、教学设施设备与生产现场基本同步”、企业内训师既是企业高级技术技能人才也是学院技能培训专家，基层单位既是企业生产现场也是学院校外实习基地”等特点，努力实践“以过程控制为核心，构建一个科学的信息与交流服务平台，建立一套完善的闭环管理系统，形成五种互为补充的实施途径”的“1115”学生顶岗实习运行机制，取得了明显的建设成效。学院针对实习分散、点多面广的实际情况，加大监控与管理力度，多层次、多形式开展顶岗实习检查、督促、调研工作，收集来自企业、学生、教师等方面的反馈信息，持续改进顶岗实习工作机制，形成“校企一体、内外一致、齐抓共管”的良好局面，保证学院学生顶岗实习教学质量不断提高。近年来，企业和社会对我院毕业生的认可度越来越高，呈现进出两旺的可喜局面，2011年高职毕业生就业率达97.02%。学院委托麦可思人力资源信息管理咨询有

限公司对 2009～2011 届毕业生就业水平测量与评价进行第三方调查，从已经出具的《调查报告》数据显示，反映毕业生就业与能力的绝大部分指标均优于全国同类高职高专平均水平。

### （二）现有挑战及应对

目前，尽管学院在国家示范建设、实训基地建设和技术技能培训方面取得了一定成绩，但在企业办学的背景下，学院招生规模将进一步压缩，如何正确处理好技术技能培训与普通学历教育之间的关系，如何优化专业结构、突出电力特色、实现培训教学资源共享、走精品办学的路子是学院目前面临的困难和挑战。此外，学院的师资队伍从数量和质量上还不能完全适应人才培养的要求，队伍结构还不尽合理，年轻教师比例较高，培训师资中具有丰富实践经验的企业优秀技术和技能人才略显不足。实训基地建设尚不能完全满足教学培训的需要，需进一步完善和扩充实训基地硬件，需增加 220kV 和 500kV 电压等级的变电检修实训设备，完善营销、调度自动化、继电保护等专业的培训设施，需要加强依托实训基地开发的特高压、智能电网等培训项目的广度和深度，加大培训考核标准、课程体系等培训软件的建设力度。面临以上困难和问题，学院将会科学统筹、系统规划，努力做好技术技能培训与普通学历教育之间的平衡发展，以提升教育培训能力和教育培训质量为重点，通过教育教学改革和创新，不断提高教育教学质量，提升人才培养水平。

## 二、办学基本信息

### （一）学校定位

学院将传承优良的办学传统，充分发挥企业办学优势，以培养高素质技能型人才为目标，不断深化“植根电力办学，工学融合育人”特色，统筹技术技能培训与普通学历教育的协调发展，努力将学院建设成为集“国家电网公司一流培训中心”和“国家示范性高职学院”于一体的企业大学。

### （二）系总数

2011 年，学院在 2010 年原有系部的基础上，根据学院总体规划及现有招生规模，将原“电气工程一系”和“电气工程二系”合并为“电气工程系”，将原“经济管理系”和“信息工程系”合并为“经济管理与信息工程系”。系总数及调整情况如表 1 所示。

**表 1　系总数及调整情况一览表**

| 序号 | 2010～2011 学年 | 2011～2012 学年 |
| --- | --- | --- |
| 1 | 电气工程一系 | 电气工程系 |
| 2 | 电气工程二系 | |
| 3 | 水利水电与建筑工程系 | 水利水电与建筑工程系 |
| 4 | 动力工程系 | 动力工程系 |
| 5 | 经济管理系 | 经济管理与信息工程系 |
| 6 | 信息工程系 | |
| 7 | 基础部 | 基础部 |

（三）专业建设

1．专业结构、规模及其调整

2011～2012 学年招生专业为 11 个，在 2010～2011 学年招生专业的基础上停招了电气自动化技术、电厂热能动力装置及建筑装饰工程技术三个专业，招生规模也有一定的减少。具体专业结构、规模及调整情况如表 2 所示。

表 2　专业结构、规模及调整情况一览表

| 专业 | 2010～2011 学年在校生人数 | 2011～2012 学年在校生人数 | 调整人数 | 备注 |
|---|---|---|---|---|
| 建筑工程技术 | 229 | 231 | 2 | |
| 水利水电建筑工程 | 236 | 227 | -9 | |
| 工程造价 | 279 | 242 | -37 | |
| 建筑装饰工程技术 | 127 | 82 | -45 | 2011 年停招 |
| 供用电技术 | 469 | 349 | -120 | |
| 高压输配电线路施工运行与维护 | 366 | 252 | -114 | |
| 发电厂及电力系统 | 581 | 483 | -98 | |
| 电力系统继电保护及自动化 | 329 | 268 | -61 | |
| 电气自动化技术 | 76 | 44 | -32 | 2011 年停招 |
| 电厂热能动力装置 | 116 | 82 | -34 | 2011 年停招 |
| 水电站动力设备与管理 | 226 | 233 | 7 | |
| 机电一体化技术 | 222 | 214 | -8 | |
| 会计电算化 | 342 | 280 | -62 | |
| 计算机网络技术 | | 80 | 80 | |
| 软件技术 | 192 | 124 | -68 | |
| 总计 | 3790 | 3141 | -599 | |

2．重点或特色专业

目前，学院有国家示范性高职院校建设中央财政支持重点建设专业三个，国家示范性高职院校建设非中央财政支持重点建设专业三个，具体情况如表 3 所示。

表 3　2011 年重点或特色专业一览表

| 专业建设类型 | 专业名称 | | |
|---|---|---|---|
| 中央财政支持重点建设专业 | 高压输配电线路施工运行与维护 | 供用电技术 | 水利水电建筑工程 |
| 非中央财政支持重点建设专业 | 发电厂及电力系统 | 水电站动力设备与管理 | 建筑工程技术 |

### （四）课程建设

1．课程结构、类型、数量及其调整

根据专业面向的行业企业岗位群需求，各专业根据自身特点，将课程划分为公共基础课程（15～17 门）和专业课程（40～43 门），从课程类型来看，又将课程分为理论课（A类）、理论＋实践课程（B 类）和实践课程（C 类），其中理论＋实践课程（B 类）和实践课程（C 类）的学时占总学时的 50%以上。根据各专业人才培养方案，2011～2012 学年各专业在课程结构、类型、数量方面未作大量变动，仅对个别专业的课程学时数有一些调整。

2．课程、教材及教学方法的质量建设

目前，学院已建设 3 门国家级精品课程，15 门省级精品课程，14 门院级精品课程和 20 门网络课程。

2011 年，学院成功申报中央财政支持的重点专业项目 2 个，四川省 2011 年度“高等教育质量工程”建设项目 3 个，具体项目如表 4、表 5 所示。

**表 4　2011 年中央财政支持的重点专业一览表**

| 序号 | 专业名称 |
| --- | --- |
| 1 | 建筑工程技术 |
| 2 | 水电站动力设备与管理 |

**表 5　四川省 2011 年度“高等教育质量工程”项目一览表**

| 序号 | 项目名称 |
| --- | --- |
| 1 | 水利水电建筑工程专业课程体系改革与实践 |
| 2 | 《水电站建筑物及其施工》精品开放课程 |
| 3 | 青峰岭教学电厂实践教学实习、实训基地 |

在教学方法的建设方面，学院各专业以学院示范建设为契机，采用“工学交替”、“任务驱动”等教学模式，积极探索和创新教学手段与方法。同时，根据学院的标准化工作安排，校企合作，与企业专家一道，按照企业标准的格式和要求，全面修订各个专业的专业标准和课程标准，积极开展工学结合的教材建设和教学方法改革，不断探索“课程团队”教学的教学模式改革，努力提高教学质量和效果。这些教学方法和手段的运用，在充分调动学生积极性、体现以学生为主体、教师为主导、理论与实践深度融合、学生技术应用能力培养等方面均取得了良好效果。

### （五）在校生结构及规模

1．学生数量

学生数量按全日制在校生和非全日制专科学历教育注册生统计，具体数量统计如表 6 所示。

表6　学生数量一览表

| 全日制在校生数（人） | | | 非全日制专科学历教育注册生（人） |
|---|---|---|---|
| 合计 | 全日制高职在校生数（人） | 全日制中职在校生数（人） | |
| 3195 | 3145 | 50 | 1228 |

2．年龄结构

在校生中现有高职学生3145人，藏区中专班50人，其中高职在校生的年龄结构如图1所示。

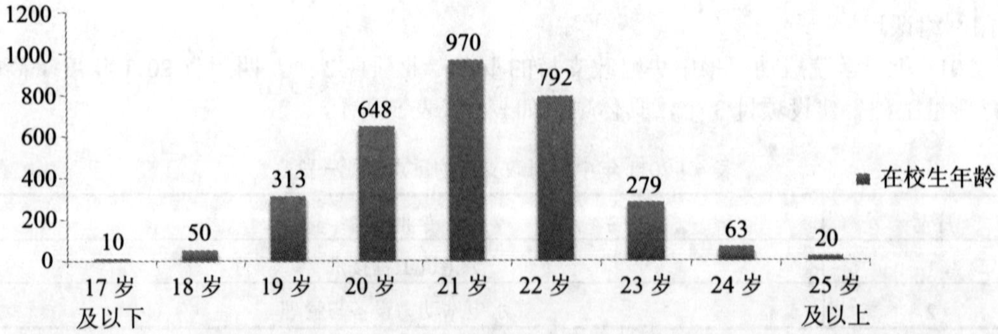


图1　学生年龄结构图

（六）教师队伍情况

1．职称结构

学院现有专任教师219人，其中高级职称73人，中级职称82人，初级职称64人。

2．学历结构

学院现有专任教师219人，其中博士1人，硕士76人，本科学历127人，专科学历15人。

3．双师素质教师所占比例

学院现有专任教师219人，双师素质教师122人。

4．参与校外进修、培训和交流的教师比例

参与校外进修、培训和交流的教师比例为25%。

（七）办学条件

1．占地面积

学院占地面积及生均值如表7所示。

表7　学院占地面积及生均值一览表

| 占地面积（平方米） | 生均值（平方米/生） |
|---|---|
| 560 562 | 175.45 |

2．教学、科研、行政用房所占面积

教学、科研、行政用房所占面积如表 8 所示。

表 8　教学、科研、行政用房所占面积一览表

| 教学行政用房（平方米） | 实践场所（平方米） | 宿舍（平方米） |
| --- | --- | --- |
| 93 591 | 10 886 | 65 631 |

3．教学、科研设备总值

教学、科研设备总值为 7225.01 万元。

4．校内外实训基地数量及规模

校内外实训基地数量及规模如表 9 所示。

表 9　校内外实训基地数量及规模一览表

| 实训基地 | 数量（个） | 规模（平方米） |
| --- | --- | --- |
| 校内 | 35 | 53 921.44 |
| 校外 | 108 | |

5．生师比

生师比如表 10 所示。

表 10　生师比一览表

| 教师数（人） | 学生数量（人） | 生师比 |
| --- | --- | --- |
| 219 | 3195 | 14.59 |

6．生均教学，科研，宿舍面积

生均教学、科研、宿舍面积如表 11 所示。

表 11　生均教学、科研、行政用房所占面积一览表

| 生均教学行政用房（平方米/生） | 生均实践场所（平方米/生） | 生均宿舍（平方米/生） |
| --- | --- | --- |
| 29.29 | 3.05 | 20.54 |

7．生均计算机台数

生均计算机台数如表 12 所示。

表 12　生均计算机台数一览表

| 教学用计算机数 | 生均计算机台数 |
| --- | --- |
| 410 | 0.128 |

**（八）办学经费**

1．年度办学经费总收入及其结构

年度办学经费总收入及其结构如表 13 所示。

表 13　年度办学经费总收入及其结构一览表

| 收入总额（万元） | 各项收入所占比例（%） | | | | |
|---|---|---|---|---|---|
| | 学费收入 | 财政经常性补助收入 | 中央、地方财政专项投入 | 社会捐赠金额 | 其他收入 |
| 3866.24 | 38.12 | — | 61.88 | — | — |

2．年度办学经费总支出及其结构

年度办学经费总支出及其结构如表 14 所示。

表 14　年度办学经费总支出及其结构一览表

| 支出总额（万元） | 各项支出所占比例（%） | | | | | | |
|---|---|---|---|---|---|---|---|
| | 征地、基础设施建设 | 采购教学科研仪器设备 | 日常教学经费 | 教学改革及研究 | 师资建设 | 购置图书 | 其他支出 |
| 8761.497 | 5.03 | 5.37 | 74.41 | 11.68 | 3.3 | 0.22 | — |

## 三、生源（高教的扶贫工程：帮助落后地区，改变家庭命运）

### （一）同类高校中被考生首选比例

同类高校中被考生首选比例为 68%。

### （二）计划招生数

2011 年度计划招生数如表 15 所示。

表 15　2011 年度招生情况一览表

| 计划招生数（人） | 实际录取数（人） | 实际报到数（人） | 新生报到率（%） |
|---|---|---|---|
| 1000 | 988 | 800 | 80.97 |

### （三）实际录取数

实际录取数如表 15 所示。

### （四）录取后报到率

录取后报到率如表 15 所示。

### （五）高中生与三校生所占比例

全部招收高中生，无三校生。

### （六）招生口径

招生口径如表 16 所示。

表 16　招生口径一览表

| 普通高考 | | 单独招生 | |
|---|---|---|---|
| 数量（人） | 比例（%） | 数量（人） | 比例（%） |
| 981 | 99.29% | 7人 | 0.71% |

（七）生源分布地区

1．本市生源所占比例（满足本地教育需求）

本市生源结构图如图 2 所示。

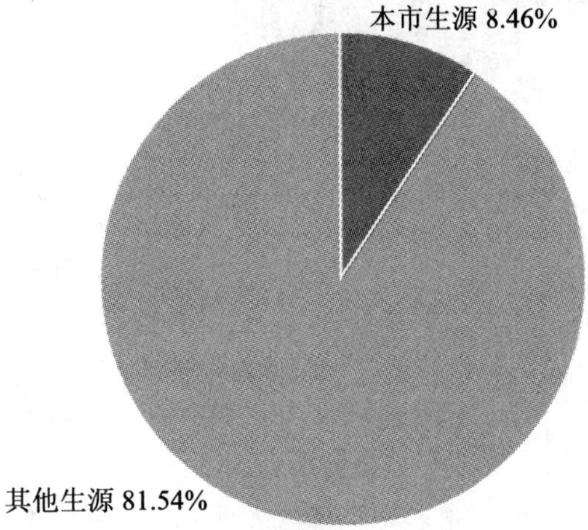


图 2　本市生源结构图

2．本省生源所占比例（满足本省教育需求）

本省生源结构图如图 3 所示。

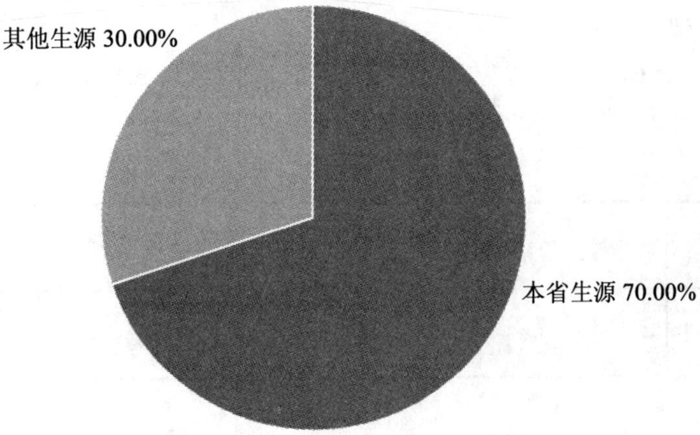


图 3　本省生源结构图

3．来自西部地区生源所占比例（帮助落后地区）

来自西部地区生源结构图如图 4 所示。

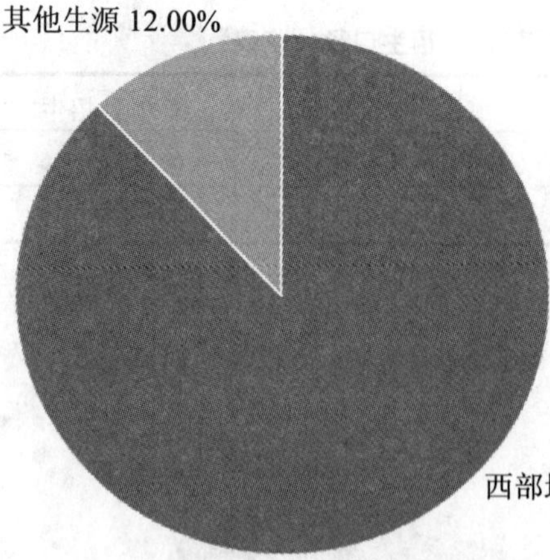


图 4　西部地区生源结构图

（八）生源背景

1. 家庭中第一代大学生所占比例（改变家庭命运，提升社会文明）。

我院学生是家庭中第一代大学生的有 2521 人，占全院学生的比例为 80%。

（1）父母是农民或农民工所占比例（弱势家庭教育公平与人力资源升级）。

我院学生中，父母亲一方是农民或农民工学生有 1855 人，占学生总数的 58%。

（2）父母是城市下岗、退休或无业人员所占比例（弱势家庭教育公平）。

我院学生父母亲一方是城市下岗、退休或无业人员的学生有 87 人，占全院学生的 2.7%。

## 四、培养过程质量（优化培养过程，提升学生满意度）

（一）课堂教学

（1）生均修课的课时

各系部各专业根据人才培养方案安排教学课时，生均修课的课时数略有不同，各系生均修课学时数如表 17 所示。

表 17　生均修课的课时一览表

| 系部 | 电气工程系 | 水利水电与建筑工程系 | 动力工程系 | 经济管理与信息工程系 |
|---|---|---|---|---|
| 生均修课课时数（学时） | 2956 | 2889 | 3098 | 2786 |

（2）在校生对课堂教学的满意度

在校学生对任课教师课堂教学的满意率在 90%以上。

（3）毕业生工作后对所学专业课程的满意度

毕业生工作后对所学专业课程的满意度都在 90%以上。

（4）毕业生工作后对所学专业课程的重要性评价

毕业生中，认为所学专业核心课程对自己目前的工作或学习“有些重要”、“重要”、“非常重要”、“极其重要” 的占 85%，不重要的占 15%。

### （二）实践和实训

1. 在校生参加实践和实训的专业对口率

由于我院各专业实践、实训均是根据专业知识和专业技能的需要来设置的，要求每个项目必修，因此参加实践和实训的专业对口率为 100%。

2. 在校生参加实践和实训的满意度

我院在校生参加实践和实训的满意度都在 95%以上。

3. 毕业生工作后对实践和实训的有用性评价

毕业生工作后对实践和实训的有用性评价很高，认为实践和实训等技能训练课程都能紧跟生产岗位的实际，能学以致用，对毕业后从事的专业技术工作帮助很大。

### （三）学生活动

1. 生均体育与文化设施面积

我院学生人均享有的体育和文化设施达 6.1 平方米。其中篮球场 14 个，5880 平方米；羽毛球场 6 个，490.44 平方米；游泳池 1 个，300 平方米；田径场 1 个，8500 平方米；乒乓球场 500 平方米；室内体育场 2000 平方米；室内活动中心 1800 平方米。

2. 学生参加社团活动的比例

我院学生社团有 16 个，统一归团委管理，加入社团的学生有 1600 人，占全院学生的比例为 50%。

3. 生均参加社团活动的时间

各个社团活动时间参差不齐，各个社团每周几乎都有 4 小时的活动，全院学生平均参加社团时间为 2 小时。

4. 在校生对社团活动的满意度

社团活动主要由学生骨干负责，学院团委进行指导，由于社团活动内容各有特色，负责人的组织能力各有千秋，学生对社团的满意度也各不相同，总的来讲，学生对社团满意度还是较好的，满意率达 80%。

5. 毕业生对社团活动的有用性评价

毕业生对社团活动的评价也褒贬不一，有的认为社团对学生锻炼个人综合能力起到了积极的作用，帮助学生有效参加就业竞争提供了先决条件。有的认为社团活动特色明显，锻炼人的作用还显不够。

### （四）学生服务

1. 生均参加入学教育的课时

新生进校后，学院由学工部牵头，教务管理部、招生就业部、党委工作部、团委和各系部一起对学生集中进行为期 3 天的入学教育，每天 6 学时，共计 18 学时。入学教育首先集中就学院各项管理制度、学生在校期间的入党入团、素质教育活动、学籍管理、就业政策、学生就业情况和就业指导、各专业情况、校园总体情况、学习方式方法等进行系统介绍，而后分专业介绍各专业的培养目标、教学方式及就业情况等。

2．新生对入学教育的满意度

新生对入学教育的满意度达85%。

3．新生适应性问题得到帮助的比例

新生适应性问题得到帮助的比例达98%。

4．接受就业服务的比例

我院学生进校后都要参加就业指导，系部专门设有就业专责，随时帮助学生解决就业中的问题，所以我院学生接受就业服务的比例是100%。

5．毕业生对就业服务的有效性评价

毕业生认为就业服务还是十分有必要的，但还有进一步加深的需求。

6．获得勤工俭学津贴的学生数

2011年，每学期我院有248人在校内参加勤工助学活动，在校外参加勤工助学活动的还有154人，共计占全院学生的13%。

7．获得国家助学金的学生数

2011年，经本人申请，班级民主评议，学院资助中心审核，共有1157名学生获得国家助学金，占全院学生的36%。

8．在校生对行政与后勤服务的满意度

在校生对行政与后勤服务的满意度达83%。

## 五、培养结果质量

### （一）准时毕业率

2011年毕业生准时毕业率为98.54%，具体统计如表18所示。

表18 准时毕业率统计表

| 序号 | 专　业 | 总人数 | 即时毕业数 | 即时毕业率 |
| --- | --- | --- | --- | --- |
| 1 | 高压输配电线路施工运行与维护 | 180 | 174 | 96.67% |
| 2 | 供用电技术 | 194 | 193 | 99.48% |
| 3 | 电力系统继电保护及自动化 | 122 | 122 | 100% |
| 4 | 电气自动化技术（涉外电气技术方向） | 30 | 30 | 100% |
| 5 | 发电厂及电力系统 | 196 | 194 | 98.98% |
| 6 | 电厂热能动力装置 | 35 | 35 | 100% |
| 7 | 机电一体化技术 | 67 | 67 | 100% |
| 8 | 水电站动力设备与管理 | 69 | 68 | 98.55% |
| 9 | 工程造价 | 85 | 85 | 100% |
| 10 | 建筑工程技术 | 70 | 69 | 98.57% |

（续表）

| 序号 | 专　　业 | 总人数 | 即时毕业数 | 即时毕业率 |
|---|---|---|---|---|
| 11 | 建筑装饰工程技术 | 37 | 37 | 100% |
| 12 | 水利水电建筑工程 | 74 | 74 | 100% |
| 13 | 会计（国际会计方向） | 13 | 13 | 100% |
| 14 | 会计电算化 | 140 | 134 | 95.71% |
| 15 | 软件技术 | 62 | 59 | 95.16% |
| 16 | 合计 | 1374 | 1354 | 98.54% |

## （二）毕业生就业率

2011 年毕业生就业率达 97.02%，具体情况如表 19 所示。

表 19　毕业生就业率统计表

| 序号 | 专业 | 毕业生数（人） | 9月1日就业数（人） | 9月1日就业率（%） |
|---|---|---|---|---|
| 1 | 发电厂及电力系统 | 195 | 187 | 95.90 |
| 2 | 电厂热能动力装置 | 35 | 33 | 94.29 |
| 3 | 供用电技术 | 194 | 191 | 98.45 |
| 4 | 电力系统继电保护与自动化 | 122 | 122 | 100 |
| 5 | 高压输配电线路施工运行与维护 | 180 | 173 | 96.11 |
| 6 | 建筑装饰工程技术 | 36 | 35 | 97.22 |
| 7 | 建筑工程技术 | 70 | 70 | 100 |
| 8 | 工程造价 | 85 | 81 | 95.29 |
| 9 | 水利水电建筑工程 | 76 | 73 | 96.05 |
| 10 | 水电站动力设备与管理 | 69 | 67 | 97.1 |
| 11 | 机电一体化技术 | 67 | 64 | 95.52 |
| 12 | 电气自动化技术 | 30 | 30 | 100 |
| 13 | 软件技术 | 62 | 61 | 98.39 |
| 14 | 会计 | 13 | 13 | 100 |
| 15 | 会计电算化 | 140 | 134 | 95.71 |
| 16 | 合计 | 1374 | 1334 | 97.08% |

## （三）毕业生对就业现状的满意度

毕业生对就业现状的满意度为 61%。

## （四）毕业生对母校总体满意度

毕业生对母校总体满意度为 89%。

## （五）校友对母校的关注度和声誉评价

校友对母校的关注度为 65%。

### （六）毕业生获得职业资格证书的比例及竞赛获奖

毕业生获得职业资格证书的比例及竞赛获奖情况如表 20、表 21 所示。

**表 20　应届毕业生获得职业资格证书的情况**

| 专业名称 | 获得证书的毕业生数（人） | 毕业生获得中、高级证书人数 | 毕业生总数 | 获得证书率（%） |
|---|---|---|---|---|
| 发电厂及电力系统 | 153 | 153 | 196 | 78.06 |
| 电厂热能动力装置 | 34 | 34 | 35 | 97.14 |
| 供用电技术 | 149 | 149 | 194 | 76.8 |
| 电力系统继电保护与自动化 | 82 | 82 | 122 | 67.21 |
| 高压输配电线路施工运行与维护 | 119 | 119 | 180 | 66.11 |
| 建筑装饰工程技术 | | | 37 | 0 |
| 建筑工程技术 | 102 | | 70 | 145.71 |
| 工程造价 | 127 | | 85 | 149.41 |
| 水利水电建筑工程 | 206 | 206 | 74 | 278.38 |
| 水电站动力设备与管理 | 69 | 69 | 69 | 100 |
| 机电一体化技术 | 60 | 60 | 67 | 89.55 |
| 电气自动化技术 | | | 30 | 0 |
| 软件技术 | 59 | 59 | 62 | 95.16 |
| 会计 | | | 13 | 0 |
| 会计电算化 | 140 | 79 | 140 | 100 |
| 合计 | 1300 | 1010 | 1374 | 94.61% |

**表 21　应届毕业生竞赛获奖情况**

| 序号 | 项目名称 | 级别 | 获奖学生人数（人） |
|---|---|---|---|
| 1 | Flash动画设计全国一等奖 | 国家级 | 1 |
| 2 | 全国大学生数学建模竞赛四川省一等奖 | 省级 | 2 |
| 3 | 第六届全国计算机应用技术大赛CAD二等奖 | 国家级 | 2 |
| 4 | 全国三维数字化创新设计大赛三等奖 | 国家级 | 2 |
| 5 | 第六届全国学习技术应用水平大赛三等奖 | 省部级 | 1 |
| 6 | 第六届全国学习技术应用水平大赛优秀奖 | 省部级 | 1 |

### （七）用人单位满意度

用人单位满意度为 96.67%.

### （八）理工类毕业生的工作专业相关度

理工类毕业生的工作专业相关度为 80%。

### （九）工作与个人期待吻合的比例

工作与个人期待吻合的比例为 41%。

### （十）专升本比例

本校 2011 届毕业生人数为 1374 人，专升本学生 67 人，专升本结构图如图 5 所示。

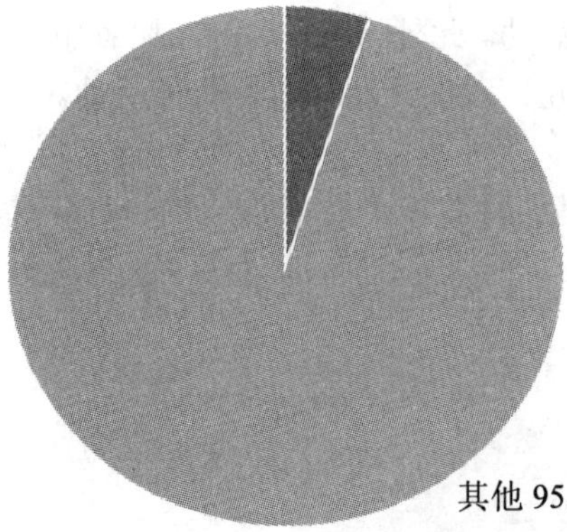


图 5 专升本结构图

## 六、社会服务（为本地企业培养人才，满足本地文化需求）

### （一）培训非学历学生规模

我院除了完成普通学历教育工作外，还承担了四川省电力公司技术技能培训和职业技能鉴定等工作。2011 年，学院完成培训和职业技能鉴定班 255 个，培训学员 14 532 人次，完成生产岗位人员技能培训及考核 9092 人次，组织实施“三位一体”素质教育培训 5481 人次。

### （二）为本地企业的新雇员提供职前培训

2011 年为四川省电力公司培训非电专业新进大学生 74 人，培训时间 15 天。

### （三）为本地企业共建教育培训基地

2011 年，四川省电力公司在我院投资建设了带电作业基地、110kV 实训智能变电站、变电检修大厅、客户服务中心实训室、SG186 营销业务应用系统实训室、用电信息采集系统实训室、继电保护专业实训基地、调度自动化专业实训基地和电力通信实训专业基地、特高压仿真实训基地、电力安全及警示教育实训基地、触电急救实训室、油化实训室等实训基地，完全涵盖了电网企业“带电作业及输配电线路运行与检修、电网运行、变电检修、继电保护、电力营销、电网调度自动化、电力通信、农网配电营销”8 大专业 34 个职种的培训功能，能够很好地实施本企业员工岗位培训、转岗培训、高技能人才职业技能鉴定等任务。

### （四）为本地开展文化演出、体育比赛等服务

我院积极配合社区、街道开展各种文化演出、体育比赛等活动。学院先后组织学生参加了社区的各种文化演出，为纪念四川有电一百周年乒乓球比赛、四川电力新闻宇瀚杯乒乓球比赛等各类比赛提供了场地和服务。

**（五）为本地提供电力科普宣传等志愿者服务**

我院在校登记的志愿者达560人，占在校生比例的18%。学院团委每年暑期都要组织进行“三下乡”社会实践活动，结合我院实际，主要从事电力科普宣传、用电知识宣讲、参与留守儿童关爱等志愿服务活动。此外，在平时的志愿者服务中，主要选择在学校附近、社区开展关爱老年人、关爱幼儿、残疾儿童等志愿服务活动。

（执笔：陈建亚　陈家佶　陶晋川　韩树清　邓良军　胡艳玲）

# 绵阳职业技术学院
# 2011 年度人才培养质量报告

2011 年，我院认真贯彻《国家中长期教育改革和发展规划纲要 2010～2020 年》有关精神，紧密结合国家示范高职院校建设，以提高教育教学质量为核心，坚持内涵发展，继续创新多样化人才培养模式，深化、推广教育教学改革，加强教学基本建设，完善制度，严格管理，切实转变工作作风，人才培养工作整体水平进一步提高。

## 一、基本情况

### （一）专业建设

根据地方产业结构调整和市场需求，成功申报了“汽车制造与装配技术”、“应用化工技术”、“物联网应用技术”、“生产过程自动化技术”4 个专业，全院专业数已达 49 个，进一步拓宽了人才培养途径。以项目为载体，进一步加强专业建设，完成建筑工程技术、软件技术 2 个专业服务产业的项目申报工作，获得中央财政支持经费 400 万元；电子信息工程技术专业被确定为中德职业教育比较试验专业；“材料工程技术专业综合改革”项目被批准为“四川省高等教育质量工程”重点项目。

### （二）师资队伍建设

全年 8 人获得高校教师资格认定，新晋升教授 1 人、副教授 5 人、讲师 10 人、高级实验师 1 人；一名教师获人力资源与社会保障部“国家技能人才培育突出贡献奖”。

### （三）课程建设

建成优质核心课程 34 门，其中省级精品课程 9 门，院级精品课程 31 门，《水泥工艺技术》被确定为省级精品开放课程；开发工学结合的特色教材 42 部、校本教材 28 部，其中《水泥熟料煅烧》教材被批准为四川省高等教育质量工程精品教材建设项目。

### （四）教学条件建设

教学仪器设备总值达到 8500 万元；多媒体教室座位数达到 3414 个；语音室座位数达到 334 个；新建图书馆已完成主体工程，馆藏图书 54.6 万册，增购了超星电子图书，使图书馆远程、本地访问的电子图书达到 16 万余册，更新了维普期刊数据库，正在申请加入 CALIS 系统和馆际互借体系。

### （五）招生就业

本年度录取新生 3680 名，报到 3127 人，其中单招 364 名，报到率达到 84.97%，毕业 2986 人，学生规模稳定，毕业生就业率 98.93%，学院被评为四川省普通高校毕业生就业工作先进单位。

## 二、深化教育教学改革，提高教育教学质量的举措和成效

### （一）广泛研讨、提高认识，进一步明确发展思路

2011年，学院党政高度重视教育教学改革的深入与推广。本年度按照“先系部，后学院，自下而上；先局部，后整体，全面推进”的指导思想，发动全体教职工，院领导、中层干部深度参与，坚持“每周一会”，结合示范建设以来出现的各种问题和困难进行深刻反思和深入研讨，研究持续推进教改、提高教育教学质量、推动学院全面发展的机制和措施。进一步明确了学院教改工作的基本思路：以“五个对接”为依据，以完善校企合作机制为保障，以专业建设为核心，强力推进教改工作的系统化、常态化、规范化，促进教育教学质量的提高；进一步明确了学院改革发展目标：五年内将学院打造成以工科为主、多类专业协调发展，具有鲜明区域和行业特色的高水平综合性国家示范高职院校，力争形成西部建材行业和绵阳国家科技城建设高端技能型人才输送基地，区域政校企研、校企深度融合、广泛技术开发和服务示范基地，国家科技城技能培训、鉴定、竞赛综合服务基地，行业、区域中高职教育改革协调发展示范基地，应用型专门人才培养体制机制创新实验基地。

### （二）拓展“政校企研”合作平台，组建职教集团，探索高职引领、中高职协调发展的新路径

学院积极争取到绵阳市人民政府的大力支持，以我院为秘书长单位、龙头院校，联系了长虹集团、九洲集团、中物院等30余家企业及科研院所，绵阳交通学校、绵阳水电学校、绵阳财经学校、江油工业学校等20余所中高职业学校，筹备组建“绵阳职业教育集团”，确立了绵阳职业教育“市场化、标准化、集团化、现代化”的“四化”发展目标，建立了“政府主导、行业指导、企业参与、校企合作、资源共享、互补双赢”的集团运行机制，从实质上落实加强行业指导、高职引领中职、中高职协调发展的职业教育发展指导精神，进一步拓展“政校企研”合作平台，在人才培养、资源共享、技术服务、项目研发等方面实质性合作，促进教育教学改革的深入开展。

### （三）加强示范建设，深化教育教学改革

1．完善人才培养模式，优化人才培养方案

针对产业升级转型的大背景，以及示范专业人才培养方案试行过程中所出现的问题，学院系统规划、部署了各专业人才培养方案的修订工作，尤其将相应专业课程标准的制定作为修订工作的核心内容。2011年度，在继续完善示范专业人才培养方案的基础上，又启动了2012级专业人才培养方案修订工作，通过对培养方案和课程标准的阶段性修订，为我院人才培养工作提供科学、严谨、切实可行的实施依据，促进人才培养模式的进一步完善。

2．加强课程建设，推进教学改革

各专业借鉴“国示”建设的经验，按照“两个对接、两个依据”的原则，即教学内容与职业标准对接、教学过程与工作过程对接，依据专业类别、依据行业特点，以精品课程、优质核心课程为载体，逐渐完善课程体系，整合教学内容，进一步推广“理实一体”教学

法，加大了改革教学模式与方法的力度，深化课程内涵建设。

截至 2011 年 3 月，示范专业共计完成优质核心课程 34 门，其中省级精品课程 9 门，院级精品课程 31 门，开发完成了 77 个教学资源包（含课件、学习包、试题库等）；本年度非示范专业启动了《毛泽东思想与中国特色社会主义理论体系概论》、《网络技术》、《建筑构造与识图》等 15 门优质核心课程的建设工作，已完成 6 门。出版了《电子电路》、《C 语言程序设计》、《网络技术》教材 3 部。

3．强化管理，加强实训基地建设

各专业实训室参照示范建设的标准，进一步加强了软件建设，安全须知、管理办法上墙，使用手册、操作规范齐备，实训室制度建设日趋完善；根据教育部相关会议精神，校外实训基地加大了内涵建设力度，重点完善管理办法，尤其是顶岗实习的管理办法，主要通过“强化两个职能”，即强化校企合作的实习管理机构职能，强化企业兼职教师的管理和指导职能，加大了顶岗实习管理力度，切实保障学生实习质量，提高学生实践能力。

4．多管齐下，加强师资队伍建设

为继续促进教师在教学理念、专业水平、教学能力等方面的转变与提升，学院在加强师德师风建设的同时，采取政策激励、集中培训、业务竞赛、对口帮扶、学习交流、下厂锻炼等各种形式，多渠道、多层次、全方位加强师资队伍建设。

以“请进来”的方式，先后邀请教育部高职教育专家 2 人到校进行师资培训，举行大型讲座 2 次，重点促进高职教育改革观念转变，提高认识；以“走出去”的方式，选派骨干教师赴香港参加职业教育培训 45 人，赴新加坡进修 1 人，参加教育部骨干教师培训 60 余人次，参加各种校外学术研讨会、培训班 73 人，拓宽教师视野，提高职业教育教学能力；组织教学技能比赛、公开课、示范课、多媒体课件比赛等各类教学竞赛及学习观摩活动，促进教学技能的加强，提高教学水平；送培硕士、博士研究生 15 人，提升学历层次，强化专业修养；赴企业挂职锻炼 13 人，进一步提高“双师”素质；落实 “导师制”，开展“一帮一”、“老带新”活动，促进青年教师迅速成长；出台了新的《科研项目管理办法》等文件，强化激励机制，成立了“绵阳市职业教育研究中心”，搭建研究平台，着力提升教师科研能力，一年来，已立项国家级、省级课题 9 项，院级科研课题 18 项，教职工全年在各类各级刊物发表论文 111 篇；举办兼职教师培训班，提高兼职教师教学能力和教学水平。由专业带头人领军、“双师”教师为主体的专兼结合的教学团队的整体质量得到明显提升。

5．提升社会服务能力，承担高校社会责任

本年度，学院进一步强化了社会服务意识，更加主动地服务地方经济社会发展。完成了绵阳市中职学校师资培训工作，举办了绵阳市中职学校专业课教师培训班，培训中职教师 195 人；2011 年，学院为四川德胜集团、四川星船城水泥公司、绵阳旅游集团等 40 余家企业员工进行技能培训、生产工艺基本知识培训、设备维护知识培训等共计 4700 余人次；为江油国大水泥有限公司、陕西密县东兴水泥有限公司等近 10 家企业进行达产达标、节能降耗、解决技术疑难问题、开发新产品等技术改造和服务 10 项，为企业增加产值达 6500 多万元；为成都未成年犯罪管教所举办的计算机操作员培训及技能鉴定，参培人员 36 人全部获得计算机操作员证。

### （四）强化教学管理，健全质量监控体系

1．加强管理制度建设

针对深入、持续进行示范建设和教育教学改革的需要，建立并继续完善了各项教学管理规章制度。制定了《“十二五”专业建设规划》、《理实一体教改课程系数认定办法》，修订了《教学工作例会制度》、《教学质量优秀奖评选办法》、《制定专业人才培养方案指导性意见》等各项管理制度；为落实教育部电视电话会议精神，针对实践教学，专门制定了《实践教学管理办法》，草拟了《顶岗实习管理办法》、《校外实训基地管理办法》等制度性文件，为进一步规范教学管理夯实基础。

2．创新管理机制

完善了教务处、院督导室、教学系“三位一体”的教学行政管理体系，实施了教务处、督导室、各系部联合检查制度，相互协调配合，充分发挥各自在教学管理中的工作职能。在强化制度管理的同时，引入了温馨提示与诫勉谈话的方式作为教学常规管理的辅助手段，贯彻以人为本的理念，加强人文关怀，逐步营造“自律、自觉”的管理氛围，提升管理层次。

3．继续完善教学质量评价与监控体系

以强化校企结合作为完善教学质量评价与监控机制的关键节点。一方面，全方位落实院系两级教学督导、同行和系部评教评学、学生评教、教师评学等监控与评价活动，院督导室、教务处、各系部督导组分工明确、职责清楚，不断强化了对各教学环节的过程性监控与评价；另一方面，引入行业企业专家进课堂，对教学效果作辅助性评价，两种评价结合形成最终的教学质量评价结果，进一步完善了教学质量评价与监控体系。

### （五）以赛代练，提高学生实践能力和创新能力

充分发挥第二课堂、学生社团的作用，全年组织教师43人次、12个专业300余学生，参加了2011年全国电子专业人才设计与技能大赛、全国三维数字化创新设计大赛、全国大学生电子设计竞赛、第三届全国电子专业人才设计与技能大赛、全国软件大赛、全国3D大赛、第六届全国高职高专艺术设计年会、全国大学生英语竞赛、全国高职高专英语写作大赛等10余项国家级竞赛，共计获全国特等奖1个，一等奖1个，二等奖10个，三等奖13个；获四川赛区特等奖2个，一等奖8个，二等奖2个，三等奖4个。学生实践能力与创新能力明显提高。

## 三、存在的问题及对策

### （一）存在的问题

1．对高职教育改革发展的学习与认识需要进一步深入；学院整体教改工作需进一步加强；教学改革的实效评价机制需要建立，强化教改的可持续性。

2．校企合作需要不断挖掘兴奋点，激发活力，合作机制的进一步完善仍然是个需要继续探索的课题。

3．各专业人才培养模式的创新仍需加大探索力度，人才培养方案需要不断进行阶段性修订，非示范专业的课程标准老化情况较为普遍，教学内容与职业标准的对接程度不够，

教学方法与教学手段的创新不足；新办专业在师资和实训条件方面的准备急需进一步加强。

4. 年轻教师在教学观念、教学技能、教学管理能力等方面的系统性培训不足；教师参加教学科研的积极性有待进一步激发；教学团队的建设缺乏具体的实施方案，还需切实加大力度。

5. 实训教学资源的整合不够，实训室开放性建设的成效还不明显，提高设备利用率仍然是个问题。

6. 管理制度与机制还需不断加强和完善，学生考核评价体系的创新滞后于教育教学改革和发展；实训教学，尤其是顶岗实习的管理机制创新亟待加强。

7. 教育教学改革的标志性成果较为欠缺，层次有待提高，尤其是国家级成果急需实现突破。

**（二）对策**

1. 以学院党委中心组学习，学院教学例会，院系教育教学改革专题会议，教研室教研活动等为平台，形成学习制度，深入、系统地研讨现阶段教育部有关高职教育改革发展的指导性文件，在全院展开教育教学改革的广泛研讨，认清形势、找准方向、把握内涵、理清思路、明确办法。

2. 以绵阳职教集团，学院“产学研”合作委员会为主要平台，在“四个合作”方面深入进行实质性工作，不断加强“政校企研”合作体制机制创新，推动人才培养质量的提高。

3. 坚定不移地深化国家示范建设，推进教育教学改革，落实各项改革措施，强化内部管理，力争做到改革发展中的问题，在改革发展中解决，不断完善，不断进步。

4. 以项目促建设、促发展。结合“国家示范建设”、“专业服务产业”、“中德比较实验”、“高校质量工程”、“国家职教师资培训”等项目，深化教育教学改革，加强专业建设，促进教学团队上档升级，提高人才培养质量，争取不断取得新的成果。

（执笔：肖争鸣　沈利剑　李育书）

# 成都职业技术学院
# 2011 年度人才培养质量报告

2011 年，成都职业技术学院坚持以邓小平理论和“三个代表”重要思想为指导，深入贯彻落实科学发展观，按照《国家中长期教育改革和发展规划纲要（2010～2020 年）》、《教育部关于推进高等职业教育改革创新，引领职业教育科学发展的若干意见》和全国教育工作会议、省教育工作会议、市委全委会等相关要求，紧密结合成都城市发展方式转变和产业结构调整的需要，按照“深化转型，提升品质，突出特色”的总体工作思路，以国家骨干和省级示范高职院校项目建设为抓手，创新体制机制，不断加强内涵建设，提高教育教学质量，提升服务统筹城乡和世界生态田园城市建设的能力。

## 一、践行服务办学理念，围绕成都主导产业需求办学

### （一）办学理念及办学定位

学院坚持“立足成都，服务成都”的办学理念，主动服务成都全国统筹城乡综合配套改革试验区和全国统筹城乡教育综合改革试验区对人才培养和高职教育发展的要求，确定了“多元合作，融入园区，服务地方”的办学思路，紧贴成都统筹城乡对高端技能型人才的需求办学，有效服务区域产业结构调整、现代服务业发展、经济增长方式转变，创新“政、行、企、校”的合作办学体制，明确了“培养现代服务业生产、建设、管理、服务第一线专科层次的高素质高级技能型专门人才，打造现代服务业人才培养基地”的办学定位。通过深化工学结合的人才培养模式，全面提高人才培养质量和社会服务能力，为优先发展服务经济、统筹城乡科学发展，把成都建设成中西部地区创业环境最优、人居环境最佳、综合竞争力最强的特大现代中心城市提供重要的人才支撑。

### （二）基本情况

成都职业技术学院是由成都市人民政府主办的全日制普通高职院校，具有近 30 年举办职业教育的历史，于 2003 年开始举办高职教育，是国家骨干高职院校建设单位、四川省首批“省级示范性高等职业院校建设项目”建设单位、教育部高职高专院校人才培养工作水平评估优秀级院校、中央财政支持的国家 IT 类专业重点实训基地、中国软件名城（成都）人才培养基地和博士后创新实践基地，先后获得全国大中专学生志愿者“三下乡”社会实践活动先进单位、四川省旅游工作先进集体、四川省普通高等学校毕业生就业工作先进集体、四川省大学生思想政治教育先进集体、成都职业教育攻坚先进学校、成都市职业技能鉴定工作先进单位、成都市软件人才产销衔接先进单位等 10 多项由部、省、市级部门颁发的荣誉称号。

2011 年学院已基本形成了与成都现代服务业对接的 7 大专业群 42 个专业，现有全日

制高职学历学生9426人，成人学历教育学生5727名。每年为社会输送3000多名毕业生，就业率一直保持在97%以上，40%以上的毕业生在大型企业就业，80%集中在成都地区。年均开展5万多人次的20多个工种培训考核和技能鉴定。

学院现有3个国家重点建设专业、2个中央财政支持高等职业学校专业建设项目、2个省级示范专业、2个市级特色专业。1个国家级实训基地、2个省级教学团队、2个省级质量工程建设项目、17门省级精品课程、10门市级精品课程。有省级教学名师2人，教授8人，副教授等高级职称教师99人，青年教师中有博士、硕士学位109人，“双师”素质师资占专业教师的78.5%。来自行业、企业的专家和技术骨干组成了较为稳定的兼职专业教师100余人，200余人企业高管、专业技术能手组成了动态的兼职师资库，如表1所示。

**表1　学院基本情况统计表**

| 学生总数（人） | 占地面积（万平方米） | 实训基地总面积（万平方米） | 教学科研设备总值（万元） | 纸质图书（万册） | 专业总数（个） | 校内教职工总数（人） |
|---|---|---|---|---|---|---|
| 9426 | 35.24 | 5.7 | 4983 | 49.7 | 42 | 542 |

### （三）构建与成都现代服务业相对接的专业集群

学院在成都产业结构转型中开始组建，与现代服务业同步发展，在成都市城乡一体化进程中不断发展壮大。基于对成都市建设“世界现代田园城市”的发展定位和重点发展现代服务业对人才的需求，通过专业结构调整，新办和调整了与成都现代服务业对接的信息技术服务、旅游相关服务、金融服务、商贸流通服务、房地产及有关工程服务、医疗服务六个大类的软件技术、电子信息、旅游、会展、财经、电子商务、物流、房地产经营、护理等42个专业，形成了与成都现代服务业对接的现代服务业类专业集群。其中软件技术、酒店管理、电子商务、金融与证券、物流、应用电子、会计电算化等专业被确定为国家、省、市重点（或特色）专业，如表2所示。

**表2　专业基本情况一览表**

| 专业总数 | 国家骨干及中央财政支持重点建设专业 | 四川省示范高职院校重点建设专业 | 市级特色专业 | 院级重点专业 |
|---|---|---|---|---|
| 42 | 5 | 2 | 2 | 5 |
|  | 软件技术、酒店管理、电子商务、金融与证券、物流管理 | 金融与证券<br>物流管理 | 应用电子技术、会计电算化 | 旅游管理、工程造价、导游、护理、艺术设计 |

## 二、初步创新体制机制，形成“政、行、企、校”联动的办学格局

学院充分发挥地处高新产业园区和成都金融城的区位优势，依托政府，融入行业、企业办专业。学院打破传统办学体制，以高新区成职软件教育园、成都旅游职教集团和YBC成都创业学院等体制创新项目为先导，逐步实现了由单一主体办学向产业园区、行业、企业多主体共同办学的转变，经过几年的实践，现已初步形成了政府、行业协会、企业、学

校四方联动办学格局，实现了教育、科研与产业的良性互动。

**（一）政、行、企、校共建“高新区成职软件教育园”**

建筑面积近3万平方米的“高新区成职软件教育园”于2009年建成，在产品研发、项目推广、技术服务、人才培养、员工培训五大方面发挥着越来越重要的作用，截至2011年年底，有世界500强企业的同方股份、国家重点高新技术企业迈普通信等15家高新技术企业和1家行业协会（成都市互联网协会）入驻。2011年，园区实现校企共同开发产品研发项目11个，扶持学生创业团队20个，园区内27名企业技术骨干进入了课堂担任教学工作。培训企业员工1000余人次，培训全省职教师资200余人，软件技术专业学生近224人次先后进入企业实习或实训。

目前，“成职软件教育园”正逐步成为“政行企校”四方联动合作培养人才的坚实平台。以学院软件技术专业为例，过去学生的就业对口率不到40%，而开展园区模式下的校企合作培养之后，2011年软件技术专业学生的就业对口率达80%以上，不少学生就业后已成为公司的项目负责人和资深程序设计师。

表3　成职软件教育园基本情况统计表

| 建筑面积（万平方米） | 目前入驻企业、行业（家） | 2011年度校企合作研发项目（个） | 园内学生创业团队（个） | 2011年园区企业兼职教师（人） | 学生进入园区企业实习、实训（人次） | 2011年培训职教师资（人） |
|---|---|---|---|---|---|---|
| 3 | 16 | 11 | 20 | 27 | 224 | 200 |

**（二）行业引领，着力推进成都旅游职教集团建设**

成都旅游职教集团是由成都市文旅集团、成都市旅游行业协会共同牵头成立的，实行理事会管理体制下的职教集团。2011年度，成都市政府补助35万元用于职教集团的建设。一年来，构建了以成都文旅集团为主导、学院为载体的运行模式。实行校企双主体的集团管理运行模式，不断整合成都旅游资源和教育资源，制定行业标准，推动区域性行业准入制度的建立和实施。现有成员单位66家。其中，知名旅游企业32家，包括雅高酒店集团、洲际酒店集团等国际一流的酒店集团公司，也包括成都文旅集团、香港永安旅游集团等区域骨干旅游企业；中、高职旅游类院校34所，呈现出全域成都的分布格局。

一年来，集团以项目为驱动，开展了旅游项目推广、技术咨询、教育服务、技能大赛等20个项目，如“一店一名大学生”、“川妹子”师资培训、大邑安仁古镇旅游规划、龙池景区深度开发规划、四川省旅游技能大赛、高职带中职等。抱团合作，互惠多赢，为提升成都旅游业水平和形象起到了较好的助推作用。

依托成都旅游职教集团，学院积极开展中高职衔接探索。目前学院已与成都市6所中职学校开展了深度合作，共同制定中高职衔接的人才培养质量标准，课程体系、教材体系、师资队伍建设体系、实训教学资源共享体系和职业资格证书开发认证体系，推动城乡统筹背景下的中高职“3+3”学历贯通、教育教学标准贯通、社会服务行动贯通。

**（三）创新合作模式，筹建“YBC成都创业学院”**

学院积极一直致力于推进学生创业教育体制和模式的创新，根据“全覆盖，分层次”

的创业教育指导思想，培养学生创新创业意识。

2011 年，学院着手引入 YBC（Youth Business China）中国青年创业国际计划项目，推进学生创业教育体制创新。2011 年 12 月 2 日，赢基金公益会与我院在北京成功签订《共建 YBC 成都职业技术学院创业学院合作意向书》。目前，学院正积极与 YBC 组织深入洽谈成立 YBC 创业学院相关事宜，探索建立“YBC 成都创业学院”，以提供创业教育、进行创业指导和创业项目孵化为工作范围，服务对象主要为成都市在校大学生、社会青年及部分有创业意愿的中职类学生，优先覆盖本院全体在校生，培养学生的创新精神、团队精神。

截至 2011 年年底，学院开展创业意识培养 6000 人次，创业基础教育达 3000 人次，创业专业培训达 130 人次，开展创业讲座 20 余场，KAB 创业教育班 4 期，参与特色创业街实践的学生 200 余人，创业孵化项目 60 余个，并在多项比赛中获得佳绩，得到团中央及市领导的高度认同，被团中央授予“全国 KAB 创业教育基地”、“全国 KAB 创业俱乐部”称号。

## 三、以国家骨干高职建设项目为抓手，全面提升人才培养质量

### （一）大力推进以“双进”工程为重点的教师队伍建设

学院投入 200 余万元用于师资队伍建设，规定每名教师在三年内必须在企业实践半年以上，了解企业的生产组织方式，熟悉企业相关岗位职责，学习新知识、新方法。“双进”工程（即教师进企业，企业技术骨干进课堂）在 2011 年扎实推进。截至 2011 年年底，全院共有 81 名教师进入企业锻炼，并取得良好的效果。100 余名来行业、企业的专家或技术骨干组成了较为稳定的兼职专业教师队伍；200 余名企业高管、专业技术能手组成了动态的兼职师资库。兼职教师共担任专业课时达 20 000 多节，兼职教师担任专业课占总专业课时的比例大大提升，如表 4 所示。

表 4　2011 年学院“双进工程”情况

| 学院专业课教师总数（人） | 专业课教“双师”比例（%） | 2011 年度进入企业锻炼的教师（人） | 企业进入课堂兼职教师（人） | 企业兼职教师授课学时比例（%） |
|---|---|---|---|---|
| 317 | 78.5 | 81 | 145 | 25.01 |

### （二）以专业建设和课程改革为突破口，创新人才培养模式

根据现代服务业“人对人”的工作特点，学院不断探索实践，2011 年已初步形成了“区院融合，三维（学院、企业、社会）实践”的现代服务业人才培养模式。基于项目化的课程体系建设，实现了学院课程教学与所学专业文化的有机结合，培养了学生面向第一岗位的职业特定能力，提升了学生的行业通用能力、跨行业能力和核心能力，为学生的可持续发展奠定了坚实的专业基础，最终落实培养“专门”人才这一根本目标。

以软件技术、酒店管理、金融与证券和电子商务等中央财政支持的重点专业为突破口，深化“区院融合、三维实践”的人才培养模式改革，提升专业建设的整体水平，优化课程体系建设，提高人才培养质量。

软件技术专业依托“成职软件教育园”搭建平台建立的“项目集群推进式”课程体系，引入合作企业，共建基地，初步实现教学场地与生产环境、培养目标与企业人才需求、教学内容与项目开发一体。

酒店管理专业依托“成都旅游职教集团” 区域旅游教育资源共享机制，行企校共定人才培养标准和课程设置，建立实训创业中心，实施学生技能提升计划，开展资格认证和入职培训。

基于“金融超市”的金融与证券专业与金融企业共同开展“滚动式工学交替”项目，实行灵活的“多学期、多学段式”教学组织方式。

电子商务专业建设通过以阿里巴巴电子商务专业实训室和成都国际商贸城为核心的校内外实训基地，建立“城中校，校中城”、“一生一网，城校互动，共同打造空中店铺”校企合作长效机制，如图1所示。

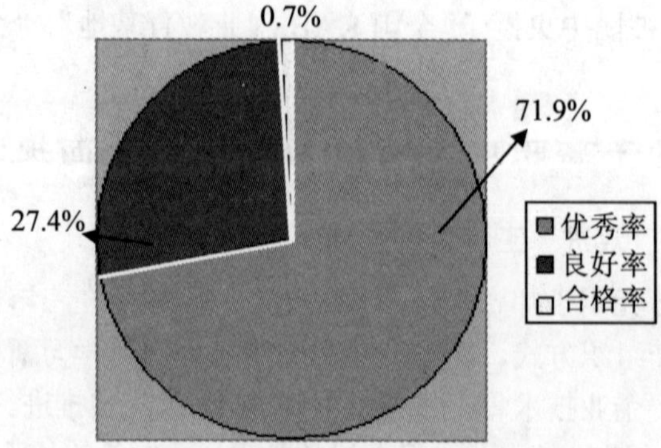


| 参评学生（人） | 9031 |
|---|---|
| 占全校学生比例（%） | 99.0 |
| 参与学生较上年增加比例（%） | 10.9 |

图1　2011年学生评教情况

**（三）以学生职业素质养成为载体，丰富校园文化的内涵**

2011年，学院开展了旨在培养学生学习习惯、文明行为、职业能力的“职业素质养成教育工程”，围绕这个主题举办了系列形式多样的学生活动，包括：以“肩负社会责任，涵养职业素质，成就幸福人生”为主题的图片展；以“读好书、阔视野、善规划、重养成”为主题的班会活动；校园“十大自强之星”的评选和报告会；宿舍文化节；由分院承办的学生演讲比赛和礼仪大赛；学院冬季田径运动会等。以这些活动为载体，指导学生思考、学习、训练，抓好“知、导、行、悟、评”五个环节，全面提高学生的职业素养。

同时，学院在2011年还开展了丰富多彩的团学活动，成为培养学生综合素质的重要舞台。“以活动为载体，融德育于无形”，三月学雷锋树新风、植树忙绿化；四月清明祭英烈、爱国主义教育；五月五四表彰、心理健康教育；七、八月社会实践三下乡；九月喜迎新生，社团招募；十月重阳敬老感恩教育；十一月社团文化节；十二月感恩奋进大家唱。这些活动的开展丰富了校园文化，引领学院青年学子健康成长。

2011年，学院进一步加大学生勤工助学的力度，为学生提供校内外勤工俭学岗位数百个，为数千学生提供助学金，金额达 800 多万元。

（四）招生就业工作扎实推进，成绩喜人

2011 年招生计划 3300 人，最终实际报到 3514 人。招生工作成效显著，招生计划 3300 人，创历史新高，比历史最高增长 4.8%；计划完成率达 106.5%，创历史新高，比历史最高增长 6%；初次报到率达 81.2%，创历史新高；四川省第一志愿填报我院的考生 30 490 人，其中省控线上的有效生源 8477 人，名列全川高职高专第一，创历史新高；我院调档线高出省控线文科 152 分，理科 142 分，创历史新高；首次进行单独招生试点，并顺利完成。

2011 届毕业生 3209 人，初次上岗率达 98.4%，初次签约率达 96.4%，全面完成了 2011 届毕业生的就业工作。其中，采取有力措施帮助就业困难学生 25 人，为贫困毕业生发放专项经费补贴 10.8 万元，有 540 名贫困生受益。2012 届毕业生 2687 人，其就业推荐工作已于今年 10 月中旬启动，已经开展两次综合性双选会，150 余场专场双选会，共计提供岗位 8200 多个，为新一届毕业生搭建了良好的就业平台，提供了更多的选择机会，如图 2、图 3 所示。

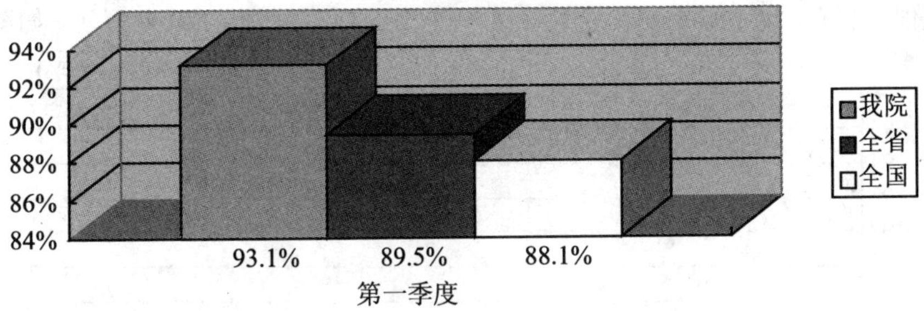


图 2　麦可思公司调研 2010 届高职院校学生毕业后半年就业率比较图

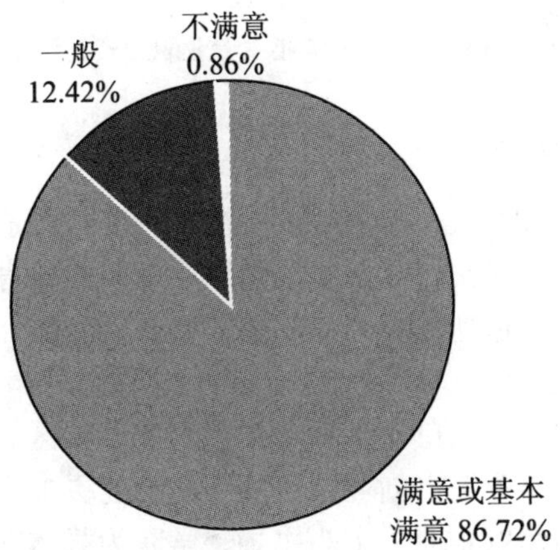


图 3　2010 届毕业生 1 年后用人单位满意度

（五）以构建“大外事”格局为基本工作思路，对外合作交流取得跨越式进步

学院与法国雅高集团合作，共同组建法国雅高成都学院，面对雅高集团大中华区酒店开展高层管理人员培训和员工培训。2011 年继续举办“雅高励志班”和“宜必思经理班”，

毕业生优先进入雅高集团企业工作，为雅高集团企业培训基层管理人员 200 余名。与台湾宝岛眼镜公司合作，双方共同开办“眼视光技术”专业并已经招生。此外，2011 年学院与英国谢尔菲德学院、新加坡南洋理工学院等十余所海外高校在师资互换、教育成果交流等方面积极开展合作，大大提升了学院办学的国际视野。

**（六）不断提升社会服务能力，着力开展培训鉴定、项目研发和科技服务**

学院充分发挥中国软件名城（成都）人才培养基地、台资企业人才培训中心、成都市高新职业技术培训中心、成都旅游培训中心等机构的社会服务功能，开展现代服务业类高、中、初级职业教育培训和技能鉴定，2011 年达到 5.6 万人次。其中，与台湾环球科技大学合作建立了“台资企业人才培训基地”，一年来为在蓉台资企业培训了 2200 余名员工，受到了台资企业界人士的高度肯定。

学院为成都市各区县（市）政府提供行业经营现状、行业发展及人才需求、企业服务质量提升等决策咨询服务，为企事业单位研发数据驱动平台、信息智能服务平台、远程教育课件开发系统、管理系统等信息技术服务平台，为旅游行业和企业提供旅游线路规划设计，为大型楼盘、小区提供楼宇控系统安装与调试服务，其中与成都银行研发制定银行柜面业务标准，开展学生工学交替，员工培训考核，实现年均效益 120 余万元，如图 4 所示。

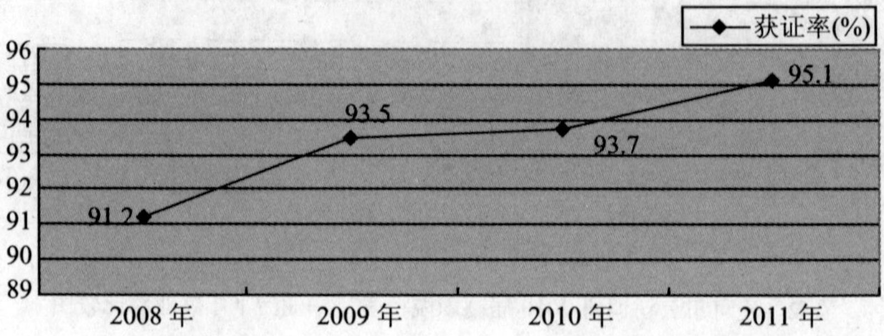


图 4　我院 2008～2011 届毕业生专业职业资格证书获取率

## 四、下一步努力方向

2011 年我院人才培养质量取得一定的成绩，在人才培养质量的体制机制创新方面也做出了一定的探索，但是，对照国家教育发展规划纲要及职业教育相关发展要求，以及地方主导产业对高端技能型人才的迫切需求，学院还需要在以下方面花大力气，创新性地开展工作。

一是推进办学体制改革。推动单一主体办学向与产业园区、行业、企业多主体共同办学的转变。使软件教育园“产业”、“创业”、“教育”功能更加强大；行业引领，深化旅游职教集团共享体制改革，构建以企业需求为主导、学院为载体的运行模式；股份合作，建立创业学院，探索企业投入、股份制办学以及创业教育模式的创新。

二是大力推进内部管理运行机制改革，建立与体制机制创新相适应的高效的内部管理运行机制。采取有力措施，切实加强师资队伍建设水平，不断提升教育质量。

三是进一步推进人才培养模式改革，更加重视专业建设和内涵发展，深化合作育人、合作就业、合作发展，继续实施第三方质量评价办法。

四是进一步提升社会服务能力。开展产业培育、项目研发、高技能和新技术服务；继续推进并开拓国际合作项目，使国际化办学水平显著提升。

总之，在“十二五”以及今后一段时期，成都职业技术学院将深入贯彻全国、省、市教育工作会议精神，以《国家中长期教育改革和发展规划纲要（2010～2020年）》为引领，以示范骨干建设为抓手，坚持服务地方经济社会发展的宗旨，为国家职业教育事业和成都教育现代化、国际化作出新的更大的贡献。

（执笔：万　敬）

# 四川机电职业技术学院 2011年度人才培养质量报告

## 一、综述

### （一）主要成就及经验

1．创新“校政企所”办学体制机制，探索学院发展新模式

——积极创新由政府、企业、科研院（所）、学校四方深度合作的“校政企所”多元办学体制。

——创造性地提出并开展“校企所一体，校政合作，服务区域经济社会发展”的办学模式的研究与实践。

——计划与攀枝花市、攀枝花市钒钛工业园区以共建、共管和共享方式，建设攀枝花市钒钛职业教育园区。

——攀枝花市政府计划以学院为龙头，整合攀枝花市职业教育优质资源，以一园多点方式，建设攀枝花市职教园区。

2．推进校企深度合作，社会服务能力明显增强

——与攀钢集团钢铁研究院、攀钢工程公司、攀枝花钢城集团有限公司、中国移动攀枝花分公司、四川安宁铁钛股份有限公司等多家企业院所签订了战略合作协议。

——与钒钛企业和科研院所等单位进行深度合作，共同开发服务钒钛生产的新专业，申报并获批的钒钛资源利用技术专业成为全国高校中独家举办的新专业。

——举办了攀枝花钢城集团有限公司大工种、攀枝花钢城集团有限公司一年制机电技术应用、攀枝花钢城集团有限公司两年制机电技术应用、攀钢冶建公司采矿、攀钢机制公司机制、四川安宁铁钛股份有限公司钢铁冶炼、四川安宁铁钛股份有限公司机电技术应用等订单班。

——2011年，学院为社会和企业举办了党员及党务工作者、经营管理人员、工程技术人员、高级技师、技师、高级工、转岗、特种作业取证、安全、新入职大学生等培训班近500个，培训21 000多人次；实施中级、高级、技师、高级技师等技能鉴定近6000人次。

——办学以来，学院为社会和企业实施了各级各类职业培训12万多人次。

3．实施教学质量工程，提升教育教学水平

——加大了师资队伍培养力度，陆续出台了高层次人才、专业带头人、教学带头人、工作带头人以及兼职教师管理办法。2011年，校内培训教师735人次、送外培训117人次、下厂挂职锻炼35名；新增“双高人才”（高学历、高职称）35名，新聘客座教授25人，兼职教师72人。

——启动了以“专业建设”和“课程改革”为主题的“教学改革和质量提升”工程。

——启动了 18 个主体专业的专业建设调研工作，为优化人才培养方案打下了坚实基础。

——完成了 23 个专业的专业教学标准的全面修订。

——启动了“教学质量保障和监控体系”建设工作。

——完成了“中央财政支持高等职业学校专业服务产业发展能力”建设项目的申报工作，学院“机械制造与自动化技术”专业已通过教育部、财政部专家评审，获得 400 万元的建设经费支持。

4．加强教育教学改革与研究，教育教学成果丰硕

——以教育教学研究和教学建设为重点，设立 8 个研究专项，对骨干高职院校建设工作急需解决的问题重点研究。

——积极争取校外科研项目，《高职院校“校政企所”合作办学体制机制的创新设计与实践》等 7 个项目获得省级以上立项。

——实施了 2011 年科研与教学建设成果奖励，共有 110 篇论文、9 本教材、8 项科研课题、3 项教学建设项目、1 项专利获得了学校奖励。

——搭建学院与企业实施科研合作平台，选派教师参与攀钢集团钢铁研究院科研项目研发。

——组建学院科协，提升了教师的科研能力。

——学院学生创业团队荣获“第三届‘金蝶杯’全国大学生创业大赛”银奖。

——4 名学生在 2011 年全国大学生企业经营管理沙盘模拟大赛中荣获三等奖。

——6 名学生参加第二届全国有色金属行业院校学生职业技能大赛，分获二、三等奖。

——3 名学生组成的竞赛团队在“全国大学生数学建模竞赛”中获得四川赛区二等奖。

——以培养学生人文素养为核心的素质教育取得了丰硕成果。在四川省第二届高职院校篮球联赛中，学生女篮问鼎冠军，学生男篮获得亚军。

——学生在“四川省第六届校园歌手大赛决赛”中荣获银奖。

5．坚持厚爱育人，德育工作不断加强

——培养吸收 300 余名学生入党，729 人被列为入党积极分子。

——评出了 8 个学生党员示范寝室和 70 个“星级阳光屋”。

——精心组织了第十届“五四”文化月活动，“永远跟党走”暑期主题社会实践活动深受学生欢迎。

——承办了攀枝花市东区首届青年大学生创业设计大赛，与攀钢传媒中心联合举办了首届“校园之星”人文知识竞赛。

——开展丰富多彩的活动近 100 项，参加人数高达 2 万余人次。

——心理健康教育和咨询工作稳步推进。全年咨询 300 余人次，团体辅导 900 余人次。举办“心理健康知识”系列专题讲座和心理素质拓展训练 40 多场，危机干预 5 人次。

——3633 名学生享受了各类国家奖、助学金约 618 万元；120 名学生享受了“攀钢励志”、“蜀峰励志”和“立宇人生”等企业奖助学金约 22 万元；全校学生享受了学院奖助学金、福利等约 130 万元。

### （二）现有挑战及应对

1．办学经费来源渠道单一

学院属于企业办学，没有享受国家教育事业费拨款、科研经费拨款、基建拨款等，办学经费只能依靠举办方攀钢集团有限公司支持。攀钢集团有限公司因市场风险和经营效益的波动，对办学的投入不稳定，使学院在资金、办学条件方面面临困难较大，缺乏基本建设和可持续发展的资金保障。

应对：

学院将抢抓建设国家骨干和四川省示范高职院校的机遇，创新“校政企所”多元紧密合作办学体制机制，积极争取地方政府和企业的支持，多方筹措办学经费，吸引企业实质性参与校企合作工作。同时，积极争取学院举办方更多的政策支持。

2．专业发展不平衡

冶金技术（钒钛开发）、材料成型与控制技术、冶金电气自动化技术、机电一体化技术、机械制造与自动化等专业，特色鲜明、发展思路和建设路径明确、师资力量雄厚、生源质量好、毕业生就业质量高、社会声誉好。但个别专业还存在着思路不清、方向不明、队伍不强的现象。

应对：

发挥国家骨干和四川省示范高职院校重点建设专业的带头和示范作用，带动学院其他专业的协调发展。

3．师资队伍建设有待完善

近年来，学院师资队伍建设取得了突破性进展，但距离建设一流高职院校的目标仍存在较大差距，专业带头人的培养、高水平“双师素质”教师和“双师结构”教学团队建设等仍需完善。

应对：

实施人才质量提升工程，制定师资队伍建设规划，大力进行人力资源开发，引进和培养专业带头人，有计划地对全体教师进行培训，提升教师的“双师素质”和团队的“双师结构”。

## 二、办学基本信息

### （一）学校定位

以依托政府企业办学为支点、以助推区域发展为基点、以服务钒钛钢铁产业为重点，办企业社会欢迎、人民满意的高等职业教育。

### （二）系部总数

学院下设5个系（机械工程系、电子电气工程系、材料工程系、管理工程系、信息工程系）、3个部（基础部、政治理论教育部、实训实验部）。

1．系（部）介绍A：机械工程系

机械工程系是学院成立时间早、规模大、实力雄厚的系（部）之一。开设有：数控技术、模具设计与制造、机电一体化技术、机械制造与自动化、汽车检测与维修5个专业。

机电一体化技术培养冶金机电一体化产品的制造、安装、调试、检测、运行和维护等相关技术方面的高等技能型专门人才，是四川省教学改革试点专业。机械制造与自动化专业2011年被批准为中央财政支持的高等职业学校专业建设发展项目。

机械工程系拥有一支高素质的教师队伍，“双师型”教师比例达75%以上，建有设备先进、体系完备的实践教学基地。机械工程系坚持产学结合，注重加强与企业的合作，在攀枝花钢铁集团公司下属的30多家企业和工厂建有校外实训基地。在学生中全面施行“双证书”制培养方案，注重学生应用能力的锻炼和提高，学生可直接顶班上岗，使毕业生真正做到“下得去，用得上，留得住”，毕业生的就业率保持在95%以上。

2．系（部）介绍B：材料工程系

材料工程系是我院历史最悠久的系（部）之一，与大中型钢铁公司产学合作非常紧密，开设有冶金技术（钢铁冶金、有色金属冶炼、铁合金冶炼、矿物资源技术）、材料工程（金属压力加工、材料成型与控制技术）、工业分析、环境监测与治理等专业。其中，金属压力加工（材料成型与控制技术）专业2002年被四川省政府批准为高职高专教学改革试点专业，并且，我院是四川唯一一所设有冶金技术和材料成型与控制技术专业的高职学院。

材料工程系拥有一支适应专业培养目标和教学改革需要的“素质优良、业务过硬、结构合理、专业配套、相对稳定、勇于创新”的双师型专兼职相结合的教师队伍。经过20多年的发展建设，材料工程系已形成了较完善的实验实训条件，为攀钢公司和冶金企业培养了近万名大、中专学生，他们在攀钢、宝钢、唐钢、酒钢、张家港浦项不锈钢公司、宁波宝新不锈钢公司、宁波建龙钢铁公司，广西冶金局、云南省冶金局等大中型冶金企业中已成为一线骨干力量。

### （三）专业建设

1．专业结构与规模

学院共有在校生专业28个，覆盖10个专业大类。在校生规模最大的四个专业大类依次为制造（72.1%）、生化与药品（7.2%）、财经（6.3%）和材料与能源（5.0%），如图1、图2、表1所示。

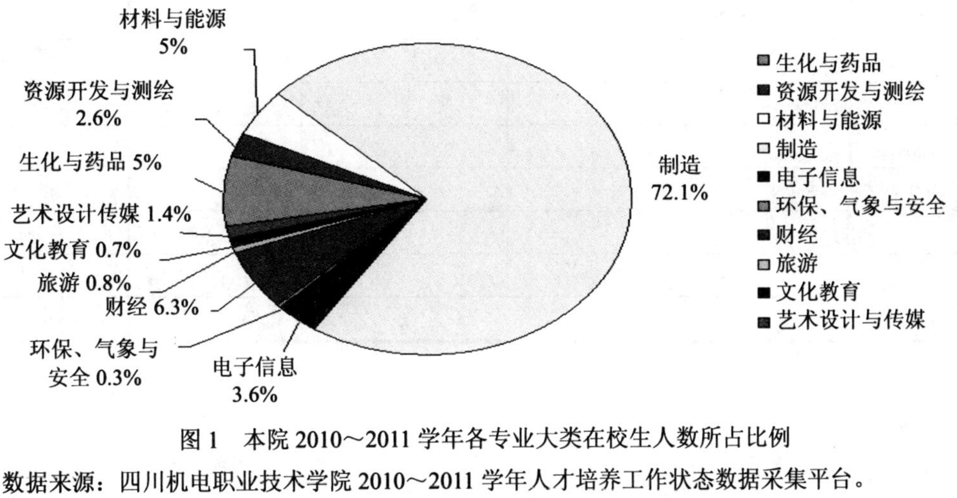


图1　本院2010～2011学年各专业大类在校生人数所占比例

数据来源：四川机电职业技术学院2010～2011学年人才培养工作状态数据采集平台。

表1 本院2010～2011学年各专业大类规模及与产业结构匹配情况

| 专业大类代码 | 专业大类名称 | 设置专业数量（个） | 面向行业/产业 |
|---|---|---|---|
| 53 | 生化与药品 | 1 | 油气化工、钒钛钢铁 |
| 54 | 资源开发与测绘 | 3 | 钒钛钢铁 |
| 55 | 材料与能源 | 3 | 钒钛钢铁 |
| 58 | 制造 | 12 | 钒钛钢铁、装备制造 |
| 59 | 电子信息 | 3 | 电子信息 |
| 60 | 环保、气象与安全 | 1 | 钒钛钢铁 |
| 62 | 财经 | 5 | 国际贸易、现代物流、现代商贸 |
| 64 | 旅游 | 1 | 休闲、旅游 |
| 66 | 文化教育 | 1 | 国际贸易、休闲 |
| 67 | 艺术设计传媒 | 1 | 文化创意 |
| 合计 | | 31 | |

2．重点或特色专业

学院有国家级重点专业6个，省级重点专业6个，地市级重点专业6个，特色专业11个，共计12个，约占全院专业总数的43%，覆盖到学院各系，如表2所示。

表2 本院2010～2011学年重点或特色专业一览表

| 专业名称 | 国家级重点专业 | 省级重点 | 地市级重点 | 特色专业 |
|---|---|---|---|---|
| 冶金技术 | √ | √ | √ | √ |
| 材料成型与控制技术 | √ | √ | √ | √ |
| 电气自动化技术 | √ | √ | √ | √ |
| 机电一体化技术 | √ | √ | √ | √ |
| 机械制造与自动化 | √ | √ | √ | √ |
| 计算机网络技术 | √ | √ | √ | |
| 矿物加工技术 | | | √ | √ |
| 矿物资源技术 | | | √ | √ |
| 金属矿开采技术 | | | √ | √ |
| 电气信息工程技术 | | | | √ |
| 工业分析与检验 | | | √ | √ |
| 物流管理 | | | | √ |
| 合计 | 6 | 6 | 10 | 11 |

## （四）课程建设

1．课程设置

全院开设课程总数为366门。从课程类型来看，理论课（A类）、理论+实践（B类）和实践课程（C类）的学时分别占总学时的28.2%、31.3%和40.5%，如表3所示。

表 3　本院 2010～2011 学年课程设置情况一览表

| 类型 | 学时 | 占总学时的比例（%） |
|---|---|---|
| 理论课（A 类） | 29 106 | 28.2 |
| 理论+实践课（B 类） | 32 205 | 31.3 |
| 实践课（C 类） | 41 747 | 40.5 |
| 合 计（366 门） | 103 058 | 100 |

2．课程建设

全院共有 11 门省级精品课程，39 门院级精品课程，如表 4 所示。

表 4　本院 2010～2011 学年课程、教材建设成果一览表

| 课程级别/类别 | 2009～2010 学年课程数 | 2010～2011 学年课程数 | 变化 |
|---|---|---|---|
| 省级精品课程 | 11 门 | 11 门 | |
| 校级精品课程 | 35 门 | 39 门 | 新增 4 门 |
| 教材建设 | 12 部 | 9 部 | |

**（五）在校生结构及规模**

1．学生数量

全院共有全日制在校生 6292 人。其中工科类、商科与艺术类、外语类占全日制在校生的比例分别为 90.8%、8.6%、0.6%，如表 5 所示。

表 5　本院 2011～2012 学年全日制在校生规模及构成

| 划分标准 | 类别 | 人数（人） | 占全日制在校生的比例（%） |
|---|---|---|---|
| 专业类别 | 工科类 | 5714 | 90.8 |
| | 商科与艺术类 | 538 | 8.6 |
| | 外语类 | 40 | 0.6 |
| 学历起点 | 高中起点 | 6022 | 95.7 |
| | 中职起点 | 270 | 4.3 |
| 合　计 | | 6292 | 100 |

工科类（20 个）：计算机多媒体技术、计算机网络技术、计算机控制技术、数控技术、汽车检测与维修技术、机械制造与自动化、模具设计与制造、机电一体化技术、机电一体化技术（自动控制方向）、电气自动化技术、电子信息工程技术、电机与电器、生产过程自动化技术、数控设备应用与维护、冶金技术、金属矿开采技术、矿物加工技术、工业分析与检验、矿物资源技术、材料成型与控制技术。

商科与艺术类（7 个）：艺术设计、物流管理、经济信息管理、旅游管理、市场营销、财务信息管理、项目管理。

外语类（1 个）：商务英语。

2．年龄结构

全日制在校生以大学学龄人口为主，18～22岁的学生占总数的95.8%，如表6所示。

表6　年龄结构

| 年龄段 | 17岁及以下 | 18岁 | 19岁 | 20岁 | 21岁 | 22岁 | 23岁 | 24岁及以上 |
|---|---|---|---|---|---|---|---|---|
| 人数（人） | 65 | 854 | 1449 | 1624 | 1484 | 618 | 150 | 48 |
| 所占比例（%0） | 1.0 | 13.6 | 23.0 | 25.8 | 23.6 | 9.8 | 2.4 | 0.8 |

## （六）教职员工

1．教师队伍基本状况

全校共有专兼职教师539人，其中专任教师338人，兼职教师201人。专任教师中有省级名师2名（当年新增1名），具有硕士学位的教师70人，高级职称教师126名。

2．双师素质教师所占比例

全校专兼职教师539人中，具有双师素质教师300人。双师素质教师比例达到55%。学院每年还不断通过教师到企业实践锻炼的方式，不断提高双师素质教师比例。

3．教师进修、培训情况

2011年学院组织各级各类教师培训457人次，用于培训的费用达到189万元，如表7所示。

表7　2011年专任教师培训情况

| 指标 | 数量 |
|---|---|
| 培训经费（万元） | 189 |
| 专任教师参加各级各类培训（人次） | 457 |
| 企业实践锻炼（人） | 29 |

## （七）办学条件

学院各项办学条件均符合国家对工科类高职院校设定的标准，其中生均占地面积、生均教学科研仪器设备值、具有高级职务教师占专任教师的比例、具有研究生学位教师占专任教师的比例、生均年进书量、百名学生配教学用计算机台数、百名学生配多媒体教室和语音实验室座位数都高于国家标准，如表8所示。

表8　办学基本条件一览表

| 基本监测指标 | 工科类达标指标 | 学院数据 |
|---|---|---|
| 生均占地面积（平方米/生） | ≥59 | 87.82 |
| 生均教学行政用房面积（平方米/生） | ≥16 | 17.16 |
| 生均宿舍面积（平方米/生） | ≥6.5 | 6.93 |
| 生均教学科研仪器设备值（元/生） | ≥4000 | 6976.68 |
| 新增教学科研仪器设备所占比例（%） | ≥10 | 11.63 |
| 生师比 | ≤18 | 17.14 |

（续表）

| 基本监测指标 | 工科类达标指标 | 学院数据 |
|---|---|---|
| 具有高级职务教师占专任教师的比例（%） | ≥20 | 37.28 |
| 具有研究生学位教师占专任教师的比例（%） | ≥15 | 20.71 |
| 生均图书（册/生） | ≥60 | 64.18 |
| 生均年进书量（册） | ≥2 | 8.37 |
| 百名学生配教学用计算机台数（台） | ≥8 | 14.11 |
| 百名学生配多媒体教室和语音实验室座位数（个） | ≥7 | 42.2 |

**（八）办学经费**

1．年度办学经费总收入及其结构（如图2所示）

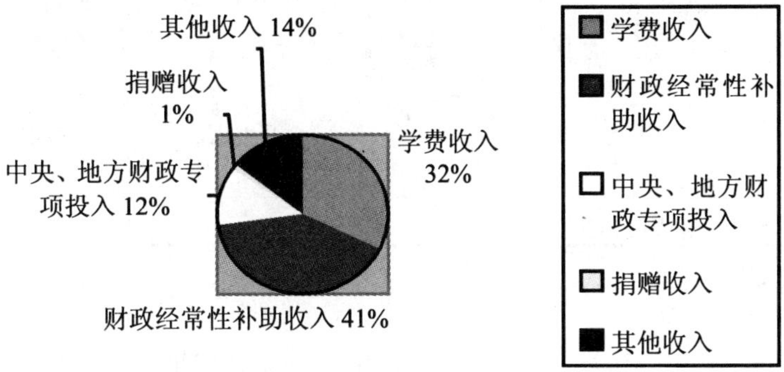


图2　本院2011年度办学经费收入构成

2．生均培养成本的公私构成

学生个人负担成本约1/3。全院办学经费总收入为8898万元，主要来源依次为中央、地方财政专项收入（12.08%），财政经常性补助收入 40.50%）和学费收入（32.28%）、其他收入（15.19%）。全院共有全日制在校生7164人。

3．年度办学经费总支出及其结构（如图3所示）

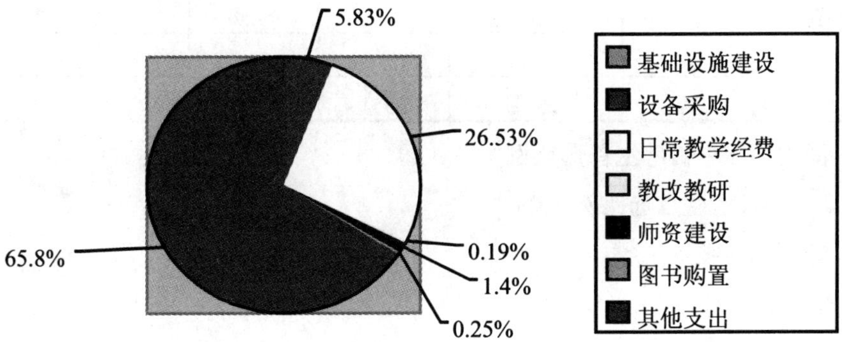


图3　本院2011年度办学经费支出构成

全院办学经费总支出为9088万元，除其他支出外，还用于日常教学经费（26.53%）、设备采购（5.83%）等。

4．收入与支出的比率

全院办学经费的总收入与支出比为 1∶0.92，如表 9 所示。

表 9　四川机电职业技术学院 2010～2011 学年办学经费一览表

| 经费收入 | | | 经费支出 | | |
|---|---|---|---|---|---|
| 项目 | 金额（万元） | 所占比例（%） | 项目 | 金额（万元） | 所占比例（%） |
| 学费收入 | 2868 | 32.23 | 基础设施建设 | | |
| 财政经常性补助收入 | 3604 | 40.50 | 设备采购 | 530 | 5.83 |
| 中央、地方财政专项投入 | 1075 | 12.08 | 日常教学经费 | 2412 | 26.53 |
| 社会捐赠金额 | 88 | 0.99 | 教改教研 | 17 | 0.19 |
| 其他收入总额 | 1263 | 14.20 | 师资建设 | 127 | 1.4 |
| | | | 图书购置 | 22 | 0.25 |
| | | | 其他支出 | 5980 | 65.8 |
| 总收入 | | 8898 | 总支出 | | 9088 |
| 收支比率 | | | 1∶1.02 | | |

## 三、生源

2011 年全院计划招生 2471 人，实际录取 2887 人。新生报到率为 81.43%。普通高考是本院主要的招生口径，共提供了 89%的省内外生源。其他招生口径提供 11%生源（包括单独招生、3+2 转入）作为补充，如表 10 所示。

表 10　生　源

| 招生口径 | 计划数（人） | 实际录取数（人） | 报到数（人） | 报到率（%） | 各类招生口径所占比例（%） |
|---|---|---|---|---|---|
| 普通高考 | 2150 | 2563 | 2028 | 79.13 | 88.78 |
| 单独招生 | 150 | 153 | 152 | 99.34 | 5.3 |
| 三转二 | 171 | 171 | 171 | 100 | 5.92 |
| 合计 | 2471 | 2887 | 2351 | 81.43 | |

### （一）同类高校中被考生首选比例

同类高校中被考生首选比例 30%

### （二）计划招生数

计划招生数 2471。

### （三）实际录取数

实际录取数 2887

### （四）录取后报到率

录取后报到率 81.43%

### （五）高中生和三校生所占比例

高中生所占比例 92.7%

三校生所占比例 7.3%

### （六）招生口径

普通高考、单独招生考试、三转二

### （七）生源分布地区

本院的人才培养主要满足本地教育需求，符合帮助西部落后地区的人才培养需求，生源中 47.72%来自本市，96.21%来自本省（含本市），99.4%来自西部地区，如表 11 所示。

**表 11　生源分布地区**

| 生源 | 人数 | 所占比例（%） |
| --- | --- | --- |
| 本市 | 1122 | 47.72 |
| 本省 | 2262 | 96.21 |
| 西部 | 2337 | 99.4 |

本市生源所占比例 47.72%

本省生源所占比例 96.21%

来自西部地区生源所占比例 99.4%

### （八）生源背景

本院主要满足了弱势群体的教育需求，使高等教育成为提升人力资本、改变个人及家庭命运、实现（父母与子女这两代人之间）代际向上流动的一项扶贫工程和社会和谐工程。2011 年录取生源中：

家庭中第一代大学生所占比例为 92%；

父母是农民工所占比例为 71%；

父母是城市下岗、退休或无业人员所占比例为 12%。

## 四、培养过程质量

### （一）课堂教学

1．生均修课的课时

根据涵盖 8 个专业、28 个班级、1157 名学生的抽样调查统计，每生平均学期课时数为 498.27，学年课时数为 996.54。本次调查统计不包根据学生个人特殊需求而开设的辅导、业余培训、重修等课程；也不包含班会、主题活动等德育课程。

2．在校生对课堂教学的满意度

全校抽样 22 个班，242 门课程调查，总评满意度为 88%

其中新生（统计一学期）满意度为92%；老生（统计两个学期）满意度为87%。

3．毕业生工作后对所学专业核心课程的重要性评价

毕业生中，认为所学专业核心课程对自己目前的工作或学习“有些重要”、“重要”、“非常重要”、“极其重要”的共占89%，如图4所示。

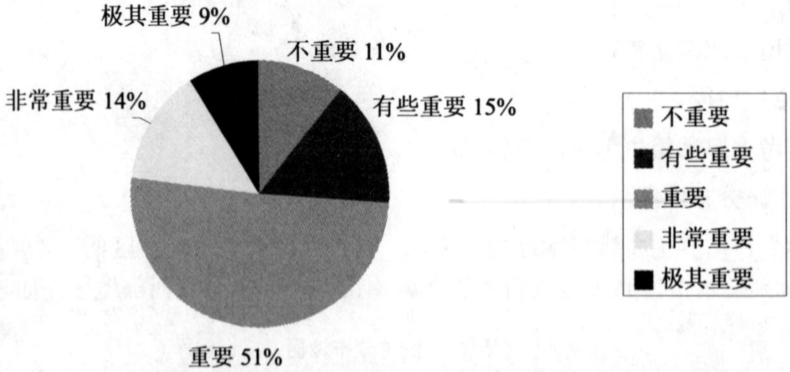


图 4

4．毕业生工作后对所学专业核心课程的满足度

学院在毕业生中，针对所学专业核心课程的重要性评价调查数据显示，在认为所学专业课程“有些重要”、“重要”、“非常重要”和“极其重要”的毕业生中，认为本院课程满足他们学习和工作要求的占65%，不满足其学习工作要求的占35%，如图5所示。

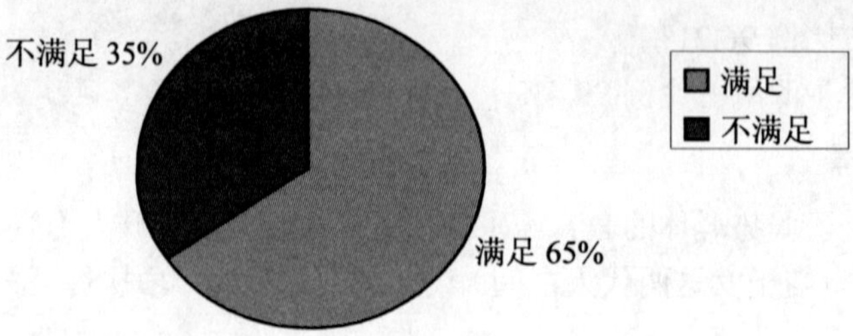


图 5

（二）实践和实训

1．参加实践和实训的学生专业对口率

学院人才培养目标是培养“高等技术应用型专门人才”。学院非常重视实践教学环节，着重加强实践教学条件建设，上年度学院投入近500万元用于实训基地建设，改善实训条件。同时加强实践教学改革，注重学生技术和技能的培养，从而提高人才培养质量。学生在3年的学习期间，通过大量的实践课程和实践锻炼来掌握专业技能。据统计，迄今我校2008届学生累计有约1958人参加了校内、校外实训与实践，学生的实践动手能力得到了极大提高。该届学生的专业实训对口率均为 100%，我院的课程设置是理论与实践并重，教学方法采用理实合一，能够保证学生实训专业对口率；根据课程的需要，安排了与专业对口的见习实习，参加见习的学生专业对口率达到了 100%；生产性实习的学生专业对口率较高的专业有机电一体化技术、电气自动化、冶金技术、材料成型与控制技术、数控技

术、计算机网络技术、计算机多媒体技术、机电自控技术等专业；参加顶岗实习的学生专业对口率较高的专业有机电一体化技术、电气自动化、机械制造与自动化、冶金技术、材料成型与控制技术、工业分析与检验、数控技术、汽车检测与维修技术、计算机网络技术、计算机多媒体技术、商务英语等专业。各专业学生专业实训对口率统计如表12～表15所示。

**表12　参加校内实训的学生专业对口率**

| 序号 | 专业 | 学生总人数 | 参加实训的学生人数 | 专业对口率 |
|---|---|---|---|---|
| 1 | 冶金技术 | 152 | 152 | 100% |
| 2 | 材料成型与控制技术 | 149 | 149 | 100% |
| 3 | 工业分析与检验 | 165 | 165 | 100% |
| 4 | 环境监测与治理技术 | 28 | 28 | 100% |
| 5 | 机电一体化技术 | 350 | 350 | 100% |
| 6 | 汽车检测与维修技术 | 57 | 57 | 100% |
| 7 | 机械制造与自动化 | 141 | 141 | 100% |
| 8 | 数控技术 | 48 | 48 | 100% |
| 9 | 模具设计与制造 | 61 | 61 | 100% |
| 10 | 电气自动化技术 | 209 | 209 | 100% |
| 11 | 电机与电器 | 28 | 28 | 100% |
| 12 | 电子信息工程技术 | 42 | 42 | 100% |
| 13 | 机电自控技术 | 260 | 260 | 100% |
| 14 | 旅游管理 | 26 | 26 | 100% |
| 15 | 经济信息管理 | 28 | 28 | 100% |
| 16 | 财务信息管理 | 46 | 46 | 100% |
| 17 | 市场营销 | 46 | 46 | 100% |
| 18 | 物流管理 | 44 | 44 | 100% |
| 19 | 商务英语 | 14 | 14 | 100% |
| 20 | 艺术设计 | 19 | 19 | 100% |
| 21 | 计算机多媒体技术 | 20 | 20 | 100% |
| 22 | 计算机网络技术 | 25 | 25 | 100% |

**表13　参加见习实践的学生专业对口率**

| 序号 | 专业 | 学生总人数 | 参加见习实习的学生人数 | 实践内容与所学专业一致的学生人数 | 专业对口率 |
|---|---|---|---|---|---|
| 1 | 冶金技术 | 152 | 152 | 152 | 100% |
| 2 | 材料成型与控制技术 | 149 | 149 | 149 | 100% |
| 3 | 工业分析与检验 | 165 | 165 | 165 | 100% |
| 4 | 环境监测与治理技术 | 28 | 28 | 28 | 100% |
| 5 | 机电一体化技术 | 350 | 350 | 350 | 100% |
| 6 | 汽车检测与维修技术 | 57 | 57 | 57 | 100% |
| 7 | 机械制造与自动化 | 141 | 141 | 141 | 100% |
| 8 | 数控技术 | 48 | 48 | 48 | 100% |

（续表）

| 序号 | 专业 | 学生总人数 | 参加见习实习的学生人数 | 实践内容与所学专业一致的学生人数 | 专业对口率 |
|---|---|---|---|---|---|
| 9 | 模具设计与制造 | 61 | 61 | 61 | 100% |
| 10 | 电气自动化技术 | 209 | 209 | 209 | 100% |
| 11 | 电机与电器 | 28 | 28 | 28 | 100% |
| 12 | 电子信息工程技术 | 42 | 42 | 42 | 100% |
| 13 | 机电自控技术 | 260 | 260 | 260 | 100% |
| 14 | 旅游管理 | 26 | 26 | 26 | 100% |
| 15 | 经济信息管理 | 28 | 28 | 28 | 100% |
| 16 | 财务信息管理 | 46 | 46 | 46 | 100% |
| 17 | 市场营销 | 46 | 46 | 46 | 100% |
| 18 | 物流管理 | 44 | 44 | 44 | 100% |
| 19 | 商务英语 | 14 | 14 | 14 | 100% |
| 20 | 艺术设计 | 19 | 19 | 19 | 100% |
| 21 | 计算机多媒体技术 | 20 | 20 | 20 | 100% |
| 22 | 计算机网络技术 | 25 | 25 | 25 | 100% |

表14　参加生产性实习的学生专业对口率

| 序号 | 专业 | 学生总人数 | 参加生产性实习的学生人数 | 实践内容与所学专业一致的学生人数 | 专业对口率 |
|---|---|---|---|---|---|
| 1 | 冶金技术 | 152 | 152 | 147 | 96.7% |
| 2 | 材料成型与控制技术 | 149 | 149 | 146 | 95.9% |
| 3 | 工业分析与检验 | 165 | 165 | 151 | 91.5% |
| 4 | 环境监测与治理技术 | 28 | 28 | 26 | 92.9% |
| 5 | 机电一体化技术 | 350 | 350 | 343 | 98% |
| 6 | 汽车检测与维修技术 | 57 | 57 | 48 | 84.2% |
| 7 | 机械制造与自动化 | 141 | 141 | 130 | 92.2% |
| 8 | 数控技术 | 48 | 48 | 46 | 95.8% |
| 9 | 模具设计与制造 | 61 | 61 | 49 | 80.3% |
| 10 | 电气自动化技术 | 209 | 209 | 203 | 97.1% |
| 11 | 电机与电器 | 28 | 28 | 26 | 92.9% |
| 12 | 电子信息工程技术 | 42 | 42 | 39 | 92.9% |
| 13 | 机电自控技术 | 260 | 260 | 246 | 94.6% |
| 14 | 旅游管理 | 26 | 26 | 23 | 88.5% |
| 15 | 经济信息管理 | 28 | 28 | 21 | 75% |

（续表）

| 序号 | 专业 | 学生总人数 | 参加生产性实习的学生人数 | 实践内容与所学专业一致的学生人数 | 专业对口率 |
|---|---|---|---|---|---|
| 16 | 财务信息管理 | 46 | 46 | 39 | 84.8% |
| 17 | 市场营销 | 46 | 46 | 43 | 93.5% |
| 18 | 物流管理 | 44 | 44 | 41 | 93.2% |
| 19 | 商务英语 | 14 | 14 | 13 | 93.9% |
| 20 | 艺术设计 | 19 | 19 | 17 | 89.5% |
| 21 | 计算机多媒体技术 | 20 | 20 | 19 | 95% |
| 22 | 计算机网络技术 | 25 | 25 | 24 | 96% |

**表 15 参加顶岗实习的学生专业对口率**

| 序号 | 专业 | 学生总人数 | 参加顶岗实习的学生人数 | 实践内容与所学专业一致的学生人数 | 专业对口率 |
|---|---|---|---|---|---|
| 1 | 冶金技术 | 152 | 152 | 149 | 98.02% |
| 2 | 材料成型与控制技术 | 149 | 149 | 146 | 98% |
| 3 | 工业分析与检验 | 165 | 165 | 163 | 98.8% |
| 4 | 环境监测与治理技术 | 28 | 28 | 25 | 89.3% |
| 5 | 机电一体化技术 | 350 | 350 | 350 | 100% |
| 6 | 汽车检测与维修技术 | 57 | 57 | 57 | 100% |
| 7 | 机械制造与自动化 | 141 | 141 | 140 | 99% |
| 8 | 数控技术 | 48 | 48 | 48 | 100% |
| 9 | 模具设计与制造 | 61 | 61 | 58 | 95% |
| 10 | 电气自动化技术 | 209 | 209 | 209 | 100% |
| 11 | 电机与电器 | 28 | 28 | 28 | 100% |
| 12 | 电子信息工程技术 | 42 | 42 | 42 | 100% |
| 13 | 机电自控技术 | 260 | 260 | 260 | 100% |
| 14 | 旅游管理 | 26 | 26 | 26 | 100% |
| 15 | 经济信息管理 | 28 | 28 | 26 | 92.9% |
| 16 | 财务信息管理 | 46 | 46 | 43 | 93.5% |
| 17 | 市场营销 | 46 | 46 | 46 | 100% |
| 18 | 物流管理 | 44 | 44 | 43 | 97.7% |
| 19 | 商务英语 | 14 | 14 | 14 | 100% |
| 20 | 艺术设计 | 19 | 19 | 17 | 89.5% |
| 21 | 计算机多媒体技术 | 20 | 20 | 18 | 90% |
| 22 | 计算机网络技术 | 25 | 25 | 25 | 100% |

2．在校生对实践和实训的满意度

从测评的结果来看，在校学生对学院实践和实训的满意度很高，非常满意和满意达到了90%以上。本次抽样测评采用问卷测评的方式进行，选取的对象为随机抽取机械、电气、机电一体化、材料分析、计算机等专业的学生，测试问卷发放100份，实际收回100份，对实践教学最重要的35个问题进行测评，测评结果真实完整。

学生在对师资配备、教师的教学态度、教师答疑、巡回指导、上课是否认真负责、及时处理出现的设备故障的能力是否满意、学生实际操作过程中出现问题教师能否即时解决获得好和非常满意的评价占65%以上的评价；对不好的评价小于1%。

在实践教学方式上采用“理实一体”的教学模式、实践教学内容结合生产岗位实际、实践教学内容有生产、生活实用价值、是否能够独立完成布置的实训内容、获得好和满意度均在80%以上。

实践教学设备台套数、设备先进性、设备利用率、设备准备是否充分、材料准备情况怎样、对1，2选项均在90%左右学生给予非常高的评价。

对下厂实习学生非常满意。其中实践教学是否能够锻炼实践动手能力、分析解决问题能力、组织协调能力、创新能力获得最高评价有92% 的学生选择是。

总之通过对实践教学的测评学生，实践教学深受学生欢迎，学生满意度很高。达到了预期目标。

3．毕业生工作后对实践和实训的有用性评价

学院非常重视实践和实训教学，在实践和实训教学过程中注重培养学生主动探索、主动学习的能力。学院努力改变传统的课堂教学模式，结合企业顶岗实习是把学生直接安排到工作岗位上，在工作中学习，通过模拟实际工作环境，教学采用来自真实工作项目的实际案例，教学过程理论结合实践，更强调学生的参与式学习，能够在最短的时间内使学生在专业技能、实践经验、工作方法、团队合作等方面全方位提高。再者，通过参加专业竞赛给学生提供了较大的自主学习的时间和空间，从而调动学生学习的主观能动性，培养他们的学习兴趣和创造性思维能力。通过调查数据，有93%的2011届毕业生对实践和实训的有用性总体上感觉“满意”、“很满意”、“非常满意”。

## （三）学生活动

1．生均体育与文化设施面积

学校生均体育与文化设施面积为：13.17平方米/人。

2．学生参加社团活动比例（如表16所示）

**表16　学生参加社团活动比例**

| | |
|---|---|
| 社团个数 | 31 |
| 社团人数 | 2828 |
| 占全院人数比例 | 35.4% |

3．学生参加社团活动时间

学生参加社团活动时间为：1.5小时/人/天（如表17所示）

**表 17　学生参加社团活动时间比例**

| 时间 | 0～0.5 小时 | 0.5～1 小时 | 1～1.5 小时 | 1.5～2 小时 | 2 小时上 |
|---|---|---|---|---|---|
| 人数比例 | 15% | 25% | 40% | 15% | 5% |

注：表中　人数比例=某时间段活动人数/学校总人数

生均每天参加学校活动时间饼状图如图 6 所示。

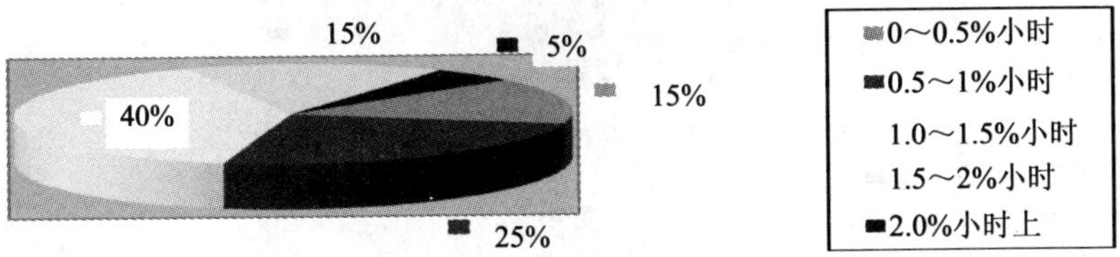


图 6　生均每天参加学校活动时间饼状图

生均每天参加学校活动时间饼状图如图 7 所示。

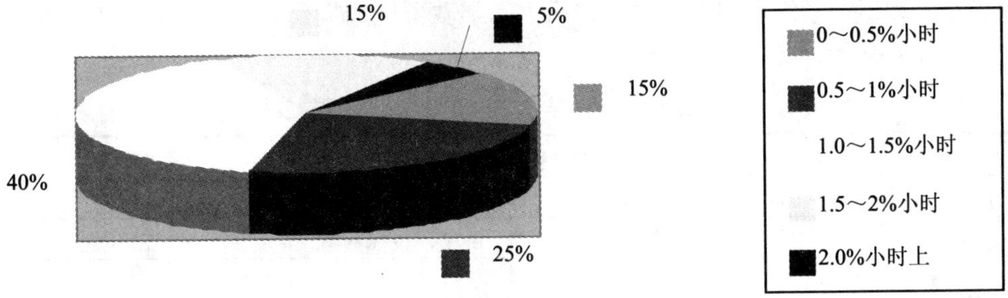


图 7

注：通过调查统计，平均每天每人参加校园活动时间约为 1.5 小时。

4. 在校生对社团活动的满意度（如表 18 所示）

**表 18　在校生对社团活动的满意度**

| 学生态度 | 满意 | 一般 | 不满意 | 其他 |
|---|---|---|---|---|
| 比例 | 53% | 37% | 6% | 4% |

5. 毕业生对社团活动的满意度（如表 19 所示）

**表 19　毕业生对社团活动的满意度**

| 评价 | 有用 | 没用 | 没有影响 |
|---|---|---|---|
| 比例 | 67% | 24% | 9% |

本校毕业生对学校活动的评价柱状图，如图 8 所示。

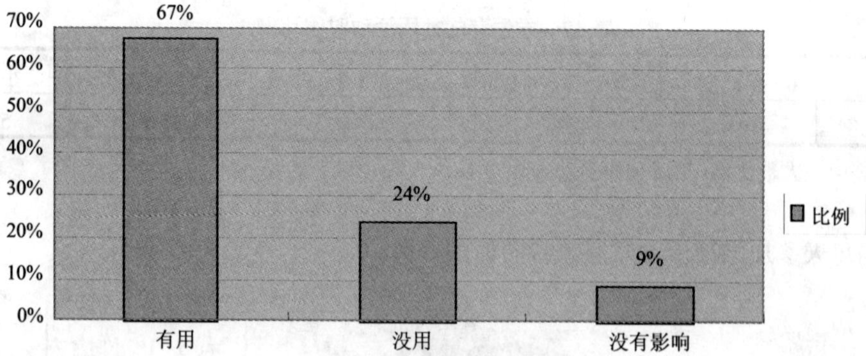


图 8　本校毕业生对学校活动的评价

（四）学生服务

1．生均参加入学教育的课时

本院面向新生的入学教育共计 82 学时，采用户外训练、讲座、报告等形式。除军事训练外，学院还组织编写了《新生入学教育大纲》，内容包括生活指导、安全教育、专业教育、心理调适、学习导向等方面，使新生入学教育更加规范有序，提高了新生入学教育的针对性和实效性，如表 20 所示。

表 20　本院 2010～2011 学年入学教育项目与课时安排一览表

| 序号 | 项目名称 | 学时安排 | 授课方式 | 责任部门 |
|---|---|---|---|---|
| 1 | 军事训练 | 56 | 户外训练 | 保卫科 |
| 2 | 了解学院 | 2 | 讲座、校园参观 | 学工部（处） |
| 3 | 生活指导 | 2 | 讲座 | 系（部） |
| 4 | 行为规范 | 4 | 讲座 | 系（部） |
| 5 | 安全教育 | 4 | 讲座 | 系（部） |
| 6 | 心理调适 | 4 | 讲座、报告 | 学工部（处）心理健康中心 |
| 7 | 了解系部（专业教育） | 4 | 讲座 | 系（部） |
| 8 | 学习导向 | 4 | 讲座 | 系（部） |
| 9 | 理想信念 | 2 | 讲座 | 院团委 |

2．新生对入学教育的满意度（如图 9 所示）

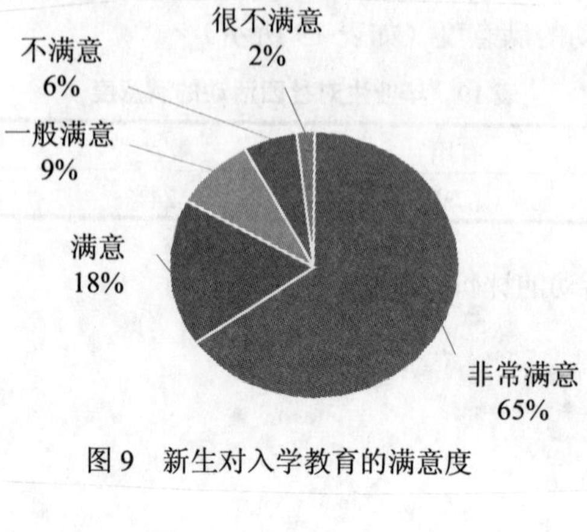


图 9　新生对入学教育的满意度

调查显示，92%的新生对学院开展的入学教育“非常满意”、“满意”“一般满意”。

3．新生适应性问题得到帮助的比例

针对新生入校后表现出的不适应性问题，系部领导、辅导员齐抓共管，通过讲座、主题班会、团队心理辅导等形式帮助新生调整心态、找准定位，尽快适应大学生活；并完成新生心理健康测查，建立心理档案，加强心理咨询工作，及时解决学生的困惑、烦恼。

调查显示，学院2011级新生适应性问题得到帮助的比例达到87%，如图10所示。

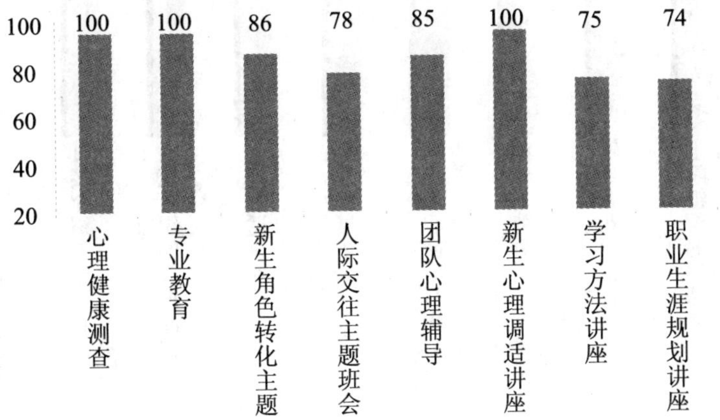


图10　新生适应性问题得到帮助比例

4．接受就业服务的比例

学院为毕业生提供了一系列就业服务，如招聘会、模拟面试、相关讲座及主题班会等，其中，2011年仅招聘会就达40多场次。95.27%的毕业生曾经接受过学院提供的就业服务，其中参与度最高的依次是学院组织的招聘会（90%）、辅导求职简历写作（72%）、辅导求职面试技巧（68%），如图11所示。

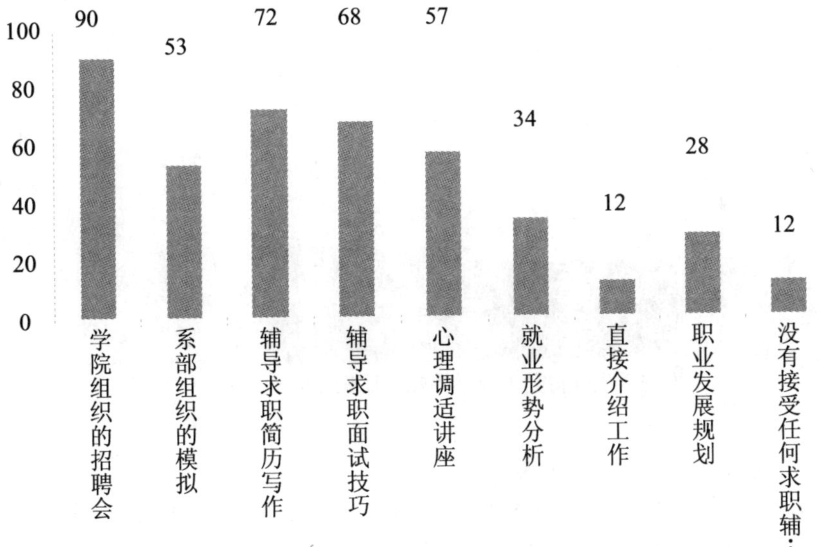


图　11

5．毕业生对就业服务的有效性评价

接受过就业服务的毕业生认为最有效的前三项依次是学院组织的招聘会（90%）、辅导求职面试技巧（86%）、就业形势分析（83%），如图12所示。

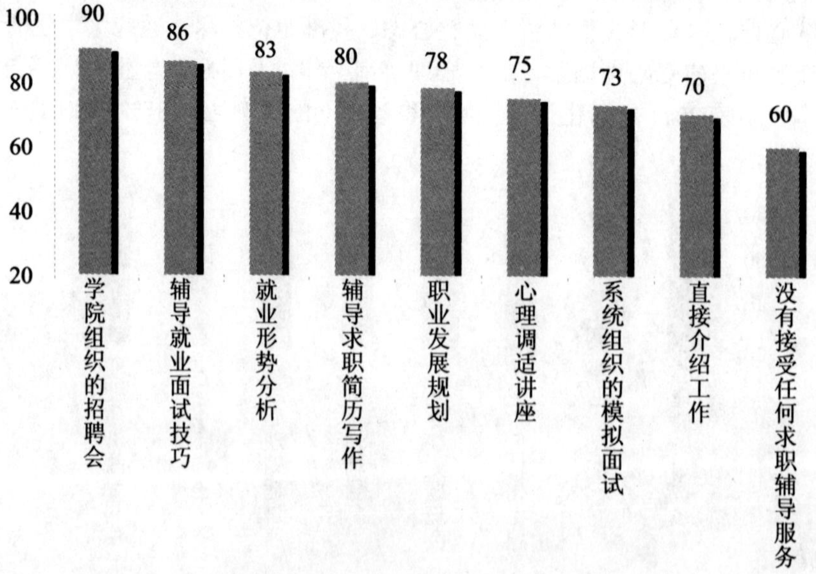


图 12

6．在校生获得勤工俭学津贴的比例

学院为在校家庭困难学生提供清扫、收发、守护等勤工俭学岗位，2011学年在校生获得勤工俭学津贴的比例为29%，如图13所示。

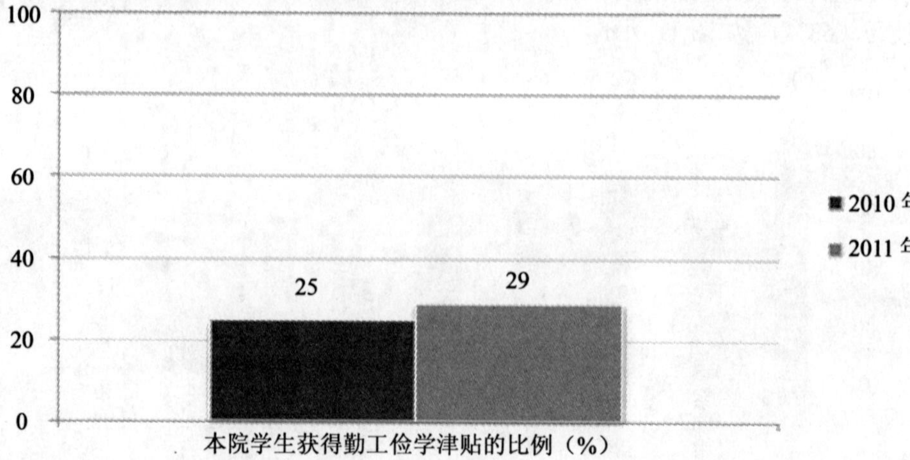


图 13

7．在校生获得国家助学金的比例

2010～2011学年全院共有1717名学生获得国家助学金，人均受助金金额为3000元，受益面约占在校生总数的32%，如表21所示。

表 21　获国家助学金的比例

| 时间 | 资助额（万元） | 资助学生数（个） | 人均资助额（元） | 占全院学生总数的比例（%） |
|---|---|---|---|---|
| 2009～2010 学年 | 514.5 | 1715 | 3000 | 29 |
| 2010～2011 学年 | 515.1 | 1717 | 3000 | 32 |

8．在校生对行政与后勤服务的满意度

学院成立学生院长助理团，发挥桥梁纽带作用，负责收集整理反映学生关注的焦点问题以便学院及时解决；学院组织 2 次“院领导—学生面对面交流会”，与学生沟通交流，现场答疑，完善行政与后勤管理。调查显示，在校生对学院行政与后勤服务的满意度达 91%，如图 14 所示。

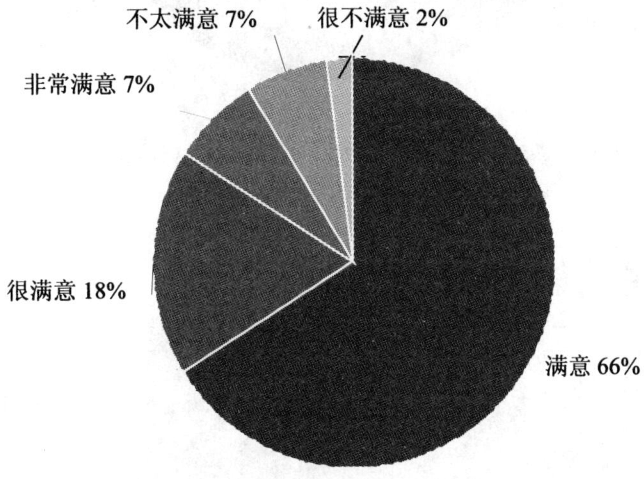


图 14　在校生对学院行政与后勤服务的满意度（%）

## 五、培养结果质量

### （一）准时毕业率

2011 届毕业人数共计 2029 人，其中毕业生为 1978 人，占 98%；结业生为 51 人，占 2%。

### （二）毕业生就业率

毕业生就业率：95.27%

### （三）毕业生对就业现状的满意度

毕业生对就业现状的满意度：90%

### （四）毕业生对母校的总体满意度

我院 2011 届毕业生签约率达 95.27%。根据调查显示，有 94%的 2010 届毕业生对母校总体上感觉“满意”、“很满意”、“非常满意”，高出全国示范性高职院校的平均水平（79%）15 个百分点，如图 15、图 16 所示。

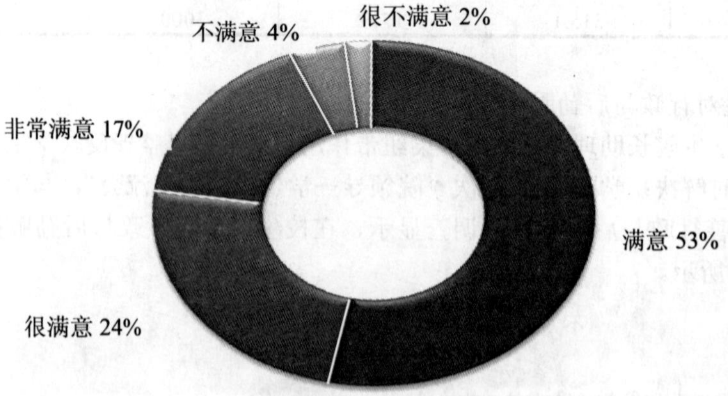


图 15　本院 2011 届毕业生对母校的满意度（%）

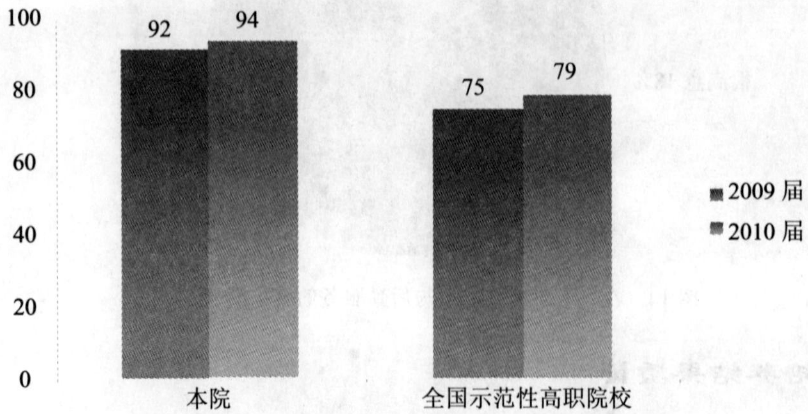


图 16　本院 2009 届、2010 届毕业生对母校的满意度（%）

### （五）校友对母校的关注和声誉评价

校友广泛关注母校的发展，对母校的评价普遍较高，72%的校友愿意向考生推荐母校，高出全国示范性高职院校的平均水平（60%）12 个百分点，如图 17、图 18 所示。

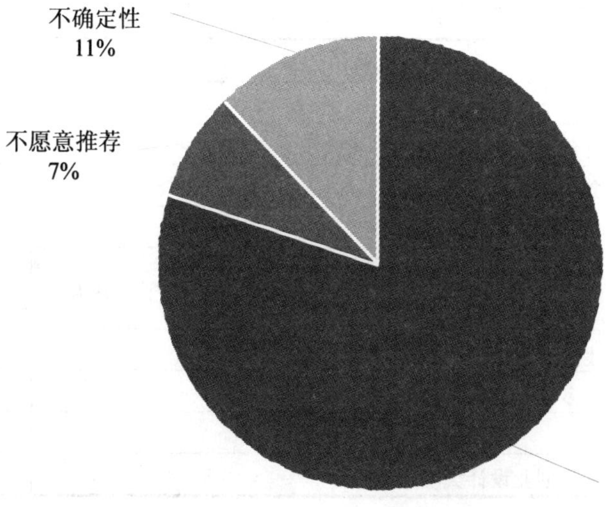


图 17　校友对母校的推荐度（%）

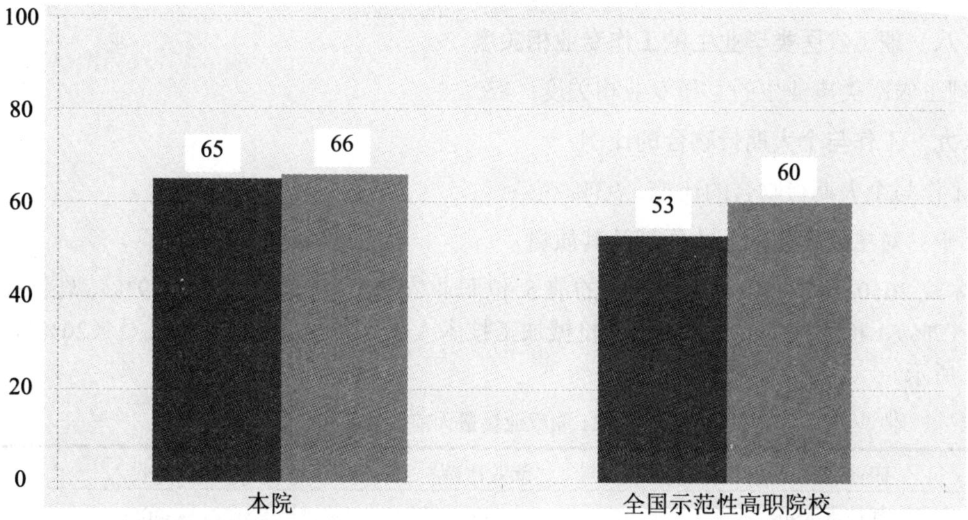


图 18　本院 2009 届、2010 届毕业生对母校的推荐度（%）

## （六）毕业生获得职业资格证书的比例及竞赛获奖

高职院校是培养高技能应用型人才的基地，从现实社会需求出发，高职院校不仅要让毕业生掌握一定的理论知识，更重要的是要具备一定的实际工作技能，并通过职业资格培训考试获得国家职业资格证书，这样才能得到社会的认可。正因如此，川机电院〔2010〕32 号文件明确要求学生毕业时能同时获得学历证书和相应的职业资格证书。2011 届毕业生职业资格证书获证率 100%。此外，本校学生还在国家级、省级以及市级各类竞赛中多次获奖，如表 22 所示。

表22　本院2010～2011学年各级各类技能竞赛学生获奖情况

| 竞赛级别 | 竞赛名称 | 获奖等级 |
|---|---|---|
| 国家级 | 全国大学生数模竞赛四川赛区 | 三等奖 |
| 国家级 | 第一届全国有色金属行业职业院校“化验工” | 三等奖 |
| 国家级 | 第一届全国冶金高职院校“轧钢工” | 三等奖 |
| 国家级 | “金蝶杯”高职组全国总决赛银奖 | 二等奖 |
| 国家级 | 第二届全国有色金属行业职业学院职业技能竞赛“化学检验工决赛” | 二等奖1名<br>三等奖2名 |
| 省级 | 计算机网络组建与安全维护项目 | 三等奖 |
| 省级 | 复杂部件造型、多轴联动编程与加工 | 优秀奖 |
| 省级 | 现代物流 | 三等奖 |
| 市级 | 攀枝花市首届青年创业设计大赛 | 第二名 |

### （七）用人单位满意度

用人单位满意度：95%

### （八）理工农医类毕业生的工作专业相关度

理工农医类毕业生的工作专业相关度：85%

### （九）工作与个人期待吻合的比例

工作与个人期待吻合的比例：93%

### （十）对主要职业的人才贡献及其质量

本院2010届毕业生就业量最大的前5位职业依次为电气技术人员（49%）、轧钢技术人员（7%）、检验技术人员（7%）、机械加工技术人员（7%）、其他技术人员（20%），如表23所示。

表23　本院2011届就业量最大前五位职业及收入

| 职业名称 | 就业比例 | 月收入 |
|---|---|---|
| 电气技术人员 | 49% | 3000 |
| 轧钢技术人员 | 7% | 3500 |
| 检验技术人员 | 7% | 3000 |
| 机械加工技术人员 | 7% | 3100 |
| 冶金技术人员 | 7% | 3500 |
| 其他技术人员 | 20% | 3100 |

### （十一）对主要行业的人才贡献及其质量

本院2010届毕业生就业量最大的前5位行业依次为钢铁行业（46%）、金属压力加工行业（9.18%）、金属矿开采与加工行业（8.82%）、电气制造行业（4.29%）、机械制造行业（3.99%）。其中，钢铁行业、金属压力加工行业、金属矿开采与加工行业均为攀枝花市重点产业，如表24所示。

**表 24　本院 2011 届毕业生就业量最大的前五位行业及月收入**

| 行业名称 | 就业比例 | 月收入 |
| --- | --- | --- |
| 钢铁行业 | 46% | 3100 |
| 金属压力加工行业 | 9.18% | 3500 |
| 金属矿开采与加工行业 | 8.82% | 4000 |
| 电气制造行业 | 4.29% | 3200 |
| 机械制造行业 | 3.99% | 3300 |
| 其他行业 | 11% | 3100 |

### （十二）对本地区的人才贡献及其质量（包括订单班）

本院统计的全日制毕业生约 53%在攀枝花市就业，其中订单培养 327 人。此外，本院还承担了其他社会/企业/政府/职业资格培训，如表 25 所示。

**表 25　对本地区的人才贡献**

| 类别 | 数量 | 质量 |
| --- | --- | --- |
| 全日制毕业生 | 2029 人（其中在攀枝花市工作 1000 人以上） | 订单式培养 326 |

### （十三）对不同类型企业的人才贡献及其质量

本院 2010 届毕业生有约 52%就业于国有企业，约 21%就业于民营企业，约 6%就业于三资企业，毕业半年后，在国有企业工作的本院毕业生月收入最高（4000 元），其后依次是三资企业（3500 元）、民营企业/个体（3200 元）等，如表 26 所示。

**表 26　学院 2011 届毕业生不同类型企业就业比例及收入**

| 类别 | 比例 | 收入 |
| --- | --- | --- |
| 国有企业 | 52% | 4000 |
| 民营企业 | 21% | 3200 |
| 合资、外资、独资企业 | 6% | 3500 |
| 其他 | 14% | 3100 |

### （十四）创业人才比例

学院重视学生创业教育，成立了大学生就业创业导航站，组织创业设计大赛，2011 年共举办 GYB 创业意识培训 12 班次，培训人数达 600 人，多途径普及学生创业知识，激发学生创业意识，促进学生创业，以创业带动就业。

据调查显示，学院 2009 届毕业生自主创业比例为 2.5%，2010 届毕业生自主创业比例为 2.8%。

分享案例：

我院管理工程系 2009 级学生柯燕、张禧等 4 名同学组成的“学生创业团队”，荣获“第三届‘金蝶杯’全国大学生创业大赛”四川省赛区高职高专院校组一等奖，继而在之后的全国大赛中获得银奖；该系张凯等 4 位同学在 2011 年全国大学生企业经营管理沙盘模拟大赛中荣获三等奖；2010 年我院学生创业方案《中国苴却石电子商务平台》项目以复赛第一名进入攀枝花市首届青年创业设计大赛决赛并荣获大赛第二名；2012 年我院学生组成的

"迷你高尔夫"项目代表队荣膺攀枝花市东区首届青年大学生创业设计大赛一等奖。

（十五）毕业生职业中期发展

毕业生职业中期发展（晋升）为1%。

（十六）专升本比例

2011届毕业生中，14名学生人升入本科继续就读，专升本比例为0.7%。

数据来源：四川机电职业技术学院教务处统计数据。

## 六、社会服务

（一）培训非学历学生规模及课时数（如表27所示）

表27　四川机电职业技术学院2011年职工培训汇总表（全年）

| 序号 | 培训人数 | 课时量 | 班级个数 |
|---|---|---|---|
| 1 | 21 302 | 24 534 | 654 |

（二）与本地企业共同开发课程数

校企合作开发的课程门数为77门。

（三）为本地企业提供咨询服务的收入总数

学院教师与企业技术人员合作完成了技术咨询服务项目10多项，其中APV料仓铝合金、三氧化二钒料灌、铁锭模脱模过跨平车、铁锭模打结过跨平车等项目已顺利完成，经济收入达247.6万元，如表28所示。

表28　2011年技术服务收入汇总表

| 项目 | 到账金额（万元） |
|---|---|
| APV料仓铝合金 | 116 |
| 三氧化二钒料灌 | 112 |
| 铁锭模脱模过跨平车、铁锭模打结过跨平车 | 19.6 |
| 合计 | 247.6 |

（四）为本地企业的新雇员提供职前培训

2011年，本学院作为四川省示范高职和国家示范性骨干高职院校建设单位，作为攀钢现代化人力资源开发基地和攀枝花市人才培训基地，其服务攀钢生产经营，服务攀枝花市地方社会经济发展的能力进一步增强。其中为攀钢集团有限公司及其分子公司、攀枝花钢城集团有限公司进行了共计1703人的职前培训，如表29所示。

表29　为本地企业培训

| 合作企业 | 培训学员 | 其中 | | | 合格学员 | 合格且履约学员比率 |
|---|---|---|---|---|---|---|
| | | 机械类 | 电气类 | 外地 | | |
| 攀钢集团有限公司 | 430 | 231 | 199 | 攀长特10名 | 395 | 91.86% |
| 攀枝花钢城集团公司 | 1273 | 663 | 610 | 西昌瑞海841名 | 1065 | 83.66% |

### （五）为本地企业共建研发中心

学院与攀钢集团40多家单位和攀枝花市20多家企业建立了长期校企合作关系，签订了“校企合作协议”，建立了校企合作长效运行机制。与攀钢集团研究院有限公司、钛业公司、冶建公司和炼钢厂等企业共建研发中心7个，校企深度合作有序开展，如表30所示。

表30　校企合作共建研发中心

| 名称 | 共建企业 | 始建时间 |
|---|---|---|
| 钒研究所 | 攀钢钢研院 | 2011年 |
| 钛研究所 | 攀钢钢研院 | 2011年 |
| 冶金研究所 | 攀钢钢研院 | 2011年 |
| 材料研究所 | 攀钢钢研院 | 2011年 |
| 海绵钛研究中心 | 攀钢钛业公司 | 2010年 |
| 提钒炼钢虚拟工艺研究所 | 攀钢炼钢厂 | 2010年 |
| 工程建筑研究所 | 攀钢冶建公司 | 2011年 |

### （六）为本地开展文化演出、体育比赛等活动

为本地开展文化演出、体育比赛等活动，如表31所示。

表31　2011年四川机电职业技术学院活动一览表

| 月　份 | 活　动　名　称 |
|---|---|
| 1月 | “庆元旦、迎新年”游园活动 |
| 3月 | “优良校风、和谐校园”系列活动 |
| | “寒假四个一”优秀作品展 |
| 4月 | 清明祭扫　追思活动 |
| | 十周年校庆晚会 |
| | 第二届“穿越火线（CF）”游戏竞技大赛 |
| | “做文明大学生，创建无烟学校”主题班会竞赛活动 |
| | “纪念‘五四’暨校庆10周年”征文活动 |
| | 第十个“五四文化月”开幕暨学院校庆十周年文艺汇演 |
| | 排球联赛 |
| | 弘扬五四精神文化活动 |
| | 校园歌手大赛 |
| 5月 | “展现校园风采，反映学子生活”摄影比赛 |
| | “五·四文化月演讲比赛” |
| | “趣味运动会”庆祝“五四”青年节 |
| | “激情外语，我声飞扬”英文歌曲演唱大赛 |
| | “舞动青春”健美操大赛 |

（续表）

| 月 份 | 活 动 名 称 |
|---|---|
| 6月 | “金马飞扬”大学生辩论赛 |
| | “颂歌献给党”红歌会 |
| | 庆“七一”攀枝花市广场文艺晚会 |
| 9月 | 中秋晚会同庆中秋佳节 |
| | 迎新晚会 |
| 10月 | 游园活动共庆国庆佳节 |
| | 四川省校园歌手大赛 |
| 11月 | 2011～2012学年学生篮球联赛 |
| | 攀枝花市东区首届青年大学生创业设计大赛 |
| | 四川省高职篮球赛 |
| | 攀枝花市运动会 |
| | 棋类比赛 |
| 12月 | “12·9”学生大合唱 |

## （七）为本地区提供法律咨询、少儿教育等其他志愿者服务（如表32所示）

表32　为本地区提供法律咨询、少儿教育等其他志愿者服务

| 月 份 | 活 动 名 称 |
|---|---|
| 1月 | 慰问困难职工 |
| | 慰问学院离退休老领导 |
| | 看望特困职工、孤儿 |
| 3月 | 义务清洁校园 |
| | 法制讲座 |
| | “无烟校园、从我做起”系列活动 |
| | 向罹患癌症老人献爱心 |
| | 防邪法制讲座 |
| 4月 | 清明扫墓，缅怀先辈 |
| | 义务清洁校园 |
| | 义务劳动清扫行知湖 |
| 5月 | 组织师生员工无偿献血 |
| | 沙坝小学支教 |
| 6月 | 协助沙坝小学过六一儿童节 |
| 9月 | 前往武警攀枝花市支队第三中队悼念英雄武警 |
| | 米易县开展“三下乡”支教活动 |
| 10月 | 沙坝小学支教 |
| 11月 | 竹湖园开展义务劳动 |
| | 二十九届田径运动会服务队 |
| 12月 | “山区募捐”“文明劝阻”活动 |

（执笔：程龙泉　夏志乡　华建慧）

# 四川邮电职业技术学院 2011年度人才培养质量报告

## 一、学院基本情况介绍

学院是中国西部第一所独立设置的邮电通信类高职学院。学院坚持“面向邮电，服务社会；立足西南，辐射全国”的办学定位，努力实现“让每一个学生成才，使每一个邮电通信企业使用我们的毕业生”的愿景，做优做精学历教育，做大做强培训教育，努力成为一流的邮电通信与信息教育服务专家。

学院设有4个系，即通信工程系、移动通信系、计算机科学系和经济管理系，1个部（基础部）。学院开设了通信技术、光纤通信、通信网络与设备、电子信息工程技术、移动通信技术、计算机通信、通信系统运行管理、图文信息、网络系统管理、计算机多媒体技术、图形图像制作、软件技术、市场营销、金融保险、会计和物流管理等16专业。其中通信技术、光纤通信、移动通信技术、网络系统管理为中央财政支持的重点专业。经过充分调研，2011年新申报了“信息安全技术”专业。

学院2006年接受教育部高职高专人才培养工作水平评估获得“优秀”级。2010年8月被确定为四川省首批示范性高职院校建设单位。2010年12月被确定为国家骨干高职院校建设单位。2011年被省教育厅和省法制建设领导小组办公室命名为“第二批省级依法治校示范校”。

## 二、办学基本信息

### （一）经费投入

1. 年度办学经费总收入及其结构（如图1所示）

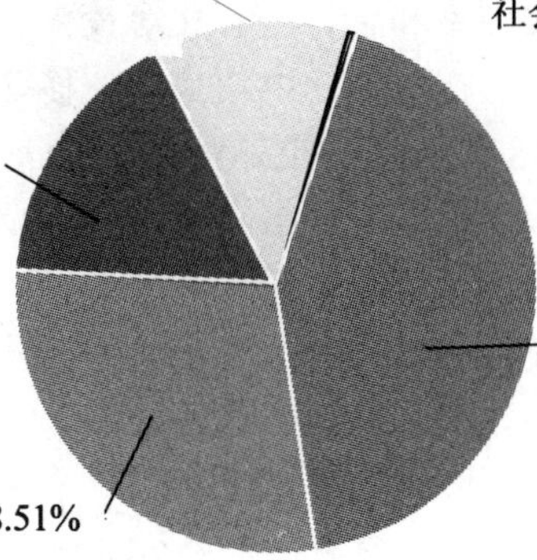


图1 年度办学经费总收入及其结构

2．年度办学经费总支出及其结构（如图2所示）

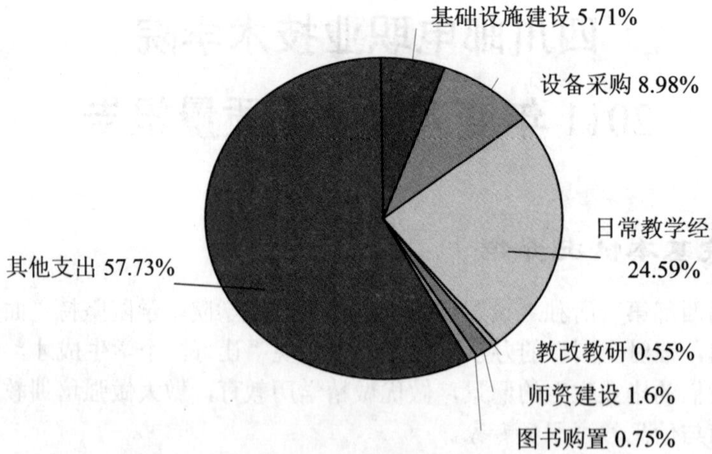


图2 年度办学经费总支出及其结构

（二）办学条件

1．校园总面积

学院占地面积200多亩。

2．教学行政用房面积与宿舍面积

教学行政用房57 498平方米；学生宿舍25 695平方米，生均宿舍面积达到6.46平方米/生。

3．实验实训基地

学院教学仪器设备总值4095.71万元，生均超过10 000元。

4．校内外实习基地数及满足教学情况

学院紧紧依托行业，建设与企业在网运行设备同步的实验室和完善的实训基地。建有通信开放实验室、CDMA2000实验实训室、GSM移动实验实训室、光传输设备实验实训室（SDH）、华为接入网实验实训室、数据通信实验实训室、线路实验实训室、移动基站实验实训室、综合布线实验实训室、软交换实训室、宽带接入实训室、网络综合实训室、网络应用实训室、营销综合实训室和会计电算化等校内实验实训室51个；学院依托行业建立完善的校外实训基地，先后在电信、电信实业、移动、联通、邮政以及四川天翼网络服务有限公司等单位建立了58个稳定的校外实训基地。

学院实验实训条件能够很好地满足各专业教学的需要。

5．校园网建设情况及生均教学用计算机

学院数字化校园建设初见成效。完成了数据机房建设、学生宿舍网络改造，以及教学、办公区域无线网络覆盖等建设工作。OA办公系统，新的教务管理系统、财务管理和人事管理系统已投入使用。

学院有计算机1048台，百名学生配置计算机26.4台；多媒体教室和语音室座位数2772，百名学生配置多媒体教室和语音室座位数达到69.7个。

6．图书馆状况及生均图书

图书馆纸质藏书 20 余万册，电子图书 25.3TB；

7．运动场及体育设施状况和生均体育场地面积

学院体育运动场面积 31 330 平方米，其中室内体育运动场 1455 平方米。室外有 400 米跑道标准运动场 1 个、篮球场 5 个、排球场 2 个和足球场 1 个、羽毛球场 5 个、网球场 1 个。体育场地满足教学和学生课外活动需要。

8．在校生结构及规模

学院有全日制学生 3975 人。学生的年龄结构如表 1 所示。

**表 1　学生的年龄结构**

| 系 | 总人数 | 18 岁及以下 | | 19～21 岁 | | 22 岁及以上 | |
|---|---|---|---|---|---|---|---|
| | | 人数 | 比例 | 人数 | 比例 | 人数 | 比例 |
| 通信工程系 | 1389 | 9 | 0.6% | 824 | 59.3% | 556 | 40% |
| 移动通信系 | 857 | 4 | 0.4% | 553 | 64.5% | 300 | 35% |
| 计算机科学系 | 684 | 8 | 1.1% | 426 | 62.3% | 250 | 36.5% |
| 经济管理系 | 1045 | 10 | 0.9% | 721 | 68.9% | 314 | 30% |
| 合计 | 3975 | 31 | 0.7% | 2524 | 63.5% | 1420 | 35.7% |

**（三）师资队伍**

1．师资数量与结构

学院教职工中正高职称 2 人，占比 0.7%；副高职称 54 人，占比 21.3%；中级职称 78 人，占比 30.7%；初级职称 75 人，占比 29.6%；未评级 45 人，占比 17.7%。

（1）教职工的学历结构

学院教职工中博士研究生 1 人，占比 0.4%；硕士研究生 37 人，占比 14.6%；本科 146 人，占比 57.5%；专科及以下 70 人，占比 27.5%。

（2）双师素质教师所占比例

学院教师中双师素质教师 99 人，占教师总人数的 55.77%。

2．师资培训

参与校外进修、培训、交流的教师比例

2011 年学院外送教师参加各类培训 51 人，培训总人次为 100 人次，占教师总人数的 28.65%。

3．教学水平

学院教师教学能力强，不仅承担本校教学工作，同时也承担企业员工培训。2011 年度学院教师参加“四川高校心理健康课程教学比赛”获得二等奖，教师参加四川省“外研社杯”英语赛课比赛进入复赛。

**（四）生源状况**

1．招生情况

学院近几年均招收普通高中毕业生，无三校生。

2011 年学院计划招生 1650 人，实际报到 1451 人。新生报到率 87.94%。2011 年招生

计划 1650 人中，自主招生 100 人，统招 1550 人，如表 2 所示。

表 2　招生和报到人员

| 部门 | 计划招生数（人） | 报到人数 |
| --- | --- | --- |
| 通信工程系 | 494 | 448 |
| 移动通信系 | 423 | 328 |
| 计算机科学系 | 323 | 268 |
| 经济管理系 | 380 | 407 |
| 合计 | 1650 | 1451 |

2．生源分布

本市生源所占比例如表 3、图 3 所示。

表 3　本市生源所占比例

| 2011 级总人数 | 本市生源人数 | 本地生源占比（%） |
| --- | --- | --- |
| 1451 | 233 | 16.05% |

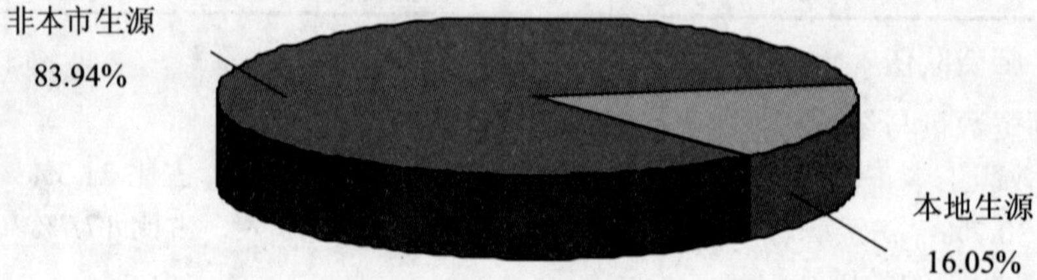


图 3　本市生源所占比例

本省生源所占比例如表 4、图 4 所示。

表 4　本省生源所占比例

| 2011 级总人数 | 四川省生源人数 | 本省生源占比（%） |
| --- | --- | --- |
| 1451 | 1253 | 86.4% |

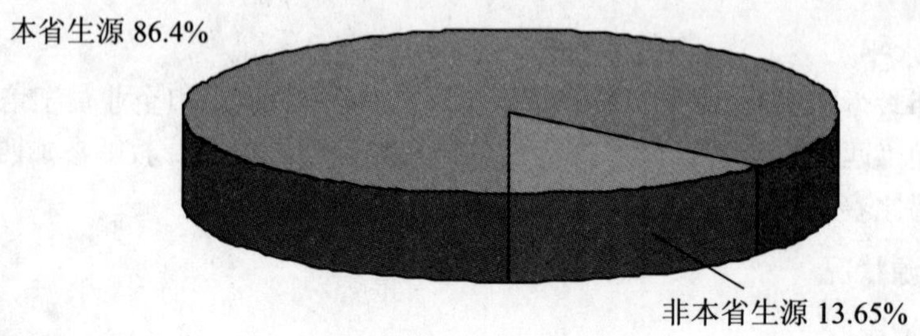


图 4　本省生源所占比例

来自西部地区生源所占比例如表 5、图 5 所示。

**表 5 西部地区生源比例**

| 2011 级总人数 | 西部地区生源人数 | 西部生源占比（%） |
|---|---|---|
| 1451 | 1388 | 95.7% |

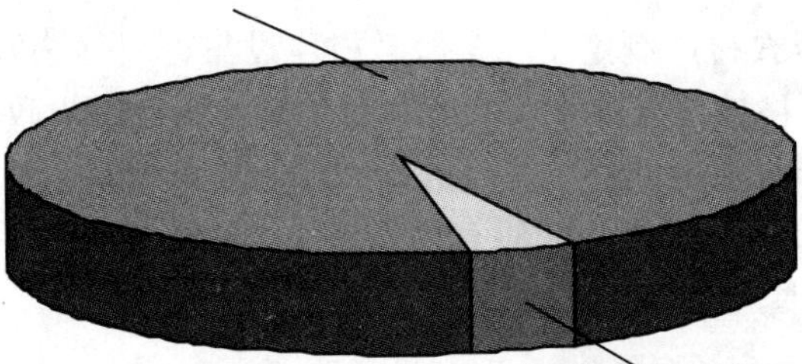


图 5 来自西部地区生源所占比例

## 三、高职人才培养过程

### （一）教学资源

1．课程设置

学院各个专业开设课程总数 314 门，平均每个专业（专业方向）16.5 门。

各类型课程所占比如表 6、图 6 所示。

**表 6 各类型课程占比**

| 类型 | 占比 |
|---|---|
| 理论课（A 类） | 11.85% |
| 理论+实践（B 类） | 52.69% |
| 实践课（C 类） | 35.46% |

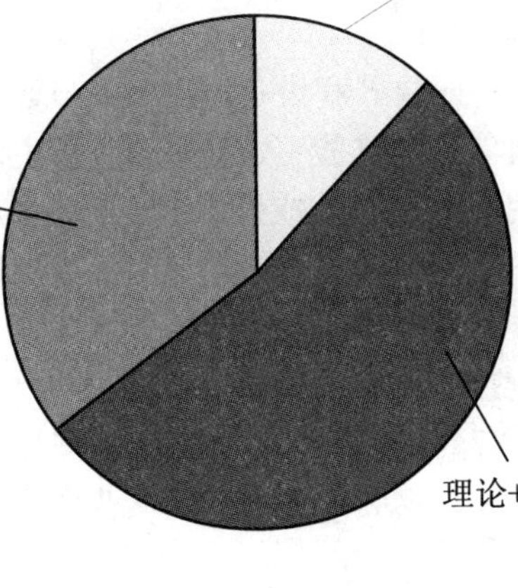


图 6 各类型课程所占比例

2．课程建设

学院建有《光纤通信原理》、《通信电缆线路》、《通信英语》、《通信电源》、《移动通信技术》、《通信市场营销》、《数据通信技术》、《网络互联设备》、《CDMA2000 技术与设备》、《接入网实训》和《英语语音基础》11 门省级精品课程。省级精品课程覆盖了各个重点专业。

3．教材

学院严格选用和管理教材，制定了《学院教材建设与管理办法》，规范教材管理，指导教师选用教材。学院严格按照教育部和省教育厅的要求选用思想政治理论课、军事训练等公共课程的教材；各专业选用近三年出版的高职高专教材比例达到 80%以上。

注重自编教材开发，2011 年学院教师主编公开发行教材 3 本，参编教材 3 本，编写实验实训指导书和讲义 28 本。

### （二）课堂教学

各专业在校学习的总学分 140 学分，总学时在 2950 学时以内，每个专业实践学时比例均超过 50%。学院重点专业通信技术专业的总学时数和实践学时所占比如表 7 所示。

**表 7　总学时数和实践学时所占比**

| 课程类别 | 应修学分 | 总学时 | 实践学时 |
| --- | --- | --- | --- |
| 公共基础课 | 34 | 576 | 162 |
| 专业基础课 | 14.5 | 232 | 90 |
| 专业技术课程 | 39 | 624 | 116 |
| 实践技能训练 | 34 | 1084 | 1084 |
| 选修课 | 16.5 | 388 | 182 |
| 其　他 | 2 | 23 | |
| 合　计 | 140 | 2927 | 1634（占比 55.83%） |

围绕学生就业岗位要求和专业培养目标，各专业教学计划中确定了 5～7 门专业核心课程。

### （三）实践教学

学院拥有现代化的教学、科研仪器和设备，建立了与通信运营企业在网运行设备同步的全真实验实训系统，包括通信开放实验室、FTTX 网络实训室、G 网实验实训室，以及标准化 C 网实验实训室。利用已有设备建成校园电话网，形成了全真的本地网，能提供真实的实训环境。配置了传输、交换、数据、接入、电源、无线核心网、基站和全球眼等各类通信设备。

设有国家批准的通信职业技能鉴定站（邮电 188 站），具备通信行业特殊工种技能培训及职业资格认证考核资格。有四川省安全生产监督管理局批准和授权的安全生产培训中心，可开展通信电工、登高架设、驾驶等工种安全从业资格培训及考核工作，颁发特种作业操作资格证。

学生在校内参加实训与专业对口率达到 100%。

### （四）学生活动

学生参加社团活动的比例如表 8 所示

表 8　学生参加社团活动的比例

| 学生总人数（人） | 参加社团活动人数（人） | 参加社团活动比例（%） |
| --- | --- | --- |
| 3975 | 3975 | 100% |

学院团委联合四系团总支举办了各类社团活动共计 315 项，共有 83 931 人次参加到各项活动中，生均参加各项活动比例为 6.7%。活动人员构成主要由组织者、参加者和观众组成，其中组织者 3552 人次为学院及各系主要学生干部，占活动参与人数的 4%，参加者 80 397 人次为普通同学，占活动参与人数的 96%。学生参加社团活动总时长为约 742 974.66 小时，生均参加活动时间约为 186.9 小时。通过这些活动，展示了学生的才艺风采，拓宽了学生视野，也使学生在活动中积累了丰富的组织经验，提高了自身组织协调能力及领导能力，拓展了学生综合素质能力。

生均参加的社团活动时间如表 9 所示。

表 9　生均参加社团活动时间

| 学生总人数（人） | 参加社团活动人数（人） | 参加社团活动总时间（小时） | 生均参加社团活动时间（小时） |
| --- | --- | --- | --- |
| 3975 | 83 931 | 742 974.66 | 186.9 |

### （五）学生服务

1．入学教育

面向新生的入学教育军事训练、专业教育、心理健康教育、学籍与纪律教育等多项内容，采用了训练、讲座、报告会等多种形式。

同时对新生入学后存在适应性的问题予以帮扶。各系帮扶情况统计如表 10 所示。

表 10　帮 扶 情 况

| 系别 | 2011 级学生人数（人） | 适应性问题得到帮助的人数（人） | 适应性问题得到帮助的比例（%） |
| --- | --- | --- | --- |
| 通信工程系 | 448 | 4 | 0.89% |
| 移动通信系 | 407 | 16 | 3.93% |
| 计算机科学系 | 329 | 6 | 1.82% |
| 经济管理系 | 267 | 10 | 3.75% |
| 合计 | 1451 | 36 | 2.48% |

2．就业服务

95%的毕业生接受了学院提供的就业服务，学院的就业服务包括组织的就业推荐、辅导简历协作、职业发展规划、发布招聘需求等形式。

毕业生接收就业服务的比例，如表 11 所示。

表 11　毕业生接收就业服务的比例

| 系别 | 2011 届毕业生人数（人） | 接受就业服务人数（人） | 接受就业服务的比例（%） |
|---|---|---|---|
| 通信工程系 | 516 | 491 | 95% |
| 移动通信系 | 355 | 319 | 90% |
| 计算机科学系 | 179 | 169 | 94% |
| 经济管理系 | 343 | 343 | 100% |
| 合计 | 1393 | 1323 | 95% |

3．学生资助

在校生获得勤工俭学津贴的比例，如表 12 所示。

表 12　在校生获得勤工俭学津贴的比例

| 年级 | 总人数（人） | 获得勤工俭学津贴人数（人） | 获得勤工俭学津贴的比例（%） |
|---|---|---|---|
| 2009 级 | 1199 | 213 | 17.7% |
| 2010 级 | 1325 | 180 | 13.58% |
| 2011 级 | 1451 | 245 | 16.8% |
| 合计 | 3975 | 638 | 16.05% |

在校生获得国家助学金的比例如表 13 所示。

表 13　在校生获得国家助学金的比例

| 年级 | 总人数（人） | 获得国家助学金人数（人） | 获得国家助学金的比例（%） |
|---|---|---|---|
| 2009 级 | 1199 | 384 | 32.02% |
| 2010 级 | 1325 | 384 | 29.98% |
| 2011 级 | 1451 | 353 | 24.3% |
| 合计 | 3975 | 1131 | 28.45% |

## 四、高职人才培养结果

### （一）学生竞赛等活动

组织学生参加四川省“英语口语技能大赛”获优秀奖，“第十届全国大学生电子竞赛”获团体三等奖，“软件设计大赛”有 3 人获四川省一等奖，3 人获全国优秀奖，“教育部三网融合及无线网优技能竞赛”获团体三等奖，“第六届全国信息应用水平大赛”，6 人获优秀奖，4 人获三等奖，2 人入围决赛。

### （二）学生就业及升学

1．近 3 年毕业生就业率（如表 14 所示）

表 14　近 3 年毕业生就类率

| 毕业年份 | 学生总人数（人） | 就业学生人数（人） | 毕业生就业率（%） |
| --- | --- | --- | --- |
| 2009 年 | 1207 | 1191 | 98.67% |
| 2010 年 | 1202 | 1185 | 98.59% |
| 2011 年 | 1393 | 1373 | 98.56% |
| 合　计 | 3802 | 3699 | 98.61% |

2．订单培养

2011 年学院在毕业生中组建了“订单”培养教学班，如为成都联通、中国通信服务成都市分公司、宜宾移动等公司开设订单班，很好地满足了企业人才需求。

3．专升本

学院的就业形势好，就业质量高，学生专升本的意愿不强。2011 年专升本学生 18 人，仅占毕业生总数的 1.3%。

## 五、社会服务

### （一）培训服务

2011 年学院为中国电信四川公司、中国通信服务四川公司、中国联通四川公司、中移动通信技术工程公司、四川省速递局、成都市邮政局、中国石油西南油气田通信公司和省教育厅等企事业单位提供的职业培训、技能鉴定及资格认证等服务量达到了 100 000 人以上，收入达到 2300 万元。

2011 年学院与本地企业共同开发课程 61 个；为本地企业提供咨询服务的收入 51.3 万元；为本地企业的新雇员提供职前培训 2020 人次。

### （二）为本地提供法律咨询、少儿教育等其他志愿者服务

学院青年志愿者服务体系由学院青年志愿者总队、各系青年志愿者分队以及各班级志愿者服务小组组成。2011 年学院各级志愿者队伍，结合自身特色和专业优势，以“热心奉献，弘扬正气”为宗旨，积极组织开展各类志愿者服务和社会实践活动约 628 项。其中校内志愿者活动主要以服务班级同学和倡导文明行为为主，共开展 447 项，活动时间约为 670.5 小时，参与人数约 5364 人；参与校外文化演出和体育类比赛活动，主要以展示学生才艺为主，此类活动约 6 项，参与人数约 75 人，活动时间约 18.5 小时；为本地提供法律咨询、少儿教育等其他志愿者服务活动，主要以服务社区、关爱孤寡老人和留守儿童为主，活动共 175 项，参与人数约 2768 人，活动时间约 268.7 小时，如图 7 所示。

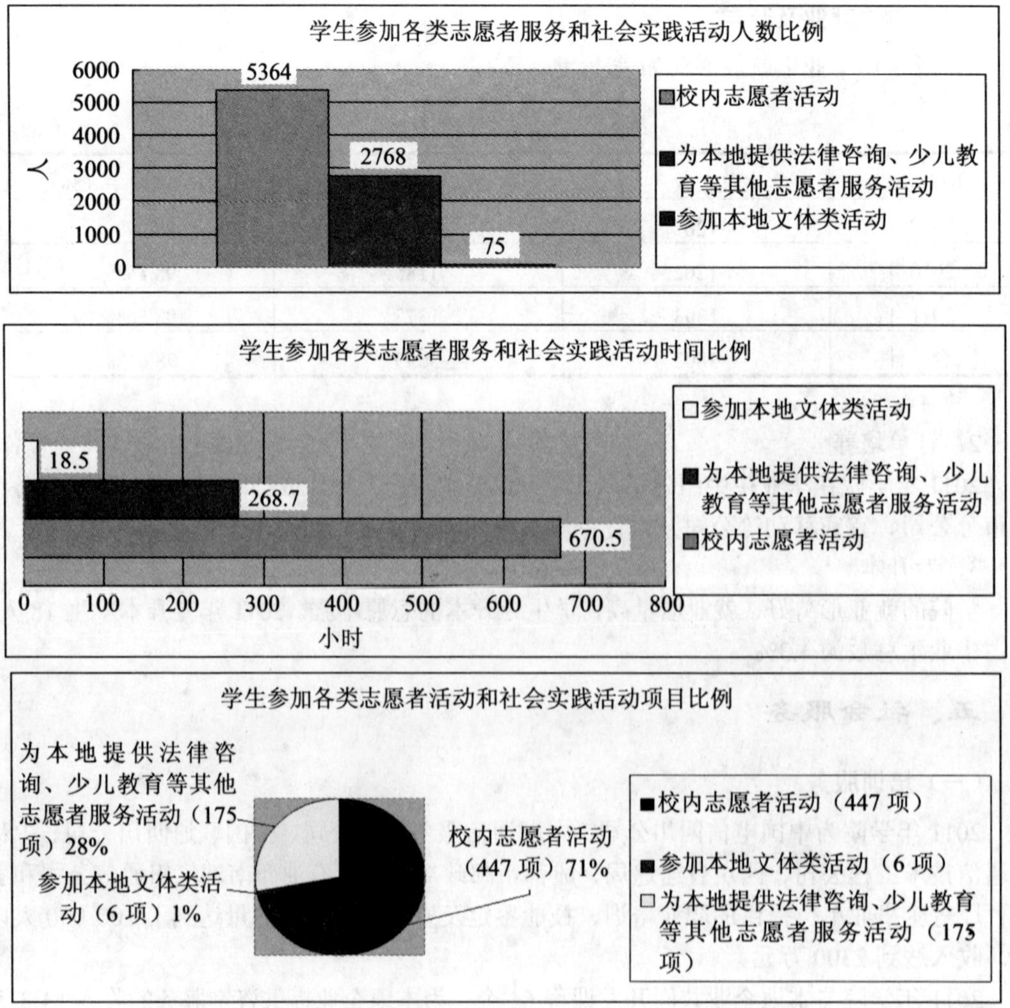


图7　为本地区提供服务

## 六、高职人才培养工作方面的创新尝试与主要举措

### （一）制定发展规划，引领学院持续健康发展

学院围绕“学历教育做优做精，建成全国一流的国家骨干高职院校；培训业务做大做强，成为全国一流西部主导的邮电通信与信息行业员工培训基地”的发展目标，完成了三年滚动发展规划的编制，明确发展路径。

同时编制了专业建设、人才队伍建设、实验实训建设、校园文化建设、学生综合素质培养、校园环境建设和培训业务发展7个专项子规划，为进一步提高人才培养质量奠定了坚实的基础。

### （二）创新机制体制，促进学院持续健康发展

学院明确提出了以应用性科研项目为纽带，建立“三个循环”体系（即学院自身造血

能力提升循环、师资能力提升循环、人才培养质量提升循环），从而建立校企方案共审、人才共育、环境共用、师资共建、成果共享的“五共”合作办学体制机制，促进学院持续健康发展。

创新机制体制，建立“三个循环”体系。一是学院通过对应用性科研项目的投入，应用性科研项目研发完成后，其成果转化为企业应用，企业对应用性科研项目回报为学院带来持续造血能力，实现学院的可持续发展；二是学院教师通过企业调研，参与应用性科研项目研发，实施开发的应用性科研项目，经过评价反馈改进，教师的能力得以持续提升；三是为企业开发的已经成功实施的应用性科研项目（主要是岗位认证标准和岗位新技术、新业务培训项目），通过改造后进行课程置换，将其置换到学院的人才培养方案中，实现毕业生零距离上岗。

**（三）建立认证体系，实施教师成为培训师认证**

师资培养方面，学院出台了教师成为培训师的《培训师认证及管理办法（试行）》，制定了（A 级\B 级\C 级）分级认证标准。在学院专兼职教师中组织开展了培训师的 C 级认证。

## 七、存在主要问题及未来的工作思路

**（一）人才培养中存在的主要问题及原因分析**

1．根据行业的发展趋势，专业结构需要进一步调整完善

通信和信息技术的发展迅速，随着移动互联网、云计算和“物联网”发展和进一步应用，学院的专业设置不能完全满足行业发展对人才提出的新需求。

2．教师知识结构的更新速度与专业技能的提升速度需要进一步加强。

邮电通信与信息业的高速发展，新技术不断涌现，通信设备更新换代快，新技术新产品层出不穷，对教师知识结构的更新速度与专业技能的提升速度提出了较高的要求。要求专任教师必须具备更强的学习能力，更强的动手能力，更强的知识更新能力。这是一个需要长期努力，不断改进的问题。

**（二）上年度改进效果，下一步改进计划与措施**

1．上年度改进效果

第一，学院对 2010 年度人才培养质量报告中提出的实践教学条件的改善问题着力进行改进。2011 年学院依托国家骨干高职院校建设，进一步加强实践教学条件的建设。与四川电信公司和共建的 FTTX（光进铜退）网络培训基地投入使用，在企业员工培训和学生实践教学方面发挥作用。同时学院还新建和完善了 WCDMA 实验实训、软交换实验实训室、线路实训场、网络综合应用实验实训室等实验实训室，学院的实践教学条件进一步提高。

第二，在师资能力培养提升方面，一方面加大师资培训力度，2011 年学院外送教师参加各类培训 51 人，培训总人次为 100 人次，占教师总人数的 28.65%。另一方面组织实施了教师成为培训师的认证，对 30 余名教师进行了认证。

2．下一步改进计划与措施

第一，学院根据行业的发展申报新专业、改造旧专业。根据行业发展对人才的需求，一方面2012年拟申报新专业《通信电源》，另一方面围绕移动互联网的发展，对于计算机通信专业或图文信息专业进行改造。

第二，学院将坚持不懈地从几个方面抓好教师培养，促进教师知识更新，技能提升。一是建立了教师到企业调研和锻炼的长效机制，坚持有计划的每年安排教师到企业调研和锻炼；二是安排教师到通信设备制造商参与新技术、新设备的学习；三是组织教师与企业专家一起共同开发培训课程、岗位认证标准等应用性科研项目；四是对于新教师实施的“传帮带”，指派有经验的教师给予帮助和指导；五是建立校企双向人才交流机制，学院教师到企业挂职锻炼，企业技术人员和营销骨干到学院担任教师工作。

（执笔：万　红　宁　珍）

# 宜宾职业技术学院
# 2011 年度人才培养质量报告

## 一、基本情况介绍

我院是全日制公办高等职业专科学校，学院占地面积 543 834 平方米，2010 年确定为国家骨干示范建设院校，主要招收全日制大专学生，学院共有 36 个大专专业，设有现代制造工程系、自动控制工程系、建筑工程系、生物与化学工程系、电子信息工程系、经济贸易管理系、人文社会科学系、基础部、中专部、五年制教研室七系二部一教研室。

学院依托宜宾，面向市场，树立“以德为魂、以能为本、特色鲜明，质量一流”的办学理念，坚持走规模、结构、质量、效益协调发展的内涵发展之路，努力把学院建设成为区域性高等职业教育基地、区域性应用人才集聚高地、区域性科技开发传播之地。

## 二、办学基本信息

### （一）办学经费情况

2011 年，在上级政府的支持下，学院收入共计 11 808.81 万元，其中财政拨款 7116.67 万元（常规拨款 3493.16 万元，专项拨款 2200.6 万元，学生奖助学金 1422.91 万元），事业收入 4692.14 万元（学费、住宿费 4677.14 万元，培训收入 15 万元）。

学院根据保运行、办大事的原则安排资金，各项经费预算与支出指标比例如表 1 所示。

**表 1　2011 年办学经费收支构成表**

<table>
<tr><th colspan="4">经费收入构成　单位：万元</th><th>2011 年度</th><th>比例情况</th></tr>
<tr><td rowspan="15">年度办学经费收入构成</td><td colspan="3">1．事业收入（学费、住宿费）</td><td>4677.14</td><td>39.61</td></tr>
<tr><td rowspan="12">2．财政预算内拨款</td><td colspan="2">总额</td><td>7116.67</td><td>60.27</td></tr>
<tr><td rowspan="7">其中：地方财政投入专项经费（2200.6 万元）</td><td>1．骨干院校经费</td><td>500</td><td>4.23</td></tr>
<tr><td>2．图书购置费</td><td>20</td><td>0.17</td></tr>
<tr><td>3．政府贴息贷款补助</td><td>376.6</td><td>3.19</td></tr>
<tr><td>4．政府还贷本金</td><td>727</td><td>6.16</td></tr>
<tr><td>5．教育专项费</td><td>500</td><td>4.23</td></tr>
<tr><td>6．科技费</td><td>17</td><td>0.14</td></tr>
<tr><td>7．外聘教师课时费</td><td>60</td><td>0.51</td></tr>
<tr><td colspan="2">人员收入（工资等）</td><td>2585.32</td><td>21.89</td></tr>
<tr><td colspan="2">公用经费补助收入</td><td>591.24</td><td>5.01</td></tr>
<tr><td colspan="2">个人及家庭补助收入</td><td>316.6</td><td>2.68</td></tr>
<tr><td colspan="2">学生奖助学金</td><td>1422.91</td><td>12.05</td></tr>
<tr><td colspan="3">3．培训收入</td><td>15</td><td>0.13</td></tr>
<tr><td colspan="3">合计</td><td>11 808.81</td><td></td></tr>
</table>

（续表）

| 经费支出构成　单位：万元 | | 2011 年度 | 比例情况 |
| --- | --- | --- | --- |
| 年度办学经费支出构成 | 1. 征地费 | 1000 | 8.47 |
| | 2. 房屋建设费 | 1362.38 | 11.54 |
| | 3. 设备采购费 | 303.21 | 2.57 |
| | 4. 贷款利息支出 | 323.87 | 2.74 |
| | 5. 教学维持费 | 945 | 8 |
| | 6. 实践教学维持费 | 165.27 | 1.4 |
| | 7. 师资建设 | 200.3 | 1.7 |
| | 8. 科研经费 | 100.18 | 0.85 |
| | 9. 图书购置 | 24 | 0.2 |
| | 10. 人员经费（含离退人员费） | 4104.2 | 34.76 |
| | 11. 助奖学金 | 1506.83 | 12.76 |
| | 12. 运行费 | 1773.57 | 15.02 |
| 合计 | | 11 808.81 | |

**（二）办学条件**

学院占地面积 543 834 平方米，教学、科研、行政用房所占面积 127 850 平方米，教学科研设备总值 5024.9 万元，学院图书馆图书 66.14 万册，本年度新增图书 0.85 万册。校内实训基地 110 个，校内实践基地总建筑面积 36 672 平方米，覆盖开设的所有专业，能开展 680 个实践项目的实验（训），生均 4.2 平方米，教学科研仪器设备总值 5024 万元，教学用计算机 1370 台，其中公共教学用 446 台，专业教学用 924 台，生均 0.16 台；校外实训基地 95 个，能接待 13 804 个学生实训（习）。在校生参加实践和实训的专业对口率 100%。

**（三）学院教职员工的情况及教师队伍建设**

我院现有教职工 604 人，其中专任教师 469 人，双肩挑教师 118 人，具有研究生学历或硕士及以上学位教师 121 余人，副高职称以上教师 109 人，其中教授 7 人，享受国务院特殊津贴 1 人、省级学术带头人后备人选 1 人、市级学术带头人 8 人、市级拔尖人才 12 人。“双师型”素质教师 164 名，约占专业教师比例 70%，如表 2 所示。

**表 2　教师职称、学历结构表**

| 学历、学位名称 | 人数 | 比例 | 职称名称 | 人数 | 比例 |
| --- | --- | --- | --- | --- | --- |
| 博士研究生 | 3 | 0.64% | 正高 | 7 | 1.49% |
| 硕士研究生 | 118 | 25.16% | 副高 | 95 | 20.26% |
| 本科生 | 348 | 74.2% | 中级 | 211 | 44.99% |
| | | | 初级 | 156 | 33.26% |
| 总计 | 469 | | 总计 | 469 | |

2011 年我院积极实施人才工程，加大教师的引进和培养力度，极大地改善了教师的学历、职称结构，提升了教师的教育教学水平。

2011 年，我院新评上教授 3 名、副教授 11 名、中级职称 34 名，引进教师 11 名，其中研究生 7 人，完成在职研究生学业的 12 人，新增在职攻读硕士学位的教师 22 人，完成 24 名新进教师岗前培训、专任教师参加哲学社会科学骨干研修班、骨干教师教学技能培训交流会、物流专业双师培训、建设类职业技能鉴定考评院培训等校外培训 27 人、参加省高校干部培训 8 人、教师出国培训 1 人、暑期到企业锻炼 28 人次，参培总人数 88 人，约占专任教师比例的 20%。

### （四）生源情况

2011 年招生计划数 3953 人，实际录取数 3953 人，报到率 78.46%，高中生与三校生所占比例 90.58%，普通高考招生占 96% 自主招生占 4%，在同类高校中被考生首选比例为 65%。生源分布地区如下：

1．本市生源所占比例 25.05%。

2．本省生源所占比例 95.24%。

3．来自西部地区生源所占比例 98.32%。

生源背景情况如下：

1．家庭中的第一代大学生所占比例 6.3%。

2．父母是农民或农民工所占比例 69.6%。

3．父母是城市下岗、退休或无业人员家庭中的第一代大学生所占比例为 24.1%。

## 三、高职人才培养过程

### （一）课堂教学

2011 学年学生生均修课学时为 866 学时/生，学分数为 48 学分/生。学生对课堂的评价满意度为 92%。毕业生对核心课程的满意度为 87%，对设置的核心课程重要性评价中认为重要的占 92%。

2011 学年我院开设总课程 687 门，较 2010 学年增加 36 门课程。新增课程中 28 门为专业课，12 门为专业选修课。全院开设的课程中专业课程 619 门，非专业课程 68 门；理论课 232 门，实践课 168 门，理实一体化课程 287 门。各专业的理论课程 30 493 学时，占总学时的 32%，理实一体化课程 25 974 学时，占总学时的 41%，实践课程 38 478 学时，占总学时的 27%。

2011 学年我院成功申报为国家数字化资源中心分中心，资源中心课程资源覆盖我院各专业课程。同时将机电、数控、模具、汽车、电气、电子专业的 3 门专业课程整合为专业综合实习课程，安排在顶岗实习期间由指导教师与企业技术人员共同完成课程开发与执行。

### （二）实践和实训情况

我院从 2005 年起实践教学实行“实践教学项目化管理”，各专业实践项目是根据市场需求和专业需求设置，且根据市场变化及时调整，与学生毕业后的就业密切相关，根据每年抽样调查，学生对实践和实训的满意度在90%左右。同时根据实践课程体系的要求在实践教学中实行了精细化管理。实践教学精细化管理主要体现在：目标的精细化管理、过程的精细化管理、考核的精细化管理、经费的精细化管理和实验室的规范化标准化的“5S”管理。根据近年对毕业学生的调查，企业对学生掌握实践技能的满意度82%，学生就业后，对在校掌握的技能有用性认可率达90%。

### （三）学生活动开展情况

学院注册有文艺体育类、学术类、公共服务类、兴趣爱好类等学生社团 50 个，注册学生 3100 人，占全院学生比例 27%。2011 年 11 月学院举办“第 9 届社团活动月”，集中开展特色活动及成果展示，评选出优秀会员 30 个、骨干社团 10 个、明星社团 5 个并予以表彰，对提升学生的兴趣爱好、发挥特长、综合能力提高起到了积极作用。

### （四）学生服务

2011 年新生入学教育分为集中教育和常规教育。集中教育是在报到后一周内开展，生均课时为 40 学时。常规教育在新生入学后的两个月内进行，由系部、班级的领导、教师通过军训，班团会和课外活动，做到集体教育与个别教育相结合，从各方面体贴、关心新生，及时提供更多、更好的服务，帮助全体新生尽快适应高职院校的生活和学习。

学院在严格执行国家奖助学金政策和规定的基础上，积极拓展奖助学金的筹集渠道帮助贫困学生，设立广州助学基金、LG 公司、宜宾天原集团公司、叙府茶叶公司等专项企业奖助学金、宜宾慈善总会设立贫困学生技能救助金、农业商业银行设立“农商奖学金”。为支持孤残学生（含孤残父母）完成学业，学院积极筹措经费提供勤工俭学岗位等，以奖励品学兼优的学生或资助特困学生完成学业。2011 年共发放奖助学金 647 万元，受益学生 2780 人，占全院学生总数的 34.81%；提供 187 人次的勤工助学岗位，发放 18.5 万元勤工助学金。2011 年获得国家奖学金 6 人，国家励志奖学金 219 人，国家助学金 2502 人。

## 四、高职人才培养质量

### （一）学生参与项目研究与开发、发表论文与作品、获得省级以上竞赛奖励等情况

本年度我院学生获得国家级、省级以上奖项 39 项。国家级一等奖 3 项，国家级二等奖 3 项，国家级三等奖 6 项，优秀奖 2 项；省级一等奖 2 项，省级二等奖 7 项，省级三等奖 3 项，优秀奖 13 项。特别是在全国大学生 ITAT 大赛中，我院学生获得 3 个一等奖、3 个二等奖、4 个三等奖的好成绩。技能大赛取得的优异成绩，快速提升了学院的美誉度和知名度，省内多所高职院校到我院交流技能大赛成功的经验，宜宾五粮液集团等大型企业主动要求冠名赞助学院的技能大赛活动，跟踪在技能大赛中成绩优秀的学生。

### （二）学生就业率和对口率快速增长，毕业生的布局体现专业服务地方区域经济建设的思路，用人单位满意度持续上升

2011 年我院毕业生人数 3297 人，截至 2011 年 7 月，准时毕业人数为 2092，按时毕业率为 88%。截至 9 月为止，已签约人数 3195 人，就业率达 95.12%，对口率达到 82.33%。另外还有 96 人升入本科院校继续学习。本年度还有 3%左右的学生通过了公务员、事业单

位的考试，进入机关单位工作。另外还有0.15%的少数学生选择自主创业。

就业领域以大中型企业为主，90%左右学生共2912人到各类企业签约就业；成渝地区就业人数快速增长，在成渝地区就业的毕业生约占毕业生就业数的70%左右。与往年相比，在成渝就业的学生快速增长，约增长15%左右。

2011年对学生职业资格技能培训和鉴定工种达31个，计4578人次，其中2011届毕业生3246人合格，核心技能职业资格证书获证率为98%；结合学生职业资格技能培训和鉴定开展了学院第八届学生技能竞赛，比赛项目15个，参赛学生3000余人次，263人次获奖。

### （三）用人单位满意度情况

2011年用人单位对我院学生的满意度为88%。具体情况如图1所示。

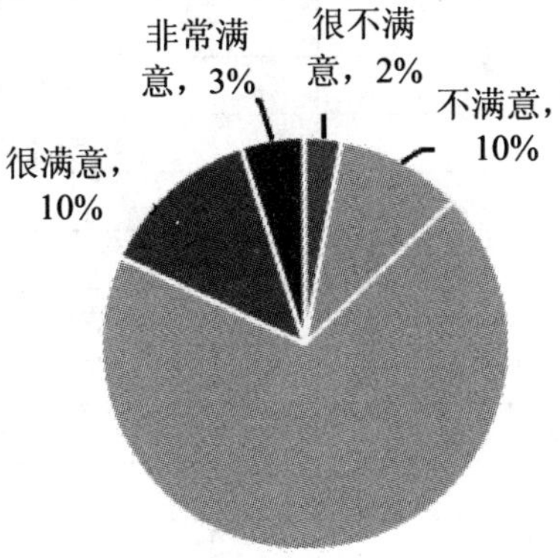


图1 用人单位满意度情况

### （四）对主要职业的人才贡献及其质量

我院2011届毕业生就业量最大的前10位职业如表3所示，各专业毕业生主要从事的职业如表4所示。

**表3 2011届毕业生就业量最大的前10位职业及优势**

| 职业名称 | 占本校就业毕业生的人数百分比（%） | 备注 |
|---|---|---|
| 机械制造与加工员 | 15.1 | |
| 施工技术员 | 8.6 | |
| 建筑技术员 | 6.7 | |
| 物流仓储管理员 | 5.1 | |
| 汽车制造与维修人员 | 4.2 | |
| 文职人员 | 5.1 | |
| 企业供电设计与施工员 | 2.7 | |
| 模具制造与机械加工员 | 3.3 | |
| 电子元器件加工人员 | 2.1 | |
| 导游、酒店管理服务人员 | 1.8 | |

表4　2011届各专业毕业生从事的主要职业

| 专业名称 | 本校该专业毕业生从事的主要职业 |
| --- | --- |
| 建筑设计技术 | 工程技术员 |
| 建筑装饰工程技术 | 室内设计员 |
| 园林工程技术 | 建筑景观工程、园林设计员 |
| 财务管理 | 会计 |
| 电子商务 | 业务员 |
| 旅游管理 | 导游、酒店管理服务员 |
| 市场营销 | 营销人员 |
| 物流管理 | 物流仓储管理员 |
| 商务英语 | 文员 |
| 文秘 | 各行业文员 |
| 茶叶生产与加工技术 | 茶叶生产加工、营销员 |
| 生物技术及应用 | 生物制品生产检测管理人员 |
| 畜牧兽医 | 养殖场管理技术员 |
| 应用化工技术 | 检测员 |
| 作物生产技术 | 农业生产管理技术员 |
| 电脑艺术设计 | 图像设计员 |
| 电子信息工程技术 | 电子工程技术员 |
| 计算机网络技术 | IT业技术员 |
| 通信技术 | 电信技术员 |
| 材料工程技术 | 材料工程业 |
| 汽车运用技术 | 汽车制造与维修技术员 |
| 数控技术 | 机械加工人员 |
| 模具设计与制造 | 模具制造和机械加工人员 |
| 电气自动化技术 | 企业供电设计与施工人员 |
| 机电一体化技术 | 机械制造与加工人员 |

### （五）对主要行业的人才贡献及其质量

我院2011届毕业学生就业量最大的前5位行业如表5所示，毕业生就业的主要行业如表6所示。

表5　2011届毕业生就业量最大的前5位行业及优势

| 行业名称 | 占本校就业毕业生的人数百分比（%） | 本校就业于该行业的毕业生半年后的月收入（元） | 备注 |
| --- | --- | --- | --- |
| 路桥建筑业、房地产业 | 10.8 | 2646 | |
| 住宅建筑施工业 | 6.6 | 2176 | |
| 机械加工业 | 21.1 | 2274 | |
| 汽车制造业 | 4.1 | 2570 | |
| 物流仓储业 | 3.8 | 2313 | |

表 6　2011 届各专业毕业生就业的主要行业

| 专业名称 | 本校该专业毕业生就业的主要行业 |
| --- | --- |
| 建筑设计技术 | 路桥建筑业、房地产业 |
| 建筑装饰工程技术 | 住宅建筑施工业 |
| 园林工程技术 | 建筑景观工程、园林业 |
| 财务管理 | 各企业财务员 |
| 电子商务 | IT、商贸业 |
| 旅游管理 | 旅游服务、酒店管理业 |
| 市场营销 | 商贸流通行业 |
| 物流管理 | 物流仓储业 |
| 商务英语 | 外企 |
| 文秘 | 各行业文员 |
| 茶叶生产与加工技术 | 茶叶生产与营销业 |
| 生物技术及应用 | 农业相关企业 |
| 畜牧兽医 | 养殖业 |
| 应用化工技术 | 化工业 |
| 作物生产技术 | 农业 |
| 电脑艺术设计 | 图像设计 |
| 电子信息工程技术 | 电子工程技术员 |
| 计算机网络技术 | IT业 |
| 通信技术 | 电信业 |
| 材料工程技术 | 材料工程业 |
| 汽车运用技术 | 汽车制造与维修业 |
| 数控技术 | 机械加工业 |
| 模具设计与制造 | 模具制造和机械加工业 |
| 电气自动化技术 | 企业供电设计与施工业 |
| 机电一体化技术 | 制造和机械加工业 |

### （六）对本地区的人才贡献及其质量

本年度我院在 2011 级的机电、生物、物流三个骨干建设专业开设有五粮液订单班，并在电气和建筑工程两个专业专门针对铁道部门开设与西南交通大学联合办学班 2 个，如表 7 所示。

表 7　2011 届毕业生就业量最大的前 5 个城市及半年后月收入

| 就业城市 | 占本校就业毕业生的人数百分比（%） | 在该城市就业的本校毕业生半年后的月收入（元） | 备注 |
| --- | --- | --- | --- |
| 宜宾 | 34.6 | 2143 | |
| 成都 | 33.8 | 2689 | |
| 重庆 | 2.2 | 2348 | |
| 深圳 | 1.4 | 3393 | |
| 广州 | 1.1 | 3145 | |

（七）对不同类型企业的人才贡献及其质量

我院2011届毕业生主要就业的用人单位类型是民营企业/个体单位（63%），毕业半年后月收入为2496元；其次是中外合资/外资/独资企业（24%），毕业半年后月收入为2879元，居最高。主要就业单位的具体情况如图2所示，毕业生在不同单位的月收入如图3所示。

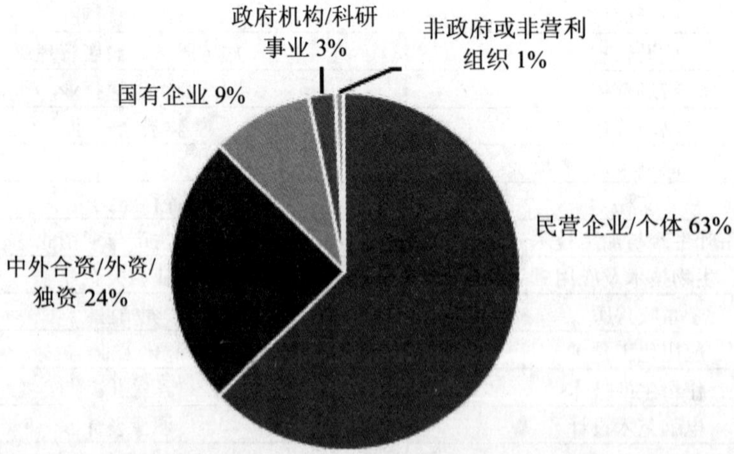


图2　2011届毕业生的用人单位类型分布

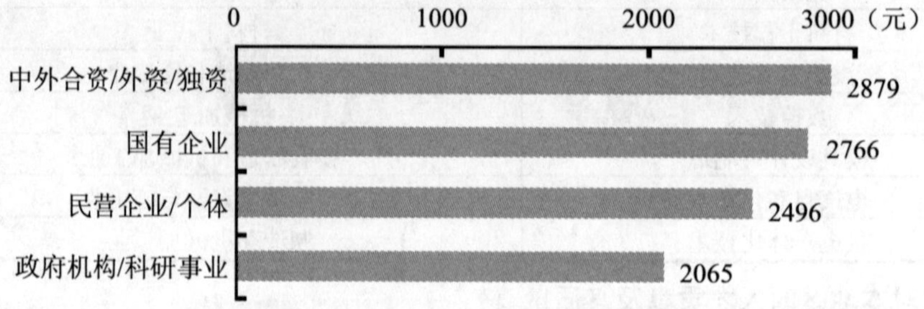


图3　2011届毕业生在不同类型用人单位就业的半年后月收入

## 五、社会服务

本年度，学院进一步强化了社会服务意识，更加主动地服务地方经济社会发展。培训非学历学生699人，课时数1876学时；完成宜宾市南溪县1320人次职教师资培训和450人次宜宾市职业院校管理干部培训；为本地企业提供咨询服务的收入15万元。

2011年我院组织参加四川省第六届大学生艺术节的作品和节目，书画类作品获得了3个一等奖和4个二等奖，舞蹈类获得6个三等奖；参加宜宾市全民健身活动第三届乒乓球争霸赛获女子组第二名，参加宜宾市红歌比赛获集体三等奖，参加宜宾市万众健身跑获得三等奖。

本年度，学院为本地企业的新进雇员25人提供3个月职业培训，与本地企业共同开发16门课程。先后组织学生参加宜宾市早茶节开幕式、大中专学生志愿者暑假文化科技卫生“三下乡”社会实践、宜宾市建党 90 周年演出等形式多样的社会活动，安排教师和学生裁判参加宜宾市运动会、宜宾市篮球、羽毛球比赛的裁判工作，组织学院文艺表演队赴中小学校进行文娱表演，为宜宾市的社会经济发展作出了贡献。

## 六、高职人才培养工作方面的创新尝试与主要举措

### （一）以“五粮液产业学院”为依托，积极探索体制机制创新

在建设骨干院校思路的指导下，我院积极探索高职院校办学体制机制创新的有效途径。本年度在学院的积极推动下，成立了由宜宾市政府主导下，五粮液集团与宜宾职业技术学院共同筹建的紧密型办学实体——“五粮液产业学院”，拉开了学院探索体制机制创新的序幕。

### （二）以专业建设的逻辑起点为依据，规划各专业建设

学院始终以专业建设为中心，以服务区域经济建设为立足点，力争做到专业建设与区域产业经济的对接。专业的建设主动服务地方产业升级换代的需要，根据宜宾市“十二五“规划和宜宾经济转型的需要，我院组织申报了工程造价、建筑工程技术、精密机械制造技术、物流工程 4 个新专业，使学院目前的专业个数达到 36 个。至此我院专业初步形成了制造、生物、酿酒、物流、能源为主体的专业群，成为服务宜宾及周边地区经济建设的高技能人才培养的主要基地。

同时，我院各专业以社会需求作为专业建设的逻辑起点，深入区域各类企业对职业岗位工作和产业核心价值链关键环节进行调查，并与企业专业技术人员一起共同对产业链中的核心环节和典型生产过程进行分析，析离出典型的高技能人才岗位，并按照教育规律，将岗位的知识、技能及素质按照系统性原则进行重新序化，形成各专业课程体系，并设计与之相匹配的人才培养模式。同时以课程体系作为基础，规划师资队伍建设、实践教学建设和基本教学建设。

在此基础上，我院根据《教育部 财政部关于支持高等职业学校提升专业服务产业发展能力的通知》（教职成〔2011〕11 号）文件精神，成功申报了模具、茶叶两个专业为教育部、财政部支持建设的专业。截至目前，我院已有骨干建设专业 3 个，财政部、教育部重点建设专业 2 个，四川省省级教改专业 2 个。

2011 年度我院申报的《生物技术及应用专业综合改革》、《五粮液集团示范实习、实训基地》两个项目获得批准为四川省质量工程项目。《机电一体化技术专业建设方案》、《电气自动化专业建设方案》、《数控技术专业建设方案》分别获得全国机械高等职业教育教学成果 1 个二等奖和 2 个三等奖。与此同时，根据《教育部关于推进中等和高等职业教育协调发展的指导意见（教职成〔2011〕9 号）》文件精神，在机电一体化和财务管理两个专业试点试行中高职衔接，积极探索中高职人才培养的一体化模式。

### （三）与企业共同开发课程建设，积极探索课程第三方评价模式

2011 年度我院在专业建设思路的指导下，加强课程的整体设计，明确要求各专业课程的职业能力培养目标与职业岗位能力、知识、素质的对接，课程教学内容选择与职业工作内容作为依据，考核方式力争建立第三方考核标准。

2011 年学院先后派出机电、数控、模具、汽车、电气、电子等专业的在校学生到宜宾五粮液集团、宜宾丝丽雅集团、一汽大众等企业开展工学交替活动，并将相关课程安排在实习期间完成，由教师根据专业岗位能力的需要与企业技术人员制定考核评价标准，共同参与到课程建设中，带动了专业课程在教学内容、教学模式和考核模式的改革，形成课程改革的推动力，使得课程建设更符合职业教育特点。

此外，建筑工程系的建筑装饰专业推行的“双师、双导”课程改革模式，在该模式下课程由校内导师和校外导师（企业人员）共同承担，相互合作完成对课程教学和对学生的评价。生物化工系的作物专业基于作物生产过程的课程改革探索和电子信息技术系的电子专业“CDIO”课程改革尝试，也为课程的教学改革提供另外的可参考模式。

在课程建设的带动下，《应用微生物技术》、《茶文化传播》、《动物生产技术》、《植物保护》、《茶叶加工技术》、《植物组织培养》申报为 2011 年四川省省级精品开放课程，《人机界面（HMI）系统的设计、安装与调试》课程设计方案获得全国机械高等职业教育教学成果三等奖。

同时，在专业建设和课程建设的推动下，教师主动开展专业建设、课程改革、人才培养模式改革等方面的研究与探索的积极性得以激发，本年度全院共申报了 87 项教研教改项目，其中《地市级高职院校体制机制创新研究》等 5 项教研教改课题成功立项为省级教改项目；《CDIO 在高技能人才培养中的研究应用与实践 ——以电子信息工程技术专业为例》为四川省 2009～2012 年高等教育人才培养质量和教学改革重点项目；3 项省级教研教改课题成功结题；23 项院级教研教改项目立项。

## 七、存在的主要问题及未来工作思路

1．学院高职教育时间短，基础建设任务重，经费投入大，还需要政府进一步增大投入；

2．专业改革的力度还需要进一步加强，教学过程的监控和考风建设仍然需要进一步完善；

3．我院的教学团队还有较大的提升空间，教师的培养和岗前系统培训还需要提高效度；

4．对少部分学生的培养还需要开展进一步的有针对性研究和教育，力争能做到开展对每个学生的多样化、个性化的人才培养，确保每位学生都能圆满完成学业。

学院将按照教育部和省教育厅的要求，继续深入探索体制机制的研究和创新，加强专业建设、师资队伍建设、实训设施建设，加强改革的力度，加强校园基础设施建设，使学院又快又好的发展，真正使骨干院校建设卓有成效，为地方区域经济建设服务。

（执笔：罗建平　王　赛）

# 泸州职业技术学院
# 2011 年度人才培养质量报告

## 一、办学基本信息

### （一）学校战略定位

立足泸州，面向四川，辐射滇黔渝，紧密服务泸州“156”发展战略，为区域经济转型和升级培养高技能人才。

### （二）二级学院/系建设

学院下设商学院、电子工程系、机械工程系、建筑工程系、信息工程系、人文社会科学系、外语系、艺术系、基础部和思想政治教研部 10 个二级教学单位。

### （三）专业建设与特色

1．专业结构、规模及其调整

目前，学院 2011 年招生专业为 28 个，以制造、电子信息、土建等大类专业为主，财经、文化教育等大类专业协调发展。在校生规模最大的三个专业大类依次为文化教育（占 27.9%）、土建（占 25.5%）和制造（占 15.2%），如图 1 所示。

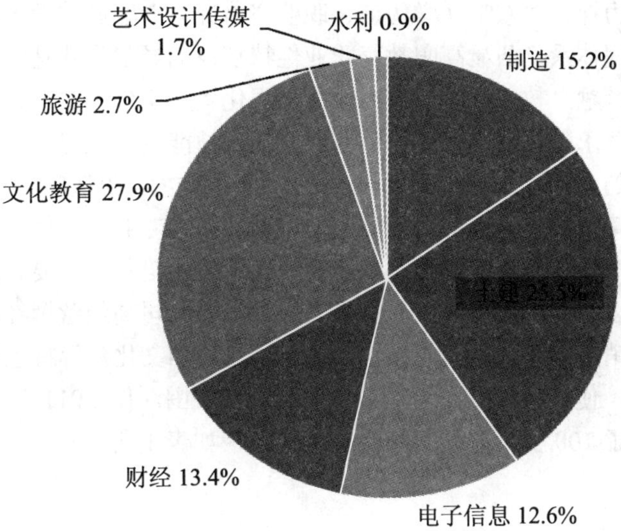


图 1　本院 2011 年各专业大类在校生人数所占比例（截至 2011 年 12 月 31 日）

数据来源：泸州职业技术学院教学管理部门。

经验分享

（1）专业设置及调整主动与泸州产业对接，适应区域经济建设需要，促进区域社会经济和谐发展。

“对接”主要体现在四个方面：①与制造业对接，匹配泸州工程机械、高性能液压件、酒玻与包装等制造业，建设机电一体化技术、模具设计与制造、机械制造与自动化、应用电子技术等专业；②与白酒产业对接，匹配以泸州老窖和四川郎酒为龙头的两种香型白酒营销业，建设市场营销、营销与策划等专业；③与现代服务业对接，匹配泸州旅游、商贸、物流等服务业，建设旅游管理、会计电算化、电子商务、文秘、应用英语等专业；④与城乡建设和发展对接，匹配泸州城乡住房建设、新农村建设、义务教育等行业、事业，建设建筑工程技术、工程造价、农村行政管理、学前教育、语文教育等专业。

（2）教学改革主动与泸州产业紧密配套，着力培养区域经济建设和社会发展需要的一线高技能人才。

教学内容改革主动适应泸州产业发展需要。教学内容改革的着力点是教学内容既紧密联系泸州产业现实，又能引导城市产业的发展。我院除结合专业、职业需要开发“双证”课程体系外，还实施以“导向化、企业化、职业化”为主题的课程内容改革，以适应区域经济发展的新需要。学院在深入分析泸州产业职业岗位群对人才的知识、能力和素质结构要求之后，系统设计、整体优化人才培养方案，坚持不断推进课程改革，努力提高学生的综合职业能力与素质。为了满足学生个人志趣以及就业需要，增加了相应的选修课程，培养学生的科学精神和人文素养。

教学模式改革主动适应泸州产业发展需要。积极利用现代技术模拟特定内容，努力开发多种虚拟教学项目，实施虚拟教学，使学生在虚拟状态下感受“亲临其境”；根据泸州产业发展需要，努力探索“双证（学历证、职业资格证）”融通教学模式，开发适合某类职业的“双证”课程体系，凸显高职教育职业性特点；倡导工作就是学习的教学模式，实践“理实一体化”，融“教、学、做”为一体，强化“三实”（实习、实训、实践），围绕泸州产业发展的要求，加强动手能力的培养，强调技能及职业习惯的养成，重视学生在校学习与实际工作的一致性，在“做中学、学中做”。比如，为适应泸州20多家白酒“小巨人”企业对白酒营销人才的迫切需求，我们以市场营销专业为主体，与泸州老窖集团合作共建“泸州老窖商学院”，以适应泸酒高技能营销人才培养的需要。在泸州老窖集团公司和四川郎酒集团公司的支持下，专业教师与白酒销售公司高级营销经理、营销策划师一起开发了《白酒营销实务》、《白酒推销谈判》、《白酒文化》等特色课程，并设计模拟销售、谈判工作室，使学生感受白酒销售策划与谈判氛围。仅2011年，该院就向泸州白酒小巨人企业输送了100多名白酒营销高技能人才，如表1所示。

**表 1　本院 2011 年各专业大类在校生规模及产业结构匹配情况（截至 2011 年 12 月 31 日）**

| 专业大类代码 | 专业大类名称 | 设置专业数（个） | 在校生数（人） | 占在校生总数的比例（%） | 面向行业/产业 |
|---|---|---|---|---|---|
| 58 | 制造 | 5 | 1051 | 15.2 | 装备制造、模具制造、汽车服务 |
| 56 | 土建 | 3 | 1761 | 25.5 | 建筑 |
| 59 | 电子信息 | 8 | 873 | 12.6 | 电子电器、信息技术、文化创意 |
| 62 | 财经 | 4 | 928 | 13.4 | 白酒营销、现代物流、现代商贸 |
| 66 | 文化教育 | 5 | 1933 | 27.9 | 中小学教育、学前教育、现代服务 |
| 64 | 旅游 | 1 | 186 | 2.7 | 休闲旅游 |
| 67 | 艺术设计传媒 | 1 | 121 | 1.7 | 文化创意 |
| 57 | 水利 | 1 | 65 | 0.9 | 装备制造 |
| 合计 |  | 28 | 6918 | 100 |  |

数据来源：泸州职业技术学院教学管理部门。

2．重点或特色专业

学院现有省级示范建设专业 4 个，“中央财政支持高等职业学校提升专业服务能力”项目重点建设专业 2 个，院级重点建设专业 6 个（不重复计），约占全院招生专业总数的 43%，覆盖学院各教学院系，如表 2 所示。

**表 2　本院重点或特色专业一览表**

| 专业名称 | 省级示范建设专业 | 中央财政支持重点建设专业 | 院级重点建设专业 |
|---|---|---|---|
| 机电一体化技术 | √ |  |  |
| 市场营销 | √ |  |  |
| 应用电子技术 | √ |  |  |
| 旅游管理 | √ |  |  |
| 汽车检测与维修技术 |  | √ |  |
| 学前教育 |  | √ |  |
| 建筑工程技术 |  |  | √ |
| 软件技术 |  |  | √ |
| 文秘 |  |  | √ |
| 动漫设计与制作 |  |  | √ |
| 应用英语 |  |  | √ |
| 艺术设计 |  |  | √ |

数据来源：泸州职业技术学院教学管理部门。

我院各专业的全日制在校专科生规模如表3所示。

表3　专业结构、规模与在校生人数（截至2011年12月31日）

| 专业大类名称 | 设置专业数量（个） | 在校生（人） | 占在校生总数的比例（%） | 面向行业/产业 |
|---|---|---|---|---|
| 土建 | 3 | 1761 | 25.5 | 建筑 |
| 制造 | 5 | 1051 | 15.4 | 装备制造、模具 |
| 水利 | 1 | 65 | 0.1 | 水电 |
| 电子信息 | 8 | 873 | 12.6 | 电子电气、信息技术、文化创意 |
| 财经 | 4 | 928 | 13.4 | 国际贸易、现代物流、现代商贸 |
| 旅游 | 1 | 186 | 2.7 | 休闲旅游 |
| 文化教育 | 5 | 1933 | 27.9 | 教育、国际贸易、文职 |
| 艺术设计传媒 | 1 | 121 | 1.7 | 文化创意 |
| 合计 | 28 | 6918 | 100 | |

数据来源：泸州职业技术学院教学管理部门。

3．课程建设与质量

（1）课程设置

全院开设课程总数为647门（含53门公选课），平均每个专业23门。从课程类型来看，理论+实践课程（B类）和实践课程（C类）的学时分别占总学时的50.02%和22.72%，如表4所示。

表4　本院2010-2011学年课程设置情况一览表

| 类型 | 学时 | 占总学时的比例（%） |
|---|---|---|
| 理论课（A类） | 20 257 | 27.26 |
| 理论+实践课（B类） | 37 171 | 50.02 |
| 实践课（C类） | 16 880 | 22.72 |
| 合计（53门） | 74 308 | 100 |

数据来源：泸州职业技术学院2010～2011学年人才培养工作状态数据采集平台。

（2）课程建设

我院课程建设成果如表5所示。

表5　本院2011年课程建设成果一览表

| 课程级别/类别 | 2010年课程数（门） | 2011年课程数（门） | 变化 |
|---|---|---|---|
| 省级精品课程 | 5 | 5 | 不变 |
| 院级精品课程 | 41 | 51 | 新增10门 |

数据来源：泸州职业技术学院教学管理部门。

4．在校生结构、规模及满足教育需求

（1）学生数量

全院共有全日制在校生 6918 人。其中工科类、商科与艺术类、文化教育类占全日制在校生的比例分别为 53.6%、17.8%、27.9%。

（2）年龄结构（如图 2 所示）

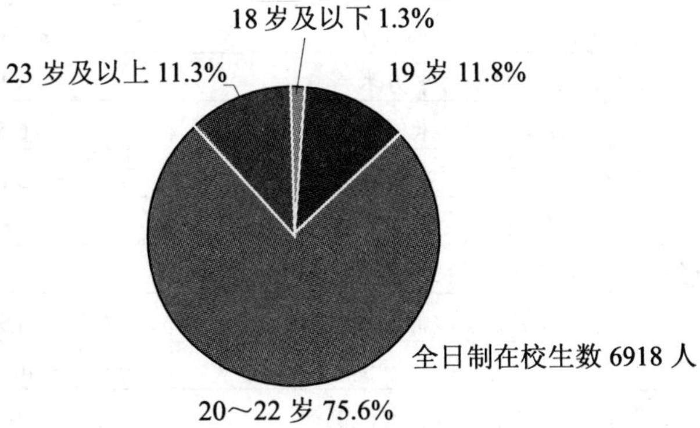


图 2　我院 2011 年全日制在校生年龄结构

数据来源：泸州职业技术学院学生管理部门。

5．教职员工队伍建设

（1）双师素质教师所占比例

全校共有专兼职教师 373 人，其中专任教师 330 人，兼职教师 43 人，55%的专业专任教师具有双师素质。具有高级职务教师占专任教师的比例 27%，具有研究生学位教师占专任教师的比例 61%。

（2）参与校外进修、培训、交流的教师比例

全院用于教师培训经费为 23.61 万元。教师参加各级各类培训共计 139 人次，如表 6 所示。

表 6　本院 2011 学年专任教师培训情况

| 指标 | 数量 |
|---|---|
| 培训经费（万元） | 22.51 |
| 专任教师参加各级各类培训（人次） | 125 |
| 其中：国（境）外培训与交流（人次） | 1 |
| 企业实践（人次） | 76 |

数据来源：泸州职业技术学院人事管理部门。

6．办学条件保障

全院各项办学条件（除生均教学行政用房面积、生均实践场所面积外）均符合国家对综合类高职院校设定的标准。其中生均占地面积、具有高级职务教师占专任教师的比例、

具有研究生学位教师占专任教师的比例、生均教学科研食品设备值、新增教学科研仪器设备所占比例、百名学生配教学用计算机台数、百名学生配多媒体教室和语音实验室座位数都高于国家标准，如表7所示。

**表7　本院2011年办学基本条件一览表**

| 序号 | 基本监测指标 | 综合类高职达标指标 | 本院数据 |
|---|---|---|---|
| 1 | 生均占地面积（平方米/生） | ≥54 | 63.15 |
| 2 | 生均教学行政用房面积（平方米/生） | ≥14 | 11.95 |
| 3 | 生均宿舍面积（平方米/生） | ≥6.5 | 7.53 |
| 4 | 生均实践场所面积（平方米/生） | ≥5.3 | 3.83 |
| 5 | 生师比 | ≤18 | 13 |
| 6 | 具有高级职务教师占专任教师的比例（%） | ≥20 | 27 |
| 7 | 具有研究生学位教师占专任教师的比例（%） | ≥15 | 61 |
| 8 | 生均教学科研食品设备值（元/生） | ≥4000 | 4999 |
| 9 | 新增教学科研仪器设备所占比例 | ≥10 | 137.34 |
| 10 | 百名学生配教学用计算机台数（台） | ≥8 | 18.04 |
| 11 | 百名学生配多媒体教室和语音实验室座位数（个） | ≥7 | 58.63 |

数据来源：泸州职业技术学院国资管理部门。

7．办学经费及效率

（1）年度办学经费总收入及其构成（如表3所示）

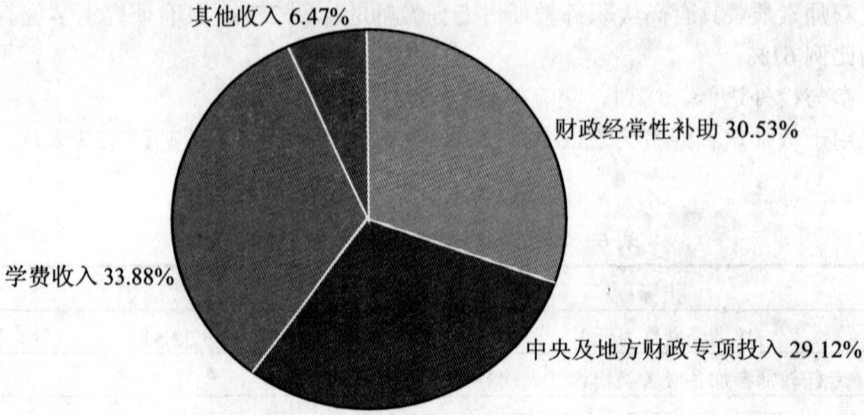


图3　学院本学年办学经费收入构成

数据来源：泸州职业技术学院财务管理部门。

（2）生均培养成本的公私构成（反映政府投入与学生投入力度）

学生个人负担成本的1/3。全院办学经费10 474.7万元，主要来源依次为学费收入（33.88%），财政经常性补助收入（30.53%），财政专项投入（29.12%），其他收入（6.47%）。全院共有全日制在校生6917人，生均培养成本15 143.41元，政府投入为主体（59.65）。

（3）年度办学经费总支出及其结构（如图4所示）

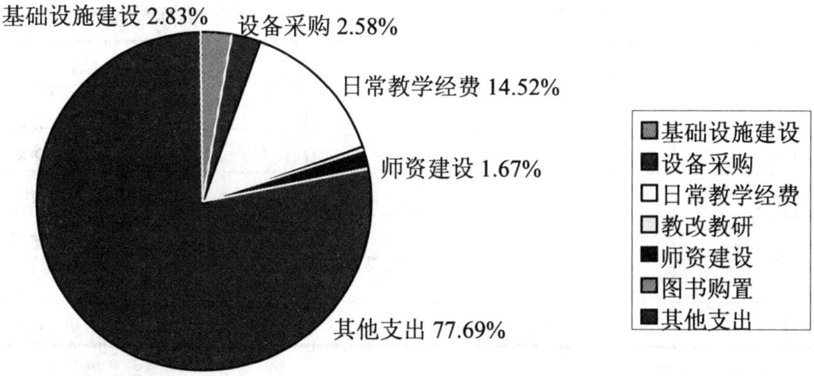


图 4 学院本学年办学经费支出构成

数据来源：泸州职业技术学院财务管理部门。

全院办学经费总支出为 9326.927 万元，除其他支出外，还用于日常教学支出（14.52%）、基础设施建设（2.83%）、设备采购（2.58%）、师资建设（1.67%）等。

（4）收入与支出的比率

全院办学经费的总收入与总支出比为 1∶0.89，如表 8 所示。

**表 8 学院 2011 年办学经费一览表**

| 经费收入 | | | 经费支出 | | |
|---|---|---|---|---|---|
| 项目 | 金额（万元） | 所占比例（%） | 项目 | 金额（万元） | 所占比例（%） |
| 学费收入 | 3548．2 | 33.88 | 其他支出 | 7246.0223 | 77.69 |
| 财政经常性收入 | 3198.248 | 30.53 | 日常教学支出 | 1354.4077 | 14.52 |
| 财政专项投入 | 3050.452 | 29.12 | 基础设施建设 | 264.2849 | 2.83 |
| 其他收入 | 677.8 | 6.47 | 设备采购 | 240.949 | 2.58 |
| | | | 师资建设 | 155.524 | 1.67 |
| | | | 教改教研 | 34 | 0.4 |
| | | | 图书购置 | 31.7391 | 0.4 |
| 总收入 | 10 474.7 | 100 | 总支出 | 9326.927 | 100 |
| 收支比率 1∶0.89 | | | | | |

数据来源：泸州职业技术学院财务管理部门。

## 二、生源与教育公平

### （一）计划招生数、实际录取数及录取后报到率

全院 2011 年计划招生 2400 人，实际录取 3622 人。实际报到新生 2878 人，新生报到率为 79.46%。

普通高考是本院主要的招生口径，共提供了 97.2%的省内外生源，其他招生口径（主要是单考单招）作为补充，如表 9 所示。

表 2-1　本院 2011 年不同招生口径的计划招生数和实际录取数

| 招生口径 | 计划招生数（人） | 实际录取数（人） | 各类招生口径所占比例（%） |
|---|---|---|---|
| 自主招生 | 0 | 0 | 0 |
| 单考单招 | 100 | 100 | 2.8 |
| 3+2 转入 | 0 | 0 | 0 |
| 普通高考（省内） | 2205 | 3459 | 95.5 |
| 普通高考（省外） | 95 | 63 | 1.7 |
| 合计 | 2400 | 3622 | 100 |

注：单考单招指对口高职。

## （二）生源分布地区

### 1．本市生源所占比例

本院作为西部高校，其人才培养主要满足本地教育需求，生源中 12%来自本市，96.8 来自本省（含本市），如图 5 所示。

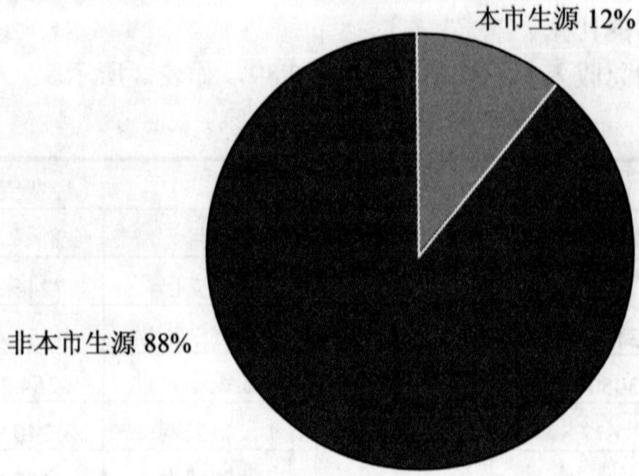


图 5　本院 2011 届毕业生中来自本市/非本市的比例

### 2．本省生源所占比例（如图 6 所示）

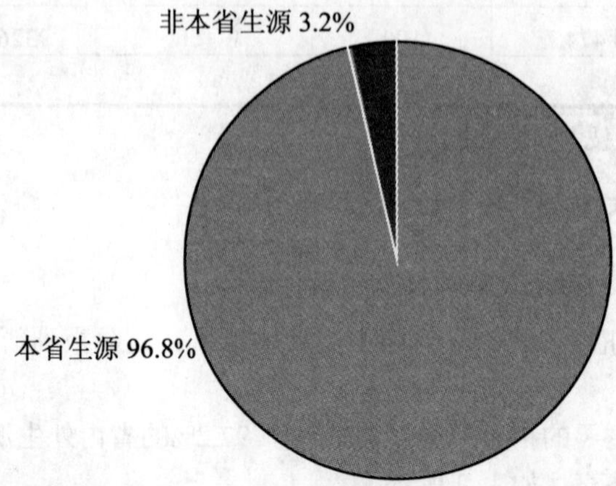


图 6　本院 2011 届毕业生中来自本省/非本省的比例

3．来自西部地区生源所占比例（如图 7 所示）

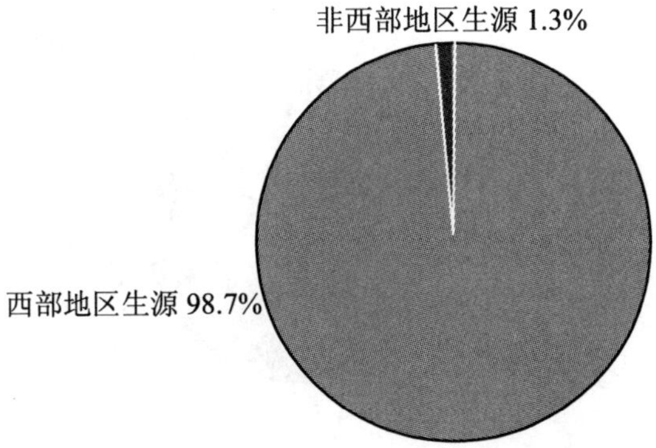


图 7　本院 2011 届毕业生中来自西部地区/非西部地区的比例

**注：**西部地区指四川、重庆、贵州、云南、广西、陕西、甘肃、青海、宁夏、西藏、新疆、内蒙古 12 个省、直辖市和自治区。

## （三）生源背景与教育扶贫

本院主要满足了弱势群体的教育需求，使高等教育成为提升人力资本、改变个人及家庭命运、实现代际向上流动的一项扶贫工程和社会和谐工程。2011 届毕业生中，96%是家庭中的第一代大学生，76.9%是农民或农民工的子女。

1．家庭中第一代大学生所占比例（如图 8 所示）

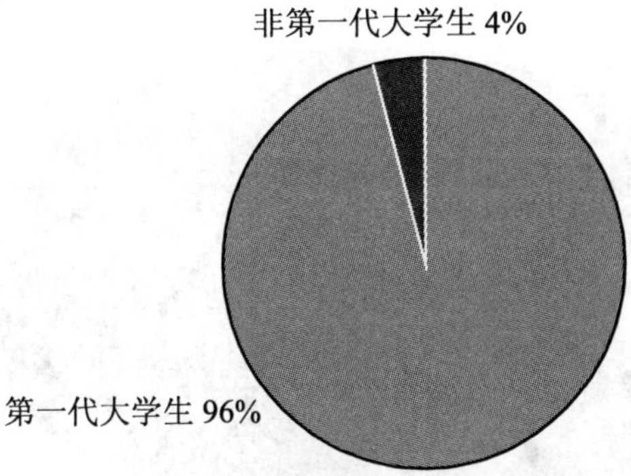


图 8　本院 2011 届毕业生中为家庭中第一代/非第一代大学生所占比例

2．父母是农民或农民工所占比例（如图 9 所示）

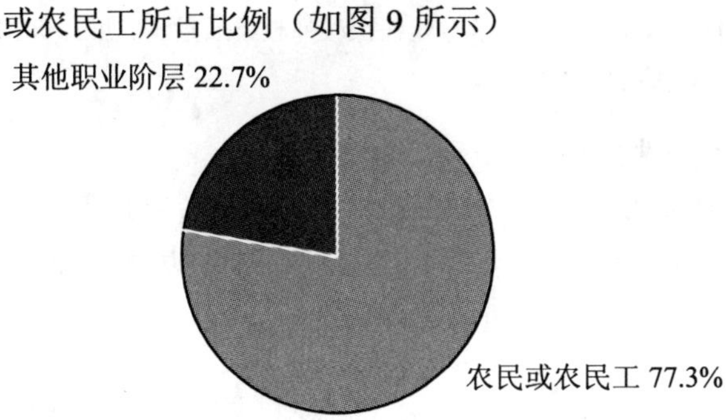


图 9　本院 2011 届毕业生中为农民或农民工/其他家庭所占比例

3．父母是无业或退休人员所占比例（如图10所示）

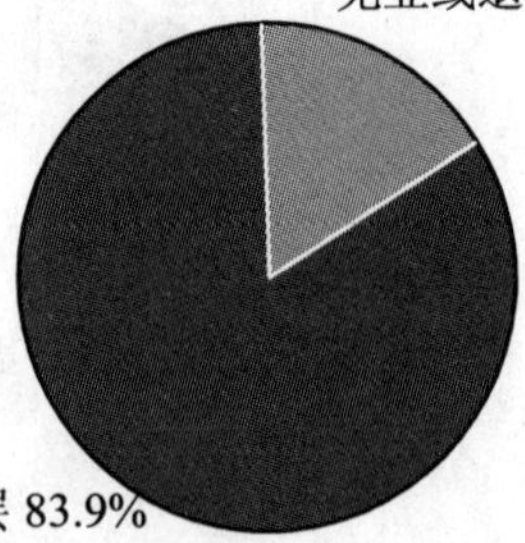


图10　本院2011届毕业生中来自无业或退休/其他家庭所占比例

## 三、培养过程质量

### （一）课堂教学

1．学生对所学专业任课教师教学质量满意度评价

在对所学专业任课教师课堂教学满意度评价中，有80%学生对任课教师课堂教学行为表示满意，有15%学生对任课教师课堂教学行为表示基本满意。有5%学生对任课教师课堂教学行为表示不满意，如图11所示。

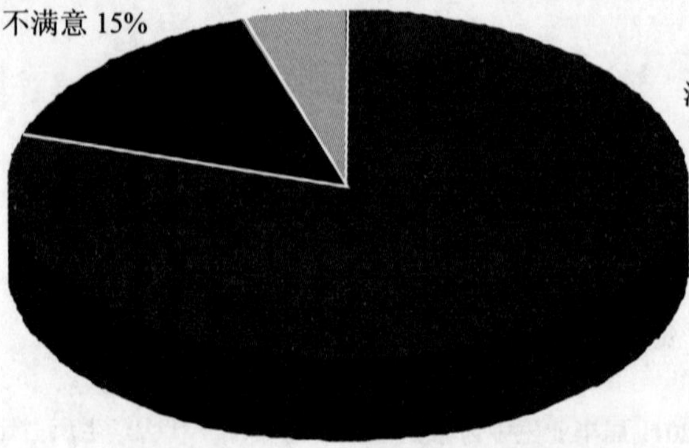


图11　本院学生对所学专业任课教师教学质量满意度评价

数据来源：泸州职业技术学院教学管理部门。

2．学生对所学专业任课教师课堂教学质量评价

2011年度学生对所学专业任课教师课堂教学质量评价平均得分为93分，其中专业课程任课教师课堂教学质量评价平均得分为93.31分，公共基础课程任课教师课堂教学质量评价平均得分为92.62分，如表10所示。

表 10　本院学生对所学专业任课教师课堂教学质量评价

| 课程类型 | 评价分值 |
| --- | --- |
| 专业课程 | 93.31 |
| 公共基础课程 | 92.62 |

数据来源：泸州职业技术学院教学管理部门。

## （二）实训与实习

学院共有校内实训基地 178 个，有校外实训基地 263 个。本学年，校内实训基地使用 484408 人时，在校外实训基地接受实训学生达 10 575 人次。各专业更加重视实践教学，增加了实训实习学时。参加定岗实习 2487 人，被实习单位录用率占 89%，如表 11 所示。

表 11　我院 2011 年校内外实训基地一览表

| 指标 | 类别 | 规模 | 备注 |
| --- | --- | --- | --- |
| 校内实训基地（个） | 校内实训 | 178 | “中央财政支持的职业教育实训基地”是：电工电子与自动化实训基地 |
| 中央财政支持的职业教育实训基地 | 校内实训 | 1 | |
| 校内实训基地使用（人时） | 校内实训 | 484 408 | |
| 校外实训基地（个） | 校外实训 | 263 | |
| 提供住宿的校外基地（%） | 校外实训 | 42.1 | |
| 给学生提供实习补贴的校外基地（%） | 校外实训 | 70.1 | |
| 校外实训基地使用（人次） | 校外实训 | 19 776 | |
| 实验实训原材料费用支出（万元） | 校内实训 | 38.34 | |
| 定岗实习（人数） | 实习 | 2487 | |
| 被实习单位录取率（%） | 实习 | 77 | |

## （三）学生活动

在本学年中，我院组织开展了各种大型活动，力争培养我院学生文体演出的能力、人生观和价值观的提升、志愿服务意识、学生素质拓展活动，使同学的课余生活变得丰富，增进同学之间的友谊，使我们的大学生活更加丰富多彩，如表 12 所示。

表 12　本院 2011 年学生主要活动一览表

| 日期 | 活动名称 |
| --- | --- |
| 2011 年 9 月 | 泸州职业技术学院“迎接新生”志愿者服务 |
| | 泸州职业技术学院新生军训开训典礼 |
| | 泸州职业技术学院新生军训成果汇报表演 |
| | 学生会新生招募活动及换届选举 |
| | 新生应急疏散演练 |
| | 学生“优雅文明寝室”评比 |
| | 第一届新生运动会 |
| | 学生“庆国庆迎新晚会” |

（续表）

| 日期 | 活动名称 |
| --- | --- |
| 2011年10月 | 学生“主持人选拔大赛” |
| | “携手《搀扶》”专题讲座 |
| | 第18期入党积极分子培训会 |
| | 院学生会记者团“现场新闻交流活动”及干部交流会 |
| | “美好的祝福”毕业赠言征集 |
| | 水果拼盘大赛 |
| | 第三届迎新杯篮球对抗比赛 |
| | 羽毛球、乒乓球比赛 |
| 2011年10月 | 《青春颂祖国》演讲比赛 |
| | 校园十佳歌手大赛 |
| | 专业技能作品展 |
| | 党团组织生活风采展 |
| | “团员大讲堂”讲座 |
| | 泸州职业技术学院第18期党校开学典礼 |
| | 泸州职业技术学院经纬讲坛开讲仪式 |
| 2011年11月 | 学生“现场征文比赛”活动 |
| | “记录精彩瞬间，充实美好生活”摄影展 |
| | “Going Green”环保服装设计大赛 |
| | 《全民消防 生命至上》消防演练 |
| | “绿色行动、青年先行”青年志愿者活动 |
| | “创意生活、变废为宝”活动 |
| 2011年11月 | 节能生活、美好未来 |
| | 趣味拔河比赛 |
| | 舞动青春舞蹈大赛 |
| | 校园青春风采·模特大赛 |
| | 诗歌朗诵比赛 |
| | “我的青春，我的风采”演讲比赛 |
| | 英语口语大赛及英语励志演讲会 |
| | 泸州职业技术学院第18期党校结业考试 |
| | 泸州业技术学院“踏云，寻梦”干部交流会 |
| | 我院纪念一二·九爱国运动暨第十届校园文化艺术节闭幕式文艺汇演 |
| | 人文系毕业汇报演出 |

### （四）学生服务

1．入学教育

本院面向新生的入学教育共计162学时，包括军事理论教育、军事训练、专业教育、心理健康教育、职业生涯规划等多项内容，采用户外训练、讲座、校园参观相结合的授课方式，如表 13 所示。

**表 13　本院 2011 年新生入学教育项目与课时安排一览表**

| 序号 | 项目内容 | 学时安排 | 授课方式 |
| --- | --- | --- | --- |
| 1 | 军事理论课程 | 36 | 讲座、座谈、自学 |
| 2 | 专业教育 | 12 | 讲座、企业参观 |
| 3 | 心理健康教育 | 4 | 讲座 |
| 4 | 成功教育 | 4 | 讲座 |
| 5 | 户外拓展训练 | 8 | 户外训练 |
| 6 | 职业生涯规划 | 4 | 讲座 |
| 7 | 校史院情及泸州文化 | 6 | 校园参观、报告 |
| 8 | 民族、宗教及安全教育 | 4 | 报告 |
| 9 | 电子资源检索及入馆教育 | 4 | 讲座 |
| 10 | 学籍与纪律教育 | 4 | 讲座 |
| 11 | 校园半日游 | 4 | 校园参观 |
| 12 | 军事训练 | 72 | 训练 |
| 合计 | | 162 | |

2. 对就业服务的有效性评价

2011 届毕业生全部接受学院的就业指导服务，根据学院就业指导课程安排，每届学生在大一上期和大二下期必须参加《职业生涯规划与创业指导》课程教学。根据我院对 2011 届毕业生开展调查的结果，毕业生对学院提供的就业指导服务评价如图 13 所示。

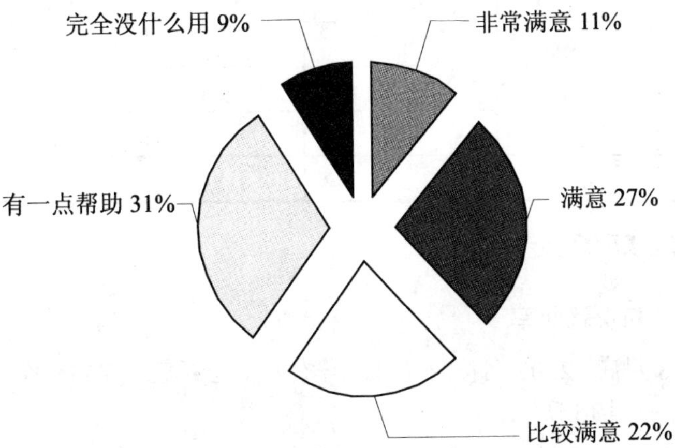


图 13　毕业生对学院提供的就业指导服务评价

对于对学院提供的推荐就业服务的作用与结果，调查结果如图 14 所示。

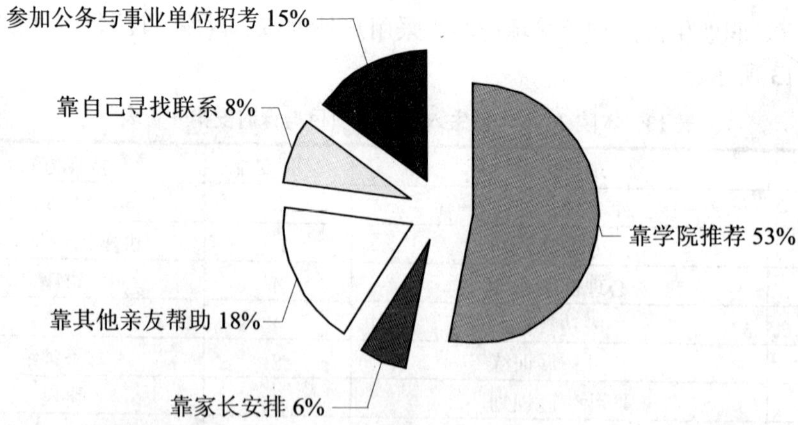


图 14 学院提供的推荐就业服务的作用与结果调查

其中 53%左右的学生完全依靠学院推荐就业，超过了其他就业方式的总和，成为多数毕业生就业的主要渠道。

3．学生资助

全院共有 4173 名学生获得各类奖助学金和资助，受益面约占在校生总数的 61%。在获得资助的学生中，约 50%获得政府资助（包括国家级奖学金、励志奖学金等），约 46%获得学校自设的奖助学金及社会/企业资助（代英奖学金、广州奖学金等）。人均受助金额为 1755 元，如表 14 所示。

表 14 本院 2011 年奖助学金等资助一览表

| 资助类别 | 资助额（万元） | 占资助总额的比例（%） | 资助学生数（个） | 占资助学生总数的比例（%） | 人均资助额（元） |
|---|---|---|---|---|---|
| 政府资助类 | 656.6 | 76 | 2261 | 55 | 2904 |
| 学院自设类 | 201 | 26 | 1840 | 44 | 1141 |
| 社会/企业资助类 | 11.2 | 0.02 | 72 | 0.02 | 1556 |
| 合计 | 868.8 | | 4173 | | |

## 四、培养结果质量

### （一）毕业生的初次就业率

截至 2011 年 8 月底，2507 名按时毕业生学生中，已经就业 2435 名，就业率为 97.1%，各专业就业率情况如图 15 所示。

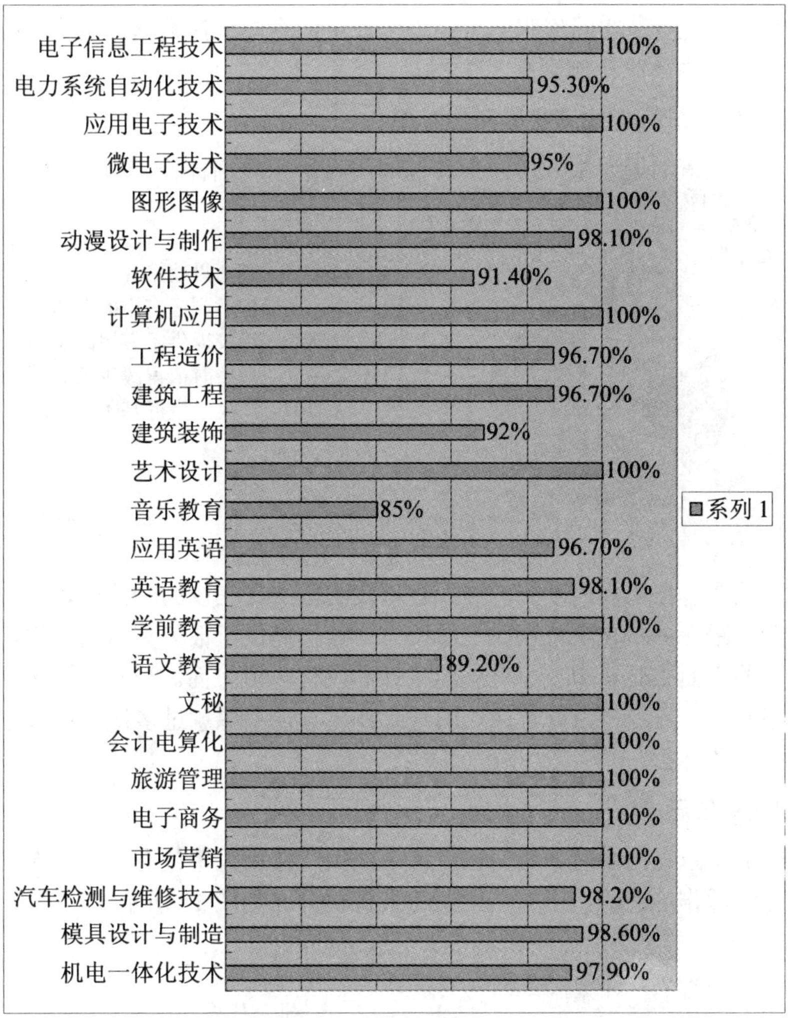


图 15　我院 2011 年各专业就业率统计

### （二）毕业生对工作满意度

通过对毕业生的广泛调研与回访，到 2011 年年底，毕业生对就业状况满意度如图 16 所示。

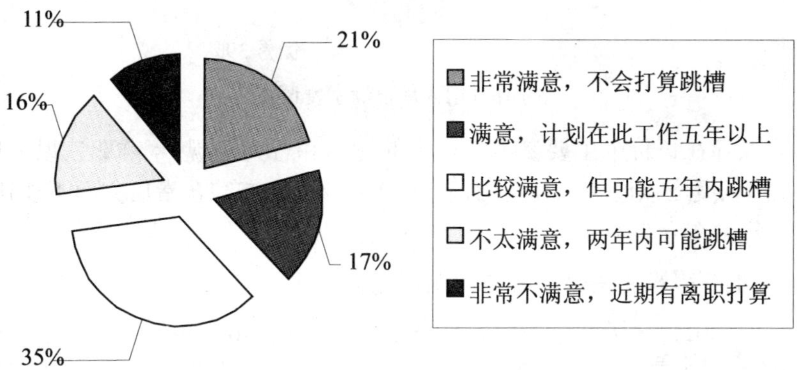


图 16　毕业生对就业状况满意度

从实际统计情况看，实际离职率要高于毕业生的意向统计数据，在半年内离职的比例约为10%，但一年内离职比例则高于15%。

（三）毕业生对母校总体满意度和推荐度

在开展对毕业班的调研中，毕业生普遍对母校给予较高评价，统计如图17所示。

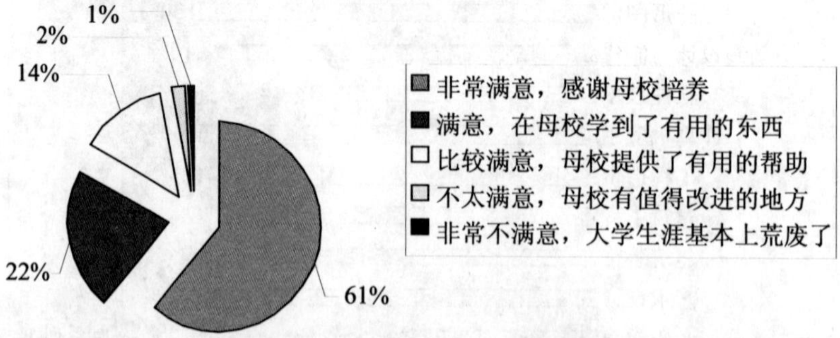


图17　毕业生对母校的评价调查

多数学生认为，在工作后回头看看，对母校的看法比在校的时候更好一些，只有在工作中才有比较，跟许多高职院校相比，母校为毕业生提供了很多有用的知识和技能，而在评价上有意见的方面主要集中在一些生活条件和硬件环境方面。当然，统计中可能也有毕业生出于感恩心理，或者“为尊者讳”的观念在主导，不愿意过多地批评母校，此项数据的客观性可能有些打折。

（四）用人单位满意度

在听取毕业生意见的同时，我们也注重毕业生所在用人单位有关负责人的评价，通过毕业生工作半年后作的调研，用人单位负责人评价分布如图18所示。

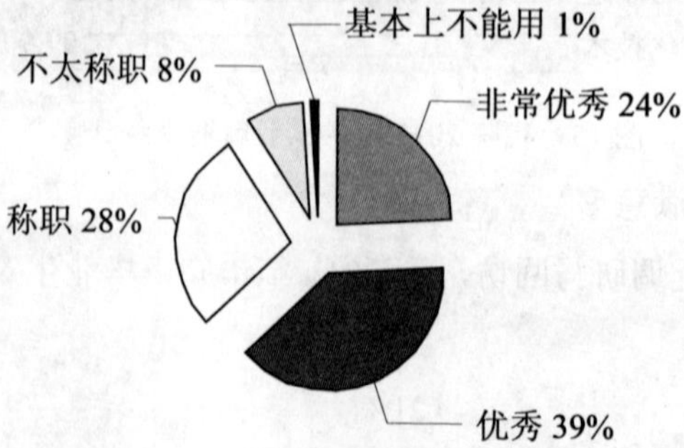


图18　用人单位满意度调查

用人单位领导在评价中主要参考工作中的能力和行为表现，“称职”以上评价占到总评价的91%，满意度应该说是比较高的，但也有部分学生在综合素质方面不能让单位满意，其中主要意见集中在行为习惯上，这一点值得引起重视。

（五）毕业生获得职业资格证书的比例及竞赛获奖

本院统计的2011届毕业生职业资格证书获证率达96.21%，有27个专业获证率达100%。本院学生还在国家级、省级以及市级各类竞赛中多次获奖，如表15所示。

**表 15　我院学生 2011 年主要获奖情况表**

| 竞赛级别 | 竞赛名称 | 获奖级别 |
| --- | --- | --- |
| 国家级 | 全国大学生数学建模竞赛 | 一、二等奖 |
| | 2011 年全国排舞总决赛（普通高校组规定、自选、个人项目） | 一等奖 |
| | 2011 全国软件专业人才设计与开发大赛 | 优秀奖 |
| | 全国职业院校技能大赛 | 优秀奖 |
| | 全国大学生电子设计大赛 | 优秀奖 |
| | 宏达汽车技能大赛 | 全国第 7、8 名 |
| | 2011 年全国大学生英语竞赛 | 一、二、三等奖 |
| 省级 | 2011 全国软件专业人才设计与开发大赛（四川赛区） | 一、二、三等奖 |
| | 中华诵 • 2011 中华经典诵读大赛 | 二等奖和三等奖 |
| | 11 全国大学生电子设计竞赛四川赛区“TI”杯竞赛 | 二、三等奖 |
| | 第二届四川省大学生桥牌锦标赛 | 二等奖 |
| | 四川省大众跆拳道锦标赛 | 一等奖 |
| | 四川省高职院校第二届大学生田篮球赛—川西南片区赛 | 第一名 |
| | 四川省第六届大学生艺术节 | 一、二、三等奖 |
| | 四川省高职院校第二届大学生田篮球赛 | 第七名 |

### （六）工作与个人期待吻合的比例

从毕业生对工作环境、工作内容的实际情况反馈看，总体上是符合其对工作预期的，这一点得益于学院开展的前期就业指导与大力组织学生参加勤工俭学活动，让学生提前对工作环境和可能遇到的问题有了较好的认知与预见性，如图 19 所示。

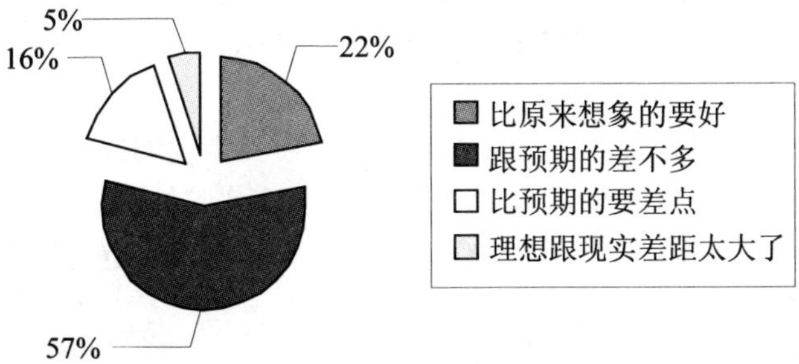


图 19　工作与个人期待吻合的比例

### （七）毕业生职业中期发展（晋升）

根据 2005～2011 年年底统计情况，我院毕业生晋升情况如图 20 所示。

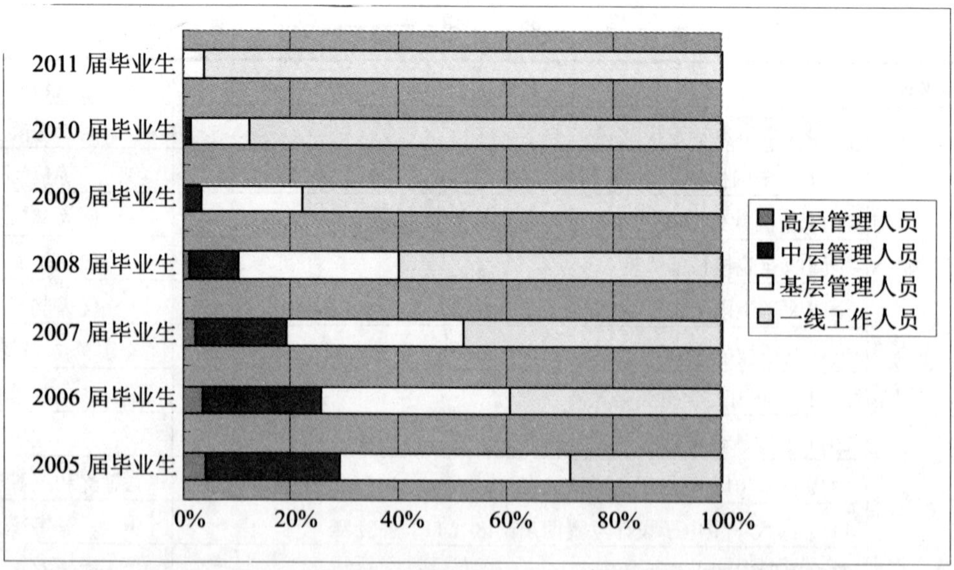


图 20　毕业生职业中期发展情况

（八）对主要职业、行业、本地区、不同类型企业的人才贡献及其质量

1. 学院是泸州白酒行业最大的白酒营销人才培养基地，2011 届毕业生中投身白酒营销行业的毕业生达到 224 名，占就业学生人数的 9.2%；

2. 学院与国内最大的 40 吨以上级挖掘机生产企业四川邦立重机有限公司（泸州机械行业龙头企业之一）达成人才定向培养与供需合作协议；

3. 学院 2011 届毕业生在泸州工作比例为 27.1%；

4. 全球最大的笔记本电脑制造商广达集团在我院开设笔记本型电脑主板芯片级维修技术人员定向班，并评为全国唯一一所毕业生“免检”院校；

5. 苹果公司 iphone4S 手机制造商在中国高职院校唯一一个“苹果手机维修大专班”在我院开设；

6. 全球最大的工业机器人制造商、亚洲最大的模具企业鸿准股份有限公司于 2011 年将我院毕业生整体水平评价为全国 100 多所大专层次合作院校排名第一，并在我院开设模具定向班基础上，开设了全国第一个“FOXBOT 工业机器维修定向班”，提供市场价值约 150 万元的相关设备；

（九）“专升本”比例

本院统计的 2011 届毕业生中 4.46%升入对口“专升本”院校（注：2011 年我院对口“专升本”院校是西华师范大学和四川理工学院），继续就读。

## 五、社会服务

学院积极为本地的经济、文化与社会发展提供服务。本院 2011 年共培训各类校外人员 2342 人次，与本地企事业单位开展了多项研发合作。此外，本院还为本地举办了多次文化演出、体育比赛，并多次组织学生开展了关爱老人、支教等志愿者活动。

## （一）社会人才培养服务（如表 16 所示）

**表 16　本院 2011 年社会服务主要项目一览表**

| 社会服务项目 | 培训人数 |
|---|---|
| 泸州市中职骨干教师培训 | 127 |
| 泸州市信息骨干教师培训 | 71 |
| 泸州市中职骨干班主任培训 | 50 |
| 泸州市普通高中骨干班主任培训 | 50 |
| 泸州市英语骨干教师培训 | 120 |
| 泸州市艺体骨干教师培训 | 150 |
| 泸州市幼儿骨干教师培训 | 200 |
| 泸州市校长班培训 | 60 |
| 泸州市村（社区）党组织书记示范培训 | 200 |
| 四川省大学生村官示范培训班 | 300 |
| 贵州省赤水市中、小学班主任培训 | 184 |
| 白酒包装初级工技能培训 | 190 |
| 蜀南矿区团干部培训 | 40 |
| 江阳区食品药品监督管理局继续教育培训 | 200 |
| SYB 创业培训 | 360 |
| 泸县农村劳动力转移培训 | 40 |
| 合计 | 2342 |

## （二）为本地开展文化演出、体育比赛等活动（如表 17 所示）

**表 17　本院 2011 年文化演出、体育比赛等主要活动一览表**

| 日　期 | 活　动 |
|---|---|
| 2011 年 4-5 月 | 泸州市四大高校篮球、排球、足球、乒乓球、羽毛球比赛 |
| 2011 年 5 月 | 泸州市“五四青年节”歌唱比赛 |
| 2011 年 5 月 | 建党 90 周年红歌会比赛 |
| 2011 年 7 月 | 泸州市旅游局庆祝建党 90 周年红歌比赛 |
| 2011 年 7 月 | 泸州市庆祝建党 90 周年红歌比赛 |
| 2011 年 10 月 | 泸州市四大高校英语风采大赛 |
| 2011 年 10 月 | 泸州市四大高校“纪念长征胜利 75 周年”演讲比赛 |
| 2011 年 11 月 | 青年泸州文明先行 |
| 2011 年 11 月 | 泸州市“忠山之秋”篮球赛 |
| 2011 年 12 月 | 泸州市教育局纪念“12·9”运动歌咏比赛 |

（三）为本地区提高各类社区服务及其其他志愿者服务（如表 18 所示）

表 18　本院 2011 年志愿者服务情况一览表

| 地　点 | 活　动 |
|---|---|
| 泸州市江阳区黄舣镇 | 中国白酒金三角 2011 年酒业博览会 |
| 泸州龙马潭区 | “奉献爱心，服务人民”三下乡活动 |
| 泸州市忠山路 | 关爱空巢老人志愿服务 |
| 泸州市叙永县海里小学 | 支教 |
| 江阳区大山坪社区 | 义务清扫街道 |
| 泸州市烈士陵园 | 清明节扫墓活动 |
| 文君敬老院 | 关爱空巢老人志愿服务 |
| 泸州市文化广场——新区转盘十字路口 | 到各十字路口执勤、搀扶老人、打扫卫生等志愿活动 |
| 三道桥华阳社区 | 关爱空巢老人志愿服务 |
| 泸州市江阳区茜草镇 | 关爱空巢老人志愿服务 |
| 康福敬老院 | 关爱空巢老人志愿服务 |
| 泸州市电镀厂 | 义务辅导留守儿童学习 |
| 三道桥社区 | 绿化社区 |
| 泸州市特殊教育学院 | 心系特教 |
| 大山坪 | 文明交通劝导 |
| 华阳社区 | 义务辅导留守儿童学习 |
| 莲花池社区 | 关爱空巢老人志愿服务 |
| 江阳区杜氏敬老院 | 关爱空巢老人志愿服务 |

（执笔：教务处）

# 四川航天职业技术学院 2011 年度人才培养质量报告

四川航天职业技术学院于 2011 年成为“四川省示范性高等职业院校建设计划”立项建设单位。一年来，在省教育厅的关心、指导下，在四川航天管理局的大力支持和全校师生员工的共同努力下，项目建设工作按计划进度顺利推进并初见成效。基本完成了预期目标。现就项目的进度、初步效果及资金的使用情况等汇报如下：

## 一、项目概况

### （一）项目立项情况

2011 年 8 月，我校被列为首批“省级示范性高等职业院校建设计划”立项建设单位（川教函〔2011〕498 号）；2012 年 2 月，省教育厅、省财政厅正式批准 2011 年度立项建设的省级示范性高等职业院校建设项目正式启动（川教函〔2012〕37 号），我校按批准的建设方案和建设任务书抓紧实施。

### （二）项目建设内容

我校省级示范性高职院校建设方案包括 6 个重点专业（含省财政支持的 4 个和非财政支持的 2 个重点专业）及相关专业群建设、办学体制机制创新、基础设施建设、社会服务建设、数字化校园建设等十大项目。其中，重点专业及相关专业群建设项目又包含实验实训条件建设、师资队伍建设、课程体系与教学内容改革等具体内容。

### （三）项目建设资金到位情况

1. 省财政专项资金 700 万元已到位；
2. 中国航天科技集团公司专项资金 2000 万元（用于图书馆建设）已到位；
3. 四川航天管理局专项资金首期 1000 万元已到位；
4. 学校自筹专项资金已到位。

## 二、项目进度情况

### （一）深入动员，大力推进

2011 年 7 月 14 日，学院召开省级示范院校建设会，对全校教职员工进行了示范校建设的全面动员。学院领导宣讲了示范校建设的相关文件和建设方案，各重点建设专业和项目负责人汇报了各项目的建设思路和建设进展情况。全体教职员工进一步明确了责任和任务，既深感压力，更增添动力，同时也对示范校各项建设任务的完成充满了信心。

2012 年 4 月 1 日，学院再次召开 2012 年示范校建设工作推进大会，总结了 2011 年示范建设情况，部署了2012年的工作任务，明确提出了2012年是学院示范建设的“攻坚年”，要确保完成示范建设任务的80%。院领导要求全体教职员工认清形势，解放思想，苦干实干，只争朝夕，要求各项目负责人精心谋划，狠抓落实。会上，院领导与各项目负责人和所属部门领导签订了目标责任书。本次会后，全体教职员工对学院示范校建设的认识更加明确，思路更加清晰，决心更加坚定，斗志更加昂扬。

（二）健全组织，完善制度

学院成立了由刘家騑院长任组长，学院领导班子全体成员组成的省级示范性高等职业院校建设项目领导小组，成立了由党委书记袁玫任组长，纪检监察、财务等相关人员组成的项目建设监察审计小组。设立了示范建设项目办公室、重点专业建设项目工作小组和对口支援工作领导小组。明确了各组织机构的职责和工作机制。

学院制定了《省级示范性高等职业院校建设项目责任体系》和《省级示范性高等职业院校建设项目实施管理办法》、《省级示范性高等职业院校建设项目专项资金管理办法实施细则》、《省级示范性高等职业院校建设项目仪器设备管理办法》等一系列规章制度，保证了示范建设工作的有序性和规范性。

（三）分解任务，落实责任

学院按照“层层分解，责任到人”的原则，对示范校建设任务进行了分解，按照院领导、示范建设项目办公室、各职能部门、各项目小组、普通教职员工层层分解任务，将责任落实到每个人头。院长与分管院领导、系（部）领导和项目负责人签订了《省级示范性高等职业院校建设项目目标责任书》。

（四）实验实训条件建设

省级示范院校建设期间，学校充分利用区域行业企业资源，通过校企共同参与，6个重点专业将新、扩建实训室22个，新建校外实训基地18个。为保证实验实训条件建设的先进性，学院要求各实训室进一步细化、完善建设方案，并组织相关专家对各实训室的建设方案和设备购置方案进行充分的调研和论证。目前所有实训室建设方案均已通过前期调研和论证，6各重点专业的实训室新增设备基本完成比价采购程序，部分设备已安装并投入运行。各重点专业实训室建设进度情况如下：

1．飞行器电子装配技术专业

电子整机装接与调试实训室、表面贴装技术（SMT）实训室已完成建设，设备全部到位并完成安装调试，实训室管理制度已全部上墙。电子技术应用创新实训室、航天电子装联工艺实训室、电子设备检测与维修实训室、物联网工程技术实训室已基本完成设备采购的市场调研和竞价谈判工作，正在准备签订设备采购合同。

2．数控技术专业

数控应用技术服务中心实训室已基本完成设备采购的市场调研和竞价谈判工作，正在准备签订设备采购合同。机械加工生产性实训基地、模具拆装实训室建设方案全部完成，设备购置前期调研工作已完成，并形成了调研报告，将于今年下半年进入设备采购流程。

3．焊接技术及自动化专业

焊接技术实训中心、焊接检验实训中心已基本完成设备采购的市场调研和竞价谈判工作，正在准备签订设备采购合同。金相热处理实训室建设方案全部完成，设备购置前期调研工作已完成，并形成了调研报告，将于今年下半年进入设备采购流程。

4. 资产评估与管理专业

资产评估综合实训室、工程造价实训室已基本完成设备采购的市场调研和竞价谈判工作，正在准备签订设备采购合同。会计电算化实训室和物业仿真综合实训室建设方案全部完成，设备购置前期调研工作已完成，并形成了调研报告，将于今年下半年进入设备采购流程。

5. 汽车制造与装配技术专业

汽车拆装维修实训室、汽车电器电子实训室、汽车性能检测实训室已完成建设，设备全部到位并完成安装调试，部分设备已用于实训教学中，实训室规章制度已基本形成，各种设备的使用与操作规程正在制定之中。

6. 动漫设计与制作专业

数字艺术工作室已基本完成设备采购的市场调研和竞价谈判工作，正在准备签订设备采购合同。三维制作实训室、后期制作实训室建设方案全部完成，设备购置前期调研工作已完成，并形成了调研报告，将于今年下半年进入设备采购流程。

**（五）师资队伍建设**

1. 制定规划和制度。制定了《四川航天职业技术学院示范建设师资培训方案》，着手“三三”计划，即重点对三类人员（专业负责人、骨干教师、“双师”教师），选派到三个地方（国外职业院校、国内职业院校、企业），进行三个方向的培训（职教最新理念、教育教学方法、专业实践技能），实施梯队建设，以此大幅度提高教师课程开发能力和教育教学方法能力。根据示范建设的要求，重新修订了《四川航天职业技术学院专业带头人选拔与管理办法》、《四川航天职业技术学院骨干教师评选程序及管理办法》、《“双师型”教师队伍培养、认定暂行管理办法》等制度。

2. 确定重点培养对象。遴选了具有丰富工作经验的13名教师作为6个重点专业及专业群的专业带头人，确定了60名教师为骨干教师培养对象，86名教师为“双师”素质教师培养对象。专业负责人全面负责、指导专业建设全过程；骨干教师必须参与本专业的课程建设和教学资源库建设，申报教育科研课题，撰写教育科研论文，参与实训室的建设。通过此方式，提高专业教学团队的教育教学水平和教育科研能力。

3. 实施出国培训项目。2012年6～7月，学院将选派9名专业带头人和骨干教师到国外进行职业教育教学法和教学资源库建设的培训。其中：6月30日～7月12日，周东、张仕平、胡文彬、于一、邹平等5人将到澳大利亚进行为期13天的课程开发与资源库建设培训；7月7～19日，宋科、申勇、高卫明、欧君才将赴德国巴登堡进行为期13天的“德国职业教育教学法”的培训，该4名教师在4月17～23日已参加新世纪教育研究所组织的“德国职业教育教学法”国内培训班的学习。

4. 实施国内培训项目。组织教师参加全国职业院校课程改革培训班、国内短期技能培训班等。已先后安排了12人到国内师资培训基地进行培训，11人到企业进行顶岗实践和技能培训。7～8月，学院还将选派52名教师到国内师资培训基地进行培训。

5. 开展兼职教师聘任工作。各重点专业及相关专业群已完成部分兼职教师的聘任工作，聘请来自行业企业的高级技术人员、能工巧匠 42 人作为学院的兼职教师，承担各专业课程的教学工作。如数控技术专业兼职教师王连友、曲振海为学院机械类专业学生开展先进制造技术和数控技术方面讲座，焊接专家高凤林为焊接专业学生开展焊接先进技术讲座等。部分兼职教师参与到学校工学结合人才培养方案的制订、工学结合教材的开发、实验实训室的建设中，如表 1 所示。

表 1　各专业 2012 年师资队伍建设完成情况

| 专业名称 | 2012 年预期目标 | 完成情况 |
| --- | --- | --- |
| 飞行器电子装配技术 | 培养 1 名专业带头人，培养、引进 6 名骨干教师，培养 7 名“双师”素质教师，聘请 6 名兼职教师 | 确定申勇为专业带头人；周玉康、宋科、李建平、夏江华、李彬、罗庚为骨干教师；周玉康、宋科、李建平、夏江华、孙宏伟、王婷婷、王前为“双师”素质教师；聘请孙立冲、胡昌金、钟伟、周志寅、汪永康、郑丽华为兼职教师 |
| 数控技术 | 培养 1 名专业带头人，培养、引进 6 名骨干教师，培养 8 名“双师”素质教师，聘请 12 名兼职教师 | 确定周林为专业带头人；刘利军、杨清丽、王舟、韩轲心、张婧如、钱志轩为骨干教师；武小波、郭红霞、刘雯、刘利军、王舟、韩轲心、张婧如、钱志轩为“双师”素质教师；聘请王连友、曲振海为兼职教师 |
| 焊接技术及自动化 | 培养 1 名专业带头人，培养、引进 3 名骨干教师，培养 4 名“双师”素质教师，聘请 6 名兼职教师 | 确定高卫明为专业带头人；张斌、闫霞、罗意为骨干教师；张斌、闫霞、罗意、提学超为“双师”素质教师；聘请肖怀国、愈方勇、夏永强、罗永胜、刘聪、郑智祥为兼职教师，同时聘请高凤林为客座教授 |
| 资产评估与管理 | 培养 1 名专业带头人，培养 4 名骨干教师，培养 5 名“双师”素质教师，聘请 8 名兼职教师 | 确定张仕平为专业带头人；刘虹贻、秦佳、王晶、张雯为骨干教师；刘虹贻、秦佳、王晶、张雯、高人彬为“双师”素质教师；聘请徐文余、苏启旺、陈富军、林伟、李成文、张永文为兼职教师 |
| 汽车制造与装配技术 | 培养 1 名专业带头人，培养、引进 4 名骨干教师，培养 12 名“双师”素质教师，聘请 8 名兼职教师 | 确定邹平为专业带头人；张伟、姚明傲、易俊宇、叶险为骨干教师；邹平、张伟、姚明傲、周航、李文兵、赵洪汐、李萌、丁晖、张玥、庞念念、秦勇、肖康为双师素质教师；聘请陈廷勇、卢荃、胡强、周运福、刘光亚、宋伦亚、杨喜、邓民国为兼职教师 |
| 动漫设计与制作 | 培养 1 名专业带头人，培养 2 名骨干教师，培养 1 名“双师”素质教师，聘请 2 名兼职教师 | 确定欧君才为专业带头人；田晓明、尤琳为骨干教师；杨寒梅为“双师”素质教师；聘请李洪冰、余文斌、苏雨为兼职教师 |

（六）课程体系与教学内容改革

1．进一步完善课程体系建设方案。为使各专业课程建设目标更加明确，建设方案更加可行，学院成立了以夏华副院长为组长的重点专业人才培养方案和课程建设论证小组，对各重点专业和相关专业群进行了论证和答辩，进一步完善了建设方案，理清了建设思路。

2．开展人才需求及职业能力要求调研工作。各重点专业均选择了 3 家以上的行业、区域内的企业进行调研，分析职业岗位（群）的职业能力要求，归纳典型工作任务，开发专业技术课程，调整专业基础课程和公共课程。目前各专业已完成 2011 级人才培养方案的制订工作，2012 级人才培养方案正在制定之中。

3．开发工学结合的专业教学标准和课程标准。各重点专业组建课程开发团队，开发基于工作过程和岗位实际需要的工学结合课程体系，建立突出岗位（群）职业能力培养的课程标准，与行业企业合作开发优质核心课程和特色教材。学院示范建设项目办公室制定了《四川航天职业技术学院专业教学标准制订指南》，各重点专业按照《指南》的相关要求开发专业教学标准和课程标准。目前 6 个重点专业已基本完成了专业教学标准的制定，完成了《资产评估》、《财务会计》、《电子技能训练》、《平板电视原理与维修》、《Protel DXP 电路设计与制板》、《单片机技术及项目训练》、《自动检测技术》、《焊接方法与操作》、《焊接质量检验与控制》、《金属材料与热处理》、《焊接设备与维护》、《焊接工艺的制定与评定》、《典型零件的机械加工》、《机械零件图纸的识读与绘制》、《典型零件的数控加工》15 门核心课程的课程标准的制定，已公开出版《电子技能与训练》、《Protel DXP 电路设计与制板》、《平板电视原理与维修》、《焊接方法与操作》、《汽车车身制造工艺学》5 本特色教材，另有 12 本教材正在编写之中，预计今年下半年可以交稿出版。同时，6 个专业教学资源库已经启动建设，部分教学资源库已初步建成，如表 2 所示。

**表 2　各专业 2012 年课程改革完成情况**

| 专业名称 | 2012 年预期目标 | 完成情况 |
|---|---|---|
| 飞行器电子装配技术 | 构建“校企一体，三段递进”人才培养模式，建设 4 门核心课程标准，出版《电子技能与训练》、《Protel dxp 电路设计与制板》、《平板电视原理与维修》教材及网络课程资源 | 三本教材已出版，核心课程标准初步建成，课程资源正在建设之中 |
| 数控技术 | 构建“校企一体，产学结合”人才培养模式，建设 5 门优质专业核心课程，完成 3 门精品课程建设 | 核心课程标准初步建成，教材初稿已完成，核心课程资源正在建设之中 |
| 焊接技术及自动化 | 构建“校企一体，工学交替”人才培养模式，建设 1 门优质专业核心课程，出版《焊接方法与操作》教材 | 教材已公开出版，核心课程正在建设之中 |
| 资产评估与管理 | 构建“校企合作，理实结合”人才培养模式，建设 2 门优质专业核心课程，完成校本教材 1 本，出版教材 1 本 | 校本教材已完成，公开出版的教材初稿已交出版社，等待出版，核心课程正在建设之中 |
| 汽车制作与装配技术 | 构建“校企结合，工学交替”人才培养模式，出版特色教材 1 本 | 教材已出版，核心课程正在抓紧建设之中 |
| 动漫设计与制作 | 构建“2+0.5+0.5”分段式人才培养模式，编写校本教材 2 本 | 公开出版的教材初稿已交出版社，等待出版，核心课程正在抓紧建设之中 |

（七）办学体制机制创新

学院在四川省教育厅、四川省国防科技工业办公室、四川航天管理局的共同关心和正确领导下，通过四川航天和四川军工企事业单位的积极支持，形成了政府主导、行业指导、学校主体、企业参与的“三方共建，四方联动”的办学机制。三方共建会议于 2011 年 4 月在四川航天宾馆召开，签署了四川省教育厅、四川省国防工办、四川航天管理局三方共建四川航天职业技术学院的协议。

经四川省国防工办批准同意，学院挂牌成立“四川国防科技工业人才培训中心”。

学院与成都若克公司合作，成立精密加工创新中心。营造真实的企业环境，承担生产性实训和外协加工任务。拟将创新中心建成学院培养高技能拔尖人才平台、培养高水平双师教师队伍的平台、培训航天及军工高技术工人的平台和培育学院经济增长点的蓄水池。2011 年，完成学院实习教学任务等 6 个班，接收学生顶岗实习 318 人次，学时 2400 小时，对外承接产品加工任务，实现创收 40 余万元。

积极筹备成立四川航天职业教育联盟，完成了《四川航天职业教育联盟章程》（草案）的制定工作，邀请了职教联盟成员单位 60 余家（其中本科院校 5 所，高职专科院校 10 所，中职院校 15 所，企业 30 余家），计划 6 月中旬召开四川航天职教联盟成立大会。

（八）基础设施建设

已完成广汉校区 2400 平方米新实训厂房的建设，现已投入使用；图书馆建设方案已完成，并获批，基建招投标工作已完成，6 月底前将开工建设。

（九）数字化校园建设

经过前期的调研工作，形成了详细的数字化校园建设方案。目前数字化校园硬件建设已完成 1 台服务器的采购，其他设备已完成采购方案，将进入实际采购阶段。课程制作中心采购方案已完成，目前正在进行采购信息发布工作。各软件系统（包括教务系统、OA 办公系统、教学资源库系统、数字图书馆系统等）已初步完成前期调研工作。

（十）社会服务

1．承办行业竞赛。承办了中国航天科技集团公司第六届职工技能竞赛焊工、维修电工、热处理工、航天电子产品装配工 4 个工种的预、决赛，并完成了对 118 名选手的赛前培训工作。

2．社会培训。2011 年完成了中国航天科技集团公司高技能人才 2011 年绝技绝招交流培训（本期 52 人）；完成了对中国航天七院 2011 年新进员工的培训工作；完成了对中国航天七院技师和高级技师 75 人的培训工作，全年共计培训、鉴定 2.01 万人次。2012 年上半年完成对中国核动力院成都大华公司深圳大亚湾项目员工培训（21 人），普什模具有限公司员工培训（48 人），承办中国航天科技集团公司 2012 年绝技绝活培训（60 人），四川省统考培训总计（239 人），四三七处特种作业人员培训（45 人）；7111 厂特种作业人员培训（141 人），航天七院单位和社会其他企业单位特种作业人员培训（886 人），复审培训（439 人），成都实验技术学校特种作业人员培训（叉车司机）300 人。2012 年上半年普通工种培训 852 人，特种作业人员培训 1811 人，职业技能鉴定中级工 5541 人。

3．承办行业企业学历教育。成功举办中国航天科技集团公司行政保密和干部专升本班、青年技术工人专升本班，中国商用飞机有限公司青年技术工人专升本班，共计156人。

4．对口支援与交流工作。先后与贵州航天职业技术学院、四川商务职业学院、四川警安职业学院、洞子口职业学校、翔飞职业学校、龙泉经开区职业学校六所职业院（校）签署了对口支援协议，在教育教学管理与改革、专业建设、校企合作、师资培训、教学资源共享、示范院校建设等方面开展了对口支援工作。

先后接待了重庆航天职业技术学院、贵州航天职业技术学院、雅安职业技术学院、四川信息职业技术学院、四川天一学院、四川文化产业职业学院、四川广安职业技术学院、四川水利职业技术学院等11所院（校）来校学习交流。

5．国际国内合作项目取得新进展。一是深化与新加坡义安理工学院合作，2011年接受义安理工学院两批80名学生到校交流学习；二是开展与台湾树德科技大学合作，先后派出2批学生前往中国台湾学习；三是与澳大利亚西南悉尼TAFE学院签订了合作备忘录。

## 三、项目的初步效果

### （一）示范校建设项目进一步彰显了学院的办学特色

作为一所行业企业主办的高职院校，学院以校企深度结合、理实一体教学为鲜明特色，决心通过示范校建设项目的实施，将上述特色发扬光大，成为行业企业举办高职教育的成功典范。近一年来，学院深入总结了校企合作办学的成功经验，巩固了以往卓有成效的做法，并进一步拓展了校企合作的领域、层次和深度，使行业办学的优势得到了更加充分的发挥。

### （二）示范校建设项目进一步提高了学院的教学质量

以示范校建设为契机，学院掀起内涵建设的新高潮，各专业教学质量均有不同程度的提高。学院代表队在2011年“全国大学生电子设计竞赛”中荣获全国一等奖和二等奖；参加全国英语口语大赛获得四川省特等奖；参加2011年全国职业院校技能大赛高职组英语口语技能大赛暨第七届全国高职高专实用英语口语大赛总决赛获全国三等奖、四川赛区特等奖；参加第五届“用友杯”全国大学生会计信息化技能大赛全国总决赛分获全国一等奖、二等奖和三等奖；参加2012年全国高等学校汽车营销技能大赛，获全国二等奖和三等奖。

### （三）示范校建设项目进一步深化了学院素质教育体系

在项目建设过程中，学校对示范建设目标和高职人才培养目标等问题进行了更加深入的研讨，在重视加强学生职业技能培养工作的同时，也进一步加深了对素质教育重要性的认识。学校制定了《学生素质教育实践活动实施方案》，开展了以学习习惯养成教育、卫生习惯养成教育、日常文明行为教育、热爱劳动实践教育、职业素质养成教育为主要内容的多种形式的学生素质教育活动，建设与专业教育体系并行的文化素质教育体系，保证和促进了学生的全面发展。

（四）示范辐射作用初见成效

一年来，学院先后与省内2所高职院校、3所中职学校、省外1所高职院校签署了对口支援协议，在师资队伍建设、专业建设、课程建设和教研教改方面开展多次交流活动，帮助被支援学校提高师资队伍建设水平和专业建设水平。先后有11所高职院校主动联系我院进行考察学习，示范辐射范围覆盖了四川、重庆、贵州三个省市和八个地区。

## 四、项目建设资金使用情况（如表3所示）

表3　项目建设资金使用情况

| 项目名称 | 预算经费（万元） | | | 使用情况（万元） | | |
|---|---|---|---|---|---|---|
| | 省财政 | 举办方 | 学院 | 省财政 | 举办方 | 学院 |
| 项目管理费 | | | 240 | | | 48.5 |
| 飞行器电子装配技术 | 200 | 332 | | 97.5 | 1.3 | |
| 数控技术 | 200 | 304 | | 15.8 | 6.7 | |
| 焊接技术 | 200 | 152 | | 3.8 | 1.6 | |
| 资产评估与管理 | 100 | 248 | | 5.1 | 0.04 | |
| 汽车制造与装配技术 | | 100 | 50 | | 18 | 44 |
| 动漫设计与制作 | | 100 | 50 | | 1.8 | |
| 办学体制机制创新 | | 140 | | | 16 | |
| 基础设施建设 | | 2100 | 600 | | 178.6 | |
| 社会服务于辐射能力 | | 264 | 40 | | 69.5 | 2.7 |
| 数字化校园 | | 100 | 100 | | 12.1 | |
| 合计 | 700 | 3840 | 1080 | 122.2 | 340.02 | 95.5 |

注：经费使用中由于各实验室实训设备基本都还没有购置，所以硬件购置费用较少；教师大批量出去培训都在暑假进行，目前教师培训开支较少；教师参与课程建设的经费还未列入开支；图书获批较晚，基础设施建设经费未开支。

## 五、存在的主要问题及整改措施

1．项目执行进度略有滞后。原因一是建设方案和任务书在2011年下半年多次进行调整和修改，影响了工作进度；二是图书馆建设项目获批较晚，前期招投标和报建工作占用较多时间；三是因教学任务繁忙，大部分师资培训只能安排在2012年暑期进行，数字化校园的设施改造也只能在暑期进行。在下一步的建设过程中，学院将抓紧各项目的推进，要求项目负责人经常性地开展项目建设质量、进度及经费使用的监控自查，建设的相关资料要及时整理归档。进一步落实工作责任，提高项目建设质量，确保项目建设进程。

2．各专业教学团队教师的培养培训力度还应加强。各系部应加强对青年骨干教师的培养，充分发挥骨干教师在示范建设中的作用；教师外出培训、考察要有计划、有目标、有内容、有效果，要与院办（人事处）协商，统筹考虑，培训成果要相互交流；要更新观念，切实做好行业企业兼职教师的聘用与管理，建立专兼结合的教师团队。

3．人才培养模式与课程体系改革是示范校内涵建设的重点和难点，虽然我校已开始实施“校企一体，产学结合”的工学结合人才培养模式改革，核心课程按照任务驱动、项目导向、工学结合、双证融通的方式进行建设，但这种建设理念在人才培养模式与课程体系改革中体现得还不够充分。学院将进一步加强职业教育理论研究和专题研讨，开展多种形式的学习、培训活动，促进提升职业教育教学能力，转变职业教育理念。

（执笔：郭桂萍　王立波）

# 四川职业技术学院
# 2011 年度人才培养质量报告

## 一、办学基本信息

### （一）学校战略定位

通过三年的努力，建成四个省级示范专业，完善提高教育教学质量和社会服务能力的四个支撑体系，实现“四个创新，四个示范”。创建省级示范一流高职院校。

### （二）二级学院/系建设

学院下设 10 个系（电子电气工程系、管理系、机械工程系、计算机科学系、建筑与环境工程系、汽车工程系、外语系、文化传播系、艺体系、应用数学与经济系）2 个部（思想政治教育部、网电教育服务部）。

学院有国家级重点专业 3 个，省级重点或特色专业 4 个，地市级重点或特色专业 11 个，约占全院专业总数的 37.5%，覆盖到学院各系。

### （三）专业建设

1．专业结构与规格

学院共设置 56 个专业，覆盖 11 个专业大类。在校生规模最大的三个专业大类依次为土建大类（27.0%）、制造大类（23.1%）和文化教育大类（20.3%），如图 1 所示。

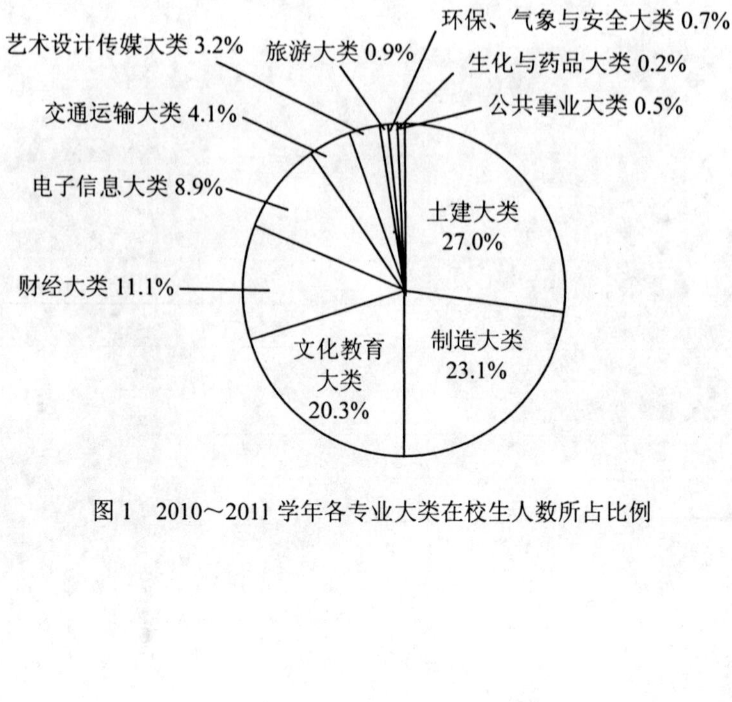


图 1　2010～2011 学年各专业大类在校生人数所占比例

### （四）课程建设与质量

1．课程设置

全院开设的课程类型以理论+实践课程（B 类）为主，占总学时的 46.64%。理论课（A 类）和实践课（C 类）分别占总学时的 30.17%和 23.19%，如表 1 所示。

表 1　本院 2010～2011 学年课程设置情况一览表

| 类型 | 学时 | 占总学时的比例（%） |
|---|---|---|
| 理论课（A 类） | 38 980 | 30.17 |
| 理论+实践课（B 类） | 60 267 | 46.64 |
| 实践课（C 类） | 29 957 | 23.19 |
| 合计 | 129 204 | 100 |

2．课程建设

全院共有省市级精品课程 12 门。

### （五）教职员工队伍建设

学院共有专兼职教师 509 人，其中专任教师 363 人，兼职教师 146 人。40.2%的专业专任教师具有双师素质，如表 2 所示。

表 2　本院 2010～2011 学年专任教师培训情况

单位：人

| 指标 | 数量 |
|---|---|
| 培训进修 | 79 |
| 挂职锻炼 | 43 |
| 社会兼职 | 23 |

### （六）办学条件保障

全院各项办学条件中，生均占地面积、生师比、具有高级职务或研究生学位的教师占专任教师的比例、生均教学科研仪器设备值、百名学生配教学用计算机台数、百名学生配多媒体和语音实验室座位数都远远高于国家标准，如表 3 所示。

表 3　本院 2010～2011 学年办学基本条件一览表

| 基本监测指标 | 综合类高职达标指标 | 本院数据 |
|---|---|---|
| 生均占地面积（平方米/生） | ≥54 | 62.85 |
| 生均教学行政用房面积（平方米/生） | ≥14 | 14.93 |
| 生均宿舍面积（平方米/生） | ≥6.5 | 6.78 |
| 生均实践场所面积（平方米） | ≥5.3 | 5.9 |

（续表）

| 基本监测指标 | 综合类高职达标指标 | 本院数据 |
|---|---|---|
| 生师比 | ≤18 | 16.61 |
| 具有高级职务教师占专任教师的比例（%） | ≥20 | 26.72 |
| 具有研究生学位教师占专任教师的比例（%） | ≥15 | 36.09 |
| 生均教学科研仪器设备值（元/生） | ≥4000 | 6016.9 |
| 百名学生配教学用计算机台数（台） | ≥8 | 13.44 |
| 百名学生配多媒体教室和语音实验室座位数（个） | ≥7 | 84.77 |

## （七）办学经费及效率

### 1．年度办学经费总收入及其结构

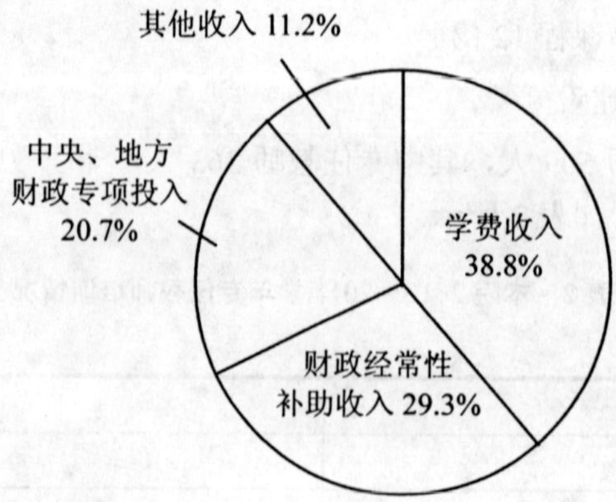


图2 2011年办学经费收入构成

### 2．生均培养成本的公私构成

学生个人负担的成本约四成。全院办学经费总收入为12 017.04万元，主要来源依次为“学费收入”（38.8%）、“财政经常性补助收入”（29.3%）和“中央、地方财政专项投入”（20.7%）。全院共有全日制在校生11 164人，生均培养成本为10 764.1元，政府投入为主体（占50.0%）。

### 3．年度办学经费总支出及其结构

全院办学经费总支出为12 017.04万元，除其他支出外，还用于日常教学经费（21.1%）、设备采购（5.0%）和师资建设（4.5%）等，如图3所示。

### 4．收入与支出的比率

全院办学经费的总收入-总支出比为1∶1，如表4所示。

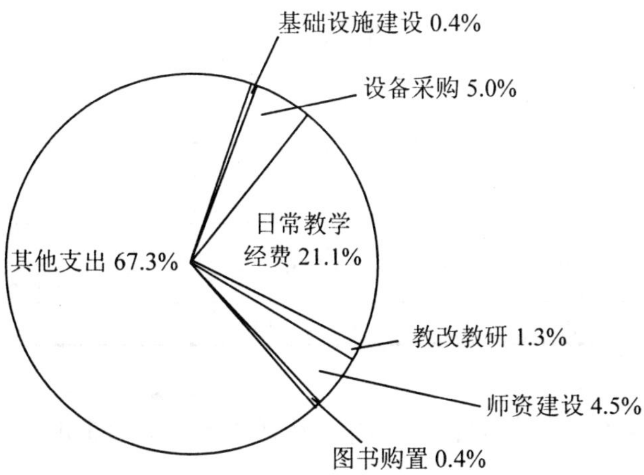


图 3　2011 年办学经费支出构成

**表 4　本院 2011 年办学经费一览表**

| 经费收入 | | | 经费支出 | | |
|---|---|---|---|---|---|
| 项目 | 金额（万元） | 所占比例（%） | 项目 | 金额（万元） | 所占比例（%） |
| 学费收入 | 4648.49 | 38.8 | 基础设施建设 | 45.85 | 0.4 |
| 财政经常性补助收入 | 3524.89 | 29.3 | 设备采购 | 603.27 | 5 |
| 中央、地方财政专项投入 | 2492.15 | 20.7 | 日常教学经费 | 2538.95 | 21.1 |
| 其他收入总额 | 1351.51 | 11.2 | 教改教研 | 153.1 | 1.3 |
| | | | 师资建设 | 535.28 | 4.5 |
| | | | 图书购置 | 48.52 | 0.4 |
| | | | 其他支出 | 8092.07 | 67.3 |
| 总收入 | 12 017.04 | | 总支出 | 12 017.04 | |
| 收支比率 | 1∶1 | | | | |

## 二、生源与教育扶贫

### （一）计划招生数、实际录取数及录取后报到率

全院 2011 年计划招生 3705 人，实际录取 4524 人。新生报到率为 83.88%。

### （二）招生口径

普通高考是本院主要的招生口径，共提供了 97.6%的省内外生源。其他招生口径（包括 3+2 转入、中专、成人招生）作为补充，如表 5 所示。

表5　本2011年不同招生口径的计划招生数和实际录取数

| 招生口径 | 计划招生数（人） | 实际录取数（人） | 各类招生口径所占比例（%） |
|---|---|---|---|
| 3+2 转入 | 108 | 108 | 2.39 |
| 普通高考（省内） | 3297 | 4209 | 93.03 |
| 普通高考（省外） | 300 | 207 | 4.58 |
| 合计 | 3705 | 4524 | 100 |

## （三）生源分布地区

本院的人才培养主要满足本省教育需求，生源中18%来自本市，93%来自本省。

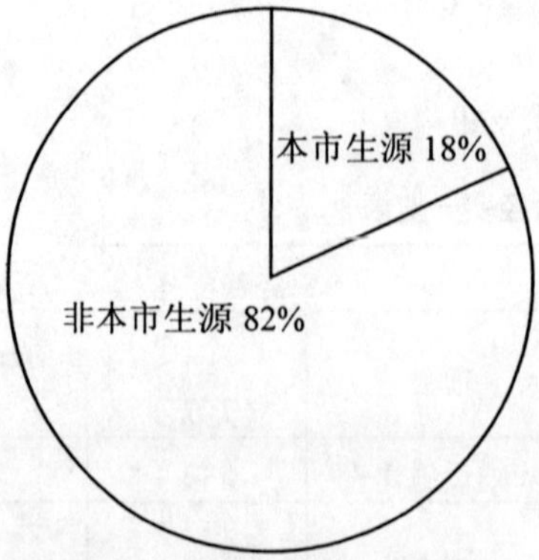


图4　2010届毕业生中来自本市/非本市的比例

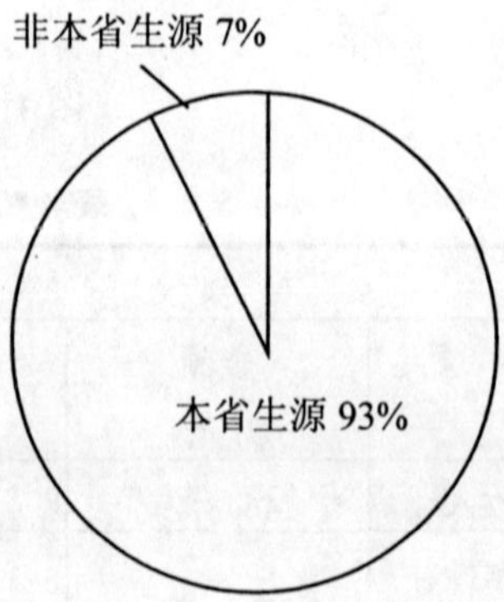


图5　2010届毕业生中来自本省/非本省的比例

## （四）生源背景与教育扶贫

本院主要满足了弱势群体的教育需求，使高等教育成为提升人力资本、改变个人及家庭命运、实现代际（父母与子女这两代人之间）向上流动的一项扶贫工程和社会和谐工程。2010届毕业生中，90%是家庭中的第一代大学生，51%是农民或者农民工的子女。

1. 家庭中的第一代大学生所占比例（如图6所示）

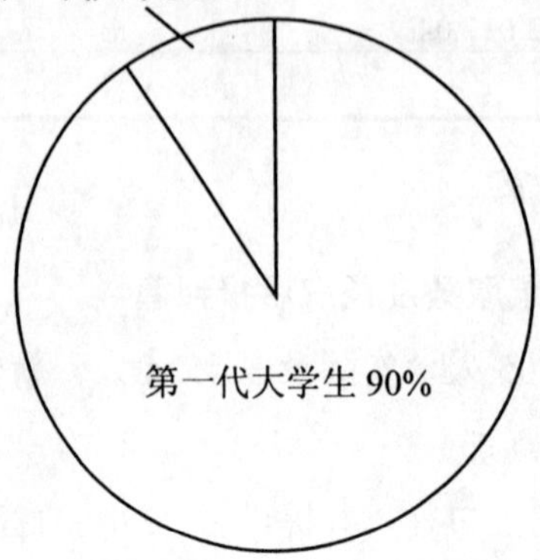


图6　2010届毕业生中为家庭中第一代/非第一代大学生的比例

注：家庭中第一代大学生指父母最高的学历为“小学及以下”、“初中”、“高中”的毕业生。

2．父母是农民或农民工所占比例（如图 7 所示）

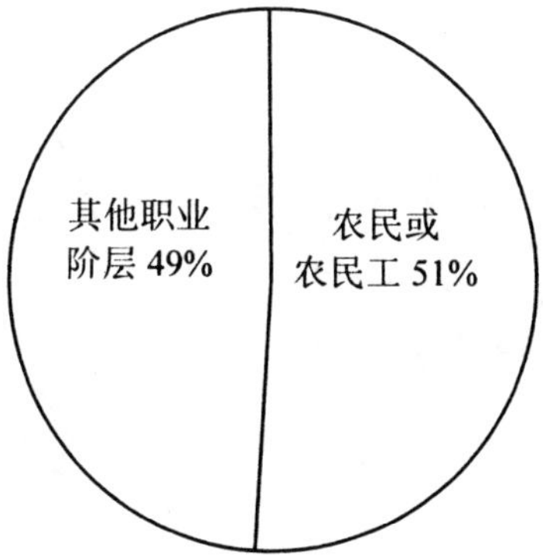


图 7　2010 届毕业生中来自农民或农民工家庭/其他家庭的比例

注："其他职业阶层"指管理阶层、专业人员、产业与服务业员工、无业与退休家庭。

3．父母间无业或退休人员所占比例（如图 8 所示）

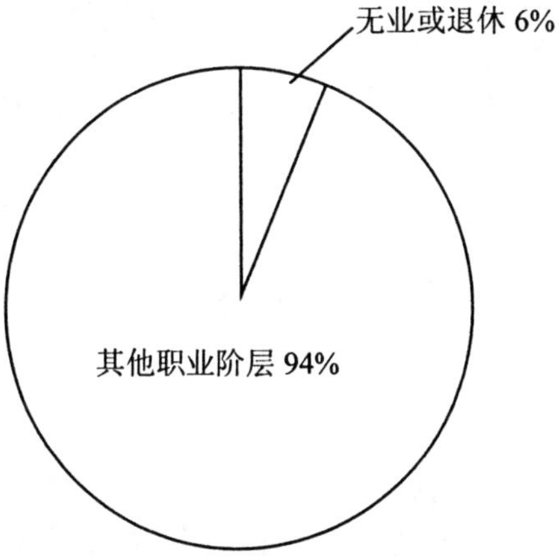


图 8　2010 届毕业生中来自无业或退休家庭/其他家庭的比例

注："其他职业阶层"指管理阶层、专业人员、产业与服务业员工、无业与退休家庭。

## 三、培养过程质量

### （一）课堂教学

1．毕业生对所学专业核心课程的重要性评价

在毕业生中，认为所学专业核心课程对自己目前的工作或学习"有些重要"、"重要"、"非常重要"、"极其重要"的共占 77%，如图 9 所示。

2．毕业生对所学专业核心课程的满足度

在认为所学专业核心课程"有些重要"、"重要"、"非常重要"、"极其重要"的毕业生中，57%认为本院的课程训练满足他们的工作或学习要求，如图 10 所示。

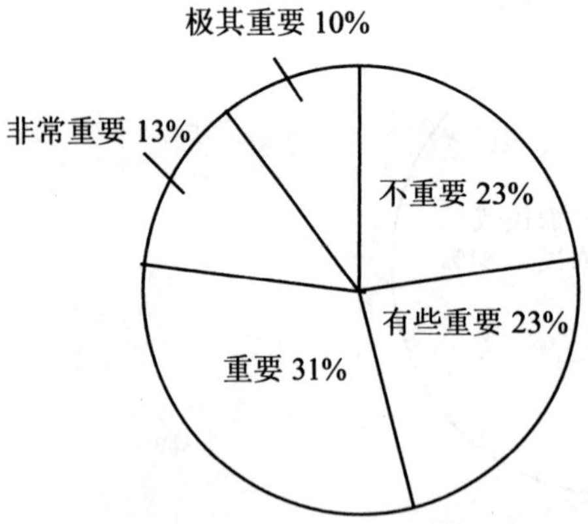


图 9　2010 届毕业生认为核心课程的重要度

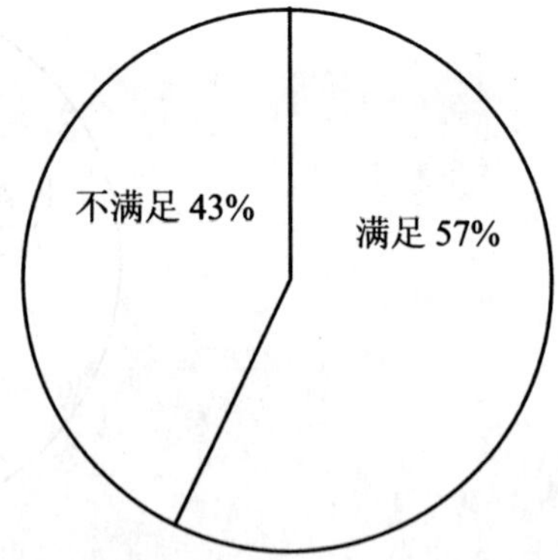


图 10　2010 届毕业生认为核心课程的满足度

## （二）学生服务

1．入学教育

本院面向新生的入学教育共计三周。

2．毕业生接受就业服务的比例

72%的毕业生曾经接受过本院提供的就业服务，其中参与度最高的服务为大学组织的招聘会（52%），如图 11 所示。

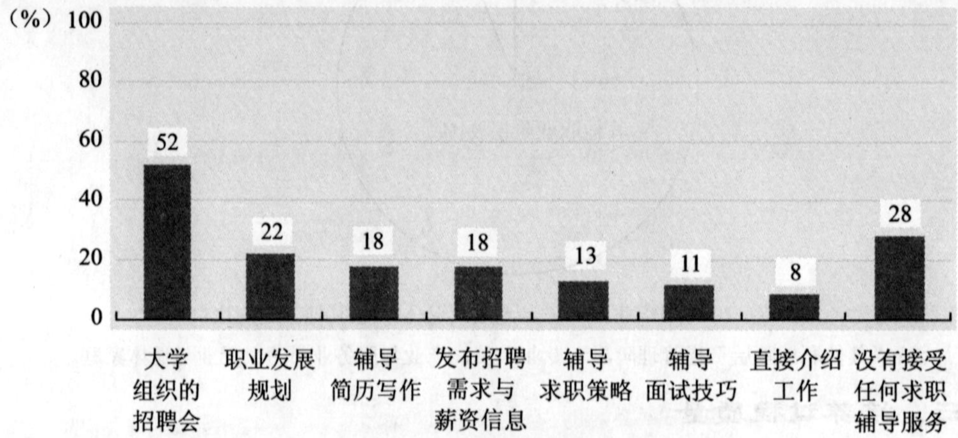


图 11　2010 届毕业生接受母校提供的求职服务的比例（多选）

3．对就业服务的有效性评价

接受过就业服务的毕业生认为最有效的依次为辅导面试技巧（84%）、辅导求职策略（80%）、辅导简历写作（78%）、发布招聘需求与薪资信息（78%）等，如图 12 所示。

4．学生资助

全院共有 700 名学生获得勤工俭学津贴，人均 226.25 元；有 2858 名学生获得国家助学金，人均受助金额为 3000 元。

全院共有 7097 名学生获得各类奖助学金和资助，受益面约占在校生总数的 63.6%。其中约 97%来自于政府资助（包括国家奖助学金、励志奖学金等），约 3%获得学校自设的奖助学金及社会/企业资助（雅高奖学金等）。人均受助金额为 1607 元，如表 6 所示。

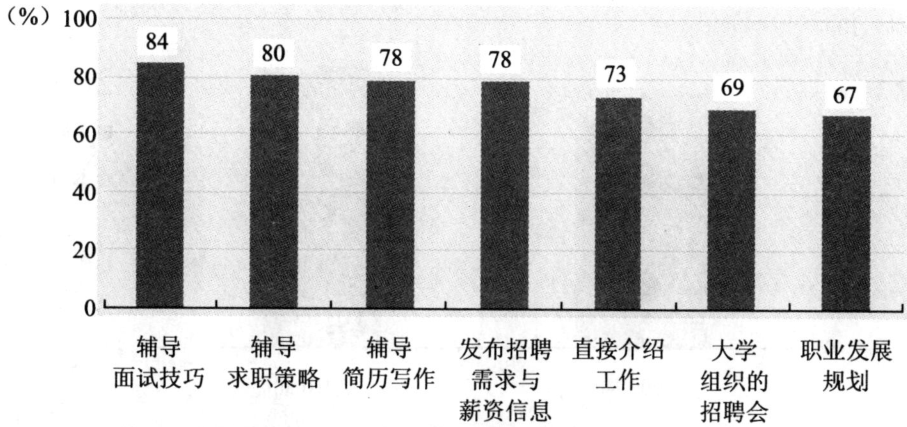


图 12　2010 届毕业生认为母校提供的求职服务有效的比例

表 6　本院 2011 年度奖/助学金资助一览表

| 资助类别 | 资助额（万元） | 占资助总额的比例（%） | 资助学生数（名） | 占资助学生总数的比例（%） | 人均资助额（元） |
|---|---|---|---|---|---|
| 政府资助类 | 1106.5 | 97.0 | 3281 | 46.2 | 3372 |
| 学院自设类 | 31.67 | 2.8 | 3776 | 53.2 | 84 |
| 社会/企业资助类 | 2 | 0.2 | 40 | 0.6 | 500 |

## 四、培养结果质量

### （一）毕业生的初次毕业率

本院统计的 2010 届毕业生初次毕业率为 94.83%。

### （二）毕业生对母校总体满意度和推荐度

根据麦可思调查数据显示，有 87%的 2010 届毕业生对母校总体上感觉“满意”、“很满意”、“非常满意”，与本省高职院校的平均水平（85%）基本持平。58%的校友愿意向考生推荐母校，与本省高职院校的平均水平（58%）持平，如图 13～图 16 所示。

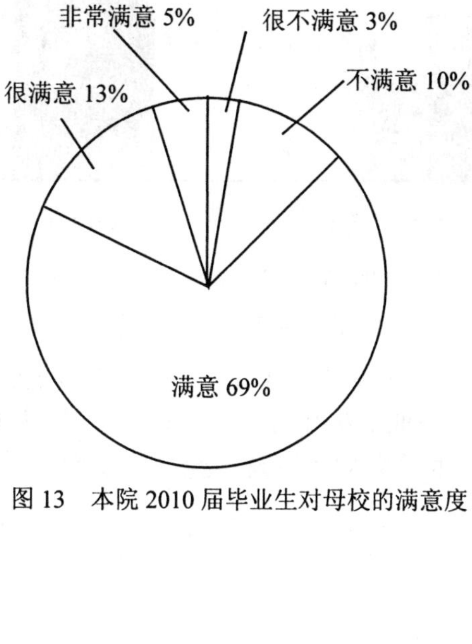


图 13　本院 2010 届毕业生对母校的满意度

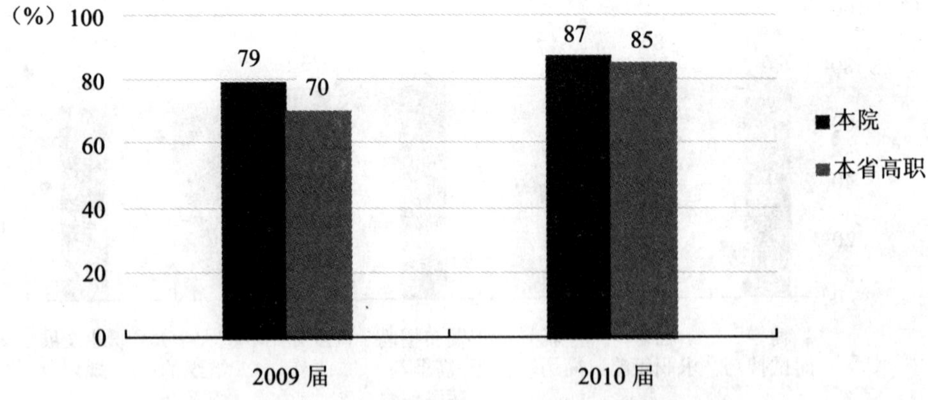


图 14　本院 2009 届、2010 届毕业生对母校的满意度

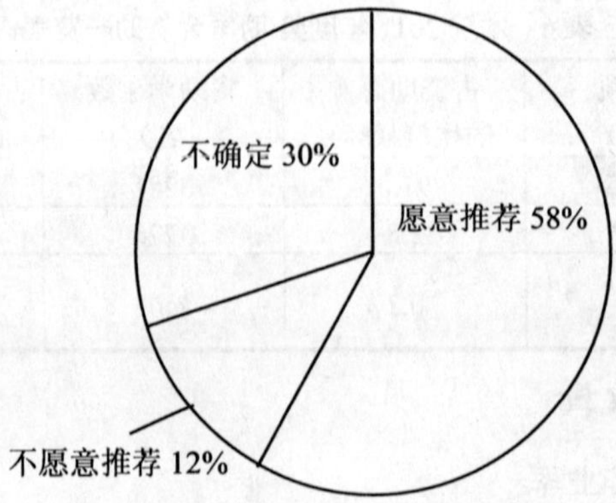


图 15　本院 2010 届毕业生对母校的推荐度

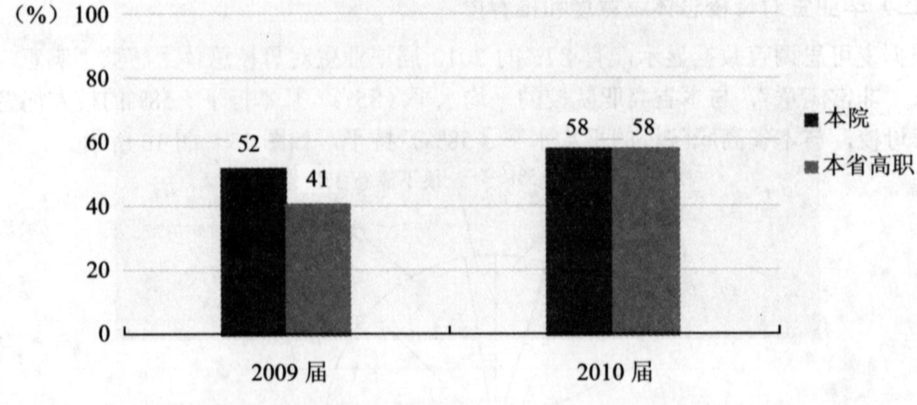


图 16　本院 2009 届、2010 届毕业生对母校的推荐度

### （三）毕业生获得职业资格证书的比例及竞赛获奖

学院重视学生的职业技能培训和考核工作，学生职业技能鉴定工种达到 32 个，鉴定人数 17 000 余人次。2011 届毕业生获得职业资格证书的比例达 100%，积极开展职业技能竞赛，修订了《四川职业技术学院大学生技能竞赛管理办法》。

本校学生还在国家级、省级以及市级各类竞赛中多次获奖，如表 7 所示。

**表 7　本院 2010～2011 学年各级各类技能竞赛学生获奖情况**

| 竞赛级别 | 竞赛名称 | 获奖级别 |
| --- | --- | --- |
| 国家级 | 2010 年全国职业院校技能大赛（高职组）现代物流储配方案的设计与执行 | 优秀奖 |
| | 第六届全国信息技术应用水平大赛 | 优秀奖 |
| | 全国职业院校技能大赛高职组比赛 | 优秀奖 |
| | 第六届全国信息技术应用水平大赛 | 优秀奖 |
| | 第六届全国信息技术应用水平大赛 | 优秀奖 |
| | 第六届全国信息技术应用水平大赛 | 一等奖 |
| | 大学生电子设计竞赛 | 二等奖 |
| | 第六届全国信息技术应用水平大赛 | 二等奖 |
| | 第六届全国信息技术应用水平大赛 | 二等奖 |
| | 第六届全国信息技术应用水平大赛 | 三等奖 |
| | 第六届全国信息技术应用水平大赛 | 三等奖 |
| 省级 | 2010 年全国大学生企业经营管理沙盘模拟大赛 | 优胜奖 |
| | 第六届“挑战杯”四川省大学生创业计划竞赛 | 优秀奖 |
| | 四川省职业院校技能大赛（高职组） | 优秀奖 |
| | 中华诵·2010 经典诵读大赛四川赛区选拔赛 | 优秀奖 |
| | 全国物流企业经营管理电子沙盘大赛决赛 | 优胜奖 |
| | 第三届全国高职高专秘书职业技能大赛 | 最佳口才奖 |
| | “金蝶杯”全国大学生创业大赛总决赛 | 银奖 |
| | 第三届全国高职高专秘书职业技能大赛 | 团体一等奖 |
| | “比亚迪杯”全国高职院校汽车营销技能大赛 | 一等奖 |
| | 全国大学生数学建模竞赛（四川赛区） | 一等奖 |
| | 四川省职业院校技能大赛（高职组） | 一等奖 |
| | 第三届全国高职高专秘书职业技能大赛 | 一等奖 |
| | 第三届全国高职高专秘书职业技能大赛 | 一等奖 |
| | 大学生电子设计竞赛 | 一等奖 |
| | 全国大学生英语竞赛 | D 类一等奖 |
| | 2010 年“TI”杯四川省大学生电子设计竞赛 | 二等奖 |
| | 2010 年“TI”杯四川省大学生电子设计竞赛 | 二等奖 |
| | 第六届“挑战杯”四川省大学生创业计划竞赛 | 二等奖 |

（续表）

| 竞赛级别 | 竞赛名称 | 获奖级别 |
| --- | --- | --- |
| 省级 | 第一届全国有色金属行业职业院校学生职业技能竞赛 | 二等奖 |
| | 全国大学生数学建模竞赛（四川赛区） | 二等奖 |
| | 全国企业经营管理电子沙盘大赛决赛 | 二等奖 |
| | 全国软件专业人才设计与开发大赛总决赛 | 二等奖 |
| | 第三届全国高职高专秘书职业技能大赛 | 二等奖 |
| | 第二届全国高职高专秘书职业技能大赛 | 三等奖 |
| | 第二届全国高职高专秘书职业技能大赛 | 三等奖 |
| | 第一届全国有色金属行业职业院校学生职业技能竞赛 | 三等奖 |
| | 四川省职业院校技能大赛（高职组） | 三等奖 |
| | 四川省职业院校技能大赛（高职组） | 三等奖 |
| | 中华诵·2010 经典诵读大赛四川赛区选拔赛 | 三等奖 |
| | 大学生电子设计竞赛 | 三等奖 |
| | 第二届全国有色金属型行业职业院校“化学检验工” | 三等奖 |
| | 全国软件专业人才设计与开发大赛总决赛 | 三等奖 |
| | 全国商科院校技能大赛现代物流专业竞赛总决赛 | 三等奖 |
| | 第四届全国“校园金话筒”四川南充赛区选拔赛 | 优秀奖 |
| 市级 | “金蝶杯”全国大学生创业大赛四川赛区 | 第三名（特等奖） |
| | “全国软件专业人才设计与开发大赛”四川赛区选拔赛 | 一等奖 |
| | 物流企业经营管理电子沙盘大赛四川省赛区 | 一等奖 |
| | 2010 年全国大学生企业经营管理沙盘模拟大赛-四川赛区 | 一等奖 |
| | “全国软件专业人才设计与开发大赛”四川赛区选拔赛 | 二等奖 |
| | 全国企业经营管理电子沙盘大赛四川省赛区 | 二等奖 |
| | 挑战杯全国大学生学术与课外科技活动竞赛 | 二等奖 |
| | 第四届全国“校园金话筒”四川南充赛区选拔赛 | 二等奖 |
| | “全国软件专业人才设计与开发大赛”四川赛区选拔赛 | 三等奖 |
| | 第二届全国高职高专英语写作大赛选拔赛-四川赛区 | 三等奖 |
| | 第二届全国高职高专英语写作大赛选拔赛-四川赛区 | 三等奖 |
| | 挑战杯全国大学生学术与课外科技活动竞赛 | 三等奖 |
| | 第四届全国“校园金话筒”四川南充赛区选拔赛 | 三等奖 |

**（四）对主要职业的人才贡献及其质量**

根据麦可思调查数据显示，本院 2010 届毕业生就业量最大的前五位职业依次为施工技术员（4.8%）、文职人员（4.4%）、会计（3.9%）、“小学教师，特殊教育除外”（3.7%）、建筑技术员（3.5%）。其相应的月收入分别为施工技术员（2832 元）、文职人员（1827 元）、会计（2080 元）、“小学教师，特殊教育除外”（1962 元）和建筑技术员（2371 元）。本院 2010 届毕业生的月收入为 2309 元，高于本省高职院校 2010 届（2261 元），如图 17～图 19、表 8 所示。

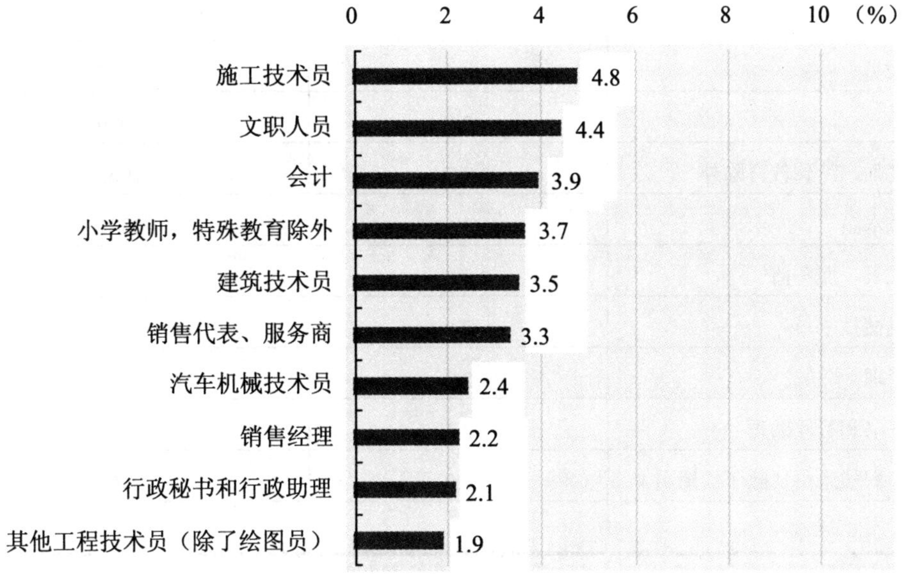


图 17　2010 届毕业生就业量最大的前十位职业

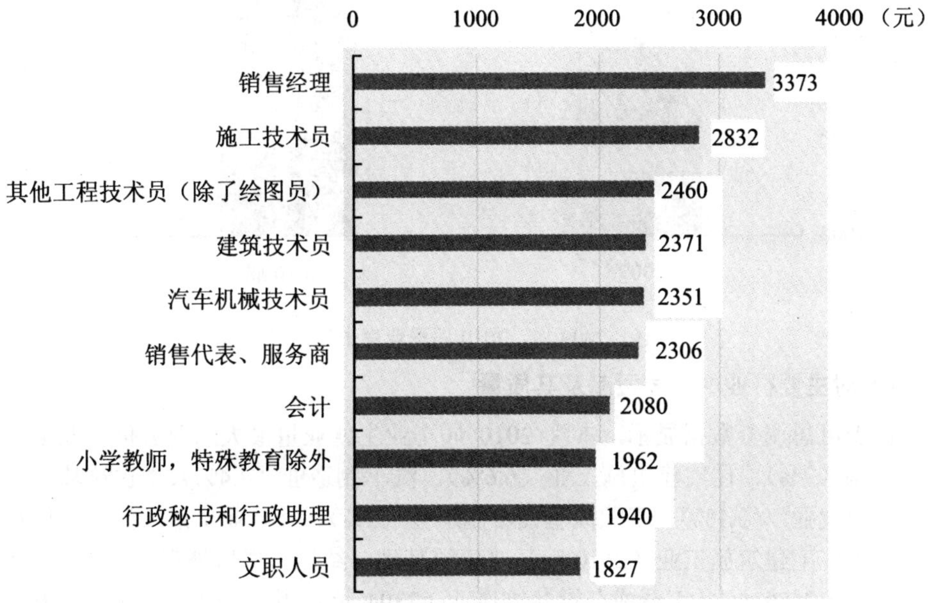


图 18　2010 届毕业生就业量最大前十位职业的月收入

表 4-2　2010 届毕业生就业量最大的前十位职业及月收入

| 职业名称 | 就业比例（%） | 本院半年后的月收入（元） |
|---|---|---|
| 施工技术员 | 4.8 | 2832 |
| 文职人员 | 4.4 | 1827 |
| 会计 | 3.9 | 2080 |
| 小学老师，特殊教育除外 | 3.7 | 1962 |
| 建筑技术员 | 3.5 | 2371 |
| 销售代表、服务商 | 3.3 | 2306 |
| 汽车机械技术员 | 2.4 | 2351 |
| 销售经理 | 2.2 | 3373 |
| 行政秘书和行政助理 | 2.1 | 1940 |
| 其他工程技术员（除了绘图员） | 1.9 | 2460 |
| 本院平均 | — | 2309 |

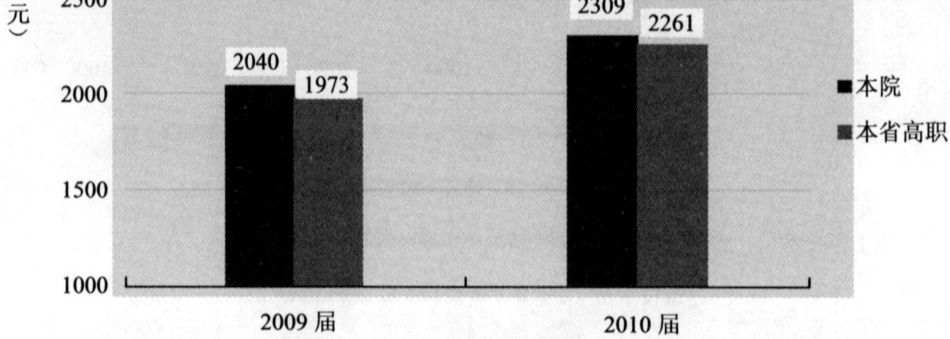


图 19　2009 届、2010 届毕业生半年后月收入

### （五）对主要行业的人才贡献及其质量

根据麦可思调查数据显示，本院 2010 届毕业生就业量最大的前五位行业依次为中小学教育机构（7%）、住宅建筑施工业（6.6%）、汽车制造业（4.4%）、“建筑基础、结构、楼房外观承建业”（3.1%）、工业成套设备制造业（3%）。其就业量最大的前五位行业的月收入分别为住宅建筑施工业（2610 元）、“建筑基础、结构、楼房外观承建业”（2477 元）、汽车制造业（2456 元）、工业成套设备制造业（2394 元）、中小学教育机构（2007 元），如图 20～图 21、表 9 所示。

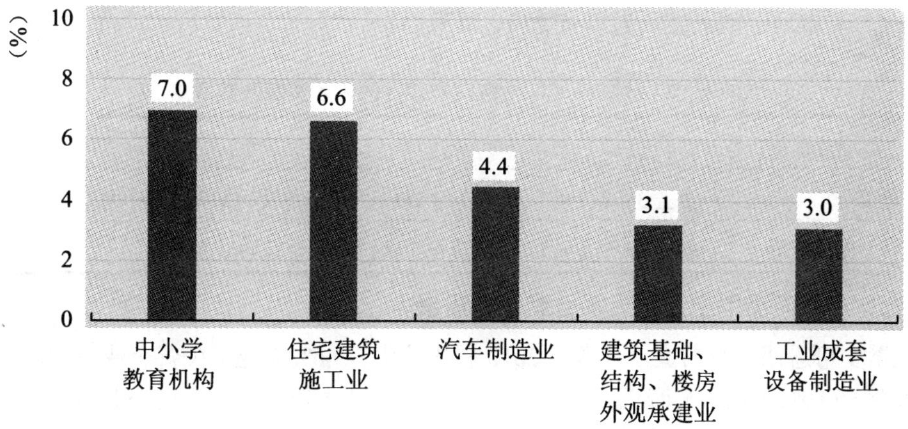


图20　2010届毕业生就业量最大的前五位行业

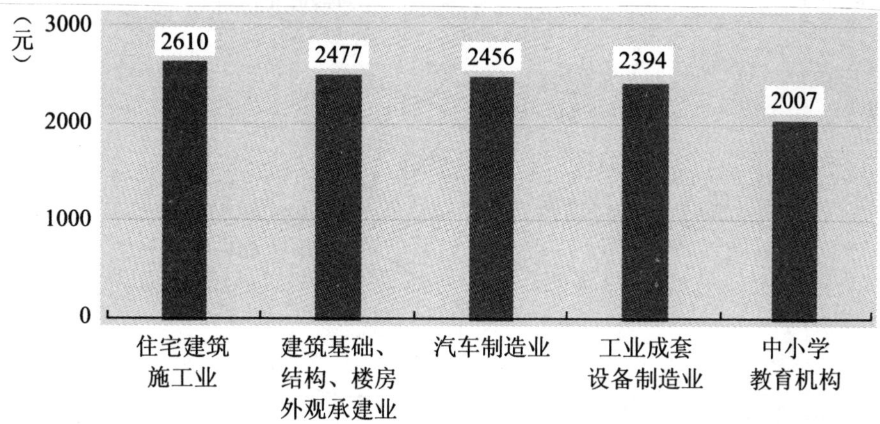


图21　本院2010届毕业生就业量最大的前五位行业的月收入

**表9　本院2010届毕业生就业量最大的前五位行业及月收入**

| 行业名称 | 就业比例（%） | 本院半年后的月收入（元） |
|---|---|---|
| 中小学教育机构 | 7 | 2007 |
| 住宅建筑施工业 | 6.6 | 2610 |
| 汽车制造业 | 4.4 | 2456 |
| 建筑基础、结构、楼房外观承建业 | 3.1 | 2477 |
| 工业成套设备制造业 | 3 | 2394 |
| 本院平均 | — | 2309 |

### （六）对本地区的人才贡献（如表10所示）

表10　2010～2011学年对本地区的人才贡献及其质量

| 类别 | 数量 |
|---|---|
| 顶岗实习 | 覆盖35个专业，顶岗实习1151人，人均实习时间5.6个月 |
| 产学合作订单班 | 覆盖29个专业，85家合作企业，订单培养640人 |

### （七）对不同类型企业的人才贡献及其质量

根据麦可思调查数据显示，本院2010届毕业生有66%就业于民营企业/个体，14%就业于国有企业，9%就业于政府机构/科研事业单位。毕业半年后，在三资企业工作的本院毕业生月收入最高（2597元），其后依次是国有企业（2463元）、民营企业/个体（2308元）等。

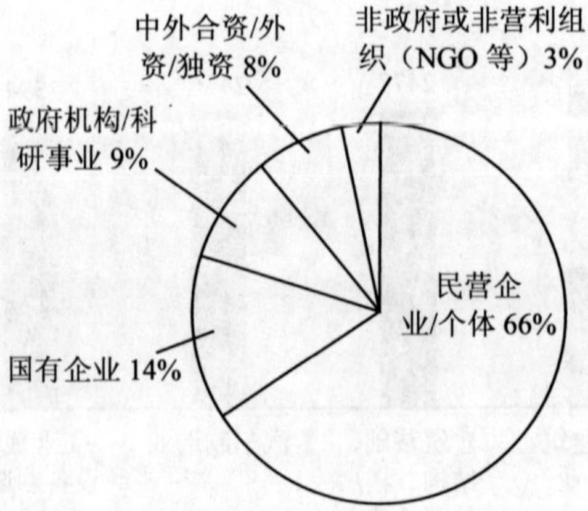


图22　2010届毕业生就业的用人单位类型比例

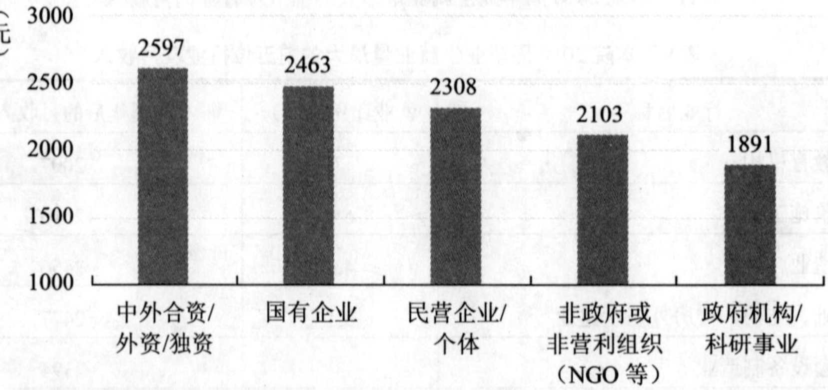


图23　本院2010届毕业生在各类用人单位的月收入

### （八）创业人才比例

麦可思调查的2010届毕业生自主创业比例为4.8%，如图24所示。

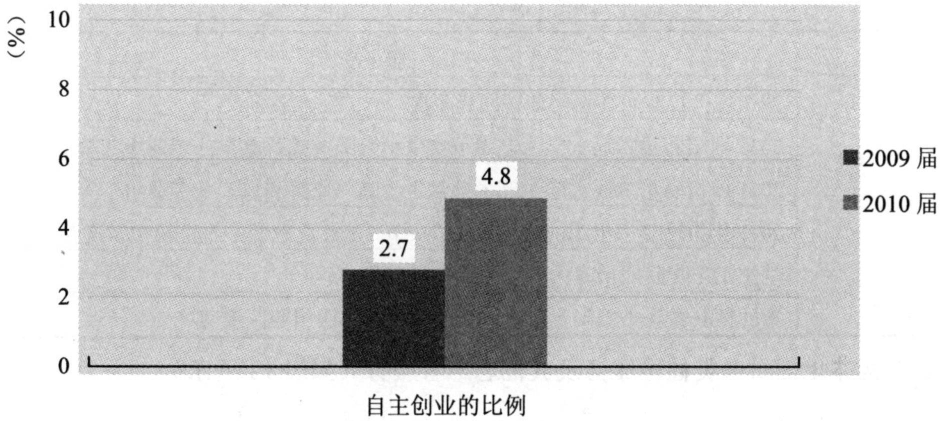


图 24　2009 届、2010 届毕业生半年后自主创业的比例

### （九）专升本比例

本院统计的 2011 届毕业生中 4.6%升入本科继续就读。

## 五、社会服务

学院积极为本地的经济、文化与社会发展提供服务。本院 2011 年共培训非学历学生 14 563 人，共 15 162 课时。与本地企业共同开发课程 12 门，为本地企业提供咨询服务总收入共计 36 万元，为本地企业的新雇员提供职前培训 890 人次。此外，本院还为本地举办了多次文化演出、体育比赛，并组织学生开展了多次关爱老人等志愿者服务活动。

### （一）社会人才培养服务（如表 11 所示）

表 11　2011 年度社会服务一览表

| 社会服务项目 | 数量 |
|---|---|
| 培训非学历学生规模（人） | 14563 |
| 为本地企业提供咨询服务总收入（万元） | 36 |
| 为本地企业的新雇员提供职前培训（人次） | 890 |
| 与本地企业共同开发课程（门） | 12 |

### （二）为本地开展文化演出、体育比赛等活动（如表 12 所示）

表 12　2011 年度文化演出、体育比赛等活动一览表

| 日　期 | 活　动 |
|---|---|
| 2011 年 6 月 | 四川省大学生田径运动会乙组团体第五名 |
| 2011 年 7 月 | 全国“院校长杯”乒乓球赛（北京） |
| 2011 年 7 月 | 全国体育说课比赛优胜奖　贺小芹 |
| 2011 年 9 月 | 四川省高职院校篮球锦标赛，男子第五名、女子第三名 |

（续表）

| 日 期 | 活 动 |
| --- | --- |
| 其他 | 四川省“校院长杯”网球巡回赛多次，一二三名各多次 |
| | 2011 四川省第六届大学生艺术节女生小合唱《掐蒜薹》获专业组二等奖 |
| | 2011 四川省第六届大学生艺术节学生绘画《原野和风》获专业组一等奖 |
| | 2011 年为遂宁市组织的建党节、国庆节、涪江之秋等节目汇演中多次获得一等奖 |
| | 学生王艺霏获四川省大学生歌手大赛铜奖 |
| | 教师杨淑骅获“中国音乐金钟奖”声乐比赛四川赛区银奖 |

### （三）为本地提供各类社区服务及其他志愿者服务（如表 13 所示）

表 13 本院 2011 年度为本地提供医疗、健康咨询等服务一览表

| 日期 | 地点 | 服务内容 |
| --- | --- | --- |
| 2011 年 3 月 | 遂宁市 | 疾控中心“世界肺结核日”宣传 |
| 2011 年 12 月 | 遂宁市 | 卫生局、红十字会“世界艾滋病日”宣传 |
| 常年 | 遂宁市 | 小家电维修、敬老院探访、公益服务 |

（执笔：廖策权）

# 成都农业科技职业学院
# 2011 年度人才培养质量报告

## 一、办学基本信息

### （一）学校战略定位

立足成都，面向四川，辐射全国，以人才培养和服务成都两大功能为主、农业科技研发为辅，培养适应生产、建设、管理、服务第一级需要的高素质技能型人才。

### （二）二级学院/系建设

学院下设 6 个分院（畜牧兽医分院、农学园艺分院、建筑园林分院、经济管理分院、机电工程分院和电子信息分院）、2 个部（思政基础部、中等职业教育部）。

### （三）专业建设

1．专业结构与规模

学院共设置了 37 个专业，覆盖了 7 个专业大类。在校生规模最大的 3 个专业大类依次为农林牧渔大类（29.9%）、土建大类（26.1%）和财经大类（16.0%）。根据社会人才需求变化，学院适时暂停招生计算机多媒体技术、计算机信息管理、网络系统管理、电子信息工程技术、机电设备维修与管理、文秘等专业，并新申报 4 个专业：社区管理与服务、都市园艺、宠物养护与疾病防治、物联网应用技术，如图 1、表 1 所示。

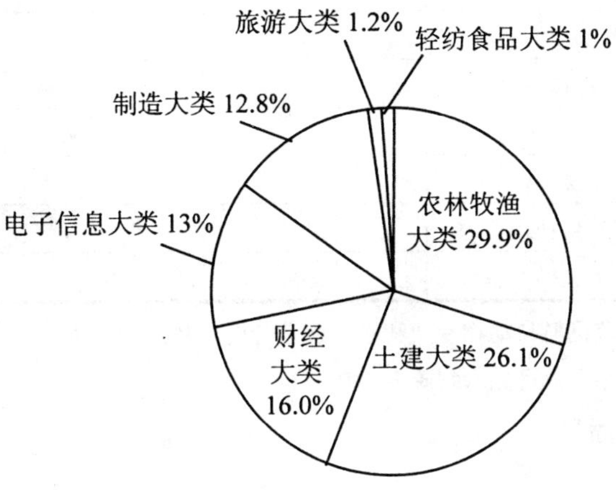


图 1　2010～2011 学年各专业大类在校生人数所占比例

表1　2010～2011学年各专业大类规模情况

| 专业大类代码 | 专业大类名称 | 设置专业数量（个） | 在校生数（人） | 在占校生总数的比例（%） |
|---|---|---|---|---|
| 51 | 农林牧渔大类 | 8 | 2838 | 29.9 |
| 56 | 土建大类 | 5 | 2482 | 26.1 |
| 62 | 财经大类 | 6 | 1516 | 16 |
| 59 | 电子信息大类 | 9 | 1234 | 13 |
| 58 | 制造大类 | 7 | 1219 | 12.8 |
| 64 | 旅游大类 | 1 | 116 | 1.2 |
| 61 | 轻纺食品大类 | 1 | 94 | 1 |
| 合计 | | 37 | 9499 | 100 |

2．重点或特色专业

学院建立了以园艺技术、畜牧兽医、园林工程技术、作物生产技术、市场营销、机电一体化技术和软件技术7个重点专业为龙头，相关专业为支撑的专业群。其中，中央财政支持提升专业服务产业发展能力专业2个，省级重点建设专业3个，成都市市级特色立项建设专业2个，院级重点建设专业4个，覆盖各分院，如表2所示。

表2　2010～2011学年重点或特色专业一览表

| 分院名称 | 专业名称 | 市级重点建设专业 | 成都市市级特色立项建设专业 | 院级重点建设专业 |
|---|---|---|---|---|
| 农学园艺分院 | 园艺技术 | √ | √ | |
| 畜牧兽医分院 | 畜牧兽医 | √ | √ | |
| 建筑园林分院 | 园林工程技术 | √ | | |
| 农学园艺分院 | 作物生产技术 | | | √ |
| 经济管理分院 | 市场营销 | | | √ |
| 机电工程分院 | 机电一体技术 | | | √ |
| 电子信息分院 | 软件技术 | | | √ |
| 畜牧兽医分院 | 饲料与动物营养 | | | |
| 合计 | | 3 | 2 | 4 |

（说明：畜牧兽医分院饲料与动物专业和农学园艺分院作物生产技术为中央财政支持提升专业服务产业发展能力专业。这两个专业可加入到表1-2中）

## （四）课程建设与质量

1．课程设置

全院开设的课程类型以“理论+实践课程”（B类）为主，占总学时的50.6%。纯理论课（A类）和纯实践课（C类）分别占总学时的20.6%和28.8%，如表3所示。

表 3　本院 2010～2011 学年课程设置情况一览表

| 类型 | 课时数（学时） | 占总学时的比例（%） |
| --- | --- | --- |
| 纯理论课（A 类） | 32 418 | 20.6 |
| 理论+实践课（B 类） | 79 455 | 50.6 |
| 纯实践课（C 类） | 45 247 | 28.8 |
| 合计 | 157 120 | 100 |

2．课程建设

全院共有省级精品课程 9 门，市级 10 门，院级 41 门（含省级 9 门和市级 10 门）。

**（五）在校生结构、规格**

全院共有全日制在校生 9194 人。全日制在校生以大学学龄人口为主，18～21 岁的学生占总数的 86.0%，如图 2 所示。

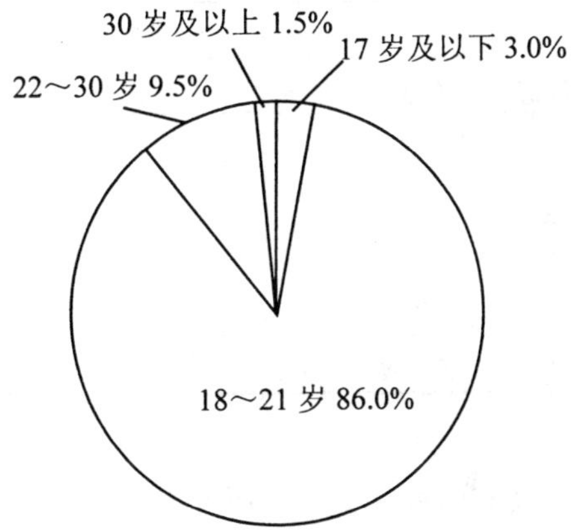


图 2　2010～2011 学年全日制在校生年龄结构分布

**（六）教职员工队伍建设**

1．双师素质教师所占比例

全校共有专兼职教师 578 人，其中专任教师 329 人，兼职教师 249 人。专任教师中 50%具有双师素质。

2．参与校外进修、培训、交流的教师比例（如表 4 所示）

表 4　2010～2011 学年专任教师接受培训情况

| 专业技术服务结构 | 合计（人） | 国内（人） | | | 国（境）外（人） |
| --- | --- | --- | --- | --- | --- |
| | | 1 月以内 | 1～3 月以内 | 一年及以上 | 一个月以内 |
| 正高级 | 2 | 2 | 0 | 0 | 0 |
| 副高级 | 38 | 36 | 0 | 1 | 3 |
| 中级 | 48 | 37 | 11 | 0 | 1 |
| 初级 | 47 | 44 | 3 | 0 | 0 |
| 合计 | 2 | 2 | 0 | 0 | 0 |

## （七）办学条件保障

全院各项办学条件中，生均宿舍面积、具有研究生学位教师占专任教师的比例、生均教学科研仪器设备值、百名学生配教学用计算机台数、百名学生配多媒体和语音实验室座位数都远远高于国际标准，如表5所示。

表5　2010～2011学年办学基本条件一览表

| 基本监测指标 | 综合类高职达标指标 | 本院数据 |
|---|---|---|
| 生均占地面积（平方米/生） | ≥54 | 33.68 |
| 生均教学行政用房面积（平方米/生） | ≥14 | 12.61 |
| 生均宿舍面积（平方米/生） | ≥6.5 | 7.67 |
| 生均实践场所面积（平方米） | ≥5.3 | 6.01 |
| 生师比 | ≥18 | 17.32 |
| 具有高级职务教师占专任教师的比例（%） | ≥20 | 16.1 |
| 具有研究生学位教师占专任教师的比例（%） | ≥15 | 31.0 |
| 生均教学科研仪器设备值（元/生） | ≥4000 | 4489.2 |
| 新增教学科研仪器设备所占比例（%） | ≥10 | 10 |
| 生均图书（册/生） | ≥80 | 50.45 |
| 生均年进书量（册） | ≥3 | 2.21 |
| 百名学生配教学用计算机台数（台） | ≥8 | 13.57 |
| 百名学生配多媒体教室和语音实验室座位数（个） | ≥7 | 86.09 |

## （八）办学经费及效率

1．年度办学经费总收入及其结构（如图3所示）

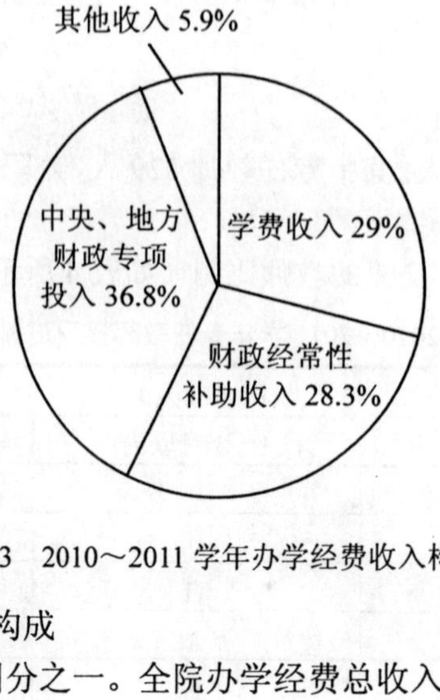


图3　2010～2011学年办学经费收入构成

2．生均培养成本的公私构成

学生个人负担的成本约四分之一。全院办学经费总收入为13 285.9万地，主要来源依次为“中央、地方财政专项投入”（36.8%）、“学费收入”（29.0%）和“财政经常性补助收入”（28.3%）。全院共有全日制在校生 9194 人，生均培养成本约为 14 450.6 元，政府投入为主体（点 65.1%）。

3．年度办学经费总支出及其结构

全院办学经费总支出为 10 728.3 万元，除其他支出外，还用于基础设施建设（15.3%）、日常教学经费（11.2%）和设备采购（4.7%）等，如图 4 所示。

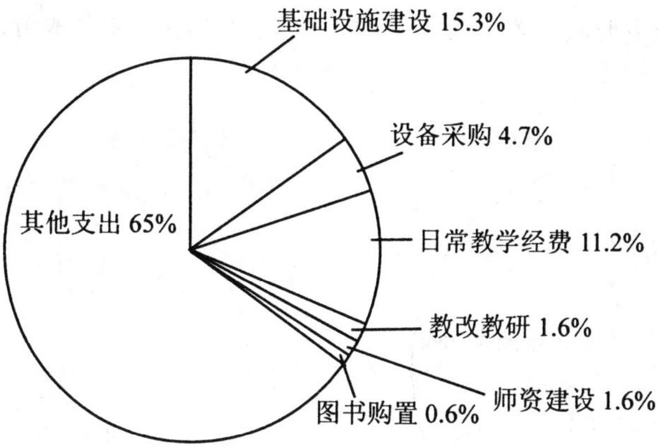


图 4　2010～2011 学年办学经费支出构成

4．收入与支出的比率

全院办学经费的总收入与总支出比为 1∶0.81，如表 6 所示。

**表 6　2010～2011 学年办学经费一览表**

| 经费收入 | | | 经费支出 | | |
|---|---|---|---|---|---|
| 项目 | 金额（万元） | 所占比例（%） | 项目 | 金额（万元） | 所占比例（%） |
| 学费收入 | 3852.9 | 29 | 基础设施建设 | 1641.4 | 15.3 |
| 财政经常性补助收入 | 3754.6 | 28.3 | 设备采购 | 504.2 | 4.7 |
| 中央、地方财政专项投入 | 4893.2 | 36.8 | 日常教学经费 | 1201.5 | 11.2 |
| 其他收入 | 785.2 | 5.9 | 教改教研 | 171.7 | 1.6 |
| | | | 师资建设 | 171.7 | 1.6 |
| | | | 图书购置 | 64.4 | 0.6 |
| | | | 其他支出 | 6973.4 | 65 |
| 总收入 | 13 285.9 | 100 | 总支出 | 10 728.3 | 100 |
| 收支比率 | | | 1∶0.81 | | |

## 二、生源与教育公平

### （一）计划招生数、实际录取数及寻取后报到率

2011 年计划招生 3040 人，实际录取 3912 人，实际报到 3151 人。新生报到率为 80.55%。招生口径以全国统考为主。

### （二）生源分布地区

本院的人才培养主要满足本地教育需求，生源中 31.9%来自本市，94.4%来自本省，如图 5、图所示。

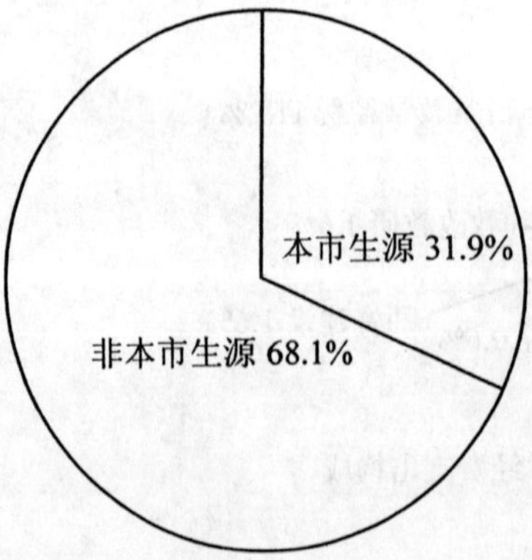


图 5　2010 届毕业生中来自本市/非本市的比例

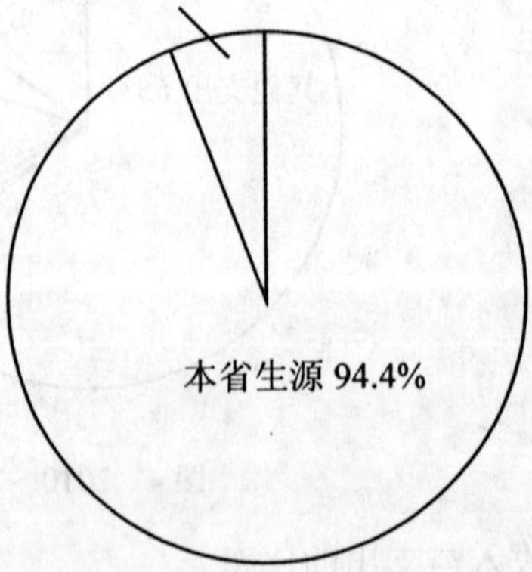


图 6　2010 届毕业生中来自本省/非本省的比例

### （三）生源背景与教育扶贫

本院主要满足了弱势群体的教育需求，使高等教育成为提升人力资本、改变个人及家庭命运、实现代际（父母与子女这两代人之间）向上流动的一项扶贫工程和社会和谐工程。2010 届毕业生中，90%是家庭中的第一代大学生，50%是农民或者农民工的子女。

1．家庭中的第一代大学生所占比例（如图 7 所示）

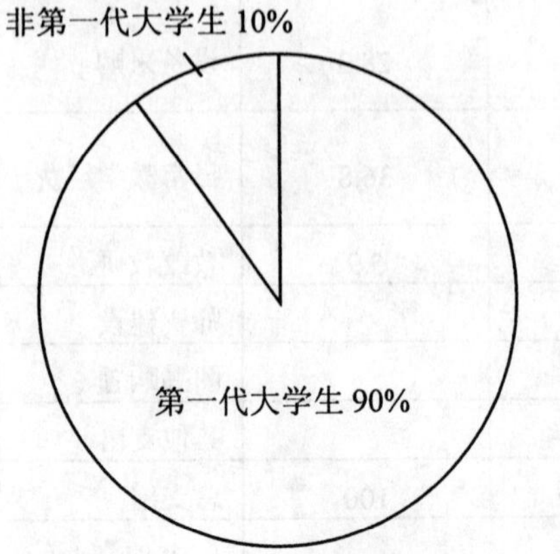


图 7　2010 届毕业生中为家庭中第一代/非第一代大学生的比例

注：家庭中第一代大学生指父母最高的学历为“小学及以下”、“初中”、“高中”的毕业生。

2．父母是农民或农民工所占比例（如图 8 所示）

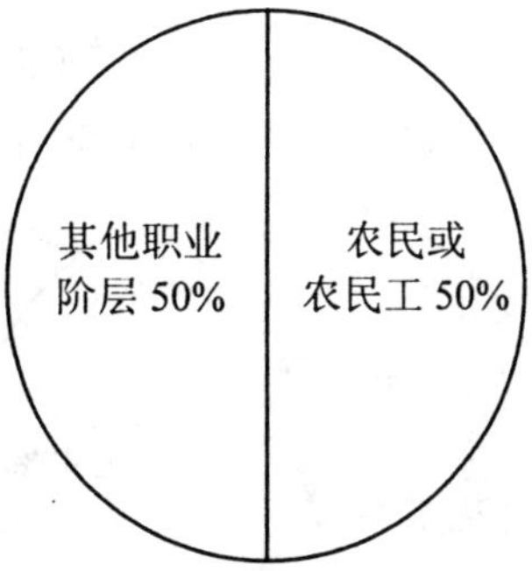


图 8　2010 届毕业生中来自农民或农民工家庭/其他家庭的比例

注："其他职业阶层"指管理阶层、专业人员、产业与服务业员工、无业与退休家庭。

3．父母是无业或退休人员所占比例（如图 9 所示）

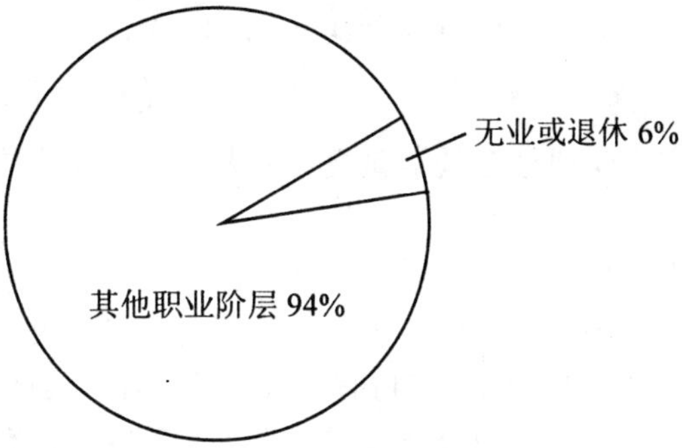


图 9　2010 届毕业生中来自无业或退休家庭/其他家庭的比例

注："其他职业阶层"指管理阶层、专业人员、产业与服务业员工、农民与农民工家庭。

## 三、培养过程质量

### （一）课堂教学

在毕业生中，认为所学专业核心课程对自己目前的工作或学习"有些重要"、"重要"、"非常重要"、"极其重要"的共占 74%，如图 10 所示。

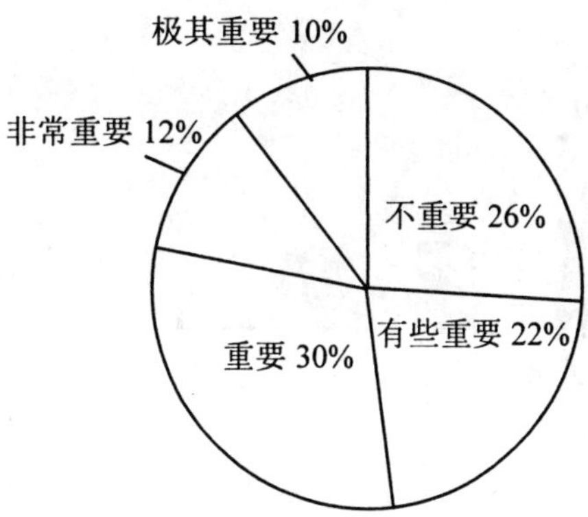


图 10　2010 届毕业生认为核心课程的重要度

（二）毕业生对所学专业核心课程的满足度

在认为所学专业核心课程“有些重要”、“重要”、“非常重要”、“极其重要”的毕业生中，49%的人认为本院的课程训练满足他们的工作或学习要求，如图11所示。

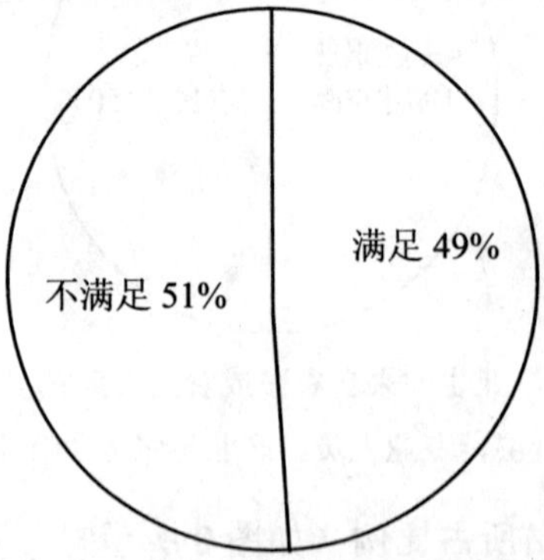


图11　2010届毕业生认为核心课程的满足度

（三）实训和实习

推进校企合作，建立产学研结合教学新模式，大力推进校外顶岗实习。

案例分享：

校企合作，共建实训基地

学院与企业合作建立了100余个校外实践教学基地，如与四川省旺达饲料有限公司、四川种都种业有限公司、四川国光农化股份有限公司等合作，实行“资源共享、人员互动、优势互补、发展共商、互惠双赢”的校企合作模式，为学生提供不少于半年的顶岗实习，提高学生实际动手能力，实现人才培养的“产销衔接”。

（四）学生服务

1．毕业生接受就业服务的比例

83%的毕业生曾经接受过本院提供的就业服务，其中参与度最高的两项服务依次为大学组织的招聘会（55%）、职业发展规划（49%），如图12所示。

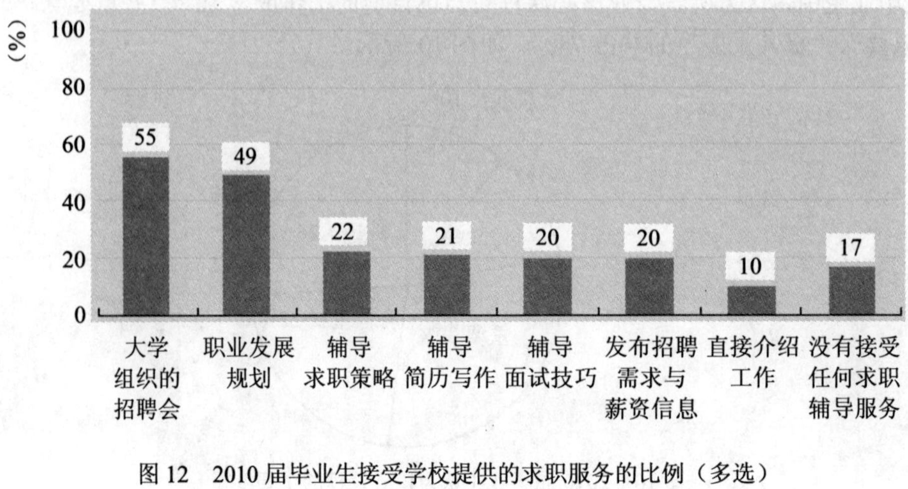


图12　2010届毕业生接受学校提供的求职服务的比例（多选）

2．对就业服务的有效性评价

接受过就业服务的毕业生认为最有效的依次为辅导面试技巧（87%）、发布招聘需求与薪资信息（82%）、辅导简历写作（80%）等，如图 13 所示。

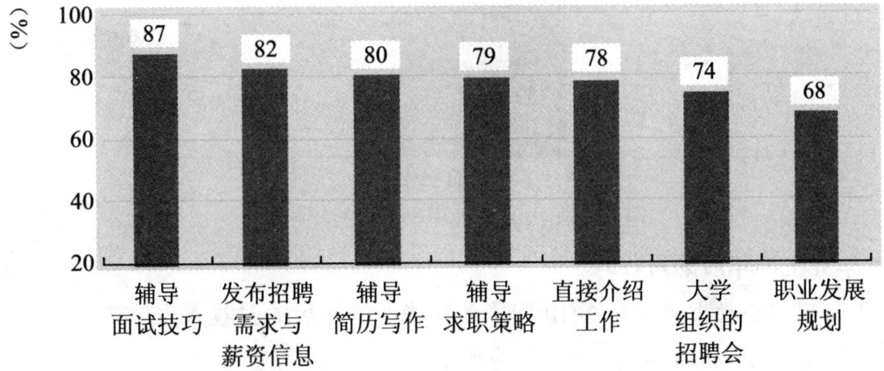


图 13　2010 届毕业生认为学校提供的求职服务有效的比例

3．学生资助（如表 7 所示）

**表 7　2010～2011 学年奖/助学金资助一览表**

| 奖助类别 | 奖助范围 | 项目名称 | 奖助人数（人） | 人均奖助金额 |
|---|---|---|---|---|
| 奖学金 | 畜牧兽医分院毕业生 | “三仪”奖学金 | 28 | 100 |
| | | “大北农”奖学金 | 16 | 1000 |
| | | “铁骑力士”奖学金 | 14 | 600 |
| | | “正大”奖学金 | 9 | 500 |
| | 全院学生 | 优秀学生奖学金 | 3339 | 224.86 |
| | | 学生科技项目 | 344 | 1600 |
| | | 国家奖学金 | 6 | 8000 |
| | 全院贫困生 | 国家励志奖学金 | 224 | 5000 |
| 助学金 | 全院贫困生 | 国家助学金 | 2903 | 3000 |
| | | 学校贫困助学 | 18 | 3000 |
| | | 广州助学金 | 15 | 2000 |
| | 西藏籍学生 | 西藏籍生源学生资助金 | 9 | 5100 |
| 困难补助 | 全院贫困生 | 贫困生一次性伙食补贴 | 2801 | 100 |
| 助学贷款 | 全院贫困生 | 生源地信用助学贷款 | 255 | 5000 |
| 勤工助学 | 全院贫困生 | 勤工助学 | 95 | 140 |

## 四、培养结果质量

### （一）毕业生半年后的就业率

根据麦可思调查数据，本院 2010 届毕业半年后的就业率为 95.1%，比本省高职 2010 届（89.5%）高 5.6 个百分点，如图 14 所示。

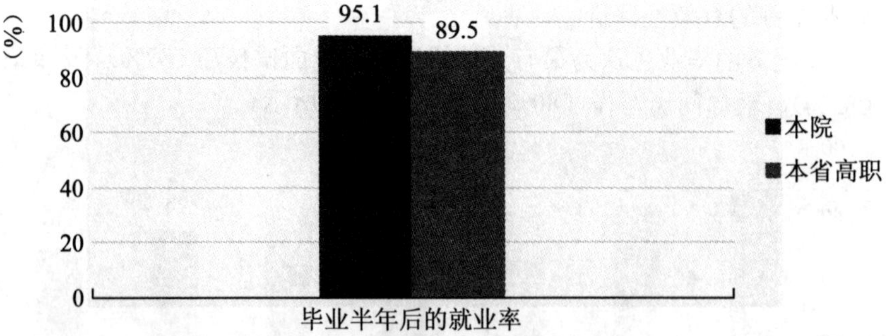


图 14　2010 届毕业生半年后的就业率

### （二）毕业生半年后的月收入

根据麦可思调查数据，本院 2010 届毕业生毕业半年后的月收入为 2575 元，比本省高职 2010 届（2261 元）高 314 元，如图 15 所示。

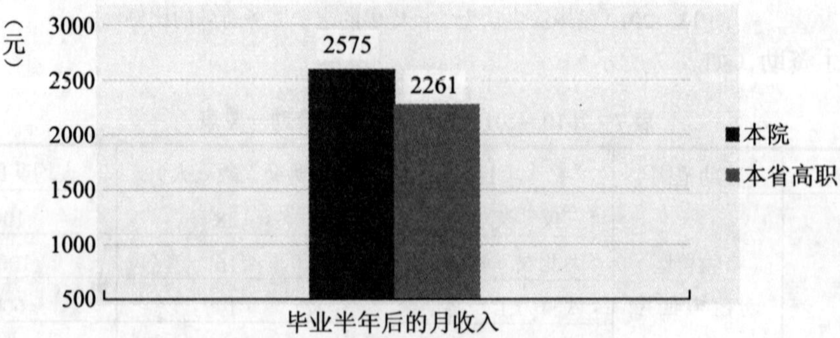


图 15　2010 届毕业生半年后的月收入

### （三）毕业生对母校总体满意度和推荐度

根据麦可思调查数据，有 85%的 2010 届毕业生对母校总体上感觉“满意”、“很满意”、“非常满意”，与本省高职院校的平均水平（85%）持平。50%的校友愿意向考生推荐母校，比本省高职院校的平均水平（58%）低 8 个百分点。

1. 校友满意度（如图 16、图 17 所示）

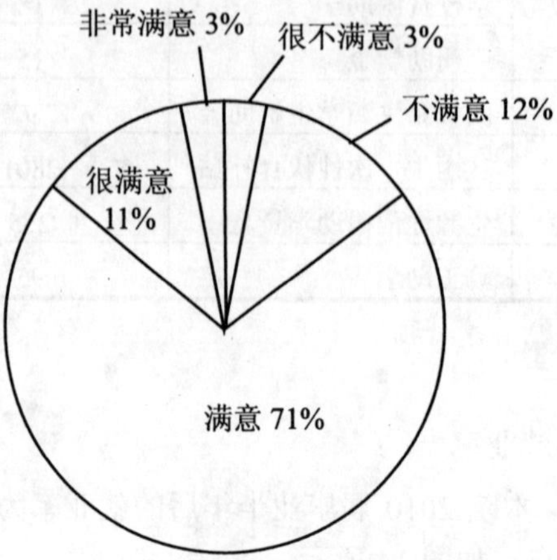


图 16　2010 届毕业生对母校的满意度

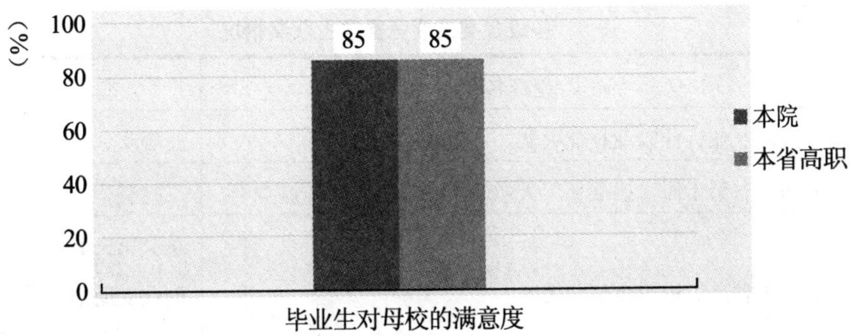


图 17　2010 届毕业生对母校的满意度（与本省高职对比）

2. 校友推荐度（如图 18、图 19 所示）

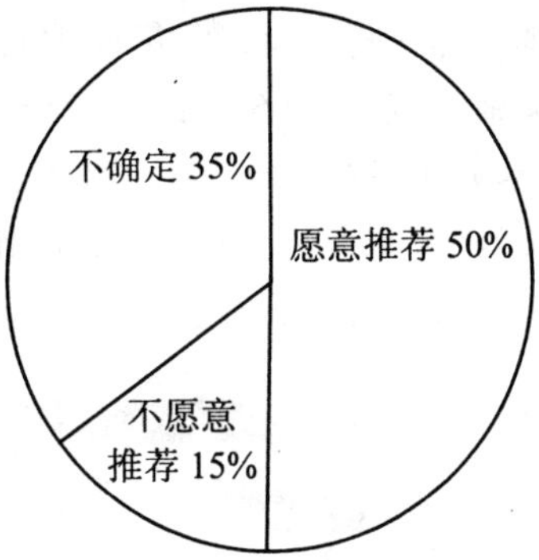


图 18　2010 届毕业生对母校的推荐度

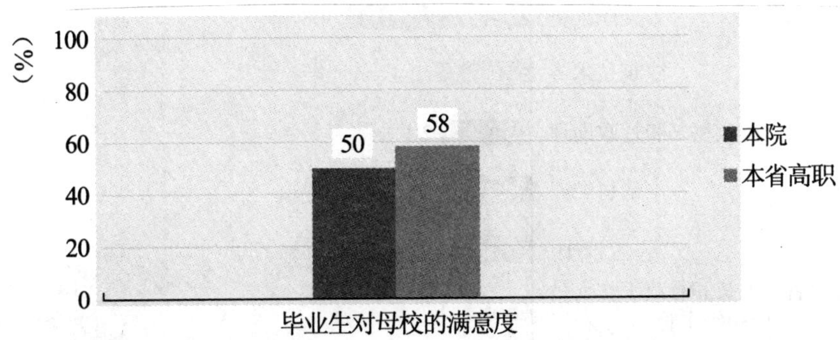


图 19　2010 届毕业生对母校的推荐度（与本省高职对比）

**（四）毕业生获得职业资格证书的比例及竞赛获奖**

学院所有专业实施“双证书”制度，毕业生“双证书”获取率达到 95%以上，如表 8 所示。

表8　各级各类技能竞赛学生获奖情况

| 竞赛级别 | 竞赛名称 | 获奖级别 |
| --- | --- | --- |
| 国家级 | 全国农业行业职业技能大赛 | 一等奖、二等奖、三等奖 |
| 省级 | 四川省第十届“挑战杯”大学生课外学术科技作品竞赛 | 二等奖、三等奖 |
|  | 四川省高校毕业生创业大赛 | 总分第三名<br>创业支助金<br>唯一获奖的高职高专院校 |
| 其他 | 各级各类技能竞赛 | 30余项表彰奖励 |

## （五）对主要职业的人才贡献及其质量

根据麦可思调查数据，本院2010届毕业就业量最大的前五位职业依次为“销售代表、服务商”（6.8%）、会计（5.1%）、施工技术员（5.1%）、文职人员（4.8%）、建筑技术员（2.4%）。其相应的月收入分别为建筑技术员（3222元）、施工技术员（2982元）、“销售代表、服务商”（2891元）、会计（2088元）、文职人员（1920元），如图20、图21、表9所示。

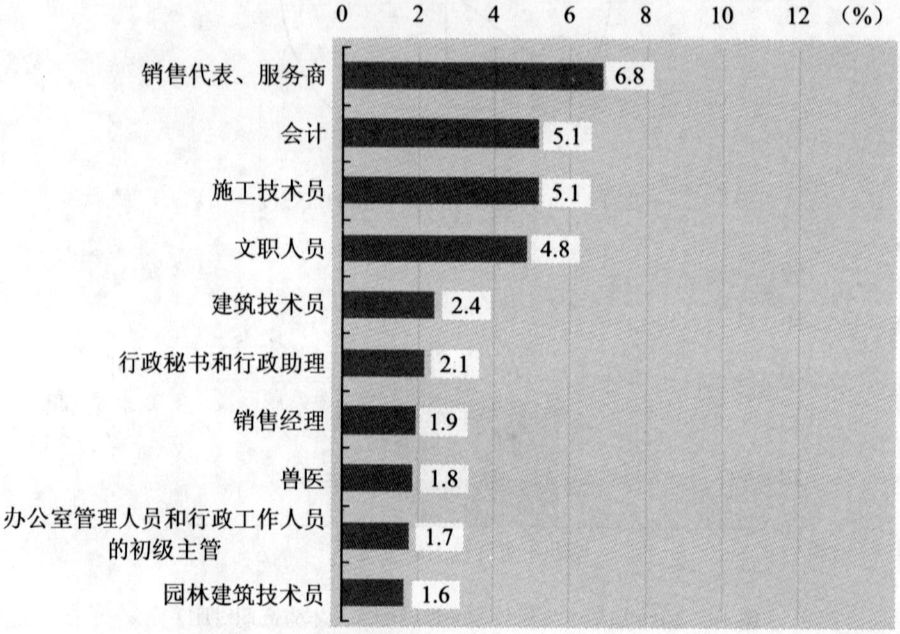


图20　2010届毕业生就业量最大的前十位职业

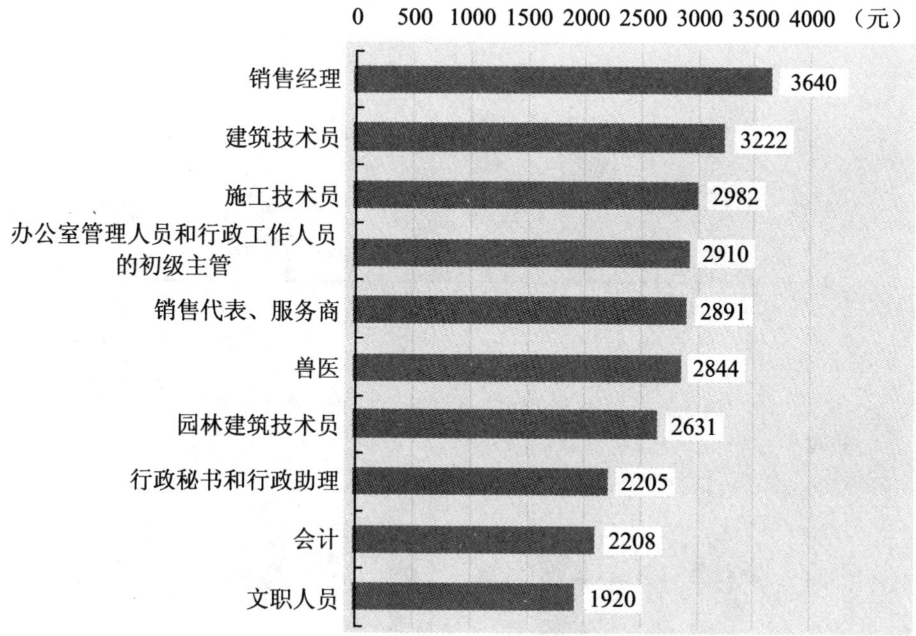


图 21　2010 届毕业生就业量最大的前十位职业的月收入

**表 9　2010 届毕业生就业量最大的前十位职业及月收入**

| 职业名称 | 就业比例（%） | 本院半年后的月收入（元） |
|---|---|---|
| 销售代表、服务商 | 6.8 | 2891 |
| 会计 | 5.1 | 2088 |
| 施工技术员 | 5.1 | 2982 |
| 文职人员 | 4.8 | 1920 |
| 建筑技术员 | 2.4 | 3222 |
| 行政秘书和行政助理 | 2.1 | 2205 |
| 销售经理 | 1.9 | 3640 |
| 兽医 | 1.8 | 2844 |
| 办公室管理人员和行政工作人员的初级主管 | 1.7 | 2910 |
| 园林建筑技术员 | 1.6 | 2631 |
| 本院平均 | — | 2575 |

## （六）对主要行业的人才贡献及其质量

根据麦可思调查数据，本院 2010 届毕业生就业量最大的前五位行业依次为住宅建筑施工业（6.0%）、“建筑基础、结构、楼房外观承建业”（3.7%）、养猪业（3.2%）、建筑装修业（3.0%）、“高速公路、街道及桥梁建筑业”（2.6%）。其相应的月收入分别为高速公路、街道桥梁建筑业（3182 元）、住宅建筑施工业（2931 元）、养猪业（2772 元）、“建筑基础、结构、楼房外观承建业”（2639 元）、建筑装修业（2480 元），如图 22、图 23、表 10 所示。

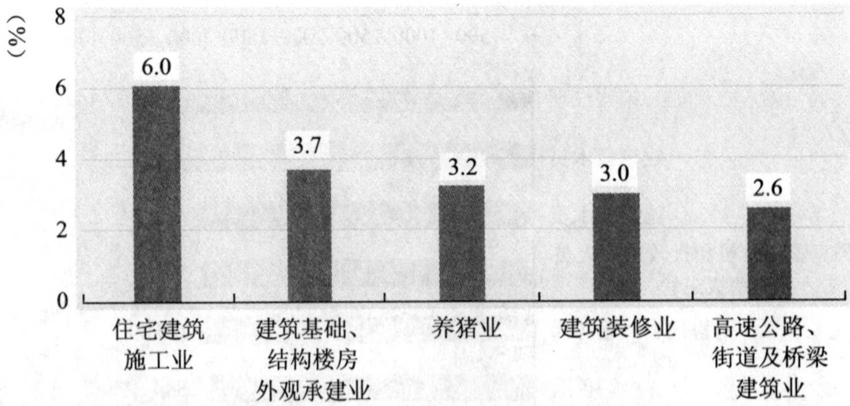


图22　本院2010届毕业生就业量最大的前五位行业

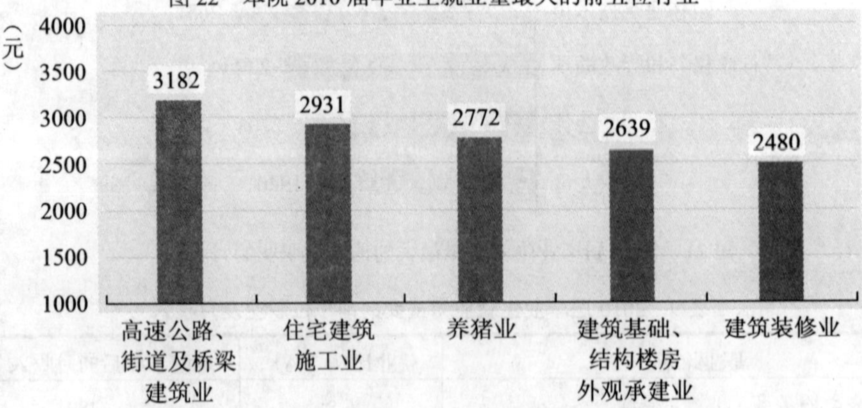


图23　2010届毕业生就业量最大的前五位行业的月收入

**表9　本院2010届毕业生就业量最大的前五位行业及月收入**

| 行业名称 | 就业比例（%） | 本院半年后的月收入（元） |
|---|---|---|
| 住宅建筑施工业 | 6.0 | 2931 |
| 建筑基础、结构、楼房外观承建业 | 3.7 | 2639 |
| 养猪业 | 3.2 | 2772 |
| 建筑装修业 | 3.0 | 2480 |
| 高速公路、街道及桥梁建筑业 | 2.6 | 3182 |
| 本院平均 | — | 2575 |

**（七）对本地区的人才贡献**

本院2010届毕业生中65.7%在成都市就业。此外，本院还主动承担各类基层干部、农技人员培训和沾光上农业技术人员培训。

**（八）对不同类型企业的人才贡献及其质量**

根据麦可思调查数据，本院2010届毕业生半年后有72%就业于民营企业/个体，10%就业于国有企业，9%就业于三资企业。毕业半年后，在三资企业工作的本院毕业生月收入最高（3111元），其后依次是国有企业（2649元）、民营企业、个体（2568元）等，如图24、图25所示。

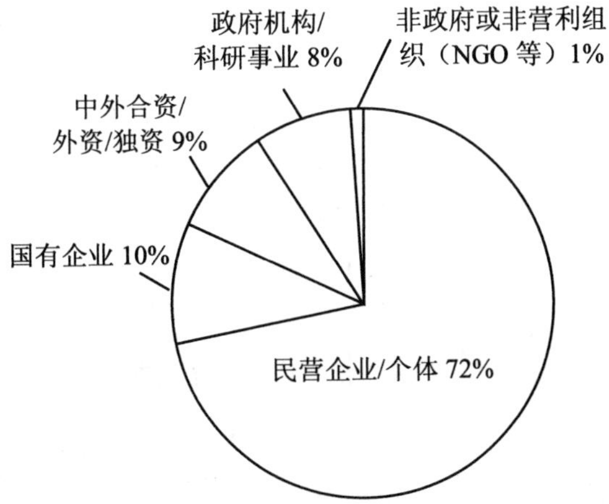


图 24　201 届毕业生就业的用人单位类型比例

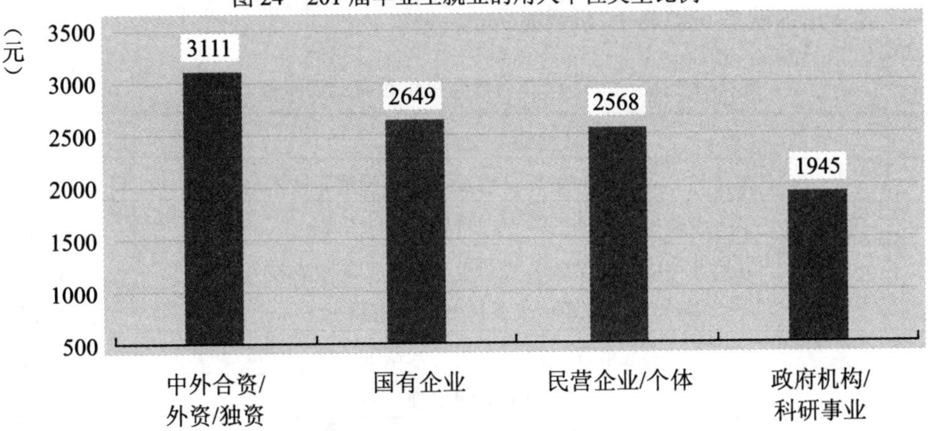


图 25　2010 届毕业生在各类用人单位的月收入

注：非政府或非营利组织（NGO 等）由于回答该问题的样本数不足，所以没有包括在图中。

## （九）创业人才比例

麦可思调查的本院 2010 届毕业生半年后选择自主创业的比例为 4.6%，比本省高职 2010 届（3.6%）高 1.0 个百分点，如图 26 所示。

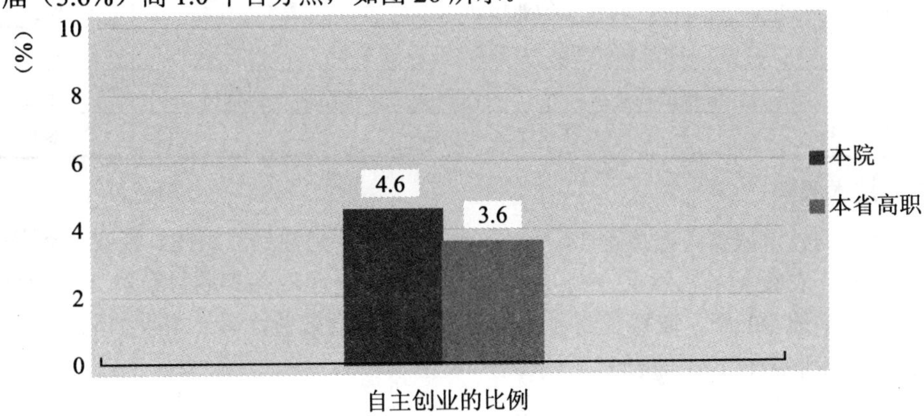


图 26　2010 届毕业生半年后自主创业的比例

案例分享：

提升就业、创业能力

本院在全省各高校率先开展 SIYB、KAB 创业师资培训和学生创业培训，建成“中国 KAB 创业培训基地”和成都市“大学生实岗模拟培训基地”。五年来，学生获得全国技能比赛、省“十佳青年学生”、“省高校毕业生创业大赛”、成都市“一专多能”优秀学生等国家、省、市各级各类表彰 292 人次，集体获得国家、省、市各级各类表彰 37 项。

（十）专转本比例

根据麦可思调查数据，本院 2010 届毕业生中 5%升入本科继续就读，与本省高职 2010 届（4.9%）基本持平。

## 五、社会服务

### （一）教育培训服务（如表 11 所示）

表 11　2010～2011 学年为社会提供教育培训服务一览表

| | 社会服务项目 | 服务对象 |
|---|---|---|
| 1 | 商务部援外人力资源开发项目畜禽饲养与管理新技术培训 | 国家 |
| 2 | 农业部“南南合作”项目援外人员培训 | 国家 |
| 3 | 农业部“基层农技推广体系改革与建设示范县”基层农技人员培训 | 四川省 |
| 4 | 省人事厅专业技术人员继续教育培训 | 四川省 |
| 5 | 省农业厅现代农业新技术培训 | 四川省 |
| 6 | 成都市劳务品牌培训 | 成都市 |
| 7 | 成都市农民专业合作社理事长培训 | 成都市 |
| 8 | 14 个区（市、县）的实用技术培训 | 成都市 |
| 9 | 农村劳动力转移培训 | 社会 |
| 10 | 下岗职工再就业培训 | 社会 |
| 11 | 星火科技培训 | 社会 |
| 12 | 创业培训 | 社会 |
| 13 | 编写农村劳动力转移培训教材 3 本 | 社会 |
| 14 | 编写《养猪与猪病防治》等 12 种农村实用技术培训系列教材 | 社会 |
| 15 | 企业员工技能培训 | 企业 |

### （二）技术服务

学院提供的技术服务覆盖成都 14 个区（市、县），并延伸到凉山州、雅安、资阳等地，近年来成功推广农牧类新品种 12 个、生产新技术 5 项，争取各类项目经费 245 万元，建立了各类服务基地 20 个，取得了明显的经济效益和社会效益，累计增收上亿元。并形成了多样化的技术服务模式，如表 12 所示。

**表 12　2010～2011 学年为社会提供技术服务一览表**

| 服务模式 | 合作方（举例） | 具体事宜 |
|---|---|---|
| 学院+企业 | 成都双流新彘猪业公司 | 全方位参与生产管理经营，促进公司发展，带动当地养猪业发展壮大 |
|  | 金田种苗公司 | 为成都地区蔬菜种植户提供优质种苗和栽培技术服务 |
|  | 新加坡企业新川公司 | 参与肉鸡产业化项目建设，全面负责技术服务，该项目已被纳入成都市农业产业化重大项目 |
| 学院+园区+业主 | 双流昆山都市农业园区 | 建立昆山实训基地，派出老师与学生参与业主的生产、管理全过程，帮助业主发展生产 |
| 学院+协会+农户 | 成都市青白江区福洪乡凯特杏基地 | 开辟杏花观赏旅游项目，带动“农家乐”的发展，成为成都市又一个旅游目的地 |
| 科技专家大院+地方+业主 | 乡（村） | 学院在双流县建立四个专家大院，为业主提供技术服务 |
| 其他 | 乡（村） | 学院在金堂县淮口镇帽顶村、邛崃市天台山镇土溪村、凉山州昭觉县竹核和尔古等地进行科技扶贫 |
|  | 其他单位 | 与成都农林科学院共同实施“科教帮扶”项目，按照“1+1 帮 1”的模式，指导服务成都的 14 个涉农区（市、县）农业生产与建设 |

（执笔：教务处）

# 四川财经职业学院<br>2011年度人才培养质量报告

## 一、基本情况介绍

### （一）学院简介

学院前身为成立于1963年的四川省财政学校。2006年，经四川省人民政府批准，独立升格为四川财经职业学院，隶属于四川省财政厅。

### （二）学院定位、培养特色、教育理念

明确“依托财政、立足财经、服务经济、辐射西部”的办学定位；以面向管理、服务第一线，培养“品德高、技能精、身心健、行为美、善理财、会经营”的高素质、高技能型财经人才为目标。

### （三）教育理念

秉承“学会做人、学会学习、学会理财、学会生活”的传统，牢记“理财至诚、精业致能”的校训，树立“善上课、会操作、能研究”的“双师”素质观。

### （四）二级院系设置、专业设置

学院设置了“五系三部两中心”的教学单位，即财税金融系、会计系、财务与审计系、工商管理系、电子商务系、基础部、艺术与体育部、思想政治教育部、实训中心和继续教育中心。设置了会计、金融管理与实务、审计实务、财务管理、市场营销、会计电算化等12个专业，其中：会计、金融管理与实务、市场营销专业为学院重点专业；会计、市场营销、审计实务、税务、法律事务专业为学院特色专业，会计电算化专业由我院和用友集团共建，如表1所示。

表1　院系设置、专业设置

| 设置专业数（个） | 专业平均学生数（人） | 2011年招生专业数（不含方向）（个） | 2011年招生专业占设置专业比（%） | 生源结构（%） | 重点专业数（个） | | 特色专业数（个） | |
|---|---|---|---|---|---|---|---|---|
| | | | | 普通高中起点 | 国家/省级 | 校级 | 国家/省级 | 校级 |
| 12 | 428.42 | 11 | 91.67 | 100 | 0 | 3 | 0 | 5 |

## 二、办学基本信息

### （一）经费收入与支出

学院办学经费年度收入为 7236 万元，收入构成情况如图 1 所示。

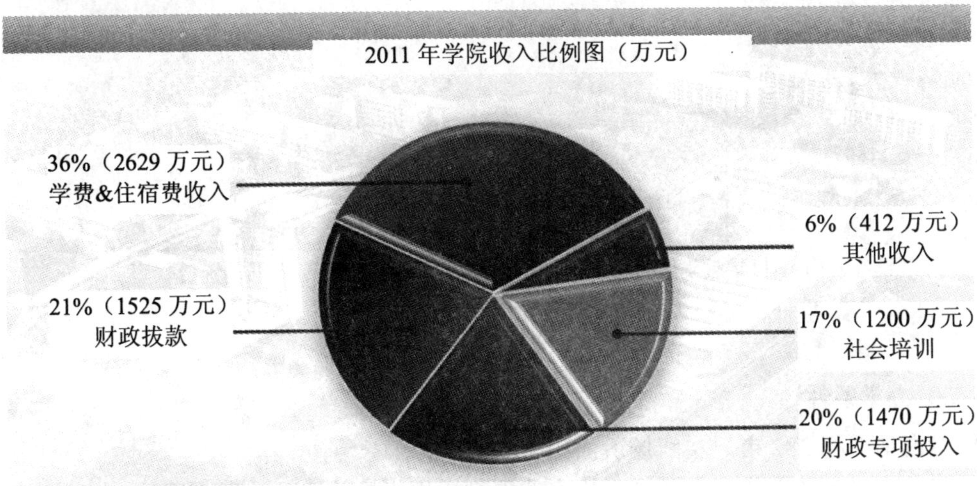


图 1　学院收入情况

由于办学体制的创新，拓宽了学院办学经费来源渠道，近年社会培训收入逐年稳步增加，2011 年社会服务收入近 1200 万元。

近年学院社会收入柱状图如图 2 所示。

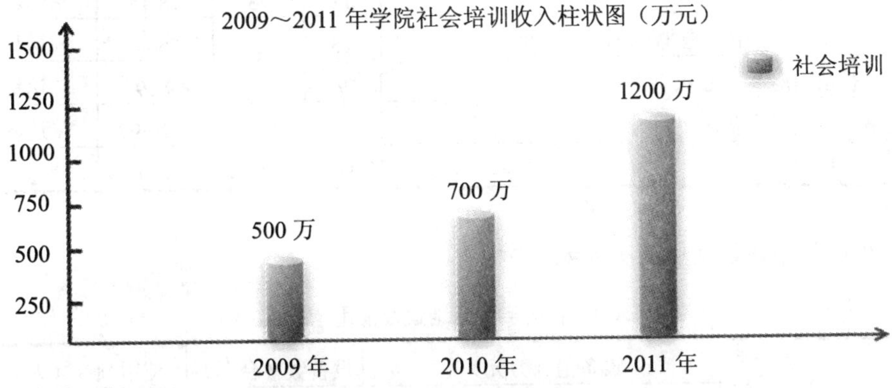


图 2　学院社会收入

学院年度办学经费支出及其结构如图 3 所示。

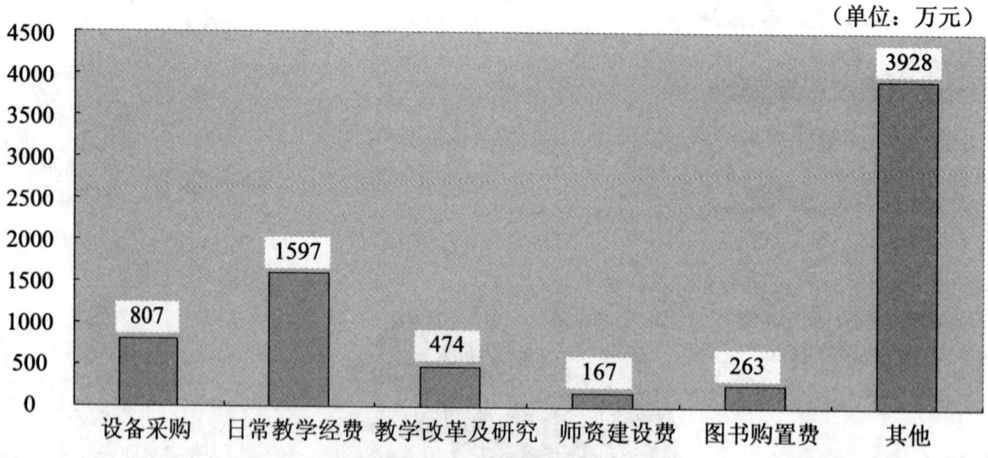


图3　学院经费支出情况

## （二）办学条件

学院占地面积382亩，实践场所面积7734平方米。

我院基本办学条件指标与教育部规定的限制招生指标的比较如表2所示。

表2　招生指标比较

| 项目＼指标 | 合格指标 | 限制招生指标 | 实际数据 | 比较结果 |
| --- | --- | --- | --- | --- |
| 生师比 | 18 | 23 | 18.45 | 达标 |
| 具有研究生学位教师占专任教师的比例（%） | 15 | 5 | 66.48 | 达标 |
| 生均教学行政用房（平方米/生） | 9 | 5 | 9.29 | 达标 |
| 生均教学科研仪器设备值（元/生） | 3000 | 2000 | 7020.97 | 达标 |
| 生均图书（册/生） | 80 | 45 | 120 | 达标 |

校内实训基地建设使用情况如表3所示。

表3　校内实训基地建设使用情况

| 基地数 | 建筑面积（平方米） | 设备值（万元） | | | 设备数（台套） | | 使用频率（人时） | |
| --- | --- | --- | --- | --- | --- | --- | --- | --- |
| | | 设备总值 | 当年新增设备值 | 社会（准）捐赠设备值 | 设备总数 | 大型设备 | 校内 | 社会 |
| 31 | 7734.23 | 1299.06 | 145.24 | 15 | 1616 | 7 | 2 425 600 | 5716 |

校外实训基地建设使用情况如表4所示。

表 4　校外实训基地建设使用情况

| 校外实习基地数（个） | 接待学生量（人次） | 其中接受半年顶岗实习学生数（人） | 学校派指导教师/学生管理人员（人次） | 接收毕业生就业数（人） |
|---|---|---|---|---|
| 110 | 1914 | 626 | 180 | 304 |

校园网建设情况及生均计算机台数如表 5 所示。

表 5　校园网建设情况及生均计算机台数

| 出口总带宽（Mbps） | 校园网主干最大带宽（Mbps） | 网络信息点数（个） | 管理信息系统数据总量（GB） | 百名学生配备计算机（台） |
|---|---|---|---|---|
| 42.00 | 1000 | 598 | 170 | 31 |

学院运动场面积 5570 平方米，生均 10.83 平方米，建有完善的体育设施如表 6 所示。

表 6　学院运动场及面积

| 体育设施 | 面积（平方米） |
|---|---|
| 400 米标准塑胶田径场 | 20 325 |
| 体育馆 | 9652 |
| 塑胶草坪足球场（1 个）；篮球场（6 个）；羽毛球场（5 个） | 13 928 |
| 塑胶网球场（3 个） | 2304 |
| 室内乒乓球场 | 906 |
| 塑胶排球场（6 个） | 2097 |
| 行体房 | 2980 |
| 拓展训练基地 | 3500 |

### （三）师资队伍

现有各类教师 279 人，其中：具有硕士及以上学位教师 119 人，高级职称教师 58 人，“双师型”素质教师 118 人。

教师业务培训和教学科研情况如表 7 所示。

表 7　教师业务培训和教学科研情况

| 教师类别 | 培训进修 | | 挂职锻炼 | 社会兼职 | 主持获奖项目 | 主持在研教学改革课题 | | 主持在研技术开发（攻关）课题 | | 公开出版著作与发表论文 |
|---|---|---|---|---|---|---|---|---|---|---|
| | 人次 | 时间（天） | 时间（天） | 时间（天） | | 项目数 | 到款额度（元） | 项目数 | 到款额度（元） | |
| 校内专任教师 | 109 | 2958 | 2743 | 2062 | 22 | 42 | 112 000 | 2 | 50 000 | 95 |
| 校内兼课教师 | 37 | 319 | 0 | 143 | 4 | 7 | 24 000 | 3 | 5000 | 15 |

教师工作满意度与幸福感：

我院绝大多数教师对学院工作满意，幸福感持续增加，工作满意指数与幸福指数均为92%。

**（四）生源情况**

2011 年度计划招生数、实际录取数、录取后报到率如表 8 所示。

**表 8 生源情况**

| 计划招生数 | 实际录取数 | 录取后报到率 |
|---|---|---|
| 1800 | 2306 | 83% |

四川省生源分布情况如表 9 所示。

**表 9 生源分布情况**

| 实际报到数 | 本省生源 | 本省生源% | 成都市生源% | 本省其他地市州% |
|---|---|---|---|---|
| 1924 | 1754 | 91.16% | 17.46% | 82.54 |

西部生源分布情况（除四川省）如图 4 所示。

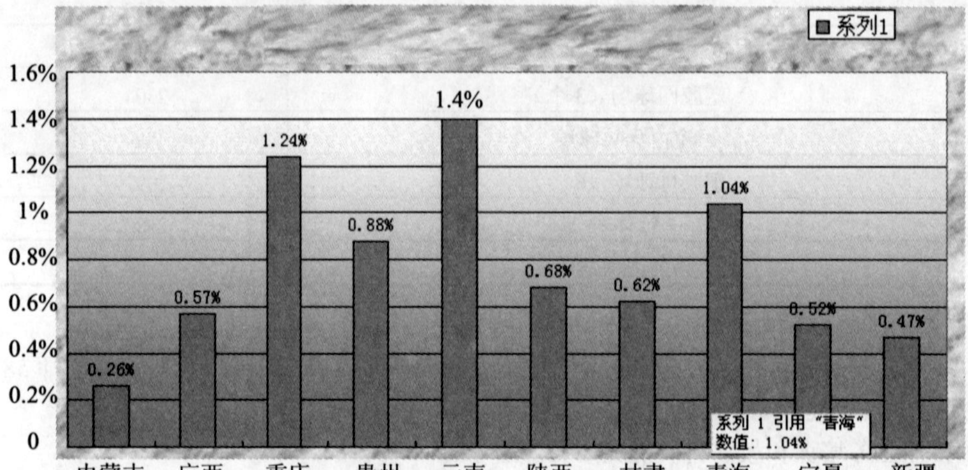


图 4 西部省份生源比例图

考生报考我院原因如图 5 所示。

毕业生高考时选择我院的最主要理由，是求学费用低（29%）和报考专业在该学院比较好（28%），学校的专业优势是考生选择的我院的重要理由。

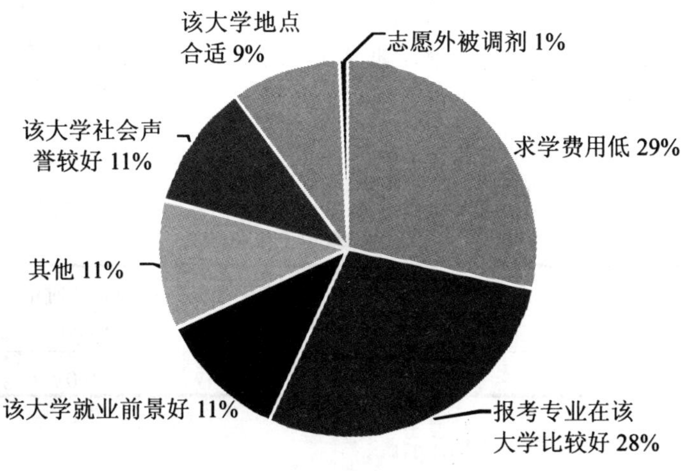


图 5　考生报考我院原因

## 三、高职人才培养过程

### （一）教学资源

课程总体情况信息如表 10 所示。

表 10　课程总体情况信息

| 开设课程总数（门） | 省级精品课程情况（门） | 院级精品课程情况（门） | 专业核心课程 | | 校企合作开发课程 | |
|---|---|---|---|---|---|---|
| | | | 门数 | 比例 | 门数 | 比例 |
| 236 | 6 | 9 | 114 | 48.1% | 48 | 20.25% |

课程性质信息如表 11 所示。

表 11　课程性质信息

| 开设课程总数（门） | 必修课程比例（%） | 专业选修课程比例（%） | 公共选修课程比例（%） |
|---|---|---|---|
| 236 | 57.2% | 25.76% | 17.04% |

教材使用情况信息如表 12 所示。

表 12　教材使用情况信息

| 课程门数 | 教育部精品教材 | 教育部规划教材 | 行业部委统编教材 | 校企合作开发教材 | 自编教材 | 讲义及其他 |
|---|---|---|---|---|---|---|
| | 比例（%） | 比例（%） | 比例（%） | 比例（%） | 比例（%） | 比例（%） |
| 236 | 0.74 | 23.7 | 12.5 | 9.63 | 7.0 | 56.3 |

行业企业参与教学情况：

校企合作单位为我院提供了 103 名兼职教师，除承担校外中期实习、顶岗实习教学任务外，兼职教师承担校内实训教学任务近 9200 课时，占校内实训课时的 40%，初步形成了实践教学由兼职教师讲授的机制。

兼职教师教学工作量情况如表 13 所示。

**表 13　兼职教师教学工作量情况**

| 教师类别 | 人数 | A 类总课时量（学时） | B 类总课时量（学时） | C 类总课时量（学时） | 教学总课时量 |
|---|---|---|---|---|---|
| 校外兼职教师 | 103 | 126 | 660 | 8390 | 9176 |

实践专家参与教学情况如表 14 所示。

**表 14　实践专家参与教学情况**

| 教授 B/C 类课程的专任教师情况 | | | 教授 B/C 类课程的校外兼职教师情况 | | |
|---|---|---|---|---|---|
| 教授 B/C 类课程的专任教师数（人） | 其中：双师素质数（人） | 双师比例（%） | 教授 B/C 类课程教师数（人） | 其中：校外兼职教师数（人） | 校外兼职教师所占比例（%） |
| 171 | 113 | 66.08 | 273 | 57 | 20.74 |

注：A 类课程为纯理论课程；B 类课程为理论课程+实践课程；C 类课程为纯实践课程

## （二）课堂教学

学院各专业生均课时及学分如表 15 所示。

**表 15　学院各专业生均课时及学分**

| 学院各专业生均学时（三年） | 学院各专业生均毕业最低学分（三年） |
|---|---|
| 2700 | 132 |

学生对所学专业核心课程的重要性评价如图 6 所示。

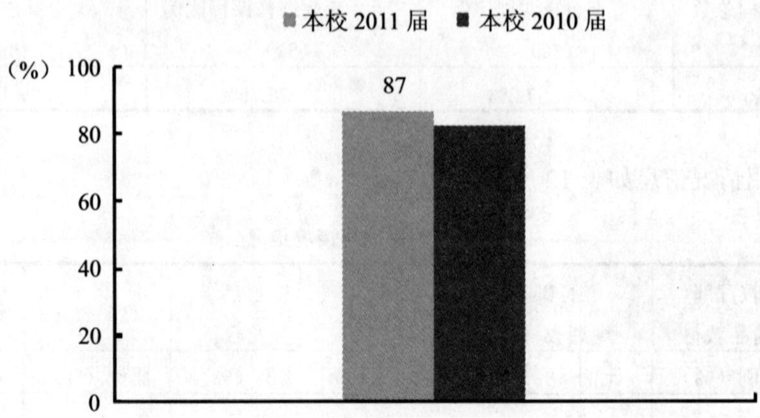


图 6　核心课程重要度

2011 届毕业生认为核心课程对现在的工作重要的比例为 87%，比本校 2010 届（83%）高 4 个百分点。

### （三）实践教学

学院构建起了基本技能训练、课程实训、中期实习、综合实训（专业综合实训、多专业综合实训）、顶岗实习的实践性教学体系。

通过调查，学生对实践教学总体满意度为 78%，对我院实践教学条件满意度达 77 %，对实践课程满意度达 75 %。学生总体认为我院实践教学条件完备，实践课程能满足需要，教师指导效果好，教学质量高。

2011 年度，有 55 所兄弟院校到我院考察学习实践性教学情况。

### （四）学生活动

学校成立了会计协会、审计协会、健美协会、理财协会、《窗》文学社、舞蹈社等 35 个学生社团组织，组织活动 48 次，如图 7 所示。

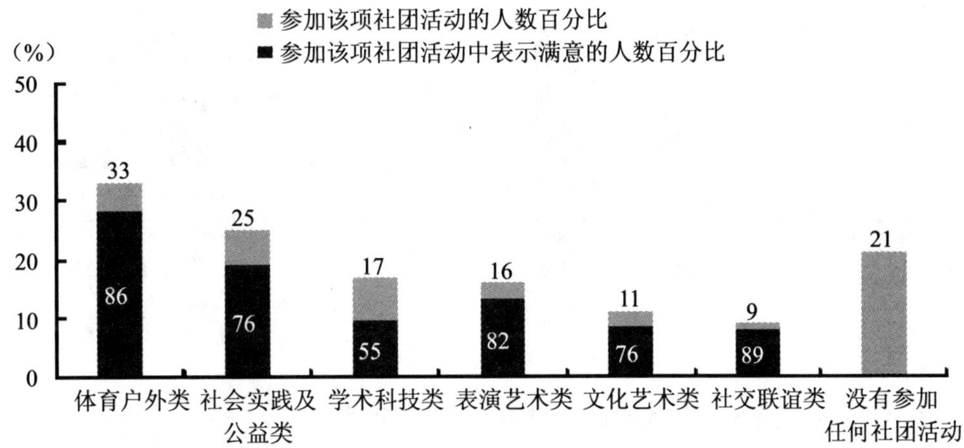


图 7 学生活动

33%的学生参加过体育户外类社团活动，其满意度为 86%；9%的人参加过社交联谊类社团活动，其满意度为 89%；另外，21%的人表示没有参加过任何社团活动。

### （五）学生服务

新生入学教育课时及对入学教育的满意度如表 16 所示。

**表 16 新生入学教育满意度调查**

| 项目<br>时间 | 生均入学教育课时 | 入学教育时间安排是否满意 | 校史介绍是否满意 | 学生教育管理服务是否了解清楚 | 专业介绍是否满意 | 学长导航是否满意 |
|---|---|---|---|---|---|---|
| 2010 | 36 | 76% | 74% | 68% | 80% | 82% |
| 2011 | 36 | 78% | 75% | 70% | 82% | 85% |

2011 年和 2010 年相比，学生对入学教育的满意度均有不同程度的提高。

心理健康服务：

2011 级新生参加 SCL-90 人数为 1873 人，有效数据为 1858 人，有效数据比率为 99.2%，参加 UPI 人数为 1837 人，有效数据为 1825 人，有效数据比率为 99.3%；参加新生入学教育心理健康教育专题人数 1923 人；心理咨询人数（包括面询、网络咨询）148 人；特别关注学生 9 人。

从图 8 中看出，2011 年度和 2010 年度相比，我院学生获取各种奖助学金、勤工俭学金的金额及获取比例均有不同程度的增加。2011 年度有 2070 名学生获得奖学金，发放奖学金总金额为 325 600 元，学生获得奖学金的比例为 37%。

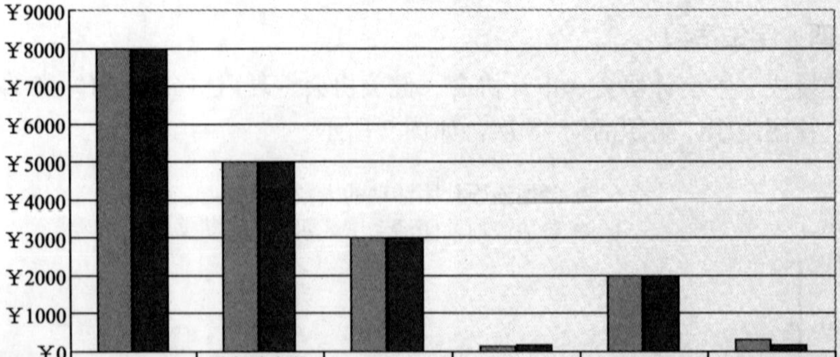


| | 国家奖学金 | 国家励志奖学金 | 国家助学金 | 勤工俭学金 | 广州助学金 | 临时补贴金 |
|---|---|---|---|---|---|---|
| 2011 年生均资助额 | ¥8000 | ¥8000 | ¥8000 | ¥8000 | ¥8000 | ¥8000 |
| 2010 年生均资助额 | ¥8000 | ¥8000 | ¥8000 | ¥8000 | ¥8000 | ¥8000 |

■ 2011 年生均资助额 ■ 2010 年生均资助额

图 8　助学金及奖学金情况

学生接受就业服务的比例及对就业服务的有效性评价如图 9 所示。

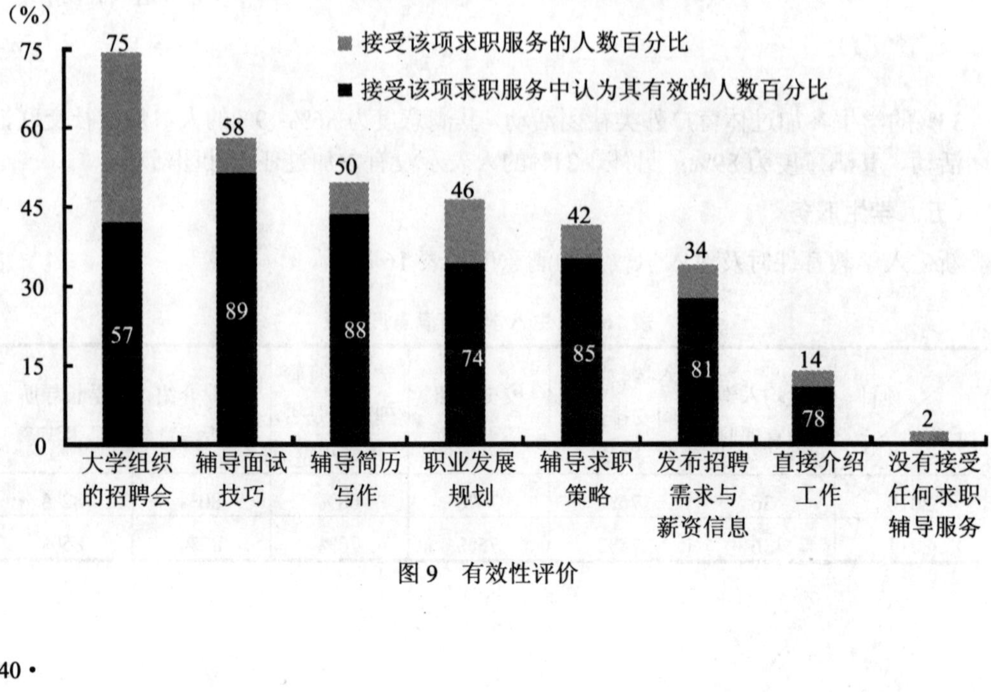


图 9　有效性评价

我院学生均不同程度地接受了学院提供的就业指导服务，超过80%的学生认为该项服务有效。

## 四、高职人才培养质量

### （一）学生获得省级以上竞赛奖励情况

2011年7月，我院学生参加由全国财政职业教育教学指导委员会和用友新道科技有限公司联合举办的第七届全国职业院校“用友杯”沙盘模拟经营大赛全国总决赛，荣获“二等奖”；2011年11月，我院学生参加由教育部高职高专经济类专业教学指导委员会、工业和信息化部人才交流中心、用友新道科技有限公司联合主办的第五届“用友杯”全国大学生会计信息化技能大赛全国总决赛，荣获“特等奖”；2011年12月20日，我院学生周亭亭在“第六届全国信息技术应用水平大赛”Office办公自动化高级应用中荣获一等奖。

### （二）毕业生就业和升学情况

毕业生就业率如图10所示。

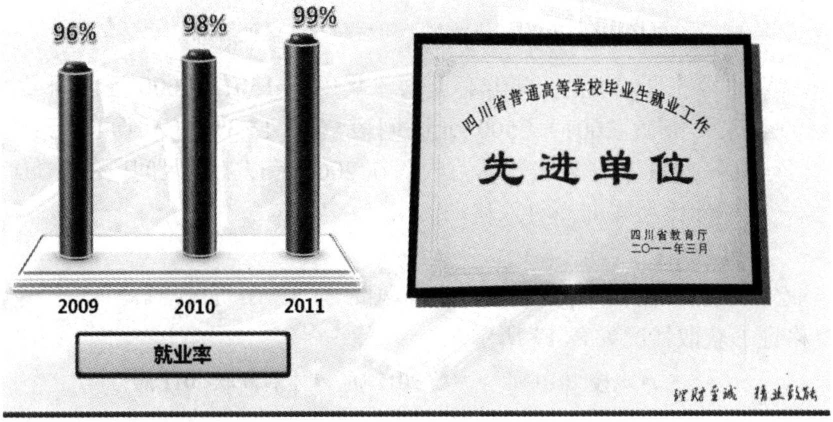


图10　毕业生就业率

就业对口率及新生录取情况如图11所示。

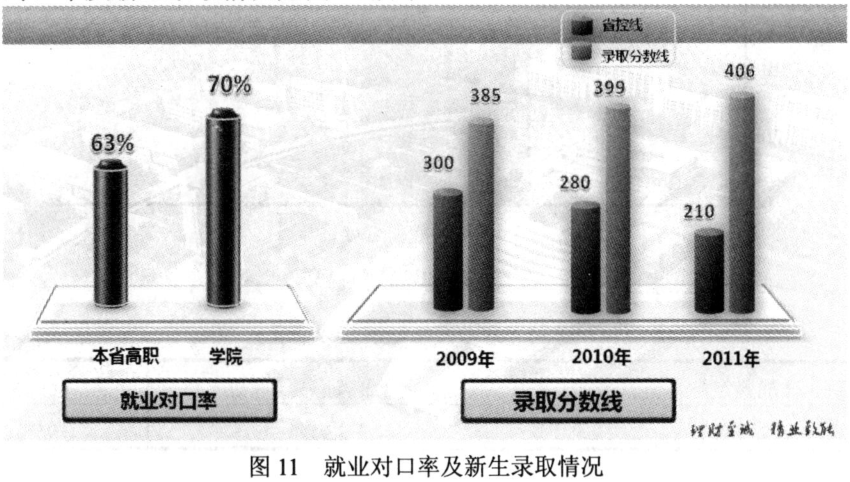


图11　就业对口率及新生录取情况

毕业生半年月收入分布如图 12 所示。

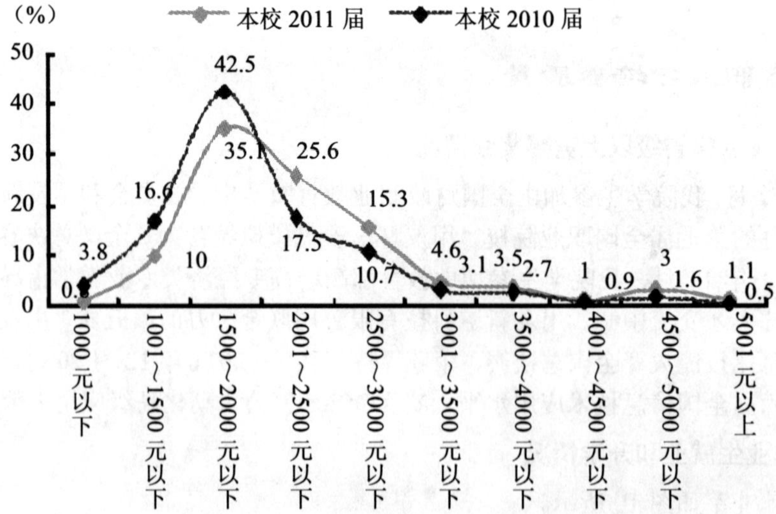


图 12　2011 届毕业生半年后月收入区间分布

2011 届毕业生中有 35.1%的人半年后月收入集中在 1501～2000 元区间段，有 25.6%的人半年后月收入集中在 2001～2500 元区间段，有 15.3%的人半年后月收入集中在 2501-3000 元区间段。2011 届毕业半年后月收入在 2001 元以上各区间段的分布比例均高于我校 2010 届，整体性比上届向高收入移动。

职业期待吻合度如图 13 所示。

学院毕业生职业期待吻合度比同期我省高职高专高 3 个百分点。

职业资格证书获取情况如表 17 所示。

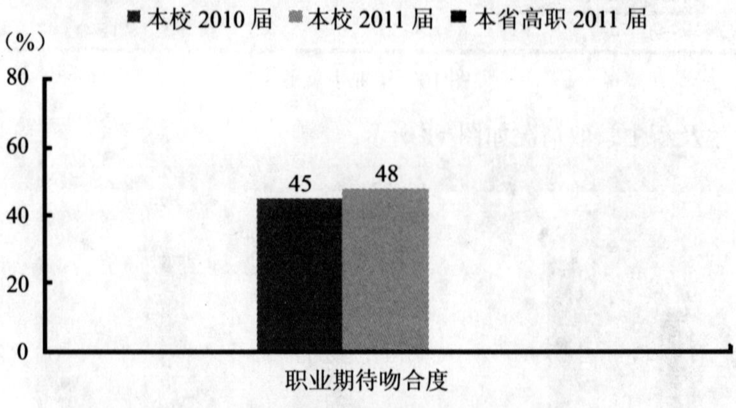


图 13　职业期待吻合度

**表 17　职业资格证书获取情况**

| 职业技能鉴定站（所）数 | 鉴定工种/证书名称数 | 取证率 |
| --- | --- | --- |
| 13 | 13 | 95% |

学习成本与教育投资回收期：

我院各专业三年平均学习成本 105 000 元（含学费、住宿费、书本费、机会成本等），半年后年均工资 23 000 元（不考虑学生未来收入增加因素）；投资收益率为 22%，静态投资回收期为 4.6 年。

升学情况：

专升本学生占有专升本需求学生的比例为 12%。

**（三）就业单位类型及对人才培养质量的评价情况**

用人单位类型如图 14 所示。

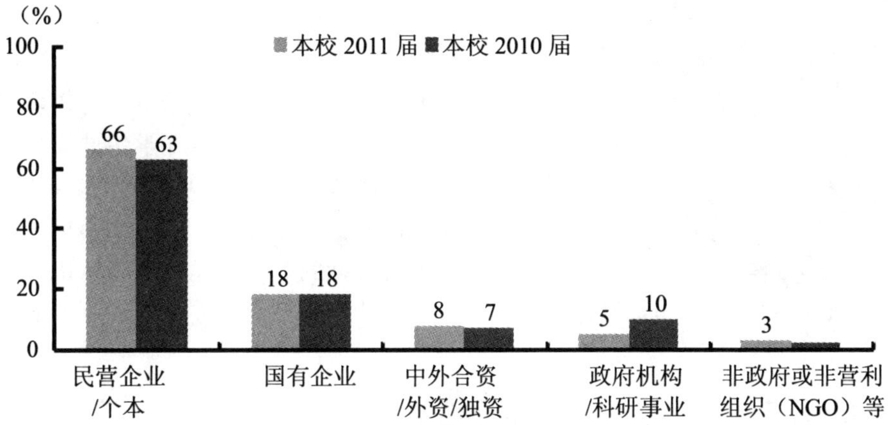


图 14　用人单位类型

用人单位对学校人才培养质量的总体满意度如表 18 所示。

**表 18　总体满意度**

| 用人单位满意度（%） | | |
|---|---|---|
| 满意或基本满意 | 一般 | 不满意 |
| 85.09 | 11.74 | 3.17 |

## 五、社会服务

学院为四川省财政系统、税务系统、教育系统、金融系统、会计师事务所、审计师事务所、地震灾区、中国石油公司西南油气田分公司、用友集团、徽记食品股份有限公司等行业、地区和单位提供订单培训、定向培训、定岗培训课程，共培训财政人员、税务人员、中等职业学校会计师资、会计人员及企业员工 5000 余人次；为四川省及西部会计职称系列考试阅卷近 100 000 份。

学院还针对行业企业现状，积极参与应用研究和技术开发服务，完成了 18 项科研项目；和用友集团合作开发了面向全国高校、企业的供应链管理沙盘实训课程，获得了该集团及相关企业、学校的高度评价，取得了良好的社会效益和经济效益。

## 六、高职人才培养工作方面的创新尝试与主要举措

### （一）组建四川财经职教联盟，创新办学体制机制

2011年6月，在四川省财政厅、四川省教育厅支持下，由我院牵头，联合我省财经行业、企业、中高职院校组建了四川财经职业教育联盟。目前，联盟有10家指导委员会单位；有4家行业协会及110家企业、16所中高职学校为联盟成员。

学院作为财经职业教育联盟的"主体"与"引擎"，正在积极根据市场需求变化，在专业建设、人才培养模式改革、课程体系构建、教学内容选取、教学模式改革、职业能力培训、教学资源共享等方面发挥引领作用。

### （二）改革人才培养模式，提高人才培养质量

经过长时间的探索和实践，我院初步构建起了诚信培育、实践培育、合作培育的"三维共育"人才培养模式：（1）诚信培育，通过丰富的财经文化，培养学生诚信为本、操守为重的财经职业道德；（2）实践培育，通过构建由简单到复杂、单项到综合、封闭到开放、专业纵深到横向拓展的实践教学体系，培养学生的实际动手能力；（3）合作培育，通过校企共同会商人才培养方案、共同开发课程、共同开发教材、共同建设教师队伍、共同实施教学活动、共同进行实习实训基地建设、共同进行成绩考核，培养学生的职业能力，如图15所示。

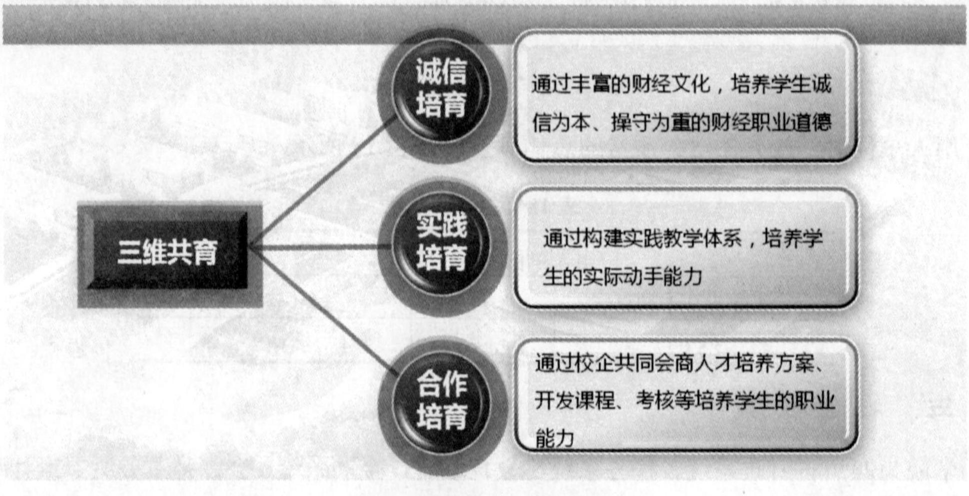


图15　改革人才培养模式

11个专业人才培养方案均由校企会商决定；校企合作开发了89门课程、16门教材；校企合作单位接收我院顶岗实习学生572名、接收毕业生就业286名；为我院提供了103名兼职教师，兼职教师承担校内实训教学任务近9200课时，占校内实训课时的40%；我院计算机信息管理、审计实务、会计电算化、会计、金融管理与实务等专业制定了订单式人才培养计划，其中，计算机信息管理、审计实务专业为企业订单培养78名学生；学院为校企合作单位培训2271名员工；接受企业捐赠（准捐赠）总额298.44万元。

（三）构建实践教学体系，增强学生动手能力

学院实践教学体系具体指：基本技能训练、课程实训、中期实习、综合实训（专业综合实训、多专业综合实训）、顶岗实习。

2011年，学院投资150万元在院内建成了总面积200多平方米的大学生“学创超市”，鼓励学生实际创业。

## 七、存在的主要问题及未来工作思路

### （一）教师队伍中青年教师所占比重较大

青年教师学历层次较高，专业理论功底较扎实，但由于从教时间短，绝大部分教师对教育教学理论了解不深、对职业教育教学规律把握不牢、对教育教学技艺应用不够熟练。为了弥补青年教师的以上不足，学院需继续加强完善“老教师”对“新教师”的指导、教师到实践单位锻炼等管理办法，强化对青年教师的培养和培训，提高他们的教育理论修养、教学设计与实际工作能力。

### （二）专业设置集中度较高

依据“产品组合”的基本原理，不难看出，我院专业设置集中度较高；有的专业太大，增加了管理成本，易出现“大专业病”，有的专业太小，没有形成专业规模效益。为了更好地进行专业建设，学院应更加重视重点专业和特色专业建设，发挥资源的集聚效应，进一步提升专业品牌忠诚度，拓展新的目标市场，开发满足目标市场需求的“新产品”，通过专业“重组”、“借壳”等方式增加专业方向，形成新的专业活力，避免由于行业企业周期性波动带来专业招生和学生就业的风险。

### （三）实践性教学效果有待进一步提高

实践教学是我院人才培养过程中的重要组成部分，实践教学课时占总课时的比例已近60%。但是，从实际执行结果来看，有些理实一体化课程的实践内容仍集中在平时作业，课堂讨论、案例讨论等形式上，仍以试卷考试成绩来评定学生学习效果，学生动手能力培养受到了很大的限制；实训情境还不能体现“真实工作的再现”，一体化教室资源短缺，已成为制约实践性教学质量提高的瓶颈。因此，学院应进一步加大理论及实践性教学两个系统建设，优化、优先配置实践性教学资源；正确处理实训内容、目标与实训资源的关系；加大实践性教学的过程化、标准化管理，真正实现“在工作中学习，在学习中工作”。

（执笔：易思飞　叶剑明　罗　潇　李　雁）

数据来源：

1. 麦可思-四川财经职业学院2012届大学毕业生社会需求与培养质量年度报告
2. 四川财经职业学院2010～2011人才培养工作状态数据采集平台
3. 四川财经职业学院2012年学生顶岗实习调研报告

# 四川水利职业技术学院 2011年度人才培养质量报告

四川水利职业技术学院是经四川省人民政府批准，于2003年4月在四川省水利电力学校基础上建立的全日制普通高等学校，隶属四川省水利厅和四川省教育厅领导。

## 一、基本情况介绍

学院是教育部高职高专人才培养工作水平评估优秀学院，四川省高校毕业生就业工作评估优秀学院，水利部示范性高等职业院校建设单位。在56年的办学历史中，坚持依托水利、服务社会，立足四川、面向西部的办学定位，坚持“理论联系实践，教学与生产相结合”的教学理念，不断探索，勇于开拓，自办产业集群，走出了一条融“产、教、学、做”于一体，“亦校亦厂、师徒传承”的特色办学之路。

学院设有水利工程系、电力工程系、建筑工程系、测绘工程系、资源环境工程系、信息工程系、管理工程系、基础部7系1部，开办高职专业34个。

学院充分发挥其在区域、行业、技术等方面的优势，主动为四川乃至西部地区产业结构调整和地方经济社会发展服务。

## 二、办学基本信息

### （一）经费投入

2011年灾后重建国家财政投入28 789.06万元；教育经费财政投入4156.95万元，占教育经费总收入的60.22%；教育经费事业收入2745.62万元，占教育经费总收入的39.78%；灾后重建支出19 289.95万元，结转2012年9499.11万元，教学经费总支出6902.57万元。

### （二）办学条件

学院占地面积854.3亩，建筑面积26.149万平方米；教学行政用房15.98万平方米，实验实训场所面积11.57万平方米；学生宿舍面积8.1195万平方米，生均宿舍面积11.05平方米；固定资产4.5693亿元，其中，教学仪器设备总值5741万元，多媒体教室120余间，全自动录播教室5间，专家工作室2个，各项生均指标均处于较高水平。

学院建有“一中心二工厂三公司”（一中心是6幢实训大楼159间实训室、莲花电站、污水处理厂、中央财政支持建设的建筑技术实训基地；二工厂是水利机械实习工厂、教学科研电厂；三公司是工程勘察设计院、工程监理公司和教育投资有限公司）校内教学生产型实训基地。基地占地200亩，固定资产2.5亿元，能同时满足1000余名学生实践教学和生活需要，年均接受教学计划内2000余名学生实习实训。此外，与企业共建校外实训基地105个。

2011年学院投入670万元建设校园网，建有万兆交换网络核心，千兆主干交换到桌面，设置了无线网络。教学用计算机1740台。

学院图书馆面积1.59392万平方米，阅览席位1218座，电子阅览室200席位，视听室2个，学术报告厅1个；纸质藏书45.9143万册，生均图书67.19册，现刊616种，报纸45种，有超星电子图书、万方数据库等电子资源。

运动场面积48 625平方米，田径运动场（足球场）2个，篮球场18片，乒乓球桌53张，羽毛球场地16片，排球场地8片，网球场地8片，器械场地12片，体育馆1座，生均体育场面积6.26平方米。

**（三）师资队伍**

学院有专任教师351人，兼课人员16人，生师比为18.64∶1，其中享受国务院政府特殊津贴专家1人，国家级工程评审专家2人，副高以上职称教师90人，“双师型”教师133人，硕士学位以上教师93人，从行业企业聘有兼职教师53人；组织46名教师参加各类职业资格证书培训，以获取相应职业资质证书；鼓励和组织18名教师提高学历层次，获取硕士、博士学位；组织18名专业骨干教师参加国家级培训，学习专业领域新理论、前沿技术和关键技能；组织2名教师参加国外培训，学习职业教育教学理论与方法、先进教育技术和课程开发手段。

2011年，教师公开发表论文8篇，其中核心期刊发表2篇，国家级综合期刊发表2篇，主编各类教材5部，其中3部为“十一五”规划教材，建有53门网络课程，完成教改项目13项，组织学生参加全国软件设计大赛获二等奖一个、数学建模竞赛获国家级二等奖和省级二等奖各一个，全国水利高职院校“钱江杯”技能竞赛获三等奖五个。

从抗震救灾到复学复课，从灾后重建至争创示范，无不凝聚全体教职工满腔热情，无不体现教师对学院的深厚情感。

**（四）生源情况**

学院2011年计划招生2400人，实际录取3494人，录取后报到率为81%，高中生占98%，三校生所占比例2%。本市考生占14.5%，省内考生占90.78%，来自西部生源所占比例为94%，家庭中的第一代大学生所占比例16%，父母是农民或农民工所占比例62.22%，父母是城市下岗、退休或无业人员所占比例10.78%。

## 三、高职人才培养过程

**（一）教学资源**

充分发挥专业建设指导委员会的作用，对接岗位职业标准，构建“理实融合、工学交替”的课程体系，强化专业核心课程建设，更新课程内容、调整课程结构；按照工学结合人才培养模式和高技能人才培养的特点和规律，编写专业核心课程教材，并制作配套的教学课件，以典型工程为引导组织教学。

依托四川水利职教集团，紧密校企合作，共建融专业教学、职业培训、技能鉴定、技术服务四位一体的生产性实习基地；广泛吸纳行业企业教育资源，引进企业文化、职业道德规范、职业资格标准和岗位技能要求，推进产教融合。

学院图书资源实行开架管理，全天开放12小时，周开馆84小时。2011年，图书馆纸质图书外借数量为13 942册；电子图书及电子期刊检索、浏览合计126 400余次。

### （二）课堂教学

学院重视学生实践能力的培养，各专业理论与实践学时各占50%，生均修课130学分左右；校内教学与实践课时达 2000 余课时，校外顶岗实习半年以上。学院每学年均开展教学调查，各专业学生对专业核心课程均给予了较高评价，平均满意度达88.78%。同时，希望进一步改进教学方式方法，提高学生学习积极性和主动性。

### （三）实践教学

学院实训鉴定中心对实践教学进行宏观管理和质量监控，制定、完善实践教学文件和规章制度，加强对实践性教学环节的过程控制，协调和处理实践教学中出现的问题，保证实践教学健康有序的进行。经调查，学生对实践教学满意度达到99.2%，对于各实践项目均给予了很高的评价。

### （四）学生活动

学院现有青年艺术团、江花文学社、演讲与口才协会、青橄榄文学社等 26 个学生社团，人数达1500人以上；批准成立学生模拟公司25家，效果显著，逐步成为学院的品牌项目；组织了五四青年月系列活动、校园歌手大赛、校园辩论赛、首届大学生社团文化艺术节等活动。积极组织志愿者开展值勤、敬老院的爱心帮扶、环境维护和文明劝导等工作；学院志愿者承担“中国·都江堰放水节”开幕式的演出，被中央电视台、四川电视台等多家媒体报道；获得勤工俭学津贴的学生1273人次，占在校生总数的17%。

学院被四川省文联选定为四川省文学艺术界联合会、书法家协会、舞蹈家协会、美术家协会、戏剧家协会、音乐家协会、摄影家协会创作培训基地。

### （五）学生服务

入学教育18课时，0.5学分，学生87%满意，13%基本满意；就业指导课每周安排2课时，接受就业服务的比例达100%。

学院非常重视学生心理健康教育，积极组织团体讲座、心理情景剧表演、心理健康大使评选等系列活动。开设心理健康教育课，每学期40学时，本学年2315人次选修；开展个别心理咨询86人次，团体辅导9次（265人次）。

学院2011年发放奖助学金总金额达9 376 050元，共计12 642人次，生均获奖助学金1272元。

## 四、高职人才培养质量

### （一）学生能力培养

为培养学生实际工作能力，模拟公司积极参加模拟招投标，组织学生参与学院电站检修、技术改造、校内莲花电站设计、校园文化设计、图书馆休闲阅览室设计等真实项目。

为培养学生创新意识、协作精神和解决问题的综合能力，提高教学质量，按照学院《科技竞赛管理办法》，积极组织学生参加各级各类科技竞赛活动。2012年取得全国大学生数学建模竞赛一个国家级二等奖和一个省级二等奖，全国软件设计技能大赛各一个二等奖和全国水利高职院校“钱江杯”技能大赛五个三等奖。

### （二）出口畅，就业率高

学院是水利职业教育传统强校，是四川、重庆两省市近300个市县基层水利部门，行业内200多家国有、民营勘测、设计、建设、监理公司人才需求的首选。学院凭借办学实力，依托专业特色，背靠行业优势，与中国水利水电工程集团下属十个工程局建立了长期用人关系；与中国建筑工程集团及中国铁路建设集团四个工程局建立了长期的用人合作机制；与中国大唐电力集团、中国华能集团、四川省水电投资经营集团等签订了合作办学协议，是四川省国家电网涉电专业专科层次毕业生就业三所院校之一。

学院就业工作基本实现“对口性就业、多平台就业、稳定性就业、安全性就业”，毕业生就业率在省内高职院校中一直名列前茅，连续多年被评为四川省毕业生就业工作先进单位，是四川省高校毕业生就业工作评估优秀学院。2011年的毕业生初次就业率为95.15%，水利类、测绘类、机电类等专业毕业生甚至出现供不应求的局面。

### （三）全面推行“双证制”

学院高度重视学生职业素质和职业技能的培养工作，将“双证书”获取作为人才培养的目标之一，按照“岗课证”相衔接的思路完善人才培养方案，积极探索行业推动、校企合作的职业资格认证体系；建有培训、认证组织机构，负责职业技能培训、职业资格认证和职业技能鉴定工作；学院设有8个职业技能鉴定站、行业资格证书授权认证点或考点，可以从事36个工种或证书的职业资格培训与技能鉴定，基本涵盖了在读学生的所学专业，学生参加国家职业技能（资格）证书考试，合格率达85%以上。

### （四）社会评价

用人单位普遍反映我院培养的学生素质较高，实际动手能力较强，有较强的业务能力、适应能力和工作潜力，工作中吃苦耐劳、踏实、勤学好问，经过几年锻炼后，一般都成为单位的技术骨干，受到了用人单位的肯定。

随着人才竞争的不断加强，用人单位不仅注重学生的实际业务能力，也越来越重视学生的文化理论水平；不仅重视学生的专业技能，更重视学生的综合素质。

## 五、社会服务

学院有56年的办学历史，3万余名毕业生分布于四川、重庆、云南、贵州、甘肃、青海、新疆、西藏等西部水利水电行业第一线。

学院充分发挥技术、人才资源和行业优势，面向水利行业和地方经济社会发展，开展多层次、多类别、多专业、多工种的短期与长期相结合的岗位培训、职业技能培训与鉴定、企业职工培训。实施“大唐班”、“丹巴班”等藏牧区“维稳”行动项目，实施“基层水利人才培养培训计划”，积极参与“千万农民工培训工程”，服务“民族地区人才振兴行动”计划，开展36个技术工种的技师和高级技师的培训与鉴定工作，对外培训或鉴定4400余人次。

学院以“一中心二工厂三公司”校内教学生产型实训基地为依托，积极为行业和社会提供技术服务，2011年开展了水利水电工程规划、勘察与设计、工程监理、地质灾害防治与评价、环境影响评价等技术服务30余项。

学院2011年接待考察学院12所，对绵阳水利水电学校、自贡市工业学校、四川省水产学校3所院校进行对口帮扶，合作培养水利水电人才；利用学院网络课程中心和网络平台，将学院丰富的教学资源与水利行业和社区共享，特别是水利基层的水管单位和广大的农村地区，为四川水利行业构建“终身学习平台”。

## 六、高职人才培养工作方面的创新尝试与主要举措

学院紧密结合行业及地方经济社会发展需要，以“一中心二工厂三公司”校内教学生产型实训基地为依托，以提高质量为核心，以增强特色为重点，以合作办学、合作育人、合作就业、合作发展为主线，以重点专业建设为龙头，辐射专业群，通过加强专业群的建设，带动学院专业建设整体水平的提升，形成了以重点专业为核心带动专业群发展和专业水平全面提升的发展思路。

充分发挥由行业专家、技术骨干、专业带头人共同组成的专业建设指导委员会的作用，按照工程项目生产、管理过程的要求，深化课程改革，构建以职业能力为本位，工学结合的课程体系；按照工学结合的人才培养模式和高技能人才培养的特点和规律，编写专业核心课程教材，并制作配套的教学课件；校企共同建设融专业教学、职业培训、技能鉴定、技术服务四位一体的生产性实习基地；深入开展项目教学、案例教学、场景教学、模拟教学等教学方法，因材施教、学思结合、知行统一，实现学生知识、能力、素质、个性的协调发展；将职业要求融入教学内容，全面实行“双证书”制。

建立教师教学发展中心，加强师德师风建设，健全“传帮带”机制，科学评价教师教学能力，提升教师业务水平和教学能力；按照开放性和职业性的内在要求，以“双师型”教学团队建设为重点，以专业带头人为核心，以动态组合、校企互通为组织模式，以专业教师职业能力认证、专业教师准入制度为规范，以开展骨干教师国家级、省级培训和到企业进行专业实践、参与企业生产为措施，以业绩评估、分配制度为激励机制，构建机构健全、制度完善、措施得力、管理高效的师资队伍建设体系，形成培养人才、引进人才、开发人才、稳定人才的工作机制。

充分利用学院教学生产型实训基地，有组织地安排专业骨干教师参与实训基地的管理、技术改造、技术服务，全面提升专业骨干教师教学能力；充分发挥举办方的协调作用，选派中青年骨干教师到技术先进、管理规范的校外实训基地和集团成员单位参加具体生产项目，积累实际工作经验，提升青年教师的“双师”素质；充分发挥行业办学优势，依托四川水利职教集团，根据专业教学需要从水利行业企事业单位及集团成员单位聘请专家、技术骨干、能工巧匠担任学院兼职教师。

## 七、存在的主要问题及未来工作思路

学院举办高职教育以来，人才培养质量不断提高，校企合作不断深入，社会服务能力不断增强。面对新形势下水利建设和发展对培养高技能人才的迫切需求以及建设省内一流高职院校的需要，学院发展思路清晰，建设目标明确，正向“发展振兴，争创一流”宏伟

目标迈进。

**（一）进一步加强校企合作，健全校企合作长效机制，不断推进以真实工作任务为载体的工学结合人才培养模式改革**

以四川水利职教集团和校内“一中心二工厂三公司”教学生产型实训基地为基础，强化教学过程的实践性、开放性和职业性，进一步完善实训基地产教学一体化的功能；继续吸纳社会资源，由学校提供场地和管理，企业提供设备、技术和师资，为校内实训提供真实的岗位训练、营造职场氛围和企业文化。

依托行业，联合企业，进一步拓展校外实习基地，扩大合作层面，提高合作深度，增加相对稳定、深度合作的校外实训基地，充分满足全院所有专业学生的生产性实习和半年以上顶岗实习的需要。

建立学院与企业共同管理、共同育人、共同评价、共同发展的运行与管理机制，完善实训基地的各项管理制度，不断推进以真实工作任务为载体的工学结合人才培养模式改革，提高人才培养质量。

**（二）进一步优化师资队伍结构，校企共育“双师”素质教师，培养教学名师，建设“双师”结构教学团队**

制订学院专业教学团队建设规划和专业教师职业能力认定标准，建立专业教师准入制度、培训制度、入职实操考试制度；有组织、有计划地安排教师到企业进行专业实践，学习新知识、新技能、新工艺、新方法，培养“双师素质”教师；与行业企业共建专业教学团队，制定专业教学团队管理制度；通过集中培训、国内调研、在职学习、参与企业生产或共同研发生产项目，培养教学经验丰富、实践能力突出、教育理念先进、能解决实际问题的专业带头人。

制订兼职教师管理办法，完善兼职教师聘用程序、聘用合同、登记注册、使用考核等管理环节，并在此基础上建立兼职教师资源库；创新人才引进方式，制定优惠政策，引进多名能够解决企业疑难技术问题、掌握行业最新技术和发展趋势，能对学院的专业建设进行突破性改革的领军人物。

**（三）进一步提升学院社会服务能力**

学院着力构建与行业、企业和省内中职学校密切合作的开放式办学体系。面向行业和社会开放实践场所、文化体育设施、网络课程和图书资源；积极参与“千万农民工培训工程”，开展再就业培训、农村剩余劳动力转移培训和实用技术培训；开展水土保持、地质灾害监测与预防等专项培训，服务“民族地区人才振兴行动计划”；实施“基层水利人才培养培训计划”，积极开展新技术培训、资格认证和技能鉴定服务；积极开展技术咨询、勘察、设计、监理、水利机械加工制造、电力等生产性服务。

（执笔：饶国清）

# 雅安职业技术学院
# 2011年度人才培养质量报告

2011年，在省市有关部门的大力支持和学院党委的领导下，全院教职工齐心协力，全面开展了省级示范性高等职业院校的创建工作，积极推进办学体制机制改革和教育教学改革，在校区建设和教学内涵建设等方面取得了可喜的成绩。

## 一、办学的基本情况

学院坚持以邓小平理论、"三个代表"、科学发展观为指导，坚持"以服务为宗旨，以就业为导向，走产学研结合之路"，坚持"立足雅安、辐射周边，面向基层、服务民生"的办学定位，坚持"实干建校、质量立校、特色兴校、开放活校、创新强校"的办学理念，坚持以教学为中心，以内涵建设为抓手，着力凸显办学特色，打造高职品牌，积极探索"三才有机结合"的人才培养模式，为基层培养"下得去、用得上、吃得苦、留得住"的高素质技能型人才的改革之路，使学院的办学实力和发展能力明显增强，有力地推进了学院的科学发展和可持续发展。

学院占地400余亩，有2个校区、8个教学系部和1所附属医院，设置了40个高职高专专业，在校生1万余人（其中普通高职专科7237人）。现有3个中央财政支持建设的项目——1个护理实训基地、1个医学影像技术特色引领性专业和1个学前教育人才紧缺型专业。

本年度雅安市政府继续全力支持学院创建省级示范高职，进一步加大了经费投入，使生均经费达到7137元；学费收入用于教学经费共2567万元，超过学费收入的64%，比上年增长28.5%。

育才路校区新建的15 900平方米学生宿舍和4000平方米学生食堂已经投入使用，附属医院的医教结合大楼（澳门援建项目）已经竣工；青年路校区新建的学生宿舍、培训中心、图书综合大楼、实训大楼等项目已全部动工，计划2012年8月全部竣工。

## 二、办学基本信息

### （一）经费投入与支出（如图1、图2所示）

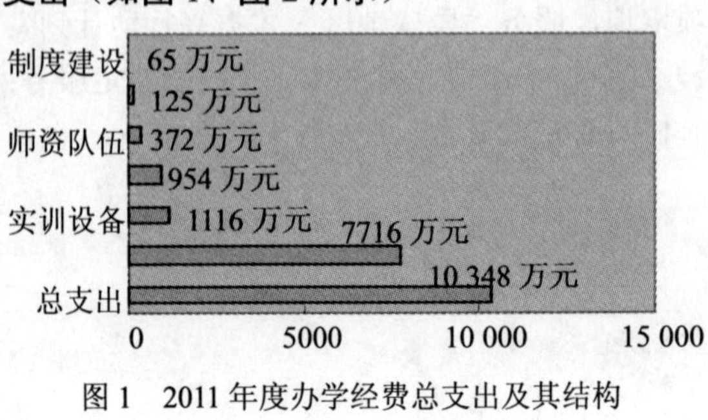


图1　2011年度办学经费总支出及其结构

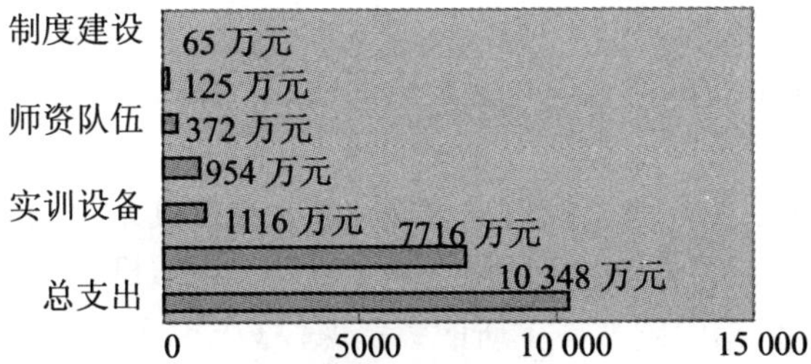

图 2　2011 年度办学经费总支出及其结构

### （二）办学条件

校园总面积 266 800 平方米，教学科研、行政用房面积 85 754（生均 12.11）平方米，学生宿舍面积 49 527（生均 5.10）平方米。

现有实验实训室 43 个，教学科研设备总值 4258 万元，生均 4260 元。校内有附属医院 1 所，多媒体教室（4759 座）73 间、语音实验室（266 座）5 间、国家职业技能鉴定站 1 个和校外有实习实训基地 156 个，完全能够满足学生见习、实训和顶岗实习的需求。

我院校园网内各子网均已互联，各校区间和校内各楼宇间全部实现光纤连接，并以 150M 带宽接入 Internet，主干网部分实现 1000M 连接，到桌面全部实现 100M 连接。校园网由服务器子网、办公子网、教学子网、无线子网、宿舍子网及 1 个网站 6 部分组成，共有入网计算机 1750 余台，规划有 14 个网段，百名学生平均拥有计算机 18.02 台。

图书馆现有馆舍 6860 平方米，下设采编部、过刊编目部、流通部、阅览室等部门，有工作人员 19 人（含硕士、本科等学历 10 人）。

图书馆每周开放 70 小时以上，馆藏文献以医、文、哲、史、理、工、法、管等学科门类资源为主，以医学类、教育类、旅游经济类和机械电子类藏书为特色。现有图书 82 万余册，生均图书 84.86 册，年均订阅期刊 1100 余份，报纸 50 余种。

现有篮球场 10 个、足球场 2 个、网球场 4 个、形体房 1 间、乒乓球桌 20 张，双杆、单杠、健身器械、学生体能测试仪若干，合计体育运动场地面积 23 240.54 平方米，生均面积 2.39 平方米。

### （三）师资队伍

有专兼职教师 559 人，生师比为 17.37∶1。教师中专业技术职称高级占 31.19%、中级占 38.91%、初级占 29.90%；学历学位结构硕士以上占 21.14%、大学本科占 59.62%、专科占 19.24%；双师素质教师占 36.49%。

2011 年共引进新教师 28 人（含研究生 16 人）；选送 32 名教师到顺德职业技术学院、省委党校、西安交通大学进修，组织系部主任到国家级示范院校考察学习，多名教师外出参加学术交流会议。全年共选送 115 人专职教师到校外进修、培训、交流，这三类情况所占比例依次为 20%，50%，30%。

在继续加强护理等 8 个教学团队建设的基础上，又启动了双语教学团队建设工作，开展了教学团队成员的英语口语听力强化培训，为明年实施涉外专业的双语教学做好充分准备。

高度重视提高师资队伍综合素质，开展了师德教风建设暨示范说课活动和全员大培训活动，通过学习有关示范建设的文件和说专业、说课程、说教材、说个人职业生涯规划等活动，有效地提高了全体教师对教学内涵建设的认识，激发了大家主动关心学院、建设学院，争创一流的积极性。

组织教师参加全国卫生职业院校首届说课比赛，并分别荣获高职护理专业组《护理基本技术》二等奖和药学专业《天然药物化学》二等奖；组织机电系和护理系参加全国高等学校计算机课件大赛，由冯明副教授主研的参赛课件《虚拟病房——人际沟通与交往技巧》经过专家的初评、复审，最后以最高分赢得了全国一等奖的优秀成绩。

学院开展了学生对教学工作满意度的问卷调查活动，调查采取从在校学生中随机抽取100 名学生，通过不记名的方式填写调查问卷。调查结果显示：81%的学生对本专业课程设置满意，82%的学生对本专业教师教学满意，80%的学生对本专业开展的见习和实训教学满意，以上调查数据表明大多数学生对教学工作是满意的。

本年度我院教师共发表论文 98 篇（含国家核心期刊 9 篇），其中陈明老师《高职背景下师范专业办学特色探究》获得民盟省委高教研讨会一等奖。

近年来，在政府和社会各界的大力支持下，学院办学条件得到了很大的改善，随着学院内涵建设的不断深入、学院社会声誉的不断提高，本院教师的工作满意度和主观幸福感也随之得到了快速的提升，大多数教师都为能在雅安职院工作而感到自豪和光荣。这是一种强大的潜移默化的力量，会在有形与无形中影响学生，换来学生的幸福感，是教育幸福的体现，是创建和谐校园的基础。

### （四）生源情况

2011 年计划招生数 2100 人，第一志愿考生上线率高达 255.5%，录取分数线在全省同批次专科院校中名列前茅，实际录取 3130 人，录取后报到率为 84.78%，其中高中毕业生（含中职生）为 100.00%

来自西部生源所占比例 98.00%，本市生源所占比例 9.00%，本省生源所占比例 97.64%。考生父母是农民或农民工所占比例大致为 70%、父母是城市下岗、退休或无业人员所占比例为 10%。

## 三、高职人才培养过程

### （一）教学资源

现已举办的专业中共有 1100 门不同类型的课程，这些课内教学课程主要由三部分组成：公共基础课、专业基础课和专业课、选修课，其比例大致为 20%、60%和 20%。课程类型有：必修课、全院性公共选修课、专业推荐选修课；理论课、实训课，实训课的比例大于 50%。根据行业标准和岗位需求，按照“五个对接”的要求，学院每年都要修订专业人才培养方案，对课程设置进行调整和整合，强化实践教学环节。

校园网内有学分制管理系统、自动化办公系统、精品课程制作管理系统、大学生心理健康咨询系统和数字图书馆等系统。在数字图书馆系统中，维普数据库可访问期刊论文3000 余万篇；万方数据库可访问期刊论文 2200 余万篇、学位论文 200 余万篇、会议论文170 余万篇；超星数字图书馆安装电子图书本地镜像近 15 万册，能远程访问电子图书 60

万册；读秀学术搜索中有340万种图书，占所有出版图书的95%以上；百链云图书馆可以整合图书馆所有电子资源，实现图书馆资源的一站式检索，并架构云服务，所有的中外文期刊、中外文学位论文等都可以通过文献传递获得，中文文献资料传递满足率达到96%，外文达到90%。以上数字图书资料，完全能够满足我校师生在教学科研方面对图书的需求。

有省级精品课程5门、院级精品课程19门、院级教学资源库建设课程16门、省级教改项目7个、院级教改项目10个、省级质量工程建设项目1个、国家级教学成果奖1个、省级教学成果奖1个、院级教学成果奖21个、院级教学团队19个，中央财政支持建设的重点项目3个，承担了护理和药物制剂技术专业国家级教学资源库11门核心课程的建设任务，其中2011年主要开展了以下工作：

1．组织各系继续开展了两年一届的青年教师优质课竞赛活动。本届青年教师优质课竞赛活动平均参赛率为97.89%。8个系部中有6个系部参赛率达到或超过100%。各系部推荐26人参加决赛，13人获得一、二、三等奖，13人获得优秀奖。

2．组织开展了2006年省级教改项目的结题评审会和2011年教学团队立项评审会，共有4个省级教改项目通过了结题评审，10个院级教学团队通过立项评审。

3．启动了院级专业教学资源库建设工作，其中药学检验系参加了全国高职高专药物制剂技术专业教学资源库建设工作，课程的教学资源建设工作。

4．积极组织教师参与教材编写，推进教材建设工作。推荐43位一线教师参与人民卫生出版社、高等教育出版社、科学出版社和第四军医大学等单位的教材编写，其中担任主编10人次、副主编15人次。部分教材已出版、使用。

5．学院于2011年4月召开了产学合作教育暨实习就业工作研讨会，与来自全国各地的56个合作单位共同探讨了产学合作教育、教学模式改革与人才市场需求相结合的途径，进一步加强和拓展了实习基地的建设，为进一步修订人才培养方案奠定了良好的基础，提供了有力的支撑。

**（二）课堂教学**

根据省教育厅印发的高函〔2005〕3号文的精神，从2006年起，我院普通专科专业按照三大类专业确定了毕业学分：临床医学类专业140学分，医药卫生类专业中的非临床类专业和工科类专业135学分，师范、旅游等文理科类专业130学分。每个学生在校期间将修读接近1800课时的课程，其中选修课约占20%。

全院6个系分别组织学生对本系开设的专业核心课程的教学情况进行了调研，学生对任课教师的教学态度和方法、课程的设置、教材的选择、实验实训安排等各方面都比较满意。学生认为任课老师教学态度端正，专业知识过硬，教学形式新颖，教学手段先进，讲授的内容易于理解，满意度达95%。

**（三）实践教学**

我院的所有专业都统一实施“2+1”教学模式，即学生在校的3年中前2年在学校主要学习公共基础课和专业课，最后1年由学校安排到医院或企业顶岗实习。在前2年中各个专业还安排了课间见习和工学交替，不断强化专业教育和实践教学，理论联系实际，按照实际的工作过程实施项目教学，使学生在职业技能和岗位适应能力上更加接近于实际岗位，实现了毕业即能上岗的目的。

在最后1年的实习期间，学校根据《实习管理办法》并通过三种层面的管理来实现对学生的实习管理：（1）学生的自我管理。每个实习点选定1名学生担任小组长，负责对本小组学生日常实习的管理，发现问题及时向管理老师汇报；（2）实习单位的管理。学院委托实习单位的指导教师管理学生的实习和生活。（3）学院教务处和教学系的管理。教务处设有实践教学科、教学系指定了专人担任实习管理干事，专门从事实践教学工作的管理。

2011年继续全力推进顶岗实习，统一安排了3314名学生到91所实习单位实习，其中，北京大学人民医院以订单培养模式安排39名学生顶岗实习。通过调查了解，大多数学生对实践教学是很满意的，满意率高达95%以上。

**（四）学生活动**

学院共有经审批的南丁格尔服务队、校舞蹈队、礼仪队、青年志愿服务队、茶技社、旅游协会等学生社团35个，参加社团的学生人数占在校生数的20%以上。学生社团活动不仅丰富了学生课余文化生活，更提高了自身综合素质和组织协调、人际沟通、自我管理等综合能力。

学院每年都要举办“5·12”护士节活动、护士礼仪大赛、护理技能大赛、护理知识竞赛、临床技能操作大赛、检验专业技能大赛、药理学知识竞赛、餐饮服务大赛、英语口语比赛、计算机技能比赛、收音机组装大赛、汽车模拟销售大赛、茶艺比赛、珠算技能比赛、中华红色经典诵读比赛、十佳英文歌手大赛、排舞比赛、辩论比赛、大学生职业生涯规划设计大赛、书法比赛、美术手工作品展、演讲比赛等活动，学生满意度较高，达到80%以上。

**（五）学生服务**

学院每年坚持开展新生入学教育，生均课时16学时。辅导员组织新生学习《学生手册》，观看入学教育电教片；系主任向新生介绍本系的基本情况、专业需求、专业理念、专业技能和职业道德等，指导学生制订职业生涯规划。医学生和师范生还要进行入学宣誓，进一步强化专业意识。通过以上两个层次的教育，新生对学院有关学生的管理规章制度和所学专业有一定程度认知，95%以上的学生对入学教育是满意的。

学院建立了心理健康教育的三级网络机制：学院设有心理咨询室，配备了心理咨询教师；各系也配有兼职的心理辅导员，每个班级有一名心理委员，每年“5·25”举办心理健康周活动，通过形式多样的咨询、“我与成功有约”等专题讲座、观看电影、演讲比赛等活动，取得了一定的成效。

学生每年可以参加1次由学院组织召开的大型双选会和多次由各系组织的小型招聘会，接受就业服务的学生达到100%，一次性就业率高达98%，学生反映良好。

2011年获得国家奖助学金、学院奖助学金、社会资助奖助学金、勤工俭学津贴、减免学费等共5695人，其中获得勤工俭学津贴的学生59人，共颁发奖助学金2065.19万元。获得以上津贴的学生占全院学生的59%，生均资助3626元。

## 四、高职人才培养质量

### （一）学生参与项目研究与开发、发表论文与作品、获得省级以上竞赛奖励等情况

2011 年学生共发表 80 篇论文，学生参与相关项目研究的有 5 人。

本年度组织学生参加 2011 年“高教社杯”全国大学生数学建模竞赛，3 名学生获得三等奖；组织学生参加第六届全国信息技术应用水平大赛，32 名同学成绩合格获得相关的职业技能证书，其中 9 名同学以优异的成绩参加了复赛；护理系学生在首届全国护士（英语）执业水平技能竞赛中获得团体总成绩二等奖、理论单元团体二等奖和技能单元团体三等奖的优异成绩；教育系 9 名学生获得省级竞赛奖励；我院射弩队获全省团体总分第四名的佳绩；参加全国高职高专药品（药学）类专业人才培养工作改革研讨会暨建设成果展，“药学专业人才建设”成果获优秀奖等。

### （二）毕业生就业和升学情况

毕业生一次性就业率高达 98.0%，其中机电一体化、旅游管理、中医骨伤等 10 个专业就业率达 100%，对口就业率 88.5%。就业质量良好，创业学生 12 人，专升本学生 87 人，占当年普通专科应届毕业生的 3.49%。

本年度继续推进多证书制度，组织学生参加职（执）业资格和职业技能考试，获证率达 90%左右，其中护士执业资格证书获证率 97.3%，2279 名学生通过了四川省、全国计算机等级考试，1287 名学生通过了全国英语等级考试和四川省大学英语二、三、四、六级考试，1995 名学生通过普通话水平测试获得二级乙等及以上合格证。

北京大学人民医院、华西医院、浙江海宁龙祥大酒店等实习单位对我院毕业生评价良好，录用率远高于在同一单位实习的其他学校的毕业生。

## 五、社会服务

机电系与顺德职院技术学院共同申报《藏茶工艺品成型及工艺创新设计》获雅安市重点科技项目立项，且获得 5 万元科研经费；药学检验系申报四川省科技厅重点科技项目《芦山县血吸虫病控制效果评价及推广应用》获 10 万元科技经费。

学院与宝兴县、汉源县签订校地全面合作框架协议，发挥各自优势，实现优势互补、资源共享，共同服务地方经济社会发展。学院经过竞标，被确定为汉源县 2010 年农民工“阳光工程”培训基地，承担并圆满完成了该县农业机械驾驶与维修等 8 个项目 810 名农民工的培训任务；面向雅安市中学教师、专业技术人员、统计人员、“三支一扶”招募人员、市公安局网络信息安全专业技术人员、基层卫生干部等开展了 12 个项目 40 个短期培训班（期）4560 人（次）的培训，合计 2240 课时；面向社会开展 14 个项目、19 个批（次）的职业技能鉴定，鉴定人数 1963 人（次），1315 人（次）获得职业资格证书；协助人社局、组织部、卫生局等单位组织完成了 8 次、共 6000 余人次的事业单位公招、干部选调、执业医师和专业技术考试。

开展了原2006级乡村医生中专班毕业生职业助理医师考前理论培训12天共128学时；举办了 46 人的甘孜州影像技术人员培训班。

我院 15 名同学参加雅安市第三届动物与自然电影节青年志愿者服务工作；学前教育专业 50 名学生参加雨城区首届社区邻居节活动，演唱了本次活动的主题曲《邻居之歌》；组织 150 余人次学生参与了由四川省委宣传部、东方明晨（北京）影视投资有限公司在雅安望鱼古镇联合拍摄的 40 集电视连续剧《四川往事——有多少爱可以重来》的拍摄；组织开展了“心手相牵、快乐成长”，学院团委与芦山团县委开展结对送温暖活动。

## 六、高职人才培养工作方面的创新尝试与主要举措

在办学体制上，大胆实践“政校行企外”五方联动办学，在政府搭建平台，促进校地、校行、校企和境外合作的基础上，学院遵循“五个对接”的要求，积极调整专业结构，优化培养方案，强化实践能力培养，提高办学质量；行业根据行业需求制定行业用人标准，整合行业资源，指导学院开展人才培养和社会服务；企业提前进入学校，与学院共商人才培养方案，共建实训基地，共育实用人才；主动与境外合作机构——中国香港赛马会、国际专业服务机构（MSI）、中国香港华夏基金会、光华基金会、英国利物浦约翰摩尔大学、中国台湾高等技术职业类大学、新加坡南洋理工学院从办学理念、教育思想、人才交流、资金支持等方面进行友好合作，引入境外资金和先进理念及经验，不断提升学院的管理水平和办学质量。

学院与成都经济区内八市卫生局签订了基层医疗卫生人才培养合作框架协议，成为成都经济区基层医疗卫生人才培养基地；继与宝兴县、汉源县签订校地全面合作框架协议后，又与芦山县商讨了校地合作事宜；与雅安移动公司签订了校企合作协议，移动公司投入 300 余万元分期合作“校园一卡通”建设，有效提高学院数字化、信息化水平。

为了培养大批基层急需的“下得去、用得上、吃得苦、留得住”的高素质技能型人才，我院与雅安市卫生局、宝兴县政府紧密合作、大胆实践，按全科理念定向培养乡村医生，形成了具有雅安特色的宝兴模式，即：由政府相关部门出台“定向培养、考核入编、乡编村用、报销学费、基层补贴”等系列优惠激励政策，解决毕业生“下得去、留得住”的问题；通过加强感恩教育和励志教育，解决毕业生“吃得苦”的问题；通过加强雅安医教资源共享联盟和职业教育联盟建设，壮大师资队伍，拓展实训基地，优化办学条件，提高办学质量，解决毕业生“用得上”的问题。宝兴模式得到了卫生部领导的充分肯定：是“解决基层卫生人才的新模式”。

首次组织 2011 级医药卫生类和教育类专业新生举行医学生宣誓和师范生宣誓，强化新生的专业意识和社会责任感。

组织申报了四川省 2011 年度高等教育质量工程项目——医学影像技术专业综合改革项目（共计 6 个子项目）的申报工作，并获得批准。

申报“三才”有机结合教改项目为省级重点项目，获得省教育厅批准。

狠抓教学过程管理，积极开展教学督导工作。坚持进行日常教学检查和每学期对所有任课教师进行网上学生评教，发现问题及时解决，并对学生评教排位倒 10 名的教师进行诊断性听课和帮教，有效地保证了教学质量。

## 七、存在的主要问题及未来工作思路

### （一）人才培养工作中存在的主要问题及原因分析

1．教学管理机制需要进一步优化

拟通过院系二级管理的实施，对现有的教学管理机制进行改革和优化，修改完善配套的教学管理文件。

2．专业教师引进困难

由于雅安经济发展相对发达地区的滞后，学院引进知名大学的高学历专业教师困难，学院已经研究出台优惠政策，加大送培和引进高素质、高学历人才的工作力度。

3．专业发展不平衡，就业压力大

学院将在进一步做强医药卫生类专业的基础上，积极应对社会需求的变化，主动调整专业布局，申请自主招生改革试点，努力做大与地方经济社会发展密切相关的非医卫类专业，为社会输送更多的高素质技能型人才。

4．信息化建设需进一步推进

针对信息化建设所需建设资金大、建设要求高、施工难度大的问题，学院拟先统一规划和设计全院信息化建设的方案，再根据资金到位情况分步实施。

### （二）上年度的改进效果，下一步改进计划与措施

继续大力推进“三才有机结合”人才培养模式，深入开展校企合作教育，实行工学结合、工学交替、顶岗实习和订单培养等教学改革取得可喜成绩，赢得社会认可。

2011 年，学院与省内 10 所高职高专一起申报创建省级示范高职院校，顺利进入了前 6 进 4 的竞争，并取得了并列第 4 名的好成绩。虽然我们与成功失之交臂，但是我们不灰心、不气馁，将继续总结经验，剖析自我，取人之长补己之短，不断完善自我，努力争取来年进入省级示范高职院校的行列。因此，我院将继续全面开展省级示范高职的申报与建设工作，通过示范创建的过程，实现学院综合实力不断增强、办学特色充分显现、专业建设重点突破、服务能力整体增强，核心竞争力全面提升，建成一所能够引领四川省高职教育改革与发展的服务民生、服务基层、服务民族地区的以医药卫生类专业为优势的“质量可靠、就业良好、特色鲜明、四川一流”的综合性高等职业院校。

（执笔：卢台生）

# 四川工商职业技术学院
# 2011年度人才培养质量报告

2011年，四川工商职业技术学院完成了校园的整体搬迁，近7000名学生全部入住新校区，标志着学院灾后重建的全面胜利。经过灾后重建，学院办学硬件有了较大提升，校园面貌焕然一新，招生规模恢复到灾前水平，教育教学质量进一步提高。

## 一、学院基本情况

学院是经四川省人民政府批准，由四川省经信委举办的一所面向全国招生的全日制普通高校。

目前学院设有6个教学系和2个教学部，开设有37个专业，形成了“轻工优势专业为主体，现代服务业和文化创意产业相关专业为两翼”的专业发展架构。现有3个省级精品专业，1个国家级教改试点专业，省级精品课程11门，院级精品课程21门。设有国家职业技能鉴定所127所，可开展49个工种的技能鉴定；承办的《纸和造纸》杂志为全国中文核心期刊，国内外公开发行。

学院秉承“教育提升人才竞争力”为主旨的办学理念，以服务为宗旨，大力推行工学结合的人才培养模式，实现了各专业群与相应行业的相互促进和发展，为轻工产业、现代服务业和文化创意产业培养了大批高端技能型专门人才。

## 二、办学基本信息

### （一）经费投入

2011年度学院总收入12 464万元，其中学费收入2632万元（占21%），财政预算内拨款3675万元（占29%），灾后恢复重建财政拨款5667万元（占45%），其他收入490万元（占5%）。

2011年度学院总支出12 464万元，用于房屋建设2381万元（占19%）、设备采购3411万元（占28%）、日常教学6362万元（占51%）、师资建设180万元（占1%）、科研100万元（占0.8%）、其他30万元（占0.2%）。

### （二）办学条件

学院位于都江堰市聚源新区，现占地面积500亩（另有250亩规划用地），校舍面积135 230万平方米。其中：教学科研及辅助用房77 726平方米，行政办公用房4747平方米，学生宿舍（公寓）51 816平方米（生均7.69平方米）。

校内有109个实训室，教学科研设备总值4834.36万元，生均7200元。

校外主要实践基地总计107个，月均接收学生实习人数约1500人，能满足学生各种类型的校外实践教学。

学院积极打造数字化、信息化校园，实行校园“一卡通”系统，集身份卡、借书卡、消费卡、上机卡、医疗卡等于一体，在校园内做到一卡通用。校园网出口总带宽 500M，主干最大带宽 1000M，网络信息点数 2325 个。生均拥有计算机 0.28 台。

图书馆总面积 13 629 平方米，拥有 1500 个阅览座位，馆内实行一站式服务。馆藏纸质图书 37 万册，超星电子图书 52 万册，生均 132 册（含电子图书）。CNKI 和读秀知识搜索数据库各 1 个。电子资源总储存量 2.4T。

学院拥有田径场、游泳池、篮球场、室内体育馆等体育设施，运动场地总面积达 26 000 平方米（生均面积 3.86 平方米）。

### （三）师资队伍

校内教师 325 人，生师比为 16∶1。副高以上职称 83 人，其中教授 7 人；“双师型”教师 155 名（占 47.6%），拥有博士学位的专职教师 2 人，硕士学位的专职教师 90 人；有来自企业、行业的兼职教师 96 人。教师参加国内外培训总计 19 人次。

继续加强科研工作。组织申报教育部人文社科课题 2 项，中国高等教育学会课题 2 项，省厅级课题 1 项，已经获批中国高等教育学会课题 1 项，中国高教学会美育专委会立项课题 1 项、四川高教学会立项课题 1 项；有 3 篇论文入选省高教学会年会交流；轻化工程系“电解锰渣综合利用的工艺”获国家专利证书（专利号：ZL200810044775.3）；全年公开发表教育教学论文 213 篇，被 SCI 收录 1 篇，EI 收录 1 篇，中文核心 52 篇，双效期刊 10 篇。

网络调查数据显示，学生对教师教学水平的总体评价是比较满意的，优良率在 90%以上。

学院在管理、考评和聘任机制方面制定有科学合理的评价指标体系，积极为教师创造专业发展的平台，鼓励教师参加各种学术交流、科研活动；激励教师进一步深造，提高学历层次。

### （四）生源情况

2011 年，第一志愿上线率 261%，录取新生 3257 人，新生实际到校报到 2686 人，报到率 82.47%，达到历史最好水平。生源分布情况是：本省考生 98%，外省考生占 2%，本市考生 9%。

## 三、高职人才培养过程

加强重点专业、重点课程和专业主干课程建设。2011 年，我院食品营养与检测专业和艺术设计专业申报教育部、财政部“支持高等职业学校提升专业服务能力”项目，专业建设方案已报教育部、财政部审批，在 2012 年、2013 年国家将对 2 个专业投入 400 万元进行专业建设；经省教育厅批准，学院今年新增涉外旅游、人力资源管理、汽车技术服务与营销 3 个新专业，目前学院专业达到 37 个。

切实加强思想政治理论课教学。积极探索思想政治理论课教学方法改革，实现了教学模式的转变，创建了教师与学生多维沟通的新模式；建立了课前调研和课后信息反馈机制，有效解决了教与学之间的衔接问题，较好地发挥了思想政治理论课教学主渠道作用。《高职院校心理健康教育立体化网络研究》等课题研究成果，被中华慈善总会、中国教育学会等单位授予了“1+1 心联行动优秀成果奖”；开辟了建川博物馆等 5 个单位作为我院思政部校外社会实践的基地，受到师生好评。

积极开展教研活动、听课活动和说课活动。通过开展一系列的教研活动，提高教师教学技能以及对培养目标、教材、课程的认识和理解。学院于 2011 年 4～10 月举行了“第三届青年教师优质课竞赛”活动，充分调动了广大教师开展课堂教研的积极性，发挥了青年教师的潜能和创造力，提高了教学业务水平。

切实加强校内外实训基地的建设，狠抓实训环节教学。学院轻化系分别与重庆造纸工业设计院和四川威玻集团签订“产、学、研”合作协议；信息系与华域数字有限公司合作建立实习基地，与阿里巴巴签署合作办学协议，与北软、国信安合作单位继续加强联系对合作培养专业人才培养计划进行讨论及调整；设计系与成都华域欢乐数字娱乐有限公司签署产学研合作协议；管理系目前已建成了案例讨论室一个，建立了物流实训室、导游实训室、茶艺与调酒实训室等，建成后的校内实训基地在全省同行中将处于领先水平。

为 2011 级新生安排了为期两周的入学教育工作，对学生树立爱校、爱专业起到了积极的引导作用。学院高度重视学生心理健康教育，专用场地面积达 135 平方米。心理健康教育中心设有办公室、心理测评室、心理咨询室、箱庭室、团体辅导室、心灵家园宣传栏等，能较好地满足心理健康教育的需要。2011 年度，制作了《新生心理导航》、《建立自信，成就未来》、《与爱同行，幸福相随》心灵家园宣传栏，2011 年度共开设心理健康教育讲座和培训共计 66 场（次）；对 2011 级 2400 余名新生进行了心理健康调查；加强对心理委员和心理协会成员的培训，对 2011 级新生的心理委员、寝室室长和宿管干部开展了心理团体辅导和心理知识培训，积极预防危机事件的发生。

2011 年完成了 2451 名学生的家庭经济困难认定和补助工作，全年安排了 390 个勤工俭学岗位；完成 121 名中职学生学籍上报审查及中职国家助学金的发放工作及对家庭经济困难学生生活补贴发放的工作；1599 名学生获得学院奖学金。

## 四、高职人才培养质量

强化学生专业技能培养，广泛开展各种技能比赛活动。学院首次组织学生参加“2011 年金蝶杯全国大学生创业大赛”四川赛区比赛，获一等奖，并代表四川省参加全国总决赛，在国赛中喜获银奖，参加 “2011 年 ITMC 全国大学生企业管理沙盘大赛”四川赛区比赛，获三等奖；学院组织学生参加四川省第十一届“挑战杯”大学生课外学术科技作品暨创业计划大赛，参赛作品《电阻电容电感多功能测量仪》获科技发明制作类三等奖。机电系学生参加芯片级维修技术的比赛，取得了全国三等奖的优异成绩，参加四川省电子设计大赛，取得了全省三等奖。

2011 年毕业生 2275 人，首次就业率 93.18%。学院开展经常性的职业指导和就业咨询服务工作，建立了毕业生求职档案，广泛收集就业信息，组织不同形式的现场招聘会，向所有合格毕业生提供就业机会，为学生和家长解除后顾之忧，毕业生质量优、能力强，受到社会和用人单位的广泛肯定和欢迎。北京、上海、杭州、深圳、珠海、广州等沿海省市的大型企业近几年都成批接收我院毕业生，不少知名企业连续几年到学院选拔毕业生，并提出了近几年接收毕业生计划。

今年我院共有 79 名学生升入本科院校学习，占参考人数的 69%。

学院实施“双证书”制度，毕业生获得职业资格证书的获取率为 92%。

## 五、社会服务

2011 年，我院把服务企业的重点放在四川省中小企业上来，依托我院行业优势，在企业法规、转型升级、机电维修、旅游服务、安全生产、财务管理、生产控制、人力资源、知识产权、旅游服务、信息服务等多领域、多学科对多家企业进行了不同层次、不同要求的培训和技术服务，取得了显著成效。从被培训学员的培训调查问卷的统计结果看，对培训组织、培训内容、培训老师的专业能力和职业操守，学员们的满意评价普遍在 95%以上，有很多方面的满意度甚至达到 100%；从企业的反馈上来看，普遍认为培训解决了它们在管理和生产上遇到的一些难题，有很多培训学员经过培训后很快走上了企业的一些骨干岗位。

志愿服务活动常年进行，西部计划工作圆满结束。院团委募集爱心基金 6862 元，对 53 名贫困同学进行了资助；院团委心梦圆爱心社、青年志愿者服务部联合成都市血液中心在校园内开展了无偿献血活动，共有 408 名同学主动进行了无偿献血，采血量达 122 370 毫升；学雷锋活动月系列活动、校运会志愿服务、校园文明督导活动等受到了全院师生的好评，车站检票、义务交警、社区服务等常规活动受到了社会各界的好评和肯定。

## 六、高职人才培养工作方面的创新尝试与主要举措

2011 年，学院已将工作重心由灾后重建转到内涵建设上来。现正以创建省级示范院校为目标，大力推进 “政行校企 ”的办学体制机制改革，进一步完善工学结合的人才培养模式，狠抓内涵建设。

### （一）校企深入合作，创新办学机制和人才培养模式

学院发挥行业办学的优势，利用主管部门的产业背景与行业平台，与相关企业进行广泛的联系与合作。在人才培养方案制定、课程建设、学生顶岗实习、生产性实训基地建设、师资培养、技术培训等方面进行深度合作，如学院每个专业均成立有企业（行业）专家参与的专业建设指导委员会。

学院和省内外上百家企业建立了多种形式的合作关系，人才培养方案修订、顶岗实习、师资培养作等方面得到了众多企业的鼎力支持。以印刷专业为例，成都永发印务有限公司、四川邮政印务有限公司 2011 年就接受 106 名学生进行顶岗实习，接受 3 名教师进行实践锻炼。在学院建设的硬件投入上，合作企业也给予了较大支持。如拜耳（中国）公司出资为学院建设了 2500 平方米的学生创业园区，中国移动都江堰分公司 2011～2012 年投入 360 万元，在学院进行数字化校园建设。

### （二）教学管理科学规范，成效显著

学院建立起一套严密有效的教育教学管理体系，保证学院教育教学活动良好运行。

第一，管理组织构架合理健全。建立了包括院级、各系处责任部门、教研室责任单位

为核心的三层管理构架，各层级、各岗位有明确的职责权限与制度考核标准。

第二，实现教学管理制度化。制定了一整套包括人事、教学运行与质量监管、学生管理、就业指导等方面的管理制度，系统编制了各专业人才培养方案，学院日常运行严格执行各项制度和标准规范，并针对高等职业教育出现的新现象新问题，及时对有关制度进行完善和修订。

第三，创新教学质量评价体系，教学运行与质量监控双线运行系统成效显著。学院在教学管理实践中，逐步摸索出教学稳定运行的管理机制和教学质量的监控机制，保证了教学质量。

### （三）推进全面育人，素质拓展教育特色明显

建院以来，学院全面树立以人为本的教育理念，创设和实施就业导向背景下的素质教育，一体化统筹学生知识、能力、素质发展要求，打造素质教育校本特色。目前，学院素质教育已成为人才培养的一项系统工程，素质教育在人才培养水平评估中被确定为育人特色之一，并经过近几年的打造，特色更加明显。

在实施素质教育过程中，学院特别重视学生职业能力培养，开展了素质拓展专业化训练、心理健康教育、职业规划与就业指导、学生创新创业园实践等系列拓展活动，全面提高学生综合素质。素质拓展训练活动先后获得四川省优秀校园文化建设成果二等奖、教育部优秀校园文化建设成果优秀奖，“红歌会”于2011年被评为四川省优秀校园文化建设成果三等奖。

## 七、存在的主要问题及未来工作思路

### （一）人才培养工作中存在的主要问题及原因分析

受“5·12”地震影响，2011年上半年，学院仍分几个教学点进行教学，工作重心为灾后重建工作，学院的教学改革、师资培训、专业建设、课程建设等方面存在一定的差距。2011年下半年完成校园搬迁后，学院实现了工作重心的转移。

### （二）下一步改进计划与措施

进一步深化教学改革，继续完善教学管理制度、教学质量监控体系、教师教学评价考核机制。加强职业技能鉴定，全面实施“双证制”培养方案，实现“一生双证，一专多能”，提高学生的就业上岗能力、职业发展能力和社会适应能力。

继续加强专业建设。继续调整优化专业结构，构建具有行业竞争力的专业体系。强化巩固传统优势专业，创建学院精品专业和特色学科，加大对省级以上重点专业的建设力度。加强教学专业团队建设，建立校级优秀教学团队评选机制，积极搞好省级、国家级优秀教学团队评选推荐工作，提高教师队伍的整体素质和专业建设、课程建设水平。

大力加强课程建设。参照相关职业资格标准，构建“职业岗位基础平台+岗位系列课程”的体系，做到课程设置与岗位的职业标准相结合；课程内容与职业资格考证内容相结合。继续将职业资格证书的要求纳入课程教学目标。

加强产、学、研结合力度。继续推行订单培养，实践工学交替、任务驱动、项目导向、顶岗实习等有利于增强学生能力的教学模式。

积极开展培训、技术服务和社会服务。利用地方企业的区位优势，利用学校的职教智力资源，为政府机构和公司企业提供技术支持、技能培训和劳动力再就业教育，发挥学院的社会服务辐射能力，为地方和区域经济的发展作出更大的贡献。

（执笔：王丽娟　邹良明）

# 四川管理职业学院
# 2011年度人才培养质量报告

2011年，学院根据职业教育发展要求，始终坚持以人为本的教育教学理念，紧密结合市场需求，以服务为宗旨、以就业为导向，努力探索有利于学生成才和就业的办学规律，始终把提高教学质量、培养合格人才放在第一位，积累了较为丰富、成熟的办学经验，为四川省的经济建设和社会发展培养了实践技能强、具有良好职业道德的高等专科层次应用型人才。

## 一、学院基本情况

学院是经四川省人民政府批准并经教育部审核备案的全日制公办普通高等学校。学院创建于1983年，原名四川行政财贸管理干部学院，占地面积265亩，有良好的办学条件。学院现有招生专业24个，在校生为4361人，设有工商旅游系、计算机科学与工程系、城镇经营管理系、会计金融系和基础教研部等系部。学院建有8个校内实验室和9个省内外的校外实习基地。学院拥有较为雄厚的师资力量，目前有176名学科结构、专业结构、学历结构、职称结构相对合理的专任教师队伍；有正、副教授143名，博士27名，硕士和研究生142名，"双师型"教师66名。学院图书馆藏书60多万册，设有方便、快捷的电子阅览室。学院还根据需要举办英语、计算机等级考试，以及会计人员、电子商务人员、推销人员、旅游管理等各种上岗培训班和资格认证考试，为学生毕业后的工作、上岗、就业奠定基础。学院设有专门的就业指导机构，为毕业学生的就业、择业提供良好服务。

## 二、办学基本信息

### （一）经费投入

2011年，学院办学经费总收入4655.6万元，其中学费收入2190万元，财政经常性补助收入2475.6万元。办学经费总支出4712万元，其中教学科研仪器设备购置180.4万元，日常教学经费1138.1万元，图书购置费22万元，专业建设、精品课程建设等60万元，教学改革、实习实训及师资建设1356万元。

### （二）办学条件

学校总面积265亩，教学科研行政用房面积11 404平方米，学生宿舍67 883平方米。有会计金融实验室、ERP沙盘模拟实验室、图形图像实验室、网络实验室、数字电路实验室、微机维修维护实验室、语音教学室8个实验室。建有四川网弛信息技术、成都天府软件园、四川岷山集团拉萨酒店、伊藤洋华堂连锁经营管理实习基地、南海名都大酒店、成都银杏金阁餐饮服务股份有限公司、宁波香格里拉大酒店、苏州希尔顿酒店、四川管理职业学院成都新乐城房产经纪有限公司实习实训基地9个校外实训基地。校园网出口总带宽80Mbps、校园网主干最大带宽80Mbps、网络信息点数1000个。教学用计算机1900台，生均0.4台。图书58.40万册，生均133.9册。运动场6000平方米。

### （三）师资队伍

我校有专职教师176名，有正、副教授143名，博士27名，硕士和研究生142名，双师型教师66名。在师资队伍建设中，重视学历与职称的同时，强调教师教学能力、实践能力。学院有相关政策鼓励教师参与科研工作、提升学历、参加培训、到企业实习、下基层锻炼。2011年，专任教师接受培训一年以上的12人，半年的4人，41人次接受各类培训，不同层次提高了教师任课水平。

### （四）生源情况

2011年计划招生人数300人，实际报到数226人，报到率为70%。目前，在校生生源分布到新疆36人、青海10人、云南25人、重庆55人、湖南26人、黑龙江41人。

## 三、高职人才培养过程

### （一）充分利用已有教学资源，为人才培养提供充分有力的外部保障

在制订人才培养方案时请企事业单位共同参与，采用"项目导向"、"任务驱动"、"岗位流程"、"订单培养"等工学结合人才培养模式的有效实现形式，探索校企合作的长效机制，与企事业单位共同实施人才培养方案，强化学生的职业综合能力，并带动专业建设、课程建设和教学改革。加强应用性和针对性的有机结合，充分利用所建教学实验室，围绕强化学生实践能力和职业技能的培养，加强学生的课程实习、实训，为社会实践、毕业实习等活动打好基础。从培养高技能应用型专门人才的角度，科学构建课程体系。在课程分类上，将课程按性质分为公共基础课、职业基础课、职业技能课；按学生修读的方式分为必修课和选修课。在课内总学时中，公共基础课占20%左右；职业基础课占35%左右；职业技能课（含毕业实践）占35%左右；选修课占10%左右。精品课程建设稳步推进，目前学院9个院级精品课程已经进入推广、提高和转化成果阶段。此外，在教材选用上，高职高专教材选用比例达到50%左右，并注重教材的专业性、实用性、学科前沿性，以突出高职人才的培养目标。我校教师编写出版的《大学生就业技能》教材，获2010年首届首都大学生读书节"大学生喜爱的图书"入围奖。

### （二）课堂教学与实践教学相结合，营造生动的育人环境

各专业对理论教学和实践教学的内容、形式、体系、结构等方面进行了深层次的改革，以应用为目的，以必需、够用为度，以讲清概念、强化应用为教学重点；专业课教学加强应用性和针对性，使学生具备一定的可持续发展的职业能力。各个教学环节既符合教学规律，又根据企事业单位的实际工作特点妥善安排。同时，引入职业资格标准并将素质教育的核心内容贯穿其中，设计多个不同的技能及相关知识与素质的训练单元，以此进行课程设置、整合与重构，构建以能力培养为主线的与人才培养模式相适应的课程体系，使课程体系在相应的人才培养模式下得以正常运行。教学分为理论教学和实践教学，理论教学包

括课堂讲授、课堂讨论、课题作业等教学环节，课时均记为理论学时；实践教学包括实习、实训、毕业设计（论文）（毕业实习）、顶岗实习等教学环节，课时均记为实践学时。为体现应用性的特点，加强实践性环节的教学，除上述集中独立的实践教学外，各专业还就相关课程安排一定的实验课、参观考察等零星附属的实践教学，以强化对学生实践能力的训练。各专业的实践教学学时数不低于教学总学时数的45%，所修学分130学分左右，总学时2400左右。

**（三）运用学生社团及社会服务活动，培养有社会责任感的、德智体美全面发展的合格人才**

学院有摄影、篮球、舞蹈等学生社团7个，经常性的开展一些活动，丰富学生课外活动，提高自身修养和素质。每届新生入学有为期一周的入学教育和两周军训。学校设有专门的心理咨询室，有3名具有副高职称的心理咨询工作人员，解决部分学生的心理问题。学院除了经常性的就业指导之外，每年定期开展现场招聘会，请用人单位到学校选拔人才，2011年毕业生就业率为88.26%。奖助学金方面：获得国家奖学金3人，国家励志奖学金142人，学院奖学金210人，国家助学金1814人，总金额达457.2万，总计2169人，占在校生总数40%。

## 四、高职人才培养质量及人才培养工作方面的尝试与主要举措

作为一所高等职业院校，在办学过程中必须走培养实用型人才的道路，以人才市场需求为导向，突出办学特色。2011年，学院主要在以下方面寻求教学改革、提高教育质量。第一，学校具有正确的办学定位，牢固树立了科学的发展观。其主要体现在充分认识高等职业教育的办学目标，加大人才培养模式的改革力度，坚持以就业为导向，培养面向生产、建设、管理、服务第一线需要的“下得去、留得住、用得上”，实践能力强、具有良好职业道德的高技能人才。第二，以培养高技能人才为目标，加强教学基本建设。培养高技能人才要求有一大批实践能力比较强、综合素质较高的“双师型”教师，因此必须对师资队伍加强技能培训、技能考核，使教师做到自己首先掌握要求学生会的技能，努力做好示范和指导。另一方面从企业聘请一些生产工作一线的专业人员担任兼职教师，与本院教师有机结合，在教学上各取所长，以此促进职教师资队伍的建设和发展。另外，还不时邀请一些生产工作一线人员来院举办讲座，让师生对实际岗位和所需技能有一个良好的感受。第三，拓宽办学思路，改进办学模式。随着社会主义市场经济体制的建立，产业结构的调整和高新技术的迅猛发展，导致新技术产业的出现和落后技术产业的被淘汰，促进了劳动人事制度的改革，从而为高等职业教育的发展提供了机遇。因此，开拓办学思路，多渠道、多形式办学，成为促进我院高等职业教育发展的关键。为此，学院继续与IBM教育集团和上海中锐教育集团进行深度合作，开办了计算机应用（IBM方向）和营销与策划（汽车商务方向）两个深受学生喜爱的专业。第四，更新教学手段，提高教育质量。高等职业教育要适应经济建设的需要，要在市场竞争中生存、发展，就必须强调质量意识，提高教育质量。因此，我院增加教学投入，改善现有的办学条件，更新教学手段，继续加强多媒体电化教学，加强实验室建设，提高教学效果。

从以上情况看，2011年学院在教学改革和人才培养质量方面的新举措及获得的效果主

要体现在以下几个方面。

第一，坚持贯彻“就业导向，能力本位”的职业教育新理念和“一切为了学生成才”的办学宗旨，加强“备、教、辅、改、考、析”的常规管理，不断提高教学质量和教师的职业道德水平。努力把专业建设和课程改革作为教学改革的突破口，围绕一条主线（以能力为标准），建立两个机制（产学研结合、弹性学习机制），搭建三个平台（专业基础、职业技能、素质教育平台），提供四个保障（“双师型”素质教师，现代化教学管理体系、最优化的课程体系、现代教学手段及教学设备保障），实现以管理促效益，以管理促质量。在 2011 年全国大学生数学建模竞赛中，由我院学生王川、张倩、李薇组成的参赛队荣获四川赛区二等奖。由学院工商旅游系主办、上海中锐教育集团与四川申蓉汽车公司协办的 2011 年“华汽杯”汽车营销与汽车模特大赛总决赛在我院举行，参加决赛的选手分别来自我院工商旅游系、西华大学车辆工程学院、四川教育学院汽车应用技术学院，我院选手在此次大赛中取得了良好的成绩。

第二，改进教学手段，使教学方式逐渐向多样化、合理化方向发展。目前已有 80%的教师使用电子课件进行多媒体教学，部分专业课程进实验室完成，到企业实习实训时间增加，教学质量稳步提高。

第三，进一步加强师资队伍建设，提高“双师型”教师比例。学院在完善“双师型”教师培养体系，鼓励现有教师参加相关职业培训的考试和认证，建立健全“双师型”教师激励与管理制度方面做了大量卓有成效的工作，学院“双师型”教师所占比例有所提高，其中工商旅游系和计算机系达到了 85%。

第四，保持工学结合教育特色，继续加强学生职业技能培训。我院与企业联合办学的计算机应用（IBM 方向）和营销与策划（汽车商务方向）专业及就业指向明确，专业课程设置按照企业要求进行，人才培养适合企业需要。旅游管理专业在校内开展了导游技能和餐饮技能训练，电子商务专业的核心课程大部分在电子商务实验室进行，培训学生的网上交易技能，房地产等专业在 ERP 沙盘模拟实验室完成部分专业课程，计算机相关专业大部分专业课在图形图像实验室、网络实验室、数字电路实验室、微机维修维护实验室等完成，这些教学活动充分利用了现有教学资源，增加了学生课堂实践的机会，突出了高职院校办学应用性和实践性强的特点。在“拓宽办学思路，改进办学模式”理念指导下，我院进一步开拓校外社会实践基地，注重校外中、短期教学考察和社会实践。例如，旅游管理专业教师，以杜甫草堂、武侯祠、青羊宫、金沙遗址等为基地，带领学生参观、考察学习服务技巧，练习导游技能；连锁经营管理专业教师组织学生到成都的家乐福、北京华联、麦德龙等大型商场观摩、考察，练习促销技能，等等，这为学生实际观摩、考察、参与和练习技能提供了更为广阔的舞台。

### 五、社会服务

2011 年，学院积极组织学生参与志愿者行动及社会服务活动。全年各类活动开展共计 11 次，其中“雷锋精神进社区”、“新绿港湾—金沙之行”、“铭记历史，缅怀先烈”、“文明金沙”等活动，在社会和学院中引起较好反响。同时，校园文化活动的开展也丰富多彩，2011 年，开展了第六届校园文化艺术节、纪念一二·九学生爱国运动 76 周年文艺演出。

每年学院定期开展学生运动会和各类球类比赛，学生参与热情高集体荣誉感增强。学院与四川网弛信息技术有限公司和成都智畅信息科技发展有限公司建立了合作关系，让计算机应用技术、经济信息管理、计算机信息管理、计算机网络等专业学生提前感受相关职业岗位及其要求，既服务了社会，也锻炼了学生的实践能力。此外，志愿者还积极参加义务献血、植树等活动，树立了服务社会的意识。

## 六、存在的主要问题及未来的工作思路

### （一）主要问题

1．师资队伍的整体水平仍需进一步提高，主要体现为：

第一，“双师型”教师所占比例仍然不高。尽管工商旅游系达到了 85%，城镇经营管理系达到了 67%，但其他系部的“双师型”教师所占比例还比较低，整个学院拥有“双师”资格的教师还比较缺乏。

第二，部分课程的专业性和实践性有待加强，专业教师数量已显不足，能够进行实习指导的教师还比较缺乏。青年教师缺乏专业实践经验和必需的专业技能，缺少系统的职业教育和企业锻炼。

第三，专业兼职教师人数少，不固定。

2．专业建设缺乏足够的资金投入。高职院校办学具有实践性和应用性强的特点，而要突出特色，需要有足够的经费投入作为保证。但目前由于经费的相对缺乏，使得学院各种资料室、实验室以及校外实践基地仍然偏少，阻碍了学院教学工作的有序开展和教学目标的顺利实现。

### （二）相应对策

1．继续努力把提高“双师型”教师比例作为我院今后的一项重点工作，并完善相关制度，力争做到从制度上保证“双师型”教师的数量的增加质量的提高。借国家和省上关于教师培训的东风，积极参与，提高教师能力素质和职业素养。

2．继续推进教师进修与实践制度，加强专业师资对外交流与合作活动，要求教师每年有足够时间到企业或生产服务一线进行实践，在条件允许的情况下，到国内外职业院校脱产进修或挂职。

3．努力建设专兼结合的高水平教师队伍。在对现有专职教师加大培训力度的前提下，还要加大兼职教育的成分，建立健全兼职教师数据库，从而做到既使教师队伍始终保持较高的水平，又能大大降低学校的办学成本。

（执笔：教务处）

# 四川商务职业学院
# 2011年度人才培养质量报告

## 一、基本情况

学院占地面积580余亩，设有六系两部两中心，有25个专业共31个专业方向，全日制在校学生7017人。现有教职工600余人，其中专兼职教师369人，副教授以上81人，其中教授4人。学院拥有教学用计算机1260余台，拥有千兆以太校园网、团路电视网、网络智能办公系统、教务综合管理系统、远程教学系统等。

学院牢固树立"从市场需求出发，按高职规律办学，为学生成才服务"的办学理念，坚持"立足区域经济，面向现代商务，坚持内涵发展，提高育人质量，彰显办学特色"的办学方针，秉承"学无涯，商有道"的校训，建设"勤奋和谐，求是创新"的校风，培育"诚信，睿智，笃行，思竞"的商院精神，不断推进以"工学结合"为切入点的商科高职人才培养模式改革，坚持走"校企合作"办学之路，已初步形成具有综合性商科高职院校特色的办学格局。

## 二、办学基本信息

### （一）经费收入和支出（如表1、表2所示）

表1　2011年四川商务职业学院经费总收入情况表

单位：万元

| 学院总收入 | 其中 | | | |
|---|---|---|---|---|
| | 学费收入 | | 财政补助收入 | |
| 7543 | 金额 | 所占比例 | 金额 | 所占比例 |
| | 3471 | 46% | 4072 | 54% |

表2　2011年四川商务职业学院经费总支出情况表

单位：万元

| 学校总支出 | 其中 | | | | | | | | | | | | | |
|---|---|---|---|---|---|---|---|---|---|---|---|---|---|---|
| | 基础设施建设 | | 设备采购 | | 日常教学经费 | | 教学改革及研究 | | 师资建设 | | 图书购置 | | 其他支出 | |
| 7930 | 金额 | 所占比例 | 金额 | 所占比例 | 金额 | 所占比例 | 金额 | 所占比例 | 金额 | 所占比例 | 金额 | 所占比例 | 金额 | 所占比例 |
| | 629 | 8% | 102 | 1% | 2036 | 26% | 87 | 1% | 76 | 1% | 40 | 1% | 4960 | 63% |

（二）办学条件

学院总建筑面积 146 574 平方米，其中教学行政用房面积 76 058 平方米，学生宿舍面积 60 555 平方米，教学行政生均面积 10.84 平方米，学生宿舍生均面积 8.63 平方米。拥有校内实训实验室（基地）41 个，校外实习实训基地 60 个。教学科研设备总值 2524.194 万元，教学科研设备生均值 3791.22 元，基本能满足日常教学要求。目前，我院和文家校区校园网络已覆盖学校所有建筑楼宇，主干网络带宽达 1000M，两个校区的网络通过互联网连接，已建设的数据点数总计达到 5010 余个。拥有教学用计算机 1260 余台，多媒体教室座位数达 4880 座，语音室座位数达 306 座，百名学生拥有计算机台数为 18.07 台。截至 2011 年 8 月底，当年新增图书 0.7422 万册，达 33.5 万册，生均纸质图书为 50.32 册。运动场馆面积为 27 329 平方米，拥有标准足球场、篮球场、室内运动场馆等，体育设施齐全，运动场馆生均面积达 3.9 平方米。

（三）师资队伍

目前学院共有专兼职教师 369 人，其中校内专兼任教师 273 人，副高以上教师 81 人，师生比为 1∶19.02 左右，专任教师中具有研究生学历、硕士及以上学位教师约占 26.37%，“双师”素质教师占专任教师总人数的 52%左右。

学院坚持“内培外引”的师资队伍建设思路，实施名师工程，出台了学院与行业、企业一线双向交流制度。2011 年，学院评选出了 10 名教学名师，共派出 60 人次教师到全国各地参加教育部和省教育厅组织的教师培训班以及各类学术交流和学习考察，安排 20 人次教师到行业、企业基层挂职顶岗锻炼半年以上，占专任教师总数的 9.95%。

本年度，校本教材和公开出版教材 34 本，发表论文 35 篇，其中核心期刊 10 篇；各级各类科研成果获奖 4 项，指导学生参加各项技能大赛获奖 38 项，学生对教师教学评价分值在 85 以上，占教师总数的 90%左右。

学院坚持以人为本，努力构建和谐的校园氛围，尊重和激励教师，实施人性化管理，让人性化管理文化激活教师创造的原动力，使教师因为和谐而热爱，因为热爱而投入，因为投入而幸福。

（四）生源情况（如表 3 所示）

表 3　2011 年招生情况统计表

| 招生计划 | 实际录取 | 报到率 | 高中生所占比例 | 三校生所占比例 | 本市生源所占比例 | 本省生源所占比例 | 西部生源所占比例 |
|---|---|---|---|---|---|---|---|
| 2500 | 3433 | 79.8% | 98.4% | 1.6% | 12.5% | 97.5% | 99.7% |

其中，40%左右的学生来自于农民或农民工家庭。

## 三、高职人才培养过程

学院坚持每年开展市场调研，分析行业、企业对人才的要求，进一步明确培养目标，不断修订人才培养方案，完善课程体系、课程设计、调整及综合化。2011 年，学院将开设课程由2010年的507门调整为466门，增加了实践教学的比例，其中纯理论课程占13.27%，理论＋实践课程占66.38%，纯实践课程占20.35%，其中，行业企业师资参与实践类课程教学占校外兼职教师的20.47%，比2010年增加2%左右。启动了系列课程建设及改革质量工程，共有66门课程获立项，到年底，共有15个建设项目完成，并通过结题评审；开发校本教材和公开出版教材34本，其中校企合作开发教材9本。

根据人才培养方案的设计，各专业学生修学毕业学分为148分，其中课内124学分，课外20学分，证书学分4学分，各专业平均课时总数为2700课时左右。根据麦可思公司《四川商务职业学院社会需求与培养质量年度报告（2011）》可知，我院分析的国际贸易实务、会计、市场营销等6个重点特色专业，学生对所学专业核心课程的平均满意度为75.23%，最高达98%。

为提高人才培养质量，学院不断探索人才培养模式创新和课程教学改革，深化“校企合作”，鼓励将课程与企业实践项目进行置换，将课堂搬到企业、放到岗位一线，并积极推动“理实一体化”的课程教学改革，积极倡导和鼓励教师采用启发式、讨论式、互动式等教学方法，将“教、学、做”融为一体，师生互动，因材施教，因课施教，学生的学习兴趣和教学效果明显提高。在考核方法上，突出多样性、针对性、适用性。以考核学生创新精神和实践能力为重点，着重检验学生获取知识、处理信息及解决问题的能力，允许采用开卷、论文、作业、调查报告、口试、实际操作等多样化的考试方法。

学院根据高职教育教学的内在要求和规律，构建了见习实训、课程实训、专业实训、综合实训和顶岗实习的递进式实践教学体系，确立了“一年级学生实行理实一体化教学，二年级学生实行生产性实训，三年级学生实行顶岗实习”的实践教学总体发展路径。

学院高度重视素质教育，共有大学生社团33个，包括文艺类、体育类、社会公益类、商科特色类等，参与学生共计7000余人次。2011级新生入学教育工作，通过开学典礼、制度学习、专业介绍、参观校史陈列馆、企业行业专家讲座等专业教育、心理健康知识讲座等方式进行，生均课时达10节。

2011年，我院3人获得国家奖学金，共计24 000元；150人获得国家励志奖学金，共计750 000元；1915人获得国家助学金，共计2 872 500元；1915人获得国家临时价格补贴，共计574 500元；1806人继发2010～2011学年国家助学金，共计2 709 000元。勤工助学情况，20人任职校内固定勤工助学岗位，共计38 500元。

## 四、高职人才培养质量

充分发挥第二课堂、学生社团的作用，2011年组织11个专业500余名学生，参加了2011年“健坤杯”企业经营管理模拟大赛、用友杯沙盘模拟大赛、2011年“健坤杯”物流企业经营管理模拟大赛、第四届全国市场营销大赛西南区赛、“国际贸易技能杯”第四届全国职业院校外贸技能竞赛、“反对皮草”国际大学生艺术设计大赛、第四届全国大学生广告艺术大赛、“语同音.书同文”全国大学生漫画大赛、“全国青年素描和色彩静物、风景写生作品大赛、2011年全省计算机作品大赛、全国商科院校技能大赛网上零售专业竞赛、中教畅享企业经营管理模拟大赛国赛、用友杯沙盘模拟国赛、2011年首届“凯宾斯基杯”饭店餐饮服务技能大赛、第六届全国信息技术应用水平大赛、2011“思科网院杯”网络技术大赛、全国微软校园之星大赛华中赛区决赛、"用友杯"全国大学生会计信息化技能大赛、第五届 ERP 技能大赛、第五届全国商科院校财会专业竞赛、全国大学生设计"大师奖"主题设计大赛、电子商务沙盘大赛等 29 余项国家级和省级竞赛，共计获全国一等奖 6 个，二等奖 9 个，三等奖 6 个；获四川赛区特等奖 1 个，一等奖 5 个，二等奖 9 个，三等奖 2 个。学生实践能力与创新能力明显提高。

2011 年招生计划为 2540 人，第一志愿填报率为 240%左右，新生报到率为 77.83%，毕业生 2310 人，落实就业 2168 人，专升本 80 人，比例为 3.46%，未就业 62 人，毕业生就业率达 97.32%，专业对口就业率为 61.23%，各专业最低月工资 1200～3000 元，平均就业起薪值为 1795 元，就业单位 70%左右为民营企业或个体，月收入为 2400 元左右，10%左右为中外合资企业、外资或独资企业，月收入 2800 元左右，毕业生职业资格取证率达到 89.87%。

根据麦可思公司《四川商务职业学院社会需求与培养质量年度报告（2011）》，我院毕业生就业竞争力指数最高的专业是市场营销，为 93.4%，最低的专业是计算机信息管理，为 81.7%；毕业半年后的就业率为 93.0%，比本省高职院校（89.5%）高 3.5 个百分点，毕业半年后实际月收入（2461 元）比本省高职院校（2261 元）高 200 元，毕业生的创新能力中，积极学习能力达到 71%，其满足度为 83%，毕业生用人单位对毕业生的平均满意度为 74.13%。

## 五、社会服务

学院依托行业背景、教学资源和人才优势，主动适应区域经济社会需要，积极开展对外交流、技术服务和社会培训工作。与中石油、海尔集团建立了长期稳定员工培训合作关系，加强与市、州商务局的联系与合作，共建培训中心。先后与南充、眉山、汶川等建立了校市、校县全面合作关系，在这些地方建立了校外培训点；与对外经济贸易大学、四川大学、电子科技大学、西南财经大学等高校联合举办成人教育，促进了优势教育教学资源的共享。

2011 年，与中石油、海尔集团合作共举办社会培训 21 期，培养企业员工 1901 人次，与西岭雪山国家 4A 景区、成都华太航空科技有限公司、青羊区商务局、成都市妇联等行业企业合作，承担横向科研课题 5 项，获得研究经费 23 000 元，并与省商务厅共建了"四川省服务经济研究所"，在行业的指导下，承担了四川省质检局 2 个地方标准的制定工作，完成了全国职业分类大典 7 个工种的制定，学院的社会服务功能不断增强。

## 六、高职人才培养工作方面的创新尝试与主要举措

### （一）优化专业结构，合理调整机构

本年度，为了促进学院专业设置与经济建设和社会发展的实际需要紧密结合，加快人才培养模式、课程体系、教学内容、教学管理的整体改革，学院对现有专业布局进行了较大幅度调整，将原有的五系二部调整为目前的六系二部，专业结构得到了进一步优化。

一是以就业为导向，适时增设新专业，合理调整专业结构。在充分利用现有办学资源的基础上，通过加大投入、合理配置，在加强专业建设的同时，灵活适时的设置新专业，

调整专业结构，在动态中构建专业体系。2011 年，学院结合创建省级示范高职院校，积极申报了“鞋类工艺设计与制作”、“国际货代”2 个新专业，2012 年开始招生。

二是重点专业建设初见成效。2011 年，我院积极开展了中央财政支持专业建设发展项目的申报工作，推荐“连锁经营管理”、“国际贸易实务”2 个专业进行申报，并已获立项通过。

**（二）以课程建设为抓手，稳步推进教学改革**

本年度，结合学院教学建设与改革要求，启动了系列重点课程建设项目。根据其教育特性，将重点课程建设项目分为五类，即：一体化课程、创业创新类课程、实践性课程、素质教育类课程、精品开放类课程，并对每类课程的建设目标和建设要素提出了具体要求。这一举措有力地促进了课程建设与改革，深化了课程教学内容和课程体系改革，并在课程教学的模式、教学方法、考核方式等方面进行全面改革与创新，推动了教育教学质量的不断提高。

**（三）加快体制机制创新，实施校企深度合作**

按照“四合作”的要求，以顶岗实习为切入点，积极探索校企合作新途径，学院主管部门省商务厅也积极为校企合作搭桥引线，做好校企合作的桥梁和纽带，在电子商务、连锁经营、服务外包、现代物流等新兴产业领域，推介优秀企业参与人才培养。本年度，学院与成都廊桥文化发展有限公司、艾民儿集团、苏宁电器等 10 多家企业在探索多元办学模式、积极构建具有行业和专业特色的实践教学体系、改革兼职教师评聘机制、优化专兼职结合的教学团队、全面规划专业课教材建设等多方面进行了深度合作。

**（四）推进精细化管理，健全质量监控体系**

本年度，学院着手规划和建设数字化校园，完成了《四川商务职业学院数字化校园建设方案》，同时修订完善了系列教学运行与教学管理规章制度，建立了专、兼、聘教学督导队伍，完善了三级教学督导体系，强化了对教学运行过程的督导监控与反馈机制建设，逐步树立教学督导的权威性和独立性，努力实现科学管理和精细化管理，不断提升管理水平。

## 七、存在的主要问题及未来工作思路

**（一）人才培养工作中存在的主要问题及原因分析**

1．教育观念还需不断更新，内涵建设还需进一步加强，学院的专业特色和办学优势还不够明显。

2．师资队伍建设有待进一步强化。教师分布不均，出现结构性失衡，具有行业、企业一线实践经历的教师比例较低，高水平的专业带头人较少。

3．校企合作有待进一步深化。校企合作不够深入，与真正形成学校和企业的利益共同体还有较大差距；教师面向企业、面向社会的服务能力还不够。

**（二）上年度的改进效果，下一步改进计划与措施**

1．上年度改进效果

（1）认真学习全国高职教育改革与发展会议精神，重温 16 号文件，提升了办学理念，尤其是学院班子能够在立足行业、顺应服务行业发展趋势、更好地服务地方经济等方面达成了共识。

（2）内涵建设工作抓得实在。以项目为抓手来带动内涵建设的全面推进，落实和增加了实质性项目，在开放办学、增强学院社会服务功能方面也有了很大的发展和进步。

（3）注重素质教育，特别是商道的教育，采用了系列行之有效的方法。学院在学生的教学实习、顶岗实习中提出了三级实习设想。

2. 下一步改进计划与措施

（1）以服务区域经济和社会发展为宗旨，加强专业建设

按照教职成[2011]11号文件精神，实施“支持高等职业学校提升专业服务能力”项目，以现代服务业等相关专业为重点，进一步调整和优化专业结构；以体现优势和特色，突出重点，强化示范为原则，有计划、有步骤地开展重点专业和特色专业建设。

（2）多措并举，建设高水平师资队伍

一是加大人才引进力度，尽快引进一批高职称、高学历、高技能教师和有影响的名师，充实到重点建设专业和新办专业中来；二是建立健全激励与约束机制，加强教学团队建设，加大对专业带头人、中青年骨干教师的扶持力度，积极为教师到企业挂职锻炼创造条件；三是加强校外兼职教师的使用、培训和管理，提高兼职教师的教学能力；四是以省级示范高职院校创建为契机，加大和省内外高职院校及企业的合作与交流，全面提高学院师资队伍建设水平。

（3）坚持校企合作，工学结合，深化人才培养模式和课程体系改革

加强沟通交流，进一步拓宽校企合作的范围，在课程开发、订单培养、专业共建、实践教学等方面加强合作，开展以课程体系、教学内容和教学方法、教学手段改革为重点的教育教学改革，深化校企合作和工学结合人才培养模式的改革，提升校企合作的层次和成效。

（4）打造先进校园文化，优化学院育人环境

以办学理念为重心，狠抓凸显高职特点和我院办学特色的高职校园文化建设。加强校风、教风、学风建设，注重学生心理素质和职业道德培养，提炼和培育富有高职院校特色的精神内涵，形成催人奋进的高职校园精神，形成浓郁的学习氛围和职业色彩，提升我院育人的整体效能。

（执笔：高力平　吴　扬　池秋平　黄　松　曹　林　易　康　刘虹嘉）

# 四川司法警官职业学院
# 2011 年度人才培养质量报告

## 一、基本情况介绍

### （一）学院简介

四川司法警官职业学院是一所隶属于四川省司法厅的公办政法类全日制普通高等学校，经过近 30 年的建设与发展，已成为四川省司法行政系统政治教育基地、学历教育基地、干警培训基地和科研基地。

### （二）学院定位、培养特色、教育理念

学院坚持“立足司法行政，面向政法系统，服务社会管理创新”的办学定位，主动适应政法事业发展的需要，以培养实践能力强、具有良好职业道德的高端技能型法律实务人才为目标，以就业为导向，走校监、校局结合的高等职业教育发展道路，推行“教、学、练、战”一体化人才培养模式，严格按“行为规范化、生活制度化、内务标准化”的警务化原则组织教学及实施学生管理。

### （三）专业设置

专业设置包括法律事务、司法警务、刑事执行、行政执行、刑事侦查技术、安全防范技术、司法信息技术、信息安全技术、心理咨询（罪犯心理矫治方向）、监狱管理、社区管理与服务、城市管理与监察、社区矫正、戒毒康复。

## 二、办学基本信息

### （一）经费投入

1．办学经费总投入及其结构（如表 1 所示）

表 1　办学经费总收入及其结构（单位：万元）

| 项　目 | 金额 | 比例 |
|---|---|---|
| 1．学费收入 | 1307.5 | 16.96% |
| 2．财政公用经费拨款 | 1626.89 | 21.1% |
| 3．财政专项经费拨款 | 4592.281 | 59.57% |
| 3.1　“7·23”洪灾补助经费 | 30 | |
| 3.2　2010 级政法基层定向人才培养生活补助费 | 60.8 | |
| 3.3　2011 级政法基层定向人才培养生活补助费 | 31.6 | |

（续表）

| 项　　目 | 金额 | 比例 |
| --- | --- | --- |
| 3.4　政法基层定向人才培养科研经费 | 19.77 | |
| 3.5　2010及政法机关人才培养体制改革试点专项经费教学设备购置 | 249.444 | |
| 3.6　2010及政法机关人才培养体制改革试点专项经费校区维修改造费 | 56.594 | |
| 3.7　普通高校特困大学生就业补助经费 | 2 | |
| 3.8　一次性临时价格补贴 | 10.4 | |
| 3.9　家庭经济困难学生临时补贴 | 31.4 | |
| 3.10 高校化债财政奖补资金 | 210 | |
| 3.11　2011年国家助学金 | 355.6 | |
| 3.12　高校毕业生服义务兵费补助 | 30.743 | |
| 3.13　特别抚恤金 | 1 | |
| 3.14　灾后恢复重建项目资金 | 3502.93 | |
| 4. 其他收入 | 182.407 | 2.37% |
| 收入总计 | 7709.078 | |

2. 年度办学经费总支出及其结构如表2所示

**表2　办学经费总支出及其结构（单位：万元）**

| 项　　目 | | | 金额 | 比例 |
| --- | --- | --- | --- | --- |
| 1. 基础设施建设 | | | 520.25 | 10.05% |
| 2. 设备采购 | | | 747.368 | 14.44% |
| 其中 | 教学科研仪器设备 | | 565.236 | |
| 3. 日常教学经费 | | | 265.805 | 5.14% |
| 其中 | 3.1 | 实验实训经费 | 6.908 | |
| | 3.2 | 实习专项经费 | 32.997 | |
| | 3.3 | 兼职教师经费 | 31.748 | |
| | 3.4 | 体育维持费 | 20.436 | |
| 4. 教学改革及研究经费 | | | 94.439 | 1.83% |
| 其中 | 4.1 | 专用建设费 | 21.391 | |
| | 4.2 | 课程建设费 | 5.037 | |
| | 4.3 | 思政建设费 | 14.887 | |
| | 4.4 | 政法基层定向人才培养科研经费 | 19.77 | |
| | 4.5 | 科研课题、学报经费 | 33.354 | |
| 5. 师资建设经费 | | | 19.387 | 0.37% |
| 6. 图书购置费 | | | 33.438 | 0.65% |
| 7. 其他支出 | | | 3493.546 | 67.52% |
| 支出总计 | | | 5174.233 | |

## 三、办学条件

### （一）学院总面积

学院占地面积 293 亩，建筑总面积 97 454 平方米。

### （二）实验室、实训基地

全院建有校内实验实训基地 29 个。教学科研设备总值 2057.19 万元，生均 5656 元。

### （三）校内外实践基地数及满足教学情况

学院与监狱、劳教所、司法局、人民法院、人民检察院、公安局等实务部门共同建立了 50 个稳定的校外实训实习基地，每年为大约 1500 名学生进行不少于半年的顶岗实习以及约 1000 名学生的春运执勤创造了良好条件。

### （四）校园网络建设情况及生均计算机台数

学院现已建成应用齐全、功能完善的千兆主干、百兆到桌面的覆盖全院的网络，信息点 1000 余个。网络中心有 9 台服务器，提供的应用包括 WWW 系统、教务管理系统、精品课系统、学生管理系统、OA 系统等应用系统，能够满足学院教学、科研、管理应用的需要。共有 100M 电信出口，2M 教育网出口，并通过专线介入党政网、政法专网。全院现有学生用计算机 500 余台，平均 7 人共享一台计算机。

### （五）图书馆

图书馆馆藏纸质图书达 25.64 万册，生均 73.26 册，年度新增纸质图书 1.1 万册，当年生均新购纸质图书 3 册。纸质期刊合订本累积量 21 948 册。电子资源总量 8013GB。

### （六）体育设施状况及生均体育场地面积

标准足球场、400 米标准田径场、室外排球场、室外健身区、室内健身房、篮球馆（1300 余平方米、1200 座）各一个，室外篮球场、室外羽毛球场各四个，室外乒乓球台九张。体育场地总面积 25 000 平方米，生均 6.87 平方米。

## 四、师资队伍

学院现有教师 259 人，其中校内专兼职教师 143 人，硕士以上学位教师 36 人，在读博士、硕士研究生 27 人，副教授以上职称教师 35 人，“双师”素质教师 66 人。

## 五、生源情况

### （一）招生情况

普通专科招生计划 1200 名，实际录取新生 1517 名， 均为一志愿考生（高中生比例占 100%）。新生报到数 1216 名，报到率达 80.16%。

### （二）生源信息

省内生源占 91.56%，西部地区生源占 99.60%，其中农村生源占 71.86%，城市生源占 28.14%。另外，2011 年我院全国政法干警招录培养体制改革试点班招录计划 74 名（四川

57名，西藏17名），实际报到72名，报到率97.30%。

## 六、高职人才培养过程

### （一）教学资源

学院所设18个专业方向中，平均A类课程10 348学时，占35.67%，B类课程15 348学时，占52.9%，C类课程3316学时，占11.43%。

学院高度重视精品课程的建设和教学应用工作。在原有4门课程基础上，新建设《网络安全技术》被评选为省部级精品课程。教材开发上，四川省司法厅与我院合作开发教材《司法行政系统信息化技术实务教程》用于四川司法行政系统人才培训工作。

各系根据专业教学特点，通过访问学者形式以及外聘监狱系统一线技术能手方式，邀请行业专家到校内参与教学，合作开发教材，以行业发展的动向和趋势、工作实务为主要教学内容。例如：聘请旌阳区司法局、旌阳区人民法院、律师事务所等部门的实务专家23人承担实践课程教学任务；旌阳区司法局提供15个司法所及相应指导教师配合法律事务专业学生开展“4+1”教学练战一体化教学。

### （二）课堂教学

学生对所学专业核心课程普遍反映比较满意，能够从中汲取本专业人才应当具备的基本知识。

### （三）实践教学（如表3所示）

表3　实距教学

| 专业 | 人数 | 实习地点 | 内容 | 时间 |
|---|---|---|---|---|
| 刑事执行、行政执行、监所管理专业 | 766名 | 监狱、劳教所 | 顶岗实习 | |
| 司法警务专业 | 25名 | 德阳市中级人民法院、旌阳区人民法院 | 参加多次重大案件庭审值庭、执行、警卫任务 | |
| 法律实务 | | 德阳市司法局所属司法所 | | |
| 各系 | 500余名 | 成铁公安处 | 春运执勤 | |
| 司法信息系 | 75 | 双流县交警大队、德阳市公安局、四川博世科技有限公司 | | |

学生及实习单位对于实习安排均表示满意。实习学生认为，实习安排合理，充分考虑了学生特点和实习单位工作性质，有利于学生按照人才培养方案提高职业技能。实习单位认为，在学生实习的同时，既提高了学生的职业素养的技能，同时为实习单位输送了人才。

### （四）学生活动

院团委组织开展校园文化活动150余次：五四表彰暨诗歌朗诵会、元旦晚会、毕业晚会、主持人大赛、安防技能大赛、庭审录入大赛等，以及以“校园和谐，民族团结”为主题的民族座谈会、“相聚警院，共话中秋”文艺活动。对内每学期开展书画展、摄影展，每周开展英语角、普通话培训等活动，对外开展棋艺大赛、知识竞赛、英语演讲比赛、羽乒杯联谊赛等文体活动等，如表4所示。

表4 学生活动

| 序号 | 活动内容 | 获奖情况 |
|---|---|---|
| 1 | 四川省第五届大学生艺术节 | 荣获二等奖 |
| 2 | 德阳市建党90周年“重温红色经典 共抒爱国情怀”诗歌朗诵 | 一等奖 |
| 3 | 德阳市第三届青年学生文化节开幕式暨舞蹈大赛（大专组） | 一等奖、最佳创意奖、优秀奖 |
| 4 | 德阳市第三届青年学生文化节器乐大赛 | 第一名 |
| 5 | 德阳市“知党恩、跟党走”群众文化艺术节 | 一等奖 |
| 6 | 四川省第六届大学生艺术节 | 艺术表演舞蹈类二等奖 |
| 7 | 德阳银行杯征信知识辩论赛 | 亚军 |

### （五）学生服务

针对2011级新生开展生均2学时的入学教育，效果较好。为促进学生思想政治教育，加强典型和榜样的带头作用，2011年共评审省级优秀毕业生15人，院级优秀毕业生96人，优秀学生干部71人，三好学生182人，包括德阳市政法系统技能练兵汇报演练在内的学生嘉奖近700人次。

学院努力加强学生心理健康教育工作，促进学生身心健康全面发展。认真开展“5·25”和“11·25”大学生心理健康宣传周活动，以现场心理咨询、现场心理预约、心理讲座、心理测量、团体辅导、心理拓展活动、心理图片展、心理电影展播等形式加强学生心理健康教育，制作海报十余张，展板十余块，横幅6幅，心理健康知识宣传单1000余份。

学院高度重视毕业生就业工作，接受就业服务的毕业生的比例100%。高质优化的就业服务得到了毕业生的充分认可：学院采取“走出去，请进来”的方式积极拓宽就业渠道为其就业创造良好机会；多形式的就业指导帮助其树立了正确的就业观念并提升了求职能力。

学院非常关心困难学生的学习和生活，先后评审和办理了1046名国家助学金和2名国家奖学金、82名励志奖学金、14名广州助学金，涉及金额近370万元，其中发放154名学生的院级奖学金10余万元。另外积极为106名学生办理共60余万元的生源地助学贷款，认真落实义务服兵役学生的学费补偿代偿工作。

## 七、高职人才培养质量

1．我院桥牌代表队在2011年5月荣获由四川省社会科学界联合会、四川省教育厅、四川省关心下一代工作委员会、共青团四川省委员会主办的第二届四川省大学生桥牌锦标赛女子团体赛第三名

2．2011年我院共有毕业生1519人，毕业生就业率达95.1%，政法系统就业523人，对口就业率达36.2%。另外，5人参加大学生志愿服务西部计划，169人参加预征入伍报名。我校侦查系安防专业2012届毕业生的“双证书”获取率达到85%以上。心理咨询（犯罪

心理矫治）专业部分学生在毕业后通过考试，取得了三级心理咨询师职业资格证书。法学系法律事务专业部分学生毕业后通过考试，获得法律职业资格B级证书，法律服务者从业资格。“双证书”专业中平均“双证书”获取率50%。

3．用人单位对我院毕业生的整体评价较高，普遍反映我院培养的学生思想政治素质高，组织纪律性强；有较强的责任心和上进心，能吃苦，肯学习；有较丰富的基础理论知识，专业技能熟练，能快速适应多种不同工作岗位的需要，并在单位中发挥骨干作用。同时，用人单位也提出我院毕业生的创新精神、组织协调能力等方面有待进一步提高。

## 八、社会服务

### （一）科研

2011年，我院对外申报立项的横向课题44项。省级以上横向课题20项，市级以上横向课题24项。学院配套科研经费11万元，已发放6.6万元。

### （二）非学历培训

2011年，学院培训处共举办各级各类非学历培训11期，培训学员2163人。其中：

（1）全省司法行政系统警衔晋升培训4期，培训学员697人；30课/周×5周=150课。

（2）新干警培训1期，培训学员799人；30课/周×5=150课。

（3）青海省司法行政系统警衔晋升培训2期，培训学员225人；30课/周×2周=60课。

（4）专题培训四期：“创先争优”暨宣传媒体应用工作专题培训一期，培训学员80人；警务督察培训一期，培训学员105人；全省司法所长及调解骨干培训一期，培训学员200人；全省监狱劳教系统心理咨询中心负责人培训一期，培训学员57人。

### （三）社会咨询与志愿者服务

法学系团总支每月一次为德阳市社会福利院举办文艺演出等敬老服务；法学系师生参与“12·4”送法下乡等法律咨询服务；部分教师受聘为德阳市行政复议案件专家咨询委员会成员、德阳市旌阳区普法讲师团成员；学院多次组织学员参加德阳市重大安保执勤任务；2005年起，每年组织500～600名学员支援成都、重庆两地铁路春运安保执勤。

### （四）文艺演出与体育竞赛服务

为德阳市政府机关、市公安局、市烟草公司、市交通局、西南石油管理局、都江堰水利管理局等数十个单位职工体育活动提供训练、比赛场地和裁判服务。开展敬老院、留守儿童等志愿帮扶活动50余次，共计约1920人/次；开展环保公益与文化、服务进社区等城乡环境综合治理、社会管理创新活动30余次，共计约900人/次；组织学生参加德阳市义务献血活动5次，共计约500人；积极配合德阳市有关部门及社区开展文艺演出服务。

## 九、高职人才培养工作方面的创新尝试与主要举措

学院从以下七个方面入手完善人才培养工作：第一，学院坚持“以能力为本位”的原则，根据工作领域和职业岗位及岗位群的职业要求，重构体现高职特色的课程体系。学院制订了突出学生职业能力培养的课程标准，规范了课程教学的基本要求，建立了教学质量

评价体系和标准，对教学内容进行科学的选取、序化、整合，对教学模式和手段进行理性的改良和创新，较为充分地体现了高职教育的实践性、开放性和职业性。淡化了学科体系，强化了行动领域；淡化了课堂理论，强化了真实任务，形成了新的课程标准、实践教学大纲和实训指导书。

第二，建成一批工学结合特色的课程建设和教学改革成果，开发省级精品课程，开发与课程改革相配套的规划教材、院级特色教材和实训教材，开发主干核心课程优质教学资源，形成具有服务类高职教育特色的教学资源体系。

第三，完善院、系两级教学管理体制，调整管理重心，充分调动各教学系部的积极性，提高管理效益和服务质量；建立教学过程监控机制和相应的质量评价机制，建立与工学结合人才培养模式相适应的教学管理新体制。

第四，建立和完善教学管理规章制度，修订教学检查、教学评价和教学监控等系列教学管理文件，实行科学化和规范化管理，规范学分制管理，给学生提供更大的自主选课空间。

第五，学院建立了由院、系、教研室等多层次、多角度的“一督、二巡、三检、四评”的教学质量整体监控与评价体系，即：“教学督导，学院巡查、系部巡查，学期初检查、期中检查、期末检查，教师评学、学生评教、教师评教、综合评教”。

第六，推行精细化教学管理。完善专业理论课教学规范，制订实践教学工作规范，使每个教学工作环节有规范，有标准，有考核。继续执行实行周教学工作例会制度。

第七，完善毕业生追踪调查体系。通过对毕业生岗位适应情况的调查及对学校教学的意见反馈，及时改进教学计划、教学内容和教学方法，以适应社会需求。

在系部层面，刑事执行、法律事务、安全防范技术等重点特色专业积极与监狱、人民法院、安防企业等实务部门开展深度合作，面向职业岗位需求进行逆向分析，分解职业基础能力、职业综合能力及职业拓展能力，整合行业资源和我院师资优势，与监狱等实务部门共建专兼结合的专业教学团队，共同开发充分体现工学结合特色的课程讲义。

## 十、存在的主要问题及未来工作思路

### （一）存在的主要问题及原因分析

2011年，学院在人才培养质量方面取得了一定成绩，但是，与省级示范院校和国家中长期教育改革发展规划要求相比，还存在一定差距，主要体现在：

（1）青年教师实务能力有待提高，尚不能支撑职业教育改革发展的需要。

（2）“双师”素质教师比例不足。

（3）师资职称结构不合理。

（4）学生双证书获取率较低。

### （二）改进效果及下一步改进计划与措施

上年度改进效果：在加强师资队伍建设方面，学院组织青年教师到校外实训实习基地参加调研与社会实践，提高教师的实践教学能力。坚持把建设“双师”素质及结构的教师队伍作为学院建设发展的战略性工程来抓；针对学院部分青年教师缺乏实际工作经历，实践教学能力不足的问题，学院将根据省司法厅“引进访问学者”和“加强干部交流” 的举措，进一步深化与行业、企业的合作。完善措施，激励广大青年教师提升学历，提升职称，鼓励在职攻读硕士、博士学位，积极参加高级职称评定。加强教师培训，提高教师教学能力。改善师资队伍结构，加大骨干教师和专业带头人培养。

下一步的改进措施：

1. 分期分批地安排专业课教师到监狱、劳教所、司法局等行业、企业一线顶岗实践（挂职锻炼），积累一线工作经验，提高实践教学能力。注重对从行业一线聘请的兼职教师进行教学方法和技能的培训，提高教学能力。

2. 在增加毕业生双证书获取率方面，不同专业的特点采取不同的措施。针对司法信息技术专业和信息安全技术专业，加强技能鉴定工作，实现和CEAC共建双证书的建设。针对心理咨询（罪犯心理矫治方向）、法律实务方向，根据国家相关政策规定，该专业毕业生须获得专科学历后才能报考三级心理咨询师、法律职业资格证书、社会工作师资格证书，因此，学院一方面应当加大培养毕业生获得相应职业资格证书的意识，并提供获得职业资格证书的相应培训及指导，增加对毕业生毕业一年内获得双证书的统计，将其作为学院人才培养质量的参考标准；另一方面积极争取劳动、人事部门及主管厅局的支持，成立职业技能鉴定机构，对安全防范技术、司法信息技术、信息安全技术、心理咨询等专业开展职业技能鉴定工作，在毕业生中推行“双证书”制度，使这些专业的多数学生在毕业时，能取得相应的职业资格证书。法律事务专业的学生，通过校内培训，考试合格后，取得由省厅基层处核发的基层法律服务执业证书。

（执笔：张大立　刘世模　程杨梅）

# 四川信息职业技术学院
# 2011年度人才培养质量报告

## 一、基本情况介绍

学院始建于1976年，隶属于四川省经济和信息化委员会，是经四川省人民政府批准、教育部备案的全省唯一一所电子信息类公办高等职业院校，现有2个校区，占地520亩，在校高职生4025人。2009年11月通过教育部人才培养工作评估。

学院坚持“以人为本、能力为先”的办学理念，秉承“崇德、笃学、尚能”的校训，形成了“奋斗、求实、创新”的优良校风，确立了“立足信息产业、争创西部一流”的办学定位。

学院设有电子工程系、信息工程系、电气工程系、机电工程系、基础教育部等系部，开设有应用电子技术、软件技术、计算机网络技术等30个高职专业。

## 二、办学基本信息

### （一）经费投入

办学经费收入4941万元，财政拨款2414万元，占49%；事业收入2344万，占47%；其他收入183万元，占4%。学院教学仪器设备支出657万元，占13%；日常教学经费643万元，占13%；教育教学科研支出116万元，占2%；人员支出经费1919万元，占39%；还款付息支出913万元，占18%；其他支出693万元，占14%。

### （二）办学条件

学院现有2个校区，占地面积520亩，总建筑面积17.93万平方米。教学行政用房面积6.46万平方米，实践场所面积2.62万平方米，科研用房面积3968平方米，学生公寓5.83万平方米，生均面积14.48平方米。

校内教学仪器设备总值3624万元，生均教学仪器设备值8843元，2011年新增教学仪器设备值1400余万元。学院建有1个国家数控技术实训基地，23个校内实训中心，73个校外实训基地。完全能满足学院各专业教学需要，同时为社会提供培训服务。

学院拥有电信和联通两个出口链路，总带宽 600M，建设了校内万兆主干、百兆到桌面的有线网络，信息点达1万余个，并实现了全院的无线网络覆盖。校园网注册用户数4000余名、日在线用户数可达2500余名。拥有教学用计算机1805台，多媒体教室和语音室座位数3200座，生均计算机0.44台。

学院建有1.02万平方米的图书馆，阅览室座位数1430个，馆藏纸质图书24.8万册，电子图书4240GB，生均图书61册。

现有室外田径场2个、足球场2个、篮球场15个、排球场3个、乒乓球台30个、羽毛球场8个、体育馆1个（设有篮球场1个、羽毛球场5个、乒乓球台6个、健身房1个、形体房1个）、标准游泳池1个、网球场2个，学院体育设施场地总面积达28 430平方米，生均体育场地面积6.94平方米。

（三）师资队伍

现有专兼职教师371人，生师比为13∶1。专任教师245人，研究生学历或硕士以上学位教师89名，占专任教师的36.3%；高级职称69人，占28.2%；中级职称118人，占48.2%；“双师素质”教师83人，占42.3%；广元市学术和技术带头人8人，省级教学团队1个。

培训教师77人次，占专任教师的31.4%。其中学历进修8人次，占3.3%；工程实践锻炼60人次，占24.5%；校外交流情况9人次，占3.6%。

发表论文231篇，其中核心论文64篇；获得省级应用类项目立项3项、教育类7项，市级10项；专利授权3项，学院现拥有专利11项。

在每学期进行的学生评教活动中，学生对教师的整体满意度较高。同时学院不断深化绩效工资改革，努力形成“以岗定薪、优劳优酬”的分配制度，建立重能力、重实绩、重贡献并向高层次人才和重点岗位倾斜的多元分配激励机制，教师的工作满意度与幸福感不断提升。

（四）生源情况

计划数2000，录取数2458，录取后报到率69.8%，其中本市所占比例3.3%，本省所占比例96.2%，家庭中的第一代大学生比例40%，父母是农民或农民工所占比例70%，父母是城市下岗、退休或无业人员比例20%。

## 三、高职人才培养过程

学院先后出台了《课程建设管理办法》、《学分制管理实施细则》、《学生奖励实施办法》等120余项教育教学、师资、科研管理规章制度，推动了教育教学管理科学化、规范化。狠抓教育教学管理各项规章制度的落实，确保教育教学运行平稳有序。

学院以工学结合人才培养模式为主线，经过多年探索，逐步形成了“平台+方向、双元主体、双证融合、双学分制”人才培养模式。按照企业的工作流程、岗位技能和综合素质的要求，确定课程结构、选择课程内容、开发专业教材，大力实施“课证融合”，确保课程建设质量；在专、兼职教师指导下，学生在学中做、做中学，实现工学结合；开放的学习情境和多样化的教学方法，促进学生专业能力、方法能力和社会能力的协调培养。

2011年四川省首次将高职高专和本科一起纳入“高等教育质量工程”建设项目，学院积极组织申报省级“质量工程”建设项目，“软件技术专业综合改革”成功申报为四川省2011年度“高等教育质量工程”项目。同时学院已于2011年出台《四川信息职业技术学院教学质量与教学改革工程项目建设管理办法（试行）》，设立“质量工程”建设专项经费，2011年正式启动了院级“质量工程”建设项目的申报与建设工作，立项建设5项。“高等教育质量工程”建设项目初见成效。

学院馆藏纸质图书 24.8 万册，电子图书 4240GB；有万方、知网、超星、书生等期刊论文，读秀学术搜索和银符在线考试模拟题库等学习资源。网络资源使用率高，已成为学生自主学习的重要手段。

2011 年成立全国首家“联想学院”，长期与四川长虹、赫比国际、中兴通讯等企业深度合作组建“订单专班”。企业兼职教师 117 人，兼职教师承担的专业实践课学时比例达 35%。

各专业学生生均修课的课程教学 135～140 学分，生均修课的课时 2800～3200 学时。每学期开展两次学生评教活动，学生对所学专业核心课程的满意度达 85%以上。

学院共有 15 个学生协会、社团，参加学生达 1000 余人，学生协会、社团活动的开展已成为学生素质拓展的重要途径之一。学院“科技协会”曾荣获团省委“优秀学生社团”称号，学院团委被评为“全国五四红旗团委”。2011 年 18 名学生赴重庆电子工程职业技术学院交流学习。

学院生均入学教育 24 学时，生均军训 60 学时。通过入学教育和军训，学生顺利适应大学生活和学习，入学教育满意度达 95%。

2011 年学生获得资助 449.96 万元，受助学生 4500 余人次，生均受助 1594 元。

2011 年开展了个别心理咨询 110 人/次，团体心理辅导 20 人；新生心理测评 1700 余人/次，心理危机干预 10 人次，重点跟踪人数 5 人。

## 四、高职人才培养质量

学院以培养学生“理论实、技能精、素质高”为目标，学生先后在国家级、省级比赛中屡创佳绩。获得 2011 年全国大学生电子设计竞赛四川赛区“TI 杯”电子设计竞赛获得一等奖 2 项、二等奖 1 项、三等奖 1 项，2011 年全国排舞大赛总决赛 2 个团体一等奖、3 个单人一等奖，2011 年第四届“全国三维数字化创新设计大赛”四川赛区一等奖，“英特尔 AChIVE 第三届职业技能机器人竞赛”高职组第二名，2011 年全国大学生企业经营管理沙盘模拟大赛“物流企业经营管理沙盘大赛”二等奖、“企业经营管理沙盘大赛”三等奖，参加 2011 年全国信息技术应用水平大赛，分获“3G 移动通信技术”一、二、三等奖和特别组织奖，全年共获各级奖项 20 项。

学院毕业生就业实施“一把手”工程，通过“走出去，请进来”的就业工作方针，通过集中学习、专题讲座、讨论演讲和就业指导课（20 个学时）等形式，培养了学生的就业能力，学生一次性就业率一直保持在 98%以上，并且专业对口率达 80%以上；毕业生就业质量好，99%的毕业生分布在经济发达的大、中城市，月收入居全省同类院校前茅。学院对在校生进行多次创业培训，毕业生创业人数有所增加。专升本比例 4.1%。

学生计算机等级证书获取率 98%，职业资格证书获取率 99%，其中高级职业资格证书获取率近 20%。学生考取 3G 移动通信工程师、Linux 工程师、联想 LCSE 工程师、DCN 网络工程师证书、教育部 NIT-PRO 软件工程师、人力资源和社会保障部软件工程师等行业认证证书已累计达到 300 多人次，

近年来，学院分别对不同地域的几十余家用人单位进行了回访，社会对学院毕业生总体评价较高，学院的毕业生得到用人单位的普遍认可。

## 五、社会服务

我院积极加强科研团队建设，2011 年科研专项经费达 116 万元，2011 年获得省级应用类项目立项 3 项、教育类 7 项，市级 10 项；专利授权 3 项。

与电子科技大学、西南交通大学、四川电子军工集团、成都亮易光学科技公司等院校企业合作开展“沼-光互补一体化智能发电系统研发”、“基于 RFID 的移动基站维护管理终端的研究”、“基于物联网的城市照明无线监控系统研究”、“毫米波异型腔体加工方法既模芯镀层转移方法”等科研项目。

学院独资创办的四川鹏锦科技责任有限公司是广元地区唯一一家具有计算机信息系统集成四级资质的高科技企业，开发了企业信息化管理系统、政府信访管理系统、广元市市委办内网综合管理平台、广元市公安局基础警务信息平台等应用软件系统 30 多个。

2011 我院先后承办广元市各类比赛 500 余次、接纳兄弟学校来我院训练和对社会开放体育场馆达 2600 余人次。学院还与区域内中职学校联合培养学生 680 名，为中职学校培训教师 276 名。

2011 年学院为社会培训各类人员 3835 人；进行各类技能鉴定 1890 人，取证 1757 人（高级工 220 人，中级工 1537 人），鉴定合格率为 93%；组织完成了全国计算机等级考试、全国英语等级考试、卫生系统职称人机对话考试、保险从业人员资格考试等各类考试工作，各单位、各系统参考人员达 22 373 人次。

## 六、高职人才培养工作方面的创新尝试与主要举措

按照“一个核心、四个共建、四项对接”课程建设思路，即：以岗位能力为核心，构建课程体系；通过校企合作，实现课程标准、教学资源、教学方案、课堂教学的共建；实现课程标准与职业标准对接、教学过程与生产过程对接、教学内容与工作内容对接、教学环境与生产环境对接。共建成省级精品课程 14 门，院级精品课程 51 门，网络课程 113 门。公开出版教材 60 多本，其中国家“十一五”规划教材 3 本，四川省精品教材建设立项 3 本，校企合作共同开发特色教材 30 余种。

构建了“职业基础技能训练－职业专门技能训练－综合应用训练”三级递进的实践教学课程体系，专业实践教学占总学时的比例平均超过 50%，所有专业设置了半年的顶岗实习课程，毕业生全部参加顶岗实习。

充分应用现代信息技术手段开展理论与实践的教学，广泛推行讨论式教学、案例教学、情境教学、项目教学、任务教学、基于“工作过程”教学、理论实践一体化教学等方法，实现教中学，学中做。

学院通过“委市共建”、成立 “广元职业教育集团”、“联想教育人才培养学院”等形式，构建“政府、行业、企业、学校”四方联动的办学机制。

继成立四川鹏锦科技有限责任公司后，又与广元天英精密传动有限公司开展了深度校企合作，广元天英精密传动有限公司已整体搬迁入学院东校区，成为学院“校中厂”和生产性实训基地、师资培养基地。目前学院基本形成了“前厂后基地”的产学模式，

学院为加强教学质量监控，于 2010 年专门成立了教学质量处，通过教学监控线（质量处、督导），教学运行线（教务处、系部）全面推进学院教学质量工程。

构建质量监控“四体系”，把好教学质量关。一是建立了院、系、室三级教学质量监控的“组织体系”。二是建立包括专业设置、人才培养方案制订、重点专业建设、课程建设、课程考核、各主要教学环节质量标准的教学质量“标准体系”。三是完善并健全了“三督、三控、三查、五评、一跟踪”的教学质量“评价体系”，四是建立健全通过日常的教学检查反馈、教学信息反馈和学生信息员反馈、教学督导反馈、企业反馈，及时对教学过程进行质量调控的质量“调控体系”，促进教学质量和教育管理水平的不断提高。

## 七、存在的主要问题及未来工作思路

### （一）人才培养工作中存在的主要问题及原因分析

对新时期高职教育的认识有待进一步提高、教育教学改革有待进一步深化、师资队伍建设有待进一步加强。校企合作的广度深度有待加强、专业特色不够鲜明、与地方经济和行业的融合度有待进一步深化，体制创新有待进一步完善。

原因在于：学校是从中专升成大专的，办学理念尚需学习与提升，师资队伍过于年轻，专业特色尚未完全形成；与企业合作也存在单方面需求，企业与学校合作不积极等。

### （二）上年度的改进效果

学院顺利完成“委市共建、四方联动”的办学机制创新，探索并逐步形成了“平台+方向、双元主体、双证融合、双学分制”人才培养模式。实施了“学做合一”、“工学交替”、“项目导向”、“订单培养”和顶岗实习等多种工学结合形式的专业教学。

以专业性、集群化、差异化、多向化为专业建设思路，深化人才培养模式改革；探索出了“一个核心　四个共建　六项对接”的课程建设目标；实施了师资队伍建设（双师、双高、名师、团队）四大工程；拓展了“三化两融合”（人本化、全程化、学分化；校园文化和企业文化的融合，人文素质和职业素质的融合）素质教育模式，提升了教育教学质量。

建立了素质拓展中心、优化素质拓展项目、完善素质拓展学分网络平台。

### （三）下一步改进计划与措施

1．做好“省级示范高职院校”申报工作，努力争创省级示范性高等职业院校。

2．机制体制创新工作

将“委市共建”框架落到实处，进一步完善“政府、行业、企业、学校”四方联动的办学机制。进一步优化“广元职业教育集团”管理运行机制，整合资源，充分发挥集团的引领作用。进一步探索推进“校企合作产业园”创建工作。积极探索联想教育人才培养学院运作模式和管理方式。

3．全面实施院级质量工程建设，同时系统推进省级、国家级质量工程、专业提升项目建设。完善教学各环节考评体系，切实提高教学质量。

4．加大实践教学力度，进一步完善实践教学体系，实行专业对口实习，加强实习管理。继续完善校内实训设施设备，新增校外实践基地10个以上。

5. 创新素质教育模式，建设3个大学生社会实践基地，建设2个大学生爱国主义教育基地，建设1个大学生艺术能力培养基地。

（执笔：文元泉）

# 南充职业技术学院
# 2011年度人才培养质量报告

2011年学院以争创省级示范高职院校为旗帜，以内涵建设为核心，继续深化教育教学改革，不断完善校企合作机制，全面提升学院综合实力，教育教学质量得到了进一步提高。

## 一、基本情况介绍

南充职业技术学院是省市共管、以市为主的高职高专普通高等学校。学院坐落在川东北中心城市、三国文化发祥地、朱德元帅和国家副主席张澜的故里——南充市，是教育部高职高专院校人才培养工作水平评估优秀学校、四川省文明单位。

学院秉承"厚德、砺志、求是、创新"校训，始终坚持"面向市场办学，校企合作办学，服务地方经济"的办学思路，坚持"特色办学、质量立校、以人为本、追求卓越"的办学理念。2006年省政府批准，与香港利奥集团合作开创了公办院校与企业股份制合作办学的成功范式。

学院现设8个教学系，有51个高职高专专业，以全日制高职高专学历教育为主，兼顾成人专科学历教育、中职学历教育，联办自考专升本，以及中小学教师培训和其他多种专业技能培训。

## 二、办学基本信息

### （一）经费投入

2011年学院获得财政拨款7107万元，学费收入3563万元，其他各项收入1148万元，合计11 818万元，三部分比例分别为：60.14%、30.15%和9.71%。

年度办学经费总支出1578万元，其中用于教学科研、实验实训的经费分别为1128.6万元、18.2万元、320万元，分别占办学经费支出的71.52%、1.15%和20.28%。

### （二）办学条件

学院占地1403.4亩，现有建筑面积23.01万平方米。教学科研及辅助用房76 685平方米；行政用房6254平方米；学生宿舍面积74 056平方米，生均宿舍面积8.86平方米。

学院校内有63个实验室、11个实训基地。教学科研设备总值3937.91万元，生均教学科研设备值4711元。校外实践基地41个，能满足各专业教学需要。拥有万兆主干、千兆支线、百兆桌面的数字化校园网。有1340台计算机，平均百名学生拥有计算机12.95台。

学院图书馆2011年正式成为CALIS的成员馆，全年验收、上架图书2万多册，订购了2011年期刊605份，报纸19种，续订了维普电子期刊，馆藏结构得到进一步优化。馆藏图书52.31万册，生均图书62.59册。

学院现有标准田径运动场一个，篮球场18片，排球场11个，体能测试室1个，乒乓台25个，羽毛球场地8个，形体练功房1个。体育运动场面积49 561平方米，生均体育场地面积5.89平方米。

（三）师资队伍

1．师资队伍数量与结构

学院师资力量较雄厚，现有教师 489 人，其中院内专任教师 395 人，外聘教师 93 人（外籍教师 1 人）。专任教师中教授 8 人，副教授 94 人，占专任教师比例 25.8%；讲师 140 人，占专任教师比例 35.4%。专任教师中具“双师素质”教师 208 人，占 53%。有本科学历 332 人，占专任教师比例 84.1%；其中研究生学历或硕士及以上学位 91 人，占专任教师比例 23%。现有高职高专学生 7934 人，生师比 16.3∶1。

2．师资培训

学院重视教师综合素质的提高，采取多元化培养机制，努力拓宽培养渠道，通过鼓励教师学历学位提升、进修、培训、校际交流等途径，逐步造就一支师德高尚、理论素养深厚、实践经验丰富和教学科研能力强的高素质教师队伍。2011年教师参加进修、培训和院外交流人数达128人次，占专任教师总数的32.4%。

3．教学水平

学院积极支持教师根据地方经济社会发展的需要，开展产学研活动。2011年进一步做好科研课题立项和结题工作，现已完成科研课题结题3个。2011年教师公开发表文章200余篇，出版教材16部、专著2部。有1部专著、3篇论文荣获南充市人民政府第九次哲学社会科学优秀成果奖。有2篇论文获南充市职业教育学会优秀论文三等奖。

4．教师的工作满意度与幸福感

大部分教师在工作过程中，对工作本身及工作环境、工作状态、工作方式、工作压力、挑战性、工作中的人际关系等均感受较好。教师的总体满意度较高，从具体项目来看，高校教师对其薪酬待遇的满意度最差，对其工作环境的满意度最高。

（四）生源情况

2011 年高职高专计划招生数 2700 人，实际录取数 3716 人。省外录取 153 人，省内录取 3563 人。西部地区（新疆、西藏、甘肃、宁夏、青海、云南、贵州、四川、重庆、陕西）录取人数为 3563 人，占录取总人数的 95.88%。对口高职录取 91 人，五年制转段（三转二）75 人。新生中高中生占 99.95%，三校生占 0.05%。同类高校被考生首选比例为 60%。2011 年高职高专报到人数 2941 人，录取后报到率为 79.14%。

五年制高职计划招生数 240 人，实际招生数 91 人。成人专科计划招生数 120 人，实际录取数 32 人。

通过第三方麦可思公司对 2011 届毕业生调查，本校学生多数来自社会基层家庭，绝大多数为家庭第一代大学生如图 1、图 2 所示。

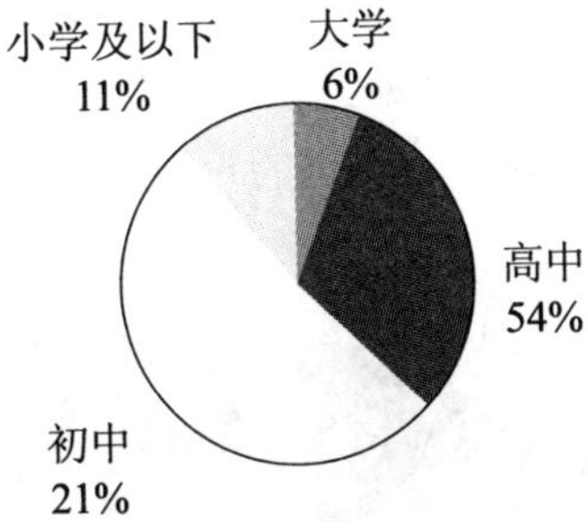


图 1　新生家庭教育背景构成

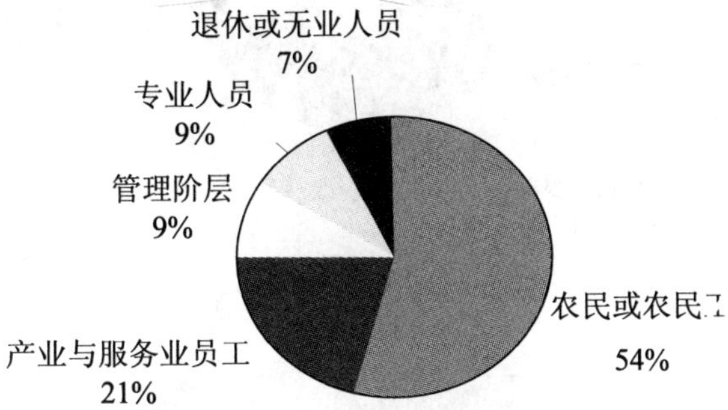


图 2　新生家庭职业背景构成

## 三、高职人才培养过程

### （一）教学资源

2011 年学院深入推进学分制管理，大力推进课程体系改革。课程分为必修课和选修课两大类，公共基础课和职业基础课的设置以适用、够用为度。专业课设置以市场需求为导向，以专业技术能力培养为重点。选修课设置以培养学生具有较强的工作适应性、较宽的知识面和可持续发展能力为目的。设置课程（含实践教学）时与各专业职业资格考试相衔接。2011 年开设课程达 1480 余门。

2011 年学院遴选了 6 个专业探索“2+1 学年”教学进程改革，不减少在校学时学分，将毕业实习时间延长一倍。

学院开展了大学英语教学改革，进行了大学英语分层教学试点，试点情况良好，学生满意度较高。

学院修订了教材管理办法，严格优先选用针对性、实践性较强的全国高职高专规划教材、精品教材，并鼓励教师自编适合工学结合的配套教材或实训实验指导书。

学院图书馆2011年正式成为CALIS的成员馆，续订维普电子期刊，图书资源及电子期刊利用率达85%。

2011年学院聘请来自行业企业一线教师92个，担任专业核心课程或实践课程，占专任专业教师比例达20%。

（二）课堂教学

2011年学院全面实施学分制教学管理，各专业生均修课学分达45分，生均修读的课时达728学时。2011届学生对所学专业核心课程的重要度评价较高（81%），满足度评价尚可，如图3、图4所示。

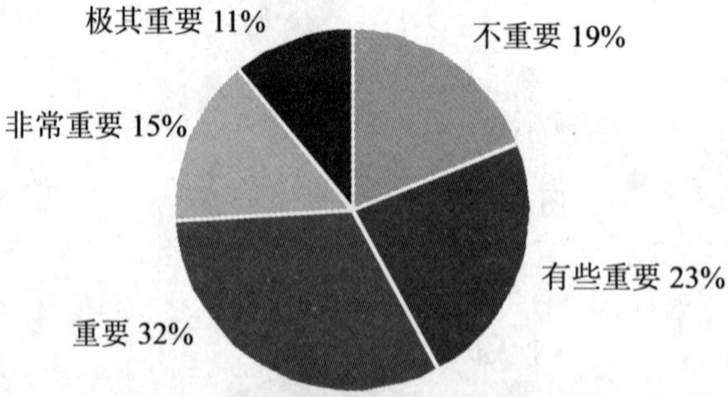


图3 2011届毕业生评价核心课程重要性的人数%分布

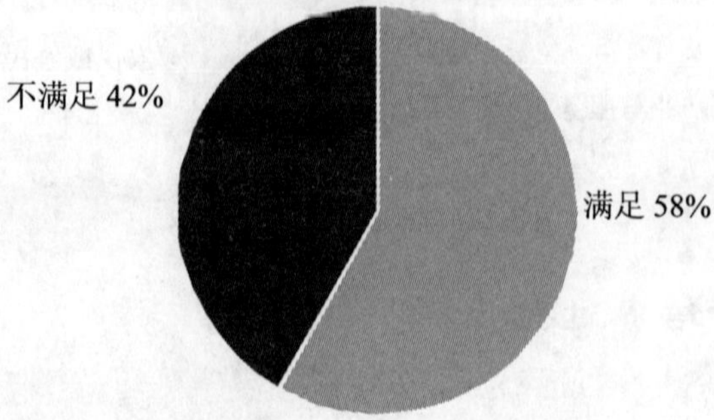


图4 2011届毕业生评价核心课程是否满足的人数%分布

（三）实践教学

学院实验实训中心统筹实验室和设备维护，各系具体落实实践教学。根据现有实验实训条件，制定了实验室、实训室管理条例并且严格执行。按照教学任务安排，开展实训教学活动，保证实训设备的使用率。维持了“做中教、做中学”教学模式改革的顺利实施，强化了对学生职业综合能力的培养。

（四）学生活动

1．学生参加社团活动的情况

2011年本院学生社团共有25个，组织了95次社团活动，参与学生达3.65万人次，学生通过参与活动了解了社会，增进了友情，提高了能力，学生对社团满意度较高，如图5所示。

本校2011届毕业生在校期间，34%的人参加过社会实践及公益类社团活动，其满意度为72%；9%的人参加过社交联谊类社团活动，其满意度（81%）最高；19%的人参加过学术科技类社团活动，但其满意度（56%）最低；21%的人表示没有参加过任何社团活动。

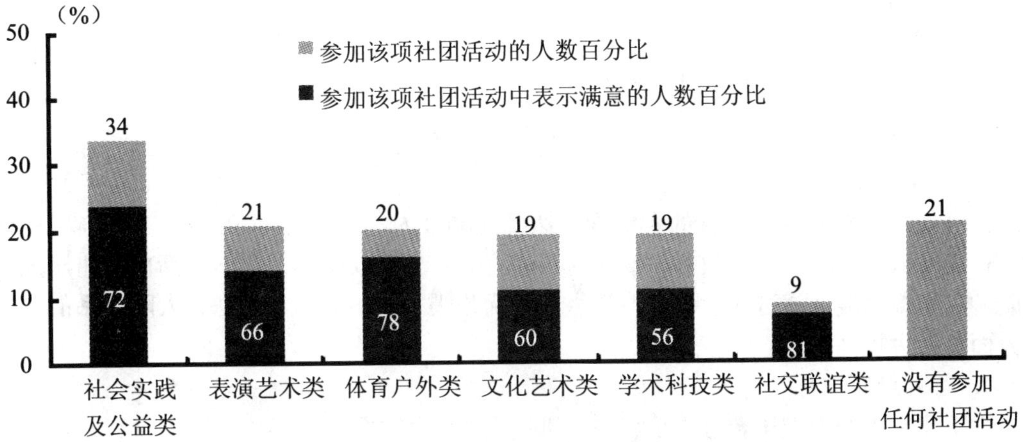


图 5　2011 届毕业生参加社团活动的比例及满意度（多选）

2．学生对活动的评价

社团活动对学习成绩的影响如图6、图7所示。

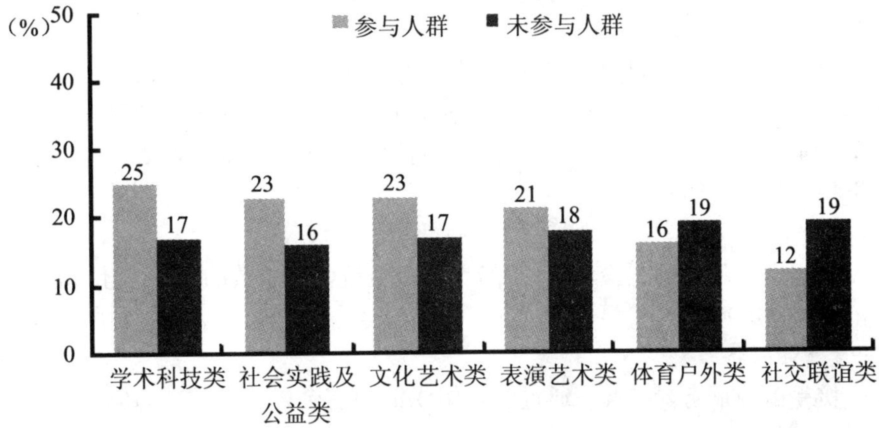


图 6　2011 届有/无参加社团活动人群中学业较好的比例

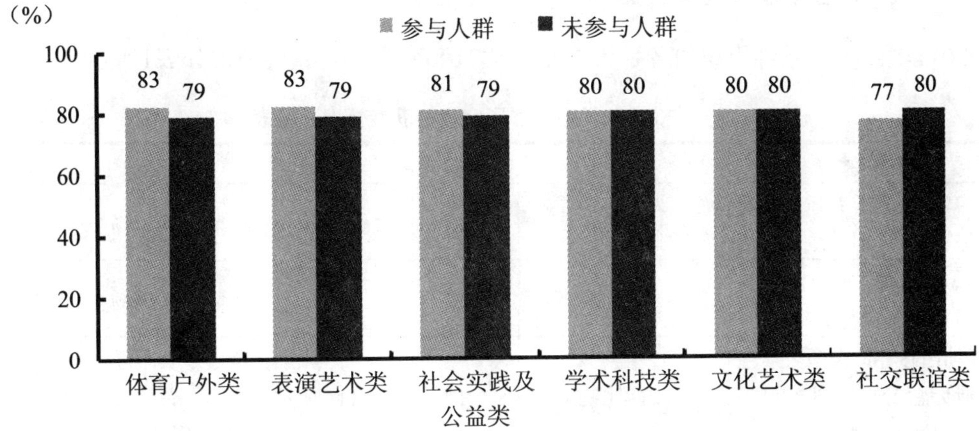


图 7　2011 届有/无参加社团活动人群的基本工作能力满足度

本校2011届毕业生在校期间，参加过学术科技类社团活动人群中学业较好的比例（25%）最高，与未参加此类社团活动人群（17%）相差较大。有/无参加过社团活动对毕业生的基本工作能力满足度无明显影响。

（五）学生服务

1．新生入学教育

2011年参加新生入学教育的大专学生达到3000余人，专题讲座20课时；各系安排4课时进行专业教育、职业规划教育、就业前景教育等；各班安排20课时学习高校法律法规和学院各类规章制度。通过入学教育，学生在行为习惯、学习思路与方法、人际关系的处理等方面有较大提高。

2．心理健康教育

学院建立了心理健康教育“院、系、班三级服务体系”，各学生寝室均设有心理联络员，形成了全员参与的心理健康教育机制。2011年10月，对2011级新生用SCL-90症状自评量表、UPI大学生人格问卷量表进行了心理普测，共有2464人参与测试，回收有效量表2338份，并建立了心理档案；认真开展了大学生心理健康教育日常咨询工作，组织了丰富多彩的心理健康教育宣传活动。

3．奖助学金

2011年度，学院学生获得国家奖学金4人，每人8000元；获得国家励志奖学金177人，每人5000元；获得国家助学金2263人，人均3000元；获得广州助学金11人，人均2000元；获得学院奖学金690人，人均300元；获得学院助学金760人，人均800元。所有获得奖助学金人次占全校学生总数的49.22%。

4．勤工俭学

学院设立固定及临时勤工俭学岗位222个，占全校学生总数的3%，支付勤工俭学津贴39.73万元，人均1789元。

5．学生就业服务

毕业生接受就业服务，47%是通过学校组织的招聘会，其有效性为63%；20%是通过发布招聘信息，其有效性67%。

## 四、高职人才培养质量

2011年，参加系部组织的各种大赛学生达2100余人次。获奖情况如表1所示。

表1　2011年学生参加国家竞赛获奖情况一览表

| 名称 | 类别 | 级别 | 年度 | 获奖学生 |
|---|---|---|---|---|
| “兰亭杯”全国书画大展赛一等奖 | 书画比赛 | 全国 | 2011 | 陈德飞　杨金云 |
| 第六届艺教之星全国师生书画大赛一等奖 | 书画比赛 | 全国 | 2011 | 陈德飞　杨金云 |
| “健坤国际杯”全国大学生企业经营管理沙盘模拟大赛四川赛区比赛三等奖 | 技能比赛 | 全国 | 2011 | 杨静才　贾　洋　向艳彬　王　晴　黄　丹　田　明　刘茂清　毛茂林 |

（续表）

| 名称 | 类别 | 级别 | 年度 | 获奖学生 |
| --- | --- | --- | --- | --- |
| 全国大学生英语竞赛一等奖 | 英语竞赛 | 全国 | 2011 | 刘　娜　刘　闯　陈娅婷 |
| 全国大学生英语写作大赛一等奖 | 英语写作 | 全国 | 2011 | 陈思邑 |
| 全国拉丁舞大赛三等奖 | 舞蹈比赛 | 全国 | 2011 | 龙婧雯　祝　睿 |
| ITAT全国信息技术应用大赛三等奖 | 技能大赛 | 全国 | 2011 | 兰冬梅　曾秀梅 |
| 二维CAD建筑设计入围决赛 | 建筑设计 | 全国 | 2011 | 张庭海 |
| 3DS MAX 三维设计优秀奖 | 三维设计 | 全省 | 2011 | 李　创　曾　凯 |
| Photoshop平面设计三等奖 | 平面设计 | 全省 | 2011 | 刘昀旎　兰冬梅 |
| 二维CAD机械设计（AutoCAD）优秀奖 | 机械设计 | 全省 | 2011 | 黄正维　赖建春　王　磊　曾　琴 |
| 二维CAD建筑设计优秀奖 | 建筑设计 | 全省 | 2011 | 张念茂　张小录　张　强 |

2011届毕业生就业率95.2%，就业现状满意度（58%），明显高于全国同类院校平均水平（44%）。毕业生总体就业质量相对较高，对口就业率60%，职业期待吻合度46%，高于全国高职院校平均职业期待吻合度40%；就业离职率49%，低于全国高职院校的平均离职率52%；自主创业人数140人，自主创业率5.3%；专升本学生数650人，占毕业生总数的21.7%；毕业生职业资格证书获取率82.6%。

我院毕业生受到用人单位的普遍欢迎，用人单位对我院人才培养质量评价较高。普遍认为，学院一是注重学生的政治思想素质和职业道德观念培养；二是注重学生综合素质的培养，学生到单位后能吃苦耐劳，有较强的适应能力；三是在加强理论基础知识学习的同时，特别注重学生的实际动手操作能力培养；四是注重学生合作创新意识培养。

## 五、社会服务

学院积极为本地经济、社会和文化建设服务。2011年度，依托省科技厅授牌的川东北科技培训中心及我院的其他培训基地，为川东北地区培训科技管理人员80人次，培训其他非学历人员3708人次。与企业共同开办专业2个，共同开发课程36门。与小龙铸钢厂合作开展复合颗粒铸渗制备钢基表面复合材料研究，同南充天瑞养殖合作开展黑豚引种及饲料开发与利用研究。通过为本地企业提供技术及员工培训获得收入73.87万元。为本地多次举办文化演出、体育比赛，组织师生共计4856人次参与社会实践和“三下乡”活动，直接面向农村开展文化、科技、卫生等方面服务。

开展对口帮扶。2011年为仪陇县柴井乡八景营村建优质梨树210亩，桑园350亩，传授养殖技术发展养猪业，送去价值1.5万元的6头种猪，建12口沼气池。为高坪区螺溪镇端公溪村建立蔬菜种植基地，赠送价值2万余元的10头良种猪，指导帮助建立生猪养殖产业基地。

我院畜牧兽医专业服务团队参与指导南充市畜牧标准化建设，与高坪区共建生猪养殖示范片，为畜牧企业和农户提供技术服务，为企业和农民挽回直接经济损失7000余万元，为南充地方畜牧业经济增收3亿元以上，如表2所示。

表2　2011年度社会服务项目一览表

| 社会服务项目培训 | 数量 | 学时 |
| --- | --- | --- |
| 南充市中小学教师继续教育 | 1789 | 320 |
| 川东北科技干部培训 | 80 | 24 |
| 南充市中小学校长提高培训 | 79 | 160 |
| 南充市事业单位人员技术培训 | 131 | 120 |
| 高压电工进网作业许可培训 | 180 | 120 |
| 计算机国家一级考试培训 | 396 | 15 |
| 导游资格考试培训 | 57 | 100 |
| 景观设计师考试培训 | 56 | 210 |
| 施工员考试培训 | 265 | 224 |
| 预算员考试培训 | 258 | 224 |
| 非师范专业教师资格培训 | 417 | 160 |

## 六、高职人才培养工作方面的创新尝试与主要举措

### （一）体制机制创新

学院在多年的实践中形成了以股份制合作为先导的校企校地多元合作体制机制。在此基础上，学院不断丰富合作内涵，创新合作机制，提升合作层次，逐渐形成了多元合作格局。除与利奥股份制合作体制外，还在实践中形成了以夏尔数码科技有限公司为代表的契约制合作方式，以东大彩印为代表的“开门引企”合作方式，以东风南充汽车为代表的“推门入企”合作方式，以南充市国家现代农业示范区为代表的服务型合作方式，以大北农为代表的订单制合作方式，以种畜场为代表的产教结合方式，以校行企共建“岗、证、课一体化”课程体系为代表和以“前园后院、学教结合、学岗对接”为代表的内涵型合作方式等。

通过校企合作，催生了一个教学系，成立了印刷包装系，建立了一个“校中厂”。在校内引入了东大彩印，校企共建了生产型实习基地。对接了一批产业。与传统优势产业对接，重点建设汽车检测与维修专业和中央财政投资的汽车汽配实训基地；与现代服务业产业对接，重点建设旅游管理专业；与现代农业对接，重点建设畜牧兽医专业；与社会事业

对接，重点建设学前教育专业；与名企联姻，开办商贸英语、印刷技术、包装技术与设计、影视动画、饲料加工等专业班，形成了一种崭新的校园文化。校内形成了校企融合的文化氛围。使培养的学生不仅在技能上能够对接岗位要求，还能够从思想上提高对企业价值的认同感。

**（二）以专业建设为抓手，强力推进内涵发展**

一是应对地方产业升级和结构调整，建立专业对接产业的机制。新增道路桥梁工程技术、汽车技术服务与营销、通信技术、物流管理等 13 个专业，形成了对接当地经济社会发展，具有自身特色的专业体系。二是制定了“十二五”专业建设规划，将现有专业凝练为对接区域产业集群的 11 个专业群；三是加大了畜牧兽医、汽车检测与维修技术、学前教育等 8 个重点专业建设力度，发挥对其他专业的带动辐射作用；四是开展“说专业”竞赛，进一步明确了人才培养定位，理清了专业发展思路；五是修订学分制人才培养方案，优化重构了工学结合的课程体系；六是选择旅游管理等 6 个专业开展“2+1”试点工作，密切校企合作，提升学生就业竞争力；七是重新遴选确定了 32 名专业带头人，每个专业还确定了 2～3 名骨干教师，部分教师还参加了国内外高校访问学者、进修学者培训进修；八是着力建设以仿真与真实生产相结合的实训基地，现有 74 个校内实验实训室（中心）和 41 个校外实训（就业）基地。

## 七、存在的主要问题及未来工作思路

### （一）人才培养工作中尚存在的主要问题

1．“政行企校”合作办学的体制机制建设还有待进一步深化；

2．对接南充支柱产业的专业建设有待进一步加强；

3．实践教学设施设备及运行管理机制建设有待进一步完善；

4．专兼结合的“双师”结构师资队伍建设有待进一步加大力度。

### （二）未来工作思路

1．创新体制机制，激发办学活力。以学院与香港利奥集团实施股份制合作办学为先导，依托学院与成都夏尔数码、东风南充汽车、大北农有限公司等紧密合作的大中型企业，合作试办二级学院；牵头组建南充职业教育集团；深度开展校区（国家现代农业示范区）、校地（政府及部门）合作办学；开展科技包村建设新农村综合体示范点等办学模式的探索与实践。

2．加强人才培养模式与课程体系改革。由校企双方共同开发优质核心课程 16 门，共同编写特色教材 20 部，按国家级精品课程标准建成 1 门、省级精品课程 4 门、院级精品课程 17 门，建设网络课程、资源包 7 个，初步建立校企合作的育人机制。

3．强化实习实训条件建设，构建功能齐全的实践教学体系。将畜牧兽医、汽车检测与维修技术、学前教育、旅游管理等专业的实习实训场所建设成装备水平高，紧跟技术和行业发展趋势，具有真实或仿真工作环境，融教学、生产、培训、技能鉴定、技术开发与服务功能为一体的示范性实训基地。根据行业、企业需求建立职业培训机构和职业技能鉴定站，拓展社会服务领域，增强校内实训基地自我发展与良性运行能力。改、扩建 22 个现有实训室，增加仪器设备台数，更新现有设备，凸显行业领先水平。在巩固好已有的校外实习基地的基础上，新建21个校内外实训基地（室）。

4．加强“双师”结构师资队伍建设，打造优秀教学团队。计划在重点专业中，引进和培养8名在省内外有一定影响的专业带头人；培养和引进36名熟悉高职教育教学规律的专业教学和实践实训的骨干教师；聘请68名企业一线技术、管理人员，作为重点建设专业的兼职教师。通过建设，“双师”素质教师达到专业课教师的85%以上，兼职教师达到专业课教师的50%以上；同时，每个重点专业都具有2名专业带头人和9名骨干教师。

5．产学研互动发展，提高社会服务能力。三年内，为企事业单位技术攻关、服务所获经费占学院总收入的比例不低于6%。每年为南充市企事业单位及合作企业职工进行岗前培训和技能鉴定、培训5000人次左右，为南充市及周边地区培训新农村建设人才等共计6000余人次左右，培训中小学师资2000名左右，培训对口支援的高职院校和中职学校职教师资100名左右。

（执笔：蒙秀琼　龙步清）

# 内江职业技术学院
# 2011 年度人才培养质量报告

## 一、基本情况

内江职业技术学院是内江市人民政府举办的内江市唯一一所综合性高职学院。学院现有土地 742.8 亩，建筑面积 157 250 平方米，教学仪器设备总值 4907 万元，图书馆藏书 44.1 万册，计算机 1200 余台，固定资产近 11 322 万元。设有经济管理系、艺术系、机械工程系、电气工程系、建筑工程系、信息电子工程系、农业工程系、基础部、思政部 9 个系部，现有招生专业 34 个。建立校内、外实习实训基地 176 个。有授课教师 420 人，在校生 7388，其中，高职生 5008 人。

学院遵循职业教育规律，确定了以高职教育为主，中职教育和继续教育为辅的中高职协调发展、相互衔接的一体两翼办学格局，践行“心手相通，学做相融”的教育教学思想，着眼于学生职业生涯发展，立足内江，面向成渝经济区，培养了一大批适应区域产业结构调整和社会经济发展需要的高素质技能型人才。

## 二、办学基本信息

### （一）经费投入

1．年度办学经费总收入及其结构

学院年度办学经费总收入为 7893.13 万元，其结构如图 1 所示。

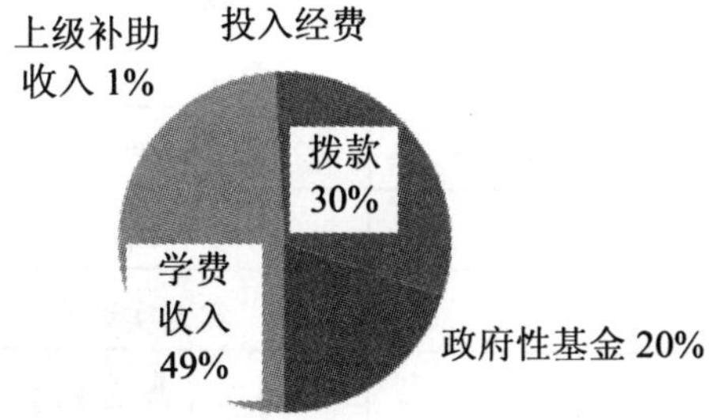


图 1　学院 2011 年度办学经费收入构成

2．年度办学经费总支出及其结构

学院年度办学经费总支出为 8380.47 万元，其结构如图 2 所示。

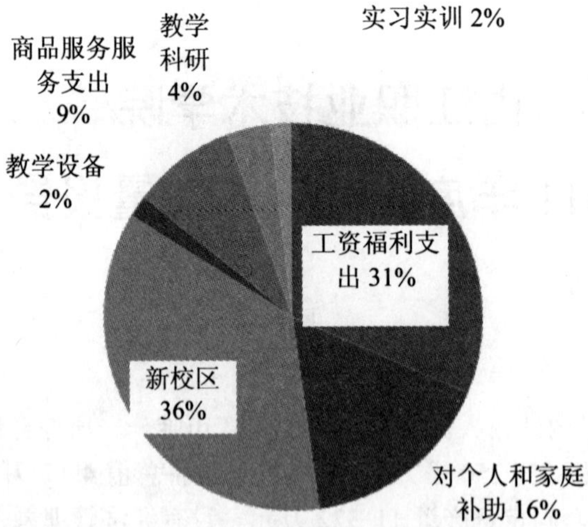


图2　学院2011年度办学经费支出构成

3．收入与支出的比率如表1所示。

**表1　学院2011年办学经费一览表**

| 经费收入 | | | 经费支出 | | |
|---|---|---|---|---|---|
| 项目 | 投入经费（万元） | 所占比例 | 项目 | 支出经费（万元） | 所占比例 |
| 拨款 | 2373.78 | 30.07% | 工资福利支出 | 2638.51 | 31.48% |
| 政府性基金 | 1575.8 | 19.96% | 对个人和家庭补助 | 1371.3 | 16.36% |
| 学费收入 | 3871.52 | 49.05% | 新校区 | 3018.03 | 36.01% |
| 上级补助收入 | 72.03 | 0.92% | 教学设备 | 157.19 | 1.88% |
| | | | 商品服务支出 | 735.15 | 8.77% |
| | | | 教学 | 278.77 | 3.33% |
| | | | 科研 | 30.21 | 0.36% |
| | | | 实习实训 | 151.31 | 1.81% |
| 办学经费总收入 | 7893.13 | | 办学经费总支出 | 8380.47 | |
| 收支比率 | 1∶1.06 | | | | |

### （二）办学条件（如表 2 所示）

**表 2　学院办学基本条件一览表**

| 办学基本条件 | 我院数据 | 基本监测指标 | 我院监测数据 | 综合类高职达标指标 |
|---|---|---|---|---|
| 占地面积（平方米） | 495 199 | 生均占地面积（平方米/生） | 98.88 | ≥54 |
| 教学行政用房面积（平方米） | 157 250 | 生均教学行政用房面积（平方米/生） | 31.4 | ≥14 |
| 宿舍面积（平方米） | 51 205 | 生均宿舍面积（平方米/生） | 10.22 | ≥6.5 |
| 实践场所面积（平方米） | 29 299 | 生均实践场所面积（平方米/生） | 5.85 | ≥5.3 |
| 教学科研仪器设备值（元） | 49 070 000 | 生均教学科研仪器设备值（元/生） | 9798.32 | ≥4000 |
| 图书（册） | 432 000 | 生均图书（册/生） | 86.26 | ≥80 |
| 生均年进书量（册） | 31 000 | 生均年进书量（册） | 6.19 | ≥3 |
| 教学用计算机台数（台） | 883 | 百名学生配教学用计算机台数（台） | 23 | ≥8 |
| 多媒体教室和语音实验室座位数（个） | 6914 | 百名学生配多媒体教室和语音实验室座位数（个） | 94 | ≥7 |
| 新增教学科研仪器设备（元） | 3 850 000 | 新增教学仪科研器设备所占比例（%） | 12.75 | 10 |
| 体育场所面积（平方米） | 38 711 | 生均体育场地面积 | 7.73 | |
| 体育设施设备值（元） | 143 050 | 生均体育设施 | 28.56 | |

### （三）师资队伍

1．师资队伍整体情况

学院授课教师 408 人，其中专任教师 299 人，校内兼课教师 12 人，校外兼职教师 84 人，校外兼课教师 13 人，如表 3 所示。

**表 3　学院教师整体情况**

| 教师总数 | 校内专任教师 | | 校内兼课人员 | | 校外兼职教师 | | 校外兼课教师 | | 学生数 | 生师比 |
|---|---|---|---|---|---|---|---|---|---|---|
| | 人数 | 比例（%） | 人数 | 比例（%） | 人数 | 比例（%） | 人数 | 比例（%） | | |
| 408 | 299 | 73.28 | 12 | 2.94 | 84 | 20.59 | 13 | 0.32 | 7388（高职 5008） | 18.11 |

2．师资队伍结构情况

学院专任教师中，有教授 5 人、副教授 94 人，占专任教师总数的 33%；具有研究生学历或博士、硕士学位的有 77 人，占专任教师总数的 25%。有注册会计师、建筑工程师、机械工程师、畜牧师、兽医师等“双师素质”教师 220 人，占专业教师数的 65%。聘请 84 名企业能工巧匠作为兼职教师，占专业课教师数的 36%。

3．师资培训

学院 2011 年度送教师外出培训 119 人次，培训金额近 50 万元，如表 4 所示。

表 4　学院 2011 年师资培训情况统计表

| 类别 | 人次 | 金额（万元） |
| --- | --- | --- |
| 校外进修 | 2 | 3 |
| 培训 | 59 | 40 |
| 交流 | 58 | 5 |
| 合计 | 119 | 48 |

4．教学水平（如表 5 所示）

表 5　学院 2011 年教师教科研成果统计表

| 科研成果 | 数量 |
| --- | --- |
| 国家专利 | 1 |
| EI 检索 | 1 |
| C 类全国中文核心 | 4 |
| D 类全国中文核心 | 26 |
| 一般期刊 | 302 |
| 高校学报 | 16 |
| 入选公开发行论文集 | 3 |
| 公开发行教材 | 3 |
| 公开出版画册 | 2 |
| 获奖论文 | 1 |
| 本院学报采用 | 30 |
| 校本教材 | 2 |
| 市级以上获奖 |  |
| 省级以上教科研立项 | 2 |
| 市级科研立项 | 2 |
| 院级科研立项 | 50 |
| 合计 | 445 |

5．教师的工作满意度与幸福感

教师对自身工作总体满意，幸福感有待提高。

### （四）生源情况

全院 2011 年计划招生 2100 人，实际录取 2583 人。新生报到率为 83.42%。普通高考生 2024 人，三校生 131 人，三校生所占比例为 6.08%，如表 6、表 7 所示。

**表 6　学院 2011 级学生不同招生口径的计划招生数和实际录取数**

| 计划招生数 | 实际录取人数 | 报到人数 | 报到人数 | 录取后报到率 | 高中生与三校生所占比例 | | | |
|---|---|---|---|---|---|---|---|---|
| | | | | | 高中生人数 | 高中生所占比例 | 三校生人数 | 三校生所占比例 |
| 2100 | 2583 | 2155 | 2155 | 83.42% | 2024 | 93.92% | 131 | 6.08% |

**表 7　学院 2011 级学生生源分布地区比例**

| 报到人数 | 其中 | | | | | | 生源背景 | |
|---|---|---|---|---|---|---|---|---|
| | 本市人数 | 所占比例 | 本省人数 | 所占比例 | 西部生源人数 | 所占比例 | 父母是农民或农民工 | 所占比例 |
| 2155 | 142 | 6.59% | 2127 | 98.7% | 2153 | 99.91% | 1701 | 78.93% |

## 三、高职人才培养过程

### （一）教学资源

学院高度重视学生专业能力的培养，构建以专业核心能力培养为主线，素质教育贯穿全程的课程体系，增强学生可持续发展能力。2011 年度，学院共开设课程 648 门，实践课占总课时比例 40%～50%。

**表 8　12011～2012 学年课程建设情况表**

| 课程总数 | 总课时 | 公共必修课 | | 专业必修课 | | 专业选修课 | | 公共任选课 | |
|---|---|---|---|---|---|---|---|---|---|
| | | 课程门数 | 总学时 | 课程门数 | 总学时 | 课程门数 | 总学时 | 课程门数 | 总学时 |
| 648 | 85 069.6 | 39 | 25 278 | 405 | 43 334.6 | 177 | 14 897 | 27 | 1560 |

学院开设的所有课程均制订了课程标准，公共基础课结合专业要求，培养学生岗位要求的综合素质。每个专业确定 4～6 门核心课程，根据职业岗位能力培养要求编制课程标准，实现课程内容与职业标准对接，学历证书与职业资格证书对接。

至 2011 年，主编公开出版教材 16 本，编写校企合作开发教材和讲义 10 本。使用教育部规划教材、高职高专优秀教材超过 30%。

学院于 2007 年搭建了精品课程建设平台，将 3 门省级精品课程和 34 门院级精品课程的教学资源对学生开放。

### （二）课堂教学

2011 学年度，学院学生生均修课 41 学分，744 学时，经调查，学生对核心课程满意度为 64%。

（三）实践教学

2011年度，校内实验实训室使用3 150 135人时，在校外实训基地接受学生实习4030人次。2011届毕业生2300人全部参加了顶岗实习，实习学生参保率100%，被实习单位录用学生13.13%。经抽样调查，学生对实践教学的满意度为69%。

（四）学生活动

利用第二课堂活动、学生社团组织开展学生活动。2011年，全院共有学生社团28个，社团成员3600余人。学院积极开展精品社团文化活动并努力打造精品社团。以“星级社团”评比为抓手，重点打造了青年志愿者协会、心理协会、武术协会、营养与健康协会等一批在校内乃至校外都有相当影响力的品牌社团。在社团活动开展方面，力求内容广泛丰富，方式新颖多样。成功举办了“第三届社团文化节”，先后开展文化、体育、艺术、技能等活动20场次，参与人数累计上万人次，使同学们在浓厚的校园文化氛围中陶冶情操，开阔视野，锻炼能力，提高素质。积极组织学生参加志愿服务活动，如青年志愿者协会积极组织参加市“义务献血”、“学雷锋”、“敬老院慰问老人”、“禁毒宣传活动”、“文明劝导活动”、“3·15维权活动”等市级各类大型志愿服务活动，全年参与志愿服务活动30余次，参与人数达到3225人次，累计达11 155小时。其中涌现出许多亮点，如：2011年6月，组织400名志愿者参加中国内江·中美澳划水赛、9月组织学生参加内江市残疾人联合会第五次代表大会、10月组织40名学生组成的“甜妹子”方队参加四川省第四届农民工技能大赛开幕式、10月组织150名志愿者参加中国内江·圣水寺首届观音祈福庙会活动等的志愿服务都得到了市委市政府主要领导的高度评价并在总结会上受到表彰。

（五）学生服务

1．入学教育

学院面向新生开设入学教育两周，共60学时，如表9所示。

表9　学院2011级新生入学教育项目与课时安排览表

| 教育内容 | 学时安排 |
|---|---|
| 参观校园 | 4 |
| 军事训练 | 24 |
| 专业教育 | 8 |
| 校规校纪、学院规章制度教育学习 | 4 |
| 电子资源检索及入馆教育 | 2 |
| 心理健康教育及问卷调查 | 4 |
| 职业生涯规划 | 4 |
| 卫生与安全教育 | 2 |
| 逃生演练 | 4 |
| 优秀毕业生报告会 | 4 |

2．心理健康教育

学院心理咨询中心现有专职心理健康教育教师 2 人，个体咨询室 2 间，团体辅导室 1 间。针对学生的心理特点，建构以心理普查为基础、课堂教学为中心、心理素质训练和校园心理文化相结合的大学生心理素质优化模式。通过开设心理讲座、心理危机干预、个别心理辅导、团体心理辅导、心理素质拓展训练、学生心理问卷调查、心理主题班会、心理主题电影展播、心理情景剧演出、黑板报心理知识宣传、团体心理游戏、心理游园活动等方式普及学生心理健康知识，为消除学生心理困惑、提高心理素质，十分具有针对性。本年度共开展各类活动 40 余场次，心理讲座 20 余场次，参与学生近 10 000 人次，接待来访学生 138 人次，成功进行心理危机干预 7 人，收到了良好的效果。

3．就业服务及评价

（1）建立科学的就业指导与服务体系。成立了毕业生就业工作领导小组，执行毕业生就业情况定期报告制度和通报制度；加强毕业生就业工作的队伍建设和就业指导课程建设。

（2）大力开拓就业市场，不断构建就业网络。先后与省内外近 500 家用人单位建立了友好合作关系，为学生提供了广泛的就业选择空间和高质量就业信息服务。为毕业学生开展“专场招聘会”100 余场，主办了“内江市大中专毕业生就业招聘会”，共邀请 205 家省内外企业到现场招聘，同时帮省外 53 家企业进行了委托招聘；承办了“内江市第七届高校毕业生双选会”，此次共组织 300 余家单位参加双选会。同时积极开展毕业生跟踪调查工作，了解近几年就业市场对人才的需求状况，为专业改造、课程改革和教学方法创新提供科学准确的信息依据。

（3）顶岗实习基地建设有成效。与内江正大集团、江苏吴江知音饮服发展有限公司、江苏靖江百盛酒店管理有限公司、浙江嘉善梅园大酒店、浙江合兴集团有限公司、巨腾（内江）资讯配件有限公司等单位签订校企合作协议，开展“定单式”培养，开设定向班。

4．学生资助

2011 年，学院共有 1979 名高职学生获得国家助学金或学院助学金，受助高职学生比例 39.5%，总计金额 4 811 600 元。学院按要求提取行政事业收入的 5%的经费作为学生奖助学金，共有 487 名学生获得学院助学金。为 192 名学生办理了生源地助学贷款手续。完成了 2011 级中职学生国家助学金申报 1400 余人，办理中职学生资助卡近 1300 张，为 997 名学生办理了农村家庭经济困难及涉农专业中职学生免除学费手续。

## 四、高职人才培养质量

### （一）学生获得省级以上竞赛奖励情况

2011 年度，我院学生在各级各类大赛中获奖 30 余项，如表 6 所示。

表 6　学院 2011 年度各级各类技能竞赛学生获奖情况

| 时间 | 获奖成果（或技能竞赛）名称 | 奖励等级 |
| --- | --- | --- |
| 2011.8 | 四川省第六届大学生艺术节工艺美术类《神马羌寨》 | 团体一等奖 |
| 2011.10 | “高教社杯”全国大学生数学建模竞赛四川赛区 | 三等奖 |

（续表）

| 时间 | 获奖成果（或技能竞赛）名称 | 奖励等级 |
|---|---|---|
| 2011.11 | “高教社杯”全国大学生数学建模竞赛 | 一等奖 |
| 2011.11 | 第五届“用友杯”全国大学生会计信息化技能大赛 | 一等奖 |
| 2012.4 | 2012年四川省高职院校会计技能大赛 | 二等奖 |
| 2012.5 | 全国大学生英语竞赛四川赛区 | 一等奖 |
| 2012.5 | 2012年四川省大学生现代物流综合技能大赛 | 团体三等奖 |
| 2012.5 | 第三届“蓝桥杯”全国软件专业人才设计与创业大赛四川赛区 | 二等奖 |
| 2012.5 | 第五届全国大学生机械创新设计大赛四川赛区 人机工程学靠背 | 二等奖 |
| 2012.5 | 第五届全国大学生机械创新设计大赛四川赛区 便利牙刷 | 三等奖 |
| 2012.5 | 第五届全国大学生机械创新设计大赛四川赛区 快乐车罩 | 优秀奖 |
| 2012.6 | 全国高职院校土建类专业“鲁班杯”建筑工程识图技能竞赛 | 二等奖 |
| 2012.6 | 2012年全国职业院校技能大赛 农产品质量安全检测 | 三等奖 |

## （二）毕业生就业和升学情况

我院2011届毕业生就业率达96.8%，其中42%在内江地区就业，为区域经济建设作出了贡献，如表7所示。

表7　2011届毕业生就业率、专业对口率、自主创业人数统计表

| 专业名称 | 毕业生人数 | 就业人数 | 就业率（%） | 对口就业人数 | 对口率（%） | 自主创业人数 | 专升本人数 | 专升本比例 |
|---|---|---|---|---|---|---|---|---|
| 机电一体化 | 88 | 86 | 97.73% | 73 | 84.88% |  | 3 | 3% |
| 电气自动化技术 | 44 | 41 | 93.18% | 34 | 82.93% |  | 2 | 5% |
| 机械设计与制造 | 297 | 290 | 97.64% | 245 | 84.48% |  | 7 | 2% |
| 数控技术 | 208 | 200 | 96.15% | 158 | 79% |  | 2 | 1% |
| 模具设计与制造 | 182 | 175 | 96.15% | 135 | 77.14% |  | 1 | 1% |
| 焊接技术及自动化 | 22 | 21 | 95.45% | 19 | 90.48% |  |  |  |

（续表）

| 专业名称 | 毕业生人数 | 就业人数 | 就业率（%） | 对口就业人数 | 对口率（%） | 自主创业人数 | 专升本人数 | 专升本比例 |
|---|---|---|---|---|---|---|---|---|
| 汽车制造与装配技术 | 90 | 87 | 96.67% | 68 | 78.16% | | | |
| 材料成型与控制技术 | 9 | 9 | 100% | 8 | 88.89% | | | |
| 建筑工程管理 | 109 | 103 | 94.5% | 92 | 89.32% | | 12 | 11% |
| 水利水电建筑工程 | 66 | 64 | 96.97% | 53 | 82.81% | | 3 | 5% |
| 建筑工程技术 | 173 | 168 | 97.11% | 140 | 83.33% | | 7 | 4% |
| 物业管理 | 15 | 15 | 100% | 13 | 86.67% | | | |
| 会计 | 299 | 291 | 97.32% | 201 | 69.07% | | 36 | 12% |
| 市场营销 | 42 | 40 | 95.24% | 39 | 97.5% | | 4 | 10% |
| 物流管理 | 99 | 99 | 100% | 83 | 83.84% | | 3 | 3% |
| 旅游管理 | 37 | 37 | 100% | 35 | 94.59% | | 4 | 11% |
| 园林技术 | 53 | 51 | 96.23% | 38 | 74.51% | | 2 | 4% |
| 畜牧兽医 | 88 | 84 | 95.45% | 81 | 96.43% | | | |
| 食品加工技术 | 51 | 49 | 96.08% | 45 | 91.84% | | 2 | 4% |
| 作物生产技术 | 14 | 14 | 100% | 12 | 85.71% | | | |
| 计算机应用技术 | 58 | 56 | 96.55% | 42 | 75% | 1 | 1 | 2% |
| 计算机应用技术（软件技术） | 31 | 29 | 93.55% | 22 | 75.86% | | | |

（续表）

| 专业名称 | 毕业生人数 | 就业人数 | 就业率（%） | 对口就业人数 | 对口率（%） | 自主创业人数 | 专升本人数 | 专升本比例 |
|---|---|---|---|---|---|---|---|---|
| 应用电子技术 | 58 | 58 | 100% | 52 | 89.66% | | | |
| 通信技术 | 45 | 45 | 100% | 33 | 73.33% | | 2 | 4% |
| 电子商务 | 43 | 41 | 95.35% | 33 | 80.49% | | 3 | 7% |
| 艺术设计 | 79 | 74 | 93.67% | 58 | 78.38% | | | |
| 合计 | 2300 | 2227 | 96.83% | 1812 | 81.37% | 1 | 94 | 4% |

### （三）毕业生获得职业资格证书情况

学院职业技能鉴定所可开展32个工种的技能鉴定工作，2011届毕业生职业资格证书获证率达95%，有24个专业获证率达到100%，如表8所示。

表8 学院职业技能鉴定项目一览表

| 序号 | 职业技能鉴定项目 | 鉴定级别 | 专业 |
|---|---|---|---|
| 1 | 钳工、车工、数控车工 | 中、高级 | 机械类各专业 |
| 2 | 无线电装接工、家用电子产品维修工 | 中、高级 | 应用电子技术<br>通信技术 |
| 3 | 计算机维修工 | 中、高级 | 计算机应用技术 |
| 4 | 计算机网络管理员 | 中、高级 | 计算机应用技术<br>电子商务 |
| 5 | 电工 | 中、高级 | 机电、电气 |
| 6 | 餐厅服务员 | 中、高级 | 旅游管理 |
| 7 | 插花员、花卉工、绿化工、农艺工、园林植保工、测量放线工、园林施工员、园林景观设计师 | 中、高级 | 园林技术 |
| 8 | 兽医防治员、兽医检疫检验员、饲养工 | 中、高级 | 畜牧兽医 |
| 9 | 预算员、房屋建筑施工员、砌筑工、测量放线工、抹灰工 | 中级 | 建筑类专业 |
| 11 | 水利工程施工员 | 中级 | 水利水电建筑工程 |
| 10 | 会计电算化、珠算 | 中、高级 | 会计 |
| 12 | 食品品控员、食品检验员 | 中、高级 | 食品加工技术 |

### （四）用人单位对人才培养质量的评价情况

用人单位反映我院学生到企业后，能主动与车间主管、老员工沟通，快速融入集体生活，遇到问题能及时向驻厂指导教师、车间主管、人资主管反映和寻求帮助，对组织的归属感强烈，是学生个人和企业共同发展的基础。

企业具体评价：

电气工程系机电一体化专业 2010 年毕业生张洪源，现已在中国十九冶集团有限公司机械设备安装分公司担当重任，负责成渝钒钛科技有限公司炼钢工程设备管道安装管理工作，主要承担 3 座 120 吨转炉、两个 KR 脱硫、两个 LE 精炼炉的安装。张洪源由于工作表现突出得到中国十九冶集团有限公司机械设备安装分公司的肯定。该公司的董雨华书记评价该生：人际沟通能力强，履行岗位职责能力强，熟悉项目管理流程，对施工组织，施工工艺，沟通协调等方面得心应手，管理工作上层次，细节把握周全。

2010 年毕业的卓秀丽、张志乾、何彦欣、陶丽霞四名学生，在苏州知音饮服发展有限公司经过两年的努力，已分别成长为公司前厅主管、人力资源主管。该公司葛石钧董事长称赞他们：工作积极主动、任劳任怨；善于学习，工作思路清晰；沟通能力强，个人素质优秀。

生物技术系畜牧兽医专业 2011 年的毕业生殷中波，2010 年 6 月正式成为内江正大有限公司销售员，主要从事饲料、种猪、人工授精等工作，月均收入 6000 元以上。内江正大有限公司业务服务部张助理表扬该生：专业知识扎实，动手能力强，社会适应性好，可塑性强，在公司一年的时间，在所管辖的区域取得较好的业绩，有很好的职业发展空间。

## 五、社会服务

学院依托专业优势，将自身发展与城市建设、新农村建设联动，承接内江市多项培训项目，2011 年度培训近 1000 人次，为学院创收近百万元，受到当地政府、相关媒体、受教育者的一致好评，如表 9 所示。

表 9　学院 2011 年度社会服务情况统计表

| 培训项目 | 培训人数（人） | 项目经费来源 | 课时 | 学院收入（万元） |
|---|---|---|---|---|
| 家政服务培训项目 | 300 | 内江市商务局 | 80 | 30 |
| 内江市农村干部学历教育班成人高考考前培训 | 122 | 内江市委组织部 | 30 | 16 |
| 公安交警进行信息化培训 | 45 | 内江市东兴区公安局 | 4 | 0.5 |
| 农技推广示范县基础农技员培训 | 188 | 四川省农业厅 | 42 | 16 |
| 转岗职工技能培训 | 12 | 中航工业雷达与电子设备研究院 | 96 | 0.6 |
| 家政服务培训项目 | 300 | 内江市商务局 | 80 | 30 |
| 参与城市景观设计项目竞标及城市园林普查技术服务 |  | 内江市财政局 |  | 30 |
| 总计 | 967 |  |  | 123.1 |

学院积极组织学生参加市“义务献血”、“学雷锋”、“敬老院慰问老人”、市级各类大型志愿服务活动、“法制宣传活动”、“义务植树活动”等，每年参与志愿服务活动达 1 万余小时。

## 六、高职人才培养工作方面的创新尝试与主要举措

### （一）对接区域支柱产业，优化专业结构

学院结合区域经济发展对人才的需求，在进行市场调研的基础上，对专业进行优化调整，使专业设置与成渝经济区特别是与内江产业结构相适应。为配合内江市打造“中国西部汽车（摩托车）零部件制造基地”，学院今年又增设了汽车技术服务与营销专业。经过优化调整，目前招生的专业有 33 个，覆盖了内江市机械工业、冶金、建材、电力、食品五大支柱产业，形成了以机械、农林牧、建筑和经管为主，同时发展信息电子、水利水电、艺术、食品和旅游等的专业布局。

### （二）深化校企合作，改革人才培养模式

学院以服务区域经济发展为宗旨，着力推进订单培养、工学交替、多学期分段式教学等多样化人才培养模式改革。2011 年，学院在与 70 多家企业合作的基础上，又与深圳杰美模具有限公司、内江公交汽修厂、隆昌车视镜有限公司、成都颠峰信息科技有限公司等企业签订“校企合作协议”、“订单培养协议”，目前，与学院合作的企业已达 100 多家。学院为企业发展提供人力支撑，企业主动为学院建设捐资捐物，深圳杰美模具有限公司为学院捐赠价值 80 万元模具设备，与学院共建“校中厂”已进入实质性阶段；学院与成渝钒钛科技有限公司、维尔康股份有限公司、内江正大饲料有限公司等深度合作，搬课堂进工厂，共建了“厂中校”。

### （三）加强内涵建设，初步形成专业特色

学院现有招生专业33个，有3个中央财政支持建设的重点专业，7个院级重点建设专业。

艺术设计专业（中国夏布画方向）将艺术教育与职业教育能力本位的人才培养目标相结合，研究和发掘地域文化，改革教学内容，创新教学模式，把夏布画文化融入学生素质教育，在文化传承和技能传授中，培育学生创新能力，培养适应市场需求、满足市场需求、刺激市场需求、引导市场需求和创造市场需求的经营型艺术人才。同时，将夏布艺术人才培养与夏布艺术品产业链培育相结合，形成我院夏布生产、加工、艺术品开发、营销独具特色的专业群建设，振兴了内江夏布文化产业，推动了内江经济发展。

学院根据内江市畜牧产业化和城乡一体化建设需要，逐步将畜牧兽医专业打造成学院品牌专业，使该专业在现代养殖技术、畜禽疫病检测及动物兽药生产和营销领域形成特色和优势。

学院数控技术专业已完成中央财政支持的440万数控技术实训基地建设，配合内江市打造“中国西部汽车（摩托车）零部件制造基地”需要，推行“2+1”人才培养模式，实施“订单”培养，优化课程体系，先后与成渝钒钛科技有限公司、巨腾国际集团等企业签订“定向培养协议”，为成渝地区现代制造业培养了大批数控编程和数控机床操作与维护的技术人才。

会计专业以提高专业技能、职业道德和创新能力为核心，实施“校企联合、工学结合，会计岗位模块教学为中心”的人才培养模式，突出职业技能训练，强化职业态度养成，将

珠算、会计电算化、会计从业资格证等职业技能考核内容融入教学内容中，实现课程内容与职业标准、教学过程与生产过程、学历证书与职业资格证书的对接。

（四）加强素质教育，提升学生综合能力

学院践行“心手相通，学做相融”的教育教学思想，积极打造绿色校园、文化校园，利用“校园文化艺术节”、“大学生文明修身工程”、“社团文化节”、“寝室文化节”、“安全教育月”、“心理健康教育月”活动广泛开展学生综合素质教育。按照高素质技能型人才培养目标，把思想教育、人文教育、技能培养、创新意识培养融入人才培养的全过程，努力为地方企业提供“留得住，用得上，发展好”的高素质技能型人才。

## 七、存在的主要问题及未来工作思路

（一）存在的问题

1．办学规模不大，办学效益受到影响。我院地处三线城市、散点办学，增大了办学成本，影响了办学效益；因新校区正在建设，教学设施不足，制约了办学规模，影响了办学效益。

2．校企合作形式不够多样，广度和深度还不够，离真正形成学校与企业共赢还有一定差距。与工学结合人才培养模式相适应的教学模式、管理机制和评价机制还不完善。

3．各专业师资队伍发展不平衡、教学名师欠缺，虽然“双师”结构教学队伍已形成，“双师素质”教师数已达到要求，但教师的整体能力有待进一步提高，特别是兼职教师的教学能力及来自行业企业的兼职教师教学工作量还需进一步提高。

（二）工作思路

1．学院新校区位于东兴区高桥镇长江大道北侧教育园区内，总用地面积 830 亩，总建筑面积约 266 300 平方米。其中，学生宿舍建筑面积 82 140 平方米，教室建筑面积 48 220 平方米，学生食堂建筑面积 19 480 平方米。目前，学院已完成投资金额达 1.4 亿元，开工建设的项目近 12 万平方米，预计 2012 年 11 月入住学生。学院将以省级示范性高职院校建设为契机，加快新校区建设，努力把我院建成绿色校园、文化校园、高素质技能型人才培养的摇篮。

2．要进一步主动对接行业企业，进一步拓宽校企合作的范围，提升校企合作的层次，提高校企合作的成效。以合作办学、合作育人、合作就业、合作发展为目标，企业深度参与人才培养，并积极发挥自身优势为企业提供技术咨询、研发和职工培训服务，建立校企双方共育人才、共建基地、共研技术、共管学生、师资互通、责任共担、资源共享的紧密型校企合作办学长效机制。

3．继续实施“双师”素质教师培养工程，提高专业教师队伍整体素质；继续推进“双师结构”教师队伍建设，建设一支由企业行业技术骨干和能工巧匠组成的高素质兼职教师队伍，建成一批高水平的“双师结构”教学团队。

4．全方位培养人才，全面提高教育教学质量，使学院人才培养工作上一个新台阶。

（执笔：谢　婧　杨雪梅）

# 乐山职业技术学院
# 2011 年度人才培养质量报告

## 一、基本情况介绍

乐山职业技术学院是 2002 年 4 月经四川省人民政府批准正式建立的，由乐山市人民政府主办的一所地方性、综合性普通高等职业技术学校。

2003 年我院被教育部列入“现代制造业和服务业技能型紧缺人才培养培训工程基地”；2009 年被乐山市授予“乐山硅材料产业技能型人才培养基地”；2010 年由我院牵头组建了全国高职高专能源类专业教学指导委员会新能源分会并担任副主任委员单位；2007 年通过高职高专人才培养工作水平评估，获得“良好”等级。

我院坚持“融于岗位、工学结合、实境育人”的人才培养模式。目前学院设九系一部，即护理系、药学系、财经管理系、旅游系、艺术设计系、新能源工程系、机电工程系、电子信息工程系、体育系和基础公共课程部，有高职高专类专业 28 个，全日制普通专科在校生数 7912 人。

## 二、办学基本信息

### （一）经费投入

1. 2011 年办学经费总收入及其结构：总收入 83 056 340 元，其中财政拨款 45 655 340 元，学费收入 37 401 000 元，如图 1 所示。

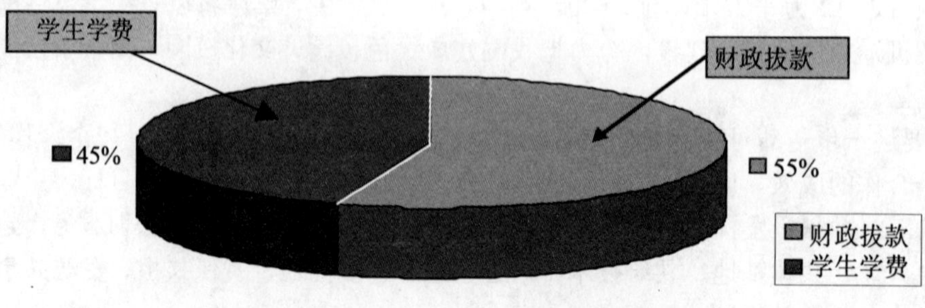


图 1　2011 年办学经费总收入及其结构%分布图

2. 2011 年办学经费总支出及其结构：总支出 83 056 340 元，其中教学开支 50 976 876 元，实验实训开支 6 200 000 元，科研开支 800 000 元，其他开支 25 079 464 元，如图 2 所示。

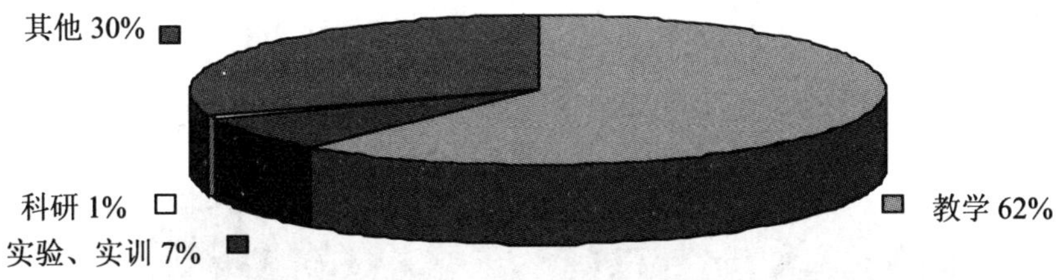


图 2　2011 年办学经费总支出及其结构%分布图

### （二）办学条件

1．校园总面积：256 694.26 平方米。

2．总建筑面积：230 902 平方米，其中教学行政用房 110 477 平方米，生均值 10.06 平方米/生；学生宿舍 43 095 平方米，生均值 3.92 平方米/生。教学行政用房中：普通教室 24 429 平方米，一体化教室 463 平方米，图书馆 4374 平方米，实践场所 63 054 平方米，体育馆 3139 平方米。

3．校内实验室和实训室共计 149 个；教学科研仪器设备总值 5961.19 万元，生均值 5427.65 元/生；实践场所 63 054 平方米，生均值 5.74 平方米/生。

4．校外实践基地 139 个，涵盖了学院开设的所有专业，能较好满足学生社会顶岗实习和教学见习的需要。

5．校园网建设：出口总带宽 80Mbps，校园网主干最大带宽 1000Mbps，网络信息点数 1500 个，管理信息系统数据总量 4GB，上网课程数 90 门；教学用计算机总数 1624 台，生均 0.2 台/生。

6．图书馆：纸质图书 51.8 万册，生均 47.16 册/生；电子图书 800GB，生均 74.59MB/生；中文纸质专业期刊 325 种；电子专业期刊 2000 种。

7．体育场地面积 3139 平方米，生均 0.39 平方米/生。

### （三）师资队伍

1．师资队伍数量与结构

校内专任教师 446 人，校内兼课教师 59 人，校外兼职教师 147 人，校外兼课教师 17 人；校内专任教师中双师素质教师占比为 70.18%；生师比为 17.98∶1，如图 3～图 5 所示。

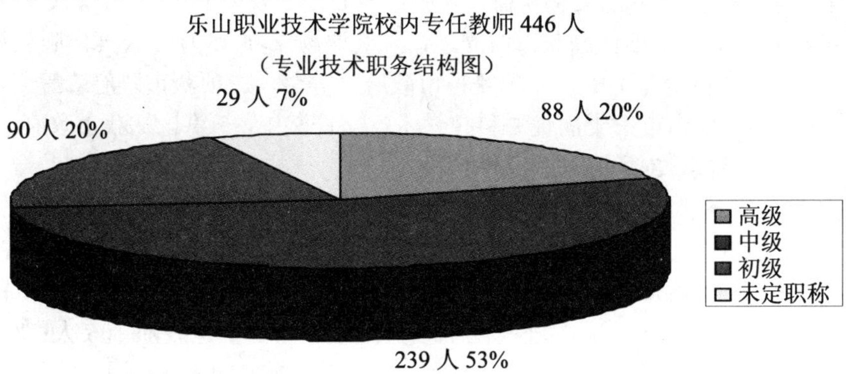


图 3　2011 年专任教师技术职务结构图

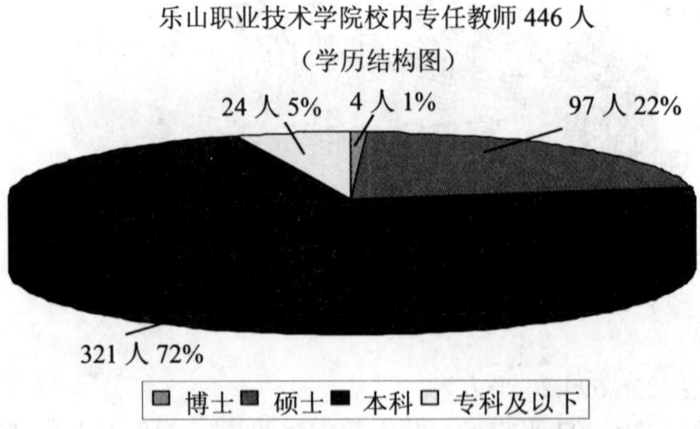


图4　2011年校内专任教师学历结构图

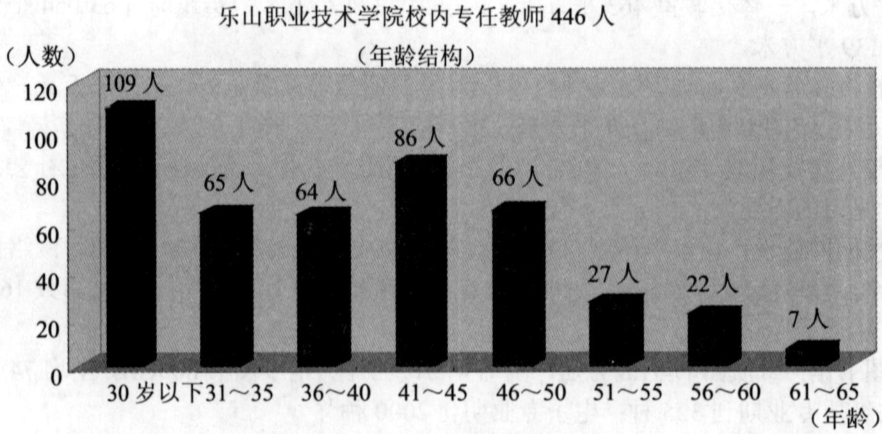


图5　2011年校内专任教师年龄结构图

2．师资培训情况

2011年参加培训教师共计232人次，占全体专任教师的52%。

3．教师教学科研成果情况

2011年，全院公开发表论文410篇，其中：核心论文发表60篇，申请专利2项；有18项课题获省级立项，19项课题获市级立项，院级课题立项45项；公开出版教材33部。参评乐山市哲学社会科学评奖中，一项获得市政府一等奖，2项获市政府二等奖，2项获市政府三等奖；参评乐山市第十届优秀科技学术论文评奖中，5篇论文获市政府一等奖，4篇论文获市政府二等奖，3篇论文获市政府三等奖。

4．教师的工作满意度与幸福感

2011年，学院加大了“教授工程”、“硕、博工程”和“双师素质工程”的实施力度，教师个人学历和职称大幅度得到提升，有机会参加培训、进修和到企业实践锻炼的教师数量明显增加。目前学院教授8人，副教授108人；硕、博士学位教师106人；“全国优秀教师”2人；“四川省有突出贡献的专家”1人；省级职称专家库6人；国家访问学者1人；院级学术专业带头人11名，骨干教师40名；院内“双师素质”教师300多名，教师的主体地位和作用得到了明显的确立和发挥。

### （四）生源情况

计划招生数：2784，实际录取数：3357；新生报到数：3164，报到率：95.26%。

高中生与三校生所占比例：高中生占 84.70%，三校生占 15.30%。

生源分布地区：本市：707 人，占 22.35%；本省：3139 人，占 99.20%。

## 三、高职人才培养过程

### （一）教学资源

目前学院开设了 28 个高职高专类专业，基本涵盖了乐山五大产业集群和现代服务业如图 6 所示。

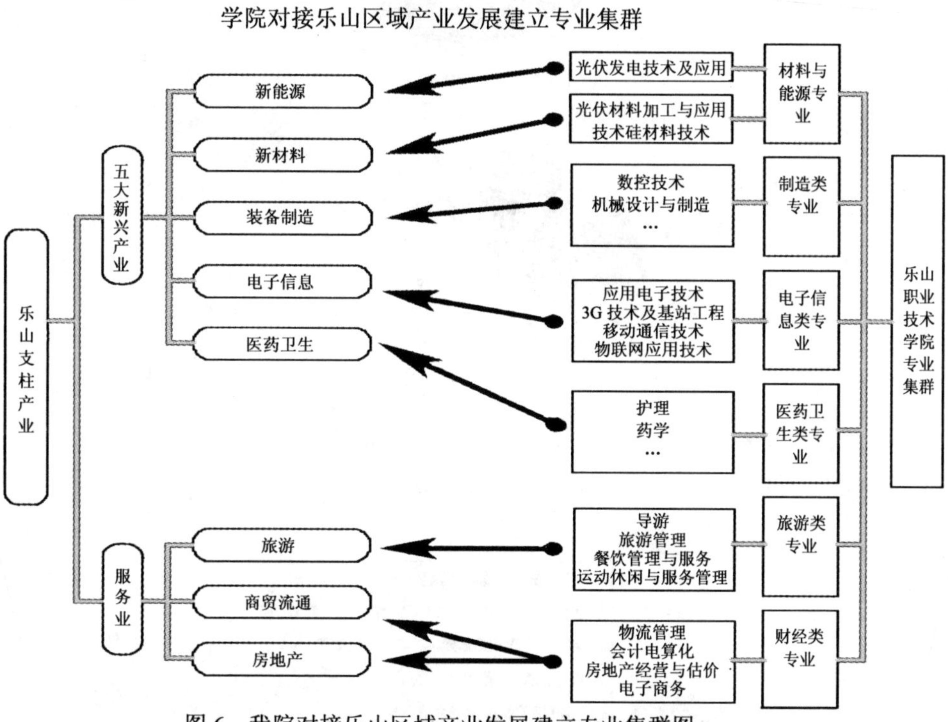


图 6　我院对接乐山区域产业发展建立专业集群图

学院基于“G2School 网络教学软件平台，支持与鼓励教师通过网络信息技术，开发课程网页和教学资源，实现优质教学资源共享，为教师教学、学生和社会学习者自主学习服务。目前全院各级精品课程、优质课程 33 门。

全院校内实验、实训室 149 个，校外实习基地 126 个。全院 28 个专业成立了专业指导委员会，来自行业、企业和社会各界的 100 多名专家、学者和管理人员参与其中。2011 年全院与行业企业共同开发编写的基于工作过程、任务导向的教材、实训指导书 14 部。

图书馆把自动化、网络化建设作为工作的重点，广大读者可通过校园网阅览电子图书、电子期刊，也可远程访问部分电子资源。学院图书馆与乐山市图书馆实现了资源共享。

（二）学生对核心课程的满意度及评价（图7中的数据来源于麦可思对我院2011届毕业生的社会需求与培养质量年度报告）

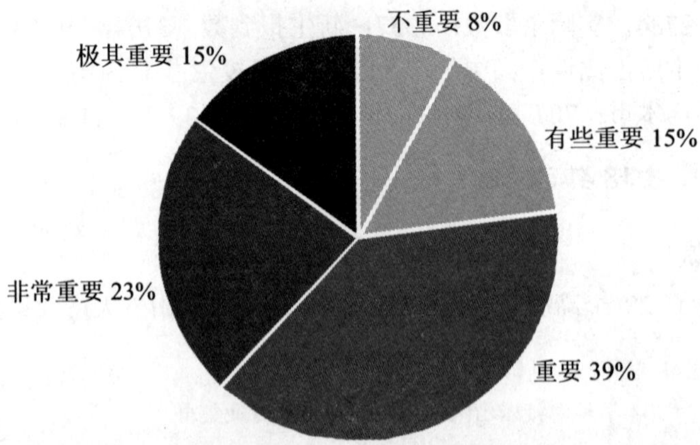


图7　我院2011届毕业生评价核心课程重要性的人数%分布

我院的核心课程满足度评价如图8所示。

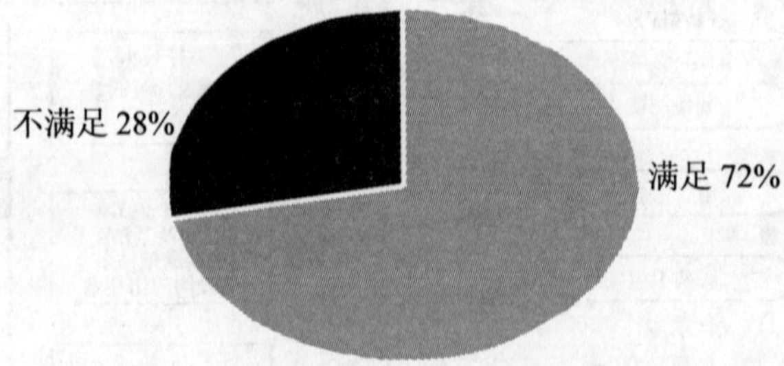


图8　我院2011届毕业生评价核心课程是否满足的人数%分布

主要专业的核心课程重要度及满足度评价如图9、图10所示。

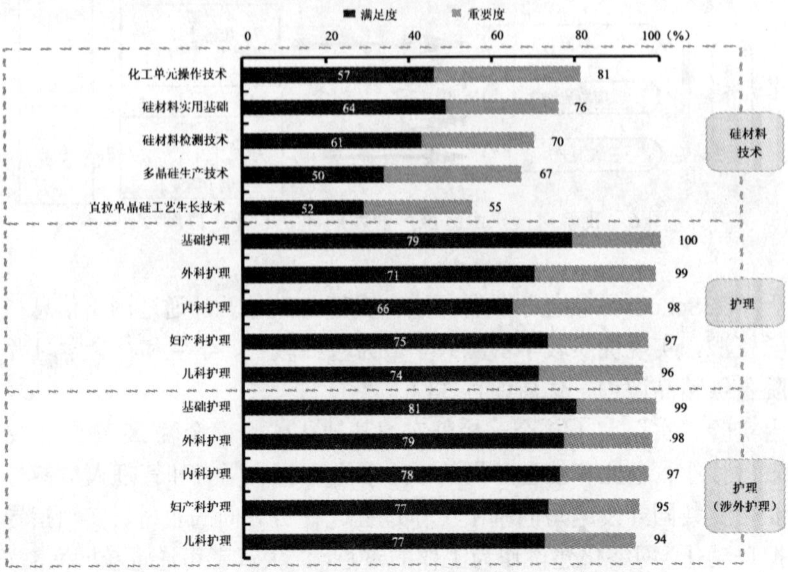


图9　我院2011届主要专业的核心课程重要度和满足度

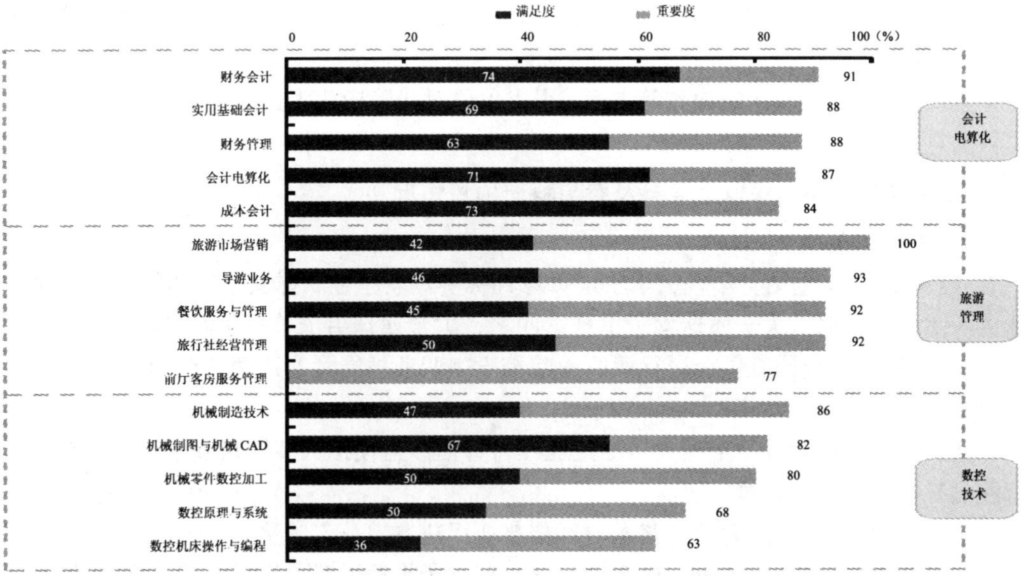


图10　我院2011届主要专业的核心课程重要度和满足度

### （三）实践教学

2011年，学院强化了学生实验、实训和顶岗实习管理制度，加强过程指导和管理。教务处充分利用顶岗实习网络管理系统对学生顶岗实习工作进行信息化、科学化管理，定期检查并要求各系部按月上报检查记载；建立和完善了对实习学生的评价考核机制，将学生实习考核成绩作为学生毕业的必备条件纳入学业综合评价指标体系；加强了对2011届学生毕业设计、毕业论文的质量管理和监控。

### （四）学生活动

学院加强了以学生社团活动为主要形式的第二课堂活动，努力吸引青年学生关注自身素质拓展。2011年，全院共有社团99个，参与人数达到3594余人次，主要包括学术知识、文学艺术、文娱体育、社会实践、公益政治五大类。

### （五）学生服务

全年学院共完成4213人次的贫困生认定工作，共评审7个项目6811人的资助对象，实际发放资助金共计1033.264万元。学院结合“5·25”心理健康活动月和“12·5”大学生心理健康日宣传活动，举办心理健康普及讲座28场，参与旁听的师生1.68万人次，建立了新生心理健康档案。

## 四、高职人才培养质量

### （一）毕业生就业及用人单位评价

2011年毕业生就业率95.26%，对口就业率96.81%，就业质量良好。专升本比例为0.74%，毕业生获得职业资格证书合计初级：1624人次，中级2211人次，高级706人次。在跟踪调查中了解到大多数毕业生在工作中基本具备较好的专业理论水平和较强的专业技能，动手能力强、工作上手快，试用期短、悟性高；多数学生具备良好的职业道德和较强的劳动组织纪律性；工作中能吃苦耐劳，服从分配，尽职尽责，安心工作；在心理素质、身体素质、表达能力、团结协作等方面，用人单位对我院毕业生也给予很高的评价及肯定；总体满意率或工作称职率≥80%。

（二）学生获得省级以上竞赛及参与科研项目情况

1. 国家级奖项

（1）2011 年全国青年暨大学生地掷球锦标赛，获小金属球女子团体第二名、小金属球男子团体第四名、大金属球女子单打第四名、大金属球男子单打第四名。

（2）第二届全国有色金属行业职业院校学生职业技能竞赛决赛，获两个二等奖。

2. 省级奖项

（1）“健坤国际杯”全国大学生企业经营管理沙盘模拟大赛四川赛区比赛，获企业经营沙盘三等奖、物流沙盘三等奖。

（2）四川省第六届大学生艺术节舞蹈普通组决赛，获二等奖。

（3）四川省高职院校第二届篮球比赛，获女子组第五名、男子组第七名。

（4）2011 年四川省地掷球锦标赛，获小金属球团体赛男子第一名、小金属球团体赛女子第一名。

3. 学生参与的科研项目研究和开发

（1）乐山城区绿心水景景观设计

（2）乐山城市近郊河流低成本治理与可持续利用研究

（3）乐山岷江芒溪河生态环境治理及景观化研究

（4）晶体硅太阳能电池关键技术的研发与工艺的优化

（5）新安煤矿深部软岩综采面矿压规律及工艺参数优化研究

（6）煤炭地下气化采场热矿压规律及其控制

## 五、社会服务

学院依托国家职业技能鉴定所和川乐—21（机电类）、川乐—01（服务技能类）2 个国家技能鉴定站，以及现代制造业和服务业技能型紧缺人才培养培训工程基地、护理技能型紧缺人才培养培训基地、乐山硅材料产业技能型人才培养基地、乐山市市级劳务培训基地、乐山市专业技术人员继续教育培训基地、乐山市再就业培训基地、乐山市外派劳务专业基地（医护）、乐山市市中区定点职业培训机构、AutoCAD 认证培训教育中心、全国管理人才资格认证工作站、全国普通话水平测试站等培训机构的功能，为乐山地方政府机关、事业单位、行业、医院和企业提供不同项目和不同层次的培训和鉴定服务。2011 年学院开展培训、鉴定、考证的项目共 21 项，培训人员 10 688 人次，创收总额 653.2327 万元。

学院设立了通用技术教研室，探索“普职”融通，积极在普通高中实施通用技术教学服务工作，开展通用技术培训。

学院学生艺术团代表乐山市教育系统组织了乐山市纪念建党 90 周年广场专场演出，参加了乐山市科技界纪念建党 90 周文艺晚会；先后为乐山市人代会、政协会、沙湾区招商引资活动、乐山市大学生消防运动会等乐山市境内重大会议活动开展礼仪服务活动。

## 六、高职人才培养工作方面的创新尝试与主要举措

1．完成了全国“设计创意教学中心”的申报工作，并获得了中国职业技术教育学会授牌，列为全国建设“设计创意教学中心”的立项院校，共获得价值上百万元的 27 套正版软件的支持。

2．积极组织申报中央财政支持“提升专业服务产业能力”的建设项目和四川省教育厅“教学质量与教学改革工程”（“质量工程”）建设项目。组织硅材料技术、会计电算化、应用电子技术、护理专业共 4 个专业参与四川省教育厅关于 2011 年度“高等教育质量工程”项目申报工作，其中护理专业综合改革项目获批，护理专业列为省级特色专业建设，该项工作填补了学院省级建设项目的空白；组织指导光伏材料加工及应用电子技术申报中央财政“支持高等职业学校提升专业服务能力”专项建设工作，目前两个专业已通过省教育厅审核，2011～2012 两年共获中央财政支持专项建设经费 460 万元。

3．提升教师职业教育教学能力。按《乐山职业技术学院开展教师职业教育教学能力的提升与认定测评活动工作方案》（乐职院教〔2011〕31 号）文件精神，人事处开展教师职业教育教学能力培训与认证测评系列活动，聘请了企业行家和院校专家分批对专业教师进行技能考核，以促进教师的实践能力的提升。

4．积极探索引进第三方质量评价方式。学院除了坚持继续聘请社会专家、学者和企业生产管理一线的相关人员参与课堂教学、实习实训和教学管理过程等方面质量评价外，2011 年年底，学院专门聘请麦可思公司作电子问卷调查，调查项目名称为《2011 届毕业生社会需求与培养质量半年后跟踪测量评估》，共涉及 2400 名 2011 届普专毕业生，并对学院 5 个指定专业（护理、会计电算化、旅游管理、应用电子、硅材料技术）和 25 门核心课程进行有效性评价。

5．探索留学生教育，提高学院教育的国际化水平，如表 1 所示。

**表 1　我院 2010～2011 学年国际合作一览表**

| 序号 | 合作国家 | 合作学校或机构 | 合作项目 |
|---|---|---|---|
| 1 | 泰国 | 红十字护理学院 | 1. 护理专业 4 名学生到泰实习；今年将继续此项目。<br>2. 双方互派 4 名教师交流学习 |
| 2 | | 泰国驻成都领事馆 | 泰国学生 11 人来我院进行为期 1 年的技能培训学习，其中，护理技能 4 人、针灸推拿 2 人、川菜烹饪技能 4 人、导游 1 人 |
| 3 | 老挝 | 老挝朗南塔省教育厅 | 老挝学生 8 人来我院留学，其中应用电子技术 6 人、护理 1 人、电子商务 1 人 |
| 4 | 安哥拉 | 四合（安哥拉）公司 | 安哥拉籍学员 6 人来我院新能源工程系进行为期 16 天的光伏电站安装技术 |
| 5 | 新加坡、芬兰、澳大利亚等 | 护理专业学生近百人在相关国家卫生医疗保健机构就业或留学深造 | |

## 七、存在的主要问题及未来工作思路

### （一）存在的主要问题

尽管学院人才培养质量不断提高，为社会服务的能力不断增强，但是从学院所担负的为区域经济和产业发展提供人才支撑的重要使命出发，着眼于现代化、国际化，全国一流高职院校的目标，学院还存在着一些亟待解决的问题。其主要表现在：

一是“政、行、企、院、校”多元合作的办学机制还有待完善和全面实施，对产业研究和人才需求分析、专业设置与地方经济发展的对接度还需进一步加强；专业结构有待调整与优化，专业服务地方产业发展能力还需进一步提高；“融于岗位、工学结合、实境育人”的人才培养模式还需要不断丰富内涵。

二是符合高职教育特点和培养高端技能型人才需求的课程体系还不够完善，以能力为本位的课程改革需要进一步深入；实践教学体系还需要丰富和完善。校内生产性实训基地虽取得一定成效，但在实训项目、训练内容、考核评价方式等方面还需要进一步加强，能够长期保障学生教学实习和顶岗实习的校外实训基地需要进一步拓展。

三是专兼结合的“双师结构”师资队伍尚需进一步加强建设，高水平的专业带头人数量有待进一步提高，具有基层管理经验的技能型校外兼职教师队伍建设还需不断补充，缺乏在国内相关行业和领域享有较高声誉的技术名师。

四是推进新校园建设的力度还需加强。

### （二）未来工作思路

2012年，学院将以创建省级示范高职院校为总的抓手，以深化教学改革为具体路径，以此全面带动师资队伍、课程体系、实验实训条件和行政后勤保证能力等方面的建设和提高。教学改革的核心就是要强力推进“基于能力本位的职教课程项目化改造”，全面提升教师的高职教育理念，彻底改变传统的课堂教学方式，突出教师和学生的动手能力，实现教学方式由知识传授型向能力培养型转变，真正体现学院“融于岗位、工学结合、实境育人”的人才培养模式。

学院要不断加大用于实践教学、教改教研的经费投入与支出，通过校企合作大力开展行业名师、技能大师、双师教学团队、青年教师实践能力的培养；充分利用现有的办学资源，监测与提高教学仪器设备的使用率与使用效果。

学院要不断整合社会资源，强化专业服务地方产业的能力，加快“双师结构”师资队伍的建设，进一步增强社会辐射功能，进一步改善专业结构不平衡的现状，加大新校园建设的工作力度，力争新校园在2012年全面开工建设。

（执笔：宋利斌　李群英）

# 眉山职业技术学院
# 2011 年度人才培养质量报告

2011 年度，学院坚持以科学发展观为指导，紧紧围绕评估整改工作，继续深化教育教学改革，推进内涵建设，提升人才培养质量，在专业建设、课程建设、教学质量监控与评价、实验实训室建设、校企合作等方面取得了显著成效。

## 一、基本情况

眉山职业技术学院是眉山市人民政府举办的全日制普通高等职业学校，现设有师范教育系、农业技术系、商贸旅游系、机电工程系 4 个教学单位，设有农业、机电、旅游、商贸、师范五大类的专业 34 个。2011 年招生专业 18 个，全日制高职在校学生 5085 人。有专任教师 284 人，有省级优秀教学团队 1 个，四川省有突出贡献的优秀专家 1 名，四川省“师德标兵”1 名，四川省先进教育工作者 1 名，四川省“优秀辅导员”1 名，眉山市拔尖人才 1 名。建有中央财政支持的实训基地 1 个、专业建设 2 个，省级精品课程 5 门。

学院以培养德才兼备，适应行业、企业需要的高端技能型人才为目标，坚持“面向社会需要，面向技术发展，面向教育进步”的办学思路，坚持“合作办学、合作育人、合作就业、合作发展”的办学方针，坚持以服务为宗旨，就业为导向，走校企合作、工学结合之路，努力建设质量优良、特色鲜明的高职学院。

## 二、办学基本信息

2011 年，学院努力改善办学条件，在师资队伍、经费投入、生源情况等方面均有不同程度提高。

### （一）经费投入

2011 年，我院办学经费总收入为 7314.11 万元，其中，市财政拨款 4312.33 万元（其中：基建拨款 2485.57 万元），占总收入的 58.96%；学费收入 1796.94 万元，占总收入的 24.57%。

办学经费总支出 7301.71 万元，其中，教学的经费支出 1164.57 万元，占总支出 15.95%，科研经费支出 8.11 万元，占总支出的 0.11%，实验实训支出 59.43 万元，占总支出的 0.81%，其他支出 6，069.6 万元（其中：基建支出 2407.67 万元），占总支出的 83.13%。

### （二）办学条件

学院占地总面积 302 402 平方米，其中，新校区占地 267 770 平方米，环湖校区占地 34 632 平方米。建筑面积 96 513.13 平方米（含环湖校区现在使用的建筑用房），其中教学、科研及行政房面积 62 937.52 平方米，生均教学行政用房面积 12.31 平方米。学生宿舍面积

36 047.61 平方米，生均宿舍面积 7.05 平方米。

学院共有实验室 149 间，实训基地 75 个，教学科研设备总值 1967.05 万元，生均 3865.3 元，满足了实践教学需要。

学院与中国移动眉山公司合作，新增校园网带宽 30M，全面更换了校园网主站服务器，相继更换二级管理部门网站 16 个。用于教学的计算机 765 台，每 100 名学生拥有计算机台数 15 台。

学院图书馆建筑面积 6400 平方米，设有报纸期刊阅览室、过刊工具书阅览室，共 350 个座位。有人文社科类书库、理工类书库、二线书库三个书库；有纸质图书 30 万册，其中流通图书 25.47 万册、二线书库图书 5 万册，已装订过刊 10 700 册，电子图书 17 万册。订有报纸 18 种，期刊 240 种。生均图书 59 册。

学院有标准 400 米运动场一个，标准篮球场 5 个，标准排球场 2 个，标准羽毛球场 3 个，共计 19 965 平方米，生均用地 4 平方米。双杠 2 付，单杠 3 付，体测仪一套，器材总价 15 万元。

### （三）师资队伍

学院现有教职工 397 人，其中专任教师 284 人，生师比 17.9∶1。教职工中，有教授 1 人，副教授 79 人，讲师 48 人；有硕士、博士研究生 31 人，占专任教师总数的 11%；双师素质教师 48 人，占专任教师总数的 14.4%。

2011 年度，学院积极引导教师加强学习培训，参加省、市有关单位主办的省社科专题培训、职业资格鉴定培训、英语考官培训、低碳经济专题培训等。一年内有 50 余名干部、教师参加了各种培训，20 余名教师获得职业资格鉴定证、英语等级考官证等。教职工参加校内外进修、培训、交流等共计 120 人次，占教职工总数的 43.96%。

2011 年度，学院科研课题立项 7 项，其中省级 1 项，市级 6 项；结题 6 项，其中省级 1 项，市级 5 项。教职工发表论文 84 篇、其中核心 7 篇，公开 48 篇。公开出版教材 9 本，其中主编 5 本，参编 4 本。教职工科研成果获省级二等奖 1 项，三等奖 1 项；市级二等奖 1 项、三等奖 2 项，市科学技术进步奖一等奖 1 项。

学院组织了学生网上评教活动，共发放评教问卷 37 240 份，参评人次数 34 773 人次，参评率为 93.38%。全院 239 门课程被评价；学生从教学能力、教学内容、教学方法、教学态度、教学效果五个方面对教师所授课程进行了评价。评教结果显示，教师平均得分 92.34，90 分以上占 80.75%，表明学生对教师教学水平比较满意。

### （四）生源情况

学院以高职大专教育为主，生源主要分布在四川、重庆、甘肃、新疆，云南、河南等地。2011 年，学院计划招生 2000 人，实际录取 2744 人，报到 2154 人，报到率为 78.50%，同类高校被学生首选的比例 71.46%，其中 90%以上生源来自本省，接近 5%的生源来自本市，75%的考生来自农民或者农民工家庭。

## 三、高职人才培养过程

内涵建设是学院人才培养工作的中心，提高教育教学质量是学院的重要工作。在人才培养方案的制订中，遵循高职教育的自身规律和教育特点，以职业教育课程开发的相关理论为指导，以校企合作为平台，把工学结合作为人才培养模式改革的切入点，使教学过程具有实践性、开放性和职业性，把握实验、实训、实习三个关键环节，突出职业能力培养，体现高职学校的办学定位，构建工学结合的人才培养模式。

### （一）教学资源

按照工学结合的人才培养模式，学院充分利用已有的实验实训设备，全天开放，让学生利用自习和课余时间加强技能训练，并探索“校中厂”的模式与企业合作，让学生在实际生产环境中得到锻炼。学院的实践教学项目开出率达到了95%以上。

在课程设置方面，将课程分为公共必修课程、通用能力培养课程、专业基础课程、专业实践课程、综合素质拓展课程和实践环节等。教学分为理论教学和实践教学，课内总学时一般控制在 1600～1800 学时。遵循高职教学特点，突出实践教学的重要性，保证实践教学不低于教学活动总时数的40%，真正提高学生的职业素养和能力。

为提升学生的人文素养，丰富学生的课余生活。学院 2011 年新购图书 2 万册，图书馆实行一周七天开放，每天开馆 11 小时，日接待读者 500 人次以上。

学院确立了“全方位、全过程”的校企合作、共同育人策略，推行“校企双方共同研制人才培养方案、共同实施教育教学过程、共同完成顶岗实习与就业工作”的“三同”人才培养模式。假日旅行社、德恩机械厂、巧巧虎幼儿园等企业的 25 名专家、技术能手在学院商贸旅游系旅游管理专业、机电工程系机电一体化专业、师范教育系学前教育等专业承担教学任务，受到学生欢迎。

### （二）课堂教学

坚持“以就业为导向，以能力为本位”，学历证书和职业资格证书并重，实施“3346”培养模式，即利用三个平台：校内训练基地、校外实习基地、顶岗见习企业。实现三轮循环：即生产性实训，企业课程见习，顶岗实习。教学四步法：（1）每位学生在学习基础上，完成工作任务实施初案；（2）在老师指导下，分组讨论各自初案，形成各小组工作任务实施方案；（3）在实验室、实训基地按实施方案执行工作任务；（4）对该项工作任务完成情况进行总结完善。

根据不同的课程类型、课程特点和职业技能标准，不断改进教学方法。依托实训实习场所，融“教、学、做”为一体，探索设计了“理论教学与实践教学相结合”、“项目导向与团队教学相适应”及“课堂与实习实训场所为一体”的课程教学模式。积极探索与试验由专业教师和企业技术能手共同完成课程教学的教学改革，使学生在做中学、学中做，先学后教、教学合一，学练并重。注重学生创新能力、获取信息的能力、分析问题、解决问题的能力的培养，改变传统的以灌输理论知识为主的教学方式。充分利用多媒体资源，强化现代化教学手段的应用。注重学生实际技能的训练，改变传统的验证性实验为生产实习的实践教学方式。采取“基于工作过程”、“任务驱动”的教学方法，激发学生学习的积极性和参与性，使学生由被动学习转变为主动学习。

（三）实践教学

制定了《实践教学管理制度》，各教学系（部）在拟订人才培养方案时，将实践课程的内容、课时、目的要求、考核标准等写入人才培养方案。每学期开学后，教务处都要检查每一门课程的《实践教学计划》，平时不定期地检查《实践教学计划》的执行情况，期末进行每一门课程实践教学的统计分析，并将实践教学情况登记表存档。每年开展全院学生技能大赛，营造学生学技能、练技能、争当技术能手的条件和氛围，经过努力工作，学生对实践教学的满意度达到95%以上。

（四）学生活动

学院成立了23个学生社团组织，共有会员1078人，举办了城市综合治理、校园篮球比赛、教师讲课技能大赛、舞蹈技能大赛等多种多样的社团活动，出版了《风潮》期刊一期。学生参加社团活动积极性高。

（五）学生服务

学院学生入学后统一参加18学时的入学教育，入学教育的内容有安全教育、学生日常行为规范教育、就业教育、专业教育。为2010级、2011级学生开设了16学时的心理健康必修课，2011级新生UPI普查人数2000人左右，对132个一类问题学生进行SCL-90二次筛查，开展了心理咨询在线QQ交流，共接待个体咨询230人次左右，心理危机干预12人次。举办了"5·25心理健康周"宣传活动。坚持以就业为导向，开设就业指导课，加强学生的职业生涯辅导与就业咨询指导，毕业生就业质量较好。

学院有368名学生获得总额为628 800元的奖学金（其中国家奖学金2人，国家励志奖学金104人，学院一等奖学金54人，二等奖学金94人，三等奖学金114人），获奖人数占全院在校生总数的7.24%，人均124元。学院有1535人获得总额为4 071 200元的助学金（其中国家助学金1336人，广州助学金13人，工会金秋助学金186人），受助人数占全院在校生总数的30.19%，人均801元。

## 四、高职人才培养质量

学院党委、行政高度重视人才培养质量，组织广大教职工认真学习领会和贯彻《国家中长期教育改革和发展规划纲要（2010～2020年）》精神，围绕创新人才培养模式，不断提高教学质量。

2011年，各专业不断完善学生职业技能训练方案，将技能训练项目与任务分解到课内和课外，做到了"人人参与、人人提高"。每年一次的学生职业技能大赛，聘请企业或行业专家现场点评，把行业或企业标准引入到比赛中，实现了"以赛促教、以赛促学、以赛促练"的目标。学生参加社会保障部门的职业资格考试中级合格率 100%。学院排舞代表队参加 "邮储银行杯"2011 年全国排舞大赛，获得大专院校团体自选项目一等奖和二等奖；集体项目规定曲目二等奖。

学院毕业生1690人，就业人数1588人，就业率93.96%，99人考入本科院校就读。

学院组织开展了毕业生就业跟踪调查，走访了用人单位，对毕业生的政治表现、职业道德、敬业精神、团结协作精神、业务能力、创新能力、适应能力、综合素质等方面进行了详细了解。用人单位普遍认为我院毕业生具有较强的责任感和事业心，能够很快转换角色，适应工作岗位要求，能够将学到的知识应用到实际工作中，具有较强的实践动手能力、行业竞争能力、自主学习能力和积极创新能力及发展潜力，能较好适应岗位的变化及社会科技进步与发展，表现出了良好的发展趋势。

## 五、社会服务

学院积极开展眉山市技能培训、品牌培训、创业培训、劳动力转移培训等，累计培训各类人员5000余人次。其中，开展移民、钳工培训103人；开展幼儿园园长提高培训、幼儿园骨干教师培训、幼儿园园长任职资格培训890人；开展中小学骨干教师培训654人；开展农业技术推广3000余人；组织“科技下乡”和“三农”服务60余次。为“彭山万亩葡萄基地”制定“葡萄平衡营养方案”；为丹棱生态园合作社“不知火”提供优质高产栽培技术和技术培训；选育“眉山红脐”并在仁寿黑龙滩建立“万亩眉州红脐有机生产基地”；建立“眉山红脐”绿色食品生产标准和规范，完成有机食品生产认证；完善“绿源水果专业合作社”的组织和制度建设，探索农业产业化道路；为东坡区白马“秀芳葡萄专业合作社”提供技术和管理支持；为四川省眉州监狱举行服刑人员职业技能培训；大大促进了地方经济发展和农业产品增收。

学院师生积极参与眉山青年志愿服务，200名青年学生组成的大型团体操排舞表演队参加了眉山市“五洲杯”第四届老年人运动会开幕式表演；20名同学被团眉山市委选聘为社区专项志愿服务者；学院青年志愿者协会获市首届十大杰出青年志愿服务集体称号；孙莉、颜宏、张艺宝三位同学荣获眉山市首届优秀青年志愿者；1000余名师生参加“成都银行杯”2012年眉山市第十五届万人健身跑活动；师生参加第十一个“12·4”全国法制宣传日活动，在宣传点为市民们提供免费法律咨询服务并发放法律宣传资料3000余份，均获好评。

## 六、高职人才培养工作的创新尝试与主要举措

学院不断深化教学改革，狠抓教学改革与质量工程建设。建立科学的教学质量评估体系，加强教学质量监控，规范教学行为，强化管理措施，探索工学结合、校企合作的多种模式，推进基于工作过程的教学方法和项目教学法。坚持以课程建设为重点，开展学生职业技能竞赛等活动来促进内涵建设，提高育人质量。并且，以提升专业服务产业发展为出发点，推进质量工程建设。

围绕学院“十二五”发展规划，学院组织开展了2011年专业调研，各教学系以“对接产业设专业，依托行业建专业，根据岗位设课程，主动服务地方经济发展”为指导，主动适应地方经济社会发展需要，认真调整专业结构，停招了8个专业，新申报了《农业技术与管理》、《工程测量与监理》、《宠物养护与疾病防治》、《烹饪工艺与营养》；以推进课程体系、课程内容、教学方法改革与创新为目的，对2011年招生的18个高职专业进行全面调研，形成了各《专业调研报告》。同时，针对行业、岗位及社会对人才质量的要求，全面修订了《眉山职业技术学院专业人才培养方案》。

在整合专业优势，强化专业特色的基础上，成功申报了中央财政支持的酒店管理和学

前教育专业建设项目；在专业服务地方产业的基础上，我院生物技术及应用（农业方向）专业综合改革已获得省教育厅批准立项。

创新人才培养模式，优化人才培养方案，促进人才培养的多元发展。学院紧紧围绕地方经济发展需要，创新“工学交替”、“订单培养”“2.5+0.5”、“2+1”等培养模式。

加强师资培训，调整师资队伍，提高教师素质。为提高教师业务能力和教学水平，学院实施青年教师培养工程，举办青年教师培训班，开展老中青教师三课（示范课、研究课和公开课）活动，组织干部、教师深入眉山、成都、广东、上海等企业进行“三深入”社会实践，建立与行业企业双向交流制度，同时又提高了教师的“双师”素质。一年内引进4名硕士研究生，1名博士研究生，开展教师竞聘上岗，对“双评”（学生评教、教师互评）较差的老师作岗位调整，使教师队伍的业务更精、素质更高。

组织召开了第三届教学工作会，全面修订了教学管理制度。重点修改了《眉山职业技术学院学籍管理办法》、《眉山职业技术学院科研管理办法》、《眉山职业技术学院人才培养方案修订的原则意见和管理办法》，废止了已经过时的条文，补充完善了相关的制度和条文，使学院教学工作真正做到有章可依，依法治教。

认真开展学业状态清理和学籍异动清理工作。2011年对全院在籍学生的学习状况进行了清理，对60名学生提出了学业试读要求，对8名学生进行了学籍降级处理。通过对学籍的清理，使学风有了明显的好转。

## 七、存在的主要问题及未来工作思路

### （一）存在的主要问题及原因

（1）地方经济弱，教学、科研经费投入不足，基础建设任务重，需要进一步增大投入，改善办学条件。

（2）学院专业建设、课程建设力度不够，专业特色不强，品牌效应不明显，需要进一步加强学院的办学特色，推进教学改革，提升学院办学知名度。

（3）教学管理还需进一步加强，教学运行机制还需进一步完善，教学管理制度还需进一步细化和补充。

（4）校企合作深度和广度还需进一步拓展和加强，校企合作机制还需进一步深化。

### （二）下一步工作思路和措施

工作思路：坚持以科学发展观统领教学、科研工作，以内涵建设为抓手，课程改革为突破口，推进校企深度合作和规范制度管理，树立主动作为创一流意识，提高育人质量和教学水平，促进各项工作迈上新台阶。

1．不断深化教学改革，加强教学管理。改革教学方法和手段，积极推行工学交替、任务驱动、行动导向、项目模块等先进的教学模式；根据就业岗位的特点和需要，确定职业能力和课程设置。重视学生校内学习与实际工作的一致性，校内成绩考核与企业实践相结合，融“教、学、做”为一体。

加强教学过程管理，完善教学质量管理制度，强化教学设计要求，加强教学过程监控，分析影响教学质量因素并及时处理，加强教学效果的检查与评估，促进教学质量提高。

2．多方筹措经费，加大教学、科研经费投入，不断改善办学条件。

3．加强专业建设、课程建设力度，重点打造初等教育、酒店管理、畜牧兽医、建筑装饰工程技术 4 个重点专业。

4．不断探索校企合作深度机制体制，实施“三同”培养模式，培养高端技能型人才。

（执笔：邓永前　邓惠明　黄文清　卢贵礼）

# 达州职业技术学院
# 2011 年度人才培养质量报告

## 一、基本情况介绍

达州职业技术学院是 2001 年成立的一所综合性全日制普通高等职业院校，办学十年来，学院坚持植根秦巴山区和革命老区，立足达州，面向秦巴，融入成渝的办学定位；坚持质量立校，人才兴校，特色强校，校企合作，开放办学的办学理念；推行 2+1 和多证并举的人才培养模式改革，面向区域经济社会和产业以及新农村建设培养技能型应用人才。

学院现有专兼职教师 646 人，其中：教授（含主任医师）9 人，副高职称 178 人，硕士 125 人，双师素质教师 425 人，校外兼职教师 233 人。学院现设医学系、护埋系、师范系、经济管理系、机械电子与信息工程系、艺术系和思政部、基础部、成人教育部、中专部等 6 系 4 部。对接区域经济社会和产业布局，开设高职专业 53 个，构建了以医药卫生类专业为主，推动师范教育和经济管理类专业建设，带动机械电子和种养殖专业协调发展的专业体系，2011 年面向全国 6 省市招生，在招专业 33 个，在校高职专科生 8021 人。

## 二、办学基本信息

### （一）经费投入（如表 1、表 2 所示）

表 1　2011 年办学经费收入表

单位：万元

| 项目名称 | 金额 | 所占比例 | 备注 |
|---|---|---|---|
| 学费收入 | 5208 | 42.26 | |
| 财政拨款 | 5104 | 41.42 | |
| 其他收入 | 2011 | 16.32 | 含上年度结余 |
| 合计 | 12 323 | | |

表 2　2011 年办学经费支出表

单位：万元

| 项目名称 | 金额 | 所占比例 | 备注 |
|---|---|---|---|
| 日常教学 | 1343 | 13.13 | |
| 教研科研 | 45 | 0.4 | |
| 师资队伍建设 | 52 | 0.51 | |
| 仪器设备 | 349 | 3.41 | |
| 实验实训 | 250 | 2.44 | |
| 合计 | 10 225 | | |

## （二）办学条件（如表 3、表 4 所示）

表 3　办学条件状态数据

| 校园总面积（平方米） | 生均教学、科研、行政用房 | | 生均宿舍面积 | | 校内实验室数（个） | 校外实训基地数（个） | 生均教学科研设备值 | |
|---|---|---|---|---|---|---|---|---|
| | 教学科研行政用房 | 生均值 | 宿舍面积 | 生均值 | | | 教学科研设备值（万元） | 生均值（元） |
| 330 663 | 139 570 | 11.63 | 59 046.5 | 4.92 | 53 | 120 | 3906 | 3208.48 |

表 4　办学条件状态数据

| 校园网（G） | 生匀教学用计算机数 | | 图书馆及生均图书 | | | | | | 运动场馆 | |
|---|---|---|---|---|---|---|---|---|---|---|
| | 教学用计算机数（台） | 生均值（台） | 纸质图书（万册） | 生均值（册） | 电子图书（G） | 生均值（G） | 阅览室、多媒体室和语音室座位数（座） | 生均值（座） | 运动场面积（平方米） | 生均值（平方米） |
| 2.6 | 1200 | 0.15 | 67.03 | 55.06 | 2296 | 0.29 | 5481 | 0.68 | 5956 | 0.74 |

## （三）师资队伍（如表 5、表 6 所示）

表 5　师资队伍基本情况表

| 总数 | 生师比 | 专业技术职务结构 | | | | | | 双师素质结构 | |
|---|---|---|---|---|---|---|---|---|---|
| | | 高级 | 比例 | 中级 | 比例 | 初级 | 比例 | 双师数 | 比例 |
| 646 | 12.42 | 187 | 28.95 | 226 | 34.98 | 233 | 36.07 | 478 | 73.99 |

表 6　师资队伍基本情况表

| 学历结构 | | 师资培训 | | 教学科研 | | | 教学水平 | |
|---|---|---|---|---|---|---|---|---|
| 硕士数 | 比例 | 培训数 | 比例 | 教科研项目 | 获奖项目数 | 主参编教材 | 学生满意度 | 家长满意度 |
| 125 | 19.35 | 63 | 9.75 | 19 | 8 | 9 | 92% | 90% |

## （四）生源情况（如表 7、图 8 所示）

表 7　生源情况统计表

| 计划招生数 | 实际录取数 | 报到率 | 生源结构 | | | |
|---|---|---|---|---|---|---|
| | | | 高中生数 | 比例 | 三校生数 | 比例 |
| 2866 | 3007 | 87.9% | 2863 | 95.59 | 132 | 4.41 |

表8 生源情况统计表

| 生源分布 | | | | | | 生源背景 | | | |
|---|---|---|---|---|---|---|---|---|---|
| 本市 | 比例 | 本省 | 比例 | 西部地区 | 比例 | 第一代大学生比例 | 农民（工）子女比例 | 下岗、退休、无业家庭比例 | 其他 |
| 394 | 13.10 | 2999 | 99.73 | 3002 | 99.83 | 6 | 65 | 21 | 8 |

## 三、高职人才培养过程

教学资源。学院实行学分制培养模式，十分重视教学资源建设，为教学质量打下坚实的基础。一是调整课程结构，构建培养突出职业素养的理论课程结构和强化职业技能的实践课程结构。本年度共开设了各类课程1200多门次，其中：纯理论课程占32%，理论+实践课占35，实践课程占33%。二是加大选修课建设力度，构建拓展学生职业综合素养的选修课程体系，提升学生的综合文化素养。三是探索校企合作开发生产性实训课程，与非直管附属医院、北京（小店）良种养殖有限公司合作，共同开发对接职业岗位的实训课程。

围绕课程建设，加强教材建设。一是确保国家规划教材、优质教材进入课堂。二是与合作企业共同开发生产性实训教材。本年度，结合地方特色养殖，开发了《南江黄羊实用养殖技术》、《宣汉黄牛实用养殖技术》、《万源黑鸡实用养殖技术》3门教材，得到了企业和学生的普遍欢迎和好评。三是主参编教材9部。

加强实习实训条件建设。为强化学生实践技能和职业能力培养，学院加大了实验实习及实训条件建设，本年度投入实习耗材75万元，添置仪器设备349万元，重点建设了学前教育专业实验室，完善了中央财政支持的护理实训基地建设验收。继续加强与120家校外实习基地的合作建设工作，坚持立足达州、面向川渝两地的原则选择合作企事业单位，重点做好实习基地的布局和学生实训条件建设，确保毕业环节实习。

课堂教学质量。为了加强教学质量管理，提升教育教学质量，修订了《选修课管理办法》，规定了学生全学程应修学分，各专业平均学分143分；强化课堂教学，突出实践教学。本年度，学院修订了理论课和实验实习课的课堂教学质量评价标准，制定了《关于进一步加强听评课制度建设的意见》，编制了《达州职业技术学院听课记录册》，建立了中青年教师相互听课制度，相互听课480人次，占任课教师总数的68.6%；继续执行学院领导、教授专家和督导室听课督导制度，本年度共听评了284人次，占任课教师总数的52.6%；重视学生信息反馈，聘请了教学信息员，并向教学信息员进行了2次教学质量问卷测评，对全院320个教学班下发了4000份教学质量测评表和320份教学意见反馈表，汇总后最低90.8分，教学质量和教学水平得到了学生的充分肯定和认可。通过测评，及时掌握了学生对教学工作的评价和满意度，有利于全面掌握学院的教学工作情况。

学生活动。成立了18个学生社团，积极组织学生参加各种社团活动，举办了“第二届大学生趣味游园”活动、篮球友谊赛、欢度记者节、征文比赛、英语辩论赛、变废为宝手工制作大赛、心理健康知识讲座、跆拳道培训、广告设计大赛、大型义诊活动、营养健康咨询、瑜伽培训等近100多场活动，3000多人次参加，丰富了学生的第二课堂活动，提高了学生的综合素质。

学生服务。重视学生军事训练、国防教育和入学教育，生均 140 学时，加深了学生的国防知识，帮助学生树立了正确的职业教育观，得到了学生和家长的高度认可。同时，高度重视学生就业工作，邀请学院领导、企业领导来院为毕业生开设就业指导专题讲座 3 次，指导学生就业。为及时疏通学生心理问题，培育健全的人格，开设了心理健康教育课程，举行了心理咨询辅导讲座 6 次，接受了 152 人次个案。激励学生立场成才，资助贫困家庭顺利完成学业，学院完善了奖助贷制度，本年度，4 人获国家奖学金，人均 8000 元；180 人获励志奖学金，人均 5000 元；发放助学金 2318 人，人均 3000 元。

## 四、高职人才培养质量

学院十分重视学生职业能力和综合素质培养，鼓励学生参加院校内外职业技能竞赛，组织参加了全国信息技术应用水平大赛，1 人次获三等奖；组织参加了四川省高职院校会计技能大赛，2 人次获得三等奖。组织开展了院级护理技能、临床技能、英语演讲比赛、书画比赛等各种职业技能竞赛活动。

学院特别重视学生就业工作，成立了专门的就业指导团队，帮助指导学生就业。本年度毕业生 2535 人，主要面向达州和川渝两地企事业单位，初次就业率 87%，对口就业率 75%。畅通学生继续教育渠道，与对口合作院校开展了跨校专升本，本年度共有 82 人升入本科院校学习，占毕业生总数的 2.6%。积极组织学生参加职业资格考试，学生获取教师资格证、护士执业资格证等，占毕业生总数的 85%。

学院立足于为区域经济社会和产业发展培养“下得去、用得上、留得住、发展好”的技能型应用人才，坚持突出人才培养质量的办学特色，根据职业岗位任职要求，校企融合，共同制订专业人才培养方案，引入行业企业技术标准和职业岗位标准，对接企业行业生产过程，推行“教学做”一体的按需培养的、与企业生产无缝对接的人才培养模式，继续完善“校企合作、工学结合、2+1 顶岗实习”人才培养模式，培养理论知识、实践技能和综合职业素养协调发展的应用型人才。根据对近几年来的毕业生跟踪调查和信息反馈，我院毕业生具有扎实的岗位适应能力、突出的岗位胜任能力和较强的岗位发展潜能，职业迁移能力强，法纪意识较强，具有很好的团队协作精神，得到了社会和用人单位的充分肯定和高度赞扬。

近几年来，招生就业两旺，生源质量稳步提升，新生录取分数线文理科平均高出省控线 50 分左右，人才培养质量得到了社会和用人单位普遍认可，获得了全省职教工作先进单位、四川省普通高校毕业生就业工作先进集体等荣誉。

## 五、社会服务

学院重视科研和技术项目开发，全年横向科研课题立项 19 项，获得科研经费 85 万元；技术开发 2 项，获得经费 32 万元；获得市级以上科研奖励 9 项。

学院立足区域经济社会和产业发展，以服务为宗旨，以引领为方向，加大社会服务能力建设，提升经济效益和社会效益。职业培训服务社会：积极开展中小学校长、骨干教师培训，教师继续教育，煤矿安全培训，农村基层干部培训，职业技能鉴定培训等非学历培训项目 8 期次，达 2100 人次，累计达 1280 学时。

科技示范服务“三农”：深入全市 10 余个乡镇、20 多个村社开展“校乡共建”、“挂包帮”、“三下乡”等活动，共建党建阵地，组织师生团队深入场镇，宣讲国家政策和法律法规、派送实用技术、印发技术资料、举办文艺汇演、义务医疗检查、精彩一课等，深受当地群众喜爱，产生了较大反响；派驻农业教授、养猪教授、社区医生、社区护士等挂职为科技乡长、科技村长，解决农业技术问题等30多个，转化科技成果5项。

技术开发对接企业：以技术、人才为资本，与企业合作进行技术开发推广，合作建立了“万源旧院黑鸡养殖基地”、“宣汉黄牛养殖基地”、“达州（北京）小店良种养殖基地”等地方特色种养殖基地和良种培育中心，共建了校外生产性实训基地，派出技术专家35人次，派出实习学生230人次，取得了较好的经济效益和良好的社会效益。

积极参加全国省市各种体育竞赛，获得了全国健美操比赛团体一等奖，获得了全省高职高专学生篮球比赛男子组第六名、女子组第9名，获得了体育道德风尚奖。

积极开放学院优质教学资源，服务地方，惠及群众：开放图书馆，接待市民130人次；开放运动场，接待群众210人次。

## 六、高职人才培养工作方面的创新尝试与主要举措

### （一）改革办学模式，产教结合、校企一体办职教

创新“政行校企”四方联动的多元合作办学体制。积极探索理事会办学体制机制，在政府引导下，组建达州职业技术学院校企合作理事会，下设专业教学理事会，形成政府主导、学院主体、行业企业参与的长效合作办学机制；建立理事会领导下的专业教学指导委员会，统筹规划，组织协调，畅通办学与社会衔接渠道。

深入实施引企入校工程。引入中国移动达州分公司1200万元资金，打造数字校园；合作共建机械制造与加工实习工厂、动物医院、种养殖示范基地等，实现教学与生产于一体化。

### （二）改革专业模式，对接产业、校产结合促建设

主动适时调整优化专业结构，面向基层卫生事业、农村教育事业、天然气能源化工产业、机械加工制造业、现代农业和现代服务业等领域，背靠企业，调整专业布局，加大与市场衔接的力度。

强化内涵建设，重点建好临床医学、药学、护理、学前教育、畜牧兽医、机电一体化技术等专业（群）。以重点专业建设为契机，带动相关专业群发展。

建立三年一周期的专业评估机制，制定专业评估办法与实施细则，及时调整淘汰专业定位不准、发展后劲不足、就业空间小、企业行业支撑少的专业，促使专业对接产业发展和市场需求，不断增强活力。

### （三）改革培养模式，顶岗实习、工学结合育人才

构建基于职业岗位的工学结合的人才培养模式，继续完善“校企合作、工学结合、2+1顶岗实习”人才培养模式。对接生产过程，推行教学做一体的按需培养的、与企业生产无缝对接的人才培养模式。按照职业资格准入制度要求，推行“顶岗实践+预就业”和“多证制”的培养模式。对接职业岗位，改革课程体系和教学内容，引入行业企业技术标准和职业资格准入制度，建立精品课程体系；校企合作开发技术性课程；建立和完善凸现职业

能力培养主干课程的课程标准，构建人文素质课程体系、专业基础课程体系、实践技能课程体系相结合的“三位一体”综合化课程体系。

### （四）改革师资队伍，专兼结合、德能并重建团队

实施“教授工程”和“硕博工程”，建立内培外引和联合培养制度。坚持以能力建设为核心，以质量提高为目标，按照市委市政府的要求，积极实施“千名硕博进达州”，加大对中青年教师的培养力度，培养学术名师、教学名师和技能大师。

实施专业带头人和骨干教师培养制度。把专业带头人的行业知名度和影响力作为重点，培养团队中坚力量，激励技术开发创新人才培养。

实施“校企双栖”工程，建立企业专业教师流动工作站。在岗专业课教师定期到企业锻炼、参与企业生产、技术开发和社会服务等，着力提高双师素质能力。引聘企业行业一线专业技术人才、能工巧匠担任兼职教师，参与教学，使兼职教师承担专业课时比例逐步提高。与企业行业合作建立专业教师流动工作站，探索联合培养教师的新途径。

## 七、存在的主要问题及未来工作思路

学院办学条件逐年改善，教育教学质量稳步提升，人才培养水平逐年提高，社会效益明显增强。但是，在发展过程中，面临着极大的挑战，有些问题值得深入思考。

办学体制机制创新问题。在职业院校现有的管理体制下，学校作为办学的实施主体还缺乏一定的自主权，特别是涉及办学体制机制创新方面，单靠学校自身难以突破瓶颈。

办学投入问题，单一的投资渠道，约束了学校的发展。作为欠发达地区的政府财力本身就有限，对学校的投入也就捉襟见肘。如何在现有体制下破解办学投资渠道是个值得思考的问题。

校企合作如何深入的问题。在当下，职业院校基本都是在政府的委托下由教育行政部门主管，与企业行业的结合和联系比较少，在校企合作问题上往往是学校一头热，企业行业缺乏参与合作的积极性。如何调动企业行业参与学校专业建设和人才培养的积极性，也是值得思考的问题。

在来年的工作中，我们将以创新机制体制为突破口，抓好专业建设和人才培养两大核心工作，盘活职业教育这盘棋。

一是完善校企合作理事会。继续推行理事会领导下的专业建设指导委员会，定期召开理事会议；推动与达县杨柳配套园区、达州市中西医结合医院战略合作关系建设。

二是继续探索人才培养模式改革。把实践技能培养和职业综合能力培养放在首位，继续探索“订单培养”、“冠名班”培养模式，为区域内行业产业培养适用的对路的高端技能型人才。

三是整体推进重点专业建设。以重点专业建设的整体推进为突破口，带动专业群建设和发展。

四是着力教学团队建设。继续实施市委市政府“千名硕博进达州”政策，着力打造学院教学团队，重点培养专业带头人和中青年骨干教师，推进“校企双栖”工程，启动临床专业导师遴选工作。

（执笔：向天华）

# 广安职业技术学院
# 2011年度人才培养质量报告

2011年是学院“抓内涵、上水平”的开局之年，正式启动了“省市共建”和“部省共建”。我们坚持以邓小平理论和“三个代表”重要思想为指导，全面贯彻落实科学发展观，坚持以专业建设为核心，以人才培养模式改革为突破口，以提高教学质量为目标，以培养学生职业技能为落脚点，以推进学分制教学管理为手段，推动教育教学改革，突出高职教育特点，办学水平和教学质量稳步提高。

## 一、基本情况

学院占地468亩，固定资产总值2.88亿元；开设专业34个；现有专任教师290人，其中副教授59人、具有硕士及以上学位人数43人，“双师型”及双师素质教师131人。年度内引进、选聘教师15名。本年度学院教学经费总支出2573.6万元，占学院总收入的28%。学院教学科研仪器设备总值1799.89万元，纸质图书2 860 133万册，电子图书5532GB。新建多媒体教室20个，实验实训室7个。2011年学院学生获大学生综合素质A级证书43人，省优大生16人，获国家奖学金2人，国家励志奖学金43人，市优秀团干1名，被推荐服务西部计划的19人；截至2011年12月底，学院实现就业人数1371人，就业率为92.08%。

## 二、深化教育教学改革、提高教育教学质量

### （一）结合地方经济发展，狠抓专业建设

根据地方产业结构调整和市场需求，成功申报了汽车技术服务与营销、楼宇智能化技术、工程监理、金融保险4个专业，全院专业数已达34个，进一步拓宽了人才培养途径。根据《教育部 财政部关于支持高等职业学校提升专业服务产业发展能力的通知》（教职成〔2011〕11号）文件精神，学院将汽车运用技术、矿山机电作为教育部支持建设的专业。

### （二）人才培养模式的探索与改革

努力探索高职教育规律，深入开展以“工学结合”为主的教学模式改革。会计电算化、旅游管理、建筑工程技术、园林技术、广告设计与制作、学前教育等专业与实习基地单位深度合作，逐步形成了“课训证融通”、“共管共育突显技能”、“创意产生周期循环”、“两主两强”、“园院结合”等基于工学结合为主的多元化人才培养模式。计算机软件技术结合专业实际与成都天荣北软信息技术有限公司双向介入，共同开发课程，通过联合培养，共同考核，加强软件程序编写、软件程序调试等专业能力培养，增强了就业竞争实力。

### （三）以质量工程为抓手，提升教学建设水平

学院全面实施“质量工程”，在重点建设专业、优秀教学团队、教学名师等项目中分别制定了明确的工作目标。2011 年，学院的质量工程建设实现了新的突破，学前教育专业综合改革项目被批准为“四川省 2011 年高等教育质量工程建设项目”。

### （四）推进学分制教学管理改革试点工作

通过完善《广安职业技术学院学分制管理办法》等制度，更新教学计划，采取分层教学、选项教学、学分替代和最低学分预警等有效措施，稳步推进完成学分制改革。

### （五）完善教学管理制度，不断提升教学质量

建立健全了适合我院教学工作院系二级教学管理体系与运行机制，使教学管理更加规范有效。学院定期召开教学工作委员会会议，审定专业人才培养方案和及时处理教学中出现的问题；定期组织学生代表座谈会、听证会，听取学生对教学工作的意见，及时制定整改措施，使教学工作平稳有序运转，教学质量稳步提高

## 三、存在的问题与努力方向

### （一）教育观念还需不断更新

以更新教育观念为先导，把解放思想贯穿于学院发展和人才培养工作的全过程，使广大师生敢于创新、勇于实践。要系统地对教职工高职教育通识性培训，主动掌握、牢固树立并自觉践行高职教育的理论和先进理念，要把思想解放和观念更新同教育教学管理的实践活动紧密结合起来，既用先进理论指导实践，又要在实践中检验理论，推动观念和理论的创新。

### （二）教学基本设施建设有待进一步加强

加大教学经费投入，结合并突出专业特色和办学优势，进一步深化校企合作、校校联合的办学模式，加强和完善校内校外实验实训条件，满足“教学做”一体化要求，紧跟广安及川渝地区经济发展和产业升级步伐，提升专业内涵，切实为地方经济和社会发展服务。

### （三）校企共育还需深度融合

要以“工学结合”为契机点，加大校企合作力度，促进学生既有学校理论、企业岗位操作能力的提高，建立学校、企业、学生三赢的驱动机制，促进教学模式和教学方式的改革。

（执笔：教务处）

# 四川文化产业职业学院
# 2011年度人才培养质量报告

根据《四川省教育厅关于报送高等学校教育教学质量年度报告的通知》川教函〔2012〕324号要求，我院经认真调研、仔细分析和反复研究，形成了学院人才培养质量报告，具体如下：

## 一、基本情况介绍

四川文化产业职业学院成立于2006年5月26日，是经省政府批准，教育部备案的全国第一所为宣传文化系统和文化产业发展培养高素质应用型、技能型人才的普通高等院校。学院现设有文经学院、影视传媒学院、数码艺术学院、文博艺术系、卡通艺术系、表演艺术系、文化旅游系、服装设计系、基础教学部9个教学院（系、部）共25个内设机构。普通高职招生专业30个，基本形成了以文化市场经营与管理、环境艺术设计、电视节目制作为龙头，以培养文化专门人才为特色的专业体系。

学院坚持“源于文化、兴于产业”的办学理念，按照“特色办学、实践育人、人才兴教、就业立校”的办学思路，致力于为区域文化事业和文化产业的繁荣发展培养应用型、技能型高素质专门人才。

## 二、办学基本信息

### （一）经费投入

1．我院属财政全额拨款的事业单位，办学经费主要来自财政拨款和学费收入。其中，学费占总收入的38.3%，财政拨款占总收入56%，其他占总收入的5.7%。

2．用于教学支出的比例为16.32%，用于科研支出的比例为0.44%，用于实验、实习、实训支出的比例为42.1%，用于其他各项的比例为41.14%。

### （二）办学条件

校园占地面积381 631平方米，生均64.62平方米；教学用房面积31 550平方米，生均5.33平方米；科研用房面积34 009平方米，生均5.76平方米；行政用房面积13 284平方米，生均2.25平方米，宿舍面积66 747平方米，生均11.3平方米。教学科研仪器设备价值3100万元，生均5077.81元。建有校内实习实训基地60余个，校外实践教学基地118个，能满足教学实践要求。建有校园网络、多媒体教学系统等设施设备，有教学用计算机758台，百名学生拥有数12.83个。拥有纸质图书47.75万册，电子图书容量840GB，近10万册，生均图书近90.18册。建有体育运动场地5670平方米，生均体育场地面积为0.95平方米。

（三）师资队伍

学院现有教师420余人，生师比为1/17.92；专任教师中高级职称43人，占专任教师数的20%；专任教师中“双师型”教师106人，占专任教师数的49.2%。全年共计派出187人次参加高校、科研机构等各类学习、培训、学术交流活动，教师的业务素质和科研能力持续提升。全年共争取到省级纵向研究课题9项，其中省级重大委托项目2项、省重点社科研究项目1项、省教改重点项目1项、省社科规划一般项目3项、省级软课题项目1项、省级参政议政调研项目1项，服务于区域文化产业发展的横向课题若干项，得到学生的一致好评。教师的发展环境日益良好，幸福指数持续提升。

（四）生源情况

2011年度的计划招生数为2400人，实际录取数为3010人，录取后报到率为81.13%。高中生所占比例为100%，同类高校中被考生首选比例为65%。

生源中，本市生源所占比例为13.34%，本省生源所占比例为94.3%，西部生源所占比例为98.48%；城市生源占28.46%，农村生源占71.54%。

## 三、高职人才培养过程

（一）教学资源

1．课程体系设置更加合理。课程分为职业公共课、职业基础课、职业技术（实践）课、选修课，课时与学分比例理工（艺术）类为2.5∶2.5∶4∶1；文科类专业为3∶3∶3∶1。普通类实践课时超过40%，艺术类和技术类超过50%。

2．教学条件逐渐改善。按照“高起点、全面覆盖”的设计方案，改建和新建一批实验实训室。中央财政资金投入150万元支持建设的图文印刷设计实验室、动画设计工作室、多媒体设计室、珠宝首饰加工制作室等6个实验（训）室已投入使用；演播厅和服装工作室、云朵羌绣艺术和文博艺术创意展示区新建或改造并投入使用。

3．图书数字资源更加丰富。投入200多万元对图书馆馆舍进行全面改造，购买CNKI同方知网的数字期刊3673种、电子图书80 000册，并免费开通试用中国知网CNKI的文化作品总库、文艺作品总库、超星百链云服务稀缺资源软件平台、3000集学术视频和60万册电子图书的远程访问，为学生提供了丰富的学习内容。

4．行业企业参与教学明显增多。如影视传媒学院聘请多位资深行业人士长期担任技术系、制作系、播音系专业核心课程的授课教师；文博艺术系分别与四川省三都博物馆和四川吕艺彩陶有限公司合作开发了《博物馆实训》、《工艺品开发》等课程。

（二）课堂教学

艺术类生均修课约1758学时、135学分；普通类生均修课约1864学时、138学分。从学生评教结果来看，各专业学生对本专业课程满意，其中各专业的核心课程评价为“优秀”及“良好”的比例达80%以上。

（三）实践教学

强化职业技能考核，提高学生实践操作能力。如文博艺术系将课程教学与职业技能考核相结合，将《宝玉石鉴定基础》、《翡翠分级学》、《钻石分级学》、《贵金属检测》等课程内容与职业认证要求相结合，组织学生参加“贵金属、宝玉石、钻石检验员资格证”（中级）考试，其中，2009级珠宝首饰工艺及鉴定专业获得双证率达到96%。

### （四）学生活动及服务

学院共开展各类活动约30场次，对外举办公益爱心捐赠活动、学习采风活动10余场。生均参加入学教育18～20课时，对入学教育的满意度为100%。心理咨询室共为200余名来访学生进行有效心理服务。学生接受就业服务的比例达 100%。所提供的就职岗位与学生专业匹配度达70%以上，毕业生对就业服务的有效性评价良好；获得各种奖助学金和勤工助学津贴的学生数为 1902 人，占在校生总数的比例为 33.3%，生均获得资助金额达2884.38元。

## 四、高职人才培养质量

### （一）教学成果丰富

学院积极支持学生参加各类项目、竞赛、社会活动，提高学生专业技能和创新能力，成效明显。如：表演艺术系组织学生参加“青春中国”第七届全国校园才艺选拔赛，1人获得大学美术组一等奖，5人获二等奖；2011级音乐表演专业学生参加“四川省第六届校园歌手大赛”获得银奖；数码艺术学院多名学生参加“创意中国·第五届全国设计艺术大奖赛”、“四川省第六届大学生艺术节”、“2011 火凤凰杯第四届全国美术与艺术设计大奖赛”、“第三届中国高校美术作品学年展”等，均取得良好成绩；卡通艺术系学生作品《幸福生活成都年》参加 2011 年成都电视台春晚、四川移动电视台节目选拔并通过；学生作品《幸福最晴天》在 2011 年四川国际电视节“金熊猫”奖评选中获得“最佳国产学生作品提名奖”（全国高职院校中仅我院学生获此奖项）；影视传媒学院学生参加“诗文杯”全国同题创作邀请大赛获散文类一等奖；表演艺术系组织学生参加都江堰国际放水节开幕式、贵州瓮安县万人红歌会、国际非物质文化遗产节、《道解都江堰》实景演出、中国四川美食节等国家、省、市级的演出，表现出色；音乐表演专业学生参加“四川省第六届校园歌手大赛”获得银奖。同时，各教学院系还结合各自专业特色，积极组织开展各项主题活动，如开放的五月设计联展·首届创意设计大赛、博雅拍卖会、卡通艺术节、DV比赛等。

### （二）毕业生状况良好

本年度学院就业工作成效显著，全日制毕业学生一次性就业率达到92%，其中对口就业率达29.16%，国有单位就业比例8%，其他性质企业就业比例92%，创业人数22人，专升本比例3.85%，获得职业资格证书的毕业生298人，获得中、高级证书的有90人。由于就业工作成效显著，学院被省教育厅授予“毕业生就业工作先进单位”荣誉称号。相关用人单位对学院人才培养质量给予了肯定。

## 五、社会服务

充分发挥人才和智力优势，服务地方文化产业发展。如与阿坝州政府合作，开设“羌绣班”，在羌族地区（汶川、理县、茂县）实施“9+3”教育模式（即 9 年义务教育+3 年职业中专免费教育，其中含大专及非学历教育培训的 3 年职业中专教育进入我院“羌绣班”学习），培育羌绣传人，推广和宣传羌绣传统技艺，弘扬非物质文化遗产；依托“泸定县文化产业发展规划（2011～2020）研究”项目，对泸定县的文化资源、文化产业项目进行系统研究、设计和科学规划；与民主促进会四川省委合作开展《羌族地区非物质文化遗产项目在高校和建设现代田园城市中的开发和应用》、《社会主义新农村建设不可忽视文化产业的发展》课题研究，分别形成省政协提案报告 2 份，调研报告 2 份，为服务地方文化、经济建设发展提供智力支持。

充分利用“四川省宣传文化干部培训中心”的平台优势开展非学历培训。联合省委党校为宣传文化系统干部职工开办了共 11 期、2200 余人次、400 学时的专题培训活动，社会反响良好。

积极组织和参与各类社会服务活动。一是积极开展“挂包帮”活动，举办羌绣、扎染讲习班，帮助帮扶地——绵阳吴家镇高桥村发展旅游产业和公共文化事业。二是开展青年志愿者活动，全年组织“动漫文化三下乡”等志愿者活动共 24 次。三是积极参与各类社会文化服务活动。如积极组织参加“四川省第二届道德模范评选计票”、“全省城市公共文明指数测评工作明察暗访”、“第三届中国（成都）国际非物质文化遗产节”，承办 2011（第十一届）四川国际电视节“拉美主题日”等活动。通过各类活动的有效开展，有力推动了地方文化的普及与发展。

## 六、高职人才培养工作方面的创新尝试与主要举措

### （一）深入推进教学改革，着力提高课堂教学质量

认真探索“理论+实践（工作室）”的教学模式，着力提高课堂教学质量。一是开展 2011 级人才培养方案修订工作，制定了《关于修订 2011 级人才培养方案的实施意见》，不断完善模块式教学计划，探索模块化教学方式。二是启动优质课程建设。制定了《课程建设实施方案》，明确了课程建设的基本原则、基本要求、建设目标、建设内容等，并组织了 2011 年度院级优质课程的申报工作。三是加强课程教学模式改革，在教学过程中注重讲练结合、“理实合一”，融“教、学、做”为一体，着力培养学生实践能力。如：文物鉴定与修复专业《艺术品拍卖》课程，在不断提高课堂教学质量的同时，通过组织模拟拍卖会的方式开展实训，组织学生参加国家拍卖师职业资格考试，全方位提高学生的实践操作能力。

### （二）深化校企共育机制，创设良好的教育教学环境

学院与省直宣传文化系统六大集团、阿坝州政府、广元市旅游局、四川电视台、四川日报报业集团、峨影集团、成都青羊区政府城乡建设发展有限公司、成都绿舟文化旅游集团、联合国教科文民间艺术国际组织（I.O.V）、中国文化创意网、国际非物质文化遗产博览园、成都东区音乐公园、成都地润集团建立了涉及文化产业政策咨询、产业项目策划、实习实训、人员培训、人员互兼互聘等全方位的合作关系。与国际非物质文化遗产博览园达成了全面战略合作协议，并整合成都地润集团下属文化项目——洛带博客小镇，建立了学院“非物质文化遗产创意中心”，把非遗项目由传统的民族民间手工艺品转化为热销商

品，建立了一条“作品—产品—商品”的“产学研”链条。

同时，各教学院系也自行建立了校内外实习实训基地。如：服装设计系建立了成都孙瑞高级定制服饰工作室实训基地、与广元大汤有限公司合作开发麻柳刺绣实训基地；数码学院与成都恒友建筑装饰工程有限公司等多家建筑装饰企业建立合作关系，参与了蔚蓝卡地亚别墅设计和美国3M公司成都分公司办公室装修设计等大型项目。

### （三）完善质量监控体系，强化教学过程管理

制定完善《考试管理规定》、《学籍学历电子注册实施办法》、《转专业管理办法》、《教学质量监控与评价办法》等制度，进一步规范教学过程管理。深入开展学生评教活动，对评教情况较差的课程认真查找原因、督促整改。认真落实《教学事故认定和处理办法》，及时处理教学事故，加强教学过程监控。坚持做好期初、期中、期末教学检查工作和每天的日常教学巡视，学院领导、中层干部坚持深入一线听课，全面掌握教学情况，有效保证了教学质量。

## 七、存在的主要问题及未来工作思路

### （一）主要问题及原因

2011年度，学院的办学条件有效改善，办学质量快速提升，但在师资队伍建设方面还存在着较大难题。主要原因是：一方面学院办学时间不长，基础较薄弱，但发展迅速，编制十分紧缺，现有的编制数为2006年组建四川文化产业职业学院时暂时核定。事业编制严重不足的现实正成为制约学院师资队伍建设的瓶颈。另一方面，由于我国文化产业的发展时间不长，全国文化创意高端人才十分紧缺，特别是部分新兴文化产业类人才更为奇缺，我院作为全国第一所独立设置的文化产业类高职院校，部分专业在全国属率先设置，文化创意人才、设计人才紧缺也影响了我院人才的引进工作。

### （二）措施与对策

2011年度，学院通过加大投入改善办学条件，完善推进专业建设和课程建设的激励机制，进一步加强和完善教学质量监控体系，教学管理日趋科学规范，教育教学质量显著提高，人才培养水平快速提升。2012年，我院将以“迎评促建”为契机，按照“特色办学、实践育人、人才兴教、就业立校”的办学思路，加大师资队伍建设力度，为建设一流高职院校夯实基础。一是积极向上级争取尽快对我院进行重新核编，增加教师编制数，解决人才引进的瓶颈问题。二是加强与国内一流院校特别是文化创意集团、文化策划公司的紧密联系与合作，增强师资队伍建设的针对性。三是加快提升学院办学实力和社会形象，进一步完善人才引进和师资培养的各项制度，优化教师成长环境，全面提升师资建设水平。

（执笔：陈敬贵　吴　斌　宋　晓）

# 成都电子机械高等专科学校 2011 年度人才培养质量报告

2011 年是学校实施“十二五”的规划的第一年，是一个开局之年。全校教职工在学校党委和行政的正确领导下，围绕 2011 年学校党政工作要点，以申办本科为契机，以学校教学基础能力建设为抓手，夯实教学基础工作，狠抓内涵建设，着力提高人才培养质量，在教学管理、师资队伍建设、专业建设等各方面取得了较大的成绩，使这所百年名校继续保持勃勃生机。

## 一、基本情况介绍

### （一）学校简介

我校创办于 1913 年，是辛亥革命后四川省最早设立的工科学校之一。1997 年被原国家教委遴选为全国示范性高等工程专科重点建设学校（全国首批 27 所之一，四川省唯一）。建校 98 年来，我校从未间断过办学，为国家电子信息产业培养了一大批高素质专门人才。

学校占地面积 968.92 亩，校舍建筑面积 38.33 万平方米，教学科研行政用房面积 19.91 万平方米。图书馆有适用图书 85.5 万册，中外文期刊 1116 种，本地镜像数字图书 36 万多种，中外文电子期刊数据库 2 种（内含期刊 20 200 种）。

学校教学科研仪器设备值 8444 万元，有 59 个实验室（135 个实验分室），其中的 14 个实验室或分室是与英特尔成都公司等校外单位共同建设的“产学研用”实验室，电工电子实验室为“四川省优秀基础课实验室”。建有工位充足、工种齐全的校内教学实习工厂和 110 个固定的校外签约的生产实习基地。另建有 3 个中央财政支持的国家级实训基地（机械电子、数控、汽车）。建有省高校重点实验室 2 个（电加工技术、模具技术）、省哲社重点研究基地 1 个（性社会学与性教育）。

### （二）办学定位准确、培养特色鲜明、教育理念先进

学校明确了“理实并重”的办学理念和“手脑并用，学做合一”的办学特色，确定了以电子、机械等学科专业为重点，立足四川，面向全国，服务地方经济和行业发展，培养具有扎实理论基础和较强实践能力和创新精神的应用型人才，把学校建设成为国内特色鲜明的高水平专科学校的办学定位。

### （三）系部设置及专业设置

截至 2011 年年底，学校有普通专科生 9755 人。设有机械工程、机电工程、电气与电子工程、通信工程、计算机工程、工商管理、信息与计算科学、人文社科、外语、体育教学部、思政教学部、网络管理中心 12 个教学系部，42 个招生专业。经多年建设，学校形成了以工为主、以电子机械为主要特色的学科专业结构。

## 二、办学的基本信息

### （一）经费投入

截至2011年年底，学校总资产达到87 987.60万元，其中固定资产70 869.38万元，净资产76 581.86万元。2011年全年总收入17 732.46万，同口径比较，收入比2010年增长10.60%，其中财政拨款8848.87万元，占总收入的49.90%，学费收入5309.45万元，占总收入的29.94%住宿及其他收入3574.14万元，占比20.16%。全年总支出19 122.35万元，其中教学支出1426.95万元，占总支出的7.46%，科研支出222.22万元，占比1.16%；实验实训支出149.55，占比0.78%；其他支出（包括教师的工资、课时津贴等）17 323.63%，占比90.60%。

### （二）办学条件

1．校园总面积

学校占地面积968.92亩。

2．教学、科研、行政用房与宿舍面积及生均面积

教学、科研、行政用房面积：199 137平方米　生均21.16平方米；学生宿舍面积：86 427平方米　生均9.18平方米；合计61 921平方米 生均约6.58平方米。

3．实验室、实训基地

全校共有59个实验室（其中省级重点实验室2个），135个实验分室。有3个国家级实训基地。教学科研设备总值8444万元，生均8500元。

4．校内外实践基地数及满足教学情况

2011年，新增校企合作企业：宜宾岷江专用汽车制造有限公司、成都集大成汽车销售服务有限公司、宁波震裕模具有限公司、蓝谷数码艺术有限责任公司。其中，宁波震裕模具有限公司在学校设立“震裕奖学金”和“震裕助学金。四川荣风进出口有限责任公司和成都花园大酒店为专业教学提供良好的实训实践环境。

同时，各专业聘请了相关行业专家、学者定期或不定期到我校开展讲座，开拓学生的视野，丰富专业知识。专家们对专业改革与建设、课程改革与建设、实习基地建设等献计献策，参与修订和完善教学计划，确保专业教学的可实施性，充分满足社会对人才的需求。

5．校园网建设情况及生均计算机台数

我校校园网由花牌坊校区和郫县校区2个园区网组成，两校区间通过成都市高校教育城域网直连，校园网主干带宽为10G、骨干带宽为1G，各子网带宽为1G或100M，各信息点为100M/1G交换接入到桌面。校园网以1G带宽接入成都市高校教育城域网，300M带宽接入教育科研网、200M带宽接入公用信息网，开通了学校门户网站（www.cdtu.edu.cn）。

校园网建有标准的IDC机房，实现了校内有线和无线网络全覆盖，网络设施配备齐全，网络信息畅通，运行情况良好，形成了较好的计算机网络服务体系，在教学、科研、管理、后勤服务和生活方面，为全校师生员工提供了坚实的网络服务保障。

学校两校区及各楼宇间全部采用了光纤连接，敷设校园网光缆约19千米，租用城域

网光缆 32 千米；校园网节点 20 000 余个；校园网入网计算机总数超过近 6000 台（含学生宿舍用户）；共投入综合布线、路由器、防火墙、交换机、服务器、存储（45T）、上网行为审计等网络专用设备和软件系统 2200 余万元（绝大多数设备支持 IPV6），实现了教学楼、办公楼、实验楼、学生宿舍校园网 100%覆盖。校园无线网络覆盖教学、图书馆和行政办公楼宇，全网采用实名安全认证体系。

学校校园网不仅提供了通用的网络服务，如：WWW、DNS、FTP、E-mail 等，而且还提供了教学资源建设、教学科研信息、网上图书馆、视频信息、校园新闻和公告管理、网络教学、一卡通服务平台、思想政治教育、心理咨询、网络安全教育等网络应用功能，开通了教师和学生社区，为师生教学、生活交流提供方便；开通了与加拿大合作院校的视频会议系统。在此基础上，校园网还提供校园网增值虚拟专网服务，主要包括：财务专网、学校综合档案网等虚拟专网服务。同时，利用学校独特的学科专业优势及科研项目成果，与省、市体育局及四川省模具工业协会合作，建设了四川省第九届运动会、成都市第十、十一届运动会、奥赛信息及西部模具网站；与成都市农商行合作，自助研发，开通了“银校通”圈存自助服务系统，建立了针对行业的特色网络服务，取得了较好的社会效益和经济效益。

6．图书馆状况及生均图书

图书馆建筑面积 30 674 平方米，到 2011 年年底有纸质藏书 85.5 万册，生均纸质藏书达 90 册，有中外纸质期刊 1116 种，阅览座位 2500 个，电子阅览室有 200 个机位，整个图书馆已实现无线网络有效覆盖。

图书馆主页（http：//libs.cdtu.edu.cn/）上有丰富的数字文献资源：

（1）数字图书：现有本地镜像的数字图书 36 万种；通过“超星数字图书馆教育网镜像站”远程访问的电子书有 100 万种。

（2）数字期刊：

● 中国知网（CNKI）：为读者提供远程或本地镜像两种访问方式，买了 10 大专集中的 8 个（医学、农业除外），内容包括：学术期刊库（7793 种）、硕（博）论文库、重要报纸、会议论文、专利、标准、科技成果等文献资源。

● 维普中文科技期刊数据库：收录 7603 种科技期刊。

● EBSCO 外文科技期刊数据库：收录 8200 种科技期刊。

（3）读秀知识库：目前有 400 多万种书目数据、有 260 万种中文全文图书，学术搜索平台可以整合全馆文献资源，并对图书、期刊、报纸、学位论文、会议论文等数字文献资源进行多途径检索，查询全文。

（4）软件通-计算机技能自助式网络视频学习系统：软件通数据库平台及视频基础库有 8489 个视频，学生可以在校园网络覆盖的空间利用视频系统进行学习。

（5）随书光盘管理平台：《畅想之星随书光盘管理平台 V4.0》是光盘管理软件系统，将我馆 8910 种随书光盘建成本地镜像，供读者网上下载使用。

7．资源应用

数字文献资源全天 24 小时提供服务。2011 年到馆读者 458 893 人次；借/还图书为 96 431/100 932 册；数字资源访问/下载为 323 707 人次/398 734 篇。

8．运动场及体育设施状况及生均体育场地面积

学校有体育设施设备 67 台套，设备值 46.3 万元。体育教学用房面积：8921 平方米，露天运动场面积约为 53 000 平方米，合计 61 921 平方米，生均 6.58 平方米。

（三）师资队伍

1．师资队伍数量与结构

截至 2011 年 12 月 31 日，学校有在校学生 9755 人，专任教师 555 人，学生与专任教师之比为 17.66∶1。学校有副高级专业技术职务以上的专任教师 212 人，占专任教师总数的 39.77%，其中正高级职称 56 人（教授 47 人、其他正高级职称 9 人）、副高级职称 156 人（副教授 132 人、高级工程师 13 人、其他副高级职称 11 人）。双师素质教师 374 人，占专任教师的 70.2%。

2．师资培训

2011 年度，教师参加各类培训、进修、交流共计达到 80 余人次，占专任教师的 15%。

3．科研水平

2011 年，学校继续推进科研工作，进一步扩大校企合作。全面实施教师科研工作量考核，以科研促进教学工作，并将科研工作和年末人事考核挂钩。加强各级各类纵向科研项目申报组织工作，年度学校科研经费总额达到 414.85 万元，其中横向项目共 16 项，经费 255.2 万元；纵向项目共 32 项，经费 116.05 万元；校级基金项目共 45 项，经费 43.6 万元。获得郫县科技进步奖三等奖 2 项。科研成果中，有实用新型专利 9 项；公开发表论文 395 篇，核心期刊以上论文 135 篇，SCI\EI\ISTP 三大检索 36 篇；各级各类科研项目共结题或鉴定 96 项。学校一如既往地为地方政府和企业服务，取得良好的社会效益和经济效益。其中较突出的项目有：模具技术实验室“平伟基金”系列项目到账经费 100 万元，电加工实验室“电接触机车实验平台”项目到账经费 21 万元，通信系“2011 年度英特尔校企合作科研项目”到账经费 10 万元，性教育研究中心“‘1+1’心联行动”项目到账经费 70 万元，网络中心“田径运动会信息管理系统”推广应用 3.42 万元等。

4．教师的工作满意度与幸福感

学校教师工作认真负责，相关职能部门采取多种措施服务于老师的工作，提高教师的归属感和幸福感。除提高教师的工资待遇外，还将教师的提升培训作为一项重要工作来抓，同时，为解决学校迁入郫县校区给教师们带来的诸多不便，学校修建了教职工宿舍、和郫县政府洽谈，解决了学校教职工子女求学等问题。众多的举措，提升了教师的工作满意度和幸福感。

（四）生源情况

1．招生情况

2011 年学校招生总计划 4000 名，因生源较好，在录取期间省教育厅主动希望学校追加计划，综合考虑学校的工作，最终录取人数为 4032 人。四川省录取 3356 人（其中包含补录 8 人），省外 676 人。截至 10 月 10 日全校报到 3373 人（报到率为 83.7 %）。其中四川报到 2823 人（报到率为 84.1%），省外 550 人（报到率为 81.4 %），报到率连续 3 年不断提高。

全校 40 个招生专业中有 20 个专业超过了平均报到率水平，其中有 4 个专业报到率超

过了 90%，有 20 个专业低于平均报到率水平，其中有 2 个专业报到率低于 60%。

2．生源情况

学校生源主要来自四川、北京、河北、山西、内蒙古、吉林、上海、江苏、浙江、安徽、福建、江西、山东、河南、湖北、湖南、广东、广西、海南、重庆、贵州、云南、陕西、甘肃、青海、宁夏、新疆等 27 个省市自治区和直辖市。其中四川省生源计划 3307 人，实际录取 3356 人，报到 2823 人，占整个生源的 83.69%。外省生源计划 693 人，实际录取 676 人，报到 550 人，占整个生源的 16.31%。

## 三、高职人才培养过程

### （一）教学资源

1．以人才培养方案为指导，提高人才培养的科学性

学校一直坚持理实并重，在注重大专学生技能培养的同时，也一直强调理论基础。我校对各专业的课程体系进行了规定，将课程体系分为公共基础必修课、专业基础必修课、专业必修课、专业选修课、公共选修课、实践教学六大模块。规定各模块的学分比重：公共基础课学分约占 25%左右；专业基础及专业课程约占 50%；选修课学分（包括公选和专选）比例占 20%左右。为加强学生的素质教育，对公共选修课学分进行了具体的规定：文科不低于 8 学分；工科不低于 10 学分。同时为体现高职高专人才培养的特点及定位，对实践教学的学分也进行了具体规定，要求实践教学环节学分应占总学分的 40%左右。

2．以课程建设为着力点，提升学校的整体教学水平

2011 年学校在继续加强对校管课程建设和管理的同时，开启了首批系管课程的认定工作，以此形成校级和系级两级管理的课程体系，并带动全校课程建设，学校给予两级课程以专项经费支持。按照校管程课管理办法，继续推行校管课程统考制度，实现了高等数学、大学英语、计算机应用基础、机械设计基础、机械制图（含工程制图）、电工电子技术（含电路分析）基础六门课校管课程的期末统考，并根据学生的统考成绩对上课教师进行排名。对排名前 50%的教师的津贴上浮 10%，并可与学校综合排名前 40%的教师课时津贴上浮 10%兼得。为加强课程建设，学校对校管课程中的数学、英语、计算机应用基础、机械制图、电路分析等课程进行了说课活动，理清了课程建设的目标、思路，找准了课程建设的具体路径。

3．以专业建设为抓手全面提高学校人才培养质量

学校建立了“1.4.9”专业建设梯队，对这些专业给予专项经费支持，通过这些专业带动全校的专业建设。2011 年通过对部分“1.4.9”专业进行说专业活动，理清了专业定位、发展目标以及专“1.4”发挥图书、数字资源的作用，为提升学校的人才培养质量提供优质高效的服务。

学校充分利用图书资源，为教师和学生专业学习提供帮助。2011 年，学校进行了新生入馆教育：利用新生入馆教育机会，向新生介绍如何利用图书馆的文献资源；开设《现代文献检索与利用》课程：为帮助大学生利用这些数字文献资源，图书馆为读者开设《现代文献检索与利用》公选课，全面、详细地介绍这些数字资源的查找方法、毕业论文写作的要求等内容。通过写作去检索大量的文献资源，在参考一定数量的高质量的学术期刊基础

上，能提高学生的毕业论文质量。开通了数字资源的远程访问：部分实现了教学、科研人员通过远程访问，方便快捷查询和使用图书馆的数字文献资源。

4．加强与行业企业的合作，提高人才培养的针对性和适应性

学校专门成立了产学研合作办公室，加强与企业产学研用相结合的力度，提高学生对行业和企业的适应能力。利用CBE/DACUM模式对工程素质训练模块进行综合开发使用，各专业根据情况选用通用模块和专用模块，以提高学生的工程素质。学校与平伟科技、TCL等众多企业合作，实行订单培养。

5．以质量工程申报为契机，加强对重点专业、课程的建设

2011年学校申报并获批了“汽车检测与维修”国家级实训基地，使我校的国家级实训基地达到三个。申报并获批了“模具设计与制造专业”和“微电子技术专业”两个中央财政支持高等职业学校专业建设提升产业发展能力项目。申报获批了四川省质量工程专业综合改革项目“数控技术”、“计算机信息管理”两个大类和36个子项目，和“英特尔职业技能机器人大赛”实践教学项目。

（二）课堂教学

学校规定文科总学分为124分，理工科为137分，2011年每个学生平均修课学分为40～46个，学时为660～800。每学期末，学校均对学生对各门课程的教学进行了评价，学生评价学校平均值达到92分。这充分体现出学生对学校各门课程的满意度。

毕业生对我校总体评价：毕业生对我校教学和管理工作综合评价较高，绝大多数毕业生认为我校的教学和管理工作优良。其中，90%以上的毕业生认为学校的师资队伍状况、专业设置、课程构建、教学管理制度，包括管理人员素质均为优良。管理严而有理，严而有情：寓教于乐，校园文化活动多；关心加爱护。

（三）实践教学

1．实验室布局科学、建设合理，保证了教学的需要

我校实验室的建立按照“规划先行、资源共享”的建设思路，形成了以工为主，布局科学、建设合理、功能齐全的实验教学体系。

实验室新建和扩建工作以申报立项的形式开展。成电机专[2009]44号《关于进一步加强教学基础工作的若干意见》中规定，各系（部）做好部门实验室规划，新建、改扩建实验室或投资预算5万元及以上的实验室采购项目，须由系部填写《实验技术项目申请表》、《实验设备购置申请表》等，然后报国有资产管理处汇总初审后组织校内论证、审批，最后组织相关部门实施、监督和验收。

实验室场所的分配由国有资产管理处代表学校负责。原则上实验室按照学科分类的相近性组织分配。目前我校实验室主要分布在文澄楼、德五楼、实训基地、文科实训楼四处，其中机械类主要分布在德五楼，电子类分布在文澄楼，实习实训类分布在实训基地，相似类型实验室相对靠近，便于实验室调整和资源共享。

2．实验室建设制度完善，管理有章可循

经过多年建设，我校实验室形成了完备制度体系。已制定并实施的管理制度有《实验室管理制度》、《仪器设备管理制度》、《安全卫生守则》和《学生实验管理制度》等。同时

每个实验室根据自身的特点，又单独制定各自专门的内部管理制度，仪器操作规程，悬挂于各个实验室显著位置。

各个实验室，物品管理均做到账、物、卡相符，实验教学日志、实验室值班记录完整真实，实验教学计划表、实验教学大纲、实验指导书齐备，担任技术基础课和专业课教学的教师都随班参加实验教学，实验教师完成实验后必须批改实验报告。为达到有效管理，学校还对上述事项不定期的组织检查和达标验收。

**（四）学生活动**

我校现有学生社团 40 余个，分为综合、科技、文艺、体育四大类，社团以繁荣校园文化，推进素质教育“五个一”工程建设为目标。长期以来，经过积极、详尽的策划和筹备，拓宽思路和活动载体，采取板块化表现形式，开展了形式新颖、创意多元的社团特色活动。每年例行开展社团活动月、社团建设月、节日游园等常规活动。立足校园，深入社区、电子协会和计算机协会，成立家电义务维修小组，多次在郫县金花桥等社区开展义务维修活动；炫街舞协会、魔术协会、吉他声乐协会代表学校参加社区广场义演，受到群众一致好评。在校内，针对大学生最为关注的求职、就业问题，阳光在线协会开展了“求职，从大一做起”讲座；围绕“世界读书日”，衍昕文学社开展了以“好书，好朋友”为主题的交流会；亲近自然，拓展素质，旅游协会与阳光在线组织大型的徒步穿越活动；与六所兄弟高校合作，演讲与口才协会成功举办“畅想青春杯”演讲大赛；快乐乒乓，强健体魄，校乒乓球协会主办了全校乒乓球联赛；弘扬传统文化，丰富课余生活，棋牌协会举办了第十届全校棋牌大赛；吉他声乐协会以我院蓝色军团为主力，邀请四川音乐学院同学为全校同学带来活力四射的摇滚之夜晚会；增强体质，切磋技艺，网球协会举办了第五届“风采杯”校园网球交流赛。此外，军事协会主办的大型校园真人 CS 比赛。新摄会邀请康能光摄影学院老师举办了专题摄影讲座，社团联举办的“那些年我们一起追的童年”主题游园会，以及我校轮滑协会、炫街舞协会、FORFORN 网信社、龙魂双节棍协会、英语协会、弘毅话剧社等开展的彰显社团特色的多彩活动，都吸引了众多同学的参与。

校内丰富多彩的社团活动，学生参与面广，积极性高，为同学们增长知识、陶冶情操、健康身心提供了广阔的舞台，也在全校营造了崇尚科学、自立自强、健康向上的良好氛围。

**（五）学生服务**

学校高度重视新生的入学教育，生均参加新生适应性入学教育的课时：14 学时（新生第一课 2 课时，新生适应性教育 2 课时，新生军训动员大会 2 课时，校史馆、陈毅纪念馆参观 2 课时，新生入党知识介绍 2 课时，新生素质拓展 2 课时，新生安全教育 1 课时，新生诚信教育 1 课时）。另外，还有各系开展的专业教育。

学校很重视学生的心理健康教育和服务。2011 年具体做了以下几方面的工作：（1）为全校新生建立新生心理健康档案；（2）在全校范围内开展心理健康教育讲座 5 次；（3）开展个别心理咨询活动 309 人次；（4）开展团体心理辅导活动 35 次；（5）处理心理危机事件 4 次；（6）全校范围内开展大学生心理健康活动宣传月活动 2 次。

2011 年全校共有 6859 人次获得奖助学金；获得勤工俭学津贴的学生 331 人；获得奖助学金学生数占在校生总数的比例为 72.87%；获得勤工俭学津贴的学生数占在校生总数的

比例为3.52%；生均获得资助的金额为1158.75元。

学校高度重视学生就业。成立专门的招生就业处为学生的就业提供咨询与帮助。同时开设了就业指导、职业生涯规划等课程对学生的就业进行指导。

## 四、学院人才培养质量

### （一）学生参与项目研究与开发、发表论文与作品、获得省级以上竞赛奖励等情况

2011年学校实行了科研教学联动，使学生参与到教师的科研项目中。其中2009级机制专业参与我校和重庆平伟集团合作的四个科研项目研究：长安锐翔保险杠用pp材料改性与运用、高强度钢板成型回弹控制研究、模具用钢及延寿研究、钣金成型仿真分析平台的构建研究。工商管理系连锁经营专业的学生也参与到教师的相应研究课题中。

学校积极组织参与各种学生竞赛活动，通过竞赛，促进了课程改革与专业建设。2011年我校参加了全国第四届职业院校技能大赛，我校获得1个全国二等奖，1个全国三等奖；参加数学建模竞赛获全国一等奖1个，二等奖1个，四川省数学建模竞赛2个一等奖，3个三等奖；在2011年全国大学生电子设计竞赛中，获1个国家一等奖，1个省一等奖，5个省二等奖，4个省三等奖；在全国机械创新大赛四川赛区中获5个二等奖；在全国大学生英语竞赛获1个特等奖，2个二等奖，4个三等奖。在全国软件专业人才设计与开发大赛中，获1个全国一等奖、1个二等奖、2个三等奖、2个优秀奖；在全国大学生企业经营管理沙盘模拟大赛四川赛区中荣获二等奖；在第三届英特尔机器人大赛中，获擂主大奖；在全国高职院校会计技能大赛获团体二等奖。

### （二）毕业生情况

2011年学校共毕业2854人，一次就业人数为2727人，就业率为95.55%，连续7年学校被评为四川省就业先进集体。

2011年我校主要与西南交通大学（峨眉校区）、成都信息工程学院、四川理工学院建立了专升本合作协议，共升本学生112名，2011年我校毕业生为2994人，升本率达到3.7%。我校学生主要取得职业资格种类为：维修电工、数控操作工、程控交换调试工、物流师、汽车维修、CAD、硬件工程师等。截至2011年6月，统计2008级学生获得职业资格证书人数为1286人，获证率约为44.2%。

### （三）用人单位对人才培养质量的评价情况

毕业生所在单位对我校学生给予了高度评价，用人单位认为我校毕业生有较高的政治思想和职业道德修养，并特别对毕业生在基层工作岗位上表出来的政治素养以及实际操作技能和优良的服务质量给予了较高的评价。特别是毕业生的业务能力、应变能力、交际能力、协调能力、表达能力和服务意识等给予了充分肯定，觉得我校毕业生不仅具有较强的专业知识和业务能力，同时具备较高的素质，是一个“多面手”，能不断适应新环境，接受各种挑战。对我校为他们输送的应用型人才深表感谢。

## 五、社会服务

1. 2011年横向项目共16项，经费255.2万元；纵向项目共32项，经费116.05万元；

校级基金项目共 45 项，经费 43.6 万元。其中模具设计与制造专业与重庆平伟集团共建研发重点实验室，获得科研经费 100 万元。外语系目前有高等学校外语教学改革横向课题“新建本科院校‘外语网络教学平台’针对性、有效性研究与实践”一项，委托单位为广州市雅信达英语网络科技有限公司，项目经费为 3 万元

2．2011 年学校非学历培训与认证共计 2300 多人，培训学时总数 800 左右。

3．体育服务方面

（1）充分发挥体育场馆设施的社会服务功能

随着我校新校区的建成，学校拥有了较大规模的体育活动场所及比较完备的体育施。在满足学校教学的基础上，利用节假日将闲置的场馆设施向社会开放，为公众服务，既提高了其利用率，又极大地缓解了群众体育场馆设施不足的矛盾，在一定程度上满足了群众参加体育锻炼的需要，产生一定的社会效益。

（2）发挥高校体育人力资源的社会服务功能

我校充分利用体育专业的人才优势，积极服务于社会。我校体育教师无论在数量、专业种类、理论知识、人文素质等方面都起到了优秀体育指导员的作用。目前体育部已承担过郫县公安系统运动会、郫县水文地质系统运动会的指导。老师们的辛勤付出，极大地发挥了高校体育人力资源的社会服务功能，赢得了广泛的好评。

## 六、高职人才培养工作方面的创新尝试与主要举措

1．进一步明确学校办学目标。通过“创先争优”活动的开展，结合学校“创特色、上水平”的大讨论，全校教师明确了“理实并重”的办学理念和“手脑并用，学做合一”的办学特色。确定了以电子机械等学科专业为重点，立足四川，面向全国，服务地方经济和行业发展，培养具有扎实理论基础和较强实践能力和创新精神的应用型人才，把学校建设成为国内特色鲜明的高水平专科学校的办学定位。

2．狠抓教风与学风建设，切实提高学校的人才培养质量。2011 年学校召开了全校教学工作会，出台了《关于“加强教风和学风建设，切实提高我校人才培养质量”的若干意见》（成电机专 2011[36]），并在工作中切实加以贯彻执行，有效地改进了教风，转变了学风，形成了良好的教学秩序和学习风气。

3．加强教学监控，确保教学管理制度的刚性执行。学校进一步强化了教学管理部门对教学工作巡查力度，严格实行课堂教学值周制，对教学工作中的问题及时通报，严格教学管理制度的执行，确保教学过程有序管理，在规范教学秩序方面效果明显。继续推行学生教学信息员制度，及时收集教学过程中的矛盾和问题，定期编写“教学工作学生谈”简报，使教学过程中的异常情况能及时得到反映和解决，改变了过去问题反映不及时或者解决不及时的老大难。同时通过学生信息员渠道，将学校评教意义和方法进行传达，使评教效果更加客观真实。

4．加大教学评优工作，促进教学水平的提高。2011 年学校加大了评优工作的力度，鼓励先进，以榜样的力量带动教学水平的进一步提高。一是开展了 2008～2010 优质教学奖的评选，共评出一等奖 4 人，二等奖 6 人，三等奖 13 人，推评出省级教学名师 1 人。截至 2011 年我校共有国家级教学名师 3 人，省级教学名师 6 人，是四川省高职高专中国

家级教学名师和省级教学名师最多的学校。2011 年我校还继续举办“名师大讲堂”系列活动，以发挥名师的引领和辐射作用，提高学生学习能力，引导学生树立良好的就业观念，做好人生规划，提高综合素质。

5．加强教学团队、精品课程与专业建设。2011 年度加强对各级教学团队、专业梯队和各级精品课程建设的投入。通过建设，对学校的教育教学起到了良好的引领与示范作用。2011 年重点加强对原有专业的建设，降低了新专业申报的力度，全年只新申报专业 1 个。

6．加强师资队伍建设，实施人才强校战略。2011 年我校在省教育厅等高评委评审通过高级职称共计 16 人。学校现有正高职称 60 人，副高职称 166 人，硕士及以上职称 320（含在读）人，高级职称占专任教师总数的 40.36%，高学历占专任教师总数的 57.66%。2011 年学校有博士 24 人，硕士研究生或获得硕士学位人员 296 人。在读硕、博士 48 人，其中在读博士 14 人；硕士在读 34 人。全年送培了部分骨干教师参加“西部人才”国外访问学者、“国家精品课程师资培训项目”、“高校哲学社会科学科研”等研修培训和到国内一流高校作进修访问，从而促进了教师整体教学水平的提升。

2011 年有 2 名教师获评四川省有突出贡献的优秀专家，4 名教师被聘为二级教授，学校现有 6 名二级教授。

## 七、存在的主要问题及未来的工作思路

### （一）人才培养存在的主要问题及原因分析

1．教学基础工作扎实有序，但仍有部分问题尚待解决

教师教学工作，尤其是部分青年教师仍需继续规范；系部缺乏自主性，对教学管理过多依赖学校的管理；教研室在教研活动和指导新教师方面作用还未能充分发挥；教师过多依赖多媒体教学；对监考等其他教学工作重视力度不够。

2．课程建设、专业建设有了专项经费支持后如何使经费能发挥作用，切实提高使用效益还有待加强，尤其是对经费使用后的检查验收还需要加强。部分新专业，在师资队伍、实验（实训）室建设方面仍显不足。

3．科研工作服务社会、服务地方经济建设有待于进一步加强

2011 年学校在服务社会、服务地方经济建设上已经取得了较大突破，但是校地合作的力度还需进一步加强。

4．校企合作力度还不够，需要提高合作的深度

学校各专业都不同程度实现了校企合作，但是除少数专业外，大多数专业与企业合作的深度都较浅，还停留在表面，企业深度参与人才培养的力度不够。

### （二）上年度的改进效果，下一步改进计划与措施

针对上年度人才培养中存在的问题，学校将进一步强化对教学基础工作的管理，强化教学管理制度的刚性执行；通过优质教学奖、优秀教研室的评比活动进一步提高教师的教学质量，发挥教研室的“传、帮、带”作用；根据专业发展的需要，按照强化重点，兼顾一般的原则，配备相应的建设经费，加强各专业实验（实训）室的建设；通过说课程、说专业等活动，加大课程和专业建设力度，进一步提升水平。

2012年是我校升本的第一年，学校面临新的严峻挑战。学校将以本科教学规范为着力点，通过本科教学带动专科教学，促进整个学校人才培养质量。

具体拟从以下几个方面开展工作：

1．在全校教职员工中深入开展教育教学观念大转变的大讨论，并期望尽早达成共识，以缩短本科教学的适应期。

2．继续狠抓教学基础建设，尤其是本科教学规范。以基础课程达标考核为抓手，抓好课程建设；要求院管课程均需建立课程教学网站并实行统一计划、统一大纲、统一备课、统一教研、统一课件、统一考试、统一阅卷。

3．以学生成长、成人、成才为目标，以提高教学质量为根本，围绕着建什么样的专业，怎样建设专业的问题，采取多种渠道和方式，通过政、行、企、校的合作，找准服务面向，做好专业建设规划和专业建设。要求一个专业必须依托一个行业学（协）会或者一个国际国内知名企业，开展深度合作，走产学研用相结合之路；推进“以专业建设为主线的教育教学改革”，走产学研合作教育的应用型人才培养模式的发展之路。

4．努力抓好教师队伍建设，确保研究生学历及以上的教师比例超过50%。要大力开展教师教学能力提升工作，大力开展“双师双能型”教师的培养；建立校级教学发展中心，并选派老师到西南财经大学国家级教师教学发展中心参加培训，回校后，逐次开展对教师的培训，力争把我校的教师教学发展中心建设成为省级教师教学发展中心。

5．抓好学生学科竞赛和科技制作工作。以新出台的学生学科竞赛管理办法为依据，从校级学科竞赛入手，发挥集体的智慧和力量，推动科研教学联动，促进学科竞赛和大学生科技制作工作取得扎实的成绩。

6．根据国家的有关文件精神，结合我校办学实际，建立我校本科教学质量标准和质量监控体系相结合的机制。

7．加强对学生管理，坚持早操和早、晚自习，实行专职辅导员和兼职班主任相结合的班导合一制度，并要求大一新生不能自配备电脑进寝室，以形成优良的学风和班风。

（执笔：教务处）

# 四川烹饪高等专科学校
# 2011年度人才培养质量报告

## 一、基本情况介绍

四川烹饪高等专科学校创建于1985年，1998年划归四川省人民政府主管。是全国唯一一所以烹饪命名的公办普通高校。

学校现有烹饪系、食品科学系、酒店管理系、旅游系、工商系、外语系、信息技术系、艺术系、运动与休闲系、思想政治理论教学部10个教学系、部，开设了旅游管理、导游、酒店管理、运动休闲服务与管理、旅游英语等旅游及相关专业，形成了旅游、食品科学、管理及语言与艺术等几大类内涵互补的专业格局。

学校以市场需求为导向，坚持“以质量和特色求生存，以改革和创新促发展”的办学理念，形成了“适应需求的专业设置、突出应用的人才培养、校企结合的办学模式、学高艺精的师资队伍、频繁广泛的对外交流”的办学特色及完善的餐旅教学体系。

## 二、办学基本信息

### （一）经费投入

1．2011年度校级办学经费总收入及其结构详情如表1所示。

表 1

| | 项目名称 | 金额（元） | 占收入比例 |
|---|---|---|---|
| 收入 | 财政拨款 | 89 437 730 | 51.65% |
| | 事业收入 | 78 676 425.5 | 45.44% |
| | 经营收入 | 1 604 131.35 | 0.93% |
| | 其他收入 | 3 430 403.89 | 1.98% |
| | 收入合计 | 173 148 690.7 | |

2．学校2011年度办学经费总支出及其结构详情如表2所示。

表 2

| | 项目名称 | 金额 | 占支出比例 |
|---|---|---|---|
| 支出 | 教学支出（主要为人员支出） | 30 963 688.3 | 18% |
| | 科研（横向+纵向） | 1 501 341.26 | 0.87% |
| | 实验实训 | 6 614 201.28 | 3.84% |
| | 其他商品和服务支出 | 26 739 189.26 | 15.54% |
| | 对个人和家庭补助支出 | 19 761 965.53 | 11.49% |
| | 其他资本性支出 | 71 902 760.16 | 41.78% |
| | 债务利息支出 | 12 994 195.05 | 7.55% |
| | 经营支出 | 1 604 131.35 | 0.93% |
| | 支出合计 | 172 081 472.2 | |

**（二）办学条件**

1．学校实有校园总面积 727 亩，生均占地面积 67.5 平方米；

2.学校建筑总面积 24.9 万平方米，生均校舍面积 34.7 平方米。其中教学行政用房 13.12 万平方米，生均教学行政用房 18.3 平方米。

3．学校建有烹饪科学四川省高等学校重点实验室、食品感官鉴评实验室、食品微生物实验室、快餐工艺实验室、原子吸收实验室等食品科学与烹饪工艺类实验室；西部旅游培训中心、旅游会展实验实训中心、四川著名景点微缩景区等旅游类实验实训场所；休闲运动功能一体化实验室、休闲运动综合训练馆、攀岩场和高尔夫练习场等休闲运动实验实训场馆；酒店实验实训教学中心、四星级标准的教学实习综合酒店等酒店管理类实验实训场所；计算机辅助设计实验室、ERP 实验室、川菜国际化网络培训平台、学生英语自主学习中心等实验实训场所。

教学仪器设备总值 4428.26 万元，生均教学仪器设备值 6169.21 元。计算机 1605 台（其中教学用计算机 1384 台）、语音室 8 个、多媒体教室 70 个。

4．学校 2011 年共有教学实习基地 121 家，涵盖了国际五星、国内五星、政府机关、事业单位、高新企业、餐饮连锁、旅游会展、IT 技术、广告设计、休闲运动、高级会所、海外项目等多种业态。全面覆盖了学校现有的 40 余个专业，专业对口率达 100%。

5．2011 年学校自筹资金 200 余万元建设校园数据中心，拥有计算机 1200 余台。中国移动通信集团四川有限公司成都分公司与学校合作，投资 100 万元为学校开发“数字化校园平台系统”，整合学校各类数据信息，设计开发了“统一身份认证平台”、“数据整合平台（含共享数据中心、统一数据交换平台）”、“统一信息门户”及“空中智慧校园平台”。该系统现已全面进入测试阶段。

6．图书馆建于 1985 年。逐渐形成以旅游、烹饪、酒店管理等专业图书为主的藏书体系。共有阅览座位 718 座，其中电子阅览室计算机阅览座位 160 座。图书馆共有各类纸质文献 70.95 万册。另有电子图书 20 万种。生均图书量达到 108 册/生。

7．休闲运动场馆占地面积176亩，总投资4000多万元，包括高尔夫练习场、攀岩运动场、休闲运动馆、标准田径运动场、游泳—地掷球运动中心、轮滑运动场、网球场、沙滩排球场、篮球场等。生均体育场地面积16.3平方米。

（三）师资队伍

1．2011年教师共有445人，其中专任教师409人，兼职教师72人，生师比为16.1∶1；专任教师中具副高级以上职称的教师146人，高职称比为35.7%。教授40人，副教授106人；具有研究生学历的教师159人，高学历比38.9%；享受国务院特殊津贴专家2人，四川省有突出贡献专家5人，四川省学术与技术带头人1人、后备人选2人；四川省教学名师4人。

2．2011年派遣了2名教师作为国内访问学者到清华大学和南开大学进修；40余名教师分别参加了进修和行业培训，13名青年教师参加了高等学校教师岗前培训；10名余教师攻读硕士研究生并取得硕士学位；成功评选了1名四川省有突出贡献专家，1名四川省学术技术带头人后备专家人选，向四川省社科专家数据库成功推荐38名专家入库。2011年“西部地区人才培养特别项目”选派工作中，我校1名老师成功获得公派到英国学习的机会。

3．教学水平：学校教师2011年共发表科研论文218篇，其中EI收录1篇，中文核心40篇，出版著作教材共40部；10项科研课题顺利结题；1项发明专利正式被国家知识产权局授权。经2011年教学质量月活动调查，学生满意度达93.2%。

（四）生源情况

1．学校2011年计划招生数3156；实际录取数3366；实际报到数2444。录取后报到率72.6%；高中生占90%，三校生占10%。

2．2011年生源地分布：成都市占12.6%，四川省占78.9%。

## 三、高职人才培养过程

（一）教学资源

工学结合人才培养方案的课程设置

1．确定专业人才培养方案中的基本素质和职业能力。分专业确定其职业素质、职业基本能力、职业核心能力。

2．在专业教学改革中，以就业为导向、“岗位需求”为核心，重构、整合、优化课程结构。打破原有课程界限，围绕工作过程各环节对知识的需求，组织教学内容，建立整合性课程。从结构模块化、内容阶梯化、基础综合化、需求个性化四个方面构建专业课程体系。

3．为方便师生科研及学习的需要，图书馆采购了“维普中文期刊全文数据库”，内含8200种全中文期刊；采购了CNKI全文数据库、万方全文数据库；拥有“超星电子图书”10万册，“书生电子图书”10万册。

## （二）课堂教学

2011 年学校制定的人才培养方案中规定普通专科生毕业最低学分为 125，高职生毕业最低学分为 85，每学分对应学时为 16，即普通专科生均最低课时数为 2000，高职生均最低课时数为 1360。

## （三）实践教学

2011 年制定的人才培养方案中，实践类课时占总教学时间的 50%以上。实践教学学分，普通专科生最低要求为 31 学分，其中军训为 1.5 学分，综合实训为 3 学分，毕业实习（一年）为 25 学分，毕业论文/设计为 1.5～3 学分；高职生最低要求为 19 学分，其中军训为 1.5 学分，综合实训为 3 学分，毕业实习（半年）为 13 学分，毕业论文/设计为 1.5-3 学分。

2011 年，学校学生社团有 34 个，参与人数达 2000 余人，覆盖全校各系部。学生社团在校内外开展学术科技类、文化艺术类、体育竞技类、社会公益类等共 59 项活动，内容覆盖面广。武术协会在 2011 年四川省高校双节棍技术交流赛中，荣获"优秀双节棍社团"称号。

2011 年学生参与了美国游轮项目、新加坡项目、阿联酋项目和赴美暑期带薪实习等四个出国项目，涉及行业涵盖豪华游轮、星级酒店、奢侈品专卖店、机场免税店、特色餐厅、康乐俱乐部等不同业态，参与人数达 120 人。

## （四）学生服务

1．生均入学教育课时 18 课时，入学教育满意度 98% 。心理健康教育方面课程为 3 门 5 次，150 个课时，选修学生共 504 人。

2011 年 2595 名新生接受心理健康调查，建立了 2011 级学生心理档案，筛选出 204 名属一级关注，并对有偏激倾向的 82 名学生发出了心理邀请函，实际到访 64 人。针对新生入学后的心理适应问题，向 2011 级发放了 490 本由中心编写的《大学生心理健康手册》。

心理健康教育中心接待学生心理咨询 220 人次，危机干预 2 人次，发现问题并重点跟踪有 7 例。开展 10 场团体心理辅导，参加学生 107 人次，其中包括箱庭治疗 6 场 46 人次。

2．学校 2011 年针对就业实习及创业教育，展开了 8 场大型的专题讲座及组织学生实习基地观摩学习。学校以公选课的形式开设了创业教育课程，并广泛开展一对一的职业指导。就业指导基本覆盖全部应届毕业生，获得学生一致好评。

3．获得奖助学金、获得勤工俭学津贴学生的详细情况如表 3 所示。

**表 3　2011 年度普通高校家庭经济困难学生奖、助工作情况**

高校名称：四川烹饪高等专科学校　　　　单位：人，万元

| 资助项目 | 奖助人数（次） | 奖助总金额 | 人均奖助金额 | 获奖助学生占在校生百分比 |
|---|---|---|---|---|
| 国家奖学金 | 5 | 4 | 0.8 | 0.07% |
| 国家励志奖学金 | 182 | 91 | 0.5 | 2.54% |
| 国家助学金 | 2084 | 625.2 | 0.3 | 29.05% |
| 生源地助学贷款 | 296 | 172.369 | 0.583 | 4.13% |

（续表）

| 资助项目 | 奖助人数（次） | 奖助总金额 | 人均奖助金额 | 获奖助学生占在校生百分比 |
|---|---|---|---|---|
| 学校奖助学金 | 1517 | 60.27 | 0.04 | 21.14% |
| 勤工助学 | 521 | 48.89 | 0.094 | 7.26% |
| 家庭经济困难临时补贴 | 2084 | 62.52 | 0.03 | 29.05% |
| 广州助学金 | 15 | 3 | 0.2 | 0.21% |
| 面点王奖学金 | 60 | 7.5 | 0.125 | 0.84% |
| 开展奖学金 | 20 | 1 | 0.05 | 0.28% |
| 2011年本校全日制在校学生7175人，家庭经济困难学生2831人，占在校学生人数的39.45%，其中，特困学生545人，占在校学生人数的7.6% | | | | |

## 四、高职人才培养质量

1．2011年学校学生获省级以上竞赛情况如表4所示。

表4　2011年学校学生获省级以上竞赛情况

| 序号 | 获奖单位（个人） | 获奖名称 | 发奖单位 | 发证时间 |
|---|---|---|---|---|
| 1 | 白剑等39人 | 四川省大学生综合素质A级证书 | 团省委、省学联 | 2011-5 |
| 2 | 四川烹饪高等专科学校 | 第十一届“挑战杯”四川省大学生课外学术科技作品《杜仲叶的运用与推广》（哲学社会科学类）二等奖 | 共青团四川省委、四川省科学技术协会、四川省教育厅、四川省学生联合会 | 2011-6 |
| 3 | 四川烹饪高等专科学校 | 第十一届“挑战杯”四川省大学生课外学术科技作品《四川省川主寺镇藏家乐调查报告》（哲学社会科学类）三等奖 | 共青团四川省委、四川省科学技术协会、四川省教育厅、四川省学生联合会 | 2011-6 |
| 4 | 四川烹饪高等专科学校 | 第十一届“挑战杯”四川省大学生课外学术科技作品《安县长沟村养殖水质调查评价及其污染防治对策》优胜奖 | 共青团四川省委、四川省科学技术协会、四川省教育厅、四川省学生联合会 | 2011-6 |
| 5 | 四川烹饪高等专科学校 | 第十一届“挑战杯”四川省大学生课外学术科技作品《基于构建世界田园城市视野下的农家乐经营状况及发展调查报告》优胜奖 | 共青团四川省委、四川省科学技术协会、四川省教育厅、四川省学生联合会 | 2011-6 |
| 6 | 运动休闲系学生 | 四川省第六届大学生歌手大赛银奖 | 共青团省委　四川省教育厅　四川省学生联合会 | 2011-11 |
| 7 | 外语系学生 | 四川省第六届大学生歌手大赛铜奖 | 共青团省委　四川省教育厅　四川省学生联合会 | 2011-11 |

（续表）

| 序号 | 获奖单位（个人） | 获奖名称 | 发奖单位 | 发证时间 |
|---|---|---|---|---|
| 8 | 四川烹饪高等专科学校 | 四川省第六届大学生艺术节合唱类三等奖 | 四川省教育厅 | 2011-8 |
| 9 | 《家乡》游冬梅 | 四川省第六届大学生艺术节绘画类三等奖 | 四川省教育厅 | 2011-8 |
| 10 | 《沁园春·雪》许绍灵 | 四川省第六届大学生艺术节书法篆刻类一等奖 | 四川省教育厅 | 2011-8 |
| 11 | 《上善若水》谭杰章 | 四川省第六届大学生艺术节书法篆刻类一等奖 | 四川省教育厅 | 2011-8 |
| 12 | 作品：《红》毛颖 | 四川省第六届大学生艺术节绘画类一等奖（指导老师）学生　一等奖 | 四川省教育厅 | 2011-8 |
| 13 | 作品：《红》李貌 | 四川省第六届大学生艺术节绘画类一等奖（指导老师）学生　一等奖 | 四川省教育厅 | 2011-8 |
| 14 | 四川烹饪高等专科学校 | 四川省第六届大学生艺术节绘画类三等奖 | 四川省教育厅 | 2011-8 |
| 15 | 四川烹饪高等专科学校 | “李宁杯”中国大学生足球联赛（四川赛区）暨成都市高校足球赛（体育道德风尚奖） | 中国大学生体育协会、四川省教育厅、成都市高等学校体育协会 | 2011-11 |

2. 学校2011年共有2437名毕业生，截至2011年8月学校就业率为93.84%，毕业后创业学生128人，占毕业生总数的5.25%。半数以上学生在校期间取得了相关职业资格证书，就业专业对口率为78%。全校共有63名学生报名跨校专升本考试，61人参加笔试及面试，53人被录取，录取率达87%。

3. 各用人单位对学校人才培养质量的满意度达 85%，对学校毕业生的专业核心知识和技能及综合素养等表现出了高度的认同。

## 五、社会服务

2011年学校向外争取并立项37项。其中省部级项目2项，四川省教育厅16项，教育厅人文社科基地14项，横向合作研发5项。向外争取并已到账的各种科研经费共计101.4万元。其中省部级项目经费23.8万元，省教育厅15.5万元，省教育厅人文社科基地10.5万元，合作企业51.6万元

学校食品安全师培训中心、国家职业技能鉴定所等部门在2011年对助理食品安全师、公共营养师、厨政管理师、调酒师等14个工种进行的非学历培训，学员达3500人/次以上。获得社会各界广泛认可。

学校爱心服务社每周在红豆小区进行“爱心帮教活动”、“血车进校园无偿献血活动”、“回收废旧报纸活动”等；厨艺特技协会通过制作面塑在校外举办“爱心义卖活动”，受到社区居民的一致好评。

学校休闲运动场在满足学校教学训练需要的同时还承担着社会服务职能，如作为中国

大学生体协攀岩分会副主席单位、中国大学生体协定向运动分会副主席单位、四川省高校围棋协会主席单位、四川省轮滑协会副主席单位、攀岩国家队训练基地、四川轮滑训练基地、四川省地掷球训练基地、中国红十字会救护员训练基地、四川省登山协会山地救援工作委员会大专院校志愿者服务队、四川省户外运动领队与拓展培训师培训基地、四川省游泳救生员培训基地、四川省（网球、健美操、游泳）社会指导员培训基地。并于2005年承办了全国大学生定向越野锦标赛、2007年承办了全国大学生攀岩锦标赛，同时还将在2012年11月承办亚洲杯攀岩赛。

2011年学校分别与三九黎红食品有限公司、宜宾碎米芽菜有限公司、四川友联味业食品有限公司续签了合作协议，与北京问天阁茶业有限责任公司、四川新曙光信息产业有限公司进行了项目合作，从合作中产生研发课题5个，得到企业的充分肯定。学校现有四川省人文社会科学重点研究基地——川菜发展研究中心、烹饪科学四川省高等学校重点实验室，旅游资源保护与开发研究所，川骄&川菜味理研究所，碎米芽菜研究所，黎红调味品研究所等多个科研机构；是四川省休闲运动科学管理学会和四川省旅游协会餐饮分会会长单位。

## 六、高职人才培养工作方面的创新尝试与主要举措

### （一）规范成绩管理，落实学分预警制度

学分预警制度在2011年度得到全面落实。学校出台了补考政策来保障学分预警制度，清理全校学生成绩，警示各系达学分预警的学生，并处理达留级及劝退级别的学生。并进一步规范了学生学籍及成绩管理过程。调整了重修、补考的申报方式和考试时间，将学生补考时间提前至开学第一周。

### （二）加强实验室建设，规范实验室管理

1．建设信息管理实验教学中心。学校将工商系、酒店管理系、信息系等系部的计算机实训室收归信息管理中心统一管理及使用。同时，学校新购置220多台计算机并完成了12间机房的安装工作。

2．建设数字媒体实验中心。学校投入400多万元对数字媒体实验中心进行建设，其中包含4台广播级摄像机、1套非线性编辑系统、1套视频导播系统、2套音频系统、2间录播室以及1间影视制作室等。

3．建设基础化学实验室。学校投入20多万进行建设的“基础化学实验室”，现已建设完成并投入使用。

### （三）规范教学管理制度

出台了《四川烹饪高等专科学校学生转专业相关规定（暂行）》以及《信息管理实验教学中心管理规定》等一系列规范专业管理、实验室建设及师资管理的规定及办法，进一步规范教学管理工作。

### （四）探索公共选修课新方式

通过学生专题座谈会及问卷调查的形式，听取了学生对公选课的意见和建议，学校规

划出公选课的改革方案。已于2012年开设了“专家系列专题报告”、“网络平台教学”2门形式多样、听课方式灵活的公选课。

### （五）启动2011年教学质量工程校级项目立项工作

学校制定了《四川烹饪高等专科学校质量工程管理办法》（试行）。目前，2011年“高等教育质量工程”校级立项工作已经启动，将对学科建设、专业综合改革、实践教学及其他类四个大类的13个项目进行立项。

### （六）全面调整2011人才培养方案

学校于2011年3月召开了2011年度深化教学改革工作研讨会，重点研讨了各专业人才培养方案的调整及下一步学校教学改革的工作方向。通过到兄弟院校全面调研及多次校内研讨，结合学校实际，制订出新的人才培养方案，形成了更为合理的2011人才培养方案并对教务管理系统进行了调整和再次开发。

### （七）圆满完成教学质量月活动

2011年6月学校开展了教学质量月活动：（1）同行评教：由校领导、教学督导处、教务处、各系部领导及骨干教师组成的评审小组，对全校所有任课教师进行了随堂听课；（2）学生座谈会：各系学生代表就专业建设、教学管理、课程设置、教学评价及公共选修课等方面提出了意见和建议；（3）教学管理人员业务培训：邀请了教务网络管理系统技术员对教学管理人员及各系部教学秘书进行了业务培训；（4）专家讲座：邀请阎红教授做了“爱·责任与教学”的专题讲座，深入讲解了一名教师应具备的专业素养及职业道德；（5）为了更客观公正地评价教师的教学效果，学校还进行了学生网络评教活动作为教学质量月的配套活动。

## 七、存在的主要问题及未来工作思路

### （一）人才培养工作中存在的主要问题及原因分析

1．通过对学生抽样评教及学生座谈会等形式对公选课进行了一系列的调研，学生对教学质量满意的占53%，比较满意的占26%，一般的占19%，不满意的占2%；57%的学生认为能满足选课要求。学校教学资源及师资不足、开设课程形式单一等影响了公选课教学质量。

2．学校提出的将校企合作思路真正融入教学过程中去的要求还有待进一步落实，如校企共同制定人才培养方案、企业人才参与教学过程、学生到企业进行对应的实习等。

### （二）上年度的改进效果，下一步改进计划与措施

1．针对公选课调查中发现的问题，学校购买了适合学生水平的网络课程来弥补教学资源的不足；邀请本校或校外专家，以系列讲座的形式进行授课。下步将继续开展这两种类型的公选课并加入创业课程，进一步丰富学生公共选修课涵盖的内容。

2．坚持校企合作，制定并优化人才培养方案。学校成立了由行业、企业专家、工程技术人员和管理人员组成的专业指导委员会，定期参与人才需求调查预测，进行专业和职业能力分析，参与人才培养方案和课程教学大纲的制（修）订，对“校企合作、产学融合”

的工作内容、工作要求提出指导性意见，探索适合高等职业教育特点的人才培养模式，提高人才培养水平。

3．以“工作过程”为导向，进行实践课程教学改革。建立完善的校内实训基地，实施以“仿生产性实训”为特征的实践教学，实现“工学交融”。为学生实训提供了良好的仿真职业环境，使学生感受职业环境及特点，激发学习兴趣，为就业后尽快适应工作奠定基础。

4．进一步完善质量工程建设体系。按照教育部、财政部《关于“十二五”期间实施“高等学校本科教学质量与教学改革工程”的意见》要求，学校在大力抓质量工程项目建设的同时，应着重完善“质量工程”项目体系。在人才培养的重点环节建设一批条件优良、水平较高的“质量工程”项目，进一步完善学校业已形成的国家、省、校三级“质量工程”项目体系。

建立“质量工程”管理体系。形成系部自评、专家督导、学校统筹的“质量工程”管理机制，强化过程管理，优化资金运用，注重绩效评估，确保项目建设达到预期效果。

5．调整专业布局，加强专业建设。为紧跟国家“十二五”规划部署，适应教育部相关政策倾向，学校应根据社会需求及就业情况及时对现有专业布局进行调整，根据实际条件申报一些符合社会需求的新专业，避免专业设置的“同质化”，加大新建专业、特色专业、重点专业及优势专业的建设力度，做好人才培养与地方经济社会发展的对接。

（执笔：徐　培）

# 成都纺织高等专科学校
# 2011 年度人才培养质量报告

## 一、办学基本信息

### （一）学校办学目标定位

打造西部特色高专，争创职教一流水平，培养德修于正、学究于行，职业岗位明确的高端技能型人才。

### （二）办学条件

全校仅 4 项办学条件稍低于国家对综合类高职院校设定的标准，其余指标均符合国家标准，如表 1 所示。

**表 1　本校 2010～2011 学年年办学基本条件一览表**

| 序号 | 项目 | 内涵诠释 | 标准值 | 状态值 | 项目性质 |
|---|---|---|---|---|---|
| 1 | 生师比 | 学生数：指各类全日制学生数<br>教师数量：专任教师数量+（各类兼课教师任课总数/120） | 18 | 17.02 | 基本办学条件指标<br>（此类指标只有合格和限制招生两种判定） |
| 2 | 具有研究生学位教师占专任教师的比例 | | 15% | 53.62% | |
| 3 | 生均教学行政用房（平方米/生） | | 15 | 13.5 | |
| 4 | 实验、实习、实训场所（含合作共建）及附属用房生均占有面积（平方米/生） | | 8.3 | 5.35 | |
| 5 | 生均教学科研仪器设备值（元/生） | | 4000 | 5239.49 | |
| 6 | 生均图书（册/生） | | 60 | 61.11 | |

（续表）

| 序号 | 项目 | 内涵诠释 | 标准值 | 状态值 | 项目性质 |
|---|---|---|---|---|---|
| 7 | 具有高级职务教师占专任教师的比例（%） | | 20 | 36.23 | 监测办学条件指标（此类指标只有合格和限制招生两种判定） |
| 8 | 生均占地面积（平方米/生） | | 59 | 44.81 | |
| 9 | 生均宿舍面积（平方米/生） | | 6.5 | 6.8 | |
| 10 | 百名学生配教学用计算机台数（台） | | 8 | 11.49 | |
| 11 | 百名学生配多媒体教室和语音实验室座位数（个） | | 7 | 76.24 | |
| 12 | 新增教学科研仪器设备所占比例 | | 10% | 17.35% | |
| 13 | 生均年进书量（册） | | 2 | 2.18 | |
| 14 | 专任教师的周学时 | 按照每学期20周计算 | 12 | 10.39 | 其他参考指标（此类指标有优秀、良好、合格、不合格四种判定） |
| 15 | 青年教师（45岁以下）的硕士比例 | | 35% | 66.79% | |
| 16 | 双师比例 | 专业基础课+专业课/专业基础课和专业课教师总数 | 70% | 87.54% | |
| 17 | 兼职教师数占专业课与实践课指导教师合计数的比例 | | 20% | 15.08% | |
| 18 | 风雨操场和400米跑道标准田径场 | | 有 | 有 | |
| 19 | 财务数据 | 学费收入用于教学经费比例 | 30% | 35.15% | |
| 20 | 教材使用 | 选用近3年出版的高职高专教材 | 60% | 62.42% | |
| 21 | 必修实践实训课开出率 | | 100% | 100% | |
| 22 | 新生平均报到率 | | 85% | 83.27% | |
| 23 | 毕业生当年年底就业率 | | 90% | 97.94% | |
| 24 | 顶岗实习 | 学生在校期间顶岗实习时间 | 20周 | 20周 | |
| 25 | 职业资格证 | 与本专业培养目标匹配的职业资格证书获取率 | 80% | 87.58% | |

**（三）二级学院/系总数**

学校现有纺织工程与材料科学系、染化与环境工程系、服装艺术与工程系、电子信息与电气工程系、机械工程与自动化系、建筑工程系、经贸与管理系、外语系、艺术系9个教学系和基础教学部、思想政治理论课教学部、体育工作部3个教学部。

**（四）专业建设**

（1）专业结构、规模及其调整

学校共设置53个专业（不含专业方向），覆盖12个专业大类。在校生规模最大的三个专业大类依次为轻纺食品大类（33%）、制造大类（19%）和土建大类（14%），如图1所示。

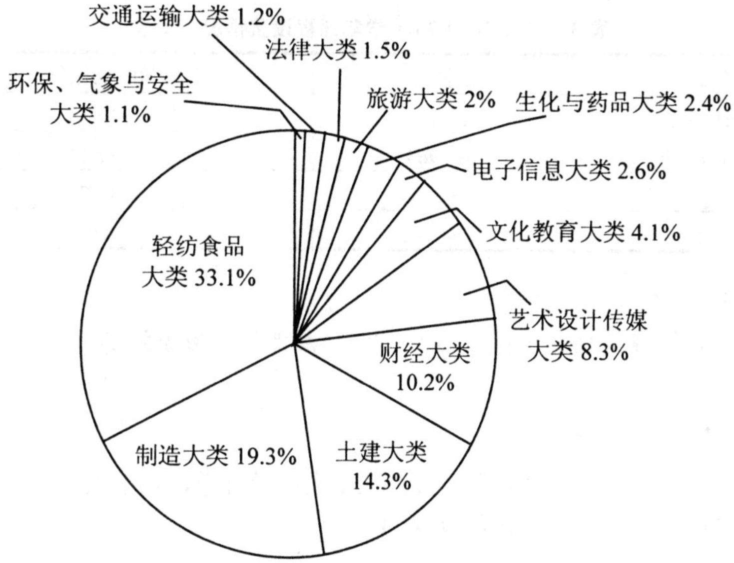


图1　我校2010～2011 学年各专业大类在校生人数所占比例

（2）重点或特色专业

学校有国家级重点专业10个，省级重点专业2个，覆盖到学校各系，如表2所示。

**表2　本校2010～2011学年重点或特色专业一览表**

| 专业名称 | 重点专业 | 特色专业 |
|---|---|---|
| 电气自动化技术 | 省级 | 省级 |
| 现代纺织信息技术 | 国家级 | 国家级 |
| 现代纺织技术 | 国家级 | 国家级 |
| 服装设计 | 国家级 | 国家级 |
| 服装艺术设计 | 国家级 | 国家级 |
| 服装设计与表演 | 国家级 | 国家级 |
| 机电一体化技术 | 国家级 | 国家级 |
| 供热通风与空调工程技术 | 国家级 | 国家级 |
| 国际经济与贸易 | 省级 | 省级 |
| 染整技术 | 国家级 | 国家级 |

（续表）

| 专业名称 | 重点专业 | 特色专业 |
| --- | --- | --- |
| 商务英语 | 国家级 | 国家级 |
| 工业设计 | 国家级 | 国家级 |

**（五）课程建设与质量**

（1）课程设置

全校开设课程总数为1349门（含公选课），平均每个专业25门。从课程类型来看，理论＋实践课程（B类）和实践课程（C类）的学时分别占总学时的37.14%和48.73%，如表3所示。

**表3　本校2010-2011学年课程设置情况一览表**

| 类型 | 学时 | 占总学时的比例（%） |
| --- | --- | --- |
| 理论课（A类） | 23 188 | 14.13 |
| 理论+实践课（B类） | 60 963 | 37.14 |
| 实践课（C类） | 79 991 | 48.73 |
| 合计 | 164 142 | 100 |

（2）课程建设

全校共有1门国家级精品课程，18门省级精品课程，覆盖到21个专业，占专业总数约39.6%。

**（三）在校生结构及规模**

全院共有全日制在校生9164人。其中理工类、经管类、艺术类学生占全日制在校生的比例分别为55.6%、23.3%、21%，如表4所示。

**表4　本校2010～2011学年全日制在校生规模及构成**

| 划分标准 | 类别 | 人数（人） | 占全日制在校生的比例（%） |
| --- | --- | --- | --- |
| 学历起点 | 高中起点 | 9114 | 99.5 |
|  | 中职起点 | 50 | 0.5 |
| 专业类别 | 理工类 | 5099 | 55.6 |
|  | 经管类 | 2139 | 23.3 |
|  | 艺术类 | 1926 | 21 |

**（七）教职员工队伍建设**

（1）职称结构（如表5所示）

**表5　2010～2011学年我校专任教师职称结构**

| 职称 | 人数（人） | 占专任教师比例（%） |
| --- | --- | --- |
| 高级 | 125 | 36.23 |
| 中级 | 151 | 43.77 |
| 初级 | 62 | 17.97 |

（2）学历结构

2011 年，我校专任教师中，具有硕士及以上学历教师有 34%，如图 2 所示。

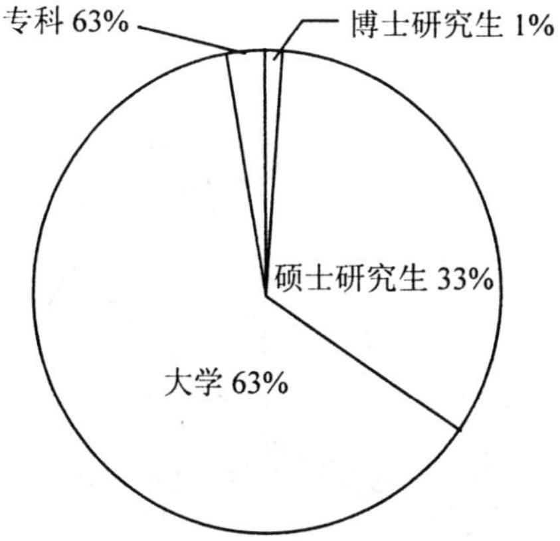


图 2　我校 2010～2011 学年年专任教师学历结构

（3）双师素质教师所占比例

全校共有专兼职教师 408 人，其中专任教师 345 人，兼职教师 63 人，专任教师中有 87.54%的教师具有双师素质。

（4）参与校外进修、培训、交流的教师比例

2011 年，我校学习国外先进职教经验，派教师赴德国、澳大利亚、新加坡及中国香港等地培训共计 100 人次；各专业带头人、骨干教师国内培训共 500 余人次，到各企业考察 300 余人次。

**（八）办学经费**

（1）年度办学经费总收入及其结构[①]

全院办学经费总收入为 11 865 万元，主要来源依次为学费收入（45%）、财政经常性补助收入（36%）和中央、地方财政专项收入（17%），如图 3 所示。

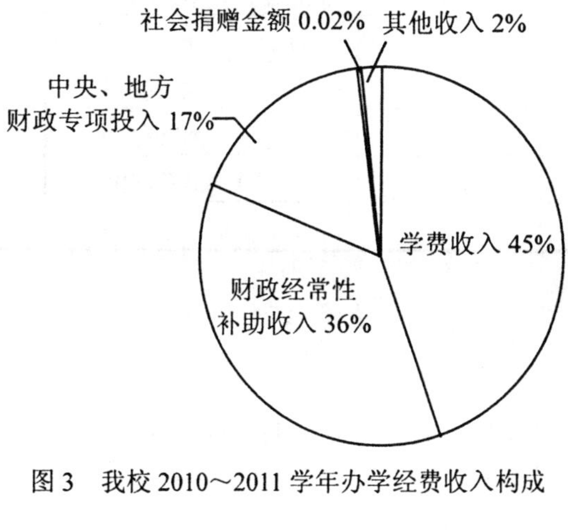


图 3　我校 2010～2011 学年办学经费收入构成

① 收入中财政补助、学费收入、专项投入、社会捐赠及其他收入的百分比

第二部分　2011 年四川省普通高职高专院校人才培养质量报告

（2）年度办学经费总支出及其结构

2011 年，全校办学经费总支出为 11 690 万元，经费支出主要用于日常教学经费（35.15%）、其他支出（30.11%）、基础设施建设（14.50%）和教学改革及研究（12.10%）等，如图 4 所示。

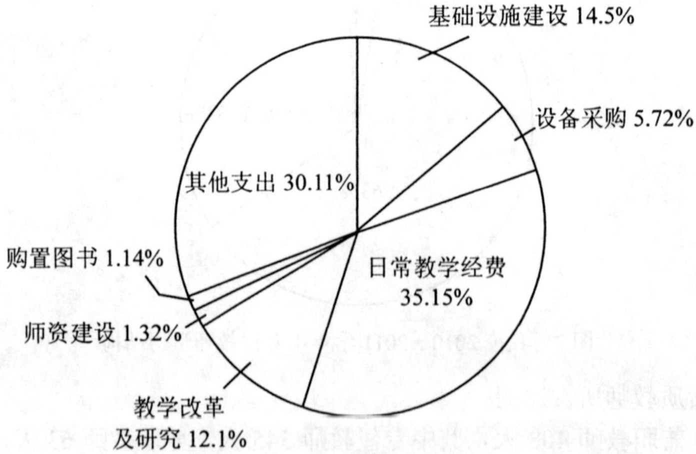


图 4　我校 2010～2011 学年办学经费支出构成

（3）收入与支出的比率（如表 6 所示）

表 6　本校 2010～2011 学年办学经费一览表

| 项目 | 金额（万元） | 所占比例 | 项目 | 金额（万元） | 所占比例 |
|---|---|---|---|---|---|
| 学费收入 | 5319 | 44.83% | 基础设施建设 | 1690 | 14.5% |
| 财政经常性补助收入 | 4323.11 | 36.44% | 设备采购 | 669 | 5.72% |
| 中央、地方财政专项投入 | 2020 | 17.02% | 日常教学经费 | 4109.17 | 35.15% |
| 社会捐赠金额 | 2.89 | 0.02% | 教学改革及研究 | 1414.5 | 12.1% |
| 其他收入 | 200 | 1.67% | 师资建设 | 154 | 1.32% |
|  |  |  | 购置图书 | 133 | 1.14% |
|  |  |  | 其他支出 | 3520.33 | 30.11% |
| 总收入 | 11 865 |  | 总支出 | 11 690 |  |
| 收支比率 | 1：0.99 |  |  |  |  |

## 二、生源

### （一）计划招生数与实际录取数

2011 年，我校在同类高校中被考生首选的比例为 82.74%。

2011 年学校普通全日制专科招生计划 3200 名，其中单独招生 220 名。实际录取 3447 人，报到新生为 2769 人，报到率 80.33%。

首次开展单独招生试点工作，涉及单独招生专业数 19 个，计划招生 220 人，录取 220

人，报到 205 人，占单招录取人数的比例为 93.18%。

**（二）生源分布地区**

（1）本市生源所占比例（如图 5 所示）

（2）本省生源所占比例（如图 6 所示）

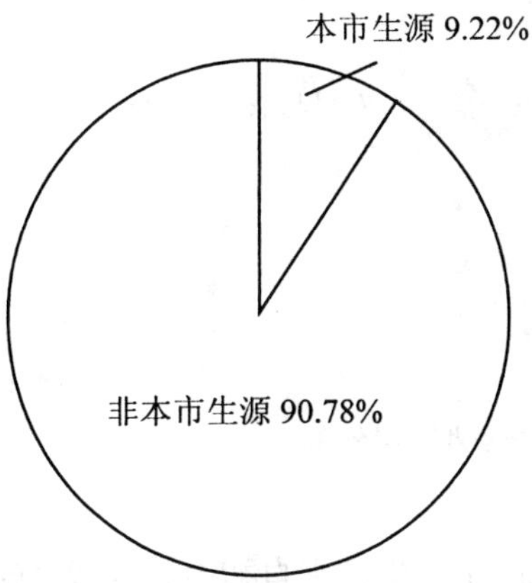


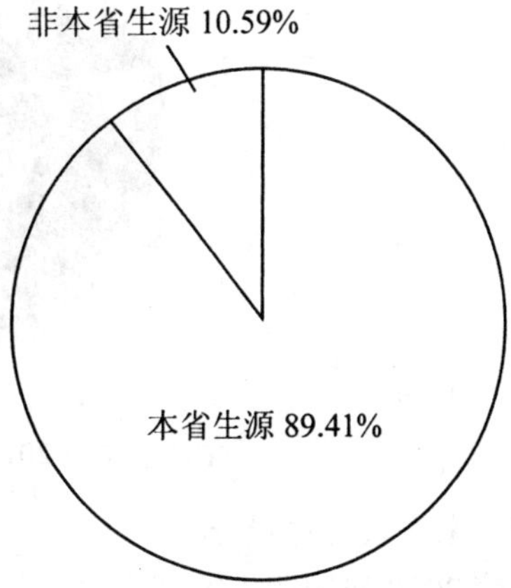


图 5　本校 2011 届毕业生中来自本市/非本市的比例　图 2-1　本校 2011 届毕业生中来自本省/非本省的比例

（3）来自西部地区生源所占比例（如图 7 所示）

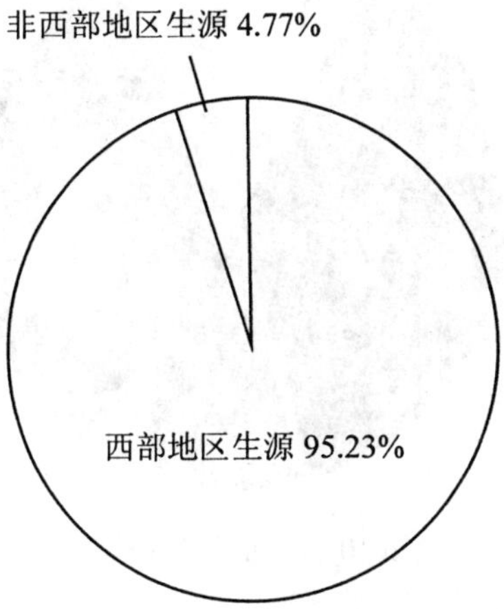


图 7　本校 2011 届毕业生中来自西部地区/非西部地区的比例

注：西部地区指重庆、四川、贵州、云南、广西、陕西、甘肃、青海、宁夏、西藏、新疆、内蒙古 12 个省、直辖市和自治区。

**（三）生源背景**

（1）家庭职业阶层分布

本校 2010 届毕业生家庭职业阶层分布中，55%的毕业生是来自农民与农民工家庭，如图 8 所示。

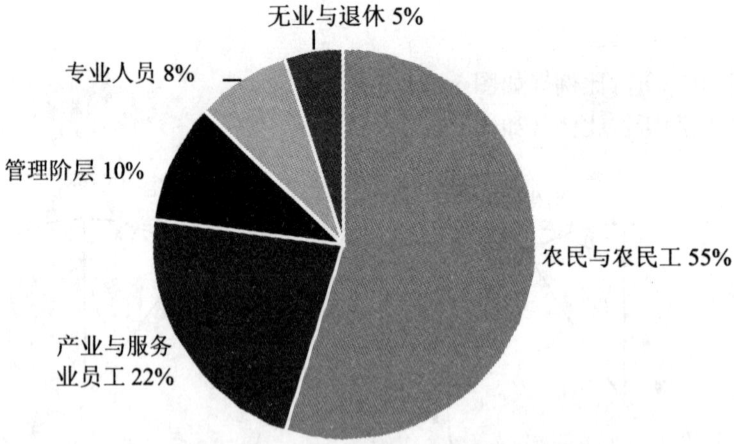


图 8　本校 2010 届毕业生的家庭职业阶层分布

（2）家庭教育背景分布

本校 2010 届毕业生家庭教育背景分布中，47%的毕业生是来自初中教育背景的家庭，37%的毕业生是来自高中教育背景的家庭，如图 9 所示。

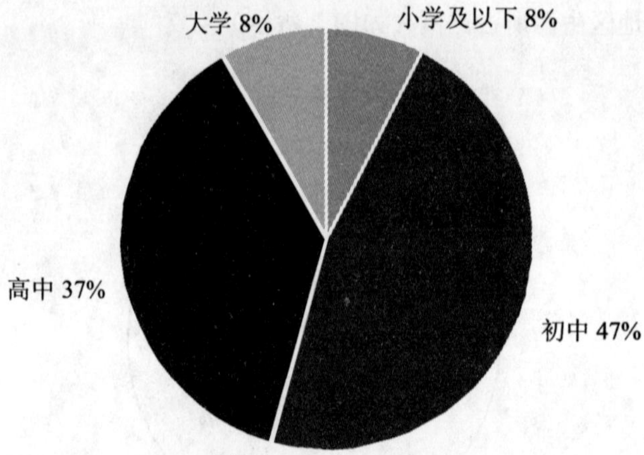


图 9　本校 2010 届毕业生的家庭教育背景分布

## 三、培养过程质量

### （一）课堂教学

（1）毕业生工作后对所学专业核心课程的满意度

在认为所学专业核心课程“有些重要”、“重要”、“非常重要”、“极其重要”的毕业生中，47%认为本校的课程训练满足他们的工作或学习要求，如图 10 所示。

（2）毕业生工作后对所学专业核心课程的重要性评价

毕业生中，认为所学专业核心课程对自己目前的工作或学习“有些重要”、“重要”、“非常重要”、“极其重要”的共占 70%，如图 11 所示。

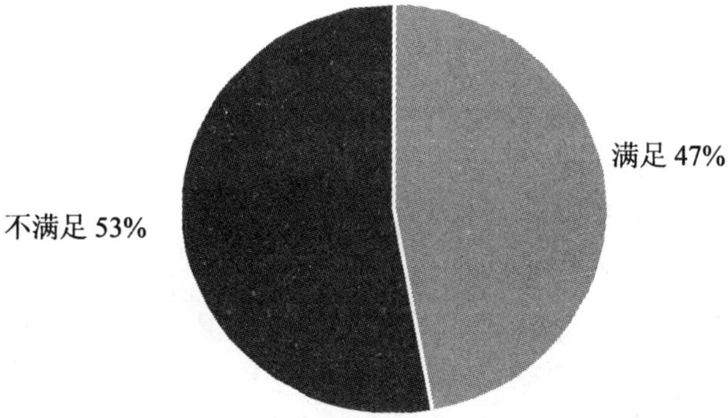


图 10　本校 2010 届毕业生认为核心课程的重要度

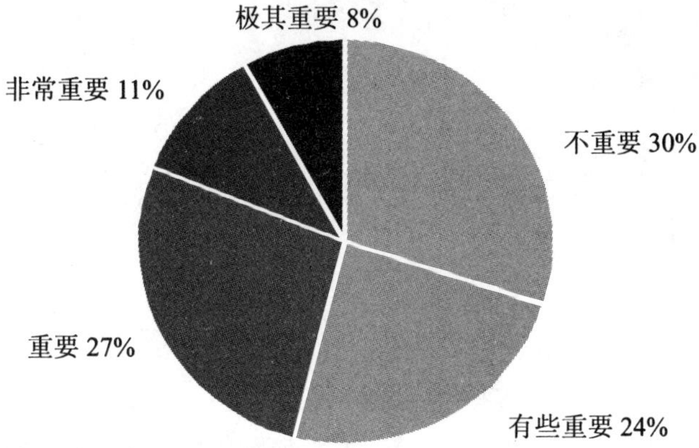


图 11　本校 2010 届毕业生认为核心课程的重要度

### （二）毕业生参加实习的情况

本校 2010 届毕业生有实习的比例是 83%，其中与专业相关的实习比例是 65%，如图 12 所示。

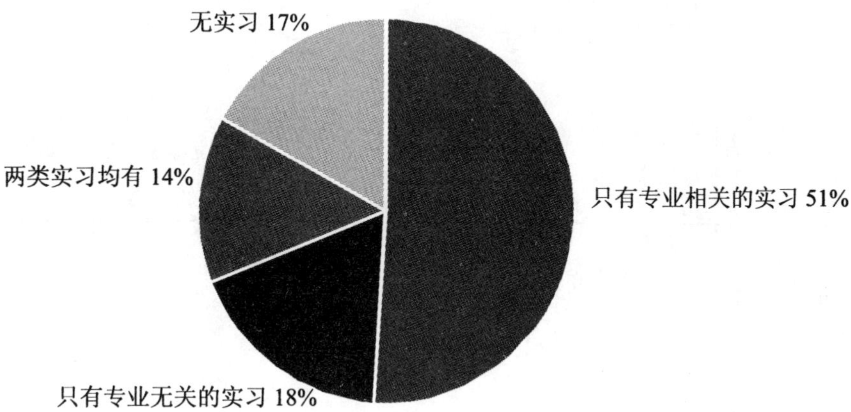


图 12　本校 2010 届毕业生的实习分布

## （三）学生活动（如表3所示）

表3 本校2010～2011学年学生活动一览表

| 日期 | 活动项目 |
|---|---|
| 2010年9月 | 迎新晚会<br>舟曲及我省特大泥石流募捐 |
| 2010年10月 | 红十字动员大会<br>四川省第五届校园歌手大赛<br>青年志愿者协会启动仪式<br>无偿献血<br>第二届“大篷车嘉年华”跳蚤市场 |
| 2010年11月 | “当灾难来临时”演讲比赛半决赛<br>第二届“纺专杯”篮球赛<br>急救知识讲座<br>素质拓展运动<br>纯果乐封面女孩决赛<br>李嘉诚基金交流会 |
| 2010年12月 | 首届“纺专杯”女子篮球赛<br>环湖越野赛<br>科技文化艺术节开幕式<br>百事活动 |
| 2011年1月 | 元旦越野跑<br>大学生艺术节演员选拔赛 |
| 2011年2月 | 排球比赛 |
| 2011年3月 | 女生节<br>第十七届“纺专杯”辩论赛<br>中青国际董事长张静涛讲座 |
| 2011年4月 | 首届“活力杯”啦啦操大赛决赛<br>青年创业计划项目评审会<br>春季田径运动会<br>第七届社团文化周开幕式<br>无偿献血<br>金话筒主持人风采大赛<br>“大篷车嘉年华”跳蚤市场<br>社团文化站闭幕式<br>第五届“阳光杯”篮球赛总决赛 |
| 2011年5月 | 五四晚会<br>红十字会联谊晚会<br>第七届“青春杯”演讲比赛<br>“5·22”国旗护卫队两周年庆典 |
| 2011年6月 | 第三届“礼仪之星”风采大赛<br>共青团基层工作座谈会<br>第三届“赢在大学”创业设计大赛<br>参加四川省“挑战杯” |

### （四）学生服务

（1）入学教育（如表 8 所示）

表 8　本校 2011 年入学教育项目与课时安排一览表

| 序号 | 项目内容 | 学时安排 |
| --- | --- | --- |
| 1 | 军事训练 | 60 |
| 2 | 专业教育 | 4 |
| 3 | 学生管理教育 | 2 |
| 4 | 学籍与纪律教育 | 2 |
| 5 | 心理健康教育 | 16 |
| 6 | 健康与卫生教育 | 8 |
| 7 | 职业生涯规划 | 20 |
| 8 | 安全教育 | 2 |
| 9 | 校史文化、校园游 | 4 |

（2）学生接受就业服务的比例和毕业生对就业服务的有效性评价

本校 2010 届毕业生接受的求职服务主要是大学组织的招聘会（50%），在接受这项求职服务的毕业生中，有 81%的人认为其有效，如图 13 所示。

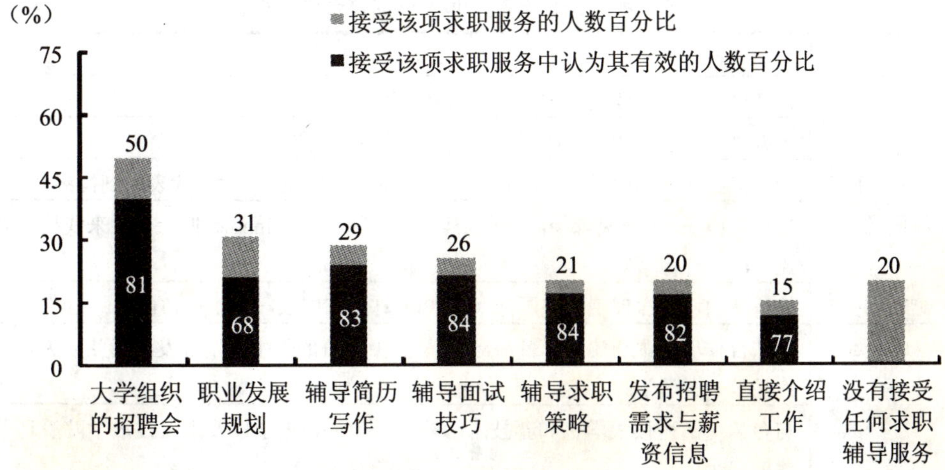


图 13　本校 2010 届毕业生接受母校提供的求职服务并认为其有效的人数百分比分布

（3）获得勤工俭学津贴的学生数及相关情况

2010～2011 学年，我校获得勤工助学津贴的学生有 3325 人，勤工助学津贴总额为 303 720 元，人均 91.3 元。

（4）学生资助情况

全校共有 8027 名学生获得各类奖助学金和资助①，受益面约占在校生总数的 87.6%。

① 我校各类奖助学金项目包括：学校奖学金、学校困难补助、国家奖学金、国家励志奖学金、国家助学金、困难毕业生就业补贴、广州助学金、新东方西部特困大学生专项助学金、其他社会资助等。

在获得资助的学生中，87%获得政府资助（包括国家奖助学金、励志奖学金等），13%获得学校自设的奖助学金及社会/企业资助，人均受助金额为1171元，如表9所示。

表9　本校2010～2011学年奖助学金等资助一览表

| 资助类别 | 资助金额（元） | 占资助总额的比例（%） | 资助人数 | 占资助学生总数的比例（%） | 人均资助额（元） |
|---|---|---|---|---|---|
| 政府资助类 | 8 184 480 | 87.07 | 3050 | 38 | 2683.4 |
| 学校自设类 | 1 089 550 | 11.59 | 4666 | 58.13 | 233.5 |
| 社会/企业资助类 | 125 400 | 1.33 | 311 | 3.87 | 403.2 |
| 合计 | 9 399 430 | 100 | 8027 | 100 | 1171 |

（5）国（境）外合作与交流

随着学校的发展和骨干建设工作的深入推进，我校展开了广泛的对外交流合作活动。2011年，我校接待了来自德国、新加坡、美国、澳大利亚、中国台湾等地约60位国际友人到校访问，并成功聘请到全球玉山科技协会理事长史钦泰博士担任客座教授。2011年，我校与德国、澳大利亚、中国台湾等14个国（境）外院校及教育培训机构签订了合作协议，结成了友好院校，实施了培训、访问及学分互认等方面的校际交流合作，如表10所示。

表10　本校2011年国（境）外交流合作一览表

| | 项目内容 |
|---|---|
| 国（境）外交流情况 | 接待台湾中小企业代表团一行五人到校访问交流 |
| | 承办“德国巴符州——四川职业技术教育交流会” |
| | 接待美国威廉玛丽学院（College of William and Mary）学生代表团到校参观访问 |
| | 接待德国F+U萨克森国际职业培训中心董事长Meinhold博士一行来我校参观交流，洽谈合作事宜 |
| | 接待新加坡南洋理工学院国际（NYPi）林靖东院长一行到校访问 |
| 国（境）外合作 | 中法合作项目顺利实施，目前已有6名中法班的学生分别赴发法国兰斯大学、图卢兹第二大学学习 |
| | 与台湾中国科技大学、和春技术学院和崑山科技大学以及南亚技术学院签订了合作框架协议 |
| | 与新加坡博伟国际教育学院在酒店管理专业和国际企业管理专业达成了学分互认的合作协议 |
| | 在“德国巴符州——四川职业技术教育交流会”上，我校与德国巴符州埃斯林根国立教师继续教育学院等四所职业院校签订了意向协议 |
| | 与德国F+U萨克森公益教育有限责任公司签订了合作框架协议 |
| | 与澳大利亚博士山学院签订了友好院校协议，双方展开了互访，并成功实施了教师培训项目 |
| | 与澳大利亚新南威尔士州西南悉尼TAFE学院签订合作备忘录 |

## 四、培养结果质量

### （一）准时毕业率

2011年应届毕业生人数为2929人，其中毕业人数为2580人，结业人数292人，专科毕业率达88.08%。

### （二）毕业生就业率

2011年应届毕业生初次就业2832人，毕业生一次性就业率98.61%。

### （三）毕业生半年后月收入（如图14所示）

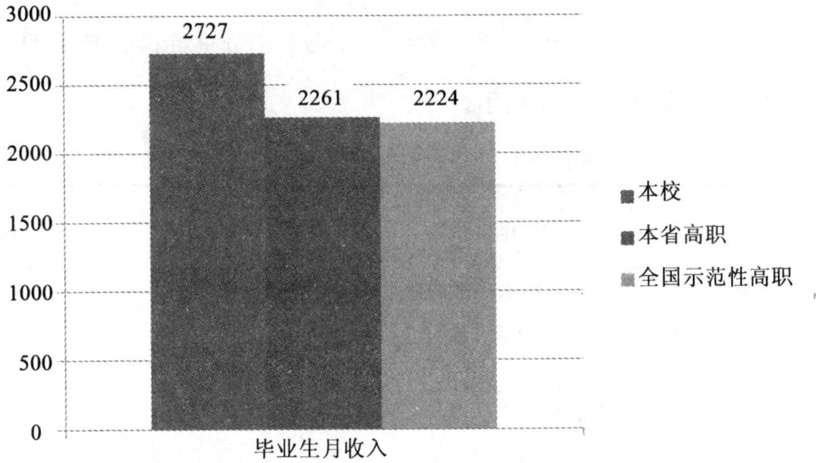


图14　本校2010届毕业生毕业一年后平均月收入

**注：**本省高职和全国示范性高职为毕业半年后的数据。

本校2010届毕业生毕业一年后实际月收入（2727元）比本省高职院校2010届毕业半年后（2261元）高466元，比全国示范性高职院校2010届毕业半年后（2224元）高503元。

### （四）毕业生对母校总体满意度

本校2010届毕业生对母校的总体满意度为86%，与本省高职院校2010届（85%）基本持平，比全国示范性高职院校2010届（79%）高7个百分点，如图15、图16所示。

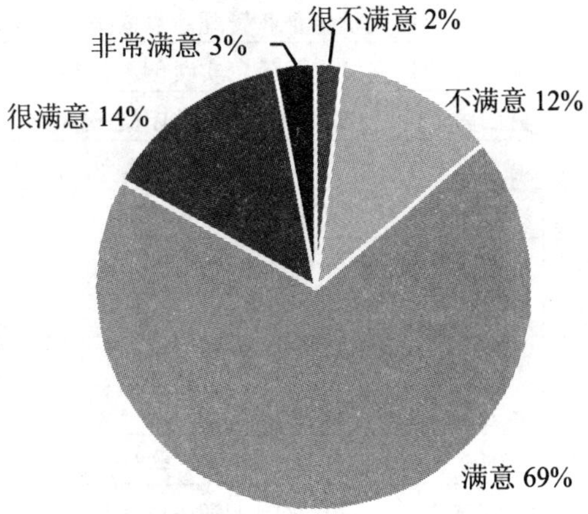


图15　本校2010届毕业生对母校的满意度分析

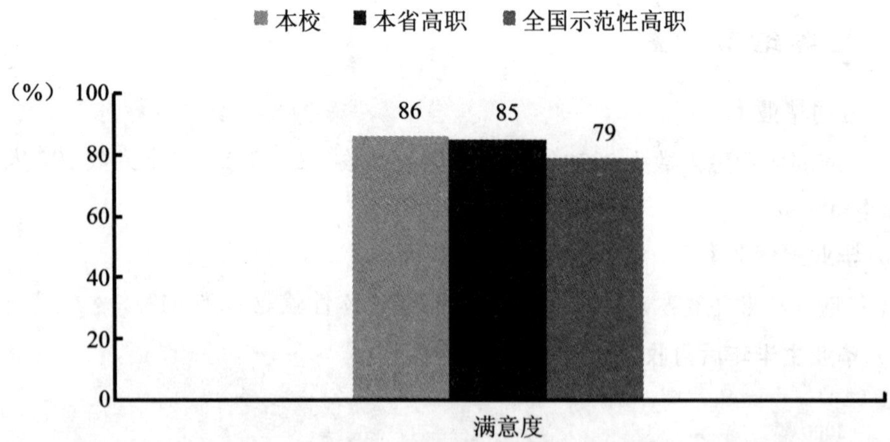


图 16　本校 2010 届毕业生对母校满意的人数百分比、与本省高职和全国示范性高职对比

## （五）学生竞赛获奖（如表 11 所示）

表 11　本校 2011 年各级各类技能竞赛学生获奖情况

| 竞赛级别 | 竞赛名称 | 获奖级别 |
|---|---|---|
| 国家级 | “爱色丽杯”全国高职高专院校学生第四届染整专业技能大赛 | 一等奖、二等奖、三等奖 |
| | “达利杯”第四届全国高职高专院（校）学生服装制版与工艺技能大赛 | 金奖、银奖、铜奖 |
| | “通源杯”全国高职高专院校学生第四届纺织面料花样设计技能大赛 | 一等奖、三等奖 |
| | 2011“扬农杯”全国化学检验工技能大赛（高职组） | 三等奖 |
| 国家级 | 2011 年第四届全国高校市场营销大赛“实践教学创新奖” | 实践教学创新奖 |
| | 2011 年第四届全国高校市场营销大赛总决赛 | 二等奖、实践教学创新奖 |
| | 2011 年全国大学生企业管理沙盘模拟大赛全国总决赛 | 二等奖 |
| | 2011 年全国高校电子信息实践创新作品评选高职组 | 二等奖、三等奖 |
| | 第二届全国高等院校斯维尔杯 BIM 软件建模大赛 | 一等奖、二等奖、三等奖 |
| | 第二届全国高职高专英语写作大赛全国总决赛 | 二等奖 |
| | 第六届全国信息技术应用水平大赛 | 二等奖、三等奖 |
| | 第四届全国市场营销大赛总决赛 | 二等奖 |
| | 第一届全国大学生外贸跟单（纺织）职业能力大赛 | 二等奖 |
| | 第一届全国国际贸易职业能力竞赛 | 优秀奖 |
| | 全国大学生数学建模竞赛 | 一等奖 |
| | 全国高职高专院校第二届纺织类专业纺织面料检测学生技能大赛 | 三等奖 |
| | 2011 年（第十届）全国大学生电子设计竞赛 | 二等奖、三等奖 |
| | 2011 年全国大学生英语竞赛 | 特等奖、一等奖、二等奖、三等奖 |

（续表）

| 竞赛级别 | 竞赛名称 | 获奖级别 |
| --- | --- | --- |
| 省级 | 第二届全国高职高专英语写作大赛四川赛区比赛 | 特等奖 |
| | 第六届四川省大学生艺术节大赛 | 一等奖、二等奖、三等奖 |
| | 第七届全国大学生“用友杯”沙盘模拟经营大赛川渝赛区总决赛 | 一等奖 |
| | 全国大学生数学建模竞赛（四川赛区） | 一等奖、二等奖 |
| | 四川省大学生课外学术科技作品竞赛 | 一等奖 |
| | 2011 年第三届“金蝶杯”全国大学生创业大赛四川省赛专科组 | 二等奖 |
| 市级 | “成都纺专杯”四川省服装制作技能竞赛（学生组） | 一等奖、二等奖、三等奖 |
| | 2011 年成都百万职工技能大赛艾民儿杯国际青年女鞋设计师大赛 | 风尚搭配团队二等奖 |
| | 第五届艾民儿国际青年女鞋设计师大赛 | 团体一等奖 |

### （六）毕业生的工作专业相关度

本校 2010 届毕业生工作与专业相关度是 58%，比本省高职院校 2010 届（63%）低 5 个百分点，比全国示范性高职院校 2010 届（62%）低 4 个百分点，如图 17 所示。

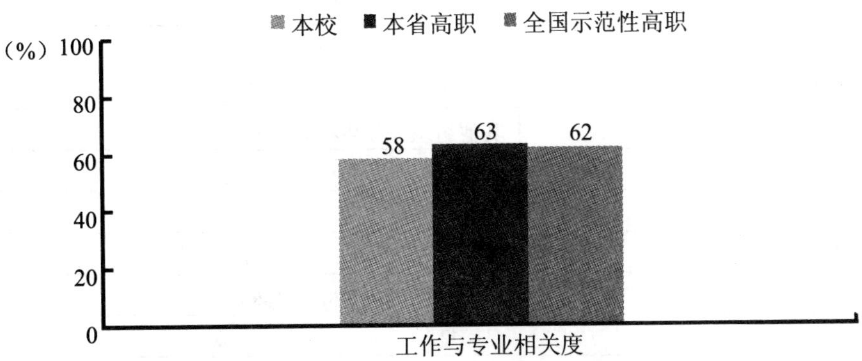


图 17　本校 2010 届毕业生工作与专业相关的人数百分比

### （七）工作与个人期待吻合的比例

本校 2010 届毕业生工作与职业期待的不吻合度[①]为 53%，比本省高职院校 2010 届（56%）低 3 个百分点，比全国示范性高职院校 2010 届（60%）低 7 个百分点，其中 72% 的毕业生是因为不符合自己的职业发展规划和兴趣爱好，如图 18 所示。

① 毕业生目前的工作与职业期待不吻合的人数百分比

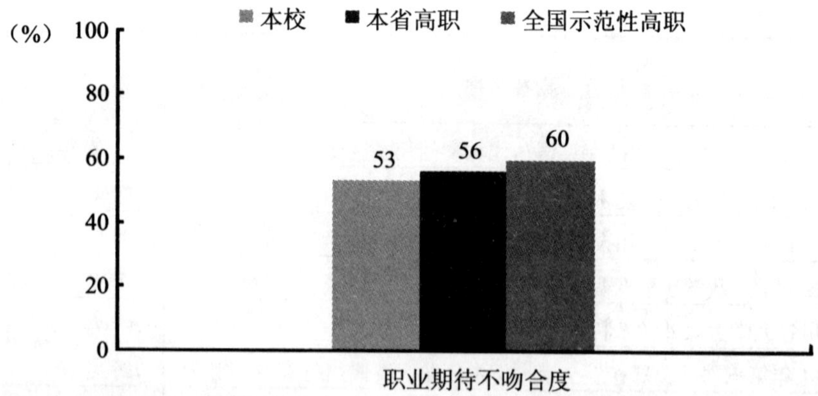


图18　本校2010届毕业生目前的工作与职业期待不吻合的人数百分比

## （八）对主要职业的人才贡献及其质量（如表12所示）

表12　本校2010届各专业毕业生从事的主要职业

| 专业名称 | 本校该专业毕业生从事的主要职业 |
|---|---|
| 电气自动化技术 | 电气工程技术员 |
| 电子商务 | 客服代表 |
| 法律文秘 | 行政秘书和行政助理 |
| 纺织品检验与贸易 | 其他纺织、服装和家具工 |
| 服用材料设计与应用 | 其他纺织、服装和家具工 |
| 服装设计 | 其他纺织、服装和家具工 |
| 服装设计（服装艺术设计） | 其他纺织、服装和家具工 |
| 给排水工程技术 | 施工技术员 |
| 工程造价 | 施工技术员 |
| 供热通风与空调工程技术 | 暖气装置和空调机械技术员 |
| 广告设计与制作 | 平面设计 |
| 国际经济与贸易 | 其他销售代表、服务商 |
| 环境艺术设计 | 室内设计师 |
| 会计 | 会计 |
| 建筑装饰工程技术 | 室内装饰技术员 |
| 旅游管理 | 旅馆服务台职员 |
| 模具设计与制造 | 工模具技术员 |
| 染整技术 | 织物漂白机和印染机操作员和管理员 |
| 物流管理 | 存货管理员（储藏室、库房的） |
| 现代纺织技术 | 其他纺织、服装和家具工 |
| 针织技术与针织服装 | 纺织品、服装和相关布料类熨烫机操作管理员 |
| 装潢艺术设计 | 室内设计师 |

## （九）对主要行业的人才贡献及其质量（如表 13 所示）

表 13　本校 2010 届各专业毕业生就业的主要行业

| 专业名称 | 本校毕业生就业的主要行业 |
|---|---|
| 电气自动化技术 | 电气设备制造业 |
| 纺织品检验与贸易 | 其他纺织品业 |
| 服用材料设计与应用 | 其他纺织品业 |
| 服装设计 | 裁剪和服装制造业 |
| 服装设计（服装艺术设计） | 服装零售业 |
| 给排水工程技术 | 配套设施体系建造业（安装水电煤气等） |
| 工程造价 | 住宅建筑施工业 |
| 供热通风与空调工程技术 | 其他特种行业工程承建业 |
| 广告设计与制作 | 广告及相关服务业 |
| 建筑装饰工程技术 | 建筑装修业 |
| 旅游管理 | 旅客住宿业 |
| 模具设计与制造 | 其他电气设备及元器件生产业 |
| 汽车电子技术 | 商业及工业机械设备维修保养业 |
| 汽车检测与维修技术 | 汽车保养与维修业 |
| 染整技术 | 印染业 |
| 数控技术 | 工业成套设备制造业 |
| 现代纺织技术 | 其他纺织品业 |
| 针织技术与针织服装 | 针织成衣业 |
| 装潢艺术设计 | 建筑装修业 |

## （十）对不同类型企业的人才贡献及其质量

本校 2010 届毕业生主要就业的用人单位类型是民营企业/个体（74%），月收入为 2713 元；毕业生在中外合资/外资/独资就业的比例为 13%，月收入（2956 元）最高。培养中应考虑民营企业/个体和中外合资/外资/独资的文化和能力需求特点，如图 19、图 21 所示。

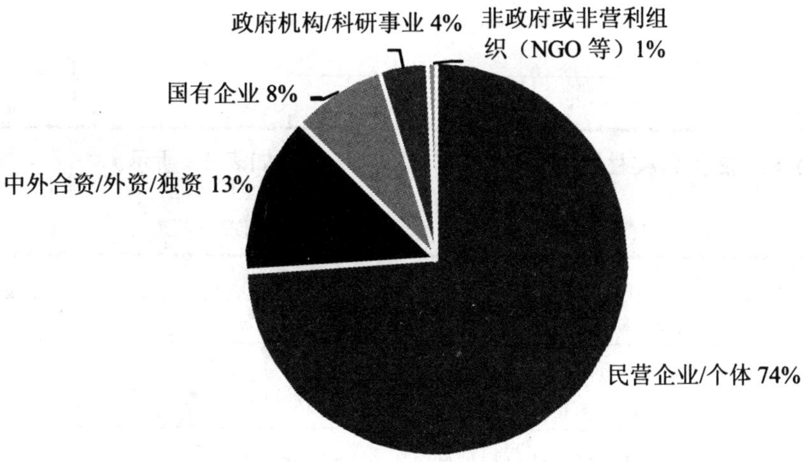


图 19　本校 2010 届毕业生的用人单位类型分布

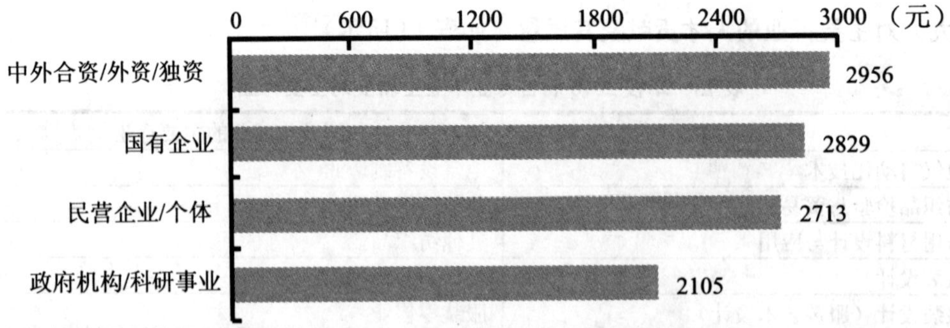


图 20　本校 2010 届毕业生在不同类型用人单位就业的月收入

### （十一）专升本比例

我校 2011 届毕业生中有 131 人专升本，占毕业生总数的 4.5%。

## 五、社会服务

学校积极为本地的经济、文化与社会发展提供服务。本校 2010～2011 学年完成面向园区、企业、机构的培训，共计培训人次 7188 人次，开展各项技术服务 14 项；社会服务总收入约 360 万元。此外，本院还为本地举办了多次文化演出、体育比赛，并多次组织学生开展了关爱老人、支教等志愿者服务活动。

### （一）社会人才培养服务如表 14 所示

表 14　本校 2010～2011 学年社会服务项目一览表

| 本社会服务项目 | 数量 |
|---|---|
| 培训非学历学生规模（人次） | 7188 |
| 开展各项技术服务（项） | 14 |
| 新增校内二级科技服务机构（个） | 1 |
| 新签订校企合作协议（个） | 30 |
| 社会服务总收入（万元） | 360 |

### （二）为本地提供各类社区服务及其他志愿者服务（如表 15 所示）

表 15　本校 2010～2011 学年志愿者服务情况一览表

| 日期 | 志愿活动项目 |
|---|---|
| 2010 年 9 月 | 招募 2010 级志愿者 |
| 2010 年 10 月 | 到就近敬老院参与志愿服务<br>首届志愿者之星表彰大会 |
| 2010 年 12 月 | 12.5 国际志愿者日活动<br>和周围高校交流 |

（续表）

| 日期 | 志愿活动项目 |
|---|---|
| 2011 年 3 月 | 三月社区服务<br>植树节宣传活动 |
| 2011 年 4 月 | 到敬老院慰问老人 |
| 2011 年 5 月 | “5·25”心理健康日宣传活动<br>为峨边小学募捐 |
| 2011 年 6 月 | 安排志愿者暑期到富士康参与管理和学习 |

（执笔：叶建军　何西宁）

# 阿坝师范高等专科学校
# 2011年度人才培养质量报告

## 一、基本情况介绍

阿坝师范高等专科学校坐落于长寿之乡、联合国评为“灾后重建最佳范例”4A 级风景区、生态环境保护完好的汶川县水磨镇，这里距成都市区仅 60 余公里，东距世界文化遗产都江堰、世界自然遗产青城山20余公里，西距卧龙国家级自然保护区20余公里。学校紧紧围绕“重内涵，强质量，创特色，铸精品”的办学理念，以师范教育、藏羌文化、旅游文化及理工科结合为培养特色，以落实过程在教育教学活动中的作用、以全面贯彻实践教学为引导、以建设“质量工程”为动力、区域文化建设为驱动来提升办学水平。学校现有15个教学系（部）、2个研究所、1个教研室和1个艺术团，现开设文、理、工、管、法、艺术、教育7个门类38个专科专业。学校是教育部中央教科所艺术教育中心副理事长单位和艺术教育实验基地，是中共中央、国务院和中央军委表彰的“全国抗震救灾英雄集体”，是人力资源和社会保障部、国家发改委、解放军总政治部表彰的“汶川地震灾后恢复重建先进集体”。

## 二、办学基本信息

学校新校园总投资8亿余元，占地面积1024亩，建筑面积22万平方米，其中教学、科研、行政用房及宿舍面积146 360平方米，体育馆及运动场38 941平方米，且有独立的实验楼、教学楼、艺术楼、音乐楼、体育馆、运动场、学术交流中心等基础设施，教学仪器设备总值4800多万元；图书馆建筑面积16 729平方米，馆藏纸质图书80万册；校园网数据中心机房总投资2200余万元（思科捐赠1400余万元，学校投入800万元），有计算机1500余台，有线网络信息点10 000余个，无线AP198个，覆盖全校。出口带宽电信500M，教育网2M。

2011年，学校在四川、海南、广东、福建等地共建师范类实习实训基地40多个，与全国各地企业共建实习实训基地近60个。

学校有专任教师近400人，其中具有高级专业技术职务的教师140多人，正高30多人，博士硕士教师近200人，正在攻读博士硕士学位教师50多人，“双师型”教师逐年提升，常年在外进修、培训、交流、访问近50人次，有四川省教学名师1人、四川省突出贡献专家2人。在2011年，学校继续加大科研投入，使科研数量、质量稳步上升。

2011年，学校面向四川、河北、广西、海南、重庆、贵州、云南、甘肃、青海、宁夏、新疆11省市区招收普通类、艺术类、体育类及民族预科考生，报到率一直保持在85%左右。

## 三、高职人才培养过程

学校根据高职人才培养要求及规律，以培养满足社会需求的初中、小学、幼儿教师，高技能综合型人才为目标，大力推进人才培养方案、课程设置、实践教学、学生综合素质等方面改革；高度重视过程在学生的学习活动中的作用，实践教学在学生成长、适应社会能力的作用，并以“高等教育质量工程”建设为引导，来优化、改善学校课程建设、教材建设、实验室建设、实习实训基地建设等，从而使过程、实践、质量有机结合，促使学校的人才培养向健康、可持续方向发展。

在 2011 年，学校继续深化过程教育在教学与改革中的应用，加强其在教学质量提高中的引领作用，努力实践了以教学过程和学习过程为基础，全面构建过程教育体系策略，将专业建设、课程建设、教材建设、实验室建设和实训基础建设等纳入到过程教育体系中。因此，在这种背景下，制定了“2011～2015 专业发展规划”方案，成功申报了4个新专业，继续深化了师范技能的培养过程，加大了公共课程的改革力度，采用多种措施促进学生实践技能的提高、提升，启动了第二批校级精品专业、第三批精品课程和首批校本教材、自编教材、特色教材建设工作，申报且获得了省高校教学名师1名，全面实施了学校“青蓝工程”，制定及实施了教师工作着装规范，深入推进了教学团队的建设，开展第二届教学成果奖的评定，深化了教师授课、学生评课督导机制，进一步完善了满足过程教育的考试制度，制定了系主任考核制度，深化了督导机制的督导效果，全面启动学校“质量工程”建设，全面推进了实验室建设和实训基地建设等工作，这样进一步丰富了过程教育的内容，使过程教育体系更为完善。

学校根据不同专业的特征、社会化需求状况，开设了通识课程、专业核心课程、个性化选修课程、实践实训课程等，共开设了近 300 门课程。并根据不同专业的课程，结合学校自身优势，进行了具有针对性、个性化的教材建设，这样有效满足了学生个性化需求、社会对人才培养的要求。在实验室、实训基地建设方面，着力根据不同的专业对培养人才的要求，结合地方区域优势、专业特色、学生的个性化的要求，以及服务地方经济建设、面向全省、全国的人才需求等方面，建立了多个专业的、发展的、个性化鲜明、实用性强的专用实验室、实训基地，这为校地、校企合作提供了有效的载体。学校现有各类中外文期刊 2135 种，有中国知网、维普、超星等网络数据库提供给教师教学科研应用，学生学习使用。

学校早在 2002 年就开展了学分制制度，经过近 10 年的实践和逐步的改革，现已在我校形成了一套满足不同需求、不同专业、不同课程、不同实践要求的学分制应用机制，并积极开展了教师教学考核、学生评课的双向监督机制。学生每学期均可选择 24～28 个学分，并根据不同专业的要求，每学期课时均达 200 多课时。

实践教学是学校重点教学的另一个方面，着力以适应社会需求、满足学生个性化、不同专业性质来量身制定实践教学计划，并安排专人管理、专任实践指导老师陪同。同时，在实践教学过程突出培养学生的实践能力和适应社会能力，以及认知能力和感知能力，使学生以认知、感知来获得更多尊重、更多的兴趣，从而使实践教学更具有特色、更具有感染力，使学生能从认知上升到感知，使学生能学到更多的社会需要的能力，以及锻炼成有效的人格魅力，毕业就就业。学校在实践教学结束后以调查问卷的形式对学生进行的调查显示，学生对我校实践环节的教学是非常满意的，且能学到课堂上无法学习的知识。

在学生活动方面，学生社团达 40 余个，并以所成立的社团联盟为平台，继续深化统一规划、统一管理各社团的活动，从而促进了社团与外界联系和交流的频率。

2011 年，学校对新入学的学生进行职业生涯规划，心理辅导和心理健康教育、管理制度教育，各类奖学金评选规定指导。目前各类奖学金覆盖了学生的 30%，生均达 3000 元，勤工俭学覆盖了学生 10%左右，生均达 1000 元，使学生在未来的三年学习过程中有目的、有支助。对毕业生要进行就业辅导、开设就业讲座，使毕业生获得更多的就业方面的知识。

## 四、高职人才培养质量

学校高度重视校园文化和特色优势建设，学校确定了“传承、创新、特色、和谐”的校园文化建设新理念，积极培育独具内涵的大学精神，构建了独具特色的校园文化。2011 年，学校荣获四川省“高校校园文化建设优秀成果奖二等奖”和教育部“高校校园文化建设优秀成果二等奖”。学校九寨神韵艺术团、熊猫合唱团、健身健美操代表队、大学生数学建模竞赛队等作为“学生锻炼的舞台、教师创作的平台、学校展示的窗口”，在各级各类赛事中多次获奖，不断取得新突破，为学校争得了荣誉。美术系学生作品参加 2011 年 12 月罗马尼亚第 17 届国际美术及装饰艺术展，获得 1 个一等奖、1 个二等奖、1 个三等奖和 2 个特别奖，计算机科学系、电子信息工程系在 2011 年参加软件设计大赛、网络大赛、计算机作品比赛、电子竞赛获省级以上奖项近 10 余项，化学化工与生命科学系参加有色金属大赛、作品大赛共获奖 5 项。2011 年，学校也重视培养学生的科研实践能力，学生在相关学术期刊、报刊等上发各类论文数十篇。

2011 年，学校为了全面了解、掌握学生的就业情况，以及了解就业后用人单位的评价，学校与著名的信息管理咨询公司麦可思共同发布了《社会需求与培养质量年度报告》，报告显示：就业率一直保持在 90%以上，平均工资 2000 多元，就业质量逐年稳步上升；学生自主创业高于本省其他高职高专院校，近年来的普通专升本比例一直保持在 5%左右，学生也可以通过大小自考获得高一级文凭，约占毕业生 12%。学校根据学生的专业特性和需求，开设多种职业资格证书考试，以满足学生弹性、个性化的需求。从用人单位反馈意见来看，我校的毕业生基础功扎实，社会适应能力强，一致获得了用人单位的好评。

## 五、社会服务

2011 年，学校服务社会、服务地方能力不断加强，校地、校企合作不断取得新突破。2011 年 4 月 10 日，学校与汶川县人民政府签订《县校合作项目框架协议》，由汶川县出资金、出土地，学校出人才、出管理，在综合、旅游、教育、现代农业、软件外包与 IT 服务、藏羌歌舞创编与表演 6 大类项目上展开合作，建设总投资 2000 多万元，规模达 300 多亩的大学生科技文化创业园区，开创了省内高校与地方政府合作先河，为学校教师的科研，学生的实习、实训、就业，为打造汶川县文化、教育和旅游园区，建成具有一定影响力的科技示范区打下了坚实的基础。

2011 年，学校以组建的九寨沟神韵艺术团、熊猫合唱团、健身健美操代表队等为载体，提供教师、学生社会服务能力，多次参加了省内外公演、义演和商业演出，得到了各界的好评。

## 六、高职人才培养工作方面的创新尝试与主要举措

2011 年，学校在教学运行与质量保障、教学基本建设与质量工程等方面开展卓有成效的改革。

### （一）继续深化过程教育在教学运行与改革中的作用

为了进一步贯彻《国家中长期教育改革和发展规划纲要（2010～2020 年）》，推动和促进区域性教育事业发展，进一步提高教学质量，优化教学结构，促进教育适应新时期的教学要求，全力打造适应未来教育事业发展的要求。因此，学校继续深化过程教育在教学运行与改革的作用。即将教育从单纯地追求结果和目标转到对教学过程的关注，使教育能在过程中培养学生的创新能力和操作技能，认知和感知的能力。同时也需要结合学生的主观与客观的要求，并根据学校的特色和定位，制定了一个适合过程教育发展要求的策略，即使学校师生员工重视教育教学的过程和过程中的每个环节，把过程作为教育教学活动的重点，从而扭转曾经以考试成绩作为主要教育教学的结果不良局面。

### （二）确立适应社会，满足学生个性化的实践教育教学体系

实践教学是各高校和中职院校教学的重要组成部分，是学生毕业就能顺利就业的重要教学过程，也是将基础理论知识转化为社会工作需求的重要教学阶段，使其在课堂教学与实践场所教学间具有承上启下的作用。但怎样根据不同教学规律和要求制定一种既能适应社会需求，也能满足学生个性化需要的实践教学模式和管理策略是目前学校继续完善实践教学体系的主要内容。即在实践教学过程中，根据学生个性化需要，适应社会的能力，着重培养学生的感知能力，适应能力、自主能力和操作能力。

### （三）以“质量工程”为导向，全面推进教学改革和教学质量提高

从 2011 年起，学校以“质量工程”项目立项建设为引领，建立国家、省、校三级“质量工程”项目体系，从而在人才培养的关键环节取得改革成效，并在国家、省级项目的示范和带动作用下，使学校的专业建设、课程建设、教材建设、教学团队建设取得丰硕成果，师资队伍的学术和教学水平大幅提高，人才培养模式改革研究与实践取得新的突破，学生的创新研究与实践的模式途径更加成熟，学生的实践能力和创新精神显著增强，教学管理更加科学，质量保障体系更趋完善。

建立“质量工程”管理体系，建立学校管理机制，强化过程管理，优化资金运用，注重绩效评估，确保各级项目建设取得预期效益。

形成科学发展理念，实现分类指导、分类发展、特色发展，在各专业方向上办出特色，争创一流。

### （四）以弘扬区域藏羌文化、旅游文化为契机，努力创建有影响的特色、品牌专业

学校地处藏羌文化浓厚、旅游资源文化丰富的阿坝州，努力以服务地方经济建设、以文化带动产业发展为契机，从藏羌、旅游文化角度全力打造几个有独特性质、有影响、有

实力的特色、品牌专业。

## 七、存在的主要问题及未来工作思路

学校经历了“5·12”大地震，2011 年 9 月完成了三年异地复课，搬回了具有深厚的藏羌文化、灾后重建示范的 4A 风景区——水磨古镇。在新环境中，在生源质量、人才培养模式、实践教学等方面存在一定的不足。

1. 由于学校地处山区、民族地区，生源质量、就业品质不如城市、非民族区，但我校培养的学生更能吃苦耐劳。为提高学生的竞争力，需要从学校自身建设做起，努力提高学校办学水平，努力创建有特色、有生命力的品牌专业。

2. 需要进一步加大力度改革人才培养模式，重点突出专业课程的专业性、专一性、特色性，以及加强课程设置的可用性，定期有规划的砍掉陈旧的课程，更新更能适应社会要求的新课程，从而使培养方案更具有针对性和时效性。

3. 进一步加强实践教学的体系建设，将信息化手段纳入到实践教学中去，从而跟踪学生的实践学习状况，并在实践教学过程中着重培养学生的感知能力，以感知来获得更有效的实践动力。同时，进一步提高校企合作、校地合作水平，完善工学实践模式，“双师型”教师的培养引进。

（执笔：杨兴江　周相兵）

# 四川中医药高等专科学校
# 2011 年度人才培养质量报告

## 一、基本情况介绍

四川中医药高等专科学校是 2006 年经教育部批准设置的一所公办全日制普通高等专科学校，面向 13 个省市自治区招生。学校依托中国科技城-绵阳，以创建打造西部一流特色医药高等专科学校，面向基层，服务国家医疗体制改革需求，培养适应社会主义现代化建设和医药卫生事业发展需要的，德、智、体、美全面发展的高端技能型人才。学校设置有基础医学部、中医系、临床医学系、护理系、药学与检验系、针推保健系，开设有中医学、临床医学、护理、助产、医学检验技术、口腔医学技术、公共卫生管理、中草药栽培技术、中药制药技术、中药、医疗美容技术、中医骨伤、针灸推拿和康复治疗技术等专业。学校现有二级甲等综合医院一所、附属中医医院一所。

## 二、办学基本信息

### （一）经费投入

2011 年经费收入总计 77 774 810 元。其中：全年财政拨款 42 774 810 元，财政拨款占经费总收入的 55%；教育事业收入 35 000 000 元，教育事业收入占经费总收入的 45%。2011 年经费支出总计 77 793 021 元。其中：基本支出 43 406 137.82 元，基本支出占经费总支出的 56%；专项支出 34 386 883.18 元，专项支出占经费总支出的 44%。其中：教学支出 30 744 655 元，占经费总支出的 39.61%，科研支出 2 400 000 元，占经费总支出的 3%，实训支出 2 982 724 元，占经费总支出的 3.83%。

### （二）办学条件

1．校园总面积：459 233.2 平方米。

2．建筑部总面积 234 589.72 平方米。教学行政用房 141 936.16 平方米，生均 15.26 平方米；科研实验用房 61 057.4 平方米，生均 6.56 平方米；宿舍面积 65 287.89 平方米，生均 7.02 平方米。

3．实验室 70 余个，教学科研设备总值 31 690 182.42 元，生均 3066.59 元。

4．校内外实践基地 130 个，满足教学计划和课程标准的要求，利用率高。

5．学校图书馆拥有中国知网（CHKD 期刊全文数据库）、超星电子、万方数据、银符等电子期刊，电子数据总量达到 2T，现有教学用计算机 850 台，生均计算机 0.09 台。

6．图书馆现有图书 36.8 万册，生均图书 39 册。

7．运动场及体育设施状况：学校现有各类运动场所 50 余个，篮球、排球、跳高、跳远、身体训练等各种器材齐全，建有学生体质测试中心，保证学校体育课教学和学生体质测试。

（三）师资队伍

1．现有专任教师416人、校外兼职教师286人、硕士和博士64人、生师比为16，双师素质比例48%。

2．师资培训：参加校外进修培训比例24 %，参加校外交流比例为0.6%。

3．教学水平：学生对教师的教学水平满意度高，教师测评平均分达92分。

（四）生源情况

1．计划招生数1830 人、实际录取数2128人、报到率85.5 %、高中生所占比例 88%。

2．生源分布地区

本市生源236人，所占比例4.74%；本省生源4643人，所占比例93.18%；来自西部生源4879人，所占比例97.91%。

3．生源背景

属家庭中第一代大学生的学生有157人，所占比例3.15%；父母是农民或农民工的学生有4006人，所占比例80.39%；父母是城市下岗、退休、无业人员的学生有213人，所占比例4.27%。

## 三、高职人才培养过程

（一）教学资源

1．课程设置：围绕经济社会发展和职业岗位能力的要求设置课程。把医德和医术的培养结合起来，构建人文社会科学知识、自然科学知识与医药知识相结合，基础医学与临床医学相结合的知识、能力、素质协调发展的新型课程体系。公共基础课程着力培养学生思想政治素质、职业道德水平和基础科学文化素养，引导学生树立正确的世界观、人生观和价值观，强化人际沟通能力和人文关怀精神的培养，为专业课程的学习和职业技能的培养奠定基础。同时按国家要求开设安全教育、入学教育和就业指导课程及现代信息技术。专业基础及专业课程的开设以“应用”为主旨和特征构建课程和教学内容体系，使学生掌握必要的专业知识和熟练的职业技能，按照相应职业岗位（群）的能力要求，采用基础平台加专门化方向的课程结构，设置专业技能课程。课程内容紧密联系生产劳动实际和社会实践，突出应用性和实践性，并注意与相关职业资格考核要求相结合。增加实验、实训、实习学时，强化学生实践能力和职业技能。根据各专业特点开设10%左右的选修课程，培养学生全面素质发展，促进学生成才。

2．教材资源：坚持选用高等教育出版社、人民卫生出版社、中医药出版社的优秀新版教材。与保健行业企业共同开发体现“工学结合”的校本教材2部，牵头组织编写出版了中医技术类系列实训教材9部，同时还参加编写了多种实验类教材、学习指导书、实习（实训）大纲等实践教学和教辅资料，满足了教学需要。

3．图书信息资源：有中文图书57 575种共20.9万册，其中医学类图书107 839册，占 51.29%，外文图书 1242 种。拥有中国知网（CHKD期刊全文数据库）、超星电子、万方数据等电子期刊，采用人民卫生出版社的“医学教学素材库”运行有序，利用率高。

4．实践教学基地：拥有专业教学必需的“针推见习基地、实训基地”、“护理见习基地、实训基地”、“美容见习基地、实训基地”、“药用植物园”、“中药标本室”等校内外实验实训场所，基地功能与课程教学与改革需求相匹配，利用率高。

5．拥有设施先进的多媒体教室 40 间、一体化教室 16 间、语音室 3 间、电子阅览室 1 间；校园网技术先进、功能齐全、使用有效；建设和利用优质教学资源和网络信息资源，拓展学生的学习空间，促进学生自主学习。

6．教学师资：新引进硕士 9 名，调入紧缺专业技术人员 5 名，在职攻读硕士 16 人，在职攻读博士 4 人，170 余名教师参加了行业实践，提高了“双师”素质，聘请客座教授 24 名。各教学实习医院、企业等实习基地的校外兼职教师数量增加到近 300 余人、授课课程门数达 90 余门。

### （二）课堂教学

中医学、临床医学、护理等专业依据技术领域和职业岗位群的任职要求，参照职业医师和职业护士相关的职业资格标准设置课程体系，并将职业资格考试科目纳入专业人才培养方案，课程结构合理，与岗位对接密切，体现岗位核心能力；中药制药技术、医疗美容技术类等专业力求专业课程内容与职业标准对接，与行业企业合作制定突出职业能力和素质培养的与岗位密切对接的课程标准，学生对教学工作满意度高，评教统计优良率 93%。

### （三）实践教学

实践教学作为专业教学的重要核心环节，纳入课程体系的整体设置中，实践类课时占总教学时间的 50%以上，提倡早期接触临床，理论教学与实验、实训、实习密切联系，知识传授与能力培养相结合，实现教学过程与生产过程（临床实践）对接。各门课程的实验开课率达 90%以上，保证实验课经费 50 万元/年，中药专业的野外实践、针推专业的门诊见习、临医和护理专业的社区医院见习等教学活动成效显著。初步建立有行业企业参与的实践教学新体制，将课堂建到医院、企业车间等生产一线，在实践教学方案设计与实施、实习评价标准的制定、指导教师配备、协同管理等方面与医院、企业等密切合作，提高学生的实际动手能力。学生顶（定）岗实习时间达 8 个月，实习经费有保障。同时，加强安全教育，完善安全措施，确保实习实训安全。

### （四）学生活动

组织开展丰富多彩的文化活动，涌现出了“微笑天使”、“形象设计大赛”、“时尚 T 台秀”、“针推技能大赛”、“诗歌朗诵大赛”、“模拟应聘大赛”、“ 植物标本制作比赛”等具有广泛影响力的精品项目。学生社团数量稳步增加，已经成为校园文化建设的主力军。其中医学社被评为“绵阳市十佳社团”，校团委荣获“绵阳市高校社团工作先进组织”称号。

### （五）学生服务

生均参加入学教育课 18 学时，新生对入学教育的满意度为 95%以上。开设心理咨询室，周一至周四下午 4：30～6：00 开放，由学校心理教研室的老师负责开展心理咨询服务，全年进行学生心理普测 5830 人，邀请绵阳市三医院黄国平博士举办了心理健康专题讲座。开展“5·25”心理健康系列活动周，以“关爱生命、呵护心灵、健康人生、从‘心’开始”为主题的系列活动，“新力杯”趣味拔河比赛等系列体育比赛活动。

2011～2012 年共计资助金额 5 283 300 元，总人数为 4983 人，生均 1060.2 元，奖助学金学生的比例达 32.27%，勤工俭学津贴 5.4%。

学校各专业均开设有就业指导课，组织召开两次毕业生招聘双选会，吸引了 200 多家省内外医院和企业参加，提供岗位 4000 余个。

## 四、高职人才培养质量

1. 2011 年全国首届职业院校针灸推拿技能大赛中，我校学生获个人单项奖 11 项，个人全能二等奖一个，我校获团体二等奖。2011 年第三届中国四川国际峨眉武术节大赛中，我校针灸推拿专业学生获得个人三等奖。我校的英语等级考试、计算机等级考试合格率高出全省平均水平 25%～35%，名列全省前茅。2011 年组织学生参加全国大学生英语竞赛，获一等奖 1 名，二等奖 3 名，三等奖 5 名。

2. 毕业生就业与升学情况

学校一次性平均就业率保持在 90%以上；与泸州医学院合作，我校的升本率达 3.7%，如表 1、表 2 所示。

表 1　2010～2011 年就业率统计

| 年度 | 毕业生人数 | 就业人数 | 就业率% |
|---|---|---|---|
| 2010 | 1207 | 1152 | 95.4 |
| 2011 | 1423 | 1293 | 90.8 |

表 2　2010～2011 年就业专业对口率

| 年度 | 医疗卫生单位% | 医药卫生企业% | 其他（升学、参军等）% |
|---|---|---|---|
| 2010 | 79.4 | 13 | 7.6 |
| 2011 | 63.8 | 18.6 | 17.6 |

### （三）学生获得职业、行业资格证情况

1. 学生获得职业资格证比例为 82%，其中大专护理职业资格考试通过率达 98%。

2. 举办中级化妆师、保健按摩师、刮痧师和高级美容师等非学历培训，其中获行业资格证的针推专业学生达 90%、康复保健专业学生达 86%。

### （四）用人单位评价

用人单位对我校学生的整体评价处于中上，社会满意率在 90%以上，如表 3 所示。

表 3　用人单位满意度调查情况

| 年度 | 很满意% | 比较满意% | 基本满意% | 不满意% |
|---|---|---|---|---|
| 2010 | 67.3 | 28.5 | 4.2 | 0 |
| 2011 | 80.4 | 18.6 | 1 | 0 |

## 五、社会服务

1. 与绵阳一康制药公司合作的横向科研项目“平武天麻总苷、多糖活性组分的提取及高值化利用”获科技部科技型中小企业技术创新基金80 000元经费支持。

2. 面向社会进行了中级化妆师、保健按摩师、高级美容师等非学历教育培训学员数为2429人次，总计学时达500学时。

3. 开展了“肝炎防治要点”、“内科、妇科、老年科常见病预防咨询”、“专家门诊部”等社会咨询和服务活动。协助市上有关部门组织“绵阳市第二届生命之星”技能（护理）大赛”、“全国医师资格实践技能考试”、“四川省民族地区在职卫生人员考试”、“2011年机关事业单位工人技术等级考核”工作。

4. 学校组织了“携子之手，关爱残疾”的志愿者之行、“蒲公英行动”、城市文明劝导、中医社区行、关爱留守儿童、关爱空巢老人、乡村少年宫等一系列志愿者活动。实施“中医保健社区行”公益项目，组织大学生深入社区开展小区住户的健康状况调查，为部分居民建立健康档案，为居民制定了科学的健康指导计划，采取针对性辅导、定期回访等措施为居民提供科学的连续性的医学服务。我校青年志愿者服务团队被评为绵阳市青年志愿者先进集体组织。

## 六、高职人才培养工作的创新尝试与主要举措

积极开展高职教育思想的学习讨论，更新教育观念，认真落实“《教育部 财政部关于支持高等职业学校提升专业服务产业发展能力的通知》（教职成〔2011〕11号）、《教育部关于推进高等职业教育改革创新引领职业教育科学发展的若干意见》（教职成〔2011〕12号）。紧扣“转变高等职业教育发展方式”主题，科学谋划、特色竞争、质量立校，围绕新校区建设分三步走的战略目标，全面提升学校的办学水平和综合实力。

### （一）规范教学运行　落实教学质量保障措施

开展了第一届“优秀教学质量奖”评选活动，实行教学常规检查制度化、常态化，加强检查力度，进一步加强完善教学督导制，建立维护正常稳定的教学秩序，落实各级听课制度、落实学生评教、师生意见反馈及教师整改各环节，切实提高教学质量。

### （二）以就业为导向　注重职业能力培养和职业素质教育相结合

医学教育，德育为先。将预防疾病、解除病痛和维护民众的健康利益作为医学生的终身职业责任。开展了以“理想、奋斗、成功”为主题的系列活动，组织学生到敬老院、社区、乡镇进行社会实践，学会尊重他人、尊重生命，培养学生关爱病人的亲和力和团队合作精神。倡导学生做一个美的传播者、有爱心的微笑天使，促进医学生的全面发展。

### （三）努力改善办学条件，院校合作、校企合作，加强实训实习基地建设，培养社会需求高素质技能型人才。

1. 努力改善办学条件，加强实训实习基地建设。“示范针灸推拿实训基地”项目、“临床实训中心”、“护理实训基地”得到中央财政支持，争取到620万元的建设资金，新增设备56台（套），金额200万元，创设了良好的实训条件，提高了实训质量。

2．实习工作积极为学生就业搭建平台。学校现有校内外实习基地近 130 个。一方面新拓展了上海交通大学附属瑞金医院、北京大学首钢医院、中山大学附属医院等实习基地；另一方面，学校还与成都儿童医院、西婵美容整形医院、科伦药业集团等单位合作，进行针推、护理、医学美容、中药等专业学生“实习-就业”定向式培养，实现学生实习与就业零距离。

3．建立稳定的师资队伍，合作育人取得实效。学校与行业企业建立人才共育模式，聘请医院和企业的专家到校担任实践技能操作的主讲和指导教师、考官和评委 35 人次，加强了实践教学的师资力量。召开了“2011 年度教学医院实习教学工作研讨会”和“校企合作共育人才研讨会”，学校、医院和企业的专家就医药卫生人才培养问题共同探讨和交流，创新人才培养模式，实现人才共育。

### （四）专业建设突出重点与特色　实现中西并举　努力把重点变成亮点

学校根据办学历史、基础条件、招生与就业率等情况确定护理、临床医学、中医学、中药专业为学校的重点专业，同时将社会需求量大和具有发展前景的针灸推拿、康复治疗技术、医学检验和医疗美容技术专业确定为特色专业，成功申报临床医学和针灸推拿专业为中央财政支持重点建设专业。

### （五）修订各专业教学计划　围绕职业能力培养进行课程建设

1．由学校、行业、企业共同组成的专业教学指导委员会共同修订了各专业人才培养方案，人文社会科学知识、自然科学知识与医学知识相结合，改革课程体系、教学内容、考核方式，实现专业与行业对接。

2．有 97 位教师参加了教材的编写，特别是加强了实验、实训教材的编写工作，校企合作共建 5 门校级精品课程。

### （六）强化实践育人　促进人才培养模式改革

1．培养学生基层卫生服务能力，加强学生公共卫生和全科医学教育，突出实践能力培养，提倡早期接触临床，密切理论与实践的结合。组织了“富临杯”临床技能操作比赛，建立以学生为中心的自主学习模式，增加学生自主训练学时，大力支持学生到乡镇和社区进行社会实践活动，鼓励学生到边远地区、贫困地区服务。

2．开展了“中医类保健技术人才校企合作培养模式”教育教学改革研究，进行课程、教材和实习方式的改革，实现专业与行业企业岗位对接，推行“双证书”制度，探索“实训、“6+2”顶岗实习、就业”为一体的高端技能型人才培养模式，通过继续教育为企业培训在职专业人员，开展社会医疗服务，取得了显著的社会和经济效益。

3．积极为农村培养、培训卫生人才。学校是四川省中医药管理局乡村医生培训基地、四川省卫生厅乡村医生培训基地和绵阳市卫生专业技术继续教育培训基地。2011 年培训乡村医生、社区护士 1000 余名。

### （七）强化服务意识和现代管理意识，充分利用现代信息技术推进教学管理工作

1．把学习作为管理手段，特别是加强“教学管理软件”的使用培训，提高教学管理人员的综合素质，促进教学管理水平提高。

2．制定严密的学籍管理工作程序，加强学籍工作的规范管理，力求做到零差错、零事故。

3．利用计算机现代化管理的优势，使新生缴费入学注册、学年注册、毕业生信息注册等工作高效、有序进行。

**（八）扎实开展“质量工程”的建设工作，以科研促进教学，切实提高师资水平**

1．2011 年学校成功申报省市科研项目 9 项，完成 10 项校级科研课题立项，评出校级教学成果奖 2 项，发表论文 140 篇，举办学术讲座 44 场次。成功申报护理专业综合改革项目和示范针灸推拿实训基地项目及 25 个子项目为四川省 2011 年度 “高等教育质量工程”项目”。

2．开展青年教师校本培训工作，评选出 10 名优秀青年教师和指导教师。

3．制定教学名师评选及管理、名中医带徒、教学团队建设管理办法并组织实施。

**（九）扩大交流合作，联合办学初见成效**

1．我校与四川大学、成都医学院联合开办了护理、中药和医学检验专业自考助学班。

2．我校与成都中医药大学联合办学，使成教、职教工作稳步发展。

3．联合开展乡村医生培训、卫生专业技术资格考试考前辅导、保健知识培训、营养师培训等工作。

## 七、存在的主要问题及未来工作思路

1．进一步加强医疗卫生人才社会需求调研，完善人才培养方案，不断满足新的卫生体制改革对医药卫生人才的需求。

2．进一步深化教育教学改革，加强课程体系建设，调整课程设置及结构，强化实践教学环节，突出学校实用型、高端技能型人才培养的目标定位。

3．以人才培养评估工作为契机，以提高教学质量为目标，强化高等教育教学理念，推进学校各项管理制度和教学运行保障机制建设，提高教学管理的科学性、实效性。

（执笔：程　琳　于晓斌　刘　胜）

# 四川幼儿师范高等专科学校
# 2011年度人才培养质量报告

## 一、基本情况介绍

四川幼儿师范高等专科学校是2009年3月经教育部批准，在原四川省江油师范学校基础上建立起来的一所公办全日制普通高等专科学校。学校设绵阳、江油两个校区。学校以“多元融合、尚知笃行”为办学理念，升专以来继续发挥师范教育的品牌优势，培养四川，乃至西部地区需要的幼儿园、小学合格师资。

学校设有学前教育、幼教保育、初等教育、语文教育、英语教育、音乐教育、美术教育、舞蹈表演、音乐表演、服装设计10个专业，设有学前教育系、语言文学系、艺术系、初等教育系、综合部、基础部等系部，在校大专生4301人。学校是四川省幼儿教师继续教育培训中心和绵阳市幼儿师资培训中心，是全国幼教舞蹈素质与能力培训项目培训基地。

## 二、办学基本信息

### （一）经费投入

2011年总收入4922万元。财政拨款2173万元，占总收入44%；事业收入2749万元，占总收入56%。2011年总支出4404万元。用于教学3259万元，占总支出74%；用于科研220万元，占总支出5%。

### （二）办学条件

1．校园总面积

学校占地1000余亩，校园总面积689 123平方米。

2．教学、科研、行政用房与宿舍面积及生均面积

教学科研及行政用房现有面积47 166平方米，平均每生11平方米，在建教学科研及行政用房面积34 400平方米；学生宿舍现有面积27 932平方米，平均每生6.5平方米。在建学生宿舍面积21 000平方米。

3．实验室、实训基地

2011年校内有物理、化学、生物、地理、心理学5个实验室，设学前教育、服装设计2个专业实训室以及艺体、文艺展演、教师专业技能训练等综合性实训中心5个。校外实习基地34个。教学科研设备总值2947.5万元，生均值6853元。

4．校内外实习基地满足教学情况

校内实习基地按培养方案进行建设，开放使用，充分满足学生训练的需要。

校外实习基地分层次建设，本年度完成约 2800 余人次的见习和实习任务。2011 年建有紧密型基地 34 个，示范性基地 10 个，基地方配备技术骨干，工作量饱和。

5．校园网建设情况

我校校园网络系统建设以千兆以太网络结构为标准，保证内部桌面带宽为 100M 接入到桌面。接入外部网络资源我校使用了电信光纤专线接入、教育网专线接入，用于办公和招生；学生公寓电信有线网络以及电信和移动无线宽带接入网络。网络资源有 www 服务器、FTP 服务器、数据库服务器。

学校现有教学用计算机 600 台，每百名学生配用 14 台。

6．图书馆状况及生均图书

图书馆面积 12 853 平方米，纸质藏书 29.6 万册，生均图书 68.8 册。有电子阅览室、教师阅览室、学生阅览室，座位 500 个。图书馆搭建了电子资源共享平台，中国知网、维普科技期刊数据库可供查阅。

7．运动场及体育设施状况

学校有标准田径运动场 1 处、排球场地 2 个、篮球场 5 个、乒乓球场 25 个、综合投掷场地 1 个，生均体育场地面积超过 4 平方米，另有室内体操场地 2 个、风雨操场 1 个、游泳场地 1 处，能充分满足教学及师生课余体育锻炼的需要。

**（三）师资队伍**

1．师资队伍数量与结构

专任教师共计 274 人，生师比 15.7 人，有研究生学历、硕士学位教师占 28%。高级职称教师占 26%，中级职称教师占 49%。双师素质教师 61 人，占专任教师的 22.3%。

2．师资培训

本年度学校继续支持教师在职攻读博士 1 人，所有思政教师参加“毛泽东思想和中国特色社会主义理论体系”课教师培训，有 8 人次分期参加高校哲学社会科学教学和科研骨干培训，共 30 人次参加校外教学研讨会。

3．教学水平

2011 年是我校“幼儿师范高等专科学校学前教育专业人才培养体系研究”（负责人：罗长国），“四川幼儿师资需求现状调查研究”（负责人：罗长国）两个项目的中期阶段，取得了阶段性成果。《建立绵阳学前教育改革试验区构想》（赵波、唐越桥）等 4 项教学科研成果获绵阳市社科联学术年会论文奖。

在参加各项比赛中青年教师表现突出，夏巍以第一名的成绩荣获四川省首届高校心理健康课程讲课比赛一等奖，张晓嘉老师获四川省第六届大学生艺术节艺术论文比赛一等奖。

学生对教学满意度较高，专业课教师满意率在 90%以上。

4．教师的工作满意度与幸福感

学校通过年度教职工、工会会员代表大会，审议《学校 2011～2012 学年度分配制度方案》，建立公平合理的分配制度，调动了教师的积极性。学校实施名师工程，为青年教师搭建展示才华的平台，公正地、全面地评价教师的工作，使教师能够接受现实，悦纳自我，有较强的幸福感。

（四）生源情况

2011 年大专招生计划 2000 人，实际录取数 2052 人、录取后报到率 80%、高中生占 100%，无三校生。我校是当年唯一一所幼儿师专，同类高校被考生首选比例 100%。

生源分布地区（计划数/报到数之比）：本市为 69.2%、本省 78.3%、来自西部其他省份为 76.6%，城市生源约占 10%。

## 三、高职人才培养过程

（一）教学资源

我校的课程分为通识课程、教师教育课程、学科课程、实践课程四类各占 20%、20%、40%、20%（实践课程未含其他课程类型中的实践课）。学校选用高等教育出版社、人民教育出版社、北京师范大学出版社出版的教材，保证教材的质量。我校教师编写的教材也投入使用，使教材的选用更具有针对性。各实训室对学生开放使用，利用率高。各精品课程建设中，将图书资源、数字资源作为重要组成部分进行建设。通过实习基地建设，建立新的学习共同体，培养了两支实习指导教师队伍。年内培养新的实习指导教师 10 人，并聘请校外专家讲学 15 人。

（二）课堂教学

生均修课 900 课时，学生对所学专业核心课程的满意率超过 84%，对专业核心课程的满意率超过 90%。通过问卷形式对教师的教学质量进行评估，学生对教师的师德修养、敬业精神、教学效果、教学创新等方面都比较满意，不足是教学创新。教务处每月对学生信息员收集教学反馈意见进行通报，意见表明学生重视专业核心课程学习，能自觉进行各门课程中的技能训练。

（三）实践教学

实践教学包括课间校内实验、实训，校外教育见习、实习，以及毕业论文（设计）。2011 年实践教学主要特点是分散实习人数多、时间长。对此采取的主要措施：适时安排学生的教育见习；有侧重地集中学生在实际情景中观察、思考、锤炼技能；充分利用教法课的试讲进行教育教学能力优化；逐步建立起了一支实习基地优秀实习指导教师队伍，使教育实习质量显著提高。

实践教学强化了学生技能，培养了学生的交流技巧、团队精神，受到实习单位老师和家长好评；学生对实践教学满意，认为激发了探索与创造欲望，牢固了专业思想，收获巨大。

（四）学生活动

学校建立“大型活动届次化，中型活动专业化，小型活动社团化”的校园文化工作格局，强化基层组织的主动性和特色意识。年内组织第三届校园艺术节、迎新生文艺晚会、社团风采节、歌手大赛、话剧比赛、阳光体育万米长跑接力比赛等大型活动。学校已建立 23 个学生社团，各社团经常组织活动。学校定期开展各种形式的志愿服务活动，重点做好服务乡村少年宫志愿服务活动、关爱留守儿童、义务支教等志愿服务活动，受到同学们的好评。

### （五）学生服务

生均参加新生入学教育达 24 课时，新生对入学教育的满意度达 98%；年内学校建立健全了校系两级心理健康教育体系，针对个人进行心理咨询和辅导，开展丰富多彩的心理健康教育系列活动，如学生心理健康知识竞赛、心理健康知识手抄报比赛等。

学校开设就业指导课程，配置就业指导教师，对学生进行职业生涯规划教育，毕业生认为就业服务成效明显。

学校规范的开展学生资助工作，按照国家、省、市学生资助的政策，2011～2012 学年度评定国家奖学金 2 人，发放奖学金 1.6 万元；评定国家励志奖学金 88 人，发放奖学金 44 万元；评定国家助学金 1126 人，发放助学金 337.8 万元。生均获得各种资助金额约 0.125 万元。

## 四、高职人才培养质量

### （一）学生获得省级以上竞赛奖励情况

我校艺术教育成果显著。在四川省第六届大学生艺术节优秀节目展演比赛中，我校取得六个一等奖，二个二等奖，三个三等奖的优异成绩。其中，舞蹈《心鼓》以北川羌族人民在大灾中顽强生存，在全国人民的关爱、援建下浴火重生为背景，讴歌了自强不息、顽强拼搏的伟大抗震救灾精神，获得高校舞蹈类（甲组）一等奖；合唱《南屏晚钟》、《人民解放军占领南京》获得合唱类（甲组）一等奖；美术作品《重建家园组画》获绘画类（甲组）一等奖，《悠然前行》、《沙漠守护者》获摄影类作品（甲组）一等奖。

在共青团四川省委、四川省教育厅、四川省学生联合会共同主办的四川省第六届大学生校园歌手大赛中，谢航同学演唱的《我的家乡大平原》获得银奖。

在第六届全国青少年艺术比赛四川赛区中，王凤玲同学在声乐专业组比赛中获一等奖，展现了我校学生积极进取的精神风貌和过硬娴熟的专业技能。基础部吕丹同学获第八届全国中等职业学校“文明风采”竞赛活动演讲一等奖。

在 CCTV 央视国际第三届青春舞台全国校园特长生艺术盛典四川赛区的比赛中，我校艺术系郭珣老师指导的艺术系音乐专业班胡辉琴同学荣获青年器乐 A 组铜奖。

### （二）毕业生就业和升学情况、毕业生获得职业资格证书的情况

2011 年应届毕业学生通过小学、幼儿园教师资格认定的人数占当年毕业人数的 90%，就业率达到 98%。就业面向幼儿园、早教中心、教育集团、培训机构以及一些集团公司，主要职位是教师、行政人员、文员等，对口就业率超过 90%。

2011 年我校与四川师范大学签订了专升本工作协议，为今后学生进一步深造提供了条件。

### （三）用人单位对人才培养质量的评价情况

由于我校历来重视学生专业思想的教育、专业技能和综合素质的培养，在 2012 届毕

业生双选会上，许多用人单位对毕业生给予了好评，对学校的培养模式和办学业绩大加赞赏。

用人单位认为我校毕业生的最大优点有：工作努力、勤奋好学；诚实、虚心上进、做事踏实；接受能力强、组织管理能力强；素质高、专业能力强、责任心强、服从工作安排、有团队合作精神；实际工作和解决问题的能力较强；能吃苦耐劳、适应能力较强。

用人单位对我院教学工作的其他建议有：提高学生的知识面；理论与实践相结合，提高综合素质；对在校生多开展就业后的心态调整方面的工作。

## 五、社会服务

我校幼儿教师培训中心承担了四川省“国培计划”（2011）农村骨干幼儿教师置换脱产研修项目80名幼儿园教师培训，培训时间360学时。学校举行2011年四川省幼儿园骨干教师省级培训，共培省内地市共400余名幼儿园教师。作为我校省培中心获批以来的首次培训工作，四川省教育厅相关领导给予大力关心和帮助，对培训工作提出了明确的目标任务，学校把培训质量和服务水平放在最重要的位置，切实落实各环节工作。中心还承担了绵阳市市级幼儿园骨干教师培训。所有参训学员对主讲老师的精彩授课给予了高度赞赏。

学校白马藏族与羌族文化艺术研究中心与平武县政府合作开发白马藏族文化产业，整理、保护、传承和开发白马藏族文化，推动平武地方文化旅游业的发展。中心副主任冯作辉发表与白马人相关论文两篇。目前该中心已成为绵阳市哲学社会科学研究基地。

在学校科研处、学前教育系、艺术系、基础部参与江油市政协对江油六所幼儿园的考察调研工作中，夏巍老师撰写的调研报告对培养专业化的学前教育人才提供了有益的思路与政策参考。我校是全国幼教舞蹈素质与能力培训项目培训基地，姚成老师赴广东中山对幼儿教师进行项目培训。

## 六、高职人才培养工作方面的创新尝试与主要举措

### （一）强化教学运行，保障教学质量

我校坚持“以教学为中心”的原则，严格进行教学运行管理，保持教学工作稳定运行，保证教学质量不断提高。

1．学校颁布了《教学工作常规》，制定并实施了学校《教学工作常规管理细则》、《教学事故认定及处理办法》、《教学工作奖励办法》等一列文件，从制订教学计划、备课、课堂教学、指导教育实践、业务进修等十个方面较详细地对教师教学常规作了规定。

2．凡列入课程计划的课程，学校组织相关教师逐步编写教学大纲及教材处理意见，保证大专专业基础知识的深度和广度，对规定的内容不允许任何人员作任意删节。

3．严格学生学籍管理，执行相关细则和学校有关规定，对学籍进行计算机管理。

4．建立多种教与学反馈渠道，如定期召开师生座谈会等，及时把握教学动态。

### （二）进行教学改革，全面实施质量工程

学校在教育教学中全面实施以提高课堂教学质量为核心，以提高学生的专业素养和综

合素质为目标的质量工程。

1．大力进行课程建设，努力创建精品课程。学校重视课程建设，制定了《四川幼儿师范高等专科学校精品课程建设管理办法》等文件。《学前心理学》等 9 门课程作为第一批校级精品课程通过了学校教学指导委员会的审查和评议，开始进行建设。

2．大力强化专业建设，我校“学前教育专业综合改革” 成功申报四川省教育厅 2011 年度“高等教育质量工程”建设项目（如表 1 所示）；我校学前教育专业、初等教育专业成功申报教育部、财政部高等职业学校专业服务社会建设发展项目，并获专项资金资助。

**表 1　四川幼儿高等师范专科学校（总经费：286 万元，自筹经费：286 万元）**

| 项目类别 | 项目名称 | 项目负责人 | 子项目名称 | 子项目负责人 | 项目周期 | 子项目类别 |
|---|---|---|---|---|---|---|
| 专业综合改革 | 学前教育专业综合改革 | 罗长国 | 学前教育专业建设 | 邓大河 | 3 年 | 专业建设 |
| | | | 幼儿师范高等专科学校学前教育专业人才培养体系研究 | 罗长国 | 3 年 | 教改课题 |
| | | | 学前教育专业教师专业化发展的研究 | 严静鸣 | 3 年 | 教改课题 |
| | | | 《幼儿园管理》教材建设 | 罗长国 | 3 年 | 教材建设 |
| | | | 《学前儿童文学》教材建设 | 邓大河 | 3 年 | 教材建设 |
| | | | 学前教育专业实习、实训基地建设 | 杨　达 | 3 年 | 实习、实训基地 |

### （三）厚基强能，构建特色人才培养体系

1．将思想政治理论教学与专业教育相结合，培养“能吃苦、留得住、用得上、成长快”的幼儿、小学教育师资。

2．构建以能力发展为特色的幼儿、小学教育师资培养课程方案。在学校幼儿、小学教育师资培养课程方案中，把训练学生教师教育技能课程列入必修课，保证了学生课堂内技能训练与能力形成，成为我校人才培养的另一特色之一。制定了专科学生基本功考核要求及标准，促进学生能力训练。

3．以“学生艺术节”为载体，加强学生课外能力训练，整合提升学生综合素质。学校通过举办学生艺术节，开展声乐、器乐、舞蹈、书法、普通话、美术等系列比赛、竞赛活动，有力地促进了校园文化建设和学生综合素质提升。

## 七、存在的主要问题及未来工作思路

### （一）人才培养工作中存在的主要问题及原因分析

高等专科教育培养的人才周期较短，人才培养过程中应当及时了解社会需要，人才培养的定位、质量还需要加强监控，对教学全过程各个环节都要有质量监控。尤其是专业建设、课程方案、教学计划方面，没有及时的调研和用人单位的反馈，造成某些对教学环节较为忽视，影响了人才培养质量。我校“四川幼儿师资需求现状调查研究”项目（负责人：

罗长国）已经完成，其成果尚未转化到实际的教学基本建设中来。原因是项目参与人员人数有限，成果推广不够，教师对调研的积极性不足。

年轻教师在师资中的比例增加，给教学带来了新鲜力量，在教学观念、教学技能上有一些新的突破，但在课堂管理能力等方面尚有不足，对学生综合素质提高不利；高级职称教师参加质量工程和教学科研的积极性有待进一步激发，没能形成在全省有影响力的教学名师群体和教学成果。

课程改革还不彻底，对重点专业及专业群课程进行了基于工作过程的课程改革，取得了良好效果。但部分公共课程和部分非专业课程还未按照新的教育理念进行全面的改革。

随着学生人数的增加和对实践教学的重视，学生技能训练量进一步增大，使用的多媒体教室、实训室、教学设备数量需要增加，质量要求提高，加大了调度使用的难度。

**（二）上年度的改进效果，下一步改进计划与措施**

上一年度中，学校制订《人才培养质量与教学改革方案（试行）》系列方案，包括《精品专业建设实施办法》、《精品课程建设实施办法》、《教学名师培养实施方案》、《教学团队建设实施办法》等，规范教学行为，加强教学管理，切实推进教学质量的提高。年内增加了教学经费预算，增加教学设备投入，保障了教育教学正常运行。

下年度要加快新校区的建设，完善江油校区的功能，增加馆藏图书，增加对校内实训中心的投入，新建多媒体教室。有计划地组织示范课程改革成果的跟踪分析，不断总结、改进、推广，扩大示范效应，完善课程与教学体系。进一步完善课程标准体系和技能考核标准，实施教考分离制度和三级评教制度，使教育教学质量有系统的制度保障。

努力做好教师的引进、培养和聘用工作，严格工作考核，进一步调动教职员工的积极性和创造性，建设结构合理的专、兼职教师队伍，保障教育教学质量的稳步提高。

（执笔：陈　翔）

## 二、民办普通高职高专院校人才培养质量报告

# 基本教学状态数据

学生情况

| 序号 | 学校名称 | 在校学生 | | | 普通专科招生人数（人） | 普通专科毕业生人数（人） |
|---|---|---|---|---|---|---|
| | | 总数（人） | 在校普通专科学生数(人) | 在校成人专科学生（人） | | |
| 1 | 民办四川天一学院 | 7494 | 7157 | 337 | 2959 | 3204 |
| 2 | 四川托普信息技术职业学院 | 8837 | 8657 | 180 | 3244 | 3032 |
| 3 | 四川国际标榜职业学院 | 5629 | 5141 | 488 | 2401 | 1591 |
| 4 | 成都艺术职业学院 | 5154 | 5154 | | 2042 | 1586 |
| 5 | 四川警安职业学院 | 6497 | 6389 | 108 | 2809 | 2872 |
| 6 | 四川文化传媒职业学院 | 2572 | 2572 | | 1042 | 940 |
| 7 | 四川华新现代职业学院 | 4899 | 4899 | | 2075 | 1124 |
| 8 | 四川科技职业学院 | 9921 | 8357 | 1564 | 3943 | 1626 |
| 9 | 四川城市职业学院 | 8909 | 8909 | | 3490 | 2402 |
| 10 | 四川现代职业学院 | 5658 | 5383 | 275 | 2289 | 1314 |
| 11 | 四川长江职业学院 | 2847 | 2847 | | 1979 | 0 |
| 12 | 四川三河职业学院 | 373 | 373 | | 373 | 0 |
| 合计 | | 68 790 | 65 838 | 2952 | 28 646 | 19 691 |

资料来源：四川省教育厅 2011 年《四川教育事业统计提要》。

专任教师情况

| 序号 | 学校名称 | 总数 | 专任教师 | | | | | | 兼职教师 |
|---|---|---|---|---|---|---|---|---|---|
| | | | 合计 | 正高 | 副高 | 博士 | 硕士 | 其中：双师型 | |
| 1 | 民办四川天一学院 | 473 | 381 | 65 | 31 | 17 | 128 | 104 | 92 |
| 2 | 四川托普信息技术职业学院 | 498 | 406 | 13 | 92 | 4 | 121 | 135 | 92 |
| 3 | 四川国际标榜职业学院 | 394 | 276 | 8 | 48 | 0 | 57 | 117 | 118 |
| 4 | 成都艺术职业学院 | 507 | 289 | 28 | 37 | 4 | 70 | 108 | 218 |
| 5 | 四川警安职业学院 | 355 | 334 | 9 | 49 | 3 | 72 | 36 | 21 |
| 6 | 四川文化传媒职业学院 | 152 | 121 | 5 | 18 | 3 | 34 | 21 | 31 |
| 7 | 四川华新现代职业学院 | 303 | 243 | 8 | 46 | 4 | 102 | 55 | 60 |

（续表）

| 序号 | 学校名称 | 总数 | 专任教师 | | | | | | 兼职教师 |
|---|---|---|---|---|---|---|---|---|---|
| | | | 合计 | 正高 | 副高 | 博士 | 硕士 | 其中：双师型 | |
| 8 | 四川科技职业学院 | 570 | 442 | 38 | 69 | 6 | 121 | 82 | 128 |
| 9 | 四川城市职业学院 | 733 | 584 | 120 | 177 | 44 | 265 | 75 | 149 |
| 10 | 四川现代职业学院 | 488 | 196 | 8 | 35 | 0 | 117 | 33 | 292 |
| 11 | 四川长江职业学院 | 180 | 137 | 8 | 22 | 3 | 102 | 32 | 43 |
| 12 | 四川三河职业学院 | 87 | 87 | 10 | 21 | 9 | 45 | 0 | 0 |
| 合计 | | 23 835 | 18 278 | 679 | 4164 | 247 | 5679 | 5298 | 5557 |

资料来源：四川省教育厅2011年《四川教育事业统计提要》。

**办学基本设施**

| 序号 | 学校名称 | 占地面积（平方米） | 校舍建筑面积（平方米） | 教学用房（平方米） | 固定资产总值（万元） | 教学仪器设备（万元） | 纸质图书（万册） |
|---|---|---|---|---|---|---|---|
| 1 | 民办四川天一学院 | 486 781 | 33 377 | 11 444 | 8524.8 | 2886.49 | 56.2 |
| 2 | 四川托普信息技术职业学院 | 404 522 | 0 | 0 | 24 411.96 | 3343.88 | 40.8 |
| 3 | 四川国际标榜职业学院 | 522 000 | 79 038 | 61 500 | 12 494.72 | 2292.81 | 28.74 |
| 4 | 成都艺术职业学院 | 352 170 | 72 100 | 33 031 | 16 480 | 1457.88 | 20.27 |
| 5 | 四川警安职业学院 | 594 060 | 115 128 | 44 891 | 20 087.87 | 2664.85 | 41.39 |
| 6 | 四川文化传媒职业学院 | 135 000 | 0 | 0 | 1400 | 880 | 13.72 |
| 7 | 四川华新现代职业学院 | 206 460 | 68 944 | 49 493 | 18 105.96 | 2269.73 | 39.68 |
| 8 | 四川科技职业学院 | 661 013 | 47 732 | 20 128 | 32 383 | 5198 | 70.7 |
| 9 | 四川城市职业学院 | 434 255 | 0 | 0 | 29 133.89 | 6340.45 | 88.52 |
| 10 | 四川现代职业学院 | 341 206 | 107 880 | 50 278 | 20 726.6 | 1702.6 | 44.09 |
| 11 | 四川长江职业学院 | 319 067 | 95 244 | 28 560 | 11 328.8 | 991.75 | 13.98 |
| 12 | 四川三河职业学院 | 147 280 | 0 | 0 | 8500 | 843 | 8.14 |

资料来源：四川省教育厅2011年《四川教育事业统计提要》。

# 四川国际标榜职业学院
# 2011 年度人才培养质量报告

教育教学质量始终都是高校发展的生命线。2011 年，我院继续走“内涵式”发展道路，注重全面提高教育教学质量，提升服务区域经济发展的能力，促进学生的全面发展和终身发展，着力培养学生的优良品德、职业技能和就业创业能力。

与此同时，在过去的这一年里，我院的办学定位更加清晰，全院上下形成了“服务人们对美与健康生活的需求，学习借鉴国际国内先进的教育理论和方法，基于中国文化、经济的具体实际，开展教育实践，让每一位求学者获得生存发展的能力，惠及社会”的共同理念。今后，我们将继续坚定地实践“明德·尚美·笃学·博艺”的校训，遵循“以生为本，德育为先，能力为重，全面发展”的办学指导思想，为实现“以美与健康提升人的生命质量”的教育愿景而不断努力。

## 一、基本情况介绍

我院自 1993 年开办“国际标榜职业技能培训中心”，进行美容美发短期培训；1994 年更名为“四川创美学院”；1998 年更名为“四川国际标榜发型美容专修学校”，并自 1999 年开始招收两年制大专学历文凭考试学生；2002 年，经四川省人民政府批准及教育部备案，我院更名为“四川国际标榜职业学院”，并纳入国家招生计划，开始招收三年制和五年制高职学生。

2011 年，学院招生专业一共 19 个，共设“七系一部一院”，分别是：人物形象设计系、健康美容系、服装设计系、环境艺术系、管理系、外语系、数字艺术系、公共基础与艺术基础教育部、继续教育学院，坚持“环境育人”、“以学生为第一”，致力于打造一所著名的高职院校。

2011 年，我院在对外交流与合作中也取得了显著成果，四川理工学院成都美术学院、杭州职业技术学院、无锡职业技术学院、郑州信息工程职业学院、英国格洛斯特学院、丹麦 VIA 学院、韩国灵山大学、韩国加图立上智大学等国内外高校先后来我院参观访问，分别就基础设施建设以及治校管理、“博、雅、精、专”的教学模式、课程开发和人才培养等进行了深入探讨，取得了合作共识。

## 二、办学基本信息

### （一）办学条件概述

2011 年，校园总资产值达到 6 亿元人民币。学院总面积达到 320 亩（国有土地使用证，不含校企合作部分），建筑面积为 13 万平方米（有产权证，不含校企合作部分），教学设备仪器值 3000 万（学院账面资产，不含校企合作部分）。书院式图书馆成为学院特色的学习资源，图书 120 万册、电子期刊 8759 种，纸本期刊 207 种，报纸 54 种。

（二）经费投入（如表1所示）

表1 经 费 投 入

| 本校高职生均培养标准（元） | | | 9926 | 本校高职生均学费标准（元） | 10 123 |
|---|---|---|---|---|---|
| 项目 \ 年份 | | | 2009年 | 2010年 | 2011年 |
| 总收入（万元） | | | 7094.103 | 6897.38 | 6602.31 |
| 其中 | 学费收入（总万元/生均元） | | 4625.84/10 227 | 5027.98/10 137 | 5848.58/10 123 |
| 其中 | 财政预算内拨款（总万元/生均元） | | / | / | / |
| 其中 | 地方财政专项投入（万元） | 1. 省助学贷款管理中心 | 668.263 | 369.4 | 452.2 |
| 其中 | 地方财政专项投入（万元） | 2. 国家计算机实训基地 | 300 | | |
| 其中 | 地方财政专项投入（万元） | 3. 银行贷款 | 1500 | 1500 | |
| 总支出（万元） | | | 7396.373 | 7030.87 | 6426.15 |
| 其中 | 征地（万元） | | 126.25 | | |
| 其中 | 房屋建设（万元） | | 1400 | 1227.39 | 835.7 |
| 其中 | 设备采购（万元） | | 469.04 | 319.27 | 320.74 |
| 其中 | 日常教学（总万元/生均元） | | 4560.09/10 082 | 4940.97/9961 | 5587.35/9926 |
| 其中 | 教学研究（万元） | | 138.01 | 105.49 | 149.82 |
| 其中 | 师资建设（万元） | | 34.72 | 68.35 | 99.26 |
| 其中 | 制度建设（万元） | | | | |
| 其中 | 学生奖助学金 | | 668.263 | 369.4 | 452.2 |
| 贷款余额（万元） | | | 1500 | | |

（三）校内外实践基地数及满足教学情况（如表2所示）

表2 校内外实践基地数及满足教学情况

| 校内主要顶岗实习场所名称 | 主要实习专业 | 2011年度接收顶岗实习学生规模（人/月） |
|---|---|---|
| 1. 计算机应用与软件实训基地 | 数字艺术系 | 12 |
| 2. 服装设计实训基地 | 服装设计 | 21 |
| 3. 人物形象设计实训基地 | 人物形象设计 | 125 |
| 4. 健康美容实训基地 | 医疗美容技术 | 113 |
| 5. 环境艺术实训基地 | 环境艺术设计 | 10 |
| 6. 家具设计实训基地 | 家具设计与制作 | 5 |
| 7. 企业营销实训基地 | 工商管理 | 28 |
| 8. 商务英语实训基地 | 商务英语 | 21 |

（续表）

| 校外主要顶岗实习场所名称 | 主要实习专业 | 2011年度接收顶岗实习学生规模（人/月） |
|---|---|---|
| 1．广东佛山圣薇娜精细化工有限公司 | 人物形象设计 | 41 |
| 2．上海佰草集美容投资管理有限公司 | 医疗美容技术 | 35 |
| 3．宝洁（上海）国际贸易有限公司 | 人物形象设计 | 10 |
| 4．上海香缇美容投资有限公司 | 医疗美容技术 | 16 |
| 5．成都奇迹之旅体育健身发展有限公司 | 社会体育 | 25 |
| 6．东莞澳思制衣有限公司 | 服装设计 | 12 |
| 7．成都夏尔科技有限公司 | 游戏软件 | 7 |
| 8．成都鼎浩广告传媒有限公司 | 视觉传达艺术设计（平面设计） | 13 |
| 9．成都帝安姆家具有限公司 | 家具设计与制作 | 8 |
| 10．广东佛山圣薇娜精细化工有限公司 | 人物形象设计 | 41 |
| 11．成都华润先达涂饰有限公司 | 家具设计与制作 | 6 |
| 12．中国西部博览会组委会 | 商务英语 | 15 |
| 13．四川伊甸城不动产经纪有限公司 | 市场开发与营销 | 22 |
| 14．成都市天天创美广告有限责任公司 | 营销与策划 | 15 |
| 15．深圳市西点文化发展有限公司（成都分公司） | 工商企业管理 | 18 |
| 16．北京永一格展览展示有限公司 | 环境艺术设计 | 18 |
| 17．成都致澜景观设计有限公司 | 环境艺术设计 | 8 |

### （四）近三年生源情况（如表3所示）

**表3　近三年生源情况**

| 全日制普通高职招生就业相关数据 | | 2009年 | 2010年 | 2011年 |
|---|---|---|---|---|
| 招生人数 | 普通高中招生 | 1333 | 1511 | 2324 |
| | “三校生”对口单招 | 18 | 18 | 29 |
| | “3+2”招生 | 134 | 82 | 97 |
| | 五年制第4学年 | 50 | 38 | 48 |
| | 成人专科 | 202 | 353 | 225 |
| 第一志愿上线率 | | 60.83% | 56.8% | 75% |
| 新生报到率 | | 60.7% | 62.99% | 61.15% |
| 毕业生人数 | | 1400（含成人282） | 1359（含成人231） | 1764（含成人173） |
| 首次就业率 | | 93.2% | 97.25% | 96.73% |
| 所在地区平均首次就业率 | | 78.15% | 85.69% | 84.96% |
| 主要就业区域 | | 四川省、长三角地区、珠三角地区 | | |
| 主要就业领域 | | 第三产业 | | |

（五）师资队伍建设

2011 年，我院采用“引进”、“培训”、“国内外交流”等多种方法，建设一支以专业带头人为龙头、以骨干教师为重点、以“双师结构”和“双语素质”为核心的具有“结构优、素养高、能力强”的高水平专业教学团队。其具体措施如下：

1．培养高素质、高水平“双师型”（副教授、高级技师）专业带头人 1 人，引进和培养“双师型”（技师、讲师）骨干教师 6 人，企业“访问技师”培训 8 人，“双师型”比例达 73%以上；同时，选派教师出国进修 3 人，引进和培养具“双语”教学能力教师 3 人，聘请兼职高水平教师 5 人。

2．对现任教师，实施与教师个人职业生涯规划相结合的培养计划，不断提高专任教师的综合职业素养与实践教学能力，引导教师为企业和社区服务，提高专业带头人和骨干教师的行业影响力。

3．建立聘请专家兼职讲授课程，聘请行业企业一线技师指导实践技能课程的机制。

4．建立专业教师企业轮训制度，教师外派到企业，直接参与企业工作，在工作中了解目前生产第一线的需求，及时更新教学内容。

## 三、高职人才培养特色的彰显

经过多年的实践与努力，我院的人才培养逐渐形成了如下的特色：

1．专业设置紧扣学院“以美与健康提升人的生命质量”的办学理念，学院各系、各专业的课程设置都紧紧围绕这一中心具体展开。

2．整体引进了一些国际优质课程体系。2011 年，我院引进的国际优质课程体系有：（1）Pivot Point 在全球最具影响力的人物形象设计核心技能课程；（2）瑞士国际美容师认证核心技能课程；（3）引进了香港职业训练局服装设计专业、数字艺术专业课程体系；（4）英国唐卡斯特学院非英语母语国家英语教学；（5）美国马萨诸塞州立大学室内设计环境艺术设计教学法。

同时，我院还与中央美院、清华美院合作开发了高职艺术基础课程。

3．构建了“坊校合一”的实践教学体系如图1所示。

4．打造了分层递进的实践教学基地

我院按照课程项目、仿真、顶岗的层级划分，将实践教学由浅到深地划分为三层，并对应地打造了完善的实践教学基地。

（1）课程项目实践教学基地

目前，我院共有实践教学实训室 67 间，为校内实践教学服务，有效保障了将案例教学、项目教学等贯穿于课堂教学之中，大大增强了学生实践能力。此外，学院拥有的开放性实践教学资源有 1 个中央财政支持的计算机应用与软件技术实训基地及 5 个专业博物馆——发艺、女红、养生、家具、土陶。

（2）仿真综合实践教学基地

大部分专业都建有完全真实或仿真的实训中心、实践基地，如美容保健专业的养生、美容沙龙，形象设计系的美发沙龙，数字艺术系工作室，服装系的工作坊等。截至 2011 年，我院共建成综合实训室 8 个，为学生提供了创业、就业的丰富体验，极大地增强了学生就业、创业的意识与实践能力。

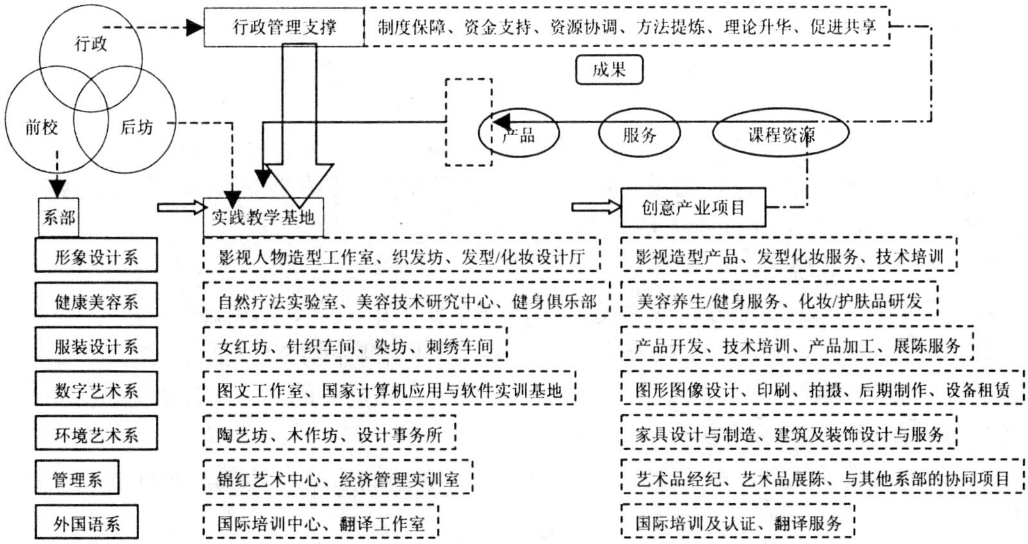


图 1　实践教学体系

（3）校外顶岗实践教学基地

到 2011 年末，学院共建立了工学交替的实践教学网点 1200 个，实施校企合作，不断深入探索双元机制。共有顶岗实习类企业 210 个，将实践教学、企业顶岗实习、就业双向选择等三段真正融为一体。同时，借助校内校外资源的整合与延展，促使教师“双师”能力不断得到开发与提升

5．建设了服务“美与健康生活”的中国第一品牌大学图书馆

目前，我院图书馆建成了馆藏特色鲜明的文献信息中心，阅读学习交流休闲的学习中心，学院和社会信息化的重要基地，传播信息提供知识的情报机构，24 小时服务的图书馆网站

## 四、高职人才培养质量

在 20 多年的办学历程中，学院共为美容美发、服装、家具、环境艺术、数字艺术等行业培养了 2 万余名专业人才（其中高职毕业生 6460 人），毕业生遍及全国各地，深受用人单位的欢迎和肯定。许多学生已经在各自的岗位上崭露头角。自 2002 年招收高职学生以来，学院毕业生“双证书”获取率 90%以上，就业率连年达 98%以上，平均择业率 1∶7.4，创业率逐年提升，行业留存率达 70%以上。

2011 年，学院全日制普通高等教育在校生 5141 人，其中：普通高职专科 4990 人，全日制五年一贯制 86 人，中职起点 65 人；全日制普通中职在校生 225 人，非全日制专科学历教育注册人数 488 人。同时，全年非全日制培训人数 2554 人次。学院人才培养的总体情况呈现“低进、高出”的特点。

“低进”主要表现为：

1．分数低，属于高考录取的最后批次。

2．父母文化程度低。据麦可思调查，标榜 2011 年入学新生父母文化在初中及以下者

占73.9%。

3．家庭收入低。据麦可思调查，标榜2011年入学新生家庭年收入在3万元以下、不确定、无固定收入三项之和占77.5%。

4．接受素质培养的机会低。据麦可思调查，标榜2011年入学新生农村户口占67.8%；59.5%的新生来自非市区及以上级别重点高中，多数学生在高中期间未加入社团组织，多数未参加过学科、才艺或技能竞赛。

“高出”主要表现为：

1．就业率高。据麦可思调查，我院2011届毕业半年就业率为97%。

2．就业质量高。据麦可思调查，标榜毕业生毕业薪酬平均2011届达到2701元以上，专业对口率是65%，受雇全职工作的比例（83.7%）自主创业的比例（7.2%）全部指标高于全省平均指标。

3．对母校满意度高。本校2010届毕业生对母校的满意度为88%，2011届更是达到90%。

## 五、社会服务

2011年，学院继2008年后第二次承接成都国际非物质文化遗产节期间各国专家和驻联合国教科文组织大使的翻译接待工作，获得主办方和来访贵宾的一致好评。

2011年8月，龙泉驿区教育局、成都市龙泉驿区社区教育学院和我院就共同创建“全国城乡社区数字化学习成都实验基地——“成都龙泉驿市民终身学习服务中心”，签订了共建合作协议。“中心”的建立将为龙泉驿区市民提供方便、灵活、个性化的学习条件和场所。

2011年12月，我院正式获评“国家3A级旅游景区”，成为目前国内唯一的一所整个校园被评为“国家3A级旅游景区”的高校，率先并前瞻性地开辟了一条教育与旅游相融合的道路，标榜的特色旅游资源、特别是传统资源（古今发艺、女红工艺、民间传统养生技艺、土陶艺术和川西古典家具等）将为成都旅游注入新的元素。

## 六、高职人才培养工作方面的创新尝试与主要举措

在“上轨道、搭平台、扩规模、入主流”的基础上，2011年我院深入落实“博、雅、精、专”高职人才培养的理念，以实事求是的工作作风和建立百年老校的沉稳心态，促使各项工作都持续、有效展开。

### （一）重视国家实训基地建设

2010年10月，学院制定了我院《国家计算机应用与软件实训基地的“十二五”规划》，除了保证基地日常的维护和设备更新换代的资金外，学院还根据教学要求和市场需要，不断对基地进行了扩建，以扩充基地的功能和服务范围，新建了五个计算机实训室，新增计算机300台，液晶投影仪40台，完成了基地演播厅大楼的建设工作，2011年6月更是引进了多款适合高职学生学习的教学软件，如国际贸易模拟教学软件、市场营销综合训练教学软件、工商管理综合训练教学软件、会展管理教学模拟软件及金蝶财务软件等；同时，为满足苹果机系统及相关培训项目的需要，学院还投入资金完成了苹果机系统的全面升

级。国家实训基地的发展在2011年产生的显著影响有：

1．带动了教学改革和专业建设

教学改革、专业建设和实训基地的发展相互促进，相辅相成。依托实训基地，我院数字艺术系专业课《数码图像后期制作》在2010年成功申报为四川省精品课程；环境艺术系于2011年9月立项的科研课题——《开放型校内实训基地建设模式的研究》，更获得四川省教育厅人文社科研究重点基地第二名；2011年11月，针对基地建设的课题《资源共享型高职实训基地建设模式的研究与应用》获得四川省教育厅科研课题立项；同时，基地专职教师还编写、出版了《Photoshop图像处理》、《新编大学计算机基础实训和习题》、《新编大学计算机基础教程》、《国际贸易实务项目化》、《电子商务实务》等多部教材。

2．支撑技能培训项目，提高了学生的就业竞争力

以国家实训基地为依托，我院加强了对在校生进行职业技能等级培训和鉴定，2011年先后开展了商业美术师（广告设计师）、服装设计与定制、外贸单证员、国际贸易业务员、国际商务秘书、园林景观设计师、室内设计师、计算机等级考试培训、英语等级考试培训、翻译培训、商务高级营销培训、金碟财务软件培训、电算化会计培训、计算机二次辅助设计、摄影、涂饰设计与操作等职业技能培训业务，培训学生达2000多人次，大大提高了学生的"双证率"，增强了我院学生的就业竞争力。

3．促进了校企合作及服务地方经济

学院与社会开展广泛的合作，尤其是支持社会急需的、有一定技术含量、有商业化前景的产业研发及应用项目。基地的老师带领数字艺术系的学生，结合影视专业开展实践教学，拍摄并制作了服装设计系为宝洁公司设计制作服装任务的视频；拍摄"马可波罗瓷砖营销精英培训"素材，并制作全程纪录片；还与龙泉驿区旅游局合作，开发了国际桃花节旅游产品，"以产定销，以产促学，以产促训"，推出的"春桃大学生创业车"创业项目引起了海内外媒体的关注及争相报道。实训基地良好的示范作用，促成"成都市龙泉驿区市民终身学习服务中心"于2011年10月20日在我院正式挂牌，向成都市民提供方便、灵活、个性化的学习环境和网络化、数字化的学习资源，开展社区教育。

**（二）强调学生综合素质教育**

2011年，我院着重强化"综合素质教育"与"专业教育"和"环境文化教育"的高度融合，共同支撑人才培养总体目标。基于我院现有的教学资源（校园、师资、课程、财力等），我们通过"三全"模式——即"全院、全程、全面"参与，以2011级各专业学生为对象，主要通过第二课堂强化以"职业素养、人文素质教育、科技素养"为主的综合素质的培养，通过七个课程模块——入学教育、国防教育、职业素养、人文素养、科学素养、健康素养、美育等，促进学生主动学习、全面发展，以实现人才培养综合素质的提升和学院教育教学水平的提高。实施综合教育的具体目标主要有：

1．顺应职场对人才的需求，搭建高职院校综合素质教育第二课堂的平台，探索高职学生综合素质教育的新模式。经济的多元化发展和社会对人才的需求日益多样化、专业化，促使招聘方在选择人才时，逐渐从"重学历"转化为"重能力，重职业道德和价值观"。综合素质无疑已经成为高职毕业生求职、发展和晋升的重要影响因素，并成为企业选人、

用人的重要标准。我们利用第二课堂的时间和空间，积极探索综合素质教育的新模式。

2．利用现有资源，细化内容，创新方法，构建第二课堂综合素质教育的课程体系。

3．探索形式更开放、内容更丰富、学习更自主的第二课堂教育教学方法，全面提高学院教育教学质量，促进学生主动学习、有效发展。

截至2012年3月，第二课堂已开展各种讲座98次，活动114次，成立学生社团43个，参与第二课堂学习的学生达2万余人次，基本形成支撑人才培养方案三大支柱之一，初步形成具有学院特色的学生综合素质教育运行机制，为学生的终身可持续发展奠定基础。在今后的实践过程中，我们将打造具有我院特色的学生综合素质教育体系和运行机制，更好地服务于我院人才培养的总体目标。

**（三）严把课程质量关，全面提升教育教学水平**

为不断提升教育教学质量，保证人才培养的科学性和有效性，我院于2011年11月初，在全院正式推行课程教学运行质量三段三级式检查。

根据每一门课程的学时及时间安排不同，将每一学期的课程分三个阶段依次完成教学：第一阶段完成大约在每学期开学后2个月内，第二阶段则是每学期中旬完成的课程，第三阶段是在期末完成的课程。而“三级”则根据课程教学运行产生：一级——教学前的准备工作，二级——课程教学的过程，三级——课程结束的教学效果。

三段三级式检查的内容具体包括：课前课程教学大纲、授课计划、教案、作业设计、课件、教材等准备情况；教学过程中各类听课评价、学生评教，教学日志、实践性教学、过程性考试；课结束后学生的学习收获、课程成果展示、总结性考试及课程教学档案。我院“七系一部”都以此为契机进行了“以项目为载体、以任务为导向、以教师为主导、以学生为主体”的新型教学方法改革，并在2011年12月至2012年2月期间均展开形式多样、内容丰富的成果展示活动。

三段三级式检查是我院提出“博、雅、精、专”的人才培养理念后所作的一次新尝试。严把教学质量关，通过教学过程检查帮助教师认识自己教学上的优势与不足，诊断教师在教学中存在的问题及时调整教学运行各环节，展示教学成果，激励教师致力于课程建设，不断深化教学改革，全面推进教育发展和创新。

**（四）深化产学合作，共育人才**

通过产学合作，可以促使学院更好地了解区域产业结构调整、行业发展和劳动力市场的需要状况。广泛听取企业和用人单位对人才培养质量的意见和建议后，可以及时调整我院专业结构，让专业结构更趋合理，特色更加鲜明，更好地适应地方经济发展对各类人才的需要。而且，“工学结合、校企合作”的展开对提升我院专业教师教学水平和个人成长也有很大帮助。

2011年3月，我院正式与宝洁（上海）贸易有限公司就国际染发课程植入及共同认证、师资培训、校园招聘、校园大赛、校内实训基地建设及形象展示宣传、沙龙业务培训、教学产品资助等多方面活动达成充分的合作意向。同时，双方就合作项目启动时间和具体事宜进行了深入磋商，以确保合作项目的顺利推进和开展。

同期，我院服装设计系与宝洁公司专业美发部签署了“威娜国际趋势奖”服装设计项目合作协议，标榜为这场盛会设计 32 套顶级服饰。“威娜国际趋势奖”是在全世界范围内举办的创新发型比赛盛会，素有美发界的“奥林匹克”美誉，是全球一段时间或一个时期发型趋势的风向标。服装设计系在 3 月 18 日前顺利地完成了服装制作及配饰任务。而此次服装设计的创意大部分是由制作团队的学生想出来的，通过国际大赛的契机，我们有效地培养了学生国际视野、锻炼动手能力，实现了校企双赢。

### （五）积极开展科研活动，推动教学改革

科研工作对于推动高职教育教学改革不断深化具有重要的先导作用，构建以组织系统设置、制度建设保障为载体的机制是推动我院教育教学改革的基本保障，探索人才培养模式创新、校企合作机制构建、教学质量评价等问题并形成有指导意义的理论与经验是我院科研的主要任务。

2011 年，我院共组织申报省教育厅级项目（课题）13 项，其中 6 项获批立项，5 项未获得批准，2 项待批。此外，根据四川省教育厅“关于做好 2009～2012 年高等教育人才培养质量和教学改革重点项目确认工作的通知”（川教函[2011]273 号），我院申请确认 1 项省教育厅教改项目《高职人物形象设计专业国际化应用型人才培养模式的研究与实践》已被确认为重点项目。其他成果主要有：

1．实现了我院专利授权“零”的突破

根据 2010 年度校级课题《圆竹家具新型接合结构的设计研究》研究结果，学院作为第一发明人、环境艺术设计系教师杨凌云作为第二发明人，共同将《用于竹制家具的杆件连接结构》研究成果向国家专利局申报实用新型技术专利，目前已获专利证书（专利号：201120085529.x）。这是我院成功申请并获批的第一项专利授权，实现了我院专利授权“零”的突破。

2．校园文化建设成果被四川省教育厅推荐申报国家级奖项

2011 年 9 月，由科研处负责申报的四川国际标榜职业学院“人文校园”建设成果《文以厚德、文以求真、文以养美——四川国际标榜职业学院‘人文校园’建设成果》荣获四川省 2011 年高校校园文化建设优秀文化建设成果“三等奖”，并由四川省教育厅发文，要求我院进一步完善申报材料，推荐我院将相关建设成果上报教育部，参加国家级优秀校园文化成果奖项的评选。

3．动漫作品获得省级奖项

我院数字艺术系通过四川省教育厅动漫中心向成都市科技局提交的动漫作品《幻想天府》获得“三等奖”。

## 七、存在的主要问题及未来工作思路

### （一）国家实训基地的运行需要改进

基地的网络服务平台还不是非常完善，实训室对学生的开放程度还不高，基地对外服务的范围和效率也还有待提高。

2012 年我们将完善国家实训基地的网站建设，利用网络技术、电子教室、实景播录等手段，更好开展网上实训教学活动；同时，进一步开放实训室，把课内教学与课外第二课

堂活动很好地结合起来；还要结合我院作为 3A 景区这一契机，把具有标榜特色的社区大学，即田园式学堂办好；社会服务方面，我院将继续依托国家实训基地的资源，为校内外培养计算机软件与应用方面的专业人才，为龙泉驿区及周边地区培训 IT 人才。

（二）实践教学体系尚需建立、理顺和规范

通过 2011 年一年的实践和调查，发现我院实践教学体系亟待填空补缺。实践教学是高职教育内涵的核心，在一定意义上可以说，高职教育实践教学体系的建立以及特征，决定学院的特色，决定人才培养目标的实现。

要建立完整的实践教学体系，就必须需要梳理包括目标体系、内容体系、管理体系、支撑保障体系四个方面的内容，而这又具体涉及实践教学管理机制、实践教学组织机构（包括人员以及管理人员的职责）、实践教学规章制度等。我院将建立实践教学管理中心，细化上述内容，包括实践教学管理工作内容、工作流程等。如学生外出管理，包括学生实习课程、成绩、考核、保险等一系列问题；项目实习课程管理；项目合作校企合作工作流程的设计，包括收入分配、支出等财务管理；顶岗实习时间、监控等问题的管理。

（执笔：蔡瑞伟　刘细丰）

# 民办四川天一学院
# 2011 年度人才培养质量报告

为贯彻教育部和省教育厅关于职业教育的各项指示，培养“适应生产、建设、管理、服务第一线需要的高等技术应用性专门人才”，我院提出培养“能做、能说、能合作”高素质、应用型人才的办学指导思想。2011 年，学院继续坚持该办学指导思想，以提高人才培养质量为根本任务，以提升师生满意度为主线，注重内涵建设，深化教育教学改革，推进校企合作，进一步提高学院的教育教学质量。

## 一、学院基本情况

民办四川天一学院成立于 1991 年，是经教育部批准的全国首批西南地区第一所独立设置的普通高校。2011 年招生专业（含方向）23 个，分别涉及 7 个系部，在校生人数 7493 人。

学院办学指导思想是以全日制专科学历教育为主体，建立与完善符合社会需要和学生满意的质量标准，走产学结合的道路，培养德智体美全面发展，以“三能”作为主要特征，并具备生存与发展能力的应用型人才，努力建成一所社会认可度高的优质教学型高校。

2011 年，学院将川渝地区今后经济和社会发展的趋势作为思考基点，结合国家和政府性的战略思考和布局，大胆对今后较长时期的社会人才需求进行预测和判断，科学编制未来五年发展规划纲要，加快教育教学改革的步伐。

## 二、办学基本信息

### （一）经费投入

我院 2011 年度办学经费总收入为 6140.414 万元，学费收入占到 80.86%，中央地方财政专项投入（即国家奖、助学金）与其他相关收入占到 19.14%。无财政经常性补助收入。

学院 2011 年度办学经费总支出为 7354.776 万元，日常教学经费占 41.37%，教改及研究经费占 1.57%，师资经费占 0.17%，图书购置经费占 0.91%，教学仪器设备购置费占 8.26%，基建等其他经费占 47.72%。其中，学费收入用于教学经费的比例达 61.3%。

### （二）办学条件

学院位于四川省会成都市，在龙泉驿区、金牛区设有两个书院式精品校园，共计占地 620 601 平方米。其中，教学科研及行政用房 84 209 平方米，宿舍面积 55 800 平方米，生均分别达到 11.24 平方米和 7.45 平方米。

学院两个校区都有风雨操场和 400 米跑道标准田径运动场，各类体育设施设备齐备。

我院现有校内实验（训）室 40 个，现有校外实习实训基地 56 个，满足各专业教学需求。其中，教学、科研仪器设备资产达到 279.49 万元，全院教学、科研仪器设备总资产 2886.49 万元，生均 3850 元/人。

我院校园网信息通畅，提供纳入校园网统一管理的安全无线网络接入，出口总带宽为 26mbps，校园网主干最大带宽 1000Mbps，网络信息点数 500 个，全面覆盖主要教学和办公区。

我院建有独立的校园网主机房，现有教学用计算机 739 台，百名学生配教学用计算机台数为 10 台。

我院图书馆新增馆藏纸质图书 2.27 万册，总册数达 56.2 万册；新增电子图书 300 万册，总数达 1449 万册。专业期刊 8401 种，生均借阅 6 册/人。

**（三）师资队伍**

我院全日制学生人数 7377 人，各类教师 432 人，师生比 1∶17。其中，专任教师双师素质人数 128 人，占总教师人数 29.6%。学历结构方面，专任教师博士研究生 13 人，占总人数 3%；硕士研究生 135 人，占总人数 31.3%；本科 204 人，占总人数 47.2%。

学院在注重师德师风建设的前提下，制定了一系列新的政策和措施，加大对教师待遇的提升，合理化安排教师的课时量与课程，激励教师积极投身教学改革，确保教师满意度保持在较高水准。

2011 年，通过骨干教师带动作用，我院教师积极参加校外各级竞赛活动，12 名教师获得国家级奖励 14 个，获得校级、市级乃至省级以上优秀教学成果和竞赛奖励均超往年。

学院深入开展“学生满意度工程”和“关爱学生工程”建设，收集学生意见 1089 条，学生满意度达到 76.61%，较 2010 年提升 7.35%。其中，“教学管理类”满意度达到 81.80%。

**（四）生源情况**

2011 年计划招生 3500 人，实际录取 4861 人，实际报到 2959 人，新生报到率 60.9%。其中，高中生与“三校生”所占比例 25∶1。

## 三、高职人才培养过程

**（一）教学资源**

1．课程改革进一步深入。在 2010 年的基础上，2011 年我们继续将课程按照素质、能力、知识模块进行划分。要求各专业按照就业岗位需要将专业核心能力和专业拓展能力进行准确定位，将支撑这些能力的课程进行合理化的优化。2011 年我院共开设课程 728 门，进行了重大调整的专业必修课程 30 门，公共必修课程 8 门，公共选修课程 8 门。

2．教学资源合理利用。全院 728 门课程教材 95.7%选择的是符合高职学生学业基础的近三年高职高专优秀教材。我院共有实验室 40 个，新建成楼宇智能化和汽车电子两个综合实训室建设，校内实验（训）室利用率保持在 51.3%，学生满意度 80.49%。同时，学生到企业实习（训）覆盖率达到 40%以上，学生对本专业安排的校外实践性教学活动满意度 70.53%。

3．图书资源应用广泛。我院维普期刊下载量 9341 册，超新星图书下载量 7346 册，书生之家图书下载量 6332 册，借阅图书 94 494 册，阅览人次 47 907。

4．行业企业深入教学过程。2011 年行业专家不仅对各专业人才培养方案提出意见和建议，还对教学实施过程进行参与，对一些实践性强的课程派出专家对学生进行直接的指导，指导次数达到 50 多次。同时，行业企业还对专任教师的实践操作能力进行培训，培训次数达到 36 次。

**（二）课堂教学**

学生平均修满的课程学分为 131，生均课时为 1760，学生对专业核心课程的满意度达到 81.35%。

**（三）实践教学**

各专业实践学时达到本专业总学时的 55%以上（个别专业达到 60%以上）。各专业将企业的人才需求与职业的岗位技能标准进行整合，设计出适合该专业特点的实践教学体系。将稳定的校企合作项目纳入人才培养方案的课程设置中。

我院新增校企合作单位 19 家，50%以上属本区域或在行业中历史长、发展势头良好、具有较强社会影响力的企业。学院全年派出 10%的专任教师到企业挂职或见习；同时，兼职教师中企业中层以上管理人员或资深技术专家占 20%以上。

**（四）学生活动**

各社团开展了丰富多彩的文化体育活动，营建文明、健康、和谐的校园文化氛围。全年共举办院级活动 53 项，比去年增长了 29.27%，校区级活动 15 项，比去年增长 25%，系级活动 120 项，比去年增长 33.33%。

**（五）学生服务**

入学教育，生均参加 16 课时，整个满意度维持在 95%以上。心理健康教研室首次开展团体心理辅导，进一步促进我院学生心理健康教育水平的提高。

学院颁发"国家奖学金"、"新生入学奖"等各类奖助学金共计 8 317 757 元。涉及学生 2519 人，占到学院总人数的 33.6%，生均为 1110 元/人。全院共有 170 人次在学院各部门参加勤工助学活动，共计发放劳动报酬 4.82 万元。

## 四、高职人才培养质量

**（一）做好学生获奖、考证工作，提高学生就业竞争力**

在学院大力支持下，各系部组织学生积极参加各类竞赛。2011 年我院 216 人次学生共参与国家、省、市级比赛 18 个，其中国家级 14 个，省级 4 个；共获得奖项 20 个，国家级 14 个，省级 6 个，同比上一年增加 42.86%，其中国家级项目增长较大，为 133.33%。

各专业积极推进职业资格证书获取工作。在学生入学时，即确定学生应获取的证书类型，系部在组织三年的课程教学和课外学习计划时，证书考取一直是一项重要工作任务在落实。2011 届学生毕业时，证书的获取情况良好，部分专业学生获证率达到 100%。

**（二）建立系统的就业工作服务体系，提高就业质量**

为做好就业工作，充分利用多方资源，加强与用人单位的联系和沟通，我院建立涵盖各专业就业需求的用人单位信息库。对符合我校专业要求的用人单位进行实地考察，对企业规模、效益、工作、生活环境、工资福利待遇等进行详细的了解，为学生就业后的稳定和发展提供保障，为学生对就业的满意度进一步提高。

2011 年共接待企业 100 余家，举办 3 次大型双选会，20 次小型双选会，12 次专场招聘会，提供岗位数千。毕业生一次性就业率达到 94.5%，超过我国高校毕业生初次就业率 16.7 个百分点。在 30 个毕业专业中，有 8 个专业的一次性就业率达到 100%，占总专业数的 27%。

### （三）拓宽升学通道，满足深造需求

根据《四川省教育厅关于 2011 年普通高等学校选拔优秀专科生进入本科阶段学习的通知》（川教〔2011〕58 号）精神，在省教育厅的支持下，我院与宜宾学院、四川师范大学和四川理工学院三所本科学院达成升本合作协议，2011 年共报名 152 人，录取 81 人，录取比例达到 53%，录取人数占毕业生人数的 2.4%。另外，我院国际教育中心三名同学还成功升入澳大利亚查尔斯特大学国际商务本科，如果学业进展顺利，18 个月后即可获得商科学士学位。

### （四）毕业生就业定位准确，符合社会需求

我院对学生的就业定位为：符合行业一线需要，具备生存和发展能力的高素质应用型人才，让学生从思想到能力都符合一线工作的要求。学生就业后，工作岗位与期望无落差，就业稳定。用人单位对学生的工作情况予以高度肯定，并对学生的继续学习和发展能力表示高度的赞扬。例如，我院旅游系 2008 级毕业学生，进入誉为川菜第一品牌巴国布衣实习，短短半年内就有 10 人当上了相关部门的主管或经理。鉴于我院毕业生的优秀表现，巴国布衣特在我院设立巴国布衣奖学金和助学金，助学金总额 11 600 元为该专业所有学生享受，专项奖学金的覆盖面也达到了 20%以上。

## 五、社会服务

为了提高学生对专业能力的掌握程度，增强学生就业后的竞争力。2011 年，学院共为 3677 人次的学生提供各类证书培训服务，开出培训辅导课程 2760 节，接受学生疑难问题咨询 3000 多次，保证学生在一些难度较大的证书考取过程，有老师指导，有学习小组相互督促复习、备考。

为促进学校和周边社区的和谐发展，我院教育技术服务部老师深入社区 6 次，向社会群众排解技术难题 10 类，提供技术服务 68 次。学院举办的“庆祝建党 90 周年歌唱比赛”、“辛亥革命 100 周年大型演讲比赛”等大型活动均与社区联办，既扩大了学校对周边的辐射和影响，也丰富了社区群众文化生活。

## 六、高职人才培养工作方面的创新尝试与主要举措

### （一）试行“班导师制”，发挥“班导师”的教育引导作用，关心学生综合成长

学校在艺术设计系试行班导师制度，选取该系具有良好教师职业道德和较高水平专业知识的教师，对学生进行一对一辅导，充分发挥导师对学生的教育引导作用，帮助学生树立正确的世界观、人生观和价值观，向学生介绍专业前沿信息和发展趋势，教育学生热爱

专业；根据学生特长，指导学生合理安排选课计划和学习进程；帮助学生端正学习态度，明确学习目标，指导学习方法，引导性帮助解决思想和学习等方面的问题。关心学生日常生活，加强与学生情感交流与沟通。

**（二）转变师资建设策略，建设复合型师资队伍**

我院积极转变师资建设策略，打造复合型教师队伍。学院认识到，只有不断提高教师的综合素质，优化师资队伍结构，建立健全相关政策与制度，才能建设出一支专业运用能力强、理论知识扎实、业务操作技能熟练且具备实践指导能力和教学能力的复合型师资队伍。其主要举措为：第一，学院有组织地安排校本培训和教学研讨会。利用校内外有经验的优秀教师进行集中培训，并定期将学院各系部教研开展情况进行公布和督促。第二，学院鼓励教师接受继续教育，考取各类职业证书和继续深造。第三，选派骨干教师或有潜力的教师到各相关校企合作企业进行顶岗实习、挂职锻炼，充实专业知识，了解行业发展动态和业务操作流程。第四，学院在政策上激励教师参与类似的企业锻炼，比如将企业实践与薪酬奖金、职称评优挂钩等。第五，打造优秀兼职教师师资库，弥补专任师资队伍的不足。按照“专兼结合、外聘内培、资源共享、表扬优秀”原则，努力抓好师资库建设，重点打造由“兄弟院校骨干教师+企业中层以上管理人员+资深技术专家”的兼职教师资库，现已储备了150人的师资常量，资源还在不断充实中。

**（三）进行一系列教学专项改革**

教学工作坚持以专业建设为核心，以就业为导向，根据地方和区域人才需求特点，广泛调研、充分论证，科学制定专业建设规划，适时调整专业设置和人才培养方案，重点加强特色专业建设，进一步完善课程体系。以专业技能培养为核心，优化课程体系；加强精品课程建设；重视教材建设，进一步创新培养模式。积极探索和实施适合专业特点的校企合作、工学结合人才培养模式，密切校企合作，彰显办学特色。进一步规范教学管理和实习实训工作。

## 七、存在的问题及未来工作思路

学院在人才培养工作中，摈弃单纯扩大招生规模的粗放式增长模式，着重关注人才培养质量的提高。2011年，学院继续坚持以“培育健康人格，展现高雅品位”的素质能力，以及“奠定能力基础，丰厚素质底蕴”的知识能力作为基础，在课堂教学和素质拓展中，在校内外实习（训）中，着力培养学生“三能”的职业能力，使之达到我院既定的培养目标，经得起学院和用人单位的检验。但也出现不少的问题，主要集中在：

**（一）生源素质的下降带来的教育问题**

对社会和学生家长而言，生源素质的下降造成了双重心理作用，即一方面进入高校的门槛降低，读大学容易了；同时，优质的高等教育资源并未随之增加，文凭的含金量反而在降低。我国2011年高等教育毛入学率接近30%，而四川省高等教育毛入学率达到25.1%，实质已经进入大众型高等教育阶段。学院面临自身生源容积的扩大需求，也面临各省内外高校的激烈竞争，如何能将粗放发展模式，转变到切实打造优质高等教学质量和品牌，确立“质量兴教”的思想，走内涵发展之路。

（二）素质教育在推行中遇到各类问题

各专业对素质教育，特别是其中的通识教育的认识不到位。通识教育与专业教育并非完全对立，但各专业教师将通识教育视作抢占专业教育学时的对手，不愿意配合通识教育的开展。同时，专业教师的认识直接影响着学生的态度，学生在学习过程中，更重视专业技能课程的学习，忽视通识教育的必要性和重要性。学院推进该项工作在专业教师和学生中感受到一定的阻力。

针对以上问题，我们准备在2012年采取的举措有：

1. 针对生源素质下降问题，我院准备调整专业定位和课程结构。在不降低培养要求的基础上，将就业定位按照实际情况进一步重新调整。按照就业需要把课程结构进行梳理，将一些难度大，实际应用低的课程进行改革。将学生就业需要的必备课程内容加大课时量，特别是实践操作环节，要进行反复的练习和检验。

2. 针对素质教育开展多次讲座，邀请就业学生回校交流经验。就业学生对工作中需要具备的素质和通识能力进行讲解，让在校学生充分感受到通识教育是他们就业后事业发展的重要砝码；让专业教师认识到素质教育不仅可以帮助学生拓宽就业渠道，还可以帮助学生在工作中进一步向上发展。对素质教育课程进行课程改革，根据学生的实际需要，按照学生乐于接受的授课形式，打造一批精品素质课程，在校内组织公开课，扩大素质课程的影响力。

（执笔：尹　静　刘　练）

# 四川托普信息技术职业学院
# 2011 年度人才培养质量报告

2011年，四川托普信息技术职业学院认真贯彻《国家中长期教育改革和发展规划纲要（2010～2020年）》有关精神，坚持“以服务为宗旨，以就业为导向，以能力为核心，以质量求发展”的办学理念，秉承“诚信、务实、精技、立业”的校训，不断深化教育教学改革；通过顺利结项的8个院级重点专业三年建设质量工程任务，学院进一步发展和丰富了“四段式人才培养”的办学特色，凝练出围绕一个培养目标（综合素质高的知识技能型人才）、采取两种培养方法（因材施教和特色人才培养）、紧抓三条主线（素质、知识、技能）、搭建四个平台（基础教育、专业教育、实习实训、创业孵化）的教学模式。

## 一、学院基本情况介绍

2011年学院设立有五系两部，23个招生专业、43个专业方向，专业涵盖电子信息、制造、财经、文化教育、艺术设计传媒、土建6个高职高专专业大类。在校学生9191人，校内专职教师406人，校外兼职教师92人，其中高级职称105人，双师素质教师135人、具有研究生以上学历教师125人。高级职称比例为26%，双师素质教师比例为33%，研究生以上学历比例为31%。

学院现有校级重点专业8个、1个中央财政支持的职业教育实训基地、1个校企共建国际化软件及服务外包基地、省级精品课程4门、省级精品教材7本、2011年新编教材6本、《软件技术专业综合改革项目》获四川省“高等教育质量工程”建设项目。

## 二、办学基本信息

### （一）教学经费投入情况（如表 1 所示）

表 1　教学经费收入/支出统计表

| 项目 | 实际发生额 | 占总额的比率 |
|---|---|---|
| 一、收入 | | |
| 其中：学费收入 | 60 614 577.5 | 71.29% |
| 政府补助收入 | 9 194 000 | 10.81% |
| 其他收入 | 15 221 422.5 | 17.9% |
| 收入合计 | 85 030 000 | 100% |

（续表）

| 项目 | 实际发生额 | 占总额的比率 |
| --- | --- | --- |
| 二、支出 | | |
| 其中：教学支出 | 67 519 377.02 | 85.84% |
| 科研支出 | 266 833.12 | 0.34% |
| 实验实训支出 | 6 520 505.02 | 8.29% |
| 其他支出 | 4 347 284.84 | 5.53% |
| 费用合计 | 78 654 000 | 100% |

## （二）办学条件（如表2所示）

表2　学院基本情况统计表

| 校园总面积 | 404 522平方米 | 教学、科研、行政用房 | 95 958平方米 |
| --- | --- | --- | --- |
| 宿舍面积 | 65 867平方米 | 生均面积 | 7.12平方米 |
| 实验室数 | 43 | 校内实训基地数 | 5个 |
| 多媒体教室 | 39间 | 语音室 | 5间 |
| 教学科研设备总值 | 3348.88万元 | 教学科研设备生均值 | 3638.21元 |
| 校外实践基地数 | 11 | 生均计算机台数 | 0.41台 |
| 图书馆生均图书 | 44.39册 | 生均体育场地面积 | 5.39平方米 |

学院目前教学生活设施完善，配套齐全，拥有教学楼、实训楼、图书馆、行政综合楼、学生公寓、学生食堂、学生活动中心，建有标准塑胶运动场、网球中心、篮球场、乒乓球场等运动设施，为师生提供了充足的教学、生活场所。

图书馆现有馆舍14 042平方米，拥有纸质图书40.8万册，纸质图书涵盖范围广泛，门类齐全。有各类专业期刊250余种。拥有超星电子图书资源量1798.62GB，CNKI论文数据91万篇以及各种数据库资源。

建成校园网主干1000M、出口1000M的先进校园网络系统，学生宿舍内每个学生拥有专线网络接口，建有学院全域覆盖的无线网络。学院行政办公、教务管理、学生信息管理、财务资产管理等实现网络化。

学院以校园网站为平台，建立了电子商务实践教学平台、物流实践教学平台、远程仓储管理模拟系统、国际商务教学模拟平台、国际贸易单证实务平台等多项教学资源，为省级和校级精品课程网站提供校内外的访问，初步建立了校园内基于网络的教学方式和学习方式。

截至2011年，学院拥有计算机应用与软件技术实训基地、数控实训中心、华迪实训基地、汽车维修实训中心、国际软件及服务外包实训基地。

（三）师资队伍（如表 3 所示）

表 3　师资情况统计表

| 专任教师数量 | 406 人 | 生师比 | 20.33∶1 |
|---|---|---|---|
| 高级职称教师比例 | 26% | 有硕士以上学位教师比例 | 31% |
| “双师型”教师比例 | | 33% | |
| 2011 年参加校外进修、培训、交流等教师比例 | | 30% | |

2011 年，学院教师积极参与教学科研活动，本年度教师完成省部级科研项目 3 项，校级科研项目 38 项。通过学院开展的学生教学满意度调查和毕业生满意度调查结果显示，学生满意度达 90%以上。

学院为教师创造了良好的发展空间，建立了完善的薪酬福利体系和激励机制，修建了教师公寓，教师普遍敬业爱岗、具有创新精神和团队精神，教师个人价值得到了较好体现，工作满意度高，幸福感强。

（四）生源情况（如表 4 所示）

表 4　2011 年新生录取统计表

| 计划招生数 | 实际录取数 | 实际报到数 | 录取报到率 | 生源分布情况 | | | |
|---|---|---|---|---|---|---|---|
| | | | | 四川省考生 | 省外学生 | 农村学生人数 | 农村学生占新生总数比例 |
| 3400 | 4796 | 3333 | 69.5% | 3295 人 | 38 人 | 1930 | 57.9% |

## 三、高职人才培养过程

提高人才培养质量是学院发展的永恒主题，狠抓人才培养过程的每一个环节是学院教学管理的重心。

### （一）课程教学管理科学规范

学院坚持每年修订人才培养方案，针对各专业相应的职业岗位（群）应具有的基本素质和技术应用能力，建立基本能力、专业技能、综合职业能力培养的教学体系，科学设置课程体系，以达到对学生职业技能的训练。生均修课学分144、生均总课时2304（含新生入学教育、军事训练、实习实训），如表5所示。

表 5　学院 2011 年课程类型学时统计表

| 总课时数（学时） | 纯理论类课程 | | 理论+实践类课程 | | 纯实践类课程 | |
|---|---|---|---|---|---|---|
| 课时数（学时） | 比例（%） | 课时数（学时） | 比例（%） | 课时数（学时） | 比例（%） | 课时数（学时） |
| 104 016 | 47.26% | 49 160 | 30.73% | 31 976 | 21.99% | 22 880 |

（二）实践教学方式深受学生好评

为进一步规范实习实训教学，2011年学院颁布了“学生实习实训工作规范（补充条例）”，对实训时间、实施方案、学生获取实训学分考核办法、系部实习实训方案的制订要求等方面进行了全面细致的规定。2009级学生通过各专业系部严谨的实训管理、科学的实习实训方案，获得了较好的专业技能训练，学生对实践教学的满意度达96%。

学院校企合作伙伴——智翔集团于 2011 年 7 月投入 300 万元购买实习实训设备，运用最先进的教学模式——UBL（Ultrawise Blended Learning）教学模式，采用理论与实操混合、仿真项目与真实项目混合、工程师与学生相结合的方式，为 2009 级定制班学生进行一种创新实训模式，取得了较为满意的成果。

（三）学生活动丰富多彩

2011 年，学院各类社团共计 22 个，学生参与社团总数 1500 余人。学生普遍认为各类社团开展的活动比较贴近实际，社团的各项活动在一定程度上影响着校园文化。

2011年3月，我院2009级电子商务与经济系学生孙燕、贾珊以国际雇员的身份到美国西雅图实习；2011年5月，我院2009级电子商务与经济系学生周娟喜获赴美J-1签证。

（四）学生服务周到

学院建立有完善的助学体系，对品学兼优和家庭困难的学生实施奖励。2011 年度学生获得学院各类奖助学金 5405 人、勤工助学 210 人，合计 5615 人，占在校生比例 61%。各类奖助学金总额达 7 437 500 元、勤工助学 25 910 元。生均获得资助金额 812.03 元。

学院高度重视新生入学教育并特别针对新生编写了《高职学生手册》，生均入学教育课时数 44 课时，新生对入学教育满意度达 98%。

为帮助学生健康成长，学院心理咨询室坚持开展新生心理健康普查工作，帮助学生解决学习和生活中遇到的困难和烦恼。坚持开展常规个案咨询，对来访学生的问题进行及时的处理。

（五）高度重视就业工作

学院坚持为每一个学生提供包含职业素质测评、专题讲座、就业咨询、就业心理辅导、就业推荐等内容的就业服务，使同学们明确职业生涯定位、了解就业方针政策、了解企业需求，帮助学生实现顺利就业。毕业生对就业服务的满意度为 90.6%。

## 四、高职人才培养质量

（一）特色人才培养成效显著

2011 年，学院坚持“以人为本、因材施教、突出特色”的教育教学理念，实施差异化教学、特色化教育，着力培养学生专业技能和职业素质。在执行常规教学计划的同时，将“特色人才培养”的形式贯穿于教学活动的始终，从学生入校开始即选拔一批优秀学生，在不脱离原班级条件下，利用课余时间，在指导教师的带领下以专业协会活动的形式、以参加学科竞赛及应用型科研项目开发为任务，促进学生专业技术能力的提高，培养专业技能方面的个性化人才，为学生成才做好孵化准备，同时，也在学生群体中树立“学习标杆”，引领广大学生热爱专业课程学习。

2011 年，在专业教师的带领下，共有 12 名学生参与科研项目。

2011 年，学院学生参加各级各类专业技能大赛，共获奖 94 人次，其中：国际性 8 人次，国家级 8 人次，省级 78 人次。

### （二）毕业生就业成绩名列前茅（如表 6 所示）

表 6　2011 年毕业生情况统计表

| 毕业生人数 | 3079 | 就业人数 | 3028 人 |
|---|---|---|---|
| 就业率 | 98.34% | 对口就业率 | 55.6% |
| 创业人数 | 551 | 毕业生获得职业资格证书人数 | 2961 人 |
| 高新企业就业比例 | 8.55% | 毕业生就业满意度 | 90.6% |
| 专升本比例 | 4.9% | 毕业生就业薪资水平月 | 平均 2300 元 |
| 入伍预征报名人数 | 202 人 | 职业稳定性（一年内未离职易岗人数）比例 | 40.3% |

### （三）用人单位对人才培养质量评价高

通过跟踪调查了解到：我院2010届毕业生在其单位的工作表现得到同事和领导的充分肯定。用人单位对我院2010届毕业生的整体印象较好，对其敬业精神、诚信、职业道德、遵纪守法、进取精神给予了充分肯定，特别是对我院学生的专业技能给予较高的评价。

用人单位普遍反映我院培养的学生政治素质高、业务过硬、工作中吃苦耐劳、勤学好问、上进心强，多数学生成为基层单位的业务骨干和业务能手。

同时，用人单位希望学院注重对学生的创新意识与开拓精神的培养，提高他们的领导能力、应变能力、公关能力、交际能力、协调能力、口头表达能力、写作能力和服务意识与能力等，使毕业生不仅有较强的专业知识和业务能力，更兼备较高的综合素质，能不断适应未来发展变化的挑战。

## 五、社会服务

2011 年，学院主动、积极为区域经济社会发展服务，切实将服务经济社会发展作为高职教育的出发点和立足点，推动高职教育内涵建设，提高办学水平和人才培养水平。

2011年，学院承接技术开发类横向项目13项，合同金额达30余万元，取得一项软件著作权。承办了2011年成都市“诺特杯”妇女网球邀请赛、2011年“运动成都”成都市第二届校园网球文化运动会。学院从2007年连续6年组织数十名学生参加大学生志愿服务西部计划。从2009年起连续三年在郫县滨河社区、郫县敬老院、颐家怡敬老院开展义工及文艺演出活动。

2011年学院完成1533人的职业培训，其中1322人取得计算机调试员、助理物流师、平面设计师、会计等省市主管部门颁发的从业资格证书。在郫县校企促进办的指导下，完成了工程技术中心的构建方案。

## 六、高职人才培养工作方面的创新尝试与主要举措

### （一）深化校企合作，共建计算机学院

为加强计算机软件开发、嵌入式系统应用设计、移动互联应用、项目实施及管理方面的高技能人才培养，学院与智翔集团合作，于 2011 年在计算机系基础上共同筹建计算机学院，校企双方根据行业人才需求，设立了计算机网络技术（移动通信网络）、软件技术（移动软件开发（Android+Java））、计算机应用（嵌入式系统设计（ARM+FPGA））等 8 个专业方向，注入智翔资源，以新建专业方向带动原有专业一道发展进步。

在校企合作中，双方充分发挥各自优势，通过智翔集团引进在产业上有丰富经验的知名企业，并及时提供相应的产业标准与适合的人才培养方法，采取“高学历+职业技能+定向就业”三合一订单式培养模式，共同培养国际通用的软件、嵌入式、电信与移动计算应用的技术人才；后期双方将通过共建实训基地，共同承接产业项目、申报科研项目，将人才培养业务扩大延伸，成为成都乃至西南片区的高新技术人才蓄水池。

### （二）打造重点专业，为提高人才培养质量奠定基础

2011 年，学院顺利完成 8 个重点专业建设项目任务。通过三年的专业建设，学院进一步发展和丰富了“四段式人才培养”的办学特色，凝练出围绕一个培养目标（综合素质高的知识技能型人才）、采取两种培养方法（因材施教和特色人才培养）、紧抓三条主线（素质、知识、技能）、搭建四个平台（基础教育、专业教育、实习实训、创业孵化）的教学模式。各重点专业梳理了专业设置和培养规格，凝练了人才培养目标；针对不同的专业特点，创新了人才培养模式；以课程建设为抓手，切实落实了人才培养方案。依据岗位需求确定课程体系，构建了“教学做”为一体的开放式“双证”教学课程体系，以核心课程建设为重点，辐射带领全部专业课程建设。通过重点专业建设，进一步提高了我院人才培养的质量、办学效益和竞争力，切实树立托普学院在省内高职院校的地位和社会形象。

### （三）以质量工程建设项目为抓手，切实提高人才培养质量

2011 年，学院“软件技术专业综合改革项目”包含的 5 个子项获得四川省“质量工程立项”。学院认真落实质量工程建设工作，并以质量工程建设项目为抓手，充分发挥质量工程项目的示范和带动作用，部署《XML 及其相关技术》精品开放课程建设、出版《JavaEE 高级 Web 应用专业项目实例开发教程》教材和《Java 编程技术》教材，加强校企合作共建“软件及服务外包示范实训基地”，推进生产性实训基地建设，创新软件技术专业实践教学体系，力求在课程建设、教材建设、实习实训基地建设等方面进行综合改革，带动学院人才培养质量的整体提升。

## 七、存在的主要问题及未来工作思路

### （一）人才培养工作中存在的主要问题及原因分析

2011年，学院教学工作虽然取得了一定的成绩，但也面临着新的机遇和挑战，总的来看，存在的问题和困难主要表现在以下几点：

1．教育质量工程建设

学院教学质量工程项目建设工作启动较晚，基础较弱，虽然在常规教学方面取得了显著的成绩，但在国家级精品课程、教学团队及教学名师的建设和培养等方面尚需实现突破，与省内示范高职院校相比差距较为明显。

2．教师队伍建设

师资队伍呈现总体稳定、局部流动的情况，在年龄结构、学历结构和职称结构方面还存在一定程度的缺陷，高学历和高职称教师所占比例还需加大，师资队伍结构的合理调整需要加强；青年教师的培养需要加强，教师参加科研的主动性和意识不强。

3．生源质量下降

从2010级开始，新生入口成绩急剧下降，虽然学院未雨绸缪制定若干对策，调整教学计划和实施方案，但随着生源质量下降，学生学习欲望不强、学习动力不足、学习习惯不好的现象依然存在。

**（二）上年度的改进效果，下一步改进计划与措施**

1．教学改革有待深入

学院以推进质量工程为契机，严抓质量管理，努力提高学院办学水平，从人才培养目标出发，坚持“课程设置紧扣专业培养目标”，实施“项目导向，任务驱动、理实一体化”教学模式；软件技术专业综合改革项目获2011年省级“质量工程立项”。

今后学院将继续加强在人才培养模式、专业课程体系、教学手段与方法等方面的改革，使之更加适应行业、企业岗位的需求；将进一步完善学院实验实训设施建设，使之更加贴近工作实际。

2．教师队伍建设有待加强

加大人才招聘和引进力度，改善师资队伍结构；积极选拔培养专业带头人和中青年骨干教师，实施“名师带动战略”；加强教师进修和培训工作，提升教师实践技能和综合素质；加强校企合作，加大双师素质教师建设力度。

3．深化学生素质教育

本学年计划全面推进素质教育，注重创新创业能力培养，着力提高学生实践能力，进一步强化“四风”建设等多项工作。

4．加强社会服务职能

进一步强化社会服务的意识，提高科研成果转化的能力，根据学院自身的资源优势和区域经济发展的需求，有效配置和利用现有的人力、财力和物力，使社会服务效益最大化，大力推进“校、企、行、政”交流与合作，提升学院办学的整体水平。

（执笔：陈元霞）

# 成都艺术职业学院
# 2011年度人才培养质量报告

## 一、学院基本情况

成都艺术职业学院是以艺术类专业为主体的全日制普通高职院校，具有12年办学历史并已正式组建10年。学院坚持立足文化创意产业和城市化建设的服务面向，以培养具有创新意识和能力的高端技能型人才为目标，传承多年在设计艺术、音舞表演等专业领域办学特色与优势，以现代高职教育基本理念和艺术教育特殊规律为指导，全面推进教育教学改革与创新，人才培养质量得到稳步提升。

学院现设置有设计艺术类、音舞表演和影视编导类以及建筑工程类、经管新闻类等30个专业及专业方向，其中设计艺术类专业招生规模居全省首位。设环境艺术设计学院、视觉传达学院、数字媒体系、音乐舞蹈表演系、建筑工程学院、管理系、体育系和公共教学部8个教学院系。

## 二、办学基本信息

### （一）办学基本条件

截至2011年9月底统计，校园总面积352 170平方米；教学、科研、行政用房与宿舍面积121 606平方米，生均面积23.6平方米/人；实验室、实训基地建筑面积13 187平方米，教学科研设备总值1457.88万元，生均值2828.64元/人。学院继续加大校内外实践基地的建设，现有校内外实践基地32个，能同时满足我院绝大多数专业的教学。

目前学院办公网络出口已升级至100M带宽，学生公寓的网络总出口达到了1G带宽，初步形成了一卡通和教学管理平台，同时在全校范围内实现了100%的无线网络全覆盖。生均计算机台数0.2台。图书馆纸质藏书20.27万册，电子藏书65万册，生均图书165册/人（纸质图书生均39.2册/人）。运动场及其他体育场馆建筑面积20 072平方米，生均体育场地面积3.89平方米/人。

### （二）师资队伍情况

1. 师资队伍数量与结构

（1）到2011年9月底，学院专任教师248人，校外兼职教师218人。在校学生5154人，师生比为1∶11.06。

（2）教师职称结构：副高以上职称教师占教师总数的21.03%，其中，专任教师中副高以上职称教师为23.38%；中级职称教师占教师总数的38.84%。

（3）专任教师学历结构：专任教师中硕士以上学历占教师总数的26.2%。

（4）专任教师中“双师型”教师 92 人，校外兼职教师中“双师型”教师 70 人；“双师型”教师占教师总数的 34.76%。

2．师资培训

2011 年度学院专任教师参加一个月时间以内的培训进修 246 人次，参加一个月时间以上培训进修的 4 人。参加校外交流 87 人次，其中省外交流 12 人次，国外交流 5 人次。各类培训进修覆盖率达到 80%以上。

3．教学科研成果

2011 年学院10位教师获得教育部第六届全国信息技术应用水平大赛最佳指导教师奖、中国建筑学会第九届中国环境艺术设计学年奖优秀指导教师奖、第六届大学生艺术节获优秀指导教师奖等多项国家和省部级奖项。发表专业论文 18 篇，出版教材、专著 6 部。

学院对学生就业指导采取多种形式，如上就业指导课、召开校园招聘会、院系推荐、组织企业和用人单位来校选人等，学生对此都感到比较满意；近 90%的学生认为学校的管理和教育严而有理；有 92%的学生认为学校培养出的毕业生质量高、素质好或绝大部分质量高。有 95%以上的学生认为自己在各方面素质都有不同程度的提高，特别在专业技能、心理素质等方面。

4．随着学院办学条件的不断改善，教育教学质量的稳定提高，教职员工工作的成就感日益增强，同时自身权益得到保障，教师的工作满意度较好、实现了作为一个人民的教育工作者的幸福感。

### （三）招生情况

我院 2011 年招生计划 2600 名，录取 3166 名，其中本省市占 93%，来自西部生源占 97%。报到 1991 名，报到率 63%，其中高中生占 99.8%，三校生占 0.02%，第一志愿填报率为 28%。

## 三、调整培养方案与课程结构，优化人才培养过程

2011 年学院围绕“提升专业服务产业发展能力”中心，针对“课程教学内容与行业技术应用脱节”，“教学手段和方法针对性不强”“毕业生实践能力和职业态度不能完全满足工作要求”等高职教育亟待改进的问题，推进一系列教学改革措施。

### （一）优化课程结构，调整课程类型

在与行业、企业合作开展专业调查，进一步明晰专业人才培养定位、培养规格基础上，通过制定 2011 级和修正其他年级各专业人才培养方案，着力推进了课程结构的优化和课程类型调整。在课程比例上，专业和专业基础课程得到进一步加强，达到总学时 65%以上。从课程类型上，完善纯专业理论课、理论与实践相结合以及纯专业实践课的课程体系，实践学时达到或接近 70%。

### （二）加强校校、校企合作，推进优质教材建设

除严格按照有关规定优先选用符合高职教育特点与要求的规划教材外，2011 年学院承担了人民美术出版组织的“十二五”高职艺术设计专业系列教材总主编和部分教材的主编、参编任务。目前，教学中使用由学院教师主编或参编教材等已达 30 余种。

（三）细化教学过程管理，强化学生实践能力培养与考核

一是加强教学过程的督导与监控，完善了院系二级质量评估体系。目前，学院各专业校内教学课时在1800～2050学时左右，周课时在24～27学时左右。推进了课程考核改革，注重形成性过程性考核，教学效果评价由学生通过教学管理网络数据平台登录“评教”，参与率达到98%以上，综合两学期“评教”结果，满意度（很满意、比较满意）达到92%。

二是把突出职业能力培养纳入课程体系的整体设置中，积极推行双证书制度，注重实训与职业资格与职业技能考证的结合，鼓励学生积极参与各项职业资格鉴定，毕业前学生各类职业资格与职业技能取证率达到85%以上。

三是进一步深化了业已开展的“校企合作”人才培养模式。设计艺术类各专业“公司进校、引企入班”的校企合作人才培养模式改革得到进一步完善，2011年有沙图什品牌设计、云顶动画、三叠纪动画、兴宏源装饰等多家专业“进校入班”，经过三年不断总结、改进，这种培养模式已经推广至全部学院主体专业。音乐、舞蹈等表演类专业与进驻学院的部队艺术团合作，常年坚持“教—学—演”一体化教学模式，经常性深入基础和部队进行演出实践，师生专业实践能力与演艺水平提高迅速。

（四）开展形式多样的校内外学生活动，落实实践育人工程

形式多样的校内外学生活动促进了校风学风形成、丰富了大学文化建设内涵、锻炼了学生综合素质与实践能力，各项活动都深受学生的较高满意度的好评。2011年学院共有学生社团32个，共有2050余名学生加入社团，占全院学生总数的40%，2011年学生社团共组织大小型活动600余次，82%的学生满意和支持社团活动的开展，11%的学生认为还可以开展更为丰富、更有新意的活动。学院还分批次组织学生到韩国等境外进行参观与交流学习，开阔了学生的专业与文化视野。

（五）关怀学生成长、成才，分阶段面向学生展开针对性服务

周密安排新生入学教育工作，采取院系集中与分散进行的方式，校企合作“请进来、走出去”进行新生对入学教育。保证了四天24学时入学教育时间。学生满意度分别为：很满意30%、满意60%、基本满意10%。所有新生都建立心理档案，并对问题学生进行心理干预。学院建立有“就创服务中心”，从大一年级开展，定期安排学生参加就业、创业知识讲座。

## 四、人才培养质量稳定提升，学院品牌正在形成

（一）以学生专业竞赛获奖为标志的人才培养质量稳步提升

2011年，学院各专业学生共有112人参加国家级、省级专业竞赛取得110个奖项的佳绩，其中，获得教育部第六届全国信息技术应用水平大赛一等奖2项、二等奖2项、三等奖6项；中国建筑学会第九届中国环境艺术设计学年奖三等奖2项、优秀奖5项；教育部第四届全国大学生广告艺术大赛荣获一等奖1项，二等奖6项，三等奖15项，优秀奖16项；教育部、团中央第11届“挑战杯”全国大学生课外学术科技竞赛三等奖1项。我院学生还有6人次参与项目研发，发表作品、论文2篇。

### （二）继续保持毕业生高就业率，就业质量提升迅速

学院深入贯彻落实“国务院关于进一步做好普通高等学校毕业生就业工作的通知”精神，切实加大工作落实力度，毕业生就业质量进一步提高，2011年学院就创中心发布就业信息580余条，组织召开就业招聘会49场次，提供就业岗位3860个，2011年我院共23个专业1663名毕业生，就业率为98%，专业对口就业率为80%，其中环境艺术设计、广告艺术设计等专业的对口就业率达90%。毕业生在民营、私企单位，事业单位工作的人数占68%，其他近30%在外资企业、国企等单位。毕业学生在进入工作岗位后经过短时间培训就能进入角色状态，用人单位对我院毕业生各方面情况较为满意。2011年共有91名毕业生“专升本”进入本科院校学习，占毕业生总数的5.4%。

## 五、结合艺术创作与艺术实践开展多种形式社会服务

1. 2011学院师生发挥专业优势和艺术特长，参加了我省一系重要活动。千名师生参加了由省委、省政府主办的四川省庆祝建党 90 周年文艺晚会演出；由我院上百名师生担当了由省委、省政府、省军区主办庆祝“八一”艺术晚会主要演出任务。

2. 2011年学院继续承担四川省中学美术教学与创作研究会的组织工作，举办四川省中学教师美术作品双年展，编辑出版“园丁画册”，为中高等艺术教育特别是美术教育的衔接，为我省基层艺术教育教学科研与创作做了大量基础性工作。

3. 与校企合作单位开展设计合作，2011年共同接受设计项目21项，师生58人次参与了设计与制作，师生获得经济收益3.15万元。

4. 2011年我院服装设计专业还获得四川省服装行业协会授予的年度“最佳人才培养奖”。

5. 全年音乐、舞蹈等专业师生和学院艺术团在全省各地参加演出、节目制作19次，并为驻地企事业单位培训业余文艺骨干100余人、排演节目6个。

## 六、高职人才培养工作方面的创新尝试与主要举措

### （一）以“塑特色、创品牌”为目标，加快学校改革发展步伐

高职教育是近十年来教育领域发展最为迅速的类型，一般认为国内的高职院校的发展要经历三个阶段，第一阶段：为求生存，要上规模、争效益，把学校做大；第二阶段：通过改革、创新促发展，把学校做强；第三阶段：塑特色、创品牌，打造教育精品。成都艺术职业学院组建十年，已经初具规模，走过了第一个发展阶段。面对当前快速变化的社会经济文化发展形势，特别是国家大力推进文化大发展、大繁荣的战略发展机遇期，学校的发展必须打破发展常规，要“两步并作一步走”，把“塑特色、创品牌”作为改革发展的出发点和归宿，加速学校发展进程，这是 2011 年成都艺术职业学院面对新的形势对推进学院改革发展认识的又一次更新与提升。

### （二）坚持现代高职教育理念，遵循艺术教育的特殊规律

艺术类高职学生专业技能、能力与技法的掌握决定了其艺术表达、表现、演艺水平的高低。实践证明，高职各艺术类专业对技能与技巧的要求，相对于其他专业来说或许要求

更为精细。成都艺术职业学院在 2011 级各专业人才培养方案的制订与修订中，进一步细化了对专业技能、能力与技法具体要求，分解到课程的实施要求，以及考核鉴定的标准与方式。学院在教学质量与教学效果的评估方面进行改进与探索，特别是专业课和专业基础课的教学中更广泛的引入“形成性考核”，强化学生创新意识、创作能力的培养。

### （三）深化内涵建设为工作目标，坚持教学改革创新

1．深化“校企合作”内涵，推进人才培养模式进一步改革

与全友家私有限公司签订并实施由企业提供奖、助学金和专业实习岗位、毕业生定向就业的“家具设计与制造专业”人才合作培养协议，开创了学院与大型骨干企业进行合作的局面。这项合作的意义还在于专业建设从实施层面“嵌入”到成都地区迅速发展的家具制造业发展进程中。目前，已有多家家具设计与制造公司主动与学校接洽人才培养合作、产学合作事宜。

主动配合城市经济结构转型、新兴产业发展规划，在政府主管部门支持下申办“展览展示艺术设计”等新专业，省博览事务局授予学院“四川省展览展示设计培养基地”。

2．深化“产学结合”内涵，推进专业教学模式进一步创新

将艺术创作与表演引入教学过程是高职艺术教育区别于其他教育门类的显著特点，是高职艺术教育“产学结合”的核心。深化“产学结合”内涵，就是要坚持推进师生艺术创作、艺术实践，以多出、出好的艺术设计作品、表演作品为衡量标准来引导专业教学改革。我院的设计艺术类各专业在 2011 年的教学改革与创新中逐步完善了以来自企业合作提供的真实“客户设计订单”和国内外“设计比赛项目”为课程教学驱动的项目驱动教学模式，表演类专业也形成了以演出节目任务为引领的专业教学模式。

## 七、存在的主要问题及未来工作思路

### （一）人才培养工作中存在的主要问题及原因分析

2011 年 9 月，教育部、财政部在“关于支持高等职业学校提升专业服务产业发展能力的通知”（教职成[2011]11 号）中对于高职教育存在的基本问题进行透彻地分析，就高职艺术教育而言，除普遍性的问题外，还存在一些特殊性问题，推进改革创新的迫切性更加突出。

1．推进“校企合作、产学结合”等改革任务仍然艰巨

一是“校企合作”过程中院校和企业的共识目前还停留在较低层面上，这里面有企业经济利益的原因，也有院校对办学效益认识的偏差，还有政府政策支持长期没有落实。如果摆脱经济利益的纠缠，或者进而创造双赢的经济利益，或许是改变校企合作局面的唯一的途径。

二是对“产学结合”的认识。高职艺术院校人才培养的属性决定了不可能像理工院校一样的产学结合模式，用产值、学校和学生受益情况等来衡量多数艺术专业的“产学结合”是个误区。艺术院校的重点应该是艺术创作与艺术的推广，偏离艺术教育属性的“产学结合”是很难在人才培养过程发挥好作用的。

2．面临寻找“师”“生”的两难

一是师资队伍建设，新建民办高职艺术院校前些年还能从一些公办学校、企业及事业机构吸引一批离退休专业教师和专业人才，随着学校增加、招生规模扩大、“庙多僧少”现象凸显，特色专业教师更是难求。

二是生源问题，学生首选“北上广”，再选当地本科，最后才轮到高职艺术院校。民办高职艺术院校还没有单独组织“专业面试”资格。一些特殊艺术专业由于招生政策限制，例如舞蹈、戏剧专业等本应从小进行连续的专业培养，但受不能招收“幼功班”的限制，要么面临基本无以为继，要么人才培养质量下滑。

**（二）2012 年教育教学改革工作的计划与措施**

1．抓住战略发展机遇期，拓展合作领域，增强办学实力

进入 2012 年成都艺术职业学院全力把握国家实施文化大发展、大繁荣战略机遇，多层次、多渠道拓展合作领域，认真规划学院未来蓝图，特别是要从根本上解决困扰学校发展的新校区建设等问题。目前，已经与部属艺术机构、产业集团和属地政府达成多个共建项目意向，正在推进项目进入实施。

2．以学院章程建设为契机，启动内部管理全面转型

以建立现代大学制度为核心，认真规划并落实学院章程建设工作，全面更新学院管理体制和管理制度，更进一步明确学院定位、学院特色，结合学院未来发展规划，调整、修订年度工作重点并部署今后几年工作中心。

3．持续推进人才培养的进一步改革创新

制定并落实校企合作工作方案，特别要借鉴“政校企多元合作”、校企合作实体化的经验，深化“校企合作”内涵，推进人才培养模式进一步改革。在“公司进校、引企入班”基础上，规划组建校企合作建立的实体化机构，把目前校内合作推向到社会、推进到企业，进一步实现校企合作的“双赢”和服务社会、服务行业的办学职能。

（执笔：陈　怡　吴青松）

# 四川警安职业学院
# 2011年度人才培养质量报告

## 一、基本情况

我院创建于1995年6月28日。2004年4月29日，经四川省人民政府批准成立四川警安职业学院。学院以高职大专学历教育为主，实行院系两级管理，设立经济管理系、汽车工程系、电子与信息工程系、旅游管理系、安全与警体系、基础教学部、思想政治教学部。专业设置上，学院专业建设呈综合类发展，开设有会计电算化、汽车运用技术、计算机应用技术、酒店管理、法律文秘、社会体育等26个专业。

我院坚持以"责任"为核心，以担当社会责任的教育，培养担当社会责任的人才为办学理念；紧贴社会需求，服务学生、服务区域经济、服务社会，立足成渝经济区，面向全国，培养适应生产、建设、管理与服务一线需要的高端技能型专门人才。2011年12月26～29日接受高职院校人才培养工作评估，受到专家组的好评，并在省大评委会上获全票通过。

## 二、办学基本信息

### （一）经费投入

2011年学院以迎评促建为契机，努力改善办学条件。2011年度，学院办学总收入6205.25万元，其中助学金拨款占总收入的11.92%，学费占总收入的71.49%，其他收入占16.59%；年度办学经费总支出6259.5元，其中用于教学19.68%，用于科研1.2%，实验实训占25.99%。

### （二）办学条件

学院经过16年的改革、建设和发展，特别是抓住"5·12"汶川特大地震灾后重建机遇，新建罗江校区，区位、交通、办学条件得到根本改善。学院现有罗江、绵竹两个校区，占地面积594 060平方米，总建筑面积18.9万平方米，其中教学、科研、行政用房102 289平方米，实习实训场所29 092平方米，学生宿舍54 539平方米，生均8.53平方米；2011年度，学院用于教学科研设备总值3264万元，生均5106.38元。教学用计算机1046台，阅览室、多媒体教室、语音室座位4852座。馆藏纸质图书48.39万册，生均75.7册。学院运动场占地面积约60 000平方米，生均9.38平方米，体育设施较为完备，能满足体育教学和日常运动需求。

学院十分重视实训条件建设，以专业建设为抓手，新增投入1910.475万元，建成了汽车实训中心、现代物流实训中心等6个校内实训中心和模拟法庭等61个实训室。在加强校内基地建设的同时，把建立校外实训基地作为学院校内实训基地的补充，建立校外实训基地 125 个，使有限资源整合社会资源形成合力，实现效益最大化。形成校内实训与校外实训相结合，教学实习与顶岗实习相配套、知识掌握与能力培养相渗透、课堂教学与岗位实践相融合的实践教学体系。

（三）师资队伍

学院现有专兼职教师 359 人（折合数），专任教师 272 人，师生比约 1∶18。其中，副高以上职称 98 人，具有研究生、博硕学位教师 117 人，具有双师素质教师 94 人。学院根据发展需要制定了“十二五”师资队伍建设规划，采取“内培外引”方式，加强师资队伍建设。2011 年度共送培专任教师 305 人次参加省级以上培训及进修，覆盖教师总数的 84.9%。此外，学院工资分配方案向教学一线倾斜，教师专业技术职务津贴高于同级别行政管理岗位津贴；制定了奖励教学教研成果的激励政策；不断改善教师的工作、生活条件，待遇留人、事业留人、情感留人，使得教师工作满意度较高；学院还不断加强师德、师风建设，提升教师思想素质。经过几年来不懈努力，基本形成一支职称、学历结构日趋合理、数量达标的令学生满意的师资队伍，为学院进一步全面发展、协调发展和可持续发展奠定了坚实的基础。

学院还建立了一套科研管理办法，设立教学项目、教研项目、质量工程项目奖和教研赛事奖，通过教研，促进教师专业技术水平较快提高。2011 年，学院共完成省级课题 3 项，立项 5 项，公开发行出版教材 15 部、论文 162 篇，校级课题立项 37 项，讲义 7 部。

（四）生源情况

2011 年度，学院计划招生数 3000 人，实际录取数为 4923 人，录取后报到率为 57.69%。录取学生中本市生源占 2.01%，本省生源占 97.68%。

## 三、高职人才培养过程

（一）优化培养方案　科学构建课程体系

2011 年学院重新修订各专业人才培养方案，根据本专业确定的职业岗位面向和职业资格标准，精心设计理论与实践相结合、着眼学生职业能力培养和综合素质提升、与企业人才需求相衔接的课程体系。我院现行课程体系设计为基本素质课程、通用能力课程、岗位能力课程和拓展能力课程四大板块。课程教学生均修课约 40 学分/年，640 课时/年。学生对专业核心课程的开设和学习情况较为满意，专业核心课的开设在一定程度上促进了学生岗位职业能力的提升。

（二）优化师资配备　加强教学资源建设

为了保证课程标准的实现，学院科学配备师资，专业性课程主讲教师由有专业背景的校内专任教师和聘请绵阳、德阳、成都高校专业教师担任，并积极聘请企业、行业专家和技术能手参与实践课教学。定向班则由企业派专家和技术骨干配合教学，有效地推进了课程建设与改革。学院建设一体化教室、多媒体教室坐席 3594 座，购置模拟实训软件和开展网络辅助教学，使现代化教学手段得到广泛运用，能满足教师和学生基本技能训练、综合实训等要求。

### （三）合理选用教材　加强教学资料建设

学院十分重视教材建设、教材管理和图书资料、校园网建设。制定了教材管理办法，优先选用符合职业教育要求的国家规划教材和优秀教材，鼓励教师编写教材和与各行业企业合作开发实训教材。学院图书馆馆藏纸质图书48.39万册，期刊406种。建设了体系较完善的网络基础设施，实现了校园网络全覆盖。

### （四）突出实践教学环节　落实实习管理

近几年来，学院始终把学生实践能力的培养与实践教学环节放在极其重要的地位。在人才培养方案中，实践类文经类课时占教学总课时45%以上，工科类占50%以上，设计较为合理。在实践教学流程上，结合课堂教学进行校内模拟实训，到企业岗位上进行三个月以内的实战性教学综合实习，再回学校强化专业理论知识，第六学期到企业顶岗实习。在实践教学方式上，依据课程性质，企业需求灵活安排多种形式实训。除课堂实训、校内实训基地模拟实训或带项目实训外，还把企业岗前培训前移在校内实训室进行，部分专业实践课程还结合教学实习在企业完成。各系根据各专业实际不断充实实践教学内容，丰富实践教学形式，保证了实践教学环节的落实和效果。

学院还制定有较完善的校内外实训管理制度，并运行良好。教务处设置实习实训科，负责全院实践教学的规划与建设，教务处教学科负责实习过程督查，教务科负责校外实训的安排、调度的审查。各系设置有实习实训与就业指导干事，具体负责实训的运行管理。每批外出实训的学生有教师带队，院领导、教务处、系领导不定期到企业巡回查访，及时解决实训中的问题，确保实训的正常运行和实训质量。

### （五）细化学生管理　丰富校园文化

学院践行“育人为本、德育为先”的教育理念，构建了“两化三品五环节”德育模式，即：通过管理、教育、引导、培训、养成五个环节，培养学生责任品德、感恩品德、仪礼品德，实现德育工作系列化、职业化。学生管理规范有序、卓有成效。学院狠抓学生文化，以活动为载体，丰富了校园文化生活，学院每年定期开展艺术节、运动会和各类大型主题活动，广泛开展学生社团活动、学生社会实践活动、寝室文化活动，以及常年“早诵经典、晚习武术”等文体活动。全院建立学生社团41个，社团活动开展丰富多彩、管理规范有序，使学院充满生机活力，近年来在省市大赛中获奖29项。

### （六）以教学为中心　做好学生服务工作

学院始终坚持以教学工作为中心，形成理事会、党委、行政一切工作为教学服务，为学生服务的工作格局。学院建有完备的心理健康服务机制和就业服务机制，设有专门的心理健康服务办公室和就业指导办公室，2011年度接受心理健康服务的比例为10%，接受就业服务的比例为100%。生均参加入学教育的课时达60课时。2011年度获得奖助学金的学生数为2740人，占在校生的42%；获得勤工俭学的学生数为464，占在校生的7%。生均获得资助的金额为2100元。

## 四、高职人才培养质量

### （一）学生积极参与项目研究与开发

近两年，学院积极鼓励学生参与项目研究与开发，特别是“5 • 12”大地震灾后重建中，组织志愿者深入灾区抢险和开展心理救助，开展灾后心理健康和生命教育省级科研课题研究受到了教育部和省市表彰。

### （二）强化就业服务　实现高就业率

学院成立了就业工作领导小组和就业服务指导中心，系设置了就业指导实习实训干事（科级岗位），实行就业工作二级管理。把学生就业指导纳入人才培养方案，开设了就业指导课程和企业专家讲座，从一年级开始贯穿整个人才培养过程，引导学生做好职业生涯规划，树立正确的择业观。同时，通过校企合作，政校合作，提供招聘信息，举办专场招聘会和大型双选会，为学生搭建与用人单位联系的桥梁。2011 年度，学院毕业生就业率为 90.11%，对口率为 70.63%，专升本比例为 5.14%。此外，学院十分重视毕业生在取得毕业证的同时，还能在校取得职业资格证书。近年来职业资格证书培训考核参考率达到 100%，毕业生“双证书”获取率达到 86.55%。

本年度，学院对我院毕业生用人单位进行了跟踪调查，调查显示我院毕业生以省内就业为主，用人单位对我院毕业生工作情况较为满意，满意度为 98.37%，用人单位普遍反映警安职院学生能吃苦、悟性高、上手快。有不少学生在教学实习、顶岗实习期间就通过考核进入管理部门、技术部门的重要岗位。

## 五、社会服务

学院坚持以服务为宗旨，开展多种形式社会服务。一是依托学科资源优势，紧密配合绵竹市建设旅游强市战略，在建设国家级整县推进发展休闲农业乡村旅游示范县和国家级农业开发示范县建设中，在国家 4A 级景区创建中，在中国四川国际旅游文化节、梨花节和世界超模决赛等大型活动中，学院旅游系从参与策划到礼仪服务作出了突出的贡献；紧密配合政府和企业开展绵竹市农民工计算机应用培训、罗江县镇村基层干部培训、华瑞汽车公司基层干部培训、德阳银行员工轮训、新员工军训，及承担高校军训和驾校社会培训等。两年来，学院外派社会服务 7580 人次，开展社会培训 38 994 人次。二是承担德阳市国家高职教育综合改革试验区子项目——创新社会管理项目，在罗江县金雁社区、省新农村示范点芒江村建立创新社会管理基地开展综合治理共建；参与德阳市司法局法律惠民活动，在罗江县万安镇、绵竹新市镇、孝德镇开展送法制上门，深受群众欢迎。三是学院志愿者服务队参与德阳、绵竹、罗江多项社会服务活动，受到德阳市表彰。四是对口支援绵竹市新市镇蒲泉村、中江县人和寨村，为新农村建设捐资 2.1 万元，还开展送科技、文化下乡活动。五是学院捐赠藏区松潘中学电脑 20 台，帮助改善教学条件。

## 六、高职人才培养工作方面的创新尝试与主要举措

### （一）重视人才培养　凸显教学中心地位

学院理事会、党委、行政始终坚持以教学工作为中心，高度重视教学工作，突出教学

质量的核心地位，成立了教学工作委员会、教学指导委员会和学术委员会，明确了"一把手"是教学工作第一责任人，形成了领导重视教学、经费支持教学、管理服务教学、后勤保障教学的良好局面。学院还制定了奖励专业建设、课程建设、骨干教师的管理办法，有力地促进了师资队伍建设。

（二）加强内培外引　建设专任教师队伍

学院根据发展需要制定了"十二五"师资队伍建设规划，采取"内培外引"方式，加强师资队伍建设。内培：一是推荐教师参加省以上各类培训，提升专业能力；二是选派教师到企业学习，或担任学生实习带队教师跟班上岗；三是建立老教师带新教师的指导督导制度和一对一帮带制度；四是建立名师、骨干教师评定奖励制度。外引：一是加大对高学历、高职称人才引进力度；二是利用区位优势，从兄弟高校聘请高学历、高职称的专业课程教师，纳入专任教师序列管理；三是学院建立"客座教授"制度，聘请各高校、行业专家为专业建设课程建设顾问；四是通过校企合作聘请行业、企业的专家和技术人员担任实训指导教师。经过几年来不懈努力，基本形成一支职称、学历结构日趋合理、数量达标的师资队伍，为学院进一步全面发展、协调发展和可持续发展奠定了坚实的基础。

（三）建立课程标准　加快精品课程建设

学院制定与职业标准对接的课程标准和课程管理办法，把课程建设分为三等五级（规范课程，优质课程，校级/省级/校级精品课程），并细化了每等每级标准，与课时费直接挂钩。通过听课、说课、晒教案、教师评教、学生评教等环节初评，最后由学院教学指导委员会专家组审定确定课程等级。由于可操作性强，级差大，调动了教师创优质课程，建精品课程积极性。

（四）遵循市场导向　加大专业建设力度

学院专业设置改变了招生跟风设专业，已步入适应市场准确定位、规范跟进良性发展轨道。学院依据成德绵和成渝经济区区域经济和产业发展总体规划，结合现有专业特色和优势，制定了"十二五"专业建设规划。成立专门的学术委员会，对立项建设的重点专业首先请校内外专家和企业专家一起修订人才培养方案，通过校企合作构建了工学结合的人才培养模式，确定课程体系与教学内容，组建企业技术人员参与的教学团队，探索适应岗位能力培养的教学设计和教学方案，修订教学大纲。在实训基地建设上也向重点专业倾斜。现有11个专业通过了学院重点专业评估。

（五）实施动态考评　建立质量监控体系

学院建立了"评教、评学、评管、督导"四位一体、全员参与的教育教学监控与评价机制。学院建立了由专家和青年骨干教师20人组成的督导组，把督导工作落到实处。学院建立了《听课制度》，对院领导、中层干部、教师、辅导员都分配有听课任务，随机听课，听课任务完成情况纳入目标考核，形成了全员关心教学工作态势。定期开展教师评教，学生评教活动和日常网上评教活动，每学期开展学生、处室评管活动和处以上干部述职。听课、评教、评管结果与员工目标考核和评聘晋升挂钩，调动了教职工积极性，促进了学院内涵建设。

## 七、存在的问题及未来工作思路

### （一）人才培养工作中存在的主要问题及原因分析

由于学院建校时间还不够长，还正处在建设和发展阶段，办学条件还在积极改进中，专业建设、课程建设也在不断地探索中，所以还存在以下问题：（1）专业人才培养方案处在积极探索和创新过程中，还不够成熟，各专业之间也不够平衡。（2）师资队伍数量和结构还需进一步改善。（3）基础设施还不够完善。（4）教学改革、专业建设、课程建设还需进一步加强。（5）校企合作、工学结合人才培养模式还需进一步深化。

### （二）上年度的改进效果，下一步改进计划与措施

1. 上年度的改进效果

针对学院上年度存在的实践教学环节较薄弱，实习实训室、基地和设施不够完善的问题，2011 年度，学院以“迎评促建”为契机，新建、扩建了一批专业实训室，改善了校内实践教学条件；针对上年度存在的“双师型”教师缺乏问题，学院采取“内培外引”方式，对内狠抓专任教师队伍，对外积极引进企业行业一线专家来校任教，使学院师资结构更趋于合理化。

2011 年度，学院针对存在的问题，加快了基础设施建设和以提高质量为核心的内涵建设，加快了教育教学改革和教学团队建设，评估中得到专家组充分肯定和好评，又获得高职院校人才培养工作评委会全票“通过”。

2. 下一步改进计划与措施

（1）建立评估督导长效机制。深刻理解评估指标体系内涵，把评估关键要素作为工作标准和综合考评指标，使评建工作常态化。

（2）树立现代职业教育思想，进一步明确学院发展定位。牢固树立现代职业教育思想，进一步研究区域经济社会发展趋势、需求和现代服务业的内涵、外延，进一步明确学院发展定位、专业建设定位、课程建设定位和人才培养目标定位，进一步深化教育教学改革，积极推进高职教育体制和机制创新，促进学院的建设与发展。

（3）加强特色专业建设，打造核心竞争力。

（4）夯实课程建设基础，提高教学质量。进一步落实“三等五级”课程管理，建立健全课程建设激励机制，提高教师课程改革积极性，加快精品课程建设。

（5）继续完善校内实训基地的建设与管理。

（6）继续完善“内培外引”激励机制，加快教学团队建设。一是重点抓好建立骨干教师、专业带头人、“双师型”教师引进、培养激励机制；二是继续强化新教师“一对一”导师帮带制度；三是完善教师到企业学习制度；四是坚持教师“送培”和请专家到校讲学制度。

（7）整合资源，加大投入，进一步改善办学条件。学院理事会、党政班子将认真研究制定建设方案。一方面，整合学院教学资源，实现办学资源使用效益最大化。另一方面，结合特色专业建设和打造核心竞争力，修订学院“十二五”规划，使学院基础设施建设能适应和满足人才培养工作和学院改革与发展的需要。

（执笔：何　桃）

# 四川华新现代职业学院
# 2011年度人才培养质量报告

2011年四川华新现代职业学院紧紧围绕“1+2N人才培养模式改革，全面提高人才培养质量”的中心任务，深化教学改革，践行工学结合、产学结合的教学模式，提升师资队伍的水平和质量，完善教学条件，为学院内涵建设、和谐发展积极努力，圆满完成了2011年度的教学工作目标。

## 一、基本情况介绍

四川华新现代职业学院位于成都市龙泉驿区西河镇，属全日制民办普通高等职业学院，学院举办方为四川电大资产经营有限公司。

学院始终坚持“以服务为宗旨、以就业为导向、以创新谋发展、以特色铸品牌”的办学理念，发扬“艰苦创业、谦逊好学、团结和谐、追求卓越”的学院精神，秉承“厚德、励志、精技、笃行”的学院校训，紧密结合四川经济社会发展和现代服务业发展对人才的需求，深入探索并实施“1+2N”人才培养模式，积极培养高端应用型人才。

学院建有应用技术系、计算机信息工程系、经济管理系、旅游系、工程管理系、艺术系、思想政治处、素质教育部等教学单位，共计20个专业，现有全日制在校生4864人。

## 二、办学基本信息

### （一）经费投入

学院始终坚持学生为本、教学优先的原则，在经费投入上首先考虑教学工作的需要。为确保学院良性发展，四川电大资产经营有限公司投入2.2亿人民币用于学院前期建设，学院教学经费投入总额逐年增加，为教学改革的深入开展和人才培养质量的不断提高奠定了坚实的物质基础。2011年办学经费总收入3620万元，其中学费3211万元，住宿费409万元。2011年办学经费总支出2946万元，其中教学2550万元、科研33万元、实验室363万元。

### （二）办学条件

学院占地310亩，校舍面积2.6万平方米，绿化面积4.67万平方米，运动场面积3.13万平方米，产权建筑面积8.58万平方米，资产总值2.21亿元。教学行政用房6.9万平方米，其中校内实践场所3.8万平方米。教学科研仪器设备总值2270万元；校内实验实训室53个，校内生产性实训基地2个。图书馆纸质藏书44万余册，电子图书9.6万册，期刊240余种。校园网总带宽204Mbps。教学基础设施基本能满足现有办学规模和人才培养的需要。

### （三）师资队伍

学院共有专任教师 212 人。副高级及以上职称人数 51 人，其中正高职称 7 人；中级职称 76 人；“双师型”素质教师 86 人；博士研究生 6 人，硕士研究生 115 人。教师队伍的年龄结构、专业技术职务结构、学历结构均较为合理，如表 1 所示。

**表 1　四川华新现代职业学院校内专任教师队伍结构比较表**

| 统计时间 | 人数 | 年龄结构 | | | 专业技术职务结构（比例%） | | | | | | 学历结构（%） | | | | 双师素质（%） | |
|---|---|---|---|---|---|---|---|---|---|---|---|---|---|---|---|---|
| | | 20～45 | 36～45 | 46～65 | 高级 | | 中级 | | 初级 | | 研究生 | | 本科 | | 双师人数 | 比例 |
| | | | | | 人数 | 比例 | 人数 | 比例 | 人数 | 比例 | 人数 | 比例 | 人数 | 比例 | | |
| 2010 | 161 | 99 | 29 | 33 | 41 | 25.5 | 65 | 40.4 | 51 | 31.7 | 76 | 47.2 | 74 | 46 | 68 | 42.2 |
| 2011 | 188 | 118 | 36 | 34 | 49 | 26.1 | 67 | 35.7 | 61 | 32.5 | 97 | 51.6 | 86 | 45.7 | 80 | 42.5 |
| 2012 | 212 | 138 | 40 | 34 | 51 | 24.2 | 76 | 36 | 76 | 35.9 | 121 | 56.9 | 91 | 43.1 | 86 | 40.6 |

为优化师资队伍的结构，学院不断完善薪酬管理制度和用人机制，坚持以人为本，在薪酬待遇方面大幅度向一线专任教师倾斜。同时，按照“效率优先、兼顾公平、绩效挂钩、优劳优酬”的原则，不断完善“按需定岗、公开招聘、平等竞争、择优聘任、严格考核”的用人机制，基本建立了从身份管理向岗位管理转化、相对合理、公平公正的考核评价体系，极大地调动了广大教职工的工作积极性和创造性，基本建立了一支结构合理、稳定、高效、高质的专兼职教师队伍。

### （四）生源情况

2011 年，学院计划招生 2500 人，其中：四川省 2280 人，省外 220 人。实际招生 2943 人，实际报到 1954 人，报到率 66.39%；新疆等省市报到率为 26 %。生源来源良好，主要以四川省内为主。

## 三、高职人才培养过程

为切实贯彻和落实“1+2N”人才培养模式的教育理念，学院针对行业、企业岗位需要，大力开展课程改革，基本形成以职业技能培养为核心，理论与实践紧密结合、突出实践能力培养的“综合素质课、职业技能课、基本能力课、实践教学课”四大模块为主的课程体系，根据社会需求及时调整人才培养方案中 A\B\C 各类课程的学时学分比例，2011 年，全院纯理论课程（A 类）的开设比例为 7%，“理论+实践”课程（B 类）和纯实践课（C 类）的开设比例为 93%。

为确保人才培养的正确方向，满足社会对高端技能型、应用型人才的需求，学院本着“不为我有，但为我用”和“平等、双赢、互利”的原则，先后与 90 多家企业、行业签订校企合作协议，努力为学生创造具有真实职业氛围的实践条件，加大从行业、企业聘请和引进技术骨干、能工巧匠指导学生实习实训的力度，建立“双师型”教学团队，使工学结合人才培养模式的实现得到有力的支撑。2011年，校企合作编写专业课程教材24门，其中《计算机组装与维护》教材被确定为四川省高职高专精品教材建设项目。

学院强调学生职业技能与个人素质修养的协调发展，一方面积极进行教学改革，加强教学管理，提高教学质量，培养社会所需的专业型、技能型人才；另一方面，在全院范围内为学生开设提高基本能力和基本素质的公共选修课程抓住机遇，组织学生参加2011年成都西博会、成都药博会、第九届中国农产品交易会、龙泉街道第三届市民节、2012年糖酒会等礼仪与接待服务，让学生参与社会活动的同时，提高自已的实践能力和综合素质，真正把理论与实践相结合，且受到普遍好评。

为提高学生学习的适应性，帮助学生解决学习过程中的困难，学院从2011年开始对新生专业职业认知教育、就业指导等课程进行改革，结合专业、职业的实际情况更新教学内容，加强对心理健康服务中心的建设，制定并完善心理咨询制度及教师工作量核算办法，认真落实奖助学金制度，积极组织开展勤工助学活动，极大地保障了学生在校学习和生活的质量，如表2所示。

表2 2011年学生奖助情况汇总表

| 序号 | 奖助名称 | 奖助种类 | 奖助范围 | 奖助人数 | 奖助额度（元/生） |
|---|---|---|---|---|---|
| 1 | 国家奖学金 | 奖学金 | 全院学生 | 2 | 8000元 |
| 2 | 国家助学金 | 助学金 | 全院学生 | 1008 | 2000～4000元 |
| 3 | 院级奖学金 | 奖学金 | 全院学生 | 266 | 200～500元 |
| 4 | 勤工助学 | 勤工助学 | 全院贫困学生 | 500 | 5～200元 |
| | 其他 | 生助贷 | 全院学生 | 142 | 6000元 |
| 合计 | | | | 1918 | |

## 四、高职人才培养质量

### （一）获奖情况

2011年，学院共参加20项省级以上学生技能竞赛，获单项奖69项，其中国家级特等奖一项、三等奖两项，优秀奖三项。通过竞赛活动，学生的专业技能及教师的实践教学能力得以加强，如表3、表4所示。

表3 2011年学生校外技能大赛获省级以上部分表彰情况一览表

| 赛事名称 | 等级 | 时间 | 获奖等级 |
|---|---|---|---|
| 健坤国际杯全国大学生企业经营管理（物流）沙盘模拟大赛 | 国家 | 5月 | 三等奖 |
| 第七届全国大学生“用友杯”沙盘模拟经营大赛 | 川渝 | 6月 | 分别获一等奖、二等奖、获得优秀指导老师奖各两项 |
| 第七届“用友杯”全国大学生创业设计ERP沙盘模大赛 | 川渝 | 6月 | 获团体：股票第4名，股指第6名，期货第6名，外汇第7名；个人股指第9名和第10名 |

（续表）

| 赛事名称 | 等级 | 时间 | 获奖等级 |
|---|---|---|---|
| “国信蓝点杯”全国软件专业人才设计与开发大赛 | 省 | 6月 | 2 名同学分别获 C 语言高职高专组个人三等奖、优秀奖，1 名同学获 Java 高职高专组三等奖 |
| 首届全国高校报关技能大赛 | 国家 | 7月 | 分别获优秀奖两项，优秀指导教师奖一项 |
| “锦绣四川”四川工艺美术作品展 | 省 | 9月 | 最佳人才培养奖（服装设计专业） |
| 四川省首届茶产业职业技能大赛决赛 | 省 | 9月 | 功夫茶艺技能团体三等奖 |
| 第十二届中国工艺美术大师作品暨国际艺术精品博览会 | 国家 | 10月 | “天工艺苑．百花杯”中国工艺美术精品奖优秀作品奖 |
| 第三届全国大学生电子商务“创新创意 创业”挑战赛四川赛区 | 省 | 10月 | 分别获一等奖、二等奖、三等奖、优秀奖、优秀指导教师奖、优秀组织奖、最佳创意奖各一项 |
| 第三届四川省高校学生环境艺术设计大赛 | 省 | 10月 | 一等奖两项、二等奖三项、三等奖一项，优秀团队奖、优秀创意奖、优秀手绘奖各一项 |
| 2011 天工艺苑、百花杯中国工艺美术精品展 | 国家 | 10月 | 分别获四川赛区一等奖和二等奖，3 名获得优秀指导老师荣誉称号。 |
| 第一届“成都纺专杯”四川服装制作技能竞赛决赛 | 省 | 10月 | 分别获优秀奖、优秀组织奖、优秀辅导奖各一项 |
| 第三届全国大学生电子商务“创意、创新、创业” 挑战赛“成都国际商贸城杯”总决赛 | 国家 | 11月 | 分别获特等奖两项、三等奖一项、优秀创业奖两项，特等奖两项，最佳指导教师奖两项，优秀指导教师奖一项 |
| 第五届全国大学生金融投资模拟交易大赛 | 西南赛区 | 11月 | 分别获一等奖、二等奖、三等奖、优秀奖、优秀组织奖，3 名教师获最佳指导教师奖 |
| 第五届“用友杯”大学生会计信息化技能大赛全国决赛 | 国家 | 11月 | 分别获三等奖两项，最佳指导教师奖一项 |
| 2011 年四川服装行业年度大奖 | 省级 | 12月 | 分别获铜剪奖、优秀新人奖、优秀奖、最佳组织奖，1 名教师荣获优秀辅导奖，6 名同学提前获得《服装设计中级定制工》职业资格证书 |
| 第六届全国信息技术应用水平大赛 Flash 动画设计 | 国家 | 12月 | 三等奖 |
| 第六届全国信息技术应用水平大赛办公自动化高级应用 | 国家 | 12月 | 优秀奖 |
| 第九届中国大学生广告艺术节 | 国家 | 2011 | 分别获佳作奖四项、学院奖一项 |

表4　2011年学生校外文体活动部分获奖情况一览表

| 赛事名称 | 获奖项目或获奖者姓名 | 获奖时间 | 等级 |
| --- | --- | --- | --- |
| 2010年寻访"中国大学生自强之星"活动 | 唐仪君 | 4月 | 中国大学生新东方自强奖学金 |
| 四川泡菜产业广告作品网络征集活动 | 《四川泡菜》 | 6月 | 三等奖 |
| 四川省第六届大学生艺术节 | 《碧波孔雀》 | 8月 | 二等奖 |
| | 《映山红》《幻想在天空飞翔》 | 8月 | 三等奖 |
| 全省高职院（成都片区）第二届篮球比赛 | 学院男子篮球队 | 9月 | 第四名 |
| 四川省第六届校园歌手大奖赛 | 周传琦 | 11月 | 金奖 |

### （二）毕业生就业及升学情况

2011届毕业生1146人，总体就业率为95.03%，其中会计、市场营销、电子商务、商务英语、房地产经营与估价、物业管理、汽车检测与维修技术、服装设计、现代教育技术、环境艺术设计、动漫设计与制作11个专业签约就业率均为100%。毕业生对学院就业工作非常满意。

### （三）用人单位对人才培养质量的评价情况

学院遵循培养高素质、高技能、高水平毕业生的思路，培养了一批优秀的毕业生。通过问卷调查、电话访问、企业回访等多种方式，学院了解到用人单位对毕业生的评价普遍较高，大多有工作积极、吃苦耐劳、适应性高、动手能力强的特点，好评率达85%以上。电子商务、服装设计、旅游管理等专业毕业生的动手能力、创新能力、实战能力得到了淘宝网、阿里巴巴、廊桥大酒店等校企合作单位相关负责人的一致好评；同时，受毕业生优秀工作能力的影响，学院部分专业在校生在未毕业时已得到企业的预定，呈现出供不应求的局面。

## 五、社会服务及评价

2011年，学院承接了四川教育宾馆和四川工商银行致远酒店、成都地铁二号线站台、四川高州酒业、深圳明镜市场调查公司、自贡花派服装公司等20余家企业员工培训和咨询服务，获得企业和参训学员的一致好评。同时，学院发挥国家新职业技能人才培训（旅行社计调师、酒店管理师）认证基地、国家服装职业技能鉴定考评基地的优势，积极开展校内外人员的技能培训和考证工作，先后与成都市龙泉驿区西河镇人民政府、成都市龙泉驿区劳动和社会保障局签署合作协议，在职业技能培训、创业培训、就业信息支持、科研合作等方面利用双方优势资源开展全方位合作。四川电视台科教频道、《华西都市报》、《天府早报》、《教育导报》、《成都日报》、《四川日报》等新闻媒体从党建、人才培养、校企合作、师资队伍建设、招生就业等角度对我院进行了广泛报道。

## 六、高职人才培养工作中的创新尝试与主要措施

### （一）理论研究

高职“1+2N”人才培养模式是指高等职业院校的学生通过三年的学习在毕业时不仅能够取得一个毕业证书，还能取得多个职业资格证书和多个基本素质合格证书，重在强调学生职业技能与综合素质的协调发展。四川华新现代职业学院重视人才培养模式的创新与实践，坚持将“1+2N”人才培养的教育理念融入学院教学、管理的各项工作，2011 年至今，共计完成“1+2N”人才培养模式改革校级子课题 52 项。

### （二）主要措施

1．优化专业设置，重视专业建设

学院在充分考虑自身办学实力和办学水平的基础上，结合四川及周边地区现代服务业发展现状及未来趋势，着力搭建以电子商务、旅游管理、服装设计、装饰艺术等重点专业为龙头，经济、工程、酒店、艺术、计算机、应用技术等其他学科专业为补充的专业结构体系。

2．践行内培外引，打造师资队伍

教师是提高人才培养质量的核心要素，是影响“1+2N”人才培养模式研究成效的瓶颈所在。为解决目前高职教育普遍存在的师资队伍结构不合理、综合素质和职业素质亟待提高以及管理滞后等问题，学院积极研讨，转变观念，充分发挥民办公助的灵活机制，加大投入，优化队伍结构，提高综合素质，通过开展多种形式的校企合作，在教学、研究、实践的过程中锻炼教师。

3．创新人才培养方案，优化课程教学体系

学院重视校企合作、工学结合、订单培养，促进专业与行业（企业）岗位对接、课程与职业标准对接，突出职业能力培养。积极改革教学方法和手段，重视课程教学设计，融“教、学、做”为一体，着力将课堂教学延伸至企业一线。积极与行业、企业开展教学资源建设方面的合作。

4．加强素质教育，重视文化育人

精心选择基本能力课程和基本素质课程，以必修课程的性质纳入专业人才培养方案，根据不同专业特点和学生情况调整教学内容；在全院范围内开展公共素质选修课程，实行素质拓展证书制度；配合专业教学，积极开展第二课程教学活动。

5．重视教学管理，保障教学质量

“1+2N”人才培养模式改革深化以来，学院先后完善了《课程标准制定的原则和指导意见》、《科研管理及奖励办法》、《校内实践教学及实训室运行评估管理办法》、《学生信息员制度暂行办法》、《专任教师工作量核算办法与管理规定》等文件，从专业建设、人才培养方案、课程标准、教学运行、资源建设等各个方面为教育教学活动的顺利开展创造良好的政策保障。

6．强化实践教学环节、拓宽培养路径

不断深化产学结合、校企合作，全面落实双证书制度，加大对校内外实践基地的建设

力度。

## 七、存在的主要问题及发展思路

### （一）人才培养工作中存在的主要问题

教学管理和教学监控有待进一步加强，校企合作的深度和广度有待拓展，师资队伍水平和素质有待于进一步提高，尤其是专业带头人及课程责任教师的培养及“双师型”教学团队的建设。由于高职教学的特殊规律，加之生源质量相对不高，办学经费有限，这些问题的存在增加了高职教学的工作难度，对教师的教学水平和素质修养提出了更高更严的要求。

### （二）今后的发展思路

为确保学院的可持续发展，将重点实施“三大战略”，建设“六大工程”，深化“三项改革”。

三大战略：一是外向型发展战略。广泛联系，搭建合作桥梁，充分利用各种社会资源，构建发展新平台。二是品牌战略。以全面提高人才培养水平为主线，发挥优势，凝聚特色，打造精品，提高质量，提升核心竞争力。三是人才强校战略。从战略高度重视人才队伍建设，特别是专业带头人、骨干教师、兼职教师队伍建设。

六大工程：一是校企合作工程。扩大与企业的合作力度，创新合作办学方式方法，以“互惠互利，共同发展”为原则，构建校企共赢的长效机制。二是外向交流工程。扩大对外交流力度，推动与省内外高水平学校的合作，充分利用省内外一切可利用的资源和先进的办学经验，搭建合作平台。三是质量工程。以特色专业、精品课程和精品教材建设为重点，发挥优势、凝练特色，努力建设在省内外有一定影响力的品牌专业。四是素质提升工程。坚持“行业为先导、能力为本位、学生为中心、就业为目标”的原则，完善人才培养模式，提升人才培养水平。五是名师建设工程。大力推进“双师型”教师队伍建设，建立专家工作室，组建专业教学团队，到2015年“双师型”教师比例达到70%。六是企业技术专家引进和聘用工程。秉承“不求所有、但求所用”的理念，多方位吸引和聘请企业生产一线具有较高实践水平的工程技术人员参与学院教育教学活动，特别是指导技能型课程教学。

三项改革：一是内部管理制度改革。目标是努力构建科学规范和可持续发展的现代大学管理体系。二是人事分配制度改革。深化用人制度和分配制度改革，进一步完善专业技术职务聘任制、全员岗位聘任制和分配制度。三是后勤管理体制改革。进一步确立“以人为本，为学院的教学、管理和师生员工提供服务保障”的后勤工作理念，努力提高服务质量和水平。

在今后的工作中，学院将立足成都，面向四川，辐射全国，以培养现代服务业高素质技能型人才为己任，坚持科学发展观，加快发展和改革的步伐，提高办学能力和办学水平，强化特色，培育优势，开拓进取。

（执笔：杨志超　刘洪英）

# 四川城市职业学院
# 2011 年度人才培养质量报告

## 一、基本情况介绍

### （一）学院简介

四川城市职业学院是 2007 年 7 月经四川省人民政府批准设立，2008 年 4 月教育部正式备案的全日制民办普通高等学校。学院是在具有 11 年历史的四川师范大学信息技术学院、四川师范大学外事学院的办学基础上组建而成的。学院提炼和坚持“以服务为宗旨，以就业为导向；工学结合，校企合作；尊重市场，整合资源”的办学思路，以素质教育为切入点，加强职业教育特色，规模与质量并重，2011 年学院在校生 8909 人。2011 年 6 月，学院被评为“中国民办高等教育优秀院校”。

### （二）学校定位、培养特色、教育理念

1．学校定位

学院扎根于地方和行业，以城市建设和管理、现代服务、文化创意为特色，着力培养现代产业体系需要的高素质技能型人才；以普通高职教育为主，努力实现职业教育体系贯通，积极开展职业技能培训和发展继续教育。

2．培养特色

学院坚持育人为本，推进素质教育实施和创新人才培养，全面提高学生的综合素质。

3．教育理念

教会学生做人、教会学生做事。

### （三）二级院系设置、专业设置

1．二级院系设置

学院现设 7 系 1 部，分别是机电与建筑工程系、经济管理系、公共服务系、艺术设计系、应用外语系、信息工程系、舞蹈表演系和思政部。

2．专业设置

2011 年，学院已基本形成了与现代服务业对接的 8 大专业群 45 个专业，其中，新增城市轨道交通营运管理、楼宇智能化工程技术、编导 3 个专业。

## 二、办学基本信息

### （一）经费投入

1．年度办学经费总收入及其结构

2011 年度办学经费总收入为 10 209.03 万元。

（1）学费收入9048.22万元，为学院办学经费的主要来源，占总收入比例的88.63%；

（2）其他收入1160.81万元，占总收入比例的11.37%。

2．年度办学经费总支出及其结构

2011年度办学经费总支出为10169.06万元。

（1）日常教学经费4884.38万元，占总支出比例的48.03%；

（2）教学科研仪器设备值540.04万元，占总支出比例的5.31%；

（3）科研经费344.71万元，占总支出比例的3.39%；

（4）实验实训室经费589.82万元，占总支出比例的5.8%；

（5）师资队伍建设经费242.06万元，占总支出比例的2.38%；

（6）图书购置经费236.95万元，占总支出比例的2.33%；

（7）固定资产投入1856.07，占总支出比例的18.25%；

（8）其他支出1475万元，占总支出比例的14.5%。

**（二）办学条件**

1．校园总面积

学院占地面积434 255平方米（约651亩），其中绿化用地面积110 036平方米，运动场地面积54 751平方米。

2．教学、科研、行政用房与宿舍面积及生均面积

学院建筑总面积257 901平方米。其中教学、科研、行政用房面积163 430平方米，生均面积18.57平方米；宿舍面积80 898平方米，生均9.19平方米。

3．实验室、实训基地

学院实验（实训）室占地面积6700余平方米。拥有公共机房12间，教学用计算机1300余台；语音实验室12间，900余个座位；多媒体教室90间，6000余个座位。学院建有与各专业配套的实验（实训）室35间，包括机电与建筑工程实训中心，以及信息技术类、经济类、电子类、管理类、旅游类、艺术设计类实验（实训）室。其中，建筑工程技术专业实训基地为中央财政支持的职业教育实习实训基地。学院教学科研设备总值6340万元，生均7307元。

4．校内外实践基地数及满足教学情况

校外实践基地数404个，可用于4000名学生实习实训；校内实践基地数14个，可用于3000名学生实习实训。校内外实践基地均能满足教学需要。

5．校园网建设情况及生均计算机台数

校园网覆盖了校内所有教学、办公区域和学生宿舍。办公区采用802.1X实名制认证。接入信息点共计2800余点，全校入网的计算机总数逾8000台。校园无线WIFI网络建设已经进入试用阶段，覆盖整个校区。主干网带宽达到千兆，各用户节点带宽达到百兆。学院现有各类信息系统12套，包含教务管理系统、人事管理系统、财务管理系统、学生评教系统等。学院现有教学用计算机1300台，生均计算机台数14.77台/百人。

6．图书馆状况及生均图书

图书馆拥有藏书82.5万册，期刊700余种。生均图书占有量为93.75册。拥有强大的

资源共享平台，电子图书 82.3GB。通过图书馆主页能查询 10 余种数据库，能有效满足师生对数字资源的使用需求。

7．运动场及体育设施状况及生均体育场地面积

学院建有标准的综合体育运动场、体育馆和风雨棚，建有全塑胶 400 米跑道田径场、16 个篮球场、8 个羽毛球场。运动场地面积 54 751 平方米，生均 6.22 平方米。

### （三）师资队伍

1．师资队伍数量与结构

学院现有专任教师 597 人，生师比为 11.3∶1（含兼课教师折合数）。专任教师中，具有副高以上职称的 310 人，占专任教师总数的 51.9%，具有中级职称的 211 人，占专任教师总数的 35.3%；具有博士学位和硕士学位的教师分别有 44 人和 278 人，分别占专任教师总数的 7.4%和 46.6%。专任教师中，双师素质教师 189 人，占专任教师总数的 31.6%。

2．师资培训

2011 年，学院选送 14 名教师继续深造，分别攻读博士和硕士研究生；组织 42 名教职工参加高校教师岗前培训，并取得高校教师资格证；26 人次分别参加省教育系统思政课教师、辅导员、干部等相关培训班；61 名教师利用暑假时间深入企业一线学习或挂职锻炼。

2011 年学院干部、教师参加校外进修、培训、交流达 327 人次，参加的人员约占全院干部、教师总数的 41.8%。

3．教学水平

2011 年，学院省级科研立项 3 项，省级重点教改课题 1 项，上年度省级科研课题结题 2 项，校级教学与研究项目立项 38 项，校级教学成果奖 5 项，申报各类省级课题 31 项。全院教师在公开刊物上发表论文 55 篇，其中两篇论文被 EI 收录，出版教材 8 部，其中“十二五”规划教材 4 部。两个学期学生评教平均得分 95.21，其中评教得分在 90 分以上占参评教师的 93.4%，80～89 分占参评教师的 6.6%。

4．教师的工作满意度与幸福感

学院积极营造“事业引人、情感化人、待遇留人”的氛围，建立“上升有平台、发展有空间”的人才成长机制和保障措施。学院实施了人才引进计划、教师职称提升计划、教师培养培训计划、教师参加企业生产实践计划等一系列教师队伍建设和教师成长计划。召开工会教代会，充分发挥教职工的民主参与作用。实施了新的分配制度，收入水平平均涨幅在 31%以上，收入分配向一线教师倾斜。同时，学院积极为教师解除后顾之忧，使长期在学院工作的教师在社会保险等方面不低于相同情况的公办学校教师。因此，学院教师的工作满意度和幸福感空前高涨。

### （四）生源情况

1．招生情况

2011 年，学院计划招生 3350 人，实际录取 4574 人，报到 3491 人，录取后报到率 76.32%。其中对口高职 18 人，占报到学生总数的 0.52%。2011 年，学院在全省同类型高职院校中报到率排名第 1 位。

2．生源分布

2011 年招生报到的 3491 名学生，分别来自四川、重庆、湖北、河南、海南、甘肃、

新疆、安徽、云南、贵州、内蒙古、宁夏12省（市、自治区）。其中成都本市736名，占报到学生总数的21%；四川本省3406名，占报到学生总数的97%；来自西部生源3477名，占报到学生总数的99.59%。城镇生源1977名，占报到学生总数的56.63%；农村生源1514名，占报到学生总数的43.37%。

## 三、高职人才培养过程

### （一）教学资源

各专业学期开设各类课程 402 门次，其中公共基础课程占比 21.3%，专业课程占比32.5%，素质教育课程和专业拓展课程占比5.6%，实践教学课程占比达到41.6%。校企合作开发课程7门、教材4部。近3年出版的教材和规划教材使用率达到80%以上，高职高专教材达到70%以上。校企合作单位达到200余家。

### （二）课堂教学

学期生均修课学分达到24.2学分、484学时。每个专业核心课程5～6门，学生对所学专心核心课程设置普遍满意。课堂出勤率长期保持在95%以上，专业课教师学生评教平均得分94.52分。

### （三）实践教学

学院实践教学采用多学期、分段式的教学组织模式，充分体现了工学交替的特点：一年级新生有一次专业认识实习，学生到校企合作单位现场感受职场工作环境；二年级开始，根据专业的特点，开展为期一周的专业或课程实训，第四学期有部分专业可以开展为期1～2个月的顶岗实习；三年级第五学期的后半期开始进行顶岗实习，同时将毕业设计结合在一起，几次顶岗实习的时间不少于半年，第六学期为期6周的毕业综合实习。学院、各系成立实习（训）工作领导小组，加强实践教学过程管理，学生实习（训）期间，辅导员每天一报，数据报系主任、学工处、教务处、对外合作处、安全保卫处，指导教师每周报两次，对外合作处一周报一次，安全保卫处牵头每周进行一次研判。

### （四）学生活动

为培养学生兴趣爱好，丰富第二课堂文化生活，延伸同学们的求知领域，加强学生素养成教育和德育建设，我院现有社团（协会）24个，涵盖了公益实践、学术科技、体育竞技和文化艺术四大类，拥有会员2541人，占学生总数的28.9%。还形成了一系列的社团品牌活动，如篮球协会每年一次的新生篮球联赛、时尚美食协会的“我动，我能行”插花比赛、阳光人际协会的“您好——沟通从微笑开始”、交友沙龙、街舞和文娱音乐协会的“舞动嘉年华”周末假面舞会、绿意馨香的“环保小卫士”保护环境行动、文学社的“感恩，我的亲人”征文比赛等。

### （五）学生服务

1．新生入学教育

新生入学教育是整个大学教育的起点，使学生尽快适应大学生活。2011级新生入学教育时间从8月31日～12月30日，分三个阶段进行：9月1～5日为第一阶段，主要包括专业思想教育和学籍管理教育、校纪和安全教育等常规教育；9 月 6～23 日为第二阶段，主要为军事教育；9 月 26 日～12 月 30 日为第三阶段，主要包括专业认识教育、心理健康教育、学风和大学生学业生涯规划等。新生入学教育学时饱和，课程满足需要，效果显著，学生满意。

2．心理健康服务

学院心理咨询中心对学生进行心理测评，并根据学生心理测评的结果，有针对性地对心理测评值异常的学生进行心理辅导，及时进行心理危机干预，有效预防了由心理问题引发的各种事件的发生。

3．就业服务

2011 年毕业学生 2403 名，学生接受就业服务的比例为 100%。就业服务的主要方式有全程化开设职业指导课、邀请企业方直接参与在校生职业指导、日常就业信息发布与指导咨询、一对一帮扶就业困难学生等。2011 届毕业生对就业服务的满意率达 87.2%。

4．资助服务

2011 年，全院共有 5812 名学生获得各类资助，受益面约占在校生总数的 66.01%。全年资助总额 890 余万元，生均获得资助 1531 元。其中，政府资助（包括国家奖助学金、励志奖学金等）720 余万元，学院自设的奖助学金 150 余万元，社会资助（广州助学金、晟茂奖学金、华通造价奖学金等）20 余万元。

## 四、高职人才培养质量

### （一）毕业生就业和升学情况

2011 届毕业生 2403 名，就业率 99.79%，对口就业率 58.23%，自主创业 13 人。专升本 84 人，占 3.46%。职业资格证书获证率达 80.4%，有 11 个专业获证率达到 100%。2012 年 4 月学院作为代表在全省就业工作大会上作了交流发言。

2．用人单位对人才培养质量的评价情况

学院对 2011 届毕业生就业的 600 余家用人单位进行了抽样调查。调查内容分为政治表现、道德品质、工作态度、专业技术能力、知识结构、协作适应能力及综合评价。根据反馈的信息统计，用人单位对毕业生的满意率达 90%。

## 五、社会服务

### （一）非学历培训学员数与课时

本年度共培训非学历学员 5171 人次，总课时数达到 12 万人课时。

### （二）社会咨询与志愿者服务

学院青年志愿者总队拥有志愿者 2796 人，其中注册志愿者 103 人。志愿者大力弘扬“奉献、友爱、互助、进步”的志愿服务精神，进行各种志愿服务活动。如为优秀贫困学生举行的“送温暖·献爱心”捐助活动；参加四川省高校义工活动——当幼儿园老师；慰问锦江区海地通敬老院——为老人过集体生日；“府河有我更可爱”——保护母亲河绿色环保行动等志愿活动。

### （三）教育资源向社会开放

我院多次承担省、市、区政府相关机构组织的社会考试和培训，包括省人事考试中心的公务员考试、二级建造师考试、各类职业资格证书的考试，以及全省中学办公室主任培训、信息管理员培训等。我院运动场馆、学术厅向合作企业开放，承接了多个企业的运动会、联谊会等活动。

## 六、高职人才培养工作方面的创新尝试与主要举措

### （一）构建全程化的教学运行与质量保障体系和工作机制

学院建立了从决策、信息收集、质量评价、全程化的教学运行与质量保障系统。教学质量管理决策，重点在于形成体制化、结构化、持续化的教学质量管理运作机制。教学信息来源包括专家听课、教学督导、学生、领导、教师、辅导员、用人单位、毕业学生等，通过检查教学基本文件、学生学风、教师教风、教学运行情况的落实情况，社会、用人单位对学生的评价等信息处理分析，比照实际教学效果与教学质量目标和质量标准的偏离情况，改进人才培养方案。口常性教学质量保障是通过一系列常规的教学管理制度来体现，这些制度有教学督查制度、听课制度、学生信息员制度、学生评教制度、教学检查制度和学风检查制度。综合性教学质量管理包括教学计划评估、课程评估、教师教学质量评估、学生学习质量评估、毕业生的质量评估。

### （二）教学基本建设

学院把内涵建设作为创品牌、显特色的重要保障，为此，重点抓了专业建设、课程建设、教材建设、师资队伍建设、实践教学基地建设、教风学风建设、教学管理制度建设，开展专业评估，开展院级精品课程立项和建设工作，引进高学历高职称教师，开展教师说课、说专业活动、优质课竞赛等活动，教师参加生产实践锻炼，建立了17个专业（群）、课程（群）教学团队，拟建15个校内实验实训室，引企进校3家，建立名家工作室1个，出台了教学管理文件18个。

### （三）教学改革与质量工程

学院开展了校级质量工程建设，主要包括专业建设、精品课程建设、优秀教材建设、教学团队建设、教学研究与改革项目、教学成果奖等项目的建设，同时积极培育和申报省级、国家级教学改革与质量工程，其中艺术设计专业综合改革列为 2011 年四川省“高等教育质量工程”建设项目，项目总经费24万元。

### （四）体制机制创新

学院严格实行董事会领导下的校长负责制，切实保障学院充分享有办学自主权；进一步完善了学校内部法人治理结构；逐步建立民主管理与监督机制，形成了党政联席会的议事决策制度，充分发挥党委、工会、教代会的作用，努力营造民主、和谐、规范的决策、执行环境。通过召开校企合作委员会大会，与一批大型、知名企业建立共享、有效、深度合作的关系，以实现人才联合培养、实训基地共建、师资共培共聘、专业共育、服务共推的局面。

## 七、存在的主要问题及未来工作思路

### （一）师资队伍建设还需进一步加强

健全行之有效的师资队伍建设机制，进一步加大工作力度，积极创造条件，全面提升教师水平；继续采取培养、引进等措施，创造有利于优秀人才扎根、成长的良好环境；用政策稳定骨干，以团队负责人带动教学团队建设，培育一批在校内外有较大影响的教学团队。

### （二）校企合作还需进一步深化

加大校企合作的广度和深度，建立校企紧密合作的模式和运行机制，实现双向互动、合作共赢的局面；突出人才培养的实践性和职业特色，形成企业岗位职业能力相对接的独立实践教学体系；从培养目标、专业设置标准、实训基地建设、课程开发、实践教学体系、人才培养与评价等方面与相关企业进行深层次合作，构建有效的合作模式；联合一批有志于职业教育的行业企业、学校，打造职业教育集团，实施集团化办学。

（执笔：高琼斗　赵齐阳）

# 四川现代职业学院
# 2011年度人才培养质量报告

## 一、基本情况介绍

学院是四川省教育厅主管的一所民办全日制普通高等院校，成立于2008年。

学院位于成都市天府新区，地处国际金融区、现代商务区、高新技术产业区、国际航空枢纽综合功能区和电子信息产业区的腹地。

学院遵循高等职业教育人才培养规律，大力推行“学院、园区、企业”三位一体的办学模式；大力开展实训基地、实习基地和就业基地建设，实施“工学结合、订单培养”的育人模式；探索创新实践教学模式，实施学生实习全过程管理；落实创业创新教育，强化就业指导，毕业生就业率长期保持在95%以上。

学院设置有9个系，面向制造技术、电子信息技术、建筑房地产、旅游、现代金融五大行业和会计、现代商务、法律三大职业开设了25个普通类专业，现有在校学生5383人。

## 二、办学基本信息

### （一）经费投入

1．学院年度办学总收入4735万元，其中学费占88%、住宿费占12%。

2．学院年度办学经费支出总计4287万元，其中教学经费占41%、科研经费占9%、实验实训经费占19%、其他经费占31%。

### （二）办学条件

1．校园总面积341 206平方米。

2．教学、科研、行政用房与宿舍面积107 880平方米，平均面积20.4平方米。

3．学院建有实训室31个，实训中心2个，教学科研设备总值1702.60万元，平均值3162.9元。

4．学院加强校内外实践基地建设，2011年完成校内数控、家具两个专业实训中心的建设，同时积极开展校外“三类基地”建设，全年建有校外实践基地141个，基本能满足教学需求。

5．学院已建立教师用及学生用校园网，配备计算机851台，平均0.16台。

6．学院图书馆建筑面积9800平方米，共设有六室五库，目前藏书44.09万余册，生均图书80.65册，可提供1000个阅览座位。

7．学院运动场面积为3200平方米，拥有6个篮球场、4个排球场、6个羽毛球场、30个乒乓球场、1个标准游泳池、1个400米标准田径运动场、单双杠器件与健身器件齐备。生均体育场面积为5.94平方米。

## （三）师资队伍

### 1．师资队伍数量与结构

2011年度学院专任教师196人，聘请校外教师292人，生师比为15.9∶1，双师素质教师87人，占教师总数的25%；其中教师职称结构如表1所示，学历结构如表2所示。

**表1　教师的职称结构**

| 人数及比例<br>教师 | 人数 | 其中 | | | | | |
|---|---|---|---|---|---|---|---|
| | | 博士研究生 | | 硕士研究生 | | 本科生 | |
| | | 人数 | 比例 | 人数 | 比例 | 人数 | 比例 |
| 专任教师 | 196 | | | 70 | 35.7% | 126 | 64.3% |
| 聘请校外教师 | 292 | 2 | 0.7% | 125 | 42.8% | 165 | 56.5% |
| 合计 | 342 | 0.3% | | 38.7% | | 61% | |

**表2　教师的学历结构**

| 人数及比例<br>教师 | 人数 | 其中 | | | | | | | |
|---|---|---|---|---|---|---|---|---|---|
| | | 高级 | | 中级 | | 初级 | | 未定职称 | |
| | | 人数 | 比例 | 人数 | 比例 | 人数 | 比例 | 人数 | 比例 |
| 专任教师 | 196 | 43 | 22% | 53 | 27% | 67 | 34% | 33 | 17% |
| 聘请校外教师 | 292 | 96 | 33% | 152 | 52% | 37 | 13% | 7 | 2% |
| 合计 | 342 | 26.6% | | 37.7% | | 25% | | 10.6% | |

### 2．师资培训

2011年度学院选派师资参加国家级、省级高职高专人才培养师资培训32人次；邀请校外专家进行培训7次；邀请行业专家进行培训11次；组织校内教学能力培训、专业剖析、课程剖析等培训17次；教师参与企业顶岗挂职锻炼17人次；培训总计237人次，校内专任教师的覆盖率达98%。

### 3．教学水平

2011年学院立项教师教学科研项目30个，分别为教材编写立项（共3个项目）、教学改革与研究立项（共15个项目）、教学团队立项（共3个项目）、特色专业立项（共2个项目）、科研立项（共7个项目），总经费4万元，现正积极组织申报省级精品课程和科研项目。教师获得各类各级别奖项7个。通过学生评教，学生对教师教学水平的满意度为95%。

### 4．教师的工作满意度与幸福感

学院为教师构建和谐的校园文化、和谐的人际环境。建立有效的奖励机制并为教师的发展搭建了平台，提高了工资待遇，副教授职称可达60元/课时。教师的工作满意度与幸福感良好。

（四）生源情况

1. 2011 年统招工作面向六省招生，其中省内计划招生 2275 人，实际录取 3529 人，录取报到 2286 人，补录 188 人，录取后报到率为 64.8%；省外计划招生 100 人，实际录取 15 人，录取报到 7 人，录取后报到率为 46.7%。

2. 2011 年录取考生总数 3544 人，其中省内考生 3523 人，占总录取数的 99.6%，成都市考生 443 人，占省内录取数的 12.6%。省内考生类别分为城镇应、往届考生及农村应、往届考生，其中城镇应届考生 907 人，占总数的 25.7%；城镇往届考生 81 人，占总数的 2.3%；农村应届考生 2336 人，占总数的 66.2%；农村往届考生 205 人，占总数的 5.8%。

## 三、高职人才培养过程

（一）教学资源

在专业人才培养方案中，课程结构分为公共课模块和专业能力课模块，其比例为 1∶3；课程的类型为纯理论课、"理论+实践"课和纯实践课，其比例为 2∶4∶4，实践学时占总学时的 50%以上，来自行业企业的"双师型"教师占教师总数的 40%。

2011 年完成了校内数控、家具等八个专业实训中心的建设，总投入达 400 万元。全年建有校外实践基地 141 个。学院图书馆建筑面积 9800 平方米，共设有六室五库，目前藏书 44.09 万余册，建有重庆维普期刊数据库、vers 维普考试资源系统、电子图书 50 万册，并试用智联起点自主考试资源系统、数图文献搜索、银狐考试模拟系统、读者学术搜索、apabi 方正阿帕比、CNKI 中国知网等多家辅助系统。

（二）课堂教学

现代制造类专业学生平均修课 145 学分，1800 学时左右；现代服务类专业学生平均学期修课 140 学分，1700 学时左右。学生对专业核心课程的评价较高，满意度达 98%。

（三）实践教学

学院构建了包括军事训练、岗位认知、行业认知、社会调查、实验、实训、实习、毕业设计（论文）、公益服务等环节在内的实践教学体系，并根据专业人才培养方案开设各实践教学环节，做到实践教学前有方案、实践教学中有检查、实践教学后有总结，学生对实践教学评价较高，满意度达 95%。

（四）学生活动

学院历来重视学生职业素质的培养，充分发挥第二课堂作用，广泛开展了大量学生参与面广，活动影响力大的第二课堂活动。

开展了"一月一主题"学生主题思想教育活动，通过选用团结向上、积极进取的主题，开展主题班团活动、主题征文、演讲、辩论等形式，弘扬主旋律，影响熏陶学生。

按照"一系一品牌""一专业一特色"的思路，开展职业技能活动，形成了如"导游风采大赛"、"财经职业技能大赛"、"模拟售楼大赛"等个性明显、特色鲜明、结合专业的特色品牌活动，辅助第一课堂。

繁荣学生团体文化，促进学生个性发展。积极探索与完善社团管理体制，充分发挥学生特长，引导学生积极参加社团活动，营造积极向上的校园氛围。学院现有社团 15 个，社团会员近 1000 人，通过社团开展各类活动，使社团真正成为学生学习的家园，交流的乐园，实践的天地。

（五）学生服务

2011 年我校 2011 级新生共有 2270 人，平均参加入学教育 24 课时。同时专门成立了心理健康咨询室和知心协会，对学生进行了心理健康教育。2011 年我校共有 5383 名学生，其中获得奖助学金的有 1891 人，获得勤工俭学津贴的学生有 645 人，共计 2536 人，占全校总人数的 47.11%，平均获得资助的金额为 881.80 元。学院实施“双职业制度”，高度重视学生的职场能力，拓展了学生的就业途径，并对所有毕业班学生进行了就业服务指导，比例达 100%，毕业生对学校进行的就业服务指导比较满意。学院实施“假期工”工程，学生参加假期兼职工作 723 人次。

## 四、高职人才培养质量

### （一）全面实施“双证”教育

学院大力开展双证教育，为每个专业均开设了通用平台证书和行业职业资格证书，并将职业资格证书认证内容融入人才培养方案课程体系中，将国家职业标准与课程标准进行对接。目前各专业毕业学生通用平台证书获取率达 98%以上，行业证书中现代制造类专业学生职业资格证书获取率最高达 92.68%，现代服务类专业学生职业资格证书获取率最高达 85.47%，为进一步提高人才培养质量，打造学生专业实践能力，提升就业质量提供强有力支撑。

### （二）全面实施就业工程

2011 年学院共有毕业生 1348 人，截至 11 月 30 日统计，全院 2011 届毕业生初次就业人数达到 1324 人，就业率为 98.22%，毕业生就业专业对口率为 20%，就业质量较好。创业人数为 4 人，占毕业生总人数的 0.3%。34 人参加跨校专升本考试，上线并录取 29 人，录取率为 85%。

### （三）学生获得竞赛奖励情况

1．2011 年“健坤国际杯”全国高职高专大学生企业经营管理沙盘模拟大赛四川赛区总决赛于 6 月 9～12 日在四川职业技术学院举行。会计系 2010 级会计电算化专业张文舰、李林建、弋强、杨美四名同学组成的代表队荣获大赛第三名。

2．2011 年，第七届全国大学生“用友杯”沙盘模拟经营大赛（川藏渝赛区）总决赛于 6 月 10～12 日在四川财经职业学院举行。会计系 2010 级会计电算化专业单波、陈潭秋、何芬、张红霞、王靖博五名同学组成的代表队在大赛中获得第二名。

3．2011 年 12 月 20 日，学院 2010 级数控设备应用与维护专业唐龙同学荣获由教育部教育管理信息中心主办的“第六届全国信息技术应用水平大赛”机械 CAD 设计模块项目的全国二等奖。

4．2011 年 12 月，电子信息技术系 2009 级应用电子技术专业王波、谭鸿文、李强三名同学获得由教育部教育管理信息中心主办的第六届全国信息技术应用水平大赛电子系统比赛“全国优秀奖”。

5. 2011 年，11 月 15 日，学院会计系 2010 级会计电算化专业学生万芳凭借一首《囚鸟》获得由共青团四川省委、省教育厅、省学联联合举办四川省第六届大学生校园歌手大赛总决赛通俗组金奖，法律系 2011 级法律事务专业东州同学以一曲《祝福》荣获铜奖。

（四）用人单位对人才培养质量的评价情况

在对 2011 届毕业生就业情况跟踪调查过程中，共对 210 家用人单位进行了问卷调查，在对学院学生总体评价中有 83.63%的单位对学生比较满意，16.37%的用人单位基本满意；问卷中关于毕业生专业技能评价中 73.5%的用人单位表示满意，25.1%的用人单位基本满意，1.3%的单位不满意；通过问卷调查发现，用人单位对学生综合素质和职业技能总体评价良好。

## 五、社会服务

1. 学院与双流县西南航空港经济开发区管理委搭成产业人才培训战略合作协议，为促进园区新能源产业、物联网、电子信息产业与学校的深度融合、互动发展，在双流县政府和双流县西南航空港经济开发区管委会的政策指导、支持下，成立了集人才培训、储备、交流、评测、输出、科研等为一体的、虚实结合的人才孵化平台——双流县西南航空港经济开发区产业人才培训联盟。联盟由政府主导，34 家企业、14 所本科及高职高专院校加盟，现已开展校企合作项目 4 个，为我院政企校深化发展，加强对周边地区及成都市的社会服务打下了坚实的基础。

2. 2011 年学院开展非学历教育培训共计 5173 人次，涉及全国计算机信息高新技术、营销师、秘书、会计从业资格证、教师资格证、会计电算化、房地产经纪人协理、单证员、职业英语等级水平考试等培训项目 10 个，平均每个培训项目的培训课时为 43.2 学时。

3. 进行“3·15”法律咨询、双流县司法局法律援助中心四川现代职业学院分中心法律援助咨询及糖酒会、房交会等各种志愿者服务 9 次。参加双流县九龙湖社区文艺演出及四川省大学生运动会等活动 4 次。学院图书馆、运动场地、法律援助中心等教育资源免费向社会开放。

## 六、高职人才培养工作方面的创新尝试与主要举措

（一）实施“三个合一”人才培养模式下的“三学期”学期制度改革

学院于 2011 年在电子信息技术系网络系统管理专业试点并实施了基于“学做合一、工学合一、顶岗与就业合一”人才培养模式下的“三学期”学期制度改革。有效地整合了校内外教学资源与师资资源，满足了高职生源质量下滑后对高职教育的需求，企业对人才技能的需求，校内外资源整合的需求，高职院校“双师型”教师队伍数量质量和结构优化的需求，企业入职岗位与高职培养目标岗位对接的需求，学生参加职业资格四级三级鉴定的需求；实现了学生有效学习的时间、空间的增加，落实了职业意识培养；实现了深化校企合作，发挥产业联盟（集团化）的作用，落实了“四个合作”；实现了学生职场能力的

强化锻炼，就业竞争力明显提高；实现了以就业为导向，以学生为本的办学理念；实现了办学资源的整合，构建了实践教学体系；实现了高技能人才培养目标。

**（二）教学方法与手段改革**

学院始终坚持以学生为主体的教育理念，改变传统的教学方法，积极倡导和鼓励教师开展启发式、讨论式、互动式等教学方法，在教学手段上采用"项目教学"以及相关的"模拟教学"、"情景教学"、"案例教学"、"现场教学"等方法，将"教、学、做"融为一体，师生互动，因材施教，因课施教，提高了学生的学习兴趣和教学效果。

**（三）考试（核）改革效果明显**

一是考试内容上，侧重于培养学生应用所学知识和技术分析问题、解决问题的能力，特别是综合性、创造性应用知识的能力；二是考核方法上，突出多样性、针对性、适用性。以考核学生实践能力和创新精神为重点，着重检验学生获取知识、处理信息的能力，采用开卷、小论文、大作业、调查报告、口试、实际操作等多样化的考试方法；三是加强考试管理，保证考试内容和命题适应培养职业技能这条主线；四是建立健全考试反馈机制，强化考试的结果分析与评价，注重考试的总结工作，将考试情况反馈到教务处和教学单位，督促教师适时调整教学内容，提高了教学质量。

**（四）教材建设**

一是建立严格的教材选用和征订制度，二是鼓励教师自编教材、学材或讲义。全年98%以上的教材都选用了高职高专教材，由学院教师自编或参编，出版社正式出版的教材5本，由学院自行编印的实训指导书5本。

**（五）进一步优化管理体制，推进"六化"建设**

学院进一步加强制度建设，本着"制度化"、"规范化"、"目标化"、"过程化"、"信息化"、"激励化"制定了教师绩效考核办法、修订了学生顶岗实习管理办法等一系列规章制度，优化现有管理体制并取得了一定的成绩。

## 七、存在的主要问题及未来工作思路

**（一）人才培养工作中存在的主要问题及原因分析**

1．人才培养模式改革有待进一步深化

校企合作、工学结合的人才培养模式虽已初步建立，但吸引行业、企业参与学校人才培养的"合作办学、合作育人、合作就业、合作发展"的校企合作、工学结合人才培养机制尚未成熟。

2．顶岗实习管理水平有待进一步提高

由于学生顶岗实习分散，地域分布广，同一企业接收的实习学生人数有限等原因导致实习指导难度大，顶岗实习质量有待提高。

3．双师素质的师资队伍建设有待进一步加强

双师素质的教师队伍仍然存在数量不足、质量不均衡等问题在一定程度上制约人才培养量的进一步提高。

（二）上年度的改进效果，下一步改进计划与措施

1．上年度的改进效果

在师资队伍结构优化的问题上，加强了教师的引进力度和培训力度，教师的教学能力和水平得到了一定的提高。在专业实习实训基地建设上，各教学单位都加强了建设力度，数量上能满足教学实训、实习，质量上得到了相应的改善。

2．下一步改进计划与措施

（1）深化校企合作机制，创新人才培养模式

充分发挥学校的地理优势，依托西南航空港经济开发区人才培养产业联盟，进一步深化校企合作，完善制度，创新人才培养模式，提高人才培养质量。

（2）运用信息手段，加强顶岗实习过程化管理

进一步完善顶岗实习管理平台的建设，充分利用信息化手段加强顶岗产习的过程化管理和监控，提高顶岗实习质量。

（3）进一步推进师资队伍建设进程

加强师资队伍建设的步伐，特别是双师素质教师的引进和聘用，创新人才聘用机制，同时进一步强化教师教学技能和水平的提升，不断提高人才培养质量。

（执笔：龙燕柳　蒋一扉　徐忠强　张志飞）

# 四川科技职业学院
# 2011 年度人才培养质量报告

2011 年，我校以内涵建设为工作重点，以狠抓教学质量为核心，以《教育部关于全面提高高等职业教育教学质量的若干意见》（教高〔2006〕16 号）精神为指导，进一步深化教学改革，创新人才培养模式。

## 一、基本情况介绍

四川科技职业学院创建于 2006 年 3 月，是经教育部备案，四川省人民政府、四川省教育厅批准成立的融工学、理学、管理学、经济学、文学、艺术、农学等多学科综合发展的全日制、综合性普通高等院校。学校地处成都市国家高新技术开发区西区团结“大学城”学院路 96 号。

我校定位为成都市四川省西南地区经济发展需要培养富有创造力的高端技能型专门人才。

经过摸索实践，初步形成了专业与产业对接，教学过程与生产过程对接，学历证与职业资格证书对接，生活教育生存教育素质文化教育贯穿始终的人才培养模式，创新并实践“工学结合、项目带动”的教学模式。

长期以来坚持“授人以渔、能力为本”的教育理念，既教会学生会学习、会生活、会工作、会生存的方法和本领。

学校下设土木与建筑工程学院、经济管理学院、新能源工程学院、交通运输学院、先进材料与现代制造工程学院、移动通信与软件学院、商学院、艺术设计学院等 13 个教学院系。

学校开设了建筑工程技术、工程造价、建筑工程管理、楼宇智能化工程技术、物流管理、工商企业管理、会展策划与管理、会计与审计、光伏材料加工与应用技术、光伏发电及应用、汽车技术服务与营销、汽车运用技术、汽车电子技术、工业设计、机械制造与自动化、模具设计与制造、焊接技术与自动化、数控技术、通信技术、软件技术、电子信息工程技术、计算机网络技术商务英语、应用英语、环境艺术设计、动漫设计与制作、视觉传达艺术设计等专业及专业方向。

## 二、办学基本信息

### （一）办学条件

1．占地面积

2．教学、科研、行政用房及宿舍面积及生均面积（如表 1 所示）

表1

| 占地面积（平方米） | 总建筑面积（平方米） | 其中 | | | 生均面积（平方米） |
|---|---|---|---|---|---|
| | | 教学、科研 | 行政用房 | 宿舍面积 | |
| 661 013 | 245 396 | 28 866.13 | 142 821.13 | 73 708.74 | 79.1 |

3．实验室、实训基地（如表2所示）

表2

| 实验、实训基地数 | 教学科研设备总值（万元） | 生均值（万元） |
|---|---|---|
| 8 | 5198 | 0.59 |

4．校内外实践基地及满足教学情况（如表3、表4所示）

表3　校内主要实践基地

| 序号 | 实践基地名称 | 主要面向专业 | 主要实训项目 |
|---|---|---|---|
| 1 | 建筑工程实训室 | 建筑工程技术、工程造价、建筑工程管理 | 项目招标文件制作，建筑合同制作，工程量预算、项目施工计划制作，现场施工管理，建筑工程质量验收，建筑安全管理，建筑工程资料管理 |
| 2 | 建筑材料实验室 | 建筑工程技术、工程造价、建筑工程管理 | 建筑材料性能了解，混凝土制作及强度检测、水泥凝结时间测定，砖的外观检查试验，钢筋切断、柱子钢筋绑扎，剪力墙钢筋绑扎，梁钢筋绑扎，板钢筋绑扎，楼梯钢筋绑扎，钢筋弯曲，砂筛分实训 |
| 3 | 工程制图实训室 | 建筑工程技术、工程造价、建筑工程管理 | 建筑工程制图与识图，测量教室尺寸绘制平、立、剖图样，绘制学生公寓设计平、立、剖图样，设计基础实技，绘制学校简单建筑物的透视图，绘画基础与表现，绘制建筑结构图，临摹复杂建筑图例 |
| 4 | 工程造价实训室 | 建筑工程技术、工程造价、建筑工程管理 | 建筑工程预算，装饰工程预算，装饰装修工程清单报价，安装工程清单报价，建筑工程造价控制，安装工程预算，建筑工程清单报价，招投标电子管理 |
| 5 | 工程测量实训室 | 建筑工程技术、工程造价、建筑工程管理 | 水准仪认识、检校、闭合水准路线，碎部测量，经纬仪认识、水平角、竖直角测量，建筑测量、放样，经纬仪检校、经纬仪导线测量，市政道路导线，地形地图制作、点位测设、测设坡度线、圆曲线测设，房屋定位、放样 |
| 6 | 建筑制图实训室 | 建筑工程技术、工程造价、建筑工程管理 | 建筑总平面图绘制，建筑平面图绘制，建筑立面图绘制，建筑剖面图绘制，结构施工图绘制，建筑详图绘制 |

（续表）

| 序号 | 实践基地名称 | 主要面向专业 | 主要实训项目 |
| --- | --- | --- | --- |
| 7 | 太阳能发电实训室 | 光伏材料加工与应用技术、光伏发电技术及应用 | 太阳能光伏板能量转换实训，环境对光伏转换影响实训，太阳能电池光伏系统直接负载特性实训，独立光伏发电实训，夜间防反充实训，太阳能控制器工作原理实训，太阳能控制器对蓄电池的过充保护实训，离网型逆变器工作原理实训，太阳能控制器对蓄电池的过放保护实训，并网型逆变器工作原理实训，接反保护实训，光伏并网实训 |
| 8 | 新能源材料实训室 | 光伏材料加工与应用技术、光伏发电技术及应用 | 硅材料切片，硅片的腐蚀，硅片的清洗，硅片打磨抛光，硅片电性测试，小型电池片的制作 |
| 9 | 新能源产品工艺实训室 | 光伏材料加工与应用技术、光伏发电技术及应用 | 小型太阳能发电站组建，太阳能充电器组装，太阳能草坪灯组装太阳能、手机充电器组装，笔记本电脑充电器组装，太阳能路灯组装 |
| 10 | 电子电工实验室 | 光伏材料加工与应用技术、光伏发电技术及应用 | 正铉交流电路，三相正铉交流电路，三相异步电机，磁路与变压器，继电器接触器控制系统，电工测量与安全用电，直流稳压电源，整流滤波电路 |
| 11 | 电子应用技术实训室 | 伏材料加工与应用技术、光伏发电技术及应用 | 模拟运算放大器应用实训，两级放大电路实训，电压比较器、低频功率放大器应用实训，负反馈放大器应用实训，功率放大器、直流稳压电源应用实训，晶体管共射极单管应用实训，集成稳压器，组合逻辑电路实训，触发器、计数器及其应用实训，集成运算放大器的基本应用实训，译码器、数据选择器应用实训 |
| 12 | 汽车发动机实训室 | 汽车技术服务与营销、汽车运用技术、汽车电子技术 | 汽油发动机总体认识，柴油发动机总体认识，气缸体的拆装及检测，气缸盖的拆装及检测，活塞连杆组的拆装与检测，曲轴飞轮组的拆装与检测，气缸磨损度检测，配气机构的拆装与检测，汽油供给系统的组成与结构认识，润滑系统的检测与维护，柴油供给系统的组成与结构，冷却系统的检测与维修 |
| 13 | 汽车底盘实训室 | 汽车技术服务与营销、汽车运用技术、汽车电子技术 | 底盘总体结构认识，变速器总成的拆装，离合器及操纵机构的拆装与检修，悬架的拆装与检修，万向传动装置的拆装与检修，驱动桥的拆装与检修，车轮定位的检查与调整，制动系统拆装与调整，车轮与轮胎的拆装与检测，转向系统的拆装与检修，液压动力转向系统的认识与检测，防抱死制动系统的检修 |

（续表）

| 序号 | 实践基地名称 | 主要面向专业 | 主要实训项目 |
|---|---|---|---|
| 14 | 汽车电器实训室 | 汽车技术服务与营销、汽车运用技术、汽车电子技术 | 万用表、兆欧表、钳形电流表的使用实训，启动机的检测与维修，点火系统的检测与维修，照明与信号系统的检测与维修，汽车仪表检测与故障排除，车身电器装置检测与维修，蓄电池构造实训 |
| 15 | 汽车电控实训室 | 汽车技术服务与营销、汽车运用技术、汽车电子技术 | 汽车电子电工基础知识实训，汽车电路实训，汽油发动机电控检测与维修，柴油发动机电控检测与维修，底盘电控系统检测与维护，车身电控电气设备检测与维护，典型汽车电路图综合实训 |
| 16 | 汽车技术检测实训室 | 汽车技术服务与营销、汽车运用技术、汽车电子技术 | 汽车检测系统的组成和检测标准，曲轴连杆机构检测，配气机构检测，润滑系统检测，冷却系统检测，燃油供给系统检测，汽车传动系统检测，汽车制动系统检测，汽车转向系统检测，汽车行驶系统检测，汽车灯光、线路及启动机检测，汽车点火系统检测，汽车发动机电喷系统检测，汽车电源，系统检测，汽车喇叭、仪表及空调设备检测，汽车制动防抱死系统检测 |
| 17 | 汽车整形实训室 | 汽车技术服务与营销、汽车运用技术、汽车电子技术 | 汽车钳工实训，汽车电气焊接实训，汽车钣金修复实训，汽车车身焊接实训，汽车涂装与修补实训，汽车装饰及美容实训，油漆与调色实训，维修接待实训 |
| 18 | 汽车4S教学实训室 | 汽车技术服务与营销、汽车运用技术、汽车电子技术 | 4S管理模式实训，汽车营销服务实训，保险实务实训，二手车车辆评估实训，财务核算实训，仓库及配件管理实训，前台接待实训，客户谈判实训，争议处置实训 |
| 19 | 数控车床实训室 | 机械制造与自动化、数控技术、模具设计与制造 | 数控车床基础实训，零件的装夹实训，常用量具使用训练，数控车床常用刀具的认知实训，数控车床操作面板实训，机床的基本操作实训，数控车床工件坐标系与刀具补偿实训，常见型面的车削加工实训，非圆曲线车削加工实训，职业技能综合实训 |
| 20 | 数控铣床实训室 | 机械制造与自动化、数控技术、模具设计与制造 | 数控铣床安全操作实训，孔加工实训，数控铣床控制面板及基本操作实训，平面槽加工实训，数控铣床常用刀具及对刀实训，轮廓加工实训，凹槽加工实训，综合零件加工实训，职业技能综合实训 |
| 21 | 普通车床实训室 | 机械制造与自动化、数控技术、模具设计与制造 | 切削基本知识实训，量具与测量实训，车床基础实训，切削液了解实训，工件的安装实训，车刀材料构成实训，车削端面实训，车削锥面实训，零件实例实训，工件滚花实训，套类零件的加工实训，车槽与切断实训，车削成形面实训，职业技能综合实训 |

（续表）

| 序号 | 实践基地名称 | 主要面向专业 | 主要实训项目 |
|---|---|---|---|
| 22 | 普通铣床实训室 | 机械制造与自动化、数控技术、模具设计与制造 | 铣床结构与型号实训，量具与测量实训，切削基本知识实训，切削液了解实训，铣刀及工件的安装实训，车刀材料构成实训，铣削平面，铣削沟槽实训，综合零件铣削实训，职业技能综合实训 |
| 23 | 模具设计与制作实训室 | 机械制造与自动化、数控技术、模具设计与制造 | 模具拆装实训，模具测绘实训，电火花加工实训，线切割机床加工实训，注射模上机安装实训，冲压模上机安装实训，注射成型加工实训，板材冲压成型实训 |
| 24 | 钳工技术实训室 | 机械制造与自动化、数控技术、模具设计与制造 | 钳工常用工具认知实训，锉削技能实训，锯削技能实训，钻孔、攻丝技能实训，套丝技能实训，钻头的刃磨实训，錾削技能实训，刀口角尺加工实训，锉配方法实训，鸭嘴鎯头加工实训 |
| 25 | 焊接技术实训室 | 机械制造与自动化、数控技术、模具设计与制造 | 焊接材料（焊条、焊丝、焊剂、钎料等）的使用和分类实训，手工电弧焊、CO2气体保护焊、氩弧焊等各种焊接方法的工艺特点实训，焊接工艺参数和焊接坡口基本形式及应用实训，常用交、直流弧焊机的构造、工作原理和使用实训，手工电弧焊空间位置（平焊、立焊、横焊、仰焊）焊接的操作方法实训，手工电弧焊、CO2气体保护焊板对接（单面焊双面成形）操作技术实训，常用有色金属（如：铜、铝、铝合金等）焊接基本操作技术实训，各种位置（板—板、板—管、管—管）焊接的操作方法实训，焊接中装焊夹具及辅助设备（如焊接变位机、翻转机、砂轮机等）的结构、工作原理和安全使用实训 |
| 26 | 计算机辅助设计与制造实训室 | 机械制造与自动化、数控技术、模具设计与制造、工业设计 | 计算机应用基础实训，机械制图与计算机制图实训，数控工艺编程实训，数控仿真技术实训，数控自动编程实训，模具设计与制造实训，产品造型设计实训，平面设计实训，图形图像处理实训，三维建模与渲染实训 |
| 27 | 电子产品工艺实训室 | 通信技术、电子信息工程技术 | 电子元件识别、检测实训，手工插件与焊接实训，收音机的组装与调试实训，万用表的组装与调试实训，交通信号控制系统的组装与调试实训，电脑维修实训，PCB制版与检测实训，升降电梯设计与制作实训 |
| 28 | 电子电工实训室 | 通信技术、电子信息工程技术、汽车电子技术、机械制造与自动化 | 正铉交流电路，三相正铉交流电路，三相异步电机，磁路与变压器，继电器接触器控制系统，电工测量与安全用电，直流稳压电源，整流滤波电路 |

（续表）

| 序号 | 实践基地名称 | 主要面向专业 | 主要实训项目 |
| --- | --- | --- | --- |
| 29 | 电子应用技术实训室 | 通信技术、电子信息工程技术、汽车电子技术、机械制造与自动化 | 模拟运算放大器应用实训，两级放大电路实训，电压比较器、低频功率放大器应用实训，负反馈放大器应用实训，功率放大器、直流稳压电源应用实训，晶体管共射极单管应用实训，集成稳压器，组合逻辑电路实训，触发器、计数器及其应用实训，集成运算放大器的基本应用实训，译码器、数据选择器应用实训 |
| 30 | 单片机实训室 | 通信技术、电子信息工程技术、汽车电子技术、机械制造与自动化、软件技术 | KEIL集成开发环境USB2.0接口控制，单片机I/O口控制的流水彩灯实验蜂鸣器驱动实训，电子琴音乐实训定时器输出PWM，串转并的I/O口控制并转串的I/O口控制，步进电机运动数字温度传感器，字符型液晶显示继电器控制 |
| 31 | 物联网工程实训室 | 通信技术、电子信息工程技术、软件技术、计算机网络技术 | 广域网组网实训，自动报警实训，无线控制灯光音响实训，远程控制空调实训 |
| 32 | 软件一体化实训室 | 软件技术、计算机网络技术 | 网页制作实训，网站建设实训，图像处理实训，计算机图形学实训，数据库开发实训，Java编程实训，视频编辑实训，手机游戏设计实训，网络游戏设计实训，游戏美工实训 |
| 33 | 程序设计实训室 | 软件技术、计算机网络技术、通信技术、电子信息工程技术、机械制造与自动化 | C语言编程实训，C++网编程实训，Java编程实训，数据库原理及应用实训，数据结构实训，编译原理实训，软件工程综合实训，网络操作系统实训 |
| 34 | 网络技术实训室 | 软件技术、计算机网络技术、通信技术、电子信息工程技术 | 网线的制作实训，网络工具的使用实训；互联网络的组建实训，交换机的基本配置和路由器的基本配置置实训，静态路由实训；动态路由实训，NAT转换实训，网络安全攻防实训，网络入侵与侵入实训，网络监视工具的使用，思科安全实验 |
| 35 | 通信技术实训室 | 计算机网络技术、通信技术、电子信息工程技术 | 调制解调，线路编译码，语音编译码基带传输，AM模拟调制解调，脉冲编码调制，频谱分析，信号编解码，TDMA原理，系统工作过程 |
| 36 | 物流管理实训室 | 物流管理、工商企业管理、商务英语 | 供应商管理实训，招投标管理实训，采购合同的管理实训，仓储配送管理实训，仓储合同实训，报关实训，分拣实训，检验检疫局报检，运输路线选择分析实训，跟单实训 |

（续表）

| 序号 | 实践基地名称 | 主要面向专业 | 主要实训项目 |
|---|---|---|---|
| 37 | 电子商务实训室 | 物流管理、工商企业管理、计算机网络技术 | 商务网络应用模块实训，网店设计与制作实训，网络营销模块实训，电子交易模块实训，业务管理模块实训单证支付模块，物流配送模块实训，淘宝网实店运营管理实训 |
| 38 | 财会金融实训室 | 会计与审计、商务英语 | 证券投资与分析实训，财务管理软件应用实训，期货交易模拟实训，网上支付与电子银行实训，商业银行管理实训，会计综合模拟实训，外汇交易模拟实训，国际贸易单证实训 |
| 39 | 工商企业管理实训室 | 物流管理、工商企业管理、电子信息工程技术 | 公司注册登记实训，公司组建和架构设置实训，人力资源管理实训，市场营销管理实训，产品开发管理实训，生产管理实训，财务管理实训，ERP综合实训 |
| 40 | 市场营销综合实训室 | 物流管理、工商企业管理，汽车技术服务与营销 | 市场营销环境分析实训，企业竞争战略分析实训，企业目标市场选择实训，企业市场定位实训，市场营销组合策略实训，产品组合策略实训，价格策略制定实施实训，品牌管理实训，分销渠道设计与运作实训，促销组合策略与实施实训，创业技能综合实训，连锁加盟管理实训 |
| 41 | 语言综合实训室一 | 商务英语、应用英语、工商企业管理 | 英语听力训练，英语口语训练，普通话训练，英语公关礼仪训练，国际贸易专业英语 |
| 42 | 语言综合实训室二 | 商务英语、应用英语、工商企业管理 | 日语听力训练，日语口语训练，日语公关礼仪训练，导游日语，国际贸易专业日语 |
| 43 | 报关与国际货运实训室 | 商务英语、应用英语、工商企业管理、会计与审计 | 国际货运服务项目实训，进出口代理实训，集装箱整箱、拼箱出口实训，国际航空出口代理实训，国际航空运费计算实训，国际航空运单填制实训，一般货物报关实训，特殊货物报关实训 |
| 44 | 国际贸易实训室 | 商务英语、应用英语、工商企业管理、会计与审计 | 国际贸易交易流程实训，国际商务谈判模拟实训，进口贸易模拟实训，出口贸易模拟实训，国际贸易单证实训，网上国际贸易实训 |
| 45 | 动漫设计实训室 | 动漫设计与制作、视觉传达艺术设计 | 教学课件设计与制作实训，企业、公司形象、产品的宣传设计与制作实训，三维动画设计与制作实训，影视短片、片头的设计与制作实训，网页设计与制作实训 |
| 46 | 模型制作实训室 | 动漫设计与制作、视觉传达艺术设计、环境艺术设计、工业设计 | 动漫设计模型制作实训，工业设计产品模型制作实训，家具造型模型制作实训，环境艺术设计模型制作实训 |

（续表）

| 序号 | 实践基地名称 | 主要面向专业 | 主要实训项目 |
|---|---|---|---|
| 47 | 工业设计实训室 | 工业设计 | 交通工具设计实训，生活类用品设计实训，电子类产品设计实训，广告设计实训，展示设计实训，包装设计实训 |
| 48 | 材料与工艺实训室 | 视觉传达艺术设计、环境艺术设计、工业设计 | 装饰材料的认识实训，装饰工程材料预算实训，室内装饰现场施工实训，工程验收实训 |
| 49 | 环境艺术设计实训室 | 视觉传达艺术设计、环境艺术设计、工业设计 | 居住空间室内设计，商业店面室内设计，办公空间室内设计，餐饮娱乐空间室内设计，室内装饰效果图制作，Photoshop图形图像处理，图形排版设计，平面广告创意设计，包装设计，标志与企业形象识别系统设计 |
| 50 | 视觉传达艺术实训室 | 视觉传达艺术设计、环境艺术设计、工业设计 | 平面广告创意设计实训，企业形象整体设计实训，商业广告摄影与摄像实训，影视广告创意与传播实训，网络广告传媒与网页设计实训，Flash动画等实训 |
| 51 | 平面制作实训室 | 视觉传达艺术设计、环境艺术设计、工业设计 | 工艺产品制作实训，图形创意再现实训，包装设计作品制作实训，企业形象标志制作实训，印刷工艺产品制作实训 |
| 52 | 环境艺术设计实训室 | 视觉传达艺术设计、环境艺术设计、工业设计 | 居住空间室内设计，商业店面室内设计，办公空间室内设计，餐饮娱乐空间室内设计，室内装饰效果图制作，Photoshop图形图像处理，图形排版设计，平面广告创意设计，包装设计，标志与企业形象识别系统设计 |
| 53 | 建筑仿真实训基地 | 建筑工程技术、工程造价、建筑工程管理 | 钢筋绑扎、弯曲、连接、下料实训，模板搭设、拼装、定位、加固、校正实训，脚手架的搭设、挂安全网、支撑架搭设实训，企业资料填写、报告撰写、工程造价实训，砼施工、砼施工质量检查实训，砖砌体实训、砌筑质量检查实训，抹灰实训、装修质量验收实训，建筑施工测量实训 |
| 54 | 楼宇智能综合实训基地 | 建筑工程技术、工程造价、建筑工程管理，楼宇智能化工程技术 | 消防自动报警系统实训，消防水系统实训，消防联动系统实训，闭路电视监控系统实训，周边防范系统实训，水平工作区系统实训，垂直管理间系统实训，交换机系统实训，智能一卡通实训，门禁与停车场管理系统实训 |

（续表）

| 序号 | 实践基地名称 | 主要面向专业 | 主要实训项目 |
|---|---|---|---|
| 55 | 汽车运用技术实训基地（国家级） | 汽车技术服务与营销、汽车运用技术、汽车电子技术 | 汽车维修接待实训，汽油发动机构造与维修实训，汽车钣金实训，汽车底盘构造与维修实训，汽车电气构造与维修实训，汽车整车维修与保养实训，汽车综合性能检测实训，柴油发动机构造与维修汽车涂装实训，新能源电动汽车解剖实训 |
| 56 | 先进制造技术实训基地 | 机械制造与自动化、数控技术、模具设计与制造、工业设计 | 数控编程实训，产品工艺设计实训，数控车削实训，数控铣削实训，加工中心实训，数控线切割实训，电火花成型机实训，模具设计实训，注塑生产实训，模具制造与组装实训 |
| 57 | 物流配送实训基地 | 物流管理、工商企业管理，会计与审计 | 仓储与配送中心认知实训，订单处理实训，入库作业实训，在库作业实训，出库作业实训，退货作业实训，库存预测实训，库存控制实训，车辆配载实训，仓储与配送中心布局调研，仿真软件综合训练，供应商开发实训，采购管理实训，条形码打印实训，零售实训，现金结算与管理实训 |
| 58 | 综合素质拓展实训基地 | 物流管理、工商企业管理，会计与审计，应用英语、商务英语、汽车技术服务与营销 | 基本礼仪知识训练，形体基本功训练，形体套路动作训练，基本舞蹈动作训练，舞蹈编排训练，钢琴训练，驾驶培训，马术训练，摄影知识培训，职业规划设计，大学生创业培训，武术训练，大学生自愿者活动，大学生三下乡活动 |

**表4　校外实践基地**

| 序号 | 实践基地名称 | 面向专业 | 接待学生量 | 接受顶岗实习学生数 |
|---|---|---|---|---|
| 1 | 谷崧企业集团 | 机电学院 | 300 | 300 |
| 2 | 中兴通讯股份有限公司 | 机电学院、信息学院 | 200 | 200 |
| 3 | 艾欧斯密斯有限公司 | 机电学院 | 300 | 150 |
| 4 | 比亚迪有限公司 | 汽车学院 | 300 | 300 |
| 5 | 奇瑞汽车有限公司 | 汽车学院 | 150 | 150 |
| 6 | 成都三和汽车有限公司 | 汽车学院 | 50 | 50 |
| 7 | 世豪新锐集团 | 建筑学院 | 300 | 150 |
| 8 | 智驿建设集团 | 建筑学院 | 200 | 100 |
| 9 | 成都方寸之间房地产公司 | 建筑学院 艺术学院 | 150 | 60 |
| 10 | 宁波启鑫新能源公司 | 新能源 | 200 | 100 |
| 11 | 常州天合光能有限公司 | 新能源 | 100 | 50 |
| 12 | 中盛光电集团 | 新能源 | 300 | 130 |

（续表）

| 序号 | 实践基地名称 | 面向专业 | 接待学生量 | 接受顶岗实习学生数 |
|---|---|---|---|---|
| 13 | 昆山凯博电脑公司 | 信息学院 | 200 | 150 |
| 14 | 和联集团 | 信息学院 | 300 | 200 |
| 15 | 仁宝电子科技有限公司 | 信息学院 | 400 | 200 |
| 16 | 中美联邦大都会 | 经济管理学院 | 200 | 150 |
| 17 | 上海交大昂立教育集团 | 经济管理学院 | 300 | 100 |
| 18 | 一汽大众物流公司 | 经济管理学院 | 300 | 100 |
| 19 | 北京亿和影视公司 | 艺术学院 | 200 | 70 |
| 20 | 成都博美装饰 | 艺术学院 | 300 | 100 |

由表3、表4看出，我校面向不同专业均有实践基地，基本满足了各专业的实践教学需求。

5．校园网建设情况及生均计算机台数（如表5所示）

**表5　校园网建设情况及生均计算机台数**

| 接入宽带（M） | 教学用计算机总数（台） | 生均计算机台数 |
|---|---|---|
| 200 M（有线）+400M（无线） | 2200 | 26.3台/百名 |

6．图书馆状况及生均图书（如表6所示）

**表6　图书馆状况及生均图书**

| 纸质图书（册） | 电子图书（册） | 生均图书 |
|---|---|---|
| 669 396 | 80万册 | 80.1 |

**（二）采用多种途径，建设师资队伍**

1．师资队伍数量与结构（如表7所示）

**表7　师资队伍数量与结构**

| 教师总数 | 年龄结构 | | 专业技术职务结构 | | | 学历结构 | | | 学位结构 | | | 生师比 |
|---|---|---|---|---|---|---|---|---|---|---|---|---|
| | ≤45 | >45 | 高级 | 中级 | 初级 | 研究生 | 本科 | 专科 | 硕士以上 | 学士 | 其他 | |
| 510 | 419 | 91 | 108 | 148 | 254 | 142 | 360 | 8 | 142 | 360 | 8 | 16.39∶1 |
| 比例（%） | 82.2 | 17.8 | 21.18 | 29.02 | 49.8 | 27.8 | 70.6 | 1.6 | 27.8 | 70.6 | 1.6 | |

2．加强师资培训，提升教学能力

我校为进一步优化教师学历结构，提升教师的学历水平，推出了“硕士化工程”，鼓励在职教师攻读硕士（博士），并对在职攻读硕士（博士）的教师给予一定的经济支持。

学校也利用寒暑假，将教师送到高校、企业进行专业对口的培训进修、挂职锻炼等。2011年我校采用了校内培训、校外进修、交流、进企业实践锻炼、进基层团组织挂职锻炼等方式培养学校各级各类人员。其中对新员工开展了入职和岗前培训以及“传帮带”工程；对全校教师和辅导员进行了综合素质能力提升培训，参观多家大型企业；对中高级管理干部及行政管理人员开展了综合素质能力提升培训、参观交流学习宜宾学院等川内多所高等院校、现场观摩学习“海底捞”精神，其中高层管理干部还参观交流学习清华大学、香港城市学院等多所高等学府等。通过这些活动的开展大面积提高我校整体素质，不断提升教师的教学管理能力。

3．加强指导督查激励，提升教学科研水平

我校长期以来以质量求生存，把教学质量作为立校之本。制定了相关的教学管理规范制度，成立了校、院两级教学督查组织，负责基本教学环节的指导与督查，主要负责日常课堂教学及授课计划、作业批改、教案等检查，对于不符合相关教学管理规范的教师及时指出，并督促定期整改。由于加强了过程的指导与检查，教学水平尚可，专升本的学生人数在增加，省级计算机等级考试过关率以及大学英语三级等级证书的取得率都在逐年提高。2011年评教得出学生对教学工作基本满意，学生座谈和问卷调查的反馈均为表扬或建设性意见，对教学的评价有：“教师很负责、很认真、特别关爱学生”、“教学纪律较好”等。教师教学科研成果与获奖等情况如表8所示。

表8　教师教学科研成果与获奖等情况

| 教师姓名 | 参与项目研究与开发、发表论文与作品、获得省级以上竞赛奖励情况 |
|---|---|
| 吉力此且 | 侧向大管棚抗滑桩组合技术在隧道洞口浅埋段施工中的应用，《城市建设理论研究》科技与教育第11期 |
| 蔡　焱 | 磁效应对活性污泥法处理污水的作用机理及其应用 |
| 丁智慧 | 浅谈混凝土裂缝处理及原因，《城市研究》2011（10） |
| 曾　珍 | 成都市博美装饰城商铺估价报告 |
| 蔡　焱 | 浅谈高速铁路桥梁钻孔灌注桩施工对水环境的影响及防治措施，《河南科技》2011（5） |
| 陈　佳 | 参与《大学英语综合教程》的编写工作，中国水利水电出版社 |
| 罗翠红 | 参与《大学英语综合教程》的编写工作，中国水利水电出版社 |
| 曾新一 | 在海外核心杂志发表论文《教育心理学在课堂的应用》，并获得“优秀论文奖” |
| 杨　旭<br>张　勇 | 宇龙仿真软件在数控实训教学中的应用 |
| 程　娟 | 我国农产品物流现状及对策分析.《物流工程与管理》 |
| 程　娟 | 浅析我国的铁路物流现状与发展对策.《中国外资》 |
| 杨本芳<br>高　莉 | 高职高专《组织行为学》实践教学探索 |
| 杨本芳<br>高　莉 | “工商模拟市场实训”对教学改革的启示 |

4．优化工作生活环境，提升幸福指数

学校经过多年的建设和发展，逐步建立起以人为本，以教师为重的人性化管理机制，不断改善教师的工作、生活环境，提高教师的待遇和福利水平，丰富教师的业余文化生活，满足教师的精神、生活等方面的需要，比如：教师都有自己独立的办公间、办公桌、办公电脑等优越的办公条件，在学校有免费的标准住宿，有多种培训提高机会，如岗前培训、在职培训、校外培训、校内培训、职业素质培训、技能培训等，在薪资福利待遇方面也在不断改进等等，通过多种手段不断提高教师的幸福感和幸福指数。

（三）生源情况

计划招生数、实际录取数等（如表9所示）。

表9　计划招生数、实际录取数

| 计划招生数 | 实际录取数 | 录取后报到率 | 高中生所占比例 | 三校生所占比例 | 同类高校被考生首选比例 |
|---|---|---|---|---|---|
| 285 | 5559 | 138% | 99% | 1% | 100% |

## 三、高职人才培养过程

### （一）构建能力与素质综合发展、专业与文化融合协调的课程结构

课程结构由基础知识类、专业知识及专业能力类、素质及方法能力类构成，其中基础知识类含“两课”、实用英语、计算机技能训练课程、实用应用文写作、大学语文、微积分、体育与健康等课程；专业知识及专业能力类由专业基础课程、专业核心课程、专业技能训练课程、专业拓展课程、专业综合能力训练课程等组成；素质及方法能力类课程由入学教育、军事理论与训练、学生社团活动、第二课堂、社会综合实践、素质拓展、大学生心理健康课程、职业生涯规划与就业指导课程、唐诗宋词赏析、中外文学赏析、商务礼仪、社交礼仪、音乐欣赏、美术欣赏、瑜伽、体育课单项技能等课程组成。

课程数量及类型如表10所示。

表10　课程数量及类型

| 开设课程总数 | 纯理论课（A类） | | 理论+实践课（B类） | | 纯实践课（C类） | |
|---|---|---|---|---|---|---|
| | 总数 | 比例（%） | 总数 | 比例（%） | 总数 | 比例（%） |
| 378 | 29 | 7.73 | 32 | 84.54 | 2 | 7.73 |

课程开发与教材（如表11所示）。

表11　课程开发与教材

| 开设课程总数 | 精品课程 | | 高职高专教材 | | 教育部规划教材 | | 自编教材 | | 校企合作开发教材 | |
|---|---|---|---|---|---|---|---|---|---|---|
| | 校级 | 省级 | 总数 | 占（%） | 总数 | 占（%） | 总数 | 占（%） | 总数 | 占（%） |
| 378 | 14 | 3 | 340 | 90 | 294 | 78 | 86 | 22.8 | 23 | 6 |

实验、实训建设与应用（如表 12 所示）。

表 12　实验、实训建设与应用

| 基地数 | 建筑面积 | 生均建筑面积 | 设备总值（万元） | 生均设备值（万） | 专业平均基地数（个） | 设备数（台套） | 校内使用率（人时） | 社会使用率（人时） |
|---|---|---|---|---|---|---|---|---|
| 8 | 30 085 | 3.6 | 5198 | 0.59 | 0.35 | 2809 | 288 533 | 16 368 |

行业企业参与教学情况：学校不断探索校企深度合作，采取灵活多样的方式与企业进行深度合作。将学生送到企业，将课堂设在车间，企业工程师和学校教师同台现场讲授、指导。把企业请到学校，如四川长新汽车精铸锻件制造有限公司进驻学校，所有产品在技师的指导下由学生完成生产，切实做到了“项目式”教学。另外还想办法聘请企业一线的能工巧匠来我校任教，与企业共同制订人才培养方案，共同开发课程编写教材等。

### （二）创新适应职业教育的教学方法

我校 2011 年总学时 89 461 学时，专业课程门数 465 门；生均修课学分一般为 52 学分，生均课时一般为 832 学时；针对我校生源基础差的共性，针对职业教育特点，采用了分层教学、项目教学、任务驱动、情景教学等方法，创设虚拟的工作环境，分析讲解工作中的实际案例，引进生产小项目，增加实践教学的力度等。

### （三）勇于改革，创新实践教学模式

我校长期以来重视实践教学活动，在不同的年级设计了不同的实践活动。有认知实习、专项技能实训、综合技能实训实习、素质拓展训练等；在一年级和二年级阶段分别安排为三学期，暑期为短（第二）学期。在短学期安排学生进厂进企业实习等社会实践活动，达到了解企业文化，从事岗位的任务及职责的目的，让学生对自己以后所要从事的职业有更清晰的认识；除了专业能力的实践活动外，还安排了部分素质类养成的实践活动，在校内外开展拓展训练，从而培养学生有效沟通、团队合作的精神等。

### （四）丰富多彩的学生活动

2011 年学校及社团开展大量丰富多彩的学生活动，如迎新晚会、大学生职业生涯规划大赛、川科杯知识竞赛、第三阶书法美术大赛、七人制足球赛、世界急救日“急救为人人”、第五届冬季运动会、四川省第六届大学生校园歌手大赛、纪念辛亥革命一百周年活动、“川科杯”男子篮球赛、“天极杯”乒乓球联赛、公寓文化节、化装舞会、粉红丝带乳腺癌预防活动、大学生“12·9”文艺晚会、“风采杯”辩论赛、罗京朗诵大赛、健美操比赛、慈善日活动-共筑大爱之城、构建和谐郫县、新能源知识竞赛、ICE 街舞协会周年庆等等。学生参与各种活动热情较高，对于活动的质量也有好的评价。

### （五）学生服务

我校为 2011 级新生开设了 20 个学时的入学教育，主要内容为：党的知识培养、在校期间安全教育、专业介绍、奖勤助贷政策学习、校园社团活动介绍、择业就业培训等，通过一系列的入学教育活动，为大学生角色转换、适应环境、初步了解人生职业规划等，帮

助新生从思想上和行动上入学。通过调查学生对入学教育满意度较高。

我校成立了心理健康与咨询中心，面向全体师生提供心理咨询和心理健康教育服务。具体开展了以下工作：个案心理咨询服务，主要帮助解决自我成长的问题、人际关系、情绪情感问题等；心理危机干预工作，主要进行了新生心理普查；心理健康教育及活动，主要开展了大学生心理健康教育、“5·25”、“11·25”大学生心理健康节活动、心理电影展播、瑜伽放松训练、心理拓展活动等。

## 四、高职人才培养质量

### （一）学生参与项目研究与开发、发表论文与作品、获得省级以上竞赛奖励等情况（如表13所示）

表13　竞赛奖励情况

| 学生姓名 | 参与项目研究与开发、发表论文与作品、获得省级以上竞赛奖励情况 |
|---|---|
| 张琼心 | 第六届全国信息技术应用水平大赛二维CAD建筑设计组优秀奖 |
| 吴春梅 | 第七届全国高职高专实用英语口语（四川赛区）决赛中荣获英语专业组二等奖 |
| 杨文杰<br>王雪萍<br>黄　婷<br>丁刘勇 | 团队获得2011年第三届“金蝶杯”全国大学生创业大赛四川赛区二等奖 |
| 沈正堂 | 2011年全国软件专业人才开发大赛 全国总决赛 一等奖 |
| 沈正堂 | 2011年全国软件专业人才开发大赛 四川赛区 一等奖 |
| 冯春候 | 2011年全国软件专业人才开发大赛 四川赛区 二等奖 |
| 徐川锋 | 2011年全国软件专业人才开发大赛 四川赛区 二等奖 |
| 黄圣蚁 | 2011年全国软件专业人才开发大赛 四川赛区 二等奖 |
| 李亚男 | 2011年全国软件专业人才开发大赛 四川赛区 三等奖 |
| 赵金珠 | 2011年全国软件专业人才开发大赛 四川赛区 三等奖 |
| 张　越 | 2011年全国软件专业人才开发大赛 四川赛区 三等奖 |
| 杨文军 | 2011年全国软件专业人才开发大赛 四川赛区 三等奖 |

### （二）用人单位对人才培养质量的评价情况

我校一直跟踪毕业生的就业情况以及用人单位对毕业生的使用状况等，在2011年，我校跟踪了800名左右的学生，发放了100份《用人单位对毕业生称职情况综合评价表》，表上涉及的项目有敬业精神、团结协作精神、运用知识能力、解决问题能力、组织协调能力、胜任岗位能力、动手能力、创新能力、沟通能力，从统计的结果看，其中敬业精神、团结协作精神、运用知识能力、解决问题能力、动手能力的满意度达到90%，组织协调能力、胜任岗位能力、创新能力、沟通能力基本满意的达到90%，没有不满意情况。

## 五、积极开展各种社会服务工作，回报社会

充分利用学校现有资源，积极开展为社会服务的各项工作。先后开设了摩托车维修工、计算机初级技能、物流管理员、营业员、家电维修工、汽车维修工等培训班；并面向社会进行了多种职业资格证的考证工作；完成了对阿坝师范专科学校的灾后援教任务；积极组织配合省建设厅、省人事厅 7 万多人次的各级各类考试；开展了“成都现代工业港”、“成都青年（大学生）创业园区的员工培养，郫县农民工的培养等；完成了各种技能鉴定、考试 18 426 人次。

学生处、团委带动社团开展形式多样的公益活动，如利用周末时间免费维修小型电子产品，多次到团结敬老院慰问、慰问清白小学留守儿童、参加慈善日活动-共筑大爱之城，构建和谐郫县、参加“爱的流动”献血活动等

## 六、高职人才培养工作方面的创新尝试与主要举措

### （一）推行四川科技职业学院“12315 办学质量工程”

高等职业教育是一项民生工程、更是一项良心工程，让社会认同、让学生满意，让家长放心，“零投诉”是我们各项工作矢志追求的基本目标。

12315 含义如下：

1.“1”是指一个中心：一切以“学生的成长、成熟、成才”为中心。

2.“2”是指两个创新。

（1）创新办学理念，创新人才培养模式

“以明天的主流技术培养今天的人才”为理念，使学生更好地适应未来市场的发展；“以素质教育为基础的人文教育”为亮点，培养提高学生的综合素质、人文修养；注重全员育人、全方位育人、全过程育人的“整体人才培养方案”；“以授人以渔能力为本的”为理念，培养学生动手实操能力、生存能力、岗位适应能力为目标，努力培养“能力型”大学生，使学生更快、更好的就业。

（2）创新人才培养模式

“圆形的人才培养方案”，$C^2=(\theta P+\varepsilon 1)^2+(\theta E+\varepsilon 2)^2$ 以学校教学为中心（θ，学校），通过全方位结合专业实训及技能考核（P，Practice）和企业顶岗实践训练（E，Enterprise），再作以全面道德与素质提升的素质类选修与限选课程和丰富多彩的校园文化活动（ε1），以及通过企业实践和技能实训提升学生的职业素养（ε2），实现灵活的复合人才培养目标 $C^2$（C，Capital）；“弹性学习模式”，根据不同的专业特征，在保证专业核心课程的学习学时的情况加大学生的实习实践分时，总学制不变的情况下适时调整学习时间；“一线教学培养模式”，为对应“以授人以渔能力为本”的办学理念，培养学生动手实操能力、岗位适应能力，将教学场地移至生产服务的第一线，让学生掌握最真实的、最实用的技能。

3.“3”是指三个依托

依托区域优势：依托“成渝经济区”、“天府新区”、“成都现代工业港”、“成都青年（大学生）创业园区”，为相关企业培训与培养技术应用型和高技能型的人才。

依托专业优势：好专业、新专业、市场急需的抢手的专业。

依托资源优势：高素质的“双师型”师资队伍和广泛的校企合作、国际合作。

4．“1”是指一座立交桥

打造一座人才培养的立交桥，为社会和经济发展输送各类人才。

5．“5”是指五个对接

即真正实现“专业与产业对接、课程内容与职业标准对接、教学过程与生产过程对接、学历证书与职业资格证书对接、职业教育与终生学习对接。

**（二）在毕业实习基地成立“临时党支部”，将思想教育基地搬到企业第一线，实现管理育人和服务育人过程的全覆盖**

学院创新性的在学生外出实习队中成立“临时党支部”，将思想政治教育基地搬到企业。通过成立“临时党支部”，学生的思想政治工作不因离开学校而被闲置，“临时党支部”通过开展党课学习、交流讨论、文娱活动等方式教育了外出实习学生。支部党员发挥先锋模范作用，处处做好带头表率，给企业留下了良好的印象，深受企业的好评，同时搭建起了学校与企业双方共同管理学生、指导学生、服务学生的桥梁。实现了学生在学校理论学习和企业顶岗实习阶段“管理育人和服务育人过程的全覆盖。

**（三）凝练办学理念、拓展创新思维、深化高职教育教学改革与创新。**

1．注重效果，灵活教学运行模式

一直以来，学校打破了传统高职学校所普遍采用的“2+1”模式和“2.5+0.5”的模式，根据不同专业特征、课程要求、学生特点、企业需求，在3 年总学制的基础上执行弹性教学模式。汽车类、机械类、建筑类等专业的学生入学后就安排教师带领学生到工厂、车间、工地进行一定时间的认知实习，使学生和教师将来在教和学的过程中都能做到有的放矢；外语类、艺术类、经管类等专业的学生在具备相应专业知识后，安排到企业实习，积极开展“校企合作，订单培养”，实施“灵活学制”，做到学生满意、企业欢迎。

2．推行教考分离、提高教育质量

当前，在很多大学中任课教师在期末考试前为学生勾重点，甚至侧面涉密考题等现象十分普遍。为了解决这一困扰我们的难题，2011 年上半学期，学院创新性地提出并实施了教考分离。将教师的教学和考试分割开来，学院采取交叉出题，外请教师出题，购买试题库等措施实现了教考分离。根据实施情况来看，学生成绩的可信度和真实度得到了很大提高，学生反响良好。

3．专业设置紧贴市场，根据四川省教育发展“十二五”规划和四川省工业发展9加3产业发展规划，开设人才紧缺的绿牌专业

四川科技职业学院改变了大多数院校重视基础专业和理论教学的传统模式，创新性地将专业设置与市场需求结合起来。学院各专业都是根据多次市场调研，按照区域经济和企业对人才的需求情况而开设人才紧缺的绿牌专业，及时淘汰人才供过于求，不适应市场需求和时代发展需要的黄牌专业。

4．推出“教师创业计划，专业公司化运作”，实现高职教育“五个对接”

2010 年 10 月，学院根据高职教育的特点，创新地提出了教师创业的理念，实施教师创业计划。受到了全校教职员工的强烈反应。我校教师纷纷利用业余时间，结合自身的专

业和实际情况，进行了创业的实践。截至目前，由我校教师结合本专业特点开设的公司涉及艺术传媒、数控、建筑、人力资源、餐饮酒店、旅行社等 20 余家，经营产值上亿元。其中由建筑专业教师开设的四川君羊建设集团第九分公司年盈利额高达 6000 万元；由人力资源专业教师带领本专业学生开设的四川蓝图人力资源管理有限公司不但解决了本校毕业生的就业问题，还为地方政府提供了就业服务。

### （四）引入企业 7S 管理，提高行政办公效率

为解决学院行政管理工作中的不良现象，学院借鉴优秀企业管理经验，于 2009 年 10 月开始在行政系统推出“7S”管理，即：整理、整顿、清扫、清洁、素养、安全、节约。按照“7S”管理的相关原则和标准，学院每周五组织检查组深入各行政部门和单位，对该部门的“7S”管理执行情况进行检查，并在全校进行通报评比。“7S”管理的推行，解决了学院行政工作中的拖拉现象和不规范等行为，极大地提高了行政系统员工的职业素养和水平。

## 七、存在的主要问题及未来工作思路

1．总结 2011 年的工作，我校在以下四个方面还存在一定的问题：

（1）图书馆尚未建成，纸质藏书量有限；

（2）双师素质教师的职业性需进一步提高；

（3）校企合作的深度和广度还不够；

（4）教学改革的力度还有所欠缺。

2．根据 16 号文件精神，结合区域社会经济发展的情况和我校实际，我校未来的工作思路是：

（1）新图书馆综合大楼已经开工，还要抓紧工期，尽快建设投入使用，并将进一步优化藏书结构，提高藏书质量。

（2）加大《四川科技职业学院“双师”教师队伍建设实施办法》的实施力度，通过下企业顶岗实践，加大培训力度，引进能工巧匠充实教师队伍，引进高学历高职称人才等方式提高教师的职业技能和职业态度。

（3）研究新时期企业的特点，探讨新的条件下与“新型企业”合作的新模式，主动适应企业采取灵活多样的合作方式。在此过程中注意以下几个原则：第一，树立长远规划与近期效应相结合的原则；第二，关注企业的规模和发展方向相结合的原则；第三，保证企业、学校和社会多方受益的原则；第四，以项目开发和技术服务相结合的原则。

（4）利用信息化、网络化的管理系统，进一步规范教学常规管理，强化教学过程监控，在精细化、过程化管理方面继续努力；加大教学科研经费的投入比例，支持鼓励教师开展教学改革和科研工作，选取 1～2 个专业进行试点改革，在课程结构、课程内容、教学方法、实践条件等方面进行大胆尝试。

（5）开展送培、送教服务，为学校周边乡镇开展成人教育与培训、专业讲座、现场指导，积极开展面向社会的技能培训和科技服务。

（执笔：徐国萍）

# 第三部分　2011年四川省成人院校人才培养质量报告

## 成人高等教育基本情况

| 学校名称 | 学校数（所） | 毕业生人数 | 招生数 | 在校生数 |
|---|---|---|---|---|
| 职工高等学校 | 18 | 6459 | 4491 | 13 546 |
| 管理干部学院 | 1 | 370 | 760 | 1612 |
| 教育学院 | 1 | 1279 | 1518 | 3923 |
| 广播电视大学 | 2 | 14 573 | 10 303 | 26 983 |
| 普通高校成教 | 70 | 97 739 | 118 091 | 263 409 |
| 合计 | 92 | 120 420 | 135 163 | 309 473 |

# 四川教育学院
# 2011年度人才培养质量报告

## 一、基本情况介绍

成都师范学院是在2012年3月经教育部批准在原四川教育学院基础上改建更名的一所省政府主办、省教厅直管的公办普通本科院校。

学校坚持“立足四川，面向西部，建成基础教育教师专业发展核心基地，探索职教师资培养模式，服务经济社会发展的师范院校”的办学定位，形成了“师德养成教育、学科专业教学和教师技能培养”三维一体的师范生培养模式和“产学研结合”校企合作的应用型人才培养模式的培养特色，实践“让学生在成都师范学院这段生活成为人生有价值的旅程”的办学理念，不断为全省的基础教育和经济社会培养应用型人才。

学校设有20个教学系，学科涵盖8个学科门类。目前已开设6个普通本科专业，36个应用型普通专科专业，23个应用型自学考试本科专业，30个成人本科专业。

## 二、办学基本信息

### （一）经费投入

2011年学校实现经费总收入20 114.3万元，其中财政拨款11 395.4万元，学费等事业收入8025.9万元，其他各项收入693万元，分别占总收入的56.65%、39.9%和3.45%。

2011年学校实际完成经费支出20114.3万元。其中公用经费支出12149.2万元，占经费总支出60.4%，包括实验设备建设投入2311.54万元，占公用经费支出19.03%；图书资料建设投入 487.12 万元，占公用支出的 4.01%；科研经费投入 120 万元，占公用支出的 1%；日常教学运行经费支出 1694.18 万元（其中实验实训支出 375.08 万元），占公用支出的 13.94%。

### （二）办学条件

学校现有人民南路、温江、白果林三个校区，总占地 1148.8 亩。

教学、科研、行政用房总建筑面积 23.9 万平方米，生均 21.3 平方米；学生宿舍总面积 12.08 万平方米，生均 10.73 平方米。

已建成专业实验（实训）室 44 个，还建有近 5000 平方米的融“三字一画”、教师口语、课堂教学设计、班主任技能培训等为一体的教师职业技能培训基地。教学、科研设备总值 6555.5 万元，生均 5481.2 元。

学校拥有附属实验学校、附属实验幼儿园各 1 个；建有校外实习实训场所 120 个；与企业共建培训基地 3 个。

2011 年学校投入 430 多万元完善校园网建设。采购 8 台高性能服务器和 2 台存储器，建设和完善数据中心硬件平台；新建公共计算机实验室 3 间、数字语音实验室 4 间、多媒体教室 20 间；建设有网络综合教学平台、实验室及实践教学管理系统等应用系统。2011 年生均计算机台数 0.26 台。

2011 年学校有馆藏各类纸质图书约 126 万册，生均 105.4 册，各类报刊 2110 种，电子图书 48 万册，生均纸质图书 105 册。2011 年度生均进书量 5 册；购买和自建数据库 13 个，馆内电子资源 4.2T。

学校拥有南北两个 400 米跑道的标准运动场，占地 100 亩，生均 5.6 平方米。

### （三）师资队伍

我院师资总量稳步增长，队伍结构进一步优化，整体素质有所提高。到 2011 年年底，有专任教师 606 人，其中，副教授职称以上教师 211 人，35 岁以下青年教师 300 人，具有硕士、博士学历的教师 267 人，分别占专任教师总数的 34.8 %、49.5 %和 44.0 %。在专任教师中，3 人被评为四川省学术技术带头人，2 人被评为全国优秀教师、全国优秀教育工作者，17 人被评为四川省教学名师、优秀教师、师德标兵，5 人为享受国务院政府特殊津贴的专家。

2011 年我院共有 70 名教师办理了进修访问、攻读学位手续，占专任教师的 11.6 %；通过公招、直接考核等方式，引进硕士、博士以及副教授职称以上教师 40 余人，占专任教师的 6.6 %。此外，2011 年我院有 10 名教师获评正高职称，10 名教师获评副高职称。

2011 年学校教师发表 SCI、EI 论文（篇）4 篇，核心期刊论文 80 篇，一般刊物论文 357 篇，著作 20 部，教材 28 本，科研项目立项 35 项，结题 9 项，发明专利 1 项。

2011 年学生网上无记名对全校教师的评教结果显示，只有 3 位专任教师的得分在 80 分以下。

2011 年我校切实为专任教师的教学、科研和生活解决实际困难，努力做到感情留人，政策留人，环境留人，事业留人，教师满意率提高，幸福感增强。

（四）生源情况

2011年招生计划总计2500名，全部面向四川招生，实际录取2972人，录取后报到率87%，第一志愿填报率400%。

录取的2972名考生中，男生829人，占27.9%；女生2143人，占72.1%；共青团员占97.4%，年龄最小的仅15岁，最大的25岁，平均年龄19岁；城镇学生1130人，占38%，农村学生1842人，占62%；民族考生75人，占2.5%。

## 三、本科人才培养过程

（一）教学资源

学校本科专业课程分为通识教育类、学科专业类和教师技能（岗位技能）类共三大类型，每大类又分必修和选修两种类型，即本科专业共三大模块六大类型课程。其中，通识教育课程55学分，占总学分177的31%；学科专业课程85学分，占总学分177的48%；教师技能（岗位技能）课程37学分占总学分177的21%。

学校木年度十分重视课程和建材建设。首先，购置了清华大学现代教育技术研究所的网络综合教学平台，将课程建设的重心向网络化转移。其次，出台了“学校教材建设管理办法”等有关教材建设与管理的规章制度。再次，设置了教材建设专项经费5万元，资助5部校级规划教材的出版。

学校图书馆采用金盘图书集成管理系统，实现了所有中文图书采访、编目、典藏及流通自动化；拥有计算机297台（套）及相应的网络设备。生均纸质图书105册，本年度生均进书量5册。

2011年度学校全部教授为本科生甚至专科生授课。

（二）课堂教学

2011年度学校专科生生均三年修课学分为130学分，年均43学分，三年总课时2080学时至2340学时，年均693学时至780学时。据问卷调查显示：学生对81%的专业核心课程感到满意，对19%的专业核心课程感到基本满意。学生对课程教学的评价绝大多数都在80分以上，全校400多专任教师中只有3人的评价在80分以下。

（三）实践教学

2011年学校出台了关于实验、实训和实习教学规范性管理的一系列规章制度；初步建立起了全校性实践教学体系和各专业实践教学体系。各专业按人才培养方案基本开足了实验和实训项目，有89位学生参加了温江区中小学的顶岗实习，264位学生参加了“国培计划-顶岗置换研修”实习项目，绝大多数学生参加了由学校统一安排的实习工作，89%的学生感到满意，11%的学生感到基本满意。

（四）科研

2011年有5位学生参加了美籍华人科学家黄震教授主持的我校核酸研究项目。生物技术专业学生参与徐晓燕教授主持的校级课题《民族地区中学生环保意识调查与分析——以松潘县为例》的调查、研究工作。科学教育系药品经营与管理专业学生在何应森副教授的带领下，对温江城区药店的药品经营情况开展抽样调查。传媒艺术学院 13 名学生参加创意中国第六届设计艺术大赛并获奖。汽车工程系 15 名学生在专业教师指导下，研制出拉力锦标赛赛车，获得全省一等奖。汽车工程系机电一体化专业学生在老师指导下依托专业课程的学习，设计研制出智能汽车，参加四川省智能汽车大赛，获得二等奖。

**（五）学生活动**

2011 年，本着“丰富大学生课外文化生活、拓展学生综合素质”的宗旨，全校 49 个各类学生社团以学生社团文化艺术节为载体，通过社团精品活动、社团主题活动、社团交流活动、社团项目比赛等方式，开展了大型活动 248 次，全校学生参与共计 86 800 余人次，获得各级各类奖项 52 项。

2011 年，我校 14 名学生前往马来西亚交流学习一年。他们在学习过程中，积极吸收当地教育教学理念，努力提高自身综合素质，开展中马文化交流会，为我校教育教学注入了新鲜的活力。

我校在 2011 年内积极开展各项活动，丰富多彩，受到学生欢迎。92%的同学感到满意；6%的同学认为需要加强创新；2%的同学认为我院学生活动可再多增加些大众参与性，营造更好的校园文化氛围。

**（六）学生服务**

我校 2011 年新生入学教育，由学校学工部牵头，各系负责组织实施。2011 级新生 2694 人全部参加了入学教育，19 个系入学教育集中学习时间均为 3 个整天，同时完成了 10 天的军事教育任务，生均参加入学教育的课时为 98 个课时。学生对入学教育的满意度高。

2011 年，我校大学生心理健康教育工作认真贯彻落实教育部、省教育厅的相关文件精神，按照学校心理健康教育工作的有关要求，顺利地开展了心理健康教育工作。首先，建立了学校、系、班级三级心理健康教育工作保障体系，组织参加四川省高校心理健康课竞赛荣获三等奖。其次，全力打造“5·25”心理健康周活动。第三，开展心理健康普查工作，建立大学生心理档案。

学校十分重视对学生的就业服务工作，采取多项措施增强学生的就业竞争力。首先，举办大型校园双选会。双选会组织了近 358 家用人单位到场，提供就业岗位 9942 个。3000 多名毕业生参加了双选会，有 1656 人次与用人单位达成录用意向。其次，做好日常中小型校园见面会。学校招就处和各系分散组织用人单位达 394 家，提供就业岗位 5078 个，有 7462 人次参加面试，有 1336 人次达成意向协议。再次，学校还发布就业招聘信息 252 家，由学生自行联系。通过各种见面会和信息提供，本年度学校共为学生提供就业岗位近 15 000 个，岗位数近 4 倍于毕业学生人数。所有毕业学生均接受了就业服务，比例为 100%。毕业生对学院的就业服务比较满意以上比例超过 98%。

2011 年获得各级各类奖助学金共计 27 487 人次，发放金额 1282.645 万元，占在校生总数的 235%；生均获得资助的金额为 1097.21 元。

2011 年通过资助中心参加勤工助学学生数为 529 人次，发放报酬 14.271 万元。占在校生总数的比例为 4.5%。

## 四、本科人才培养质量

2011 年学生踊跃参加省、部和行业协会组织的学科竞赛，获得各级各类奖项 52 项。

2011 年我校共有毕业生 4019 人。全院就业学生 3963 人，就业率为 98.61%。其中，师范专业毕业生 1406 人，教育行业就业 603 人，比率为 42.89%。非师范专业毕业生 2613 人，对口就业率为 72%。

我校 2011 年“西部计划”志愿者招募中有 454 名同学报名，在全省 93 所高校中名列第 3 名，被团省委分配岗位 82 个。报名人数和岗位数在全省 93 所高校中分别位居第 3 名和第 2 名，在专科毕业生院校中，报名人数和被录取人数均为第 1 名，获得团省委的表扬。5 月 3 日团中央“中国青年网”对我院“西部计划”报名宣传招募工作给予高度评价并进行报道。有 252 人进入国有大中型企业。

我校 2011 届毕业生有 76 人进行创业实践，占毕业生总数的 1.9%；有 209 人专升本，占毕业生总数的 5.2%。

我校将 4000 余名毕业生的就业调查问卷做了统计。在用人单位满意情况调查问卷中，我校毕业学生获得用人单位的普遍赞誉，获得比较满意以上评价的达到 99.15%。

## 五、社会服务

学校 2011 年横向科研项目立项 3 项，获得经费 26 万元，分别是教育部社会科学司《基于微博的地方政府形象传播研究》、泸州老窖股份有限公司《温度对浓香型白酒发酵糟醅细菌多样性的影响》、眉山市职业技术教育学会《青神竹编艺术开发与职业教育发展》。

学校 2011 年通过“国培计划、省培计划”项目共培训非学历学员 4514 人次，通过“送教下乡项目”共培训非学历学员 3900 人次。

2011 年学校教育资源向社会开放力度进一步加大。足球场作为明宇足球学校的长期训练基地，学校鱼凫音乐厅为社会开放上百余次，学校教师职业技能基地作为温江区中小学新进教师的岗前培训基地，同时为成都市玉林中学等中小学培训教师上千人次。

## 六、本科教学和管理方面的创新尝试与主要举措

2011 年学校在 2010 年工作的基础上继续加强教学运行与质量保障、教学基本建设、教学改革与质量工程等方面的工作。首先加强了教学管理的规章制度建设，修订或制定了“学校教学事故认定与处理办法”、“学校人才培养方案管理办法”、“学校专业建设管理办法”、“学校实验室建设项目管理办法”、“学校实习基地建设与管理试行办法”、“学校学分制教学管理办法”等教学管理文件 40 多份。其次，在教学运行与质量保障方面，新聘 2 名教学督导员，使学校级教学督导团专家由 9 人增至 11 位，进一步加强常规教学动态监控；全面推行教师课堂教学日志和学生课堂教学日志，使课堂教学工作进一步规范化。在教学基本建设方面，学校一次性投入 3000 万元对实验室仪器设备、多媒体教室设备进行改造、更新和购置图书资料，使教学基本条件能满足本科教学的需要。在教学改革和质量工程建设方面，依据教育部和省教育厅的相关文件精神，学校组织申报了省级专业综合改革项目，《心理咨询》、《美术教育》和《学前教育》三个专业获批为省级专业综合改革项目；学校继续开展“青年教师课堂教学比赛”并创新性地开展了学校“首届实践教学比赛”，

促进了教学质量的全面提高。学校继续开展校级教改项目立项工作，共立项 24 项，其中重点 5 项，一般 19 项；学校 2009 年获批的省级教改项目“学前教育专业 0～3 岁保教课程模块设计与教学资源建设”和“以实验教学中心为依托的四维、多层次、交叉式教师职业素养实践教学体系构建的研究”被遴选为省级重点教改项目。2011 年学校通过改制迎评，通过总结 50 多年办学经验，尤其是自 2002 年举办普通高等教育以来的教学改革实践，确立了“师德养成教育、学科专业教学和教师技能培养”三维一体的师范生培养模式和“产学研结合”校企合作的应用型人才培养模式。

## 七、存在的主要问题及未来工作思路

### （一）本科人才培养存在的主要问题及原因分析

2011 年，我校的教育教学工作虽然取得了显著成绩，但以办好人民满意的高等教育的高标准要求来衡量，还存在一定的差距。

（1）学科专业和课程建设重点不突出，优势不明显，还未形成鲜明的特色。

（2）师资队伍结构、梯度建设步伐、力度还不能适应学校发展的要求。学院的师资队伍总体情况良好，呈逐年良性发展势头，但也存在不足，主要表现在：总体数量增长速度与学校人才培养和学科建设跨越式发展的需要之间还存在一定距离；不同学科师资队伍发展参差不齐；年纪轻、层次高、学科专业中有影响的领军人才还不多；高水平、优秀的科研创新团队、优秀学科带头人才和学术骨干还比较缺乏；青年教师仍需进一步提高学历学位层次和教学科研水平；针对各学科建设的不同特点，师资队伍分析定位和建设目标不够清晰，任务下达不够有力，责任未落实到人，部分配套政策体系尚需构建完善。

### （二）上年度的改进效果，下一步改进计划与措施

上年度学校加大了对基本办学条件，如实验室仪器设备和图书资料等的建设力度，同时也加强了教学规范性的建设力度，取得明显成效。目前，学校仪器设备、图书资料和校外实习基地基本能满足学校举办普通本科的需要。学校还出台了引进专业技术人才的政策，引进了一批教学效果好、学术水平高的专业教师队伍，使学校的师资队伍结构和质量进一步得到改善。

2012 年学校将进一步优化人才培养工作，采取切实有效的措施提高人才培养质量。其具体措施如下：

（1）在学科专业建设上，要突出重点，选择 2～3 个在教学、科研和社会服务方面具有优势的学科作为学校重点扶持的学科，力争几年后在全省甚至全国同行中具有影响。

（2）要尽快建成一支结构合理、治学严谨、爱岗敬业的高水平师资队伍，要培养和造就一批学术带头人和教学名师。

（3）要进一步完善教学质量监控体系和教学质量保证体系，规范教学管理，提高教学质量。

（4）以质量工程建设为抓手，大力推进教学改革。

（5）进一步加强实践教学工作，提高应用型人才培养质量。

（执笔：刘存绪　赵锡奎　李仲辉　钱小华）

# 后　记

《2011 年四川高等教育人才培养质量报告》（高职高专）在编写过程中，得到了有关领导和四川省各高等学校的关心、支持和帮助，在此，谨表示衷心感谢。由于经验缺乏，学力不济，加之时间仓促，难免存在疏漏之处，竭诚希望广大读者提出批评和指正，以期改进完善。

本书各部分撰稿及编辑：

第一部分：2011 年四川省高等职业教育人才培养质量综合报告由刘建超、李学峰执笔起草，周雪峰、宋亚兰修改、审稿。

第二部分：2011 年四川省普通高职高专院校人才培养质量报告由各高等学校供稿，周雪峰、宋亚兰审稿。

第三部分：2011 年四川省成人院校人才培养质量报告由学校供稿，周雪峰、宋亚兰审稿。

截至 2011 年，四川省高职高专院校 49 所（其中公办院校 37 所，民办院校 12 所），其中，仅四川化工职业技术学院、四川艺术职业学院、四川文化传媒职业学院、四川长江职业学院、四川三河职业学院未提交 2011 年学校质量分析报告，因此未编入此书。本书第二部分“2011 年四川省普通高职高专院校教育教学质量报告”是在各高校供稿的基础上编辑而成，其中所涉及的数据除注明出处的以外，均由学校提供。

《2011 年四川高等教育人才培养质量报告》编委会